郭伯南　刘福元　著

中国史话

这是一部忠于历史真实，以轻松流畅的笔触写成的中国史话。书中运用新的史料，尤其是近几十年历史、考古、文物各界的新发现和新的研究成果，对历史人物和事件进行客观深入的观察、分析和评述。采用"话题体"的写作形式，既提纲挈领、简明扼要，又具体而微、生动有趣。

上

上海古籍出版社

图书在版编目(CIP)数据

中国史话/郭伯南,刘福元著.—上海:上海古籍出版社,2016.11
ISBN 978-7-5325-8059-0

Ⅰ.①中… Ⅱ.①郭… ②刘… Ⅲ.①中国历史—通俗读物 Ⅳ.①K209

中国版本图书馆CIP数据核字(2016)第078716号

中国史话
(全二册)

郭伯南 刘福元 著

上海世纪出版股份有限公司
上海古籍出版社 出版
(上海瑞金二路272号 邮政编码200020)
(1) 网址:www.guji.com.cn
(2) E-mail:guji1@guji.com.cn
(3) 易文网网址:www.ewen.co
上海世纪出版股份有限公司发行中心发行经销
惠敦印务有限公司印刷

开本890×1240 1/32 印张27.625 插页4 字数510,000
2016年11月第1版 2016年11月第1次印刷
印数:1—3,100
ISBN 978-7-5325-8059-0
K·2193 定价:88.00元
如发生质量问题,请与承印公司联系

前　言

　　捧在您手中的这本书——《中国史话》，前身是由上海人民出版社出版的《新编中国史话》。原版有二序，是由康大川和秦泥两位前辈分别撰写的。修订再版，康、秦二序原未述及的话，于此补充，是为前言。

　　原版秦序中有这样一句话："写的主要是从'人文初祖'到鸦片战争以前的上下五千年的历史。"这是针对原版说的，修订再版的《中国史话》将从何年何月讲起中国的历史呢？

　　"江畔何人初见月？江月何年初照人？"自古至今，多少人在思索这些问题。

　　史学大师司马迁用《史记》告诉后来人：传说中的黄帝掀开了中国历史的首页。今人屈指一数：上下五千年了。这本书先期出版的香港三联版、台湾书林版之书名皆为《中华五千年史话》，仍是照着司马迁划出的起始点而名之的。然而，修订再版的本书第一大题——"中华民族之根"，却上溯到了旧石器时代前期,且不说巫山人、元谋人,就北京人而言,距今也有四五十万年了。确实,近几十年来,由于考古学的勃兴,埋藏在地下的先民文化遗存年年都被挖掘着,不断有新发现。仅就已出土的原始人类的遗骨化石和石头工具,就把中国大地上的人类史和文化史,一下子从上下五千年上推到一二百万年,大大开拓了今人的历史视野。

先民的文化遗存为中国书写历史提供的证据,比有关黄帝的传说,抑或有关有巢氏、燧人氏、伏羲氏、神农氏的传说,更具真实性。毫无疑问,开创中国历史的先民们,是从旧石器时代前期走来的。

《中国史话》之"话",为"话题"之"话",指明这本书的体式是"话题体"。全书列出了若干个大话题,每一个大话题下又列出了若干个小话题。这本书先期出版的日文版,书名中有"物语"字样,翻译得不够准确。"物语"即故事,这本书的大小话题中有的也讲了历史故事,但与"故事体"那样讲历史故事不一样,而是围绕一个话题,有时通过一个历史故事,说明人们已思考过甚或深入思考的历史问题,或阐述一个道理。这一点,三十年前书稿在《人民中国》连载时,编辑部就一再提醒的。

二十世纪研究中国历史的扛鼎之作——范文澜著《中国通史简编》为"章节体"。先前和随后出版的种种中国通史,或断代的诸如两汉史、三国史、两晋史、六朝史、五代史、两宋史等等，或中国经济史、中国文化史、中国科技史、中国文学史、中国哲学史种种，大都是"章节体"。"章节体"，讲求全面而深入，能体现出学术研究的成就。而这本书却在"章节体"的历史书海中掀起一卷"话题体"的浪波，不讲求全面，但要顾及读者的关注。这本书的上海人民版在二十世纪八十年代发行了二十六万册，当时《光明日报》登载的一篇署名文章中要人们好好思索：为什么一本历史书发行量大得令人惊奇。不奇怪，这本书在最初写作时就考虑到了如何服务于更多的读者。有些"章节体"的历史书研究得太专业化了，给读者限定了范围。这本书的读者不限定于某个专业范围，而遍布于全国的各个领域。

用"话题体"讲述中国历史，如今已成热门。中央电视台"百家讲坛"上讲述中国历史的专家们，采用的也是这种形式。古人的史著除纪传体外尚有种种体式，今人将史著体式繁衍得更多，因而，才有更多的好看的历史书送到读者手中。比如，讲述明代历史的，《万历十五年》和《明朝那些事儿》同样受欢迎，不同领域、不同层次的读者群各取所需。"疏篱护竹，莫碍观梅，秋菊堪餐，春兰可佩"，竹、梅、菊、兰皆为人所爱，但其枝叶、花瓣、色彩、姿韵、香气却各具特色。

此书在国内初版时，定名为《新编中国史话》。原版的书名有"新编"字，而新版的书名却去掉了"新编"。历史在前进，历史研究不断出新。当时名这本书为"新编",是自得之词。《新编中国史话》1984年出版后,1986年巫山人化石被发现,这一考古发现指明《新编中国史话》刚一出版就不新了。这仅是一例。"新编",还有"图说",种种时尚之词,或许就掩盖了实在的本色,不如"中国史话"的简洁、大气。

修订再版后的《中国史话》,在新的运作过程中,得助于上海古籍出版社的李保民主任和黄亚卓博士。因为这,才使这本书注入了更多的新元素和重要的知识点。

这是一本书名去掉了"新编"而内容却出新的书。

刘福元

二〇〇八年八月于石家庄

原版康序

《新编中国史话》问世了,令人欣慰。

这部书稿,原名《中国史话》,曾以日文在《人民中国》月刊上连载。

《人民中国》月刊,作为中、日两国人民友谊的桥梁之一,从其三十年前创刊伊始,就很注重向日本读者介绍我国的历史文化,以图增进了解,加强友谊。不过那时只有片断的介绍。后来,许多日本读者来信说,他们认为中国的古老文化是日本文化的母亲,他们景慕中华古老文明,要求我们在月刊上系统介绍中国历史。读者的愿望也恰是我们的预想,于是,一个系统介绍中国历史的方案酝酿成熟。后因十年动乱而终止。

当祖国天空的乌云被驱散以后,旧事重提,我们又决定在月刊上系统刊载中国历史。可是,当时难以找到一部笔调轻松、生动形象而又现成的中国历史读物。于是,我们不揣冒昧,决定自己编写。我编辑部郭伯南同志对中国历史很有兴趣,即决定由他承担这一任务,并约请河北师范学院的刘福元同志合作。

就这样,经过长期的孕育,一部五十四回长篇连载的《中国史话》,终于在《人民中国》一九七九年元月号上开始刊出了。

我出生于台湾,曾生活在异族入侵者的铁蹄之下,深知学习祖国历史文化曾经是怎样令人渴望而又难于企及的民族权利。在十年浩劫的日子里,我饱尝苦难,这又使我懂得,宣传祖国的历史文化也是难得的神圣权利!今天,在和平、团结的祖国里,每个中国公民都能得到这样的权利,这是多么值得珍惜啊!

这部史话用日文在月刊上连续刊出以后,深受日本读者的欢迎,其程度之热烈,远远超出我们的预料。在四年半的时间里,我们月月都收到上千封评论月刊各篇文章的国外来信,它一直是最受欢迎的前三篇文章之一。许多中、小学教师是它的长期读者。它还被用作参考教材。这部史话的主要日译者李顺然同志几次对我说,他早有系统学习祖国历史的愿望,但每每因为接触到的中国史书难啃,几次开卷,又几次释手了。这部史话却能使他如读故事般地读来轻松而入胜,在翻译过程中,不知不觉地读完了一部中国历史。著名国画家董辰生读后也说:"这部史话写得好,好在比正史易懂,比野史可信。"假如说这部书有什么特点,这应该说是形象而中肯的概括吧!

翦伯赞先生曾说:"经济是历史的骨骼,政治是历史的血肉,文化艺术是历史的灵魂。"这部史话的选材是比较广泛的,大凡重大的经济变革、历史事件、著名战争、科学技术、哲学宗教、文化艺术以及伟大人物，多摘其精粹，予以介绍。可以说，它是部有骨骼、有血肉、有灵魂而又形象生动、独具特色的通俗历史读物。

当然，这部书稿也不是尽善尽美的。这次合编成册，在国内出版，作者曾作了较大的修订补充，但恐仍不能尽去其瑕，这里毋庸赘述。读者当中一定会有许多好的见解，请大家来评论吧！我希望将来能够见到一部吸收读者意见，集思广益，修改得更好的版本问世。

康大川

一九八四年一月于北京

原版秦序

这也许是我们这个时代所特有的一种历史现象吧，与我同时代的绝大多数的知识分子都是些染有历史癖的人。究其原因，不外有二：一是我们中华民族拥有悠久的历史和灿烂的文化，使我们这些炎黄子孙对光辉的过去先天地怀有自豪感；二是新中国成立以前的百年史，充满了民族的灾难，使我们的父兄以及我们这一代都承受了自古以来少有的历史的屈辱，从而产生了空前的觉醒。

人自来有喜欢寻根的天性。在童年，我就爱听老人们讲"古"。那无非是些"女娲补天"、"大禹治水"之类的神话故事。到了能够看书识字的年龄，一些讲述历史英雄人物创业立功的"演义"和"戏文"，便开始成了使我着迷的课外读物。只是到了大学时代，历史才作为一门正儿八经的学问，需要我去认真而刻苦地阅读和钻研。

中国的历史，典籍浩瀚，汗牛充栋，宛如一个有着无穷无尽蕴藏的宝库。这往往会使新入门者眼花缭乱，甚至望而却步。

即使是熟悉门径的学者,每每用尽毕生精力,也只能开发它的一角。对那些开发祖国历史宝库而尽心尽力的人们,我是深深地怀有爱慕和崇敬之情的。我只是个历史的热诚的爱好者,很久以来就希望能读到一部既忠于历史的真实,又能以唯物史观与轻松流畅的笔触写成的中国通史。这需要用一种从容漫谈讲故事的形式去写,使读者乐于阅读,易于理解,便于记忆。我深知这是很困难的,却又是很有意义的,可使渴求知识而又缺少余裕时间的数以亿计的人们,有机会了解自己的祖国和民族所走过的艰辛而光辉的道路。近几年来,史苑新著颇多,而我读的却不多,就有限的涉猎来看,郭伯南与刘福元两位同志合著的这部《新编中国史话》,正是我想像中的比较满意的一部。

郭伯南同志是北京《人民中国》杂志社的编辑,与我共事多年;刘福元同志在河北师范学院任教,是中国作家协会河北分会的会员。他们两位原来都是攻读文学专业的,可多年以来却偏爱历史。他们合著的这部历史新作的前身《中国の历史》,首先用日文,在《人民中国》月刊上连续刊出。从一九七九年一月号到一九八三年七月号,连载了四年半之久,一直是这本月刊受到日本读者盛赞不衰的篇章之一。在国内也受到各界读者的好评。现在,这部约四十万字的史著由上海人民出版社和日本讲谈社分别以中文和日文成书出版,同时在国内外发行。这种种事实,不啻给这部新著作出了令人信服的最初的良好评价。

《新编中国史话》写的主要是从"人文初祖"到"鸦片战争"以前的上下五千年的历史。书中比较注重运用新的史料，特别是近三十几年来历史、考古、文物各界的新的发现和新的研究成果，对历史人物与历史事件，力求以辩证唯物史观去进行观察、分析和评述；在体例与写法上，独运匠心，风格新颖。既提纲挈领、简明扼要，又具体而微、生动有趣。因而，给人一种新鲜感。书名特加上"新编"两字，以标示出这一史学新著的特色，我认为是很恰切的。

　　古人说"温故知新"。回顾正是为了更好地前瞻。当前，全国人民为了建设美好的今天和争取更美好的明天，正渴望认识祖国的昨天。在这里，我作为《新编中国史话》的最初的读者之一，以欣喜的心情，愿向立志为振兴中华而奋斗的人们推荐这本读物——这扇难得的回顾历史之窗。当然，它也不无缺点和不足之处。但由于这篇序文的篇幅所限，我想还是把对这部史著的全面而公允的评价留给更适当的人们去做吧！

秦　泥

一九八三年十一月于春城

目 录

前言 / 1

原版康序 / 5

原版秦序 / 8

一、中华民族之根

北京人、元谋人和巫山人
——中国最早的人类 / 1

丁村人和许家窑人
——氏族制度的萌芽 / 3

山顶洞人的文化踪迹
——氏族制度的形成 / 4

仰韶村的考古发现
——黄河流域的仰韶文化 / 5

古老文化的又一摇篮
——长江流域的河姆渡文化 / 9

父系氏族社会的历史见证
——以泰山为中心的大汶口文化 / 10

二、古老传说中的古老文化

有巢氏构木为巢
——建筑的起源 / 12

燧人氏钻木取火
——从利用自然火到人工取火 / 14

伏羲氏与丁村人、许家窑人
——猎人时代的文化 / 15

神农氏教种五谷
——农耕文化的兴起 / 16

"神农尝百草"
——中国医药的由来 / 17

三、文明时代的诞生

"人文初祖"黄帝
——新制度诞生前的阵痛 / 19

尧舜的禅让
——氏族民主制的衰亡 / 21

大禹治水与造城
——跨向阶级社会的进程 / 23

嫘祖教人养蚕
——丝绸的初现与丝织的发展 / 26

四、"夏传子,家天下"

"大同"向"小康"转化
——奴隶社会的开端 / 29

"少康中兴"
——奴隶社会的确立 / 31

清台与夏历
——天文与历法的印记 / 32

五、商王朝的兴亡

"成汤革命"
——商朝的兴起 / 34

纣王的功过
——商朝的灭亡 / 36

商城和殷墟
——商代的文化 / 39

寝宫与人祭
——奴隶制度的缩影 / 42

象牙骨尺
——商代的科技 / 43

六、西周的盛衰

周人与周原
——西周的建立 / 45

分封诸侯
——西周巩固王权的措施 / 47

穆天子西游的故事
——西周的鼎盛 / 48

国人暴动
——奴隶制的衰落 / 50

烽火戏诸侯
——西周的灭亡 / 52

文王演易
——《周易》的文化价值 / 55

七、春秋争霸

"尊王攘夷"
——齐桓公创立霸业 / 58

"假途灭虢"
——晋、楚中原逐鹿 / 59

"卧薪尝胆"
——吴、越争霸 / 62

田氏代齐
　　——历史的转折 / 64

八、战国七雄

"五国相王"与马陵之战
　　——魏国的盛衰 / 68

"便国不法古"
　　——秦国的崛起 / 70

合纵与连横
　　——楚国的盛衰 / 72

火牛阵
　　——齐国的盛衰 / 73

长平之战
　　——赵国的盛衰 / 75

"图穷匕首见"
　　——秦与六国之争 / 77

九、春秋战国时期的经济和科技

干将、莫邪
　　——中国铁器时代的开端 / 79

都江堰
——战国农业的进步 / 81

鼓橐与金银错
——战国的手工业及其他 / 82

神医扁鹊与《黄帝内经》
——汉医学的奠基 / 85

《星经》
——世界上最早的恒星表 / 87

十、百家争鸣的时代

"仁者爱人"
——儒家圣人孔子 / 91

《道德经》
——道家鼻祖老子 / 96

"非攻"与"兼爱"
——墨家学派及其领袖墨子 / 98

韩非
——先秦法家集大成者 / 101

十一、先秦的文学成就

《诗经》
——中国最早的诗歌总集 / 105

屈原
——中国第一位伟大诗人 108

十二、秦王朝的统一与崩溃

"振长策而御宇内"
——中国第一个封建皇帝 / 113

郡县与灵渠、长城
——秦巩固统一的措施 / 116

"焚书坑儒"
——在统一问题上的一场斗争 / 119

骊山陵和兵马俑
——秦末的社会矛盾 / 122

十三、秦亡与汉兴

"鸿鹄之志"
——中国历史上第一次农民起义 / 126

芒砀山下的丰碑
——张楚政权的兴亡 / 128

"约法三章"
——秦王朝的覆灭 / 130

从鸿门宴到四面楚歌
——楚汉战争 / 132

十四、汉王朝四百年的盛衰(上)

让农民回到土地上去
——汉初的经济政策 / 137

"萧规曹随"
——汉初的"无为"政治 / 139

"文景之治"
——西汉封建经济的发展 / 141

汉武帝的历史功业
——汉王朝的统一与巩固 / 144

"斗城"长安
——汉代的极盛时期 / 146

十五、汉王朝四百年的盛衰(中)

汉哀帝和董贤
——西汉后期的社会危机 / 150

王莽改制
——新莽王朝的始末 / 152

绿林、赤眉农民起义的威力
——东汉王朝的诞生 / 156

十六、汉王朝四百年的盛衰（下）

刘秀的"柔道"
——光武帝的"中兴" / 160

"跋扈将军"
——东汉后期的外戚专权 / 164

"党锢之祸"
——东汉后期的宦官擅政 / 167

黄巾起义
——汉代历史的终结 / 170

十七、汉代长城内外民族的悲欢

冒顿单于的崛起
——匈奴驰骋漠北的三百年 / 174

卫青和霍去病
——抗匈战争中的汉族英雄 / 177

张骞通西域
　　——丝绸之路的拓荒者 / 180

"昭君出塞"
　　——汉、匈民族友好的佳话 / 183

班超再通西域
　　——汉、匈悲喜剧的尾声 / 185

十八、两汉时代的科技硕果

放马滩古纸和"蔡侯纸"
　　——造纸的起源与造纸术革新家蔡伦 / 191

《氾胜之书》
　　——中国第一位农学家氾胜之 / 196

从"鼓橐"到水力鼓风
　　——东汉著名技术发明家杜诗 / 199

浑天仪和地动仪
　　——东汉大科学家张衡 / 201

麻沸散
　　——汉医的外科鼻祖华佗 / 205

十九、两汉时代的文化巨匠

《史记》
——中国伟大史学家司马迁 / 208

儒术与谶纬
——西汉儒学大师董仲舒 / 212

《论衡》
——古代唯物主义思想家王充 / 215

二十、两汉时代的文学艺术及文化交流

子虚和乌有的对话
——汉赋大家司马相如与汉赋历程 / 219

"孔雀东南飞"
——汉乐府的文学成就和音乐价值 / 222

马王堆的考古发现
——古琴、帛画和书的卷轴 / 225

丝绸之路的畅通
——中西文化交流的高潮 / 228

二十一、魏蜀吴三国鼎立

董卓之乱
——东汉末的军阀割据 / 231

官渡之战
　　——曹操统一中原 / 234

"三顾茅庐"
　　——刘备的崛起 / 237

赤壁鏖兵
　　——三国鼎立的形成 / 241

二十二、魏蜀吴三国的历史功业

养民屯田
　　——曹魏的经济政策 / 247

南征北伐
　　——蜀汉的政治得失 / 249

拓土扬帆
　　——吴国开发东南之功 / 255

二十三、西晋王朝的短暂统一

"司马昭之心,路人皆知"
　　——西晋王朝的建立 / 259

石崇与王恺斗富
　　——西晋王朝的腐朽 / 263

"八王之乱"

——西晋王朝的内讧 / 267

衔璧出降

——西晋王朝的灭亡 / 271

二十四、东晋王朝与十六国的纷争

"王与马,共天下"

——南北世家扶持的东晋王朝 / 274

石赵和冉魏

——民族仇杀的一例 / 276

苻坚和王猛

——苻秦"天下一家"的民族政策 / 279

"风声鹤唳,草木皆兵"

——以少胜多的淝水之战 / 280

苻秦碎,东晋危

——淝水战后的形势 / 286

二十五、南朝宋齐梁陈的更替

寒族势力的上升

——刘氏建立的宋朝 / 290

重蹈覆辙
　　——萧氏建立的齐朝 / 293

"皇帝菩萨"的"政绩"
　　——萧氏建立的梁朝 / 296

"隔江犹唱后庭花"
　　——陈氏建立的陈朝 / 299

二十六、北朝魏齐周的更替

沙漠汗之死
　　——北魏的兴起 / 303

南征与迁都
　　——北魏孝文帝的改革 / 305

黄河椎冰的故事
　　——东魏和北齐 / 310

宇文氏的政绩
　　——西魏和北周 / 313

金陵王气尽
　　——南北朝的统一 / 316

二十七、魏晋南北朝的科学技术

指南车的故事
——曹魏机械制造家马钧 / 320

"祖率"的来历
——南朝大科学家祖冲之 / 323

《水经注》
——北朝杰出地理学家郦道元 / 327

二十八、魏晋南北朝的文学艺术

古曲《广陵散》的传说
——曹魏时的音乐家、文学家嵇康 / 334

书成换鹅
——东晋大书法家王羲之 / 338

"神妙独难忘"
——东晋绘画名家顾恺之 / 343

"世外桃源"
——东晋大诗人陶渊明 / 347

二十九、佛教的传入与扎根

洛阳白马寺
——佛教传入中国 / 353

佛图澄和鸠摩罗什
　　——十六国时期的兴佛 / 356

《佛国记》与扶桑国
　　——东晋、南朝宋齐时僧侣的求法运动 / 360

佛教哲学的危机
　　——南朝关于"神"的一场辩论 / 364

魏太武帝和周武帝的灭佛
　　——北朝的政教冲突 / 368

三十、道教的早期宗派和炼丹名家

龙虎山上驻仙岩
　　——龙虎山派及其前后的道教宗派 / 374

炼丹炉中的科学
　　——道士身份的科学家葛洪 / 377

"一事不知，以为深耻"
　　——道士身份的科学家陶弘景 / 380

三十一、隋王朝的治与乱

"开皇之治"
　　——隋朝的统一与繁荣 / 383

建东都与开运河
——隋炀帝暴政之一 / 387

出巡与扬威
——隋炀帝暴政之二 / 390

三征高丽
——隋炀帝暴政之三 / 392

"好头颅,谁当砍之"
——隋朝的覆灭 / 395

三十二、唐王朝的创建与勃兴

起兵太原
——唐的初创 / 398

玄武门之变
——皇位之争 / 401

唐太宗纳谏的故事
——"贞观之治"之一 / 404

任贤能与轻徭赋
——"贞观之治"之二 / 406

松赞干布和文成公主
——唐初的民族政策 / 410

征辽东与求长生
　　——唐太宗晚年的敝政 / 413

三十三、唐前期的女皇武则天

武媚娘
　　——从才人到皇后 / 415

"瓜熟子离离"
　　——从皇后到皇帝 / 419

"请君入瓮"
　　——武则天的政略之一 / 421

"宰相之错"
　　——武则天的政略之二 / 423

女皇的困境
　　——从皇帝再到皇后 / 426

褒贬的准绳 / 428
　　——武则天的千秋功罪 / 428

三十四、从开元盛世到天宝危机

"救时宰相"和"伴食宰相"
　　——唐玄宗选相治国 / 430

长安的骄傲岁月
——"开元之治"的盛况 / 432

奸相专权与贵妃专宠
——天宝危机 / 436

马嵬坡的悲剧
——"安史之乱" / 442

三十五、唐王朝的衰败与末日

"苛政猛于虎"
——昙花一现的"永贞革新" / 447

蔡州之战与藩镇割据
——唐王朝灭亡前的征兆之一 / 451

南衙与北司之争
——唐王朝灭亡前的征兆之二 / 455

"冲天香阵透长安"
——唐末黄巢起义 / 459

三十六、五代十国的始末

上源驿的厮杀
——五代启端后梁 / 464

"雀鼠耗"
——赋税奇苛的后唐 / 468

儿皇帝与晋高祖
——出卖民族利益的石敬瑭 / 471

长乐老冯道
——来去匆匆的后汉 / 475

统一的先声
——为结束分裂奠基的后周　479

三十七、佛教在中国的黄金时代

傅奕和法琳
——唐初的宗教政策 / 484

玄奘西游
——中印文化交流的象征 / 487

鉴真东渡
——中日文化交流的典范 / 494

会昌灭佛
——佛教在中国的衰败 / 499

三十八、隋唐五代的科学技术

李春与赵州石桥
——隋代的建筑学 / 504

孙思邈与《千金方》
——隋唐时的医药学 / 508

僧一行与《大衍历》
——唐代的天文历算学 / 512

三十九、唐代文苑中的诗歌、散文

盛唐诗坛两伟人
——诗仙李白和诗圣杜甫 / 516

"文起八代之衰"
——古文大家韩愈和柳宗元 / 525

四十、唐代艺苑中的书法、绘画

"颜筋柳骨"
——书法大师颜真卿和柳公权 / 532

"右相驰誉丹青"与"吴带当风"
——绘画大师阎立本和吴道子 / 537

四十一、北宋的统一与危机

"杯酒释兵权"
——北宋的君主集权 / 546

"卧榻之侧,岂容他人鼾睡"
——北宋的统一 / 549

《清明上河图》
——北宋的经济繁荣 / 550

财政的危机
——北宋中期社会矛盾的发展 / 553

王安石变法
——北宋的改革与反改革 / 555

漆园誓师 / 558
——北宋末的方腊起义 / 558

四十二、宋辽夏金的和盟与争战

"澶渊之盟"
——辽与宋 / 562

好水川之役
——夏与宋 / 564

阿骨打
——金与辽 / 569

"靖康之变"
　　——宋与金 / 573

四十三、南宋的偏安与沦亡

"直把杭州作汴州"
　　——南宋的建立与偏安 / 578

"撼山易,撼岳家军难"
　　——岳飞抗金 / 580

"莫须有"
　　——秦桧卖国 / 582

英雄的巩州城
　　——金朝的末日 / 585

"留取丹心照汗青"
　　——南宋的沦亡 / 587

四十四、蒙古王朝的兴建与衰亡

"一代天骄"
　　——蒙古族的兴起 / 591

"治天下的良匠"
　　——元朝的建立 / 596

元大都与异域的交往
　　——元朝的社会风貌 / 601

"惹红巾万千"
　　——元朝统治的残暴、衰败与灭亡 / 606

四十五、"四大发明"中的三大发明

拓碑、雕版、活字
　　——印刷术的发明 / 611

慈石、司南、指南鱼
　　——指南针的发明 / 616

火球、震天雷、神火飞鸦
　　——火药的发明 / 621

四十六、宋元科苑群芳谱

《梦溪笔谈》
　　——北宋大科学家沈括 / 625

《授时历》
　　——杰出天文学家郭守敬 / 628

"衣被天下"
　　——著名棉纺织家黄道婆 / 633

木塔、铜人、珠算、宫漏
——科苑群芳竞秀 / 636

四十七、两宋文坛的双璧

"千古风流人物"
——北宋文坛魁首苏轼 / 641

"但悲不见九州同"
——南宋诗坛领袖陆游 / 647

四十八、宋词与元曲

"怎一个愁字了得"
——婉约词宗李清照 / 653

"看试手,补天裂"
——豪放词宗辛弃疾 / 657

《窦娥冤》
——元曲大家关汉卿 / 661

《西厢记》
——剧坛奇才王实甫 / 664

四十九、两宋时代的学术巨著与理学哲人

《资治通鉴》
——司马光的史学成果 / 668

游走于学术和政治之间
——理学开创期的程颢、程颐 / 672

书院和精舍讲学与著述
——理学集大成者朱熹 / 676

五十、明王朝的诞生

和尚做皇帝
——开国之君明太祖 / 684

胡、蓝之狱
——明太祖治国之道 / 687

"靖难之役"
——明初的皇族内争 / 692

郑和下西洋
——明成祖的文治武功 / 695

五十一、明王朝的祸患

"土木之变"
——明朝的塞外边患 / 701

"但愿海波平"
——明朝的沿海倭乱 / 705

"买不尽的松江布"
——明朝的资本主义萌芽 / 710

竟呼"九千九百岁"
——明朝厂卫与阉祸 / 715

五十二、明王朝的覆亡

《备陈大饥疏》
——明末的土地危机 / 719

"迎闯王,不纳粮"
——明末李自成起义 / 722

崇祯帝煤山自缢
——大明王朝的完结 / 727

闯王旗的碎裂
——明末农民大起义的结局 / 731

五十三、大清与南明

萨尔浒之役和八旗制度
——清太祖的肇基开国 / 736

"冲冠一怒为红颜"
——吴三桂的启关卖国 / 740

"垂节义于千龄"
　　——汉族人民的抗清斗争 / 744

"逐荷夷,复先基"
　　——清王朝的统一 / 748

五十四、清王朝的鼎盛

"康乾盛世"
　　——清前期的国强人旺 / 753

平定三藩
　　——康熙治绩之一 / 754

尼布楚条约
　　——康熙治绩之二 / 759

"到太阳升起的地方去"
　　——土尔扈特部的回归祖国 / 763

五十五、清王朝的衰败

从文治到文狱
　　——清王朝的由盛转衰 / 767

"和珅跌倒,嘉庆吃饱"
　　——清王朝吏治的腐败 / 772

隆宗门上的箭头
　　——清王朝盛世的破产 / 776

五十六、明清思潮与学术

从"心即理"到"百姓日用即道"
　　——"心学"思潮的涌动与分流 / 781

"异端之尤"
　　——明代著名思想家李贽 / 785

"风声雨声读书声"
　　——东林士人的"经世致用" / 789

梨洲、亭林、船山
　　——清初"三先生" / 792

学术界的众星捧月
　　——乾嘉学派和考据大师戴震 / 797

五十七、明清小说

"逼上梁山"
　　——《水浒传》与施耐庵 / 801

《促织》的故事
　　——《聊斋志异》与蒲松龄 / 806

"谁解其中味"
　　——《红楼梦》与曹雪芹 / 810

五十八、明清科技巨匠

医药科学之王
　　——《本草纲目》与李时珍 / 818

古典科技总汇
　　——《天工开物》与宋应星 / 822

《徐霞客游记》
　　——地貌学、溶岩学开拓者徐霞客 / 826

《几何原本》和《农政全书》
　　——近代科学的先驱者徐光启 / 830

律历编纂和新疆测绘
　　——蒙古族著名数学家明安图的多项成就 / 833

后记 / 837

一、中华民族之根

北京人、元谋人和巫山人
——中国最早的人类

这本书开篇就提到了"北京人",北京人是指八十多年前在北京附近考古发现的原始人类。

古人类学家和科学工作者,于1921年至1922年间,在北京西南48公里的周口店,发掘出石头工具和三颗人齿化石。过了几年,又发掘出一些人类遗骨化石和几千件石头工具,还有草木灰等。

经科学鉴定,那些骨头是四五十万年以前的原始人类的。这说明至少从那时起,在中国大地上就有人类劳动、生息了。那些经过打制的石头表明,北京的原始人类已会制造工具,开始了真正的劳动。那些灰层又表明,他们已经懂得用火。北京原始人类的石头工具,开拓并推动着中国大地上的人类发展。

周口店北京人遗址,位于北京市房山区周口店镇龙骨山北部,是世界上材料最丰富、最系统、最有价值的旧石器时代前期的人类遗址,是世界文化遗产。

中国大地上的远古人类,北京人的资格是不是最古老的呢?是的,新中国成立以前的人们一直是这样认为的。可是,1949年以后,这种认识就逐渐改变了。

1963年,考古学家们在陕西发现了蓝田人,距今大约七十五万至六十五万年前,比只有四五十万年历史的北京人古老得多了。

蓝田人被发现后的1965年,中国冰川学家在云南元谋盆地进行科学考察,在地层中发现了两颗牙齿,石化程度很深。带回北京,经鉴定,是古老人类的牙齿,距今已有一百七十多万年。这一古老人类被称为"元谋人"。前些年,有些学者指出,元谋人的原定年代偏早,当为距今九十万年到六十万年。虽有不同的看法,但元谋人的年龄要比北京人大得多。在世界的东方,元谋人因之取代了北京人作为人类老祖宗的地位。

1986年,在位于长江三峡的巫山县龙坪村,发现巫山人化石。其年龄高达二百零四万岁!据说,巫山人生活的时代四川盆地还是内海,巫山人作古一百万年之后,长江才流出三峡直奔大海呢!那么,中国大地上还有没有比巫山人更古老的人类呢?考古学家们仍在继续寻觅着。

丁村人和许家窑人
——氏族制度的萌芽

元谋人和北京人的时代,在远古史上被称作旧石器时代前期。从人类取得物质生活资料的主要手段看,元谋人和北京人都还不过是一群群采集者。平时主要靠采集野果、挖掘植物的块根填充饥肠,偶然猎获些小的或温驯的动物,吃顿烧烤野味,那就是难得的美餐了。因此,他们也就未能跨越原始人群的历史阶段。

又过了几十万年,到了旧石器时代中期,一批批采集者先后成长为勇敢的猎人了。这在考古发掘方面得到了充分的证实。

1954年,在山西省汾河岸边发现了距今大约有十万年左右的丁村人。他们打制的三棱砍砸器已颇有特色,表明其劳动技能大大提高了。值得注意的是那些打制的形状一致的石球。据推测,有些状如苹果大小的石球可能是用来制作狩猎工具"飞石索"用的。方法是把两个石球分包在两个小皮囊中,然后用皮绳把它们系住。使用时,猎人手握一球,在头上旋动,看准猎获物即向其投出,皮绳由于球的旋力作用,就可以把动物的脚或颈紧紧缠住了。

1976年,考古工作者来到山西省西北部的阳高县许家窑村,发现一个遗址中埋葬了五六万斤野马的骨头。骨头都被砸碎了,显然是被食用后遗弃的。这是谁干的呢?经发掘找到了许家窑人的遗骨。许家窑人是怎样猎获那些野马的呢?考古工作者又找到了许家窑人打制的一千五百多个石球。原来,许家窑人是使用飞石索猎马的能手。

这堆石球在地下已沉睡了近十万年,它是旧石器时代中期的典型文化遗存。石球的大批制作表明,在旧石器时代中期,原始狩猎经济已进入大型围猎的阶段。大型围猎要求人们必须有明确的分工、密切的协作,猎人们的首领还必须有相当的威望。否则,围猎生产就无法进行。大概就在这一时期,大型围猎经济引起了生产组织、社会组织与之相适应的变革,原来在采集经济中形成的原始人群,开始向更有组织的氏族制度过渡了。史上历经近十万年的氏族制度也就从这时开始萌芽了。

山顶洞人的文化踪迹
——氏族制度的形成

几十万年的悠久岁月过去了,在北京人的故乡——北京周口店的龙骨山上,又生存着一群比较进步的人类。他们住在龙骨山山顶的一个洞穴里,因而被叫作山顶洞人。山顶洞人的体质形态比北京人、丁村人、许家窑人都大有进步,几乎同现代人一样,并且具有明显的黄种人的特征。他们生活的年代已属旧石器时代晚期,距今大约一万八千年。

　　山顶洞人制作工具的技能与其文化成就,在漫长的旧石器时代历史上是相当杰出的,因而他们的名字在许多专业史中都经常被提到。中国服装史上就讲到,第一枚骨针是山顶洞人磨制的,中国的缝制工艺已有一万八千年的历史。中国印染史也说,山顶洞人是中国最早使用矿物染料染色的,他们遗留下来的用赤铁矿粉着色的石珠就是物证。中国美学史也追溯说,美的观念在旧石器时代已经发生,山顶洞人就用海蚶壳、兽牙、鱼骨、石坠、石珠等制造出了漂亮的装饰品。山顶洞人在中国哲学史上也是鼎鼎大名的,因为他们已经知道埋葬死去的伙伴,并在其尸体周围撒上赤铁矿粉屑,希望给死者以再生的鲜血和生命,这表明原始的宗教观念已经萌芽。

　　山顶洞人的种种文化踪迹,反映着当时的社会组织已有长足的进步。就说山顶洞人那充满对死者怀念之情的埋葬习俗,就显然是在氏族制度的长期生活中逐渐形成的。这种人和人的关系表明,那时的氏族制度经过几万年的发展已逐步形成。

仰韶村的考古发现
　　　　——黄河流域的仰韶文化

　　1920年,在河南省西北部的渑池县仰韶村发现了一种原始文化。其中最引人注目的是画有花纹的彩色陶器。依照考古学上的惯例，往往是以最先发现的遗址所在地来命名，这种文化就被称作"仰韶文化"。

经过几十年的考察，已知仰韶文化是中国古老文化之一。它在历史上从距今七千年左右一直绵延到五千年前，历时两千年。这种文化的地理分布，以黄河中游的陕西、山西、河南为中心，西至甘肃，北到内蒙河套，东到河北东部，南达湖北西北部。黄河流域的黄土地带，被人们亲切地称为中国古老文化的摇篮，仰韶文化恰恰孕育在这个摇篮之中。

仰韶文化是怎样的一种古老文化呢？从作为国家重点文物保护单位的半坡遗址中可找到答案。

1953年，在陕西西安发现了一处属于仰韶文化早期的遗址，叫作半坡遗址，出土了近万件文化遗存，使人们对仰韶文化的了解深入一步，大大开阔了眼界。遗址中出土了许多磨制的石斧、石镰以及蚌镰和陶镰，还发现有窖藏的粟（即谷子），在一个小陶罐中还存放着一些菜籽。这些东西是在一个可以居住四五百人的村庄遗址上发现的。居住区的中心有一座大型房子，大房子四周分布有几十座中小型房子，小房之外有一条深宽五六米的壕沟围绕着，勾画出一个完整的氏族村落。村庄遗址中除屋室外还有窖穴和栅栏，屋中还放置有许多盆盆罐罐。这种种迹象表明，半坡的原始居民们已在这里长期定居了，有计划的种植经济早已成为他们生活的主要来源,人口已比较兴旺了。这种状况还可以用考古学家的一个统计数字来表明:经历了一百六十七万年的旧石器时代的原始人类遗址,目前被发现的只有六十多处;而只经历了几千年的新石器时代的先民遗址,目前被发现的多达六千多处。不言而喻,新石器时代氏族公社已进入繁荣发展的时期了。

仰韶文化是以彩陶为特色的。半坡遗址出土的彩陶是其中的精品之一,显示着这一历史时期的灿烂夺目的文化成就。

陶器中有一种陶甑,分上下两层,中间有气孔相通,下边起釜的作用,上边起蒸屉的作用。这说明半坡人已懂得利用蒸气了。半坡人制作的尖底瓶,小口、大腹、尖底,打水时可自行歪倒灌满,巧妙地利用了重心的原理。陶器上的纹饰告诉人们,半坡人已懂得计数,并有了等边三角形和平行四边形的知识。

半坡彩陶上绘有人面鱼纹和蛙、羊、鹿等生动形象,堪称原始美术的杰作。所以,在中国美术史上受到了特别的称赞。

半坡彩陶上,还刻有二十二

彩陶鸟鱼石斧纹深钵(仰韶文化)

彩陶双耳壶（仰韶文化）

种文字符号。中国文字学家认为这是中国方块汉字的雏形，从而证明方块汉字已有六千年左右的历史。

中国的"文房四宝"之一的毛笔，过去相传是秦国将军蒙恬发明的，有两千多年历史。二十世纪初，考古学家们发现在河南安阳殷墟出土的刻在龟甲兽骨上的文字，还残存有用毛笔书写留下的朱迹。从而，毛笔的历史也上溯到三千几百年了。可是，只要看过半坡彩陶的人们都会相信，那些流畅委婉的纹饰，显然是用类似毛笔的工具绘制的。由此可见，中国毛笔的历史同中国文字的历史一样久远。

河南郑州以北的大河村，发现了属于仰韶文化晚期的一处遗址，出土了一批带有日、月、星等天象纹饰的彩陶。绘制着太阳纹的彩陶钵上的太阳，恰好是十二个，大概这是仰韶文化晚期已有了一年十二个月的原始历法的反映。还有的星宿纹残片上画有北斗星的一部分，可见当时人们已有斗转星移的一些天文常识了。这一发现受到中国天文考古学家们的特别重视，因为这是目前已知的中国天文学上最早的成就。

古老文化的又一摇篮
——长江流域的河姆渡文化

1973年,在浙江余姚河姆渡发现了一种过去不曾知道的原始文化。它位处江南,同黄河流域的仰韶文化同样古老,可是文化风貌却大不一样,别具特色。现已为国家重点文物保护单位。

比如仰韶文化中的主要农作物是"粟",可这里种植的却是水稻。稻谷堆积很厚,初出土时,稻叶色泽如新,叶脉清楚可数,须根也完好无缺,颖壳表面的稃毛都还明晰可辨。经鉴定,属于人工栽培的籼稻。

古书上说,神农氏"制耒耜,教天下种五谷"。可是,几十年来在黄河流域发现的原始农具只有石斧、石铲、石镰等,从来未能确知耒耜为何物。欣喜的是这次河姆渡遗址发掘中出土了几百件骨耜,有的骨耜出土时,柄与耜结合地方的绳索捆缚痕迹还清楚可见。这是考古工作中的一项重大发现,对研究长江流域的原始经济与社会形态有着重大的意义。

河姆渡文化的成就,不但使考古学家和历史学家们赞叹不已,并使他们不得不重新考虑:中国古老文化的摇篮,并非只有一个黄河流域。长江流域也是中华民族文化的一个古老的摇篮。

父系氏族社会的历史见证
——以泰山为中心的大汶口文化

自从原始农业发明以后,历史就由旧石器时代跨入新石器时代了。这大约是在距今一万年左右的时候。随着农业的发展,母系氏族公社制度也达到了繁盛时期。那时,妇女的劳动在氏族公社的经济活动中居于重要的地位,妇女也受到特殊的尊重。河姆渡文化和仰韶文化都是母系氏族公社时期的文化遗存。后来,随着农业与手工业的分工,以及各个生产领域劳动的进一步专业化,男性的劳动逐渐在生产活动中居于主要地位,从而男性在氏族组织中也逐渐取得了支配地位。母系氏族制度也就逐渐转变为父系氏族制度了。大汶口文化以及继大汶口文化之后的龙山文化等就是这一时期的历史见证。

世界文化与自然遗产泰山是古老的,在旧石器时代就有人类活动的踪迹;在新石器时代,泰山孕育了灿烂的大汶口文化和龙山文化。

大汶口文化,于1959年在山东省宁阳县堡头村首先发现,以泰安大汶口得名。

大汶口文化,大约开始于六千多年以前,绵延到距今四千年左右。它主要分布在以泰山为中心的山东省境内,以及江苏、安徽北部、河南的东部和中部。也可以说它是河、淮地带的古老文化。

　　大汶口文化早期已是母系氏族制度的尾声，而中期和晚期，则已是父系氏族社会了。这时，私有制已在氏族公社经济中萌芽，出现了富有家族与贫困家族。这种社会状况可以从大汶口的葬仪中得到证实。

　　在大汶口墓葬中，明显地分成大墓和小墓群。大墓中，死者往往使用几十根原木横竖咬合，叠成"井"字形棺椁，随葬有大批财物。其他大汶口文化墓葬中也是这样。有的随葬陶器多达一百二十多件，远远超过了死者生前的实际生活需要。有的还随葬有镂花象牙筒、鳄鱼鳞板、玉铲、宝贝、龟甲等珍奇物品，以显示其生前的富有。可是其他许多小墓却只挖有才容得下尸体的小坑，除一具白骨之外，别无他物。龙山文化时期，这种贫富分化更日甚一日。为什么有些人拥有那么多奇珍异宝，又为什么那么多人赤贫如洗？显然，这个时期私有制的发展已把以公有制为特点的氏族公社制度弄得破败不堪了，平等的氏族成员逐渐分化为不平等的阶级。中国原始社会从此由解体到崩溃，历史大踏步地迈向文明时代了。

二、古老传说中的古老文化

有巢氏构木为巢
——建筑的起源

先民最早的主要住所或许就是天然洞穴,君不见,古人类学家发现的古人类遗址大多是在什么猿人洞、山顶洞、龙骨洞等洞穴中吗?

在北方,天寒地冻,先民如果没有天然洞穴可以藏身,不得不开挖人工洞穴。有就地而挖的,名曰地窨子,或建造半穴居式草舍。黄土高原的先民,则在坡上挖洞,今称窑洞。近些年,世界不少建筑学家专程来中国对窑洞进行科学考察。考古已确证,它至少已有五千多年历史。

在南方,湿热多雨,先民先栖身于树上,后构木为巢,就是传说中的有巢氏的建筑活动。构木为巢,发展成干阑式建筑,至少是在七千年以前了。

作为国家重点文物保护单位的河姆渡文化遗址,发现一处

云南西双版纳傣族干阑式建筑

大型干阑式建筑。其遗址长23米，进深7米，用了几千根木料，以榫卯衔接、构架而成。地板采用企口技术，上下不见通缝。那时还不知铜铁为何物，仅凭石器竟建造成如此壮观的建筑，或许可以说这是有巢氏的一绝吧！

这一绝技，后世得到了发挥。世界文化遗产北京天坛，其祈年殿完全靠榫卯架构而成，不用一根铁钉。南方少数民族居住区，有傣族的竹楼和侗族的木楼，其构木的绝技同样是有巢氏一绝的发挥。

在世界建筑史上，如果说西方古代建筑以巨石构造为特色；那么，在东方，中国古代建筑则以木构为特色。

燧人氏钻木取火

——从利用自然火到人工取火

人世间何时有了火？这是个千古之谜。在西方，古希腊人创造了普罗米修斯从上帝那里盗来火种的神话；在东方，中国先民创造了燧人氏钻木取火的传说。

现代考古学则提出了自己的答案。在北京人的洞穴里共有十三层堆积，其中有四层发现灰烬。残存有大量的烧骨、烧石和木炭。显然，北京人不仅已知用火，而且已知保存火种。

这是1930年得出的答案。此后，在中国大地上，又接二连三发现先民用火遗迹。发现元谋人的用火遗迹，共有三层，其含炭层上下相加厚达3米。在山西芮城西侯度文化遗址，发现一批烧骨，有鹿头、马齿，较多的是大型哺乳动物的肋骨。

从而可知，早在一百七十万年前，中国大地上，长江上下、大河南北，先民都已知利用自然火了。

人类从怕火到知道用火，是了不起的进步，但当懂得用摩擦生火的道理人工取火时，才真正地支配了火这种自然力，才取得了更大的自由，才得以大跨步地迈向文明时代。

考古学家根据在中国大地上旧石器中期和晚期古人类遗址的发现，从而判断：中国大地上的先民，早在几万年至十几万年前，即已进入传说的燧人氏时代，已知人工取火了。

钻木取火的古老方法，直至1949年前后，在中国大地上的一些偏僻地区仍有人使用着。错竹取火，独龙族人直至1957年还在使用。

伏羲氏与丁村人、许家窑人
——猎人时代的文化

在距今二十万年至十万年的时代，一批批采集者先后成长为勇敢的猎人。在古老传说中，称之为伏羲氏时代。这在考古发掘方面得到了充分证实。

丁村人、许家窑人制作的大量石球表明，至晚在十几万年前，原始狩猎经济已进入大型围猎的阶段。

飞石索之后，又发明了弓箭。相传，弓是伏羲氏发明的。伏羲氏意为打猎的人，说弓是猎人发明的，这不离谱。

考古学家在山西、内蒙，多处发现石镞，那就是丁村人、许家窑

伏羲氏

人的后代用的箭头了。相传,矢是黄帝之臣夷牟发明的。考古说明,箭的发明,比黄帝时代早得多,不是几千年,而是距今约三万五千年。

猎人时代,形成了与其生活相适应的文化。比如,古之"悬弧"之俗。即:谁家生下男孩,便在大门上挂一张弓。《礼记》记载了这一古俗,它的溯源大概也不只二三千年,或许要追溯到多少万年前的猎人时代吧!

古籍又载,"伏戏(羲)氏作瑟"。飞石索和弓箭的使用,使猎人最早听到了弦索的动听音响。瑟作为一种多弦乐器,其制作可能在这受到了启发。可知,先民持弓奏出弦音是有史几万年了。

神农氏教种五谷
——农耕文化的兴起

古籍载,神农氏"制耒耜,教天下种五谷";又载"神农之时,天雨粟,神农遂耕而种之",于是,"五谷兴助"。神农氏带领先民迈进农耕的时代,农耕文化兴起了。

近几十年的考古成果揭示:自古以来,中国农业就有两大体系,像建筑起源时的北、南不同一样。

一是以粟谷为主的体系,起源于黄河流域,至少在一万年以前。半坡遗址的考古发现中,有窖藏的粟,那是六七千年以前的谷子。近半个世纪以来,黄河流域粟谷种植少了,北方人已以小麦、玉米为主食。小麦在西亚于九千多年前开始种植,移来黄河流域也有五千年了。玉米最早于七千年前种植于美洲,它在黄河流域的种植史才近五百年。

二是以稻谷为主的体系,起源于长江流域,最早的距今已两万年。河姆渡文化遗址,发现了七千年前的栽培稻谷。继而,在江西万年仙人洞、湖南道县玉蟾岩、广西桂林庙岩等文化遗址,出土有距今一万四千年到两万年的稻谷遗存。中国至今为世界上稻米产量和消费大国。中国北方人喜面食,而南方人则偏爱大米,饮食上形成了北、南不同的特色。

伴随着原始种植业的发展,原始的畜牧业和渔业也发展起来。猪,早在一万年前已成家畜,汉字"家"就是屋里养了一头猪的象形。牛、羊、鸡、狗,八千年前也开始家养了。马的驯化略晚,但也有四五千年的历史。早在七八千年以前,中国大地上的先民已开始大量制造鱼钩、鱼镖、网坠以及射鱼的骨镞,为考古发现所证明。比姜太公钓鱼还早四五千年,先民已开始钓鱼了,原始渔业发展起来。

"神农尝百草"
——中国医药的由来

古书上说,"神农尝百草,一日而遇七十毒"。相传因神农氏乃玲珑玉体，遇毒入内便能设法吐出。后来，神农氏服下带有剧毒的断肠草，未及吐出，肠已烂断，不幸死去。神农氏是经过亲自品尝百草而知药性的，最终竟为医药事业而献身。

神话不是信史，然而，可以说是现实的折射，自有其真实的内容。药物学知识虽不是哪一位"神农氏"的独创，难道不可以说它是千千万万个"神农氏"品尝百草的总结吗？

从神农氏时代始，至秦汉之际，历时几近八千年，中华第一部药典——《神农本草经》方被写定。《神农本草经》载有药物三百六十五种。

医学比药学起源当早。伏羲氏时代可能已知用竹针、骨针、砭石放血，相传"伏羲制九针"。中国独创的医术针灸，从此也就起源了。

医学领域中专职的医生出现较晚。相传"巫彭作医"，"巫"和"医"在远古是不分的。古写的医字为"毉"，其下从"巫"。至春秋时的名医扁鹊出现，医学方与巫术分离，逐渐走向科学。

三、文明时代的诞生

"人文初祖"黄帝
——新制度诞生前的阵痛

传说在约五六千年以前,中国大地上已是一片兴旺的景象。北方住着狄人,西方住着羌人,南方住着苗人,东方住着夷人,等等。

东方夷人有个著名的首领叫蚩尤。兽身人言,吃砂石,以金作兵,还会作雾,打起仗来很厉害。黄河中游居住的羌人中,也有位了不起的英雄叫共工。羌人"振滔洪水",危害了下游夷人的利益,双方开了战争。结果,蚩尤把共工氏打败,共工一怒之下,竟以头触不周之山,直撞得"天柱折,地维绝"。据说,从此就天倾西北、地陷东南了。

接着,蚩尤又同北方氏族部落的首领黄帝大动干戈。开始,蚩尤占了优势,直追到黄帝的后方涿鹿(今河北涿鹿东南)。这时,黄帝和羌人的首领炎帝结成联盟,在涿鹿同蚩尤进行决战。

蚩尤又造了大雾来使黄帝的士兵迷失方向,可黄帝发明了"指南车",在大雾中士兵们也能准确地辨别方向。后来,黄炎联盟取得了大胜,蚩尤被捉到杀死了。

黄炎联盟在打败蚩尤以后也走向破裂。起因据说是"炎帝欲侵凌诸侯",想争夺盟主的地位。可是,"诸侯咸归轩辕",都被黄帝争取过去了。结果,双方诉诸武力,在阪泉摆开了战场。双方打得很艰苦,黄帝"三战,然后得其志"。炎帝一败涂地,黄帝声威大震。四方首领公推黄帝做了"天子"。

相传黄帝做了"天子"以后,发明了许多东西,如衣裳、舟车、宫室。又命臣子伶伦制乐器,大挠作干支,仓颉造文字。黄帝的妻子嫘祖还教人们养蚕。从此,天下大治,人民安乐。黄帝是战争中的胜利者。长期的大规模的战争打破了氏族的狭窄界限,推动了各族人民的融合,逐渐形成了古老的华夏族,即汉族的前身。因而,后人又尊黄帝为华夏族的始祖,把一切文物制度的创立都归功于黄帝,称黄帝为"人文初祖"。

传说黄帝陵就是黄帝之墓,黄帝陵所在的县治就叫黄陵县。黄帝陵是国家重点保护的文物单位。那里有陵墓、殿宇、碑石,还有数万株苍松古柏,雄姿勃勃,郁郁苍苍。

古老的传说中充满了神话色彩,历来又加了不知多少后人的附会,自然不全真实。但仔细想来,黄帝时期那一系列前所未有的惊心动魄的战争,恐怕并非无缘无故,也不会全都是向壁虚构,那不正是在旧制度中孕育着的一个新的社会制度即将临产而引起的阵痛吗？黄帝以降,中国历史进入了一个大变革的时代,即原始氏族公社制度崩溃和奴隶制兴起的时代,中国由无阶级社会向阶级社会过渡的时代。这个时代持续了多久呢？恐怕至少有几百年,甚或上千年,直到四千多年前夏朝的建立,才告结束。

尧舜的禅让
—— 氏族民主制的衰亡

黄帝以后,不知又过了多少年,出了个叫尧的人做了"天子",国号唐。尧以后,又有个叫舜的人做了"天子",国号虞。据说,这两位天子都很俭朴。尧住茅草屋,墙上连白灰也不涂,吃的是糙米饭,喝的是野菜汤,冬天披张鹿皮御寒冷,衣服不到破败不堪不更换。尧还说,天下有一个人饥寒或犯罪,那就是他的过错。舜也是这样,更能吃苦。他亲自去耕田,去渔猎,同

帝尧像

陶工们一起去制陶,同人们亲密无间。当时,"五日一风,十日一雨",老百姓都安居乐业,爱戴尧舜如同父母日月一般。

古书上说,尧建都平阳,即今山西临汾。临汾市区南4公里有尧庙村,祭祀尧的尧庙建于此。尧庙附近还有尧陵,尧陵现已为国家重点文物保护单位。尧庙始建于晋,历代屡修,主殿广运大殿中的尧和大臣的塑像仍保持了唐塑的风格。

尧舜是万民之首,可是仍依古老的民主传统办事,有什么大事都要征询四方首领的意见,同大家一起商量。当时用人也是进行推举,选贤与能,连尧舜的帝位也是禅让的。据说,尧年老时,征得四方首领的同意,将帝位让给了舜。舜年老时,也是这样,并不把帝位传给自己的儿子商均,而是禅让给治水有功的禹。

这些就是被后世史家所称道的"唐虞盛世"和"尧舜禅让"的故事。故事中描绘的显然是一幅理想的原始大同社会的生活画图。禅让的传说反映的则是古老的氏族民主制的传统。这些美丽动听的故事,有着一定的历史真实性作依据,但并不全面。根据另一些古文献记载,尧舜帝位的更替,外表上维持着禅让的形式,实际上却是在激烈斗争中进行的。

相传,"尧德衰,为舜所囚"。舜还把尧的儿子丹朱阻于外地,不许他们父子见面。又说,尧称帝时,"舜南面而立,尧帅诸侯北面而朝之"。显然,尧向舜屈服了。舜继尧位,任贤惩凶,天下称快。舜年老时,仍依照氏族民主制的传统习俗,在四方首领的议事会上推举继承人。可是,此时此刻,禅让的帷幕再也掩盖不住对帝位的激烈争夺了。所以,舜最后被禹逼跑了,死于鸣条(今河南封丘东)。

政治是经济的集中表现,任何社会政治的重大变革无不是深深植根于社会经济基础之上的。反映氏族民主传统的禅让制,是以氏族公社的公有制经济为其基础的。原始社会末期禅让制的名存实亡,那是因为在氏族公社的内部,家族私有制已经过长期孕育逐渐成熟起来了。家族私有制在政治上的要求则表现为传子制。尧舜禹时代禅让与传子的斗争,正是两种不同的社会制度斗争的集中反映。从此以后,氏族民主制就连同石斧一起进入了历史博物馆,而以青铜器为特色的奴隶制则迅猛地发展起来。

大禹治水与造城
——跨向阶级社会的进程

传说尧舜时,黄河泛滥,洪水冲毁了房屋,淹没了禾稼,拔倒了大树,卷走了人畜……那真是可怕的灾难。

当时,尧召集四方长老和首领们议事,大家一致推荐鲧(gǔn滚)出来治水。鲧是曾经居住在黄河流域一带、经常同洪水作斗争的一个氏族部落的首领。鲧采取古老的传统治水方法,屯土筑堤,以堤防水,保护氏族的聚落和土地。但洪水太大了,鲧筑的堤防一次次被冲垮了。鲧奋斗九年,勤勉不息,结果还是失败了。

在舜主持的议事会上,人们又一致举荐禹领导治水。禹是鲧的儿子,从小跟先人治水,积累了许多实践经验,也深知鲧失败的教训。禹为人勤劳、俭朴,又很谦虚。他再三推荐贤者以自代,大家还是把这项重任委托给了他。

禹遂毅然奉命,不敢稍有懈怠。他背着干粮袋,拿着工具,勘察山川地势,足迹遍及九州。禹在亲自调查研究的基础上改变了各氏族部落分散治水的办法,动员九州的力量统一划分治水区域,并把边界上的大树剥掉皮,刻上表记,以作标志。禹鉴于鲧采用"堵塞"的办法,九年无功,就改用"疏导"的方针,先导大河之水入于湖海,再导沟壑之水入于大河。禹用了十三年的时间,终于把洪水驯服,治理得地平天升了。

这就是家喻户晓的"大禹治水"的故事。这个古老的故事告诉我们,浩浩荡荡的洪水给先民们造成了灾难,人们在同灾难的斗争中增长着才干,密切了联系。洪水被战胜了,氏族部落之间的狭窄界限也在同洪水斗争中被突破了。这种在同自然斗争中引起的组织形式的变革,不久就反映到社会政治生活中来了。

夏禹王像　　　　　　　　　　　　大禹陵

禹不仅有治水之功，而且有造城之绩。古书上说，"城廓自禹始"。

造城者，比禹还早的有吗？《淮南子》载，"鲧作九仞之城"。鲧为禹之父，自然早于禹。《史记》所载更早，说"黄帝为五城"，"邑于涿鹿之阿"，即建城在涿鹿山下的平原上。

城池的修造，是人类从野蛮跨入文明的标志之一。"人文初祖"黄帝之时，文明时代即已诞生。说黄帝之时已修造城池，从考古发现中可找到佐证。

早在二十世纪五十年代，古城考古已开始。半个世纪里，发现河南淮阳平粮台古城等近四十座，时代大多在四千年上下，足可佐证"鲧作城"、"禹作城"的传说并非虚妄。

还有可佐证黄帝前后造城传说的考古发现。

二十世纪九十年代初，在山东邹平发现丁公村古城。比平粮台古城大一倍，规模宏大，始筑于距今四千六百年前。

从1991年到1998年，又在湖南澧阳发掘了城头山古城遗址。古城始建于六千年前，约于四千年前废弃。人誉称之"中华第一古城"。

平粮台、丁公村、城头山三处古城遗址，均为国家重点文物保护单位。三座古城及其同时的座座古城，面对人类历史作了回答：新的设防城市的"城楼已经耸入文明时代了"。

禹的所造城，是跨向阶级社会进程的坐标。

嫘祖教人养蚕
——丝绸的初现与丝织的发展

相传，黄帝的妻子嫘祖教人养蚕。一天，嫘祖看到了桑树上吃桑叶的蚕。接着,她又发现蚕结了茧子。于是,她把茧子摘下来,看到茧子上面是一层层的丝,摸一摸又光滑又柔软。她试着抽出丝来,先是抽着抽着就断了头。她便改进方法,把茧子放进热水里烫过再抽,抽出长长的丝来。她把如何养蚕、如何抽丝教给了人们。有了丝,就可织成各种各样的丝织物,后来统称为"丝绸"。

另一传说,说伏羲氏时人们就会养蚕、抽丝了。"太暤化桑蚕为穗帛",即指此。

丝绸的初现,是在五千年前的黄帝时还是更早?

1926年,在山西省夏县西阴村仰韶文化遗址中发现一个"半割的茧壳"。1928年,经美国一学院鉴定为蚕茧。这一考古发现说明,在五千年前至七千年前的中国大地上已有人养蚕、抽丝了。但,这一考古发现受到了质疑。

1958年,距今约四千七百年的浙江吴兴钱山漾遗址中发掘出一批丝织物,有平纹绢片、蚕丝编的丝带和用蚕丝搓捻而成的丝线等。绢片呈黄褐色,仍有很好的韧性。经鉴定分析,认为是先缫后织的织物,蚕也是家养的了。考古发掘出的实物证明了古老传说的可信。

河南荥阳青台遗址也发掘出了丝帛痕迹,同样可证明五千年前丝绸已初现。

缝制比养蚕、抽丝更早。古书上说的是,"神农之世","织而衣"。而考古发掘出的实物则证明：旧石器时代晚期已有缝制工具。距今大约一万八千年，山顶洞人已会磨制用作缝制的骨针。从新石器时代的百数以上的文化遗址中，大都发掘出纺轮一类的缝制工具。河北武安磁山遗址发掘出的四件陶纺轮，距今已有七千三四百年。距今六七千年的河姆渡文化，其遗址发掘出了一批木制的织机部件。

缝制所用的布料，葛、麻之类的织料比丝绸要早。西安半坡、临潼姜寨、华县泉护、陕县庙底沟等仰韶文化遗址都有麻布的考古发现，华县泉护遗址还发现了染成朱红色的麻布。

初现于伏羲氏或黄帝时的丝绸，至夏、商、周便逐渐普遍使用了。殷墟出土的甲骨文，有桑、蚕、丝帛等字。商、周两代，已有官办的丝织业，与民间丝织业同步发展。春秋战国时期的丝绸品种多种多样，古书上载有帛、缦、绨、素、缟、纨、纱、縠、绤、纂、组、绮、绣、罗等，这说明了丝织工艺已发展到了相当高的程度。

四、"夏传子,家天下"

"大同"向"小康"转化
——奴隶社会的开端

禹治水有方,深孚众望。舜年老时,禹作了续任首领。

尧舜在位时,就同聚居在江、淮、荆州(今河南南部至湖南洞庭、江西鄱阳一带)地区的三苗屡有冲突。三苗据有长江中游,是一强大的部落,文化相当发达。禹继帝位后,决计对三苗大举进攻。战争中,禹射中了三苗的作战首领,"苗师大乱",三苗败北,一部分逃亡了,一部分被俘后成了奴隶。三苗属黎人,因而古代又把奴隶称作"黎民"。史家们讲中国奴隶的发生,总是要追溯到这次战争。

禹本来因治水有功获得了崇高的声誉,又因讨伐三苗战功赫赫,大大加强了手中的权力。相传,"禹会诸侯于涂山,执玉帛者万国","禹朝诸侯之君于会稽之上,防风君后至,而禹斩之"。参加会议的要执玉帛,迟到的竟遭杀戮,一声令下,"万国"听命。这时的禹,早已不是氏族部落中的天然尊长,已经成为名副其实的威严赫赫的国王了。

"禹朝诸侯之君于会稽之上",是古史相传的。而位于今浙江绍兴的大禹陵,则是真实的存在,是国家重点保护的文物单位。

禹年老时,仍遵照氏族社会的传统习惯在议事会上推举贤能做帝位的继承人。四方长老一致推举皋陶(gāo yáo 高摇)。皋陶与禹同为舜臣,相传皋陶是中国历史上第一位制定刑法的人。皋陶未就任就去世了。大家又推举伯益。伯益曾协助禹治平水土,相传伯益是发明凿井术的人。在推贤举能之前,禹的儿子启早就借助禹的权势和财富,培植起自己的庞大势力。禹逝世时,启的力量已成,遂灭伯益,夺得了权位,建立了夏朝。从此,中国历史上以氏族公社公有制为特点的"大同之世"宣告结束,而以家族私有制为特点的"小康之世"开始了。

"大同"、"小康"之语,出自《礼记·礼运》。"天下启公",是谓"大同"。大同之世,以氏族公社公有制为特点,是石器时代。"天下启家",是谓"小康"。小康之世,以家族私有制为特点,是青铜时代。"大同"向"小康"的转化,是人类历史发展的必然。

"夏传子,家天下。"即"天下启家"。这是中国奴隶制时代的开端。

"少康中兴"
——奴隶社会的确立

"大同"向"少康"转化,不会是平平静静的。是继续"天下启公",还是沿循"天下启家"?"天下启家",又是谁的家天下?这其中必有一番又一番的较量。

夏后(后,即君主)启,居然不顾氏族社会的传统习惯,打破了禅让制,杀死了伯益,以武力夺取了王位。这件事使当时的社会大为震动。拥护的有,观望的有,反对的也有。首先起兵反对的是有扈氏。有扈氏与夏还是同姓部落呢!启也立即率兵讨伐。启在甘(今陕西户县)一战,取得全胜。

启死后,太康即位。不久,就被东方夷人的首领羿赶跑了。羿是神话传说中的神箭手。羿自恃善射,不修政事,淫于田猎,被他的臣子寒浞(zhuó浊)攻杀了。寒浞成了夏家天下的最大威胁。

夏遗臣拥立太康弟仲康,仲康传位于子帝相,帝相后被寒浞之子浇推翻。

帝相之子少康,于有虞氏(今河南商丘)亲率一旅(五百人),反击寒浞及其子。因得各部落之助,攻杀了寒浞父子,重新恢复了夏的统治。这,史称"少康中兴"。

夏传子、家天下的新制度,经历了上百年的动乱和斗争,才算最后确立起来。

从禹计起,夏代共传十四世,十七个王。最后一个就是中国历史上第一个残暴的君主夏桀。桀残忍成性,淫佚无度,弄得民不聊生,怨声载道,最后为商部落的首领汤所灭。中国历史上历时四百七十一年的头一个王朝就这样结束了。

清台与夏历
——天文与历法的印记

夏、商、周皆设有观察日月星辰的天文台。古书上说,"夏为清台,商为神台,周为灵台"。汉代沿称清台,或灵台。"清台",是中国最古老的天文台名称。

夏代出现的一些奇异的天文景观,后来的古籍中多有记载。

"五星连珠"。夏代初年,"五星如连珠,明如合璧"。有关这一星象的记录,是世界上最早的。"五星连珠",是指金、木、水、火、土五星在天空上出现,形成了一串。现代科技测定,这次"五星连珠"出现在公元前1953年2月23日。

日蚀。仲康时,日蚀发生,天昏地暗,"啬夫驰,庶人走"(《书经》)。这次日蚀首载于《书经》,故称"书经日蚀"。《书经》的这一记录,在有关日蚀的记录中,是世界上最早的一次。

现代科技测定,这次日蚀出现在公元前1876年10月16日。

陨星雨。夏代末年,"夜中,星陨如雨。"陨星雨,仅中国文献记载的即多达九十七次。然而,《竹书纪年》如此古老的确切的记载,在世界上却是罕见的。

有关夏代地震的记录,是世界上最早的地震记录。《竹书纪年》载,夏帝发七年,"泰山震"。以此为始,在约四千年间,中国文献记载地震资料多达一万五千条。如此丰富的地震资料,在全世界是独一无二的。

至于历法,夏禹"颁夏时",后称夏历。夏历是以星象与物候相结合的阴阳合历。一年分十二个月,含冬至之月后的第二个月即建寅之月为岁首。1912年,中华民国颁行西历。至今已九十多年了,但农村仍广泛沿用农历。这农历虽早非"夏时",可仍称之为"夏历"。

五、商王朝的兴亡

"成汤革命"
——商朝的兴起

商鸟形黄玉珮

相传在四千多年前,正当夏王朝在黄河中游发展的时候,东方兴起了一个强大的部落——商。

商的始祖叫契,曾协助禹治水,功勋卓著,封于商。相传契的母亲简狄,吞吃了燕卵而有孕,生下了契。这种卵生的传说在东方不少民族中流传着。商代的族徽表明,商人是以鸟为图腾的。

商部落从契始,经过四百多年,传到十四世,出了个具有雄图大略的首领叫汤。汤不拘一格,打破传统,广募人才。他从奴隶中提拔了一位很有才干的首相，叫伊尹，接着许多能将贤臣也都跑到他的麾下来了。商逐渐强大起来，不断向外发展，活动于黄河中下游一带，向东足迹早已遍及渤海沿岸。

商，原本是臣服于夏王朝的，如向西发展，就必然同夏王朝争短长了。汤采取剪除夏王朝羽翼，壮大自己，以观静变的策略，先后攻灭了十几个小国和部落，拔除了夏王朝在东方的屏障，所以更加强大了。

夏王朝这时正是暴君桀统治着。桀看到汤的作为，就把汤抓起来囚禁在夏台，即今河南禹县的钧台。不久，桀又把汤放了，汤就更加紧了灭夏的准备。

商汤王像

桀性残忍，喜淫乐，以琼玉建造宫室，用肉堆成小山，贮酒造成池塘，无日无夜地宴饮。据说酒池中可以行船，而宴会上"一鼓而牛饮者三千人"。桀以穷奢极欲为乐，而夏民不堪其苦。当时的人民愤怒地骂道："时日曷丧，予及汝皆亡！"意思是说：你哪一天完蛋呀？我们情愿跟你一起灭亡！

夏王朝中有个正直的大臣叫关龙逄（páng旁），诚恳地劝夏桀要爱护人民，节省用度。桀非但不听，还把关龙逄拖出去杀了。这样一来，桀的重臣们谁也不敢劝谏了。有的眼见夏王朝江河日下，大势已去，就逃到商汤那里去了。不久，有的臣服于夏的诸侯和部落，也公开反叛夏桀了。

商汤看到时机已经到来，立即起兵伐夏。桀与汤会战于鸣条（今河南封丘东），桀被打得大败。桀这时悔恨说："我真后悔没有把商汤杀死在夏台，以致弄到如此地步！"桀最后逃到南巢（今安徽巢县东南），死在那里了。

鸣条一役，汤取得大胜，遂建都于亳（今河南商丘北），开始了商王朝历时六百多年的统治。

这段故事发生在三千六百多年以前，史称"成汤革命"。

纣王的功过
——商朝的灭亡

商王朝自成汤开国，到最后一个君主，共十七世，三十一王。其中虽屡有兴衰，可重要史迹流传下来的甚少，值得一提的是盘庚迁殷。盘庚是商王朝的第十世，第二十个王。盘庚以前，商的都城多次迁徙，影响着国家的稳定。自盘庚定都于殷（今河南安阳小屯）以后，八世十二王，历时二百七十三年，都定都在这里，这给商后期经济、文化的发展带来很大好处。所以从盘庚迁殷以后，后人又称商为殷。

殷的最后一个王叫纣，传统的历史著述和文学作品，都把他描绘成一个残暴的君主。

据说，纣王是个动作矫健、见闻广博、能言善辩、机智过人的人。可他又自恃聪敏，目中无人，视重臣如草芥，视黎民如粪土，穷奢极侈，为所欲为，同夏桀一样，喜淫乐，性残忍。

相传，纣王在沙丘（今河北广宗西北大平台）地方，"以酒为池，悬肉为林"，令男女裸体，相逐其间，狂欢滥饮。为了这种腐化生活，他加重人民的负担，无限制地搜刮。传说他在朝歌（今河南淇县）城内花七年时间，修了一座周长三里、高百丈的殿宇，叫作鹿台，这是堆积钱财的地方。又在巨桥（今河北曲周东）修造了庞大的国库，堆满了粮食。这样，就弄得民不聊生，怨声载道。

纣王为了钳制舆论，镇压人民的反抗，又创制了种种酷刑。有种刑罚是以铜作柱，上涂膏油，置于火上，让罪人在铜柱上爬行，这就叫"炮烙"。有些大臣对纣王的倒行逆施看不过，对他进行劝说，竟被他剁成了肉酱，叫作"醢（hǎi 海）刑"；有的被割成一条条，晒了肉干，叫作"脯刑"。纣王的叔父比干也来劝他，纣王就说："听你说得这么好，倒很像个圣人，我听说圣人的心有七窍，挖出来让我看看！"说着就挖了比干的心。其他重臣，有些迫于形势，只好逃跑了，有的就装作得了精神病。国内一片恐怖。

就在纣王倒行逆施的时候，商王朝西方岐山一带有个叫周的小国，一天天兴盛强大起来。许多臣服于商王朝的诸侯国，转而倾向于周，尊周王为领袖了。纣王的臣子们对此已感到不安，纣王却不加理会，还在杀害孕妇，剖取胎儿取乐呢！

公元前1027年，周武王带领三千勇士，四万五千甲兵，联合八百诸侯，来讨伐商纣王。当武王军队已到朝歌城外时，纣王才得知，慌忙派出十七万（一说七十万）商军开赴牧野（今河南淇县南）应战。决战那天是二月四日早晨，史称"甲子昧爽"。战争一开始，商军中不堪压迫的奴隶兵，就在阵前倒戈，愤然起义了。近年，陕西临潼发现西周青铜食具，名"利簋（guǐ鬼）"，其中铭文就确切地记载着这件事情。

纣王眼见兵败，逃入鹿台，穿起宝玉衣，跳火自焚了。周武王赶到，射了纣王的尸体三箭，割下他的脑袋，悬挂起来，以示商王朝从此被灭亡了。

这是自古以来中国史书对纣王的评价。如今三千多年过去了。在二十世纪五十年代，历史学家郭沫若，重新评价这位历史人物的功过，提出纣王于解放奴隶，开发江淮地带，向南方传播中原文化，以及国家的走向统一，都具有莫大的贡献。称颂纣王"功过周武"、"有功于民族"、"罪本莫须"，主张推翻这一千秋"错案"。

究竟怎样按照历史的本来面目来评价纣王的功过呢？这至今还是史学界有待探讨的一个重大课题。

商城和殷墟
——商代的文化

自从纣王的头颅被武王割下来以后，商都的历史文物就随着岁月的推移湮没于地下，默默无闻了。久而久之，在人们的记忆中也模糊起来，以致对于古文献上的简单记述，也异说纷纭，无物可证，莫衷一是了。这种状况经历了上千年，直到近代，这问题才有所解决。

在十九世纪末，河南安阳小屯一带发现殷都的废墟。二十世纪五十年代，又在河南郑州发现了古老的商城。这里可能就是商王六世仲丁所居的隞（áo 敖）都。以后，又接连在河北、山西、陕西、山东、江苏、安徽、湖北、江西等地发现了几十处商代遗址，远在辽宁、内蒙、湖南以及广西等地，也发现有商代文化遗存。这些发现，使商代的历史面貌、地域，以及文化的传播状况，渐渐被揭示得越来越清楚了。在这众多遗存中，比较有代表性的，首推郑州的商城和安阳的殷墟了。郑州商城和安阳

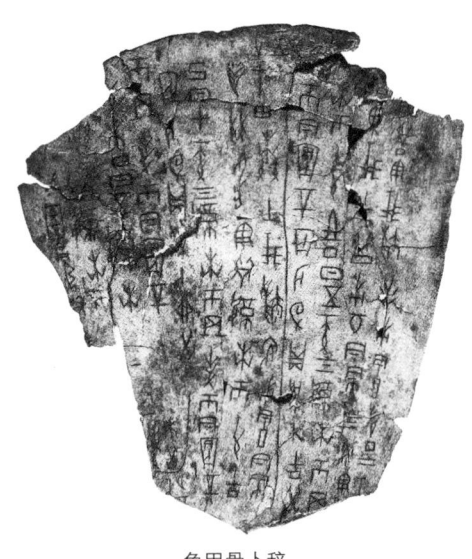

殷墟，同是国家重点文物保护单位，而安阳殷墟又是世界文化遗产。

郑州商城建于三千五百年前，是商代前期的遗物，虽然历经沧桑，至今仍保存着大体的轮廓，留在地上残墙的夯土，有的还高达七八米。据专家们估计，商城动用的土方总计约一百万立方米，在当时，一件浩大的工程，假若动用一万个奴隶夯筑，至少也要修筑十八年。城内出土有宫殿遗址多处，城外出土有两只大铜鼎。城墙、宫殿、铜鼎告诉我们，这是个规模可观的王都。这里高大的城墙，把城乡对立起来，把平等的氏族成员分裂为对抗的阶级，而阶级间的斗争已达到不可调和的地步。可以想见，商王所控制的国家机器已比较完整。

殷墟，保存的是商代后期二百多年的文化遗存，内容十分丰富。其中最著名的当推甲骨文了。甲骨文是刻在龟甲、兽骨上的文字，主要是王室占卜的记录，故又叫卜辞。殷墟先后出土的有字甲骨不下十六万片，平均每片以十字计，总字数多达

龟甲骨卜辞

一百六十余万。就单字计，为四千五百多个。已具备象形、形声、会意等各种构字方法，能比较完美地表情达意，是一种成熟的文字。甲骨文字形的契刻之美，被认为是中国硬笔书法艺术的祖型。对甲骨文内涵的研究，现已形成一门世界性的学科——殷墟甲骨学。

甲骨文堪称研究商代历史文化的百科全书。

甲骨文中明确记载有商代的世系，同史书中的有关记载基本相符。这就证明古文献中所记的商代历史是完全可信的。

甲骨文的研究表明，井田制在商代就已实行了。井田是把耕田划分为面积大小差不多的方块，以便监督奴隶耕种。商的畜牧业相当兴旺，杀牲祭祀时，一次多达三百头（一说为三头白牛），可见其牲畜之多。然而，农业生产却已成为商代生产的主体。甲骨文中记载了许多农事活动，如观黍、祈年、祭社、求晴雨等等。这些活动都必须由王者亲自举行，可见其对农业的重视。

殷墟发现的青铜器皿不下数千件。1976年在一个只有二十平方米多一点的王室墓中，就出土了四百六十八件，总重量不下一千六百二十五公斤。过去发现的司母戊大方鼎，重达八百七十五公斤。殷墟到处发现有青铜箭头。谁都知道，箭头在战争中消耗很大，又不易回收，以青铜铸箭头，可见当时青铜的产量及其冶铸规模的可观了。

寝宫与人祭
——奴隶制度的缩影

殷墟的西北部是王陵区,那里已发现十座商王室的大墓(其中有一些假墓)。墓中多以原木排成椁室,四壁漆以文彩,嵌以宝玉,椁与室之间,堆放着青铜、美玉、雕石、白陶,件件都是艺术珍品,真是琼门玉室,琳琅满目,俨然一座地下宫殿。1950年发现的武官村大墓,三千多年间,曾多次被盗掘,劫余之物还有六百八十多件,虎纹大石磬就是其中之一。看到商王死后的这种铺排,就不难想见其生前富丽堂皇的殿宇与豪华的生活了。

在王陵区与这一座座寝宫比邻的是一片祭祀场地,即杀活人以祭死人的地方。在1976年发掘的不到五千平方米的地方,已发现有二百五十个人祭坑,每坑八或十具尸骨,现已挖出的有近一千二百具。被杀祭者中不单有成人,还有许多儿童。祭场里有一排十数坑被一次杀祭的孩子的尸骨,这些只有十来岁的孩子的磷磷白骨上,深陷着奴隶主的刀痕。借此可以清楚地判明,他们是分别被砍头、腰斩、截肢而死的。迄今在殷墟一地发现的杀殉、杀祭的尸骨已有五千具。但这只是商后期二百多年间部分记载被杀奴隶总数一万五千人的三分之一。六百年的商王朝,在全国各地究竟杀死了多少无辜的人们,是难以统计的了。

寝宫与祭坑,这就是商王朝社会的缩影。它形象地反映了奴隶主和奴隶的尖锐对立,比任何雄辩的论文都更能深刻地揭示出商朝的社会本质。

象 牙 骨 尺
——商代的科技

甲骨卜辞中,记录了许多商代的天文资料。比如,以水平仪和悬垂法建立圭表。圭表用以测量日影的变化,从日影的长短测得冬至和夏至,以两个冬至间的日数测出太阳一回归年的周期。又如,对日蚀和月蚀的预卜。二十八宿中的一些星名,在甲骨卜辞中也有记录。

有关时序法,照甲骨卜辞的记录看,是日、月、年的时序法,与现在一些国家相同。三千多年前商代的日、月、年的时序法,进入周代颠倒过来,改为年、月、日的时序法,相沿使用至今。

甲骨卜辞中,卜疾之辞很多。记录的病症已有三十几种,诸如头痛、眼疾、耳鸣、鼻炎、龋齿、腹病、骨疾、流感等等。治病的方法也很多,有针刺、艾灸、按摩、正骨等,以及药物治疗。

甲骨卜辞的记录,还反映了商代兽医的一些成就。比如,广泛采用去势术。为了选择牲畜优种,除将种畜留下繁殖外,未作为种畜的公畜要进行阉割。于猪、牛、马等,都采用了去势术。

这一成就在世界畜牧史上是名列前茅的。

英国科技史家李约瑟博士曾指出,当西方开始使用"印度数位"的时候,"十进位"在中国已使用两千多年了,他接着强调说,"如果没有这种十进位,就几乎不可能出现我们现在统一化的世界"。中国的"十进位"为"统一化的世界"作出了贡献。

世界诸多的古老文化,出于计数的需要,创造了各自的位值制。比如,美洲的玛雅文化采用二十进位;又如,两河流域的巴比伦文化采用六十进位。如今世界上广泛使用的十进位,是从中国开始的。

十进位在中国又始于何时?有的学者研究了山顶洞人刻数骨管,从各骨管上刻数的数理关系推断,十进位的观念早在两万七千年前已经萌芽。在六七千年前的仰韶文化陶符中,已有五、六、七、八、十、二十等数位。显然,这里已隐含有十进位系统。

在考古中确证有十进位,是商代的甲骨卜辞。其数位不仅有从一到十,还有百、千、万等概念。更形象的直观证据是商尺的发现。那是两枚象牙制成的骨尺,是从安阳殷墟出土的,现在分藏于上海博物馆和北京的中国历史博物馆。这两枚牙尺上,都将一尺分刻成十寸,又将每寸分刻成十分。两枚牙尺是中国计量已用十进位的实物证明。

象牙骨尺,世界文化史的一个标志。

六、西周的盛衰

周人与周原
——西周的建立

周原,是一片黄土高原,在陕西渭水以北、岐山脚下,横跨今扶风、岐山两县的大部。三四千年以前,这里曾是周人的发祥地。如今,周原的遗址,是国家重点文物保护单位。

周人,相传是"禅让"时代农官后稷的子孙,传到十三世古公亶父时,才迁居到周原。《诗经》中赞颂周原说:"周原膴膴(美厚意),堇荼如饴。"意思是,沃美的周原呀,苦菜生在这里都长得甘甜可口!周人热爱周原,在这里划土田,设官吏,筑城邑,营宫室,建立起一个初具规模的国家。古公亶父后被迫尊为太王。

太王的儿子季历继立,周逐渐成为强大的方国,引起商王的不安。先是封季历作商朝的"牧师",大概是职司一方的官职。后来还是不放心,把季历杀了。

季历的儿子昌,曾一度怀愤伐商,可商强周弱,未能取胜。于是,昌在周原改革内政,发展生产,励精图治。几十年过后,周繁荣兴盛起来,邻国人民见到周的富庶,也纷纷携儿带女来到周原。周国的富强使昌成了西方诸侯国的盟主,商纣王也只好封昌做西伯,统帅一方。后来,又一度把昌抓起来,囚在羑(yǒu有)里(今河南汤阴城北)。不久,还是把他放了。昌准备灭商,可尚未举兵,就去世了,后称文王。

文王的儿子武王发继位后,"观兵于盟津(今河南孟津东北)",是对商朝的一次试探性进攻。这次闻讯自动率兵来会盟的诸侯有八百之多。两年后,商纣王杀戮元老功臣,引起朝野危机;商军主力又在东南作战,国都空虚。武王这时才下令东征,乘虚而来,在商都附近的牧野一战打垮了商军,推翻了商王朝,建都于镐京(今陕西西安),开创了周王朝数百年的基业。这就是中国历史上的第三个奴隶制王朝。

周早期的国都建在周原,其名曰"京"。最近发现了西周早期的宫殿遗址,在窖藏的王家"档案"中发现了周朝的甲骨文字。另外,还发现窖藏的青铜器一百多件。其中有一墙氏盘,上有铭文二百八十四字,记述着西周早期文、武、成、康、昭、穆六代国王的功业。这对西周史的研究,是一批极其珍贵的文物。

分 封 诸 侯
——西周巩固王权的措施

周武王在牧野之战后的第五天举行了开国大典,建立了周王朝。接着,就同重臣们商讨如何处置刚刚失败而并不甘心的殷民,怎样控制刚刚取得的辽阔疆土,以巩固新建立的周王权。军师姜太公主张把人全部杀掉,以绝后患;贵族召公则主张杀有罪,赦无辜,区别对待;武王弟弟周公旦提出封纣王的儿子武庚,用"以商治商"的办法。武王采纳了周公的意见,封武庚为商后,留居商都,又派自己的三个弟弟对武庚进行监督,史称"三监"。同时,对周的元老功臣进行大分封。

武王死后,成王继位。不久,武庚叛变,周公率兵东征,经三年才全部平息了叛乱。平叛后,把殷顽民迁到成周(今河南洛阳),派重兵监督,又把商朝故都商丘(今河南商丘北)封给微子启,国号宋。微子启是纣王的哥哥,武王克商时,他没有抵

周武王像

抗,抬着棺材到武王军前投降了。

从武王到成王,先后分封了七十一国。

在东方,把商朝旧地以及武庚发动叛变的一些地方,分割成几块,分别建立了卫、鲁、齐等国,分而治之。

在北方,建立了晋、燕等国,形成了防范戎狄侵扰的屏障。

在南方,建立了吴、楚、巴、随等国,加强了对长江流域的开发,以及同江南各民族、部落的联系。

中原地区以及西部等地,也都建立了星罗棋布的大大小小的邦国。

诸侯们大都是周王的叔伯子侄、姻亲贵戚,他们从周王那里分得军队、俘虏,领得封地,兴邦建国,对周王负有定期觐见、贡献财赋、提供军队、拱卫王室的义务。其中的一些大国,同周王的关系更为密切。如齐国的姜子牙,是开国元勋,又是武王的舅舅;鲁国的伯禽,则是周公的儿子;卫国的康叔,是成王的叔叔;晋国的叔虞,则是成王的弟弟。燕国则给了开国重臣、同姓的贵族召公奭(shì 式)。这就是分封制,即"封建亲戚,以藩屏周"。

穆天子西游的故事
——西周的鼎盛

封邦建国的制度同宗法制度相结合,加强了国王与诸侯间的纽带关系,形成了一整套严密的统治机构。这套办法和机构,使西周在前期一百八十多年间取得了相对稳定的政治局面,奴隶制的社会经济得到空前的发展,形成了中国奴隶制时代的鼎盛时期。

鼎盛时期中的成、康、昭、穆几代帝王,都成了历史的宠儿,成王与其儿子康王时期的业绩,被史家称颂为"成康之治"。成王的孙子昭王多次南征,都取得很大胜利,前面提到的周原出土的墙氏盘铭文中就记载了昭王南伐荆楚的勋业。成王的曾孙穆王,堪称盛世帝王,他一生中多次同四方作战,每战必胜,武功卓著。另外,有一个关于穆王西游的故事,同这一盛世恐怕并非没有关系。故事说:

英俊的穆王想周游天下,就命造父驾着八匹骏马拉的车子,带着一队人马,从宗周沿渭水向东进发;至盟津,渡黄河,沿太行山西麓向北挺进,直达阴山脚下;转而长途西行,绕河套,溯河

西王母

源,登上了巍峨的昆仑山;再西行数千里,到达了西王母之国。西王母在风景最美的瑶池设盛宴款待穆王一行,举觞奏乐,热情洋溢。穆王赠送给西王母大批中原特产和锦绸美绢,西王母酬以当地名贵的瑰宝奇珍。西王母请穆王游历其国中的山川名胜,穆王书"西王母之山",并种植槐树留念。临别时,穆王流连忘返,西王母劝饮再三,并作歌曰:"祝君长寿,愿君再来!"穆王此行往返三万五千里,带回了中亚和西域广大地区人民的深厚情谊。

这个记叙西周盛世同西方进行经济、文化交流的故事,是公元281年(西晋时)在河南汲县的一座战国古墓中发现了一批古简而得知的。其中有一册记载了穆王的故事(后称《穆天子传》)。它并非信史,可穆王却因为这个故事而被誉为中国最早的著名的游历家。想来,这个故事的流传,也许并非偶然的。

国 人 暴 动
——奴隶制的衰落

繁荣的西周经济,建筑在奴隶的血汗与白骨堆的基础之上,鼎盛之中,已孕育着危机。至今翻开中国最古老的诗集《诗经》,还会看到优美动听的一首首颂歌,可终究还是掩盖不住被剥削被压迫者的呻吟与呼号。那时,人的价值还不如牲畜。一匹马加一束丝就可以换取五个奴隶。非人的待遇,激起的是愤怒与控诉。奴隶们质问"大人君子"们：

> 不稼不穑，
> 胡取禾三百廛兮？
> 不狩不猎，
> 胡瞻尔庭有县貆兮？
> 彼君子兮，
> 不素餐兮！

愤怒者咒骂"大人君子"们是"白吃"。还把所咒骂的"大人君子"们比作"硕鼠"，呼号着要离开那人间地狱，去寻求"乐土"。尽管谁也弄不清"乐土"究竟在哪里，奴隶们还是一批批逃亡。《周易》记载，奴隶逃亡一次多达三百人。

西周后期，社会上被压迫被剥削者的呼号不安，已经不限于乡村和奴隶，连住在城里的国人，即平民也对奴隶制所赖以生存的土地制度诅咒不休，进行抗争了。周朝的第九代君主厉王不谙世理，贪得无厌，强行霸占着山林川泽，不许平民借以谋生，说这是"专利"。厉王的倒行逆施弄得民怨沸腾，骂声载道。

厉王就凭借周王朝制定的三千多条残酷刑法进行压制。派出密探监视人民，谁一旦被告发，就会立即惨遭杀戮。人民一时不敢讲话了，彼此见面，相示以目。厉王对此甚为得意，夸口说：我能"弭谤"了！

正如当时贵族召公虎说的,"防民之口,甚于防川,川雍则溃"。不到三年,国人忍无可忍,酿成了一场暴动,群起而攻之,把厉王赶跑了,又包围了贵族召公虎的家,要他交出藏匿着的厉王的儿子。召公无奈,只好把自己的儿子假冒王子交出。

国人暴动,标志着中国奴隶制的经济基础开始动摇,周王朝也开始由鼎盛走向衰落。这一年是西周共和元年,即公元前841年。中国历史就从这一年开始有确切的纪年了。

烽 火 戏 诸 侯
——西周的灭亡

周厉王被赶跑以后,王朝无王,就由周公和召公共同执掌政权,史称"共和行政"。共和十四年(前828),厉王死掉,王子静就被拥立为王,即周宣王(?—前782)。

宣王继位之时,正逢"国运维艰",奴隶制这座大厦眼看就要倒塌了。宣王却还想"励精图治",支撑下去。他先后对趁周室衰落起而反抗的诸侯和进犯的外族进行讨伐,把他们一个个打败或赶跑了。这样,有些长期不来宗周觐见国王和贡纳的,这时又来了。因而有"宣王中兴"之说。其实,这不过是回光返照而已,周宣王已无法挽救奴隶制崩溃的败局了。

至少在商朝就把田地划成方块块,如"井"字形,分给奴隶耕作的制度，几百年来就是奴隶制的经济基础，叫作井田制。国人暴动以后，也逐渐瓦解，并早已使得周王朝财源枯竭，养不起重兵。宣王同姜戎作战，王朝没有劲旅，只好征调"南国之师"。千亩（今山西介休）一役，王军覆没，宣王几乎被擒。这样贫弱的周王朝又怎能继续控制四方诸侯，维持其摇摇欲坠的王权统治呢！

西周最后一位君主就是宣王的儿子周幽王（？—前771）。史书上讲到西周灭亡时，总要讲到"幽王宠褒姒"的故事。

幽王妃子褒姒长得很漂亮，可是不大爱笑。幽王宠爱她，总想让她高兴发笑，但千方百计，总也不成，幽王忽然心血来潮，想不妨开个举烽火的玩笑。

幽王烽火戏诸侯（天津杨柳青年画）

"烽火",是古代使用的军事警报信号。国都四周,以及通往重镇、要塞的地方,沿途相隔二三十里就在高处建有烽火台,设有军士日夜守候。一旦敌人来犯,就举烽火报警。夜间举火,白日举烟(烧狼粪产生浓烟,故又名狼烟)。烽火狼烟就是向全国征兵勤王的十万火急的军令。显然,这是关系国家安危的重大军事措施,不可轻举妄动的。

幽王一心要博得褒姒的欢心,竟然忘乎所以,下令举火,一时,烽火连天,狼烟四起。诸侯、将领们立即统帅人马,鸣金击鼓,日夜兼程而来,好不威武。可一到都城,既不见战事,更不见敌人,各路诸侯因之大为泄气,只好偃旗息鼓而去。褒姒见此情景,不禁大笑起来,幽王竟非常得意。

幽王欲立褒姒做王后,就废了申后,又要杀王子宜臼。宜臼逃到申国,幽王又派人到申国追捕。申侯是宜臼的外祖父,怎肯将宜臼交出让人杀害呢?幽王于是派大军来讨伐。申侯联合犬戎共击幽王。幽王势危,举烽火告急。这次可再也没人来救了。褒姒被犬戎掳去,幽王被杀于骊山(在今陕西临潼东南)之下。

西周王朝的大厦终于倾倒了。骊山顶上,古烽火台的故址犹存,成为相传十二王、历时二百五十七年的西周王朝灭亡的历史见证。络绎不绝的游人来到这里,常常评论起周代帝王的千秋功过。或说幽王昏庸,褒姒倾国,罪在一人。或说那是历史的必然,举烽火只是个偶然的事件;偶然反映了历史的必然,可偶然终究是为必然所决定的。至今,这两种历史观仍在争论着。

文 王 演 易
——《周易》的文化价值

相传,周文王被监禁在羑里七年,就专心致志地研究易学,遂将八卦推衍为六十四卦,并为每卦写了卦辞,每爻写了爻辞。从此,才有了《周易》。在今河南汤阴的羑里城,有周文王演易坊。

《易》有三。一是《夏易》,又名《连山》。据说夏易因于神农,神农或曰连山氏,故名《连山》。二是《商易》,又名《归藏》。据说商易因于黄帝,黄帝或曰归藏氏,故名《归藏》。三是《周易》。夏、商的易学早已失传,现存的《连山》、《归藏》都为伪作。只有周代的易学留传至今,称《周易》。

《易》是古人算卦用的说明书,为什么以"易"为名呢?《易经·系辞》解释说:"生生谓之易。"即万事万物不是僵化的,而是生生不息;万事万物不是停滞的,而是不断发展变化。"易"之名,就体现了一种古老的宇宙观。

《易》的由来,古有"易历三圣"之说,即伏羲氏画卦、周文王系辞、孔夫子作传。除伏羲氏画卦说之外,还有十几种有关《易》的由来的说法。考古学家们有自己的看法,其依据是出土文物。比如，1978年在江苏海安青墩出土的鹿角和骨角匕上，刻有八个易卦符号，译成卦画，为艮下乾上，是六十四卦中的第三十三卦。这是大约距今五千年前的出土文物，比《夏易》、《商易》、《周易》都古老得多。

"易历三圣"中的前二圣——伏羲氏和周文王，多由神话传说助以流传。"三圣"之一的孔子，演易事迹有了文字记载。孔子已不将《周易》看作筮卜之书，而看成哲学著作。他认真研读，乃至"韦编三绝"。他曾深有体会地说："五十而学《易》，可以无大过矣。"《周易》的哲理增强了孔子在生活中的预见性。《易》因孔子的整理，后世也就奉为儒家经典，称之为《易经》。

《周易》的内容主要是讲八卦及八卦的发展变化。八卦，是八组象征性的符号。在东方文化圈里很流行，韩国国旗上就画有八卦图案。

八卦，推衍到六十四卦。古代的易者，又赋予六十四卦的每一卦以许多资讯。比如，乾卦象征天，在一定条件下，也可象征日、阳、男性、父亲、君主、刚健等；坤卦与乾封相对，象征地，在一定条件下，也可象征月、阴、女性、母亲、臣仆、柔弱等。六十四卦的资讯码组，蕴含了人类的抽象思维和主观意向，可以推衍成博大精深的哲学体系。

《易经·系辞》中云："易有太极，是生两仪，两仪生四象，四象生八卦。"太极，是指天地未分之光的混沌之状；两仪，即阴阳；四象，指四时，即春、夏、秋、冬；八卦，分别代表天、地、风、雷、水、火、山、泽。八卦变化，才生出万事万物来。从《易经》的这一基本理论可以看到，它不是从局部、从微观看世界，而是从整体、从宏观看世界。这正是直到今天中华文化所体现出的认识与思维的方法与特点。

《周易》的宇宙观与现代科学有着古今一脉的关系。有人说，德国数学家莱布尼兹，因从好友寄来的中国西周晚期八卦图得到启示，才发明了奠定现代电脑基础的二进位。另一说则是，莱布尼兹发明二进位之后，于1713年才见到八卦图，但他十分惊讶，于是以二进位的原理阐述了六十四卦的奥义。莱布尼兹之后，科学工作者接连发现八卦中阴阳二爻这两个相互矛盾的符号及其排列法，也贯通于等差级数、等比级数、二项式定理、逻辑数学、电磁波、连锁反应等原理之中，其广泛的适用性实在是令人难以捉摸。

《周易》的奥义是抽象的、概括的、推理的、变化的，而没有固定不变的形态。

《周易》是部算卦用的说明书，但也是"东方哲典"。它很神秘，却不属于神学，在一定意义上可以说它是"古老的智慧宝库"。这一古老的中华文化，传至现代，走向未来，是属于全人类的智慧宝藏。

七、春秋争霸

"尊王攘夷"
——齐桓公创立霸业

周幽王被西面的犬戎打败,死在骊山之下,太子宜臼继位,是为周平王(?—前720)。平王从镐京(今陕西西安)迁都到洛邑(今河南洛阳),史称"平王东迁"。

平王东迁以前的历史称作西周,以后的历史称作东周。东周又大致包括两个历史阶段。前段叫春秋(前770—前476),因鲁史名《春秋》而得名;后一段叫战国(前475—前221),因西汉末学者刘向编辑了《战国策》一书,"战国"才成为这一历史时代的名称。

春秋的历史,是中国奴隶制崩溃的历史;战国的历史,是中国封建社会确立的历史。春秋战国,是中国历史上新、旧社会制度交替的时代。

周天子自东迁以后,国失重地,军无劲旅,一天天衰弱下去。可是,诸侯中的一些大国,却渐渐强大起来。

东方的齐国就是一个。齐桓公(?—前643)以大政治家管仲为辅相,改革旧制,发展生产,按土地好坏,征收赋税,开矿、晒盐收归官营,选拔人材也打破陈规,给少数庶民以上升的机会,还允许犯罪的人用兵器和铜铁赎罪,用铜铁铸造生产工具。国势兴旺,日渐强大。

当北方戎狄屡犯中原、侵扰洛邑、攻邢灭卫的时候,管仲为齐桓公划策,以"尊王攘夷"为旗号,打败戎狄,存邢救卫,还安定了王室的内乱。齐桓公起了"共主"的作用,也就实际上成了诸侯的领袖,被尊为霸主。

齐桓公称霸中原时,南方的楚国也强大起来,雄心勃勃,意欲饮马黄河。管仲协助齐桓公兴师问罪,迫使楚王派人讲和。楚国北上受阻,转向东面江淮地带发展,形成了齐国独霸中原的局面。

齐桓公创建春秋霸业成为第一位霸主,同辅相管仲的运筹是分不开的。所以,古人称赞说:"管仲相桓公,霸诸侯,一匡天下。"

"假途灭虢"
——晋、楚中原逐鹿

正当齐桓公独霸中原,楚成王争雄受阻的时候,晋国在山西汾河流域也吞并了霍、耿等许多小国,逐渐强盛起来。晋国虎视中原,却为山、河所阻。晋国南部中条山下有个虞国(今山西平陆),虞国南边黄河之畔有个虢(guó国)国(今河南陕县)。晋若据有虞、虢之地,出入中原,进可攻,退可守。可是,虞、虢虽小,地势险要,路窄河宽,难于用兵。怎么办呢？

公元前658年,虞君收到晋国送来的厚礼——良马玉璧。晋国使者委婉地请求虞国借道,让晋军过境攻虢。虞国大夫宫之奇看出晋国居心不善,竭力劝阻虞君万万不可借道,虞君不听。后三年,晋又来借道,他又向虞君劝谏说:"虞、虢都是小国,相互比邻,唇齿相依,在当今以强凌弱之世,只有彼此依傍,否则,如若嘴唇没有了,牙齿的处境也就危险了。"鼠目寸光的虞君,不听劝告,让晋军长驱直过。结果,虢被吞灭了。晋军回师时,又吞灭了虞国。虞君乖乖地把良马玉璧奉还给晋国。晋献公狡诈而又幽默地说:"马还是我们的马,只是口齿老了一点了!"这就是"假途灭虢"的故事。

虞、虢早已灭国两千六百多年,不复存在了。可是,"唇亡齿寒"的历史教训,却一直流传到今天。1956至1957年,河南三门峡上村岭一带发现了虢国的墓地,出土了大批文物,再次警训后世,虞、虢的历史教训是以两国的命运与人民的鲜血写成的。

晋文公(前697—前628)时,晋国勃兴起来。这时,东方齐势渐衰,西方秦势始兴,唯有南方楚国具有争霸中原的能力。故而,晋、楚成为中原逐鹿的劲敌。

公元前632年,晋、楚会战于城濮(今山东鄄城)。开始,晋军见楚军来势凶猛,就故意引军"退避三舍"(一舍三十里),避其锋锐。尔后,乘楚军将骄兵疲,发动进攻。先击破楚军比较薄弱的右翼,晋主力又佯作退却,诱使楚军左翼迫击,然后趁势夹击,打得楚军大败。这就是中国古代战争史上著名的"城濮之役"。战后,晋文公与诸侯践土(今河南原阳西南)会盟,遂成为一代霸主。

三十五年以后,楚军又与晋军会战于邲(bì必,今河南荥阳北),晋军大败,楚庄王成为中原霸主。

春秋中叶以降,晋、楚双方势均力敌。晋联齐,楚联秦,亦旗鼓相当。晋听取了楚国亡臣献的助吴攻楚的计谋,于公元前584年开始派人教练吴军兵法战阵。吴、楚开衅,连年战争,甚至一年打七次,弄得楚军疲于奔命,不敢再冒险北进。晋军此时因内争激烈,也无力南下。于是,晋、楚都想暂停争霸战争。其他大大小小的国家,也由于新、旧制度交替,内争激烈,要求缓和。因而,在宋国的调停下,晋、楚先后召开两次"弭兵之会",停止争战,平分霸权,共作霸主。

弭兵之会,最后一次是公元前546年开的。自此以后,春秋时期的斗争形势开始了新的转变。

"卧薪尝胆"
——吴、越争霸

弭兵大会开过四十年以后,东南方比邻的吴国与越国又大动干戈,时在春秋末叶,已是争霸的尾声了。

吴处于长江下游,建都吴(今江苏苏州)。越在杭州湾畔,吴之南,建都会稽(今浙江绍兴)。

吴是在晋的"助吴制楚"的战略影响下,得到晋的帮助强盛起来的,成为楚国侧面的强大威胁。公元前506年,吴王阖闾率大军攻打楚国,以楚亡臣伍子胥作谋主,以《孙子兵法》的作者大军事家孙武为将军,直入楚境,五战五捷,一直攻下楚国郢(yǐng影)都(今湖北江陵西北)。楚昭王被迫逃难,藏在随国(今湖北随州),楚国濒临灭亡的危险。楚大夫申包胥跑到秦国求救,秦不肯出兵。申包胥哀伤祖国将亡,就靠在会馆的庭墙上失声恸哭,日夜不绝,饮食不进,七日七夜。申包胥的爱国热忱感动了秦哀公,遂借给申包胥兵车五百乘,大约合甲兵一万五千人。吴王得知申包胥借得秦兵来救,又得知吴国内部因争夺胜利果实发生内讧,只好赶快退兵。楚虽存在下来,但国势大减了。

晋助吴制楚,楚亦助越制吴。越王得楚帮助,举兵攻吴,吴王阖闾亦起兵伐越。两国交兵,吴被打败,吴王负伤而死。吴、

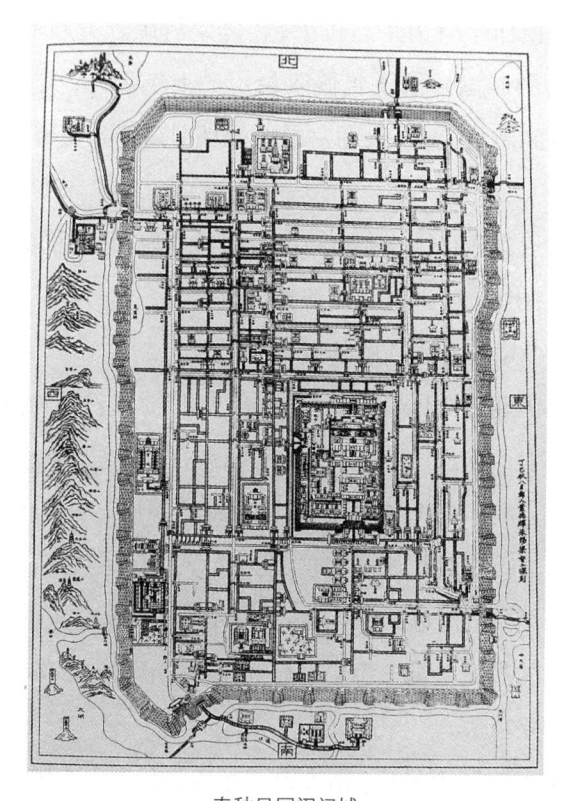

春秋吴国阖闾城

越从此结下了怨仇。

　　阖闾的儿子吴王夫差(？—前473)，立志要报父仇，让人每天提醒他：

　　"夫差，你忘记了杀父之仇么？"

　　公元前494年，吴王夫差率师伐越，打得越王勾践战败求和。谋臣伍子胥力主趁机灭越,以绝后患。夫差不听忠告,存越作吴的属国。伍子胥慨叹说:"二十年之外,吴其为沼乎!"他预见到越将灭吴,吴的宫殿城池那时就要被废弃而成为污水坑了。

越王勾践(?—前465)决心报仇雪耻,睡在稻草上,门上挂个苦胆,出也尝,进也尝,时时责问自己:

"勾践,你忘了战败的耻辱么?"

越国经过"十年生聚"、"十年教训",又转弱为强。越王又选了美女西施送给吴王,吴王为西施建立馆娃宫。越王又来朝见吴王,贡纳甚厚,吴王放松了对越的警惕。公元前482年,正当吴王夫差率领军旅会诸侯于黄池(今河南封丘西南),与晋定公争夺霸主的时候,不料,越王勾践率军截断吴王的归路,攻陷了吴国的都城。吴王急忙回师,向越王求和。十年后,越灭吴。吴王夫差自杀。

越王勾践灭吴后,循夫差之故辙,也北上会盟诸侯于徐州(今山东滕州),成为春秋时期的最后一位霸主。

田 氏 代 齐
—— 历史的转折

当吴、越在东南大动干戈的时候,中原地带,诸侯间的战事大大减少，代之以诸侯国内卿大夫间的角逐与兼并。齐、晋、鲁等国的内争都是相当激烈的。

齐国，吕尚始封于齐，故齐君以姜为姓。春秋初年，齐独霸列国，中叶渐衰，后期已面临崩溃的边缘。齐相晏婴讲到齐国的政治形势时也说是"快完了"。当时，公室仓廪中的布、帛、黍、粟都放得腐朽生虫了，而人民却生活无着，饿殍（piǎo 漂）载道，起而抗争的人被镇压，遭到砍脚之刑的真不知有多少。

齐大夫田氏，适应新形势的要求，施行新政。田氏借贷给贫民粮食时使用大斗，收取借贷、贡赋时，却用小斗，以此笼络了人心。数十年间，齐民"归之如流水"。田氏势力渐强，先后吞灭了国氏、高氏等显姓强宗，夺得了很大权力。公元前475年前后，大夫田成子又把齐国内残余的旧势力消灭几尽，同时，与各国通好，取得了支持。这样，代表新兴地主阶级的田氏就完全控制了齐国的政权。最后，终于把姜姓的齐君放逐海上，取而代之，是为田齐。史称"田氏代齐"。

公元前475年，恰是周元王元年。在中国历史上，这一年不只是春秋与战国的分界线，也是中国奴隶制时代结束、封建制时代开始的标志。

齐国发生的事情，晋国早就发生了。代表封建制新势力的韩、赵、魏三氏，经长期斗争，终于吞灭了代表奴隶制旧势力的大大小小贵族与强宗。并且，把晋公室的土地也瓜分了，分别建立了韩、赵、魏三个封建国家。公元前403年,周威烈王承认既成事实,视三家若诸侯。历史上叫"三家分晋"。因而,有些中国史书把这一年作为划分春秋与战国的标志。

齐、晋发生的事,鲁国也发生了。鲁国在公元前594年实行"初税亩"。这意味着井田制即公田制完全解体了,对土地的私有制予以正式承认,改贡纳和力役制为以地亩抽税赋的办法。这是封建制的萌芽。但封建制在鲁国取得胜利,大约又斗争了一百多年。封建制在奴隶制的母体中逐渐成熟了,代表新势力的季氏在鲁国也控制了政权。

齐、晋、鲁发生着的封建制如同解冻的春风,吹到了中原,吹到了南方的楚,北方的燕,西方的秦,吹得中国大地上的奴隶制冰块渐渐消融了,滋润出"百家争鸣"时代的灿烂文化。

纵观春秋三百年历史,天子倒霉了,诸侯起来;诸侯倒霉了,卿大夫起来;卿大夫倒霉了,陪臣也竟然起来杀戮君主,操纵国政。国家的兴衰,政权的更迭,一个个霸主的登场与下台,如同走马灯一样,令人头晕目眩。这是为什么?究其根源是一个"铁"字。春秋时期铁工具在先进地区恐怕已比较普遍地使用。1975年在湖南长沙,不但发现春秋晚期的铁器,还有一把钢剑。这表明当时冶铁技术已达到了相当高的水平。新的生产工具的使用,造成了前所未有的生产力,新的生产力要求有与之相适应的生产关系,从而出现了新、旧两种社会制度的斗争,带来了频繁的兼并与战争。据鲁史《春秋》记载，在二百四十二年间，列国间的军事行动竟达四百八十三次。频繁的战争给人民带来了无穷的灾难，是该诅咒的。所以，两千多年来，不少史家都说"春秋无义战"。可是，中国由奴隶制过渡到封建制的历史性大转变，中国从列国林立的局面走向国家统一，难道不正是这些战争与兼并在开辟着道路吗！

八、战国七雄

"五国相王"与马陵之战
——魏国的盛衰

自春秋进入战国,中国历史地图上主要有七个大国:齐、楚、燕、赵、韩、魏、秦。历史上称为"七雄"。七雄的版图之间,除周之外,还夹着鲁、宋、中山等十几个小国。

周即周王所在的地方。周王,在春秋时虽已成傀儡,可并未完全丧失作为统一奴隶制国家象征的作用。所以,霸主们都还打着"尊王"的旗号。战国时代则不同了,周王的象征意义也渐渐丧失殆尽,形若一个小诸侯。争雄者们谁还把他放在眼里呢?春秋时,除不服王化的楚国自行称王,其他各国多只称公、侯。公元前344年,魏国君率先自称为王。接着,齐、秦两国君主称王。后来,魏、韩、赵、燕、中山五国相互称王。史称"五国相王"。这样,在短短二三十年之内都先后称王了。

称王,作为历史现象并非偶然。它反映着统一的奴隶制王权衰落了。封建制王权却在一个个诸侯国内确立起来，出现了群王割据的局面；群王争雄，又展开了兼天下、一宇内的纵横捭阖的斗争。这就构成了二百五十年的战国史。

争雄的战国时代，虽说是齐、楚、燕、赵、韩、魏、秦七雄并立，可是具有左右全局的力量，先后起而争雄的主要是魏、齐、秦三国。其中，最先变法的是魏国，首先强大起来的也是魏国。

魏自公元前五世纪中叶开始，在一百年左右的时间里逐渐强大，称雄中原。它曾西却强秦，兼并了黄河以西的大片土地，使秦东进屡屡受挫；东攻齐国夺城掠野，使其不敢西顾；北与赵国开衅，一举陷落赵都邯郸（今河北邯郸）；南败楚国，夺得了黄河以南的大片土地。当其时，小国朝魏的伞盖沿途相望，大国听命，"令行于天下"。

魏侯莹凭借国势强大，建造了高大华美的王宫，穿上了朱红色的王服，坐着君王才坐的车子，打着七星的旗子，摆出了俨然天子的场面，自称魏王，即魏惠王（前400—前319）。魏都大梁（今河南开封），故又称梁惠王。

正当魏惠王在得意地称孤道寡的时候，邻近国家因其强大而不安起来，相与谋划弱魏的策略。

魏称王两年后，齐、魏争雄的一场大战发生了。公元前341年，魏攻韩。第二年，韩求救于齐，齐派田忌为将，孙膑为军师，出兵往救。魏王也派出太子申和大将庞涓，率十万大军迎战。

孙膑深知魏兵强悍而又轻敌，于是就因势利导，佯作退兵，诱其深入。齐退兵第一天扎营时，造了十万个锅灶，第二天减少到五万个，第三天又减少到三万个。庞涓每追一天就察看齐军锅灶，追了三天，以为齐兵已逃亡过半，大为高兴，于是丢下步兵辎重，只带轻锐兼程追赶。孙膑计算魏军行程，夜晚当到马陵（在今河北大名东南）。马陵路狭，两旁多阻隘，齐军就夹道伏兵。并剥下一块大树皮，在树上写道："庞涓死于此树之下。"又命令射手们但见树下火举，就万箭齐发。庞涓果然夜晚赶到那棵树下，举火观看，未及读完，箭如雨下。魏军大乱，自相践踏。庞涓自知大势已去，就自杀了。太子申也做了俘虏。

马陵之战的运筹者孙膑是战国时著名的兵家，曾著兵书留传于世。

马陵之战造成了齐国与魏国在东方的均势。从此，齐势渐起，魏势转衰了。

"便国不法古"
——秦国的崛起

秦孝公时，秦廷之上发生了一场大辩论。主辩方是左庶长商鞅（前390？—前338）。商鞅，姓公孙，名鞅，卫国人，故又称卫鞅，后秦封其商、于十五邑之地，又名商鞅。商鞅欲变法，甘龙、杜挚等重臣反对。

甘龙说:"圣贤的君主总是因民而治,不去改变人民的习惯,明智的官吏也总是依法办事,而不去变更法制。这样,上下相安,都有好处。"

"不对。"商鞅反驳说,"历来是聪明的人确立法制,而愚夫才只知道去遵循成法,贤明的人对不便的旧制总要加以改革,不肖者才墨守成规!"

杜挚也来为甘龙帮腔,说:"我看还是按老规矩办事没错,遵循先王旧制,免得走到邪路上去!"

商鞅很沉着,据理驳斥,说:"君不见,夏禹、商汤和周武王,都没有按陈规旧俗办事,却开创了王业。夏桀、殷纣都墨守旧制,却成了亡国之君。凡是对百姓有利的,就不必拘泥于先王旧章,凡是对国家有利的,就应该变法!"

商鞅终于以"便国不法古"的正确观点,说服了秦孝公,开始了变法。

秦廷上的这场争论,在中国历史上是颇为著名的。这场争论发生在中国社会经济处在历史性大转变的关头,其实质是引导社会走向何处去,是抱着法古的观点不放,阻碍社会经济的发展呢,还是以师今的观点作指导,支持方兴未艾的封建经济迅速取得统治地位并巩固起来。这种争论在战国前期近百年的时间里,在其他诸侯国也先后发生了。

秦国因商鞅变法而崛起于西方。

合纵与连横
——楚国的盛衰

当魏称雄中原之时，秦由于左庶长商鞅变法成功，正在西方崛起，齐也由于相国邹忌改革内政，在东方兴盛起来。因而，继魏独霸之后，出现了秦、齐争雄的新格局。

秦、齐争雄的焦点初始于争取楚国。楚国疆土广大，人口众多，动辄可以调集千乘兵车，百万军旅，称得上是举足轻重的力量。当时，合纵（南北纵列的国家联合称"合纵"）与连横（东西横列的国家联合称"连横"）正在七国之间交错进行。楚若合纵，纵联魏、燕等国，则秦不敢东顾，齐不能西向。楚若连横，与齐联合则秦弱，与秦联合则齐孤。因而，秦欲争雄，首先要制楚，破坏齐楚联盟。

公元前318年的一天，楚国朝堂上来了位强秦的使者——连横派的代表人物秦相张仪。张仪对楚怀王卑躬屈膝地说："秦王愿同大王长为兄弟之国，大王如能同齐国绝交，秦愿献商、于之地六百里，永修和好。"

楚怀王贪图便宜，遂同齐国绝交。楚使同张仪入秦，一到秦国，张仪就假装从车上摔下，三月不见楚使。

楚怀王见秦迟迟不肯献地,以为秦怕楚、齐绝交还干得不够,于是又派人北上大骂齐王。

齐王怨楚,决计联秦。齐使到了秦国,称病的张仪也出来了。后来,张仪也接见了楚使,对他说:"您怎么还不接受我们献给楚国的土地呢?从那里到那里,宽广共六里。"

使者还报,楚怀王大怒,发兵击秦。结果反被秦军打得大败。损兵折将,又丢了汉中地区。从此,强秦不断蚕食楚地。楚被削弱了。公元前278年,秦攻破楚国郢都。楚避秦势,于同年东迁都于陈(今河南淮阳),公元前241年再东迁于寿春(今安徽寿县),楚国一蹶不振了。

火 牛 阵
——齐国的盛衰

楚被削弱之后,秦、齐的斗争白热化了。

公元前298年,齐联合韩、魏攻秦,相持三年。最后打进秦国的大门函谷关(在今河南灵宝东北),大败秦军。秦恐危及国都咸阳,割地献城讲和了。

公元前284年,秦与燕、赵、韩、魏、楚共同伐齐,齐大败,齐王被杀,差一点亡国。

这次联合伐齐,燕将乐毅打得最为出色,一鼓作气,攻下齐国七十余城。齐国只剩下莒（jǔ举，今山东莒县）与即墨（今山东平度）两城未降。然而，齐国军民团结抗敌，支撑危局达五年之久。

齐人有个叫田单的，原在临淄做过小官，逃来即墨，参加了守城。即墨大夫战死，田单就被众人推举为将军，领导即墨军民抗敌。

田单得知燕国君将不睦，遂施反间计，使燕惠王撤换了英勇善战的将领乐毅，派来个昏庸无能的将军骑劫。

田单派细作散布流言说："齐兵别的不怕，就怕燕军把俘虏的鼻子割掉，那就会使齐兵害怕，不敢再战了。"燕将骑劫不知是计，果然把抓到的即墨人的鼻子通通割下，放了回去。即墨全城的军民都被激怒了，守城抗敌更加坚决。

田单又放出空气说："即墨人非常担心他们的祖坟，如被人挖掉，那会令即墨人伤心难过，无心守城，即墨就指日可破了。"骑劫听到后又上了当。即墨军民从城上看到燕军在城外挖他们的祖坟，毁坏先人的尸骨，悲痛万分，怒发冲冠，纷纷要求出城与燕军决战。

田单知士气可用，就将精壮埋伏起来，故意让老弱妇女上城防守，派人出城假意投降，又以重金贿赂燕军将领，恳求说："即墨不久就要投降，城破之日，望能保全家小。"燕军只顾高呼胜利，燕将骑劫也深信不疑。

田单在麻痹敌军时,自己却进行着战斗准备。在全城征集了一千多头牛,给牛衣以锦绣,画上五彩巨龙,角上绑了利刃,尾上扎了浸油的苇束;同时挑了五千名精壮的士卒。一个"火牛阵"的奇袭方案准备妥当了。

公元前279年的一个深夜,田单下令出击,火烧牛尾,火牛怒吼着直奔燕军兵营,五千精壮随后掩杀,城上老弱拼命敲击各种铜器,声动天地。燕军突然惊醒,又见无数火龙东奔西突,吓得慌作一团,溃不成军。齐兵乘胜追击,齐国各地人民揭竿响应,军民奋勇,势如破竹,一举收复七十余城。危亡的齐国又复苏了。但毕竟伤了元气,从此再也无力与秦争雄了。

长 平 之 战
——赵国的盛衰

齐、秦争雄的时候,赵国在公元前302年开始学习北方胡人骑马射箭的本领,改穿便于作战的胡人服装,进行军事改革,很快强大起来。当齐国衰败之后,就出现了赵、秦抗衡的局面。

赵、秦抗衡的生动表现是公元前279年的"渑池之会"。宴会间,秦昭王要求赵惠文王为他鼓瑟。然后,秦史官记载:"某年某月,秦王命令赵王鼓瑟。"赵国上大夫蔺相如不畏强秦,愤然拿起一个瓦盆,走到席前,硬要秦昭王敲击。秦昭王不肯,蔺相如厉声说:"大王如不敲击,我就要在五步以内以颈血溅污大王的衣襟了!"秦王没法,只好敲击一下。赵史官也来记下:"某年某月,赵王命令秦王打击瓦盆!"

渑池即今河南渑池。现在,那里仍保存着秦、赵会盟台等古迹。渑池之会后十年,秦发兵侵赵,被赵大将赵奢打得大败。又过了八年,即公元前262年,秦将白起又率军侵赵,赵也倾全国之师由老将廉颇率领与秦军会战于长平(今山西高平西北)。赵将廉颇老谋深算,度秦军远出攻伐,急于求战,就高垒屯兵,挫其锐气,与其相持三年,秦国消耗甚大。秦国也想了个计谋,造谣说:"廉颇老了,不敢打仗。秦军最怕赵括,赵括要来,秦国就要倒霉了!"

赵括是大将赵奢的儿子,自幼读兵书,谈起兵法来,振振有词,连他父亲也辩不过他。然而,富有实践经验的赵奢深知儿子只会纸上谈兵,大不以为然,曾说:"括不领兵打仗则已,如若领兵,使赵国败亡的就一定是他。"

昏庸的赵孝成王竟为秦军的谣言所惑,果然撤换了廉颇,把赵括派来了。赵括到长平,就反廉颇之道而行之,一改防御为进攻。秦军正求之不得,立即假装败退。赵军猛追,直到秦军的壁垒之下。秦军乘机迂回包抄,截断了赵军的粮道与退路。赵军被围困四十六天,粮草断绝,人相食。后来,赵括突围时被射死,全军投降。秦将白起竟把四十万战俘活埋,只放回二百四十名年幼的俘虏。

从此,"纸上谈兵",也就成为讽刺不务实际、只尚空谈的一个历史典故。

赵国的实力自长平之战以后衰竭了。至此,东方六国再没有哪一个可以同强秦争雄斗胜了。

"图穷匕首见"
——秦与六国之争

战国晚期,经过二百多年的纷争,形成了六国皆弱、唯秦独强的形势,封建割据即将转化为全国一统。正在这个历史时刻,幸运的嬴政于公元前247年登上了秦王的宝座,成为历史潮流浪尖上的风云人物。

秦王政(前259—前210),在公元前238年集秦国大权于一人之手,就开始策划兼并六国了。公元前230年,秦军破新郑,灭掉了韩国。两年后,即公元前228年秦又破赵,攻邯郸,赵王也当了俘虏。接着,秦又挥师北上,直指燕国。

燕国君臣虽知大势已去,可是又怎能甘心束手就擒呢?

公元前227年,燕国的易水之滨,有许多穿戴着白色衣冠的人正在为一个人送行。这人名叫荆轲,是应燕太子丹之请,将去刺杀秦王的刺客。荆轲举起酒觞,一饮而尽,又慷慨悲歌:"风萧萧呀易水寒,壮士一去呀再也不回还!"

他收住歌声,不顾朋友们在洒泪,就与同伴头也不回地出发到秦国去了。

荆轲扮作燕国的使者来到秦国,声称是奉燕国之命来献纳割让土地的地图的。他暗暗在图中卷着一把锋利的匕首,匕首上涂了毒药,只要见血,被刺者便生命无望了。秦王政听说燕国派人来献图,便亲自召见。

荆轲来到秦廷,他那同行的人捧着地图直吓得不住哆嗦,这人原来还是个杀人不眨眼的人咧!荆轲从容地笑着解释说:"他是个从来没见过天子的土包子,所以害怕呀!"秦王把地图慢慢地打开,"图穷匕首见"。荆轲左手拉住秦王,右手抓着匕首向秦王刺去。秦王把袖子挣断了,绕柱而走。荆轲死追不放。正在危急时,秦王御医拿起药囊掷向荆轲,秦王才得乘此瞬间抽出身上的佩剑把荆轲砍倒。荆轲又死命地把匕首向秦王掷去,却未击中,掷到铜柱上了。荆轲被杀而死。

"图穷匕首见"的故事表明,弱燕在战国晚期已无力同强秦抗争,所以才寄希望于一个刺客的成功。这故事也象征着整个战国二百五十年风云变幻的历史画卷即将穷尽,纵横捭阖的历史剧,进入尾声了。这故事发生后又过了短短六年,到公元前221年,魏、楚、燕、赵、齐先后屈服于秦王的剑下,一个全国统一的中央集权的封建帝国经过长期的阵痛即将诞生了。

九、春秋战国时期的经济和科技

干将、莫邪
—— 中国铁器时代的开端

相传,在浙江杭州西北一座到处是飞瀑翠竹的山中,古代住着两位冶铁巨匠,一叫干将,一叫莫邪。莫邪是干将的妻子。他们铸的剑,青光烁目,寒气逼人,削铜断铁,名驰吴、越。越王与吴王都曾得到过这种名贵的宝剑。

楚王知道了也十分羡慕,不惜千金,托出重宝,派使臣风胡子往聘干将。干将采五山之铁精,选天下之金英,冶炼三年而后成,得剑两口,一雌一雄。干将手持双剑,抚摸良久,尔后,断然把雄剑埋入山中,决意只把雌剑献给楚王。临行前,干将嘱咐已有孕的妻子:"我们把剑铸成了,楚王必定要杀掉我的。日后,你若生下个男孩,就告诉他那口雄剑的所在……"楚王得到雌剑,怕干将再去给别国铸剑,果然把他杀了。

后来,莫邪真的生了个儿子,儿子长大真的为父亲报了仇。

杭州西北那座到处是飞瀑翠竹的山，后人就叫它莫干山。莫干山有一池清水，名叫剑池。相传那是干将、莫邪铸剑淬（cuì脆）火的地方。池旁卧一巨石，名叫磨剑石。相传是他们用过的砥石。

这个古老传说启示我们：中国早在两千四百多年前的春秋时代就开始冶炼钢铁了。并且，一些能工巧匠还发明了锻造钢铁宝剑的技术。可以想见，当时钢的使用还不很普遍，炼成宝剑还很不容易，甚至连国王也难以得到，因而视如国宝。

莫干山剑池中的水仍清凉如冰，磨剑石也仍卧在那里与池为伴，可干将、莫邪铸造的宝剑却不知去向，难以寻觅了。近几十年来，春秋晚期的剑多有发现，但那些都是青铜铸的。相传越王勾践曾得到五把钢剑，世传其名。前曾发现一口剑上刻着越王勾践的名字，然而也是青铜制的。因此，铸剑故事的可靠性就不能不引起人们的怀疑了，甚至，还有人认为那纯属无稽之谈！

真是说来也巧，1976年，在古代楚王所辖的长沙地方发现了春秋晚期的一口钢剑，伴出的还有铁鼎和铁削。鉴定表明，剑是含碳钢，含碳量在百分之零点五左右。用放大镜观察，反复锻打的层次仍然可见，大约有七至九层。

这把钢剑，未必是干将、莫邪所造，但可确证春秋晚期可以锻造钢剑的故事并非虚妄。这把钢剑今天已不能削铜断铁了，然而，它却仍然可以拨开纷纭复杂的时代之幕。它表明当年奉楚王之命去延聘干将的风胡子所说的话是有根据的。风胡子曾感慨地说："神农之时，以石为兵；黄帝之时，以玉（磨制石器）为兵；大禹之时，以铜作兵；当今之世，以铁作兵了！"风胡子的话很有见地。岁月已过去二十几个世纪，今天中国历史博物馆以许多出土文物向观众证明：中国的铁器时代是从春秋、战国之际开其端的。

都 江 堰
——战国农业的进步

　　农业，创始于新石器时代之初，距今大约有一万年了。自从铁器广泛应用于耕作，农业开始有了长足的进步。早在春秋时期，铁犁已开始取代耒耜，牛耕开始代替人力的耦耕。战国时期，从青铜器时代起奴隶们手中使用着的蚌镰与石斧，也终于被铁制的镰、斧所取代了。同时，施肥、拌种、耕耘、灌溉等新技术也相继应用，中国的农业史进入了一个新阶段。

　　农业新阶段诸多成就中特别值得一提的是灌溉技术。灌溉技术，春秋之时已有，但还比较原始。战国时，采用杠杆原理，以桔槔提水，工效成倍提高。当时井灌规模已很可观。在今陕西西安客省庄一块两千平方米的土地上，竟发现有二十六口战国时的水井。楚、燕、赵故地上，也先后有陶井圈出土。可见当时凿井技术已广泛应用。

临河地带，引河水灌溉也颇为盛行。魏在邺（今河北临漳西南）引漳河水灌溉，开渠十二条。秦在关中地区修建郑国渠，长达三百里。秦蜀郡太守在四川成都平原兴建都江堰大型水利工程，灌溉农田一百多万亩，致使成都平原沃野千里，成为"天府之国"。都江堰经历代维修扩建，现在灌溉面积已达八百多万亩。但其主要工程和基本规模早在始建之时就已奠定了，至今仍发挥着效用。为世界文化遗产。

然而，黄河那时却时常泛滥，沿河各国又总是以邻为壑，造成许多灾难。当时的水利建设事业本缘于封建制的兴起而兴起，也因封建割据而受到不可逾越的限制。其时，整个社会经济的发展也是如此。

鼓橐与金银错
——战国的手工业及其他

战国时，木、漆、陶、皮、纺织、煮盐、制铜、冶铁等手工业，由于工具的改进，生产关系的变化，都有所发明和进步。但最大的进步，当属冶铁业的崛起。冶铁，虽在春秋时已显露头角，但较大规模的冶炼，铁器广泛应用于农业和手工业，还是进入战国以后,尤盛于中、晚期。

据记载,那时已有了"上有慈石下有铜,上有赭石下有铁"等许多采矿知识,全国各地有确切名称的铁矿山已达三十七处。冶铁已开始使用一种硕大的皮口袋鼓风,叫"橐"。鼓橐装炭常常使用几百人。赵国卓氏、魏国孔氏,皆以开矿冶铁致富,家富巨万。邯郸郭纵,冶铁起家,富比王侯。以此数例,或可窥见战国冶铁盛况之一斑。

地下留存的证据也很多。据统计,在七雄版图之上,已在五十几个县、市发现了冶铁遗址和遗物。湖北大冶还发现了战国矿冶遗址,矿深达五十米,并采用由下而上一层层的回采技术。

冶铁原由冶铜基础上发展而来。可是,自从有了钢铁工具,制铜工艺也有了飞跃的进步,达到了辉煌灿烂的高峰。近年在湖北随州发现的曾国文物,一尊一盘,玲珑剔透,犹如牙雕一般。可知道,那竟是以铜铸成的。据说铸造前,先以蜡雕成模型,置于一容器中,再以细沙澄泥灌充,干燥后即成铸模。铸模加温后,蜡液即流出。然后,再以铜液浇铸。这方法名为"失蜡法"。过去,世人以为失蜡法只有一千二百年的历史。谁会想到早在两千四五百年以前就已发明了这巧妙的工艺呢!

河北平山发现的中山国文物虎吞鹿器,贪婪的猛虎与被吞食尚在挣扎的小鹿,栩栩如生,俨然自然造化之再现。虎与鹿身上的斑斓纹饰，是以金银制作而成。这种工艺叫金银错。制造时，先铸器型，依纹饰图案，以利刃刻出沟槽，填以金银，再错磨平滑而成。所用利刃即钢制工具。战国时无"钢"之名，称为镂，源起镂刻之意，金银错工艺就是伴随镂刻工具的发明而出现的。

中山与曾，都是语焉不详或史不书名的小诸侯国。如此小国工艺尚如此之精，那些富强大国

狩猎文象嵌铜壶（战国）

的手工业发展状况又该是怎样的呢？整个社会的经济状况又是怎样的呢？

其时，城邑之中制铜作坊的附近，已兴起冶铁作坊，炉火烧得通红。田野之上，井田阡陌之侧早已广辟私田，禾稼长势兴旺。伴随着工农业的发展，商业空前繁荣，城市随之而起。齐都临淄（今山东淄博东北），占地六十余平方公里，有户七万。类似城邑，全国有近三十座。中原地带，万户之县，千室之邑，相望不绝。商旅往来贩运其间，动辄就是几十辆四轮大车，一百几十条船，或组成几百头牲畜的商队。商贾之业，以往是受人鄙视的，这时不同了，富商大贾，与国君分庭抗礼。冶铁主、矿主、畜

牧主、珠宝商以及粮食布帛的囤积商,其佼佼者常常位比公侯,官至卿相。

总之,一个代表新制度的新阶级已手持铁器在城乡成长起来了,那些代表旧制度的权贵们,虽感到大势已去,却也把手中的青铜戈握得更紧了。铜、铁之争初始于阡陌、作坊之中,战国前期已移之于国君的庙堂之上了。

神医扁鹊与《黄帝内经》
——汉医学的奠基

有一位神医,把突然死去的虢君之子救活了。他的起死回生之医术,为当时的人们所赞扬,也传诵于后世。

这位神医叫秦越人,春秋时渤海郡鄚(mào冒,今河北任丘鄚州镇)人。相传更古的时候有一位神医叫扁鹊,当时人们因秦越人能起死回生便叫他扁鹊,久而久之扁鹊的名字叫开了,秦越人这个原名却很少有人知道了。

扁鹊救活虢君之子的事,是这样的:虢国全城一阵忙乱,人们都在为突然死去的虢君之子办丧事。扁鹊出现了,自荐救人,请虢君不要急着送葬。人们很惊讶,死去的人还能救活?扁鹊说,那是假死。他在病人身上扎了几针,病人苏醒了;他在病人两胁之下熨了熨,病人就坐起来了;又开方吃了几帖药,病人就康复如初了。人们赞扬扁鹊能起死回生,扁鹊不同意这样说他,他讲:"如果真的死了,我也不能让他活转来。对病情事先已有所了解,知道是一时的昏迷,生命还在他身上。我只不过帮助他把受着压制的生命复苏起来就是了。"

扁鹊行医,注重医疗技术的改进和经验的总结,反对用巫术治病。他说:"一个人相信巫术,不相信医药,那个病就没法治了。"这样的医生,当时受到方士和巫婆的反对、攻击,那就不足为怪了。

有些庸医自己不钻研医术,竟然也嫉妒扁鹊。扁鹊来到秦国,名声很大,国君也请他去治病。秦国有个大医官叫李醯(xī希),心知自己医术平庸,远不如扁鹊,恐怕扁鹊的声望影响到自己的地位,就阴狠地派人刺杀了扁鹊。

扁鹊死了,他的医疗经验作为汉医学的宝贵财富,留给了后人。他在砭石基础上改革而成的用于针灸的铁针留传下来了;他望色、闻声、问疾、诊脉的一套中医诊法被后人继承下来了;他的医学理论,被后人整理成一部医书,名叫《难经》,是中国医学的珍贵文献。民间百姓怀念扁鹊,称他为"医王";后世汉医尊崇扁鹊,认他为师祖。

扁鹊死后,至战国晚期,又一部中国医学的珍贵文献成书了,书名叫《黄帝内经》。

《黄帝内经》用的是黄帝和岐伯的问答形式,由《素问》、

《灵枢》两大部分组成。

相传,黄帝和他的大臣岐伯创立了医学,故而后世将中医学称之为"岐黄之术"。

《黄帝内经》的内容,以人体解剖、生理、病理、病因、诊断为阐述重点,并涉及经络、针灸、卫生保健等方面。《黄帝内经》引入了阴阳五行学说,认为"治病就要探求阴阳这个根本",指出"生病是因阴阳失去了平衡",并用五行的相生、相克、相乘、相侮等以阐述人体的疾病。一直到今天,学中医的人仍将《黄帝内经》作为必读书之一。

春秋战国时期,像扁鹊这样的医生出现,以及《黄帝内经》的成书,汉医学从而奠基了。

《星 经》
——世界上最早的恒星表

每当月光皎皎的夜晚,人们不难看到月面上环形山的绰绰阴影。那些环形山中,有四个就是以中国古代天文学家的名字命名的:有元代的郭守敬(1231—1316),南朝的祖冲之(429—500),东汉的张衡(78—139),还有一位是中国最早的著名天文学家,叫石申。

石申,是战国时期魏国人,曾著《天文》八卷。同时代还有位天文学家叫甘德,楚国人(一说齐人),著有《天文星占》八卷。后人把这两部最早的天文学著作合编在一起,称为《甘石星经》,亦叫《星经》。《星经》是战国时期的星象记录,成书年代大约在公元前360—前350年间。

中国古代天文学经历了漫长的发展阶段,到战国时期已形成了自身的体系。以方位天文学的二十八宿来说,也可窥见一个发展的大体轮廓。

中国古代为了便于观测星象变化,把天空当作地域一样来认识,依据在地上划分东、西、南、北四方的习惯,也把天空划分为东、西、南、北四象,即四方的星象。又依据人乘车马在大地上奔驰,每隔一段路程就有一个可供食宿的驿站,也给日、月在天上的运行划分出一个可供停宿的地方,称之为"宿"。每宿就是一个星群。又依四象划分"宿",每象七宿,四象共二十八宿,即把黄道及其附近的星划分为二十八个星群。这种方位天文学,大约早在三千多年以前的商代已开始,并逐渐形成。殷墟甲骨文中就有关于"四象"的记载。春秋时期,二十八宿的划分已最后确定下来。《诗经》中就提到了其中八个星宿的名称。石申与甘德的《星经》,则是战国时期星象观测的一份完整记录。当时还有一部天文著作,叫《巫咸》,是假托商代的星官的名字而记录的恒星图。经整理,当时这三部天文著作共有恒星283座,计1 464颗。这可以称作是一份世界上最早的恒星表了。大约过了七八十年，希腊人也制出了西方最早的恒星表。

甘德的著述中说，木星"若有小赤星附于其侧，是谓同盟"。同盟的意思即是说木星有卫星。1981年3月上旬，天文学家对此进行了验证。他们在北京天文台河北兴隆观测站进行观察，果然用肉眼观察到了木星的三颗卫星。在此以前，一般都认为木星的卫星是意大利天文学家伽利略在1610年用望远镜发现的，谁知早在西方发明望远镜之前约两千年，中国的天文学家就已经将其记录在案了呢！

随着星象观测的发展，中国的历法也有很大发展。春秋时，人们已能运用立圭表准确地测定夏至和冬至，由此，历法编制开始准确起来。战国时的思想家孟子就曾感慨地谈到那时天文历法学的成就，他说："天之高也，星辰之远也，苟求其故，千岁之日至（指冬至、夏至），可坐而致也。"

春秋时，各国使用了三种不同的历法。以冬至月为正月的，叫作"周正"；以冬至后一月为正月的，叫作"殷正"；以冬至后二月为正月的，叫作"夏正"。夏正也叫"夏历"，比较符合一年四季气候的变化。到战国时，夏历被各国普遍采用。而且，中国历法独具特色的二十四节气，即月令，这时也完备了。这使得人们可以根据节气的变化，从容地安排农业生产。战国时，还产生过一种古代四分历，叫《颛顼历》，它是当时世界上最精确的历法之一。

这时，为计算更精细的时刻，一种叫作"滴漏"的计时仪器也早已发明了。那是用装水的铜壶，在下部打个小孔，让水匀速滴出，滴到刻有度数的器皿里，看水到什么度数，用来计算时刻。这种仪器一直沿用到清代。现在，在北京故宫博物院的皇帝御座旁边，展出着一个清代的滴漏，高达两米多。可以说滴漏就是现代小小手表的远祖呢。

十、百家争鸣的时代

"仁者爱人"
——儒家圣人孔子

"仁者爱人",为孔子的主张之一。《论语》中举了一个"仁者爱人"的例子:

齐桓公称霸得力于管仲的辅助,管仲未通过发动战争,即未以牺牲百姓生命为代价,这就是爱民。所以,孔子才称赞说:"桓公九合诸侯,不以兵车,管仲之力也。如其仁!"孔子认为像管仲这样爱民的人,才是"仁者"。

孔子(前551—前479),名丘,字仲尼,先祖是商人的

孔子像

后代、宋国的贵族,后因避难而迁居鲁国陬邑(今山东曲阜)。孔子三岁丧父,家境贫寒。年轻时,做过管仓库和放牧牛羊的小吏。他是贵族后代,自己又敏而好学,从小就阅读了大量文化典籍,积累了广博的知识。年五十以后,在鲁国做了几年官。五十五岁时,因居官不得志,遂弃官而去,率弟子周游列国,想找个贤君明主,实现他行仁政的政治抱负。他先后到了宋、卫、陈、蔡、齐、楚等国,风尘仆仆十四年。归鲁后,从事古代文化典籍的传述、整理,讲学不倦。一直到七十三岁时,离开人世。

孔子生前许多精辟的见解,由其门徒辑录为《论语》一书。共二十篇,四百九十二章。孔子的世界观、认识论、政治主张、道德风范,在书中有着生动的体现。

在《论语》中,反复提到了"礼"。孔子说:"不学礼,无以立。"照他看来,礼是人的立身之本。礼不仅是立身之本,而且是治国之本。孔子还说:"不能以礼让为国,如礼何?"这里所说的礼,是西周时的礼乐观念和礼仪制度。孔子以"周道"的继承者自居,所以要强调作为西周文化核心的礼。孔子认为他所处的春秋时期已"礼崩乐坏",极力主张"复礼"。

孔子又强调"仁",其实质是维护礼。弟子颜渊向他问"仁",他回答说:"克己复礼为仁。"

仁和礼,是何关系?孔子认为,仁是礼的内在依据,是做人的一种内在美德,只有具备如此内在美德的人才能"复礼"。因而,仁是礼的基础。孔子倡周礼,而他所阐释的"仁"则突破了西周以来有关礼的观念。

既然"仁"如此重要,怎样才能求得仁呢?孔子说:"仁远乎哉?我欲仁,斯仁至矣。"他认为,只要你主动去追求仁,你就会得到仁。如何才算"求仁而得仁"?起步便是"笃于亲"。"君子笃于亲,则民兴于仁。""笃于亲"也是"爱人"的起步,人首先爱父母兄弟这些人,才推及爱天下的人。孔子的"仁者爱人"主张,就是由他这样的逻辑推论出来的。

孔子肯定了管仲的"仁者爱人",并说"不以兵车",如此回避春秋时多战争的史实,是用自己所持的政治见解去解释当时的社会问题。

缘于"礼"和"仁"的系列主张,孔子确立了急于实现的政治理想,那就是推行仁政。孔子看不惯的"礼崩乐坏",实是春秋时期的大势所趋;而他所复的周礼,已是过时的旧观念、旧秩序了。

正因孔子的主张不合时宜,周游列国的结果是到处碰壁。在由奴隶制向封建制急剧转变的时代,他讲礼之类的奴隶制那一套难以为当权者所接受了。

孔子也看到了时势的变化,也主张在不触动奴隶制根本利益的前提下,对旧观念、旧做法有所"损益"和变通。他主张中的"仁者爱人",这"人"也包括奴隶。将奴隶看成人,这在中国政治思想史上是个巨大的进步。甚至,孔子不但反对用活人殉葬,而且反对用样子像人的木俑随葬。"人"和"仁"同被孔子看重。

孔子在政治上未能成功,可在教育和文化事业上取得了前无古人的成就。

孔子之前,教育为奴隶主阶级所垄断,学在官府。孔子之时,创办私学,才打破垄断。私学兴盛起来,"贱人"、"鄙人"也得到受教育的权利。在中国教育史上,孔子是开办私学的第一位教育家。孔子的教育思想和学风,有许多精华早已成为教育格言,诸如"有教无类"、"因材施教"、"举一反三"、"温故而知

孔庙杏坛

新"、"学而不厌,诲人不倦"等,至今仍影响着教育的进展。

孔子向学生传授知识,以六种典籍为课本,即:《易》、《诗》、《书》、《礼》、《乐》、《春秋》。这六种课本,后世称为"六经";因《乐》失传,又有"五经"之说。孔子对古代文化典籍的传述、整理,又因他的传授而流传,功不可没。一位中国文化史家说:"自孔子以前数千年之文化,赖孔子而传;自孔子以后数千年之文化,赖孔子而开。"

历史往往有出人意料的偏颇。生前反对封建制的孔子,可在死后几百年,却被封建统治者奉为"圣人",后来又不断加官晋爵,乃至被封为"素王",尊称"至圣先师"。究其原因,那是封建统治阶级在夺取政权之前,提倡"变法",主张"革新",孔子恢复周礼的那一套是不被接受的;当定鼎之后,需要维护政权,维持封建秩序,孔子倡礼所讲的"君君臣臣"之类正适用。如此,直至中国末代封建王朝的倾覆。在1919年兴起的新文化运动中,孔子才被作为封建思想文化的偶像受到激烈的批判。

然而,两千多年来,中国民族性格和心理的构成,以及传统的道德观念,是在以孔子为代表的儒家思想灌输和熏陶下形成的。继承也罢,批判也罢,孔老夫子在世界上已被视为"中国文化的象征"。在他故里的"孔府"、"孔庙"、"孔林",已是世界文化遗产。

《道德经》
——道家鼻祖老子

相传,老子见周朝日衰,就骑了青牛隐去。路过函谷关时,一位名叫喜的关令尹,很崇拜老子,便请老子写了书再过关。于是,老子写下了《道德经》。老子入了关,到了秦国。后来,死在扶风,葬在槐里,故址在今陕西兴平东南。

老子,姓李,名耳,字伯阳,又叫聃,楚国苦县厉乡曲仁里(在今河南鹿邑东)人。他出生于一个小贵族家庭,做过周朝王室管理藏书的史官。曾因政治原因避难到鲁国。孔子当时仅十七岁,便向老子请教有关周礼的问题。老子比孔子约大二十多岁,孔子师事老子甚为恭谨。

据载,孔子聆听了老子的言谈,佩服得五体投地,称老子为"龙",说:"至于龙者,吾不知其何以乘青云而遨游于天者也。吾今见之老子,其为龙欤!"

孔子的人生态度是入世的,老子的思想却有遁世的味道。老子主张得时则驾、不遇则隐,真有点像龙似的,或出或没,或藏或显,令人难测。

《道德经》,又名《老子》,共八十一章。老子的哲学思想和政治思想,都可在这本书里找到。

老子的哲学思想中,有着朴素而丰富的辩证法和人生经验的总结。诸如"祸兮福所倚,福兮祸所伏","千里之行,始于足下",等等。最重要的还是他使用并阐发"道"这一哲学概念。

何谓道?据老子说是"道法自然",道也是万物之源。这样,老子的哲学思辨即达到了最高层次,将道作为哲学的本体论提出来了。

"道"的提法,老子之前已有。然而,老子所言"道",已大不同于前人。老子认为,"道"比"天"更根本,天也生于道。道是根本,天地万物都是道生的,"道生一,一生二,二生三,三生万物"。

老子又认为道是无意志的,所谓"道法自然",是说道生万物是无意为之的。因以自然而然为法则,便引出了"无为"。道不仅无意志、无为,而且还"无名"。道无名,为老子所言"道"的最独特处。孔子讲究"正名",而老子却说"道恒无名"。道无名既是形而上的理据,又有其现实针对性。老子对西周以来的行什么礼、讲什么位的政治制度、社会秩序,与孔子所持的态度不同。

老子论道,其目的之一便是论人事。论人事,强调"贵德"。道是无形的,德是道的一种有形的落实。所谓"道之尊,德之贵","道"、"德"并重。老子以"赤子"作譬,说人类之初像婴儿是有德的,但随着社会变迁人便失德了。老子期望人要修德,要"复归于婴儿"。修德向道,便要"无身"。"及吾无身,吾有何患?"老子讲修德,同道的无为一样,德亦无为。老子乐道的是,德回归至道之终极便是"虚极"、"静笃"的状态。

《道德经》中的论道讲德,体现在老子的政治理想方面,就是构筑了一个"小国寡民"的社会,无为、好静、无事、无欲。老子认为当时社会的"礼崩乐坏"、朝政的极度腐败,就是因为统治者的好事、多欲。无为、好静、无事、无欲若能行于世,治国之道才算进入正轨。

老子学说的核心是"道",由他始而形成的学派被称为道家。道家同后世出现的道教不属一道,一属哲学,一属宗教。因老子论道,"玄而又玄",为后世对其作出神学的解释留下了机缘,哲人老子也随之被奉为宫观殿堂上的尊神。

1973年,在湖南长沙马王堆发现了《道德经》的两种古抄本,现已整理出版。自从古抄本重新问世以后,对老子哲学著作的历史地位引起了新的认识。有些学者认为《老子》是部兵书,讲战略与策略的兵书,不是一般军事家的著作,而是属于哲学家论军事的军事哲学著作。

"非攻"与"兼爱"
——墨家学派及其领袖墨子

有一篇《非攻》,"非攻"即反对攻打别的国家。开篇设譬,依次用"入人园圃,窃其桃李"、"入人栏厩,取人马牛"、"杀不辜人也,扡其衣裘"等譬喻,说明"其不仁义"一个比一个更甚。那么,比偷桃、盗马、杀人更甚的"攻国"(即攻打别的国家),是不是最为"亏人"?是不是"其不仁义"最甚?奇怪的是,有人却"从而誉之,谓之义"。接下来,《非攻》批驳了将"大不义"的"攻国""谓之义"的说法。

《非攻》是《墨子》中的一篇。墨子的主张之一是"非攻"。

墨子(前468?—前376?),姓墨名翟(dí 敌),鲁国(或宋国)人。他出身于下层,精通机械制造,是位出色的工匠。他曾一度出任过宋国的大夫,可却始终自称"贱人"。

墨子早年曾"学儒者之业,通孔子之术",当他看清儒家的重礼乐"足以丧天下"时,就决然另创了与儒家对立的墨家。墨学与儒学当时并称"显学"。

墨家学派是个有理论、有纲领且有严密组织的团体,其首领称为"巨子"。墨子就是首任巨子,被奉为"圣人"。墨家学派成员都服从巨子的命令和墨家法规,纪律非常严明。就是巨子的亲儿子犯了法,当巨子的也不袒护。有个叫腹䵍(tūn 吞)的巨子,他的独生子在秦国杀死了人,秦王宽恕,腹䵍说:"墨家是有定法的,杀人者处死。大王虽有好意,我身为巨子,不能不遵守墨家定法,也不能不奉行秦国国法。"秦王虽再三劝阻,但这位巨子还是让他的独生子抵命了。

墨子主张"非攻",并倡"兼爱"。面对当时诸侯间兵连祸结的动乱社会局势,墨子认为此乃"天下之害也"!这个"天下之害"的祸根是什么?墨子的回答:是天下人只知爱己不知爱人的缘故。所以,他开出了"兼相爱,交相利"的救世药方。为传播这一主张,墨子足迹遍及鲁、宋、齐、卫、楚等国,到处讲学,吸引来大批门徒,产生了很大的政治影响。

墨家有着严明的纪律和坚强的组织,又有着为实现自己的主张"赴汤蹈火,死不旋踵"的大无畏精神。然而,他们为之奋斗的政治目标,即人人相爱、天下太平,只不过是一种幻想。墨家由于时代的局限,无法看到先秦五百年的大动荡是植根于社会经济的大变革之中的。无穷的兼并、战争带来的苦难,那正是新社会制度诞生前引起的母体阵痛。纵览历史,难道不正是这些"兼并"与"战争"为中国从青铜时代跨入钢铁时代、从列国林立走向江山一统开辟出道路的吗?

墨子作为墨家学派的领袖,不仅是位大思想家、政治家,而且是他那个时代卓有创见的科学家。墨家学派是重视科学技术的一个学派。

墨家于数学的研究,突出表现在几何学方面,对一系列几何概念作出了抽象概括和科学表述。如"直,相参(三)也",即三点共一线为直线。力学中有关"运动"、"力"等定义,墨家也都作了科学表述。墨家早在古希腊科学大师叙述"光线直线传播"以前上百年，就已进行了针孔成像、影子生成等大量的光学实验。光学研究的成就还有：对平面镜、凸面镜、凹面镜等原理作了科学的阐释，为世界上最早而又最丰富的光学著述。声学研究，墨家设计了一种"听瓮"。听瓮，是对共振共鸣原理的巧妙应用，是应用声学的古老而杰出的成就。

《墨子》中有关逻辑知识的阐述，是相当丰富的。墨子创立的墨辩逻辑，比古希腊的亚氏逻辑早一个世纪。《墨子》中的论述还涉及物质结构，已有了接近原子论的最小物质颗粒的朦胧观念。这些认识，至今仍闪烁着智慧的光芒。

与儒学并称"显学"的墨学，"独尊儒术"后不"显"了，可在后世"侠"的观念、行为中能见到墨家的影子。

韩　非
——先秦法家集大成者

早在韩非之先，列国已出现了许多著名法家人物，形成了法家学派。然而，各自的主张却不同，共分为三派：一派以商鞅为代表，专主用"法"，即君主明法令，依据法规统治臣民；一派以申不害为代表，专主用"术"，即讲究君主统治臣民的权术；一派以慎到为代表，专主用"势"，即主张君主必须造成至高无上的权势，不能大权旁落。这三派都有一定贡献，也有许多弱点。韩非总结历史经验,批判地吸收了这三派法家的观点,形成一套以法为主、法术势相结合的政治学说体系。韩非集法家三派主张的同时,还吸收了礼法论、道法论的一些观点,确是集大成者。

韩非(前280？—前233),是韩国的贵族。战国晚期秦国很强大,韩国不断受到秦国的掠夺,国势越来越弱。韩非希望自己的国家强大起来,就多次向韩王建议,变法革新,任用贤人,富国强兵。韩王却始终没有采纳。他发愤著书,写了十余万言。韩非的书传到秦国,秦王政看了赞叹不已,极为景慕,说:"我若能见到这个人,和他在一起,死了也甘心。"秦王为求韩非,发兵攻韩,韩国就派韩非到秦国来求和。

韩非到了秦国的京城咸阳,受到秦王政的格外礼遇。是时正在秦国辅政的李斯,与韩非同是荀子的弟子,他自知才能不及韩非,心恐韩非危及他的权位,遂向秦王进谗言。秦王误信谗言,便将韩非囚于云阳狱中。李斯暗中派人给韩非送去毒药,逼其自杀。当秦王后悔欲赦韩非时,已来不及了。

韩非虽死,但韩非集大成的法家思想,为秦王政用来统一了当时的中国,并力行"圣人执要"。秦始皇始,不仅秦实施的是韩非主张,而且"百代都行秦政事",即封建帝王高度集权的政体直至沿用到清末。

韩非集法、术、势三派主张之前,儒家孔子和道家老子在论

"礼"、论"道"的同时,也涉及"法",其后学便推出了礼法论、道法论。孔子说过:"道之以政,齐之以刑,民免而无耻;道之以德,齐之以礼,有耻且格。"话中的"刑"即"法",将法与礼的关系讲清了。至战国时的荀子,认为礼的推行需要法,主张"隆礼至法"。然而,荀子作为儒家后继,仍未突破"礼本刑辅"的观念。韩非是荀子的弟子,接过荀子的"隆礼至法",更前进了一步,向法家三派学习,集其大成。韩非也借鉴《老子》,写有《解老》、《喻老》篇。

《史记·老子韩非列传》中提到了韩非的论著,说韩非"观往者得失之变,故作《孤愤》、《五蠹》、《内外储》、《说林》、《说难》十余万言。"这些文章辑为《韩非子》。

《韩非子·八经》中云:"君执柄以处势,故令行禁止。""柄"者,法与术也。"执柄处势",法、术、势的关系讲清了;"令行禁止",为"执柄处势"之结果。韩非还说过:"事在四方,要在中央,圣人执要,四方来效。""执要",即"执柄处势"。韩非子主张,君主就要把一切权利都集中在自己一人手中,实行极端集权主义。这一主张,适应了战国末期封建统一将取代封建割据的历史大趋势。秦王政统一六国后,建立起帝王高度集权的封建大帝国。

韩非的法家思想,是统一中国、中央集权的理论基础。同时,也成了秦之暴政的源头。《五蠹》篇中有言:"明主之国无书简之文,以法为教;无先王之语,以吏为师;无私剑之悍,以斩首为勇。是境内之民,其言谈者必轨于法,动作者归之于功,为勇者尽之于军。"绝对排斥了言论、学术和人的行动自由,引发了秦暴政之一的"焚书坑儒"。

韩非所代表的法家之历史功过,历史自然有公正的评价。如今有些文化史家认为:假如褪去法家学说中那浓烈的阶级色彩和时代烙印,而从政治学原理的学术意义上探讨,那么就不得不赞叹法家的卓越文化贡献了。

十一、先秦的文学成就

《诗 经》
——中国最早的诗歌总集

关关雎鸠,在河之洲。

窈窕淑女,君子好逑。

这是《诗经》首篇的开头四句。诗中所写,由爱慕进而追求以至结为婚姻的愿望,把主人公狂想的痴情表现得淋漓尽致。主人公赞美女子采荇菜时劳动的窈窕形象,反复咏歌,全诗情调和乐喜悦。

与这一篇同收入《诗经》的诗,共三百零五篇。孔子当初整理时原称《诗》,或名《诗三百》,成

《诗经》书影

为儒家经典后便叫《诗经》了。《诗经》是中国最早的诗歌总集。

《诗经》中的诗歌作品,其写作年代自西周初年至春秋中叶,即公元前十一世纪到公元前六世纪这五百多年的时间里。大部分是民间口头创作,一小部分是贵族文人作品。

《诗经》所收诗,分风、雅、颂三大类。风,有十五国风;雅,又分大、小雅;颂,又分周颂、商颂、鲁颂。风、雅、颂,原为音乐的名称。国风,是地方乐歌;雅,是西方的乐调,大、小雅之别是指大曲、小曲的不同;颂,是庙堂祭祀的舞曲。

《诗经》"六义"中,与风、雅、颂并列的是赋、比、兴。赋、比、兴,是三种表现方法。赋是直陈其事,比是运用譬喻说明事理,兴是见物起兴即触物感发。这三种表现方法为后世的诗歌创作提供了借鉴,历代的诗人、词人、散曲作家无不成功地运用着。

《诗经》中以周代民歌最具文学价值。周代民歌,多在十五国风中,小雅中也有一部分。

爱情诗在国风中占有较大的比重,首篇即是。另如《秦风·蒹葭》、《邶风·静女》,等等。

与爱情诗形成反差的是弃妇诗,如《卫风·氓》、《邶风·谷风》等。《氓》以一个弃妇的口吻,诉说自己不幸婚姻的经过和悔恨交加的痛苦心情。

反映农业生产和劳动的诗歌,如《豳风·七月》、《周南·芣苢》等;表现徭役造成夫妇分离的诗歌,如《王风·君子于役》《卫风·伯兮》等；揭露剥削阶级本质的诗歌，如《魏风·伐檀》等；……这一首首民歌，皆为思想性强、艺术水平高的好作品。

> 烨烨震电，不宁不令。
> 百川沸腾，山冢崒崩。
> 高岸为谷，深谷为陵。

这是《十月之交》中的诗句，《十月之交》为《诗经》中的一篇。此诗描述的是公元前843年陕西岐山地区发生的一次大地震。诗中的"震电"，指的是地声和地光。这首诗现已成为研究中国地震史的重要资料。

天文气象、地理生物的描述，以及对当时社会人文的记录，《诗经》中的不少诗篇涉及。如果说殷墟出土的甲骨文，被看作是研究商代社会历史的百科全书，那么，传世两千五百多年的《诗经》，则是研究西周以及春秋社会历史的万有文库。其中，不但有地球物理学家感兴趣的地震资料，也有为天文学家所珍视的星象记录，以及为古气象学家、生物学家、考古学家等专业工作者所需要的丰富内容。前不久，历史学家集会讨论中国古代史分期问题，《诗经》中的许多记述，就被引作探讨西周社会性质的有力论据。

然而，《诗经》毕竟是一部诗集，其辉煌的历史地位更突出地表现在中国文学史上。它开中国文学史之先河,在中国悠久的历史上,一代又一代的诗人、学者与文豪,几乎没有哪一个不曾经过它的哺育。至今,它仍是有志于研究中国文学的人不可不读的古典诗歌名著。

屈　原
——中国第一位伟大诗人

公元前278年的一天,楚国的一位忧国忧民而流放在外的诗人,行吟在汨罗江畔,当他得知郢都失陷、国将不国时,便写下了绝笔诗《怀沙》,投水殉国了。这一天是农历五月五日。这位诗人是中国第一位伟大诗人屈原。

屈原当年投水的汨罗江畔,修有屈原的墓和祠。如今位于湖南汨罗的屈子祠,已是国家重点文物保护单位。屈原殉难的五月五日,被作为纪念他的节日,俗称端午节。每逢这一天,江南人民举行龙舟盛会,并把苇叶包糯米制成的粽子,投到江里给鱼吃。据传是怕鱼吃掉沉在水底的屈原的遗体。端午节包粽子成了全国性的风俗,相沿至今。这种习俗也传到了日本、朝鲜、韩国、马来西亚等许多国家。

屈原(前340?—前278),名平,战国时期楚国人,其故里在今湖北秭归屈坪。

屈原的一生，经历了楚威王、怀王、顷襄王三朝，而主要活动是在楚怀王统治下的三十年间。在楚国贵族中，屈原是一个杰出的人物，学识渊博，具有政治才能。因此，在他二十多岁的时候，就得到楚怀王的信任，授职左徒，相当于副相。"入则与王图议国事，以出号令。"他主张革新朝政、任用贤能，遭到守旧贵族的反对。他的联齐抗秦的对外政策，未得以彻底实施。因守旧贵族的谗毁，被楚怀王疏远，卸左徒职，当了三闾大夫，并遭流放。后来，他又被楚怀王起用，派他再度出使齐国，以合纵抗秦，但楚国对外政策的摇摆不定，致使他难以实现初愿。楚顷襄王继位后，他越发受到守旧贵族的排挤，随而被放逐到了江南。顷襄王二十一年（前278），秦将白起攻陷楚国京城郢都。他度过了多年的流亡生活，又看到楚国灭亡在即，满怀悲愤，痛不欲生。

《离骚》书影

屈原的作品，收入《楚辞章句》的有《离骚》、《九歌》、《九章》、《天问》等二十五篇。

《离骚》是屈原的代表作,是古代最杰出的长篇政治抒情诗。"离骚"为楚国方言,相当于今语"牢骚"。"牢骚",这里指激发忧愤、舒泄心中不平之气。《离骚》的前半部,多作现实的叙述,而在叙述之中多用比喻、象征的写法;后半部驰骋幻想,编织了大量的神话传说。全篇交织着现实的叙述和幻想的描写,构成了一个完整的象征体系,塑造出爱国诗人的伟大艺术形象。诗中表现了屈原坚贞不屈的高尚情操和美好理想以及热爱人民、热爱祖国的思想感情,深刻揭露了楚国统治集团内部守旧贵族肮脏灵魂和丑恶嘴脸。诗人表示,宁愿以生命殉理想,而决不与恶势力同流合污。《离骚》是一篇思想性和艺术性高度结合的典范作品,被后世誉为"辞赋之祖"。

《九歌》是祭神的歌辞,是根据民间祭歌和神话材料加工而成的抒情组诗,共十一篇。除《国殇》之外的十篇,都是优美的情歌。这些祭神的歌辞,描述神与神、神与人的爱情欢乐和离别之苦。《国殇》在《九歌》中别具格调,歌颂为国战死的英雄,写得轰轰烈烈,虽败犹荣,极其悲壮。

《九章》中除《橘颂》外,八篇皆为屈原失意后所作。其表现内容近于《离骚》,但多直写胸臆,抒发被放逐后的不幸遭遇和忧国伤时的悲愤心情。《橘颂》是屈原的早年作品,通过对橘树那种坚定不移特性的赞颂,表现了屈原热爱乡土的感情和高尚峻洁的人格。这首诗开创了咏物诗的先例,对后代有很大影响。

屈原早年写的《橘颂》为四言句式，但他的大多数作品已不沿用《诗经》的四言体。屈原开创了句法参差灵活的楚辞体，拓辞赋之先径。

屈原把我国诗歌创作推向了一个新高潮，开始了诗歌从集体口头创作到个人独立创作的新时代。历代的诗人、词人，无不深受屈原的影响，正如《文心雕龙》中说的"其衣被词人，非一代也"。

山鬼（清萧云从绘）

屈原的不幸遭遇和他的爱国思想、伟大人格，同样影响着后世。司马迁为屈原立传，以屈原的不幸遭遇来激励自己，完成了不朽的巨著《史记》。李白的蔑视权贵，杜甫的忧国忧民，都是屈原精神的传承。

屈原不仅是中国的伟大诗人,同时也是世界上最伟大的诗人之一。1953年世界纪念的四大文化名人,屈原就是其中之一。

十二、秦王朝的统一与崩溃

"振长策而御宇内"
——中国第一个封建皇帝

公元前221年,秦统一了全中国,这在中国的历史上是极其重要的一年。在春秋战国风云变幻的五百五十年中,周王权衰微,诸侯割据,强国争雄,逐鹿中原的英雄人物蝉联辈出,然而一个个都像走马灯一样过去了,何以得操最后胜券的竟是年轻的秦始皇呢?这历史的奇迹,看来并非偶然。

相传秦人祖先大业原属东方渤海沿岸的氏族。其子大费,辅佐大禹治水有功,舜赐其姓嬴。西周孝王时,大费的后代非子养马有功,孝王封其一邑,名秦,才成为诸侯国的附庸。秦邑在今甘肃清水东北。从此,原出于东方的氏族才立足于西方发展起来。

春秋初年,秦襄公"将兵救周",以兵护送平王东迁有功,又被封为诸侯国。那是公元前770年。然而,当时诸侯仍很鄙视秦国,会盟时也不邀其参加。秦国虽曾一度有所发展,但还落后于诸国。它成为比较强大的国家,是在战国时期商鞅变法以后。秦孝公在公元前356年和前350年两次任用商鞅变法,采取进步措施,大刀阔斧地废除了贵族的一些特权,强化了王权,又准许土地自由买卖,奖励开荒,保护小农经济,实行严格的法治,因而社会安定,生产发展很快。据说战国后期秦的土地不足全国的三分之一,而其财富却占有全国的十分之六。秦国封建经济的急速发展,使秦很快成为战国七雄中的强国,为统一全国打下了稳固的基础。

秦始皇像

正当秦的国势蒸蒸日上,而其他六国由于变法不彻底弄得每况愈下的时候,二十二岁的秦王嬴政于公元前238年举行了加冕礼,从此亲理朝政。雄才大略的秦王政顺应历史潮流,决心统一中国。他以超人的胆识和气魄,消除了政敌,夺得了实权,选用法家派的人物治国佐政,并进行兼并战争。经过短短十七年，当他三十九岁的时候（前221），就结束了中原几百年来的封建割据局面。接着又北逐匈奴，南开五岭，建立起一个统一的封建大帝国，成就了前无古人的伟大事业。秦定鼎于咸阳。咸阳位于陕北高原南麓，渭河北岸。古代以山南为阳，亦以河北为阳。咸阳恰在山南、河北，故称咸阳，"咸"是都、全的意思。

秦王政是位历史伟人，也是个历史的宠儿。他成功地剪灭六国以后，为了树立自己的权威，巩固自己的统治地位，在朝会上向臣子们提出，现已"天下大定，今名号不更，无以称成功，传后世"。大臣们当面就称颂他"德过三皇，功高五帝"。经过一番堂而皇之的议论，决定改"秦王"的名号为"皇帝"，意即兼三皇而并五帝。后又加个"始"字，称"始皇帝"。依嬴政的盘算，他的儿子该叫二世，孙子是三世，子子孙孙传下去，直到万世，以至无穷。

嬴政还曾让客卿李斯监制了一方传国玉玺，那是用一块天下闻名的宝玉"和氏璧"雕制的。玺方四寸，其上盘曲五龙，镌刻着"受命于天，既寿永昌"八个字，意思也是他家当皇帝是受之天命，永远昌盛。

可是，这位历史风云儿却受到了历史的无情嘲弄，他做梦也不曾想到，秦家王朝竟是中国历史上的一个短命王朝，它只存在了十五年（前221—前207），传到二世，便被农民的镢头、锄把打得粉碎了。

郡县与灵渠、长城
——秦巩固统一的措施

秦始皇在咸阳宫中的御座上接受大臣们朝贺山呼"万寿无疆"的时候,还没有被胜利冲昏头脑。他知道,秦国虽然名义上统一了中国,但实际接收的还是割据时代留下来的一个四分五裂的摊子,各地的文字不同,制度不一,关卡林立,道路阻塞,杂乱无章。不但六国的旧势力并不甘心失败,匈奴在北,百越在南,也不时进扰,如何巩固统一,是迫在眉睫的大问题。

就在这时,朝内重臣们有两种意见。丞相王绾认为齐、燕、荆楚地区,朝廷鞭长莫及,以分封王子去治理为宜。廷尉李斯则认为,周鉴不远,分封诸侯的后果,必将是国土分裂,引起战争。秦始皇肯定了李斯的意见,否定了分封制,把天下划为三十六郡(后又增加四郡,共四十郡),郡以下设县,实行郡县制。郡、县都由中央委任的郡守、县令等官吏管理。官吏不同于诸侯,不能世袭。朝廷可以随时调动他们,以防割据。皇帝为有效控制地方,又在中央设置一套国家机构,任命九卿分掌各方面的政务。九卿之上是三公,即丞相、太尉、御史大夫。他们分管国务、军事和监察,最后的一切军政权力集中到皇帝一人手中。这就是中央集权的封建政体。

中央集权的新王朝颁布的第一批政令,就是统一各种制度。下令各地,拆除阻碍交通的关隘、堤防、城堡,修建以咸阳为中心向四域辐射的驰道,东达今河北、山东,南通江苏、湖南,北抵内蒙古的阴山。全国驰道一律宽五十步,驰道两侧,每隔三丈各种青松一棵。全国郡县都变得四通八达,割据的局面一下子改观了。接着,文字、货币、度量衡、车轨以及法律等,也都统一起来了。这涉及千百万人习惯势力的历史性改革,竟是在十几年内完成的。它表现了中央集权的地主阶级新王朝在历史上的进取精神。

久经沧桑,秦代统一修建的驰道至今大都毁弃无存,幸而在内蒙古自治区还残留两段遗迹,使我们得以窥见秦驰道的大体面目。一处在东胜县漫赖乡二顷半村以南,一处在包头市附近,驰道残存宽度约22米。

秦代为统一而进行的工程,保存最完好的当推灵渠,至今它仍发挥着效益,并为国家重点文物保护单位。灵渠在今广西壮族自治区北部的兴安县境内,全长33公里,是公元前214年开凿的。"灵渠"是唐代改名的,原名叫秦凿渠,也叫湘桂运河。顾名思义,它是沟通湖南的湘江和广西的漓江的水道,它把长江水系和珠江水系给联结起来了。据说秦始皇决心开发偏僻落后的岭南地带,派出五十万军民。可是粮食、物资的转运极其困难。

长城第一台遗址

公元前219年,秦始皇视察全国来到了湘江上游,亲自决定并选派水利专家史禄"凿渠运粮"。渠凿通了,越山而过,船在渠中平稳地升上山巅,转而又安全地抵达山脚河谷。原来,灵渠采用的是一种梯级船闸式的设计。两千年后,美国修建巴拿马运河也是采用的这种方法。这一设计,是船闸的先导,世界上最早的一种通航措施。

灵渠的开凿,便利了南方与中原地区的经济、文化交流,使岭南地区的面貌迅速发生了变化。1974年底,在广州市文化局建筑工地上,发现一处秦汉时期的造船遗址。船场并列三个造船台，滑道长88米，可以建造短约28米、长至57米，载重量至少有五六十吨的大木船。古船场中还出土有大量铁制工具、陶器、"万岁"瓦当、半两铜钱、北方胡服上的带钩以及铭刻着秦篆汉隶文字的器物等。这船场所在地广州市，恰是两千多年前秦开发岭南后建置的番禺郡故地。看到这些船台、文物，不难想见当时经济、文化的发达，以及庞大的番禺郡船队漂洋过海的盛况。

秦始皇下令在南方开发灵渠的时候，又下令在北方修筑长城。战国时，秦、赵、燕三国为防御匈奴族奴隶主的掠夺侵扰，曾在北方分别构筑长城。这时，秦把不相衔接的各国长城联结成了一体，西起甘肃临洮，东到辽东（今辽宁辽阳西北）号称"万里长城"。屹立在尼罗河畔的"金字塔"，是古埃及奴隶制的杰作，而蜿蜒在北中国原野、群山之巅的"万里长城"，则是中国封建制创造出的伟大奇迹！它将永远是中华民族团结、力量的伟大象征。今已是世界文化遗产。

"焚书坑儒"
——在统一问题上的一场斗争

公元前213年，咸阳宫中置备了丰盛的宴席，秦始皇正在欢宴群臣。谁想到竟在庆祝统一的酒觞高高举起的时候，长期以来酝酿着的一场政治斗争爆发了。

仆射（yè叶）周青臣在盛宴上祝酒，称颂秦始皇的统一业绩。博士淳于越起而反对，并引经据典，以古讽今。丞相李斯提议，以古非今，惑乱人心，必须严厉制裁。李斯的主张对统一国家、巩固秦朝的统治是有利的，可是他却提出了荒唐的极端措施。他主张除了秦国历史以外的书统统烧个干净，谁要是再敢谈论诗书，就杀头，谁要再以古为是、以今为非，就满门抄斩。秦始皇接受了李斯的建议，无数文化典籍遂变成了一堆堆灰烬。

焚书之后，儒生们更加不满，指责、攻击秦始皇，又引起了坑杀儒生的事件。

秦坑儒谷

事情是这样的。秦始皇晚年很迷信,更希望自己长生不老。他多次派人去海外求长生不死的仙药,但都未弄到。秦始皇并不死心,又派遣大型船队,满载珍宝、粮食、工具和三千童男童女,由徐福(《史记》,写作徐市)率领去东海仙岛求药。秦始皇为此费金巨万,可徐福却一去不返。

秦始皇在咸阳宫中等得实在不耐烦了,又听信了侯生与卢生求药的谋划。结果秦始皇只是受到了捉弄。当秦始皇找寻侯生、卢生时才知道,咸阳的儒生对他进行诽谤,指责他专任狱吏,不重儒生,贪于权势,残暴成性。这使秦始皇大为恼火,把与此事有牵连的四百六十个儒生一起活埋了。

这就是著名的"焚书坑儒"事件。

今陕西临潼西南10公里的洪庆村有"坑儒谷",相传,即始皇坑儒处。

这场斗争,在秦统一之后出现,那是难以避免的。然而,秦始皇采取火与剑的暴力手段去进行这场思想意识领域的政治斗争,却造成了深刻的历史教训。思想意识方面的分歧,是不能用暴力去压服的。焚书的结果,只是摧残破坏了古代文化典籍,并未能起到统一思想的作用。坑儒,也只是在肉体上消灭了部分政见不同的儒生,却引起更多的儒生的反抗,从而不是巩固而是削弱了秦王朝的统治基础。从此,秦始皇听到的是一片动听的颂歌,然而,也就埋下了最终走向灭亡的厄运的种子。

骊山陵和兵马俑
——秦末的社会矛盾

秦始皇自从他十三岁继承王位时起,就开始在骊山脚下修筑他百年以后的陵墓了。到他五十岁死去的时候,工程才算完结,先后修了三十六年。这就是骊山陵,又叫始皇陵。它坐落在今陕西临潼以东约5、6公里的晏寨。现为国家重点文物保护单位。

1974年春天,当地农民、工人在骊山陵东北大约1千多米的地方抗旱打井,出土一些残破的古代陶片。后来一发掘,原来是在地下埋藏了两千多年的秦始皇的御林军塑像,全副武装的战士、仆役和战马拖着的载人战车,总计六千多具,都同真人真马一样大小,有些战车原就是实物。这个兵马俑丛葬坑的发现,使我们得见秦王朝军旅的强大阵容。

1979年,在原地兴建起秦始皇兵马俑博物馆,展览大厅长230米,宽70米,高出地面23米。现在,这支陶俑大军的大约一千名武士已整齐骄傲地重新站立起来,接受现代观众的检阅。它是当今世界上最大的一座古代军事博物馆,是国家重点文物保护单位,又是世界文化遗产。

然而,这只是秦始皇殉葬的兵马陶俑的一部分,被标明为一号坑。还有二号坑、三号坑。整个兵马俑坑,在骊山陵中原不过是角落上的一个小小的附属工程，而主体工程则是陵墓的建筑本身。

骊山陵高五十丈，约合116米，周围五里，即每边长约6百米。据史书记载，陵基很深，下及三泉，棺椁是用铜浇铸的。陵内建筑有宫殿、楼阁、朝房，堆积了难以计数的奇珍异宝。据说陵墓的设计，处处体现着这位始皇帝至高无上的权力与威严。陵内穹顶上以珍珠嵌成了日月星辰，以作天象，下面用水银造成了江河大海，以象八方舆地，四室排列着百官位次，点燃着用鲸鱼油制成的长明灯。为防盗墓，陵墓内设计有暗藏的机弩，任何盗墓者进入陵墓都难免立即被射死。至于地面上陵园的宫殿建筑，那规模当更加壮观，可惜早已湮灭殆尽了。

武将俑

1980年冬，在始皇陵西侧20米处，发现了秦始皇御用的铜车马坑。坑有五洞，发掘其一，出土了八匹铜马、两辆铜车、两名御官俑。这铜铸的车、马、人相当于真的一半大小。现已修复一车四马，其上有各种金银配饰一千五百六十四件。车、马总重约

1.8吨。这大概是依秦始皇乘舆复制的模型,也是当今考古发掘中震惊中外的瑰宝。

更有趣的是,《史记》中记述始皇陵内有水银灌注的江河。1981年,科学家们以最新的仪器探知骊山陵内确有大量水银,证明古人记述是有根据的。

有朝一日,骊山陵地穴的秘密被揭晓,我们将会看到秦王朝全盛时期经济、文化发达的规模,也会找到秦王朝何以短命、迅速灭亡的原因。据史书记载,只"骊山陵"一项工程,就征调了所谓刑徒七十五万。另一项阿房宫工程修建时也征调了役夫七十万人。阿房宫是咸阳城外上林苑朝宫的一座前殿。今陕西西安的三桥镇古城村附近存其遗址。高7米的宫殿台基总面积有50多万平方米。史书上说其上可坐一万人。其实十万人在其上作广播操也绰绰有余呢!北筑长城的罪人三十万,开发岭南的五十万,修筑全国驰道的则难以数计。已故历史学家范文澜估计,秦时服役人口总数不下三百万,可是,秦时全国的人口大约只有两千万。两千万中占了三百万,这是多么沉重的无偿徭役呀!

在战国长期战乱中,农民渴望统一,以求休养生息。可是,统一后,秦王朝地主政权给予农民的却是重赋繁役,苛法酷刑,饥饿与死亡。全国"赭衣塞路,囹圄成市",实际上成了一座大监狱。这样,秦王朝地主阶级同农民阶级的这个主要矛盾渐渐激化了。公元前209年，即秦始皇死后的第二年秋天，中国历史上的第一次农民大起义终于像火山一样突然爆发了。强大一时的秦王朝立即陷于土崩瓦解之境。

十三、秦亡与汉兴

"鸿鹄之志"
——中国历史上第一次农民起义

中国古史典籍浩瀚，大都是为帝王将相树碑立传的。作为社会主体的奴隶、农民，以及推动历史前进的奴隶暴动、农民起义，却大都被旧史家们一笔抹煞了。可是，中国历史上第一次农民大起义，却破例地被生动而翔实地记录下来。这是史学大师司马迁的功劳。故事记录在他的巨著《史记》的《陈涉世家》中。

陈涉（？—前208），又叫陈胜，阳城（今河南登封）人。陈胜自幼家境贫苦，为人佣工，却素有大志。他曾对瞧不起他的人说："嗟乎，燕雀安知鸿鹄之志哉！"陈胜自喻鸿鹄以明志，后世"鸿鹄之志"的成语，就是从此而来。

秦末的社会已是动荡不安、民怨沸腾的局面。秦的酷刑峻法，弄得刑徒遍全国，而二十倍于前代的租税，三十倍于前代的力役,更使得民不聊生,十室之中倒有五家欲愤然起而抗争了。

当时,秦始皇刚刚死去,小儿子胡亥就与掌管玺印文书的中车府令赵高、丞相李斯密谋,逼死了在北方监军的始皇长子扶苏,夺取了帝位,史称秦二世。秦二世缺少始皇的雄才大略,可他残忍暴虐却超过其父。秦二世一上台,就诛杀异己,连他的二十二个兄弟姐妹,也都被暗杀、赐死,或车裂了。

总之,秦王朝的内外矛盾普遍激化,全国则如同布满了久久曝晒的干柴,只要有个火星,就会燃烧起燎原大火。

公元前209年七月,一支九百名去北方渔阳(今北京密云西南)筑城戍边的农民队伍,背井离乡,跋涉到了蕲(qí其)县大泽乡(今安徽宿州东南),遇上连日暴雨,道路变成了沼泽,无法如期到达渔阳了。依秦法,误期要被砍头的,死亡威胁着每个役人。

陈胜和一个叫吴广的,都在这队伍中。吴广(?—前208),又叫吴叔,阳夏(今河南太康)人,也是个为人佣耕的贫苦农民。陈胜、吴广都比较能干,被推为小头目。他们过去并不相识,死亡的威胁把他们的命运连在一起了。他们相商,戍边去九死一生,逃亡也难免一死,既然都是死,何不死得威武雄壮呢!陈胜分析:"天下苦秦久矣",只要举起反秦的旗帜,到处都会响应的。吴广衷心赞同,遂定了起义大计。

雨仍下个不停,伙伴们越来越焦躁不安。吴广趁势当着兄弟们的面向押队尉官一再讲,与其去渔阳送死,何如让兄弟们逃亡求个活命呢!显然,这代表了全体戍卒的共同愿望。那尉官哪里肯听,乘醉鞭打吴广,原想惩一儆百,结果反而激怒了众人。吴广夺刀杀掉一个尉官,同时另一个也被陈胜杀了。陈胜站出来号召大家:"我们已经误期,到了渔阳也会被砍头;即使不被砍头,戍边的人又有几个能活着回家的?反正都是一个死,我们何不共举大事呢!那王侯将相都是有种的吗?"话音刚落,群起响应,斩木为兵,揭竿为旗,中国历史上第一次农民大起义就这样爆发了。

芒砀山下的丰碑
——张楚政权的兴亡

陈胜、吴广在大泽乡起义后,率众西进,进驻于陈(今河南淮阳),沿路反秦将士蜂拥而来,行程只有三百六十里左右,队伍就发展到兵车六七百辆,骑兵一千多名,步兵数万,组成了一支强大军旅。陈地父老认为陈胜首倡反秦,全国引颈企望,应该称王。陈胜遂立国号张楚,即张大楚国的意思。先时,楚人反秦最切,楚人父老发誓:"楚虽三户,亡秦必楚。""张楚"这个国号,实际上也是个颇有号召力的反秦口号。陈胜被推为楚王。历史上每每因地而号,又称其为陈王。陈胜封吴广为假王,共图亡秦大计。

张楚立国,陈胜称王,如同在午夜中举起的一把火炬,顿时引燃了遍地反秦烽火,各地人民杀州夺县,奋起响应。旧时的六国贵族及地方势力也纷纷据地称王。

陈王又向天下发布号召:"伐无道,诛暴秦。"并派兵四出攻略,北取赵、魏故地,南取九江,东向淮岱,西捣咸阳,声势浩大。陈王的将军周文率几十万大军,破函谷关,驻军于戏(今陕西临潼),进逼到秦都咸阳东不到五十公里的地方。

昏聩的秦二世,这时才慌了手脚,急忙下令赦免在骊山脚下服苦役的几十万刑徒,发给戈矛,由少府(专管皇家的赋税,以供宫廷之用的官员)章邯统率,与起义军会战。

周文率领的起义军,孤军深入,初战失利,退走函谷关,急请陈王增援。陈王传檄各地驰援周文军。但是,赵、魏、齐、燕等各地反秦力量的领导权,大都为旧贵族势力所把持,他们都据地称王,忙于扩大自己的地盘,谁也不肯出兵配合起义军主力作战。周文军得不到援助,终为章邯军击破。周文也自刎了。

不久,围攻荥阳(今河南郑州西)力图夺取秦最大粮仓的假王吴广,被部下田臧杀死。田臧指责吴广骄傲,不懂军事。可是不久他自己也战死军中,全军覆灭了。

秦军主力遂乘胜东进,陈王孤军奋力抗击,终因众寡不敌,退走下城父(今安徽涡阳东南)。在这危急关头,陈王的驭手庄贾叛变，杀死陈王，向秦军投降请赏去了。叛徒后来虽被义军处死，但陈胜、吴广所领导的农民起义终究归于失败了。时在公元前208年。

陈胜死后，葬在今河南永城境内的芒砀山下。两千多年来，在历代封建帝王陵前竖起了一座座石碑，极尽歌功颂德之能事，而这位历史英雄的墓塚却默默无闻地湮没在蓬蒿之中。1977年12月27日，永城县人民集会于芒砀山下，为中国历史上第一位杰出的农民领袖修起了一座丰碑。碑文是已故历史学家郭沫若生前亲题的。英雄的陵墓也被修葺一新，并列为文物保护单位。

"约法三章"
——秦王朝的覆灭

陈胜死了，而陈胜首倡的反秦斗争并未结束。起义虽遭到暂时的挫折，时过半年，斗争的烈火又燃烧起来。不过，反秦斗争的领导权开始由原来的农民领袖逐步转移到地主阶级和六国旧贵族势力手中。主要代表人物是刘邦和项羽。

刘邦（前256—前195），亦名刘季，沛（今江苏沛县）人。他曾做过泗水亭长，是秦时管理十里地方的小官吏。后因押送刑徒赴骊山时，刑徒多半途逃亡，刘邦不好交账，便干脆遣散余众,弃官与十余人逃往芒砀山中。陈胜七月在大泽乡起义,九月刘邦就杀掉沛县县令,自称沛公,起兵响应。

项羽(前232—前202),也叫项籍,下相(今江苏宿迁)人。少时随叔父项梁逃亡到会稽(今江苏苏州,不是浙江绍兴)。项羽身高八尺,力能举鼎。年少时,曾学书法不成,又学剑术,仍不成。叔父责骂他,他却说:"写字能记个姓名就可以了,剑术,也只不过同一个人匹敌。我要学,就学同万人对敌的本领。"叔父就教他兵法。一次秦始皇出巡路经会稽,项羽看到秦始皇车马仪仗威风凛凛,冲口就说:"彼可取而代之!"陈胜起义两个月后,项羽也同叔父项梁杀掉会稽郡守,举行起义。后项梁不幸战死。

公元前207年,项羽在巨鹿(今河北平乡西南)战役中破釜沉舟,消灭了秦军主力,迫使秦将章邯率二十万大军投降,秦王朝至此实际上灭亡了。项羽在亡秦战争中立下了首功,威望陡增,俨然成了各路起义军的领袖。

秦军主力在前线崩溃的时候,秦朝廷在后方又发生内讧。丞相赵高诛杀了秦二世胡亥,欲立二世的侄子子婴。子婴在举行登位大典前袭杀了赵高,改皇帝号称秦王。

沛公刘邦乘秦军崩溃、王朝内讧的机会,捷足先登,由武关(今陕西丹凤东南)打入关中,直逼咸阳。刚刚登位四十六天的子婴,乘坐素车白马,出咸阳来到城东的霸上(今陕西临潼西南），站在大道旁边，脖子上系着一条白练，躬身捧着那刻着"受命于天，既寿永昌"八个字的皇帝玉玺，向沛公投降了。时在公元前206年十月。秦始皇死了不满四年，他那子子孙孙永远当皇帝的梦想就此破灭了。

沛公受降后，进入秦都咸阳，封闭了宫室、仓库，不取一钱一物，又同关中父老约法三章："杀人者死，伤人及盗抵罪"，秦的苛法全都废除。关中人民如久旱逢雨，喜出望外，争先恐后地击牛杀羊，携壶捧浆，慰劳沛公军。沛公又明令禁止犒军，不准义军扰费百姓。沛公的政策，深得民望。

这时，刘邦自度羽翼尚未丰满，乃还军霸上，以待时机。

一个多月后，项羽率领四十万大军来到关中，驻军在鸿门（今陕西临潼东北），距沛公十万大军的驻地霸上，只有四十里。两军对峙，势同水火。

自此，两股最大的反秦力量公开分裂，争夺胜利果实的斗争开始了。

从鸿门宴到四面楚歌
——楚汉战争

刘邦、项羽争夺胜利果实的斗争，是从一场戏剧性的宴会开场的。

项羽的谋士范增深知刘邦是项羽争夺天下的对手,就怂恿他袭灭沛公军。刘邦得知消息,自度势弱力单,就采取委曲求全的策略,以暂时避免公开火并。他亲自到项羽驻地鸿门解释误会。项羽设宴款待。宴会上,范增几次示意让项羽立即动手杀掉刘邦,项羽都犹豫不决。范增就找来项庄假装舞剑助兴,以便下手。不料被暗中保护刘邦的项伯识破了。这就是成语"项庄舞剑,意在沛公"的出典。酒宴的气氛,到了剑拔弩张的程度。在这当儿,刘邦找个借口溜之大吉了。这就是历史上有名的"鸿门宴"。刘邦以自己的谋略和当机立断避免了一场灭顶之灾。他终以暂时听命于项羽,并把处理降秦的权力交出而使得矛盾暂时缓和下来。

鸿门宴后,项羽进入咸阳,杀掉秦降王子婴,又放火烧掉了咸阳的宫殿,以及上林苑中的阿房宫、骊山脚下的始皇陵,等等。史书记载"火三月不灭"。至今秦咸阳故址上遍布的烧土、木炭以及庞大的泛着琉璃样光泽的烧结物,就是这把大火的见证。

接着,项羽自称西楚霸王,又分封功臣宿将、各路诸侯,总共封了十八个王。然后,携带着抢掠到的大批珍宝、美女,衣锦还乡,东向彭城(今江苏徐州)而去。所封王侯,也纷纷就国。

项羽分封王侯违背了百姓渴望和平统一的意愿,一个个独立王国的建立,成了新战乱的祸根。诸王就国只有一个多月,在山东地方就又打起仗来。项羽也被卷入了新的战争。

刘邦被封为汉王，领有汉中和巴蜀。当东方烽烟再起，项羽无暇西顾的时候，他就出兵重新夺取了关中，进而东向与项羽争雄，拉开了历史上有名的楚汉战争的帷幕。

楚汉战争初，汉军屡屡受挫，但有关中和巴蜀的大量兵源和物资供应，能够同楚军长久相峙；楚军十分强大，却缺少来自强大根据地的源源补充，因而在长期战争的消耗中，渐渐削弱下去。汉军反而转弱为强，稳操战争的主动权。

公元前203年底，项羽军因"少助食尽"，被迫和汉军讲和，约定以鸿沟为界，分土而治。鸿沟是战国时开凿的一条人工运河，沟通河、淮两大水系。楚汉两军曾长期隔鸿沟对垒。今河南荥阳广武山间尚有鸿沟遗迹，宽约三百米。鸿沟两侧山上的汉王城与霸王城故址犹存。

鸿沟和议后，项羽引军东撤。刘邦却不顾和议，乘势进击，追至垓下（在今安徽灵璧南沱河北岸），包围了楚军，久久围困不去。

公元前202年一天夜里，项羽的爱妾虞姬正陪着他在军帐中以酒浇愁，忽听见四面的汉军都唱起了楚国的民歌，非常惊惶，心想：汉军中怎么这么多的楚人，难道汉军已经把楚地都占领了么？这就是"四面楚歌"成语的由来。这一成语后来就被用作泛指众叛亲离走投无路的处境。这时，项羽的坐骑驰骋沙

场的乌骓马也引颈嘶鸣起来。英雄一世的项羽,面对宝马、爱姬悲凉地唱道:

> 力拔山兮气盖世,时不利兮骓不逝。骓不逝兮可奈何,虞兮虞兮奈若何!

虞姬也和唱起舞:"大王意气尽,贱妾何聊生?"刚强的项羽见爱姬以命相殉,也黯然泪下。此时,左右莫不抽泣不已。这段故事被后人编为一出名叫《霸王别姬》的戏曲,演唱至今。

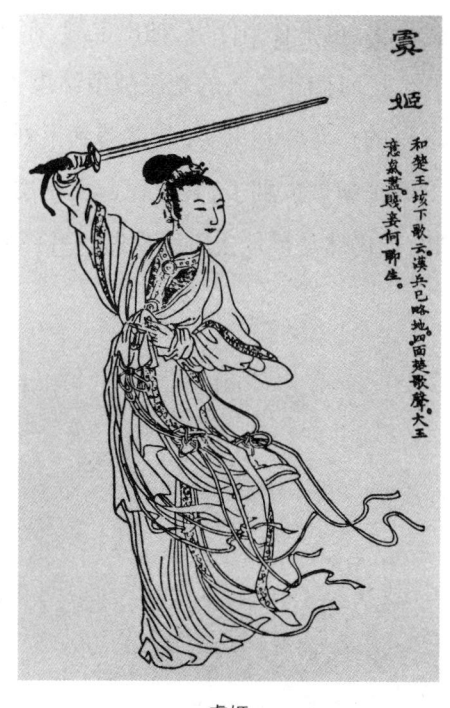

虞姬

和楚王坡下歌云汉兵已略地四面楚歌声大王意气尽贱妾何聊生。

夜半,项羽率领八百名强悍的骑兵从东南方突围而去。天亮时,汉军才发觉,急忙追赶。项羽突围后走到乌江(今安徽和县东北的乌江镇),被汉军追上了。项羽临危苦斗,率领最后的二十八名骑兵,左右冲杀,杀伤汉军几百人。然而,这种匹夫之勇终究挽救不了他的命运。项羽最终感到无面目再见江东的父老兄弟，也不甘当俘虏，抽出宝剑，在乌江的长江岸边自杀了。

历时四年之久的楚汉战争结束了。陈胜发难，项羽首功所取得的亡秦胜利果实，最终落到了刘邦手中。残暴的地主阶级的秦王朝被推翻了，在农民起义军层层尸骨堆上又建立起的政权，却仍然是被地主阶级掌握的另一个封建王朝，即西汉王朝。

十四、汉王朝四百年的盛衰（上）

让农民回到土地上去
——汉初的经济政策

公元前206年，汉王刘邦接受了秦王子婴的投降，从此掀开了历时四百余年的汉代史。前二百余年，史称西汉；后近二百年，史称东汉。那是因为前者都城长安在西，后者都城洛阳在东。西汉和东汉，也叫前汉和后汉。

西汉初，经历了四年楚汉战争，最后以西楚霸王项羽在乌江自刎而告终。公元前202年春，汉王刘邦终于登上了皇帝宝座。他在一次国宴上举起酒杯兴致勃勃地庆祝开国大典，没想到群臣醉饮，相互争功，拔剑击柱，闹得杯盘狼藉，大为扫兴。这时，深通世故的大儒叔孙通出来帮闲凑趣了。他为刘邦制定"朝仪"。从此，每当朝会，皇帝御辇一到，百官山呼，依次奉贺，煞是威风。那些平时傲慢不拘的将领，一个个变得规规矩矩，恭恭敬敬。刘邦乐得说道："今天我才知道做皇帝原来如此尊贵啊!"他为了巩固刘家的皇权,不久,先剪除了一批割地封王的功臣宿将——异姓王,又分封了一批刘姓子侄,即同姓王,以控制局面。他又同相国萧何制定了一套法令和制度,完善了中国历史上第二个封建王朝的国家机器。这位出身卑微的泗水亭长从此在历史上被尊为汉高祖。

西汉初年,封建王朝在政治上虽然统一了,可经济仍处在凋敝之中。秦的暴政早已弄得贫苦农民"衣牛马之衣","食犬彘之食"。尔后又历经农民起义后八年的战争,更弄得赤地千里,哀鸿遍野。秦时的两千万人口,汉初只剩下六百五十万左右了。曲逆城(今河北顺平东南)秦时原有户数三万,汉初仅存五千,汉高祖路过曲逆时却还盛赞说:"好壮观的一个县城啊!我走遍天下,只看到洛阳和它两座大城!"其他城市之破败,于此可以想见。当其时,连皇帝也弄不到四匹毛色一样的马来驾车,宰相将军出门也只好坐牛车。物价飞涨,好年景时,一石谷只值五钱,这时,一石米卖到五千钱,甚至万钱,涨价一两千倍。人吃人的现象到处发生。因此,新皇帝也坐卧不安,感到"天下匈匈","成败未可知"!所以,刚刚撤去开国大典的盛宴,就不得不立即颁布一系列的诏书,允许百姓把儿女卖到四川、汉中去找饭吃,官吏不得干涉;允许聚集到山林湖泊去的没有户口的人回到家乡去,并归还原有田宅,官吏不准因他们过去有不法行为打骂和歧视;允许因饥饿而被卖为奴婢的人恢复原来自由人的身份；让士兵复员，回乡生产，尽先给以土地；减轻赋税，秦时十收其五，现在改为十五税一……。总之，新的统治者为了稳定政局，不得不采取种种措施，使由于暴政、战争而被迫离开了土地的成百万农民重新回到土地上去。

这就是汉初"与民休息"的政策。

"萧规曹随"
——汉初的"无为"政治

坐了七年皇帝宝座的汉高祖于公元前195年死去了，他的儿子惠帝即位。第三年相国萧何也死去了。曹参与萧何原是好友，后来政见不和，萧何临死前却推荐曹参做相国，惠帝同意了。

曹参为相国辅政，引进和提拔了一批务实际而不图虚名的忠厚长者，排斥那些舞文弄墨、好生事端的官吏，其他的事就不大过问了。他整天喝酒，聊天，公卿大臣们向他请示政事，曹参就叫来人一起喝酒吃肉，直喝得醉醺醺回去了事。

惠帝见相国不理政务，心里挺不踏实，就让曹参的儿子去问他："您身为相国，天天喝酒，不理政务，何以安抚天下？"这一问，曹参火了，拿起板子把儿子狠狠揍了一顿，骂他："你懂得什么，国事是该你多嘴的吗？"

惠帝知道后更纳闷了，就亲自问曹参，是何道理。曹参赶忙脱下帽子说："请问陛下，您同先帝比较，谁更英明？"惠帝说："我哪里比得上先帝呢！"曹参又说："我与萧相国比较，您看哪个贤明？"惠帝微笑着说："您似乎也不及萧相国吧！"于是，曹参语重心长地说："是啊，陛下分析得很对。您比不上先帝，我又不如萧相国，先帝与萧相国平定了天下，又制定了法令规章，那么，我们只要遵守定制，继续推行，不就很好了吗？"惠帝理解了曹参的用意，称赞说："很好，就这么办吧！"这个故事成了一个典故，叫"萧规曹随"。

曹参的用意是什么呢？曹参出任惠帝相国之前曾任齐相。他当时曾请来许多名儒巨学咨询如何治国安邦的道理，可是各说各的一套，谁和谁的主张也不一样。后来，他向一位胶西（今山东高密北）大学者盖公请教。盖公讲了一番"治道贵清静而民自定"的道理，意思是当政者要简政安民，国家才会安定，这种思想就叫"清静无为"，或"无为而治"。这种政治思想，是适合经过秦的暴政和多年动乱、人民渴望过安定生活的社会现实的。据说这话更早出于黄帝和老子的经书，故又称"黄老思想"或"黄老政治"。汉初首倡黄老思想的就是相国曹参，后为朝廷所重视，宫廷内以及百官都加以学习，遂成为汉初统治阶级在政治上的指导思想。其实，"黄老思想"只不过是汉初"与民休息"政策的理论形态，它是植根于当时的社会经济之中的。

汉初"与民休息"的国策,经汉高祖、惠帝和高后吕雉的连续推行,历时二十几年,已初见效果。史家称赞当时的形势是"衣食滋殖","刑罚罕用","天下晏然"。

"文景之治"
——西汉封建经济的发展

公元前180年,刘邦的中子代王刘恒被拥立为皇帝,是为汉文帝(前202—前157)。汉文帝在历史上是以节俭而闻名的。

汉文帝即位后不久,春天他就去亲自耕种籍田,以劝农桑。他还下令各地官府,春耕前要劝导农民及时耕作,贷给贫苦农民五谷种子和口粮。他先下令免除农田租税的一半,改汉高祖定的十五税一为三十税一。接着,又全部免除农田租税十二年。过去的人头税是每人每年一百二十钱,文帝时减去三分之二,每人每年收四十钱。过去的徭役是每年每人一次,每次一月。文帝时,改为三年一次,每次一月。这些措施减轻了农民的负担,促进了社会经济的恢复和发展。

汉文帝对农民轻徭薄赋,自奉也甚节俭。他想修建个"露台",一计算需要一百斤黄金,便说这相当十户中等人家的财产,太多了,就不盖了。他穿的衣服是厚帛做的,不加纹饰,是黑色的。他最宠爱慎夫人，就让她作节俭的表率，帐帷是素面的，衣裙下摆也不拖到地上。他建造陵墓时，下令随葬品只能用点陶器，不准用金银铜锡等贵重物品。他的遗嘱中还说：给他送葬不许动用车马，不准陈列兵仗，送葬人戴的白布孝带宽不得超过三寸，治丧期要短。同时，在治丧期间不许禁止老百姓结婚、祭祀、饮酒和吃肉。陵墓依山下葬，不准起坟丘，以节省民力。

汉文帝、秦始皇，都是地主阶级的总代表，可是两人的作为却大不一样。秦始皇以雄才大略、暴虐人民而著称于世。至今骊山脚下高大的始皇陵还是他那风格的象征。汉文帝却以轻徭薄赋、自奉节俭而名垂青史。至今，西安市东北的灞陵（文帝陵墓所在）仍同少文多质的汉文帝本人一样，简约而不引人注目。

文帝以后，景帝（前188—前141）继位。文、景两世先后连续奉行"与民休息"的政策几近四十年，社会经济空前繁荣，社会秩序安定，史称"文景之治"。

学术界对"文景之治"的看法颇多分歧，但历来无论是捧皇帝的，还是骂皇帝的，谁也不能不承认这样一个历史事实，即景帝末年，经过三分之二世纪休养生息后出现的经济盛况：

当时，各郡县的府库中，堆满了粮食和铜钱。京师的国库里，积累的钱有好几百万万，串钱的绳日久都烂了，以致散钱无法计数。粮食一年年向上堆，一层层都陈旧变质，堆不下的放在露天场地，日久腐烂不能再吃。皇家的马苑里圈着三十万匹马。老百姓的骡马拴满了街巷，田野里也到处都是。几十年前将相出门坐牛车的现象早已成为过去，这时普通平民出门骑匹母马也都自觉惭愧。人口成倍增加，有些地区人口猛增四五倍。春秋战国时临淄有户七万，这时已发展到十万，约有五十万人口。

社会风气变化也很大。秦时设有车裂、连坐、灭族等各种酷刑峻法，每年犯罪的人不下百万。汉文帝时，不但早废除了那些酷刑，连肉刑也取消了，一年之中全国判重罪的案子总计不过四百起。

纵观中国封建社会的历史，西汉时的"文景之治"，如同后世唐代的"贞观之治"、清代的"康乾之治"，这一个个冠以皇帝称号或年号的封建王朝的盛世，无不是出现在农民大起义之后，显然是农民革命战争推动历史前进的结果。"文景之治"的上述史料，难免夸饰之词，未必句句可信。然而，汉初推行"与民休息"的无为政治的结果，使整个社会富饶起来，为整个帝国积蓄了富厚的国力，这确是毋庸置疑的历史事实。

"文景之治"之后，西汉历史由前期转入中期。随着物质基础的强大，皇帝的统治手段和风格也随之发生了变化，"无为"政治开始向"有为"政治转化了。

汉武帝的历史功业
——汉王朝的统一与巩固

文景之后，十六岁的刘彻做了皇帝。这位小皇帝就是后来中国历史上同秦始皇并称为"秦皇汉武"的汉武帝（前156—前87）。

汉武帝凭借先世积聚起来的雄厚国力，再不甘心同祖父辈一样"清静无为"了。几十年来一直对骄横的北方匈奴奴隶主所采取的"和亲"政策使他感到耻辱，匈奴的不断进扰更使他感到愤怒，他再不愿把汉家公主送到塞外去乞求北方的安宁了。他跃跃欲试，想干一番事业。

汉武帝要有所作为，首先就得加强中央集权。一次，专权的丞相田蚡来奏事，向他推荐一大批重要官员，羽翼渐丰的二十二岁的汉武帝沉着脸问田蚡："你准备任用的官员完了没有？我也打算用几个人！"从此，汉武帝把任用重要官吏的大权，揽在个人手中。接着他又采取种种办法，削弱了地方上封国的权力，加强了朝廷的大权。在经济上，他采取了统一币制，朝廷铸钱，以及盐铁酒类国家专卖等措施，打击了大商人的势力，加强了中央的财政。在思想上，他罢黜百家，提倡董仲舒提出的大一统思想，为加强中央集权、巩固国家的统一制造舆论。在巩固内政的同时，对匈奴奴隶主也改取以武力制止骚扰的强硬政策。汉武帝不惜重大代价，接连出兵，把匈奴奴隶主赶到了漠北（即蒙古高原大沙漠以北）。从此，"漠南无王庭"，给北方人民带来了相当长时期的安定与和平。

雄心勃勃的汉武帝在北逐匈奴时，又平定东南诸越，开发西南地区，通使西域，建立起一个空前强大的汉帝国。从中国统一的历史过程去看，秦始皇统一了中国，却很快失败了，未能巩固起来，巩固和发展中国统一的历史

匈奴贡表图

任务是由汉武帝来完成的。史家把"秦皇汉武"并称是有道理的。汉帝国的强大，使中原人不再被称为"秦人"，而被改称为"汉人"。古华夏族也从此被称作"汉族"了。

汉武帝的历史功业值得称道的，还有加强了中原与边疆地区、中国与外国的经济文化交流。举世闻名的丝绸之路就是他派出的使者开辟的。

历史不曾忘记这位皇帝对国家与民族的重大贡献，也清楚

地记录着他为此付出的昂贵代价。汉武帝在位五十四年,进行了五十年战争。这些大大小小的战争,大多是促进社会历史的前进的,但毋庸讳言也有些是非正义的。半个世纪的战争,弄得"海内虚耗,人口减半"。重赋天灾,逼得各地饥民、奴隶接二连三地起义,几十万、成百万的农民离开土地,无辜地死去,损伤了社会的元气。

　　汉武帝晚年深知再不偃旗息鼓,改弦更张,势将使汉王朝成为亡秦之续。于是,公元前89年,他下诏书表示悔过,停止战争,开始注重国计民生。封丞相田千秋为富民侯,意在"止擅赋"、"禁苛暴",提倡富民。又任大农学家赵过为治粟都尉,推广新式耕作法以及耧车等新式农具,发展农业生产。年已六十八岁而又多病的汉武帝也亲自去耕田,以示倡导。这样,经济渐渐恢复,已开始激化的矛盾,又暂时缓和下来了。

"斗城"长安
——汉代的极盛时期

　　汉武帝之后,昭帝和宣帝先后执政三十六年,都较为爱惜民力,注重生产,社会元气得以恢复,再次呈现繁荣景象,成为两汉四百余年间的极盛时期。只要看看西汉中期的长安景况,透过这一点就不难想见一般了。

长信宫灯　　　　　　　　　长乐宫钟

　　汉长安，在今陕西省西安市西北，坐落在渭水南岸丰饶的平原上。汉长安城不同于唐长安城的方城，建造时依原就势，随地转折，故其南城墙和北城墙分别有六个和七个折角，成不规则的屈斗形。后世附会说那是有意模拟南斗六星和北斗七星的缘故，故而汉长安城也被称作"斗城"。

　　长安城有八条街，三个庙，三座宫殿，九所官厅，十二道城门。城中最醒目的是以长乐宫和未央宫为中心的庞大宫殿建筑群。宫中台阁林立，甚为壮观。神明台高40米，凤阙高达58米，井干楼耸入云天，据说高达150多米。十二座城门，每门下有城门洞三个,每个门洞宽6米,恰好等于当时四辆车轨的宽度,故有可容十二辆马车同时出入的说法。城门上的城楼,宽达52米,在几十里地以外就可朦胧望见。

城内西北有九市,六市在路西,称西市,三市在道东,称东市。市场上有来自全国各地的商品。以种类而论,计有:漆器、木器、铜器、铁器、丝絮、绸帛、毛线、皮张、刺绣、雕刻、车辆,以及猪羊牛马等等。还有卖丹砂的,售皮鼓的,磨刀的,算卦的,斗兽的,耍杂技的,赌钱的。市场上还有各种手工作坊、店铺、酒店。赶市的人们随时可以买到梁饼、肉羹,还有挑担卖浆的,卖粥的,十分热闹。

商业的繁荣促进了货币的大量使用。汉武帝下令废除了各种旧币,朝廷统一铸造五铢钱。据《汉书·食货志》记载:从汉武帝到西汉末的一百二十年间,朝廷共铸五铢钱二百八十万万枚。每枚重3.5克,共耗铜约9万8千吨。平均每年用于铸钱的青铜约800吨。从这一点,也可见当时长安的繁荣了。

长安,不仅是当时全国的政治、经济中心,同时也是文化城市。那个时期,大经学家董仲舒,大史学家司马迁,大文学家司马相如,大天文学家唐都、落下闳,大农学家赵过,以及大外交家丝绸之路的开拓者张骞等著名人物,都曾先后在这里活动。自从朝廷采用考试方法录选人材,并开办太学招收博士弟子,全国各郡的学者名流络绎不绝云集长安,形成了中国古代的文化中心。

长安城中，颇为引人注目的是来自异域的使节和客商。朝廷专为他们修建了一座座客馆，形成了一条大街。他们那特有的民族服饰和风格已够引人注意了，而他们送来的汗血马、鸵鸟蛋、琉璃、毛毯等奇珍异物，则更是闻所未闻的。他们那民族乐器及优美动听的乐章，早已引起长安城中朝野各界的兴趣。来自埃及亚历山大城的魔术师，"乱发拳须，蹙眉峭鼻"，能够口中吐火，自缚自解，刚种下瓜子，转眼抱出瓜来。这种种演技，直看得长安人目瞪口呆。

从西域引进的葡萄、苜蓿、胡萝卜等作物，早已在中原地区和其他地区的土地上安家落户，开花结果了。

中外客商，牵着一群群骆驼满载中国的丝绸、铁器、漆器以及各种特产，从这里起程，向西进发。这些丝绸使西域的少女和贵妇们打扮得更加漂亮，那些铁器、钢质工具，以及冶铁炼钢技术的西去，意义则更为重大，它为处在铜石并用时代的西域社会打开了铁器时代的大门，也博得了古罗马能工巧匠们的交口赞扬。

长安城，周长25.7公里，城内总面积36平方公里，居民八万户，当有四五十万人。比当年的罗马古城大三倍。长安与罗马，分处丝绸之路的两端，也同是两千多年以前分列在欧亚大陆的国际城市。据考证，当年在长安城有一对高大的青铜骆驼昂首而立。它是长安许多青铜造型装饰之一，也是汉长安作为国际贸易都会的象征。

十五、汉王朝四百年的盛衰(中)

汉哀帝和董贤
——西汉后期的社会危机

汉初,被从土地上驱赶出去的农民又重新回到土地上来,休养生息。西汉前期出现了"文景之治"的盛世,中期成就了汉武帝的历史功业。汉长安的繁荣以及它发展成为东方的国际都会,这正是西汉鼎盛时期的标志。然而,封建经济是以土地私有制为基础的,这就使农民和地主围绕土地问题展开了不可解脱的矛盾和斗争。西汉前期一百五十年间,造成了一个统一而强大的汉帝国,尔后的五十年间,却又迅速地衰亡了。盛衰的根本原因,就在土地问题上。

土地,自从井田制解体,可以自由买卖以来,兼并的问题也就随即发生了。西汉中期时问题已经暴露,但那时封建经济正蒸蒸日上,瑕不掩瑜。西汉后期元、成、哀、平四代皇帝的五十几年间,日益严重,造成了社会危机。

元帝时,皇帝带头蓄养官奴,多达十几万人。成帝时,丞相带头兼并土地,张禹买田四万亩,匡衡占地三十五万亩。成帝舅舅红阳侯王立,在南郡占草田几万亩,农民开出的熟地也被圈了进去,转手卖了一万万钱。仅此两三例,不难想见当时土地兼并的严重局面。那时,从土地上再次被驱赶出去的农民多达几百万人,成为庞大的流民群。饥民尸体横卧路旁,多不胜收,任凭鹰犬啄食。卖妻典子为奴婢的更不可胜计。饥民走投无路,相率起义,冶铁官奴生活无依,也纷起抗争,杀州夺县,社会开始动荡起来。

公元前7年,哀帝刚继位,大司马师丹就提出抑兼并、限奴婢的建议,史称"限田之议"。办法是,规定王侯吏民占田都不得超过三千亩;奴婢数目,诸王限二百,列侯公主限一百,吏民不得超过三十。那时,王公列侯占田以万计,奴婢以千数,他们怎会甘心失去这既得利益呢?限田的政策遭到权臣反对,被束之高阁。

二十岁就当皇帝的哀帝,无心去理会农夫和奴婢的柴米油盐问题,只顾宠爱那个柔媚的弄臣董贤。董贤是太子的侍从官,年少又漂亮,哀帝看上了他,起居相随,形影不离。一次,两人白天睡在一起,董贤压住了哀帝的衣袖。哀帝欲起,董贤未醒,怕惊动他,就把衣袖割了下来。哀帝极宠董贤,董贤也善承帝意,公休也不肯出宫,仍留宫伺候。哀帝就把董贤的妻子接入宫中，住在一起。并给董贤修盖豪华的第宅，柱梁栏杆都披饰以丝缯（zēng增）锦绣。哀帝起皇陵，也给董贤起陵墓，两墓修在一处。哀帝封赏董贤的土地一次就是二十万亩，奇珍重宝更不计其数。封董贤为大司马作群臣之首还不够，哀帝在一次宴会上还说，要把天下也让给这个无一技之长的二十二岁的白面相公。后来，哀帝死，董贤失掉靠山，被抄家，财产价值四十三万万。这笔巨款，在"谷石三万，民多饿死"的荒年，尚可买谷一十四万三千多石。可见当时的统治集团腐败到何等的程度！

西汉前期出了位以节俭著称于世的汉文帝，中期出了位功垂青史的汉武帝。假如说汉文帝和汉武帝堪称地主阶级兴旺与鼎盛时期的代表，那么，这位昏庸荒淫、贪恋男色的汉哀帝，也可以算作西汉衰亡时期的一个典型和象征了。

王 莽 改 制
——新莽王朝的始末

西汉与东汉四百年历史中间，相间有个历时十五年的短命王朝，即新朝（9—23）。新朝只有一位帝王，即王莽（前45—23），因而史书又习称"新莽"。

王莽的姑母王政君本是汉元帝皇后。成帝继立，王政君为太后,王莽出任大司马。哀帝时,王政君被尊为太皇太后,王莽被迫下野了。公元前1年,二十五岁的哀帝夭折,太皇太后王政君就诏立九岁的刘衎,是为汉平帝,王莽复出为大司马,总揽朝政,权倾内外。王莽的女儿又被平帝选中,立为皇后,其势更加赫然。不过,老谋深算的大司马王莽并不像一般新贵那样骄横外溢,却更加显得谦恭下士,调度大方。同时,针对土地兼并与蓄奴等时弊,干了几件颇笼络人心的事。

王莽拥立平帝有功,又身为国丈,太皇太后要加封他两万八千民户,土地二百五十六万亩。王莽坚辞不受,恳切让还了。许多王侯朝臣正贪婪地兼并土地,而王莽却辞却如此重大的封赏,影响很大。一年,逢天灾,王莽上书自愿献钱百万,献地三千亩,用来救济灾民。大司马一带头,朝野就有二百三十家也献田献宅,一批灾民得救了。王莽的"美德"也就到处传颂开了。

王莽的第二个儿子王获杀死了一个奴婢。主人杀死奴婢在汉代虽然是有罪的,可并不是死罪。何况像王莽这样的权势之家,谁又会去认真地过问呢!王莽却不然,他痛切地责骂儿子,迫令儿子自杀,给那个奴婢偿了命。封建社会中,哪个王侯卿相能如此执法严明、大义灭亲呢?奴婢们一无所有,又是多么希望唯一属于自己的生命受到保护!所以,王莽的行为在统治阶级与被统治阶级中部产生了强烈的影响。甚至连处处贬斥王莽的《汉书》作者也把这事写到《王莽传》中去了。

王莽注意在民众中的影响，更留心于争取统治阶级的支持。他给皇族、朝臣、官吏以大量封赏，为太学盖起上万间校舍，学生名额也由三千人扩大到一万零八百人。总之，他使统治阶级中成千上万的人都得到看得见的物质利益。一时间，要求太皇太后加封王莽的竟达四十八万多人，要求像周王朝尊重古代贤哲周公一样，加封王莽"安汉公"的尊号。意思是表彰王莽使汉王朝得到了安宁。

平帝在位五年间，王莽强大的政治势力形成了。公元5年，十四岁的汉平帝突然死去，安汉公开始称"假皇帝"。又过了三

王莽货币

年,摄政的"假皇帝"就成了亲政的真皇帝,废国号"汉",立国号"新"。王莽终于脱下"安汉公"的外衣,露出了"亡汉公"的真面目。这是公元8年十一月的事。

王莽当了皇帝,派人向他姑母太皇太后索要皇帝玉玺。这玉玺就是楚人卞和献出的璞玉,秦始皇让李斯监制,秦王子婴投降时呈献给汉王刘邦的那个传国玉玺。太皇太后眼见王莽篡夺了汉家天下,一气把玉玺扔在地上,玺钮上的蟠龙被摔去了一个角。历时二百一十四年的西汉王朝就这样结束了。

王莽得到了传国玉玺,也承继下了西汉后期被弄得破败不堪的政治局面。这时,如果采用献地献钱这种小恩小惠的故伎已无补于事,非提出相应的社会政策不可了。于是,王莽提出改制。可是这种改制据说并不是根据现实生活的需要,而是根据古代经典的原则制定的,故史书又称"托古改制"。

王莽针对土地兼并日剧,颁行"王田制",即宣布土地归王朝所有,私人不准买卖。规定一家男子不满八口,田地超过九百亩的,多余的田地应拿出分给无田人。原来无地的,一夫一妻分田百亩。这种王田制是仿照奴隶制时代的井田制而来的,从历史发展角度看是倒退的,在现实中也是行不通的。三年后只好宣布废除。土地兼并问题依然没有解决,反而更加严重了。

王莽针对奴婢问题的严重性,明令禁止买卖奴婢。但是,奴婢问题主要是地主无限地兼并土地引起的,土地问题不能解决,奴婢买卖又怎么可能禁止住呢?另外,王莽改制还定了许多苛刻的刑律,触犯者往往被罚作官奴婢。原有奴婢不曾获得解放,新的官奴婢却又大大增加。因触犯所谓盗铸罪一项法律而沦为官奴婢的即达十万人。

王莽针对工商盘剥、抬高物价、高利贷等问题,也相应实行了种种政治和经济的改革措施。然而,执行的实际结果都适得其反,不曾利民,反而扰民,从而加剧了社会危机。如币制改革,十五年间改了五次,铜钱越铸越小,面值规定却越来越大。结果,物价飞腾,小工商业者大批破产,市场交易只好以物易物,造成社会经济大混乱。

社会经济与政治的危机已不可收拾,但朝廷还在征兵对匈奴、西域进行战争。这时,天灾连年,蝗虫并作,一石米价卖万钱,"关东人相食","流民入关者数十万人,饥死者十七八"。王莽改制前十年左右西汉有人口几近六千万,到此时人口已不足三千万了。农民与奴婢再也无法生活下去,新莽王朝再也无法继续统治下去,"托古改制"全面失败了。

绿林、赤眉农民起义的威力
——东汉王朝的诞生

社会危机日甚一日,汉家皇帝不去解决,新朝皇帝又解决不了,农民就自己动手来解决了。于是,中国历史上又一次大规模的农民起义爆发了。

绿林山(今湖北大洪山)上聚集了五万义军,首领是新市人王匡和王凤,他们被叫作"绿林兵"。

山东泰山上的义旗是琅邪人樊崇举起的,有众数万人。作战时涂红眉作标志,人称"赤眉兵"。

黄河北岸的大平原上,义旗林立,或称铜马、青犊,或叫大肜、尤来,大大小小数十部。小部上万人,大部几十万人,总计有数百万。但各部各自为战,不相统属。

在全国义军蜂起时,各州郡豪强地主也纷纷拉起武装。大都筑坞壁自保,也有些与农民军联合,反对新莽王朝。其中,以南阳豪强汉宗室刘縯、刘秀(前6—57)兄弟领导的队伍最为强大,他们与绿林兵联合,有众十余万人。又以复兴汉室作号召,散发檄文宣布王莽罪状,立皇族刘玄为皇帝,称更始帝,建都宛城(今河南南阳),进兵与王莽争天下,影响最大。

王莽把赤眉、铜马都视为"饥寒群盗",却把刘縯、刘秀所参与领导的绿林兵看作心腹之疾。他派出大司徒王寻率精兵四十二万人去讨伐。王寻率军行至昆阳(今河南叶县),与刘秀、王凤所率起义军相遇。刘秀劝王凤率八九千人坚守昆阳城,他自己率十三骑出城火速征集援军。

公元23年六月,王寻大军把昆阳城围困了几十重,猛烈进攻，矢如雨下。城中军民汲水去也得背负门板以防身。战车猛冲城墙，地道也将挖通，昆阳城已危在旦夕。这时，刘秀率三千援军突然飞驰而来，乘敌不意，直冲入主将营中，杀死了王寻。城中王凤也率众杀出，喊声震天。王莽军失主帅，战败溃逃，自相践踏，死伤大半，只余几千人逃回洛阳去了。这就是中国军事史上以少胜多而著名的"昆阳之战"。

王莽军的主力被消灭，新朝统治迅即瓦解，只剩下长安、洛阳两个城市了。正在这时，绿林兵中的分裂发生了。更始帝刘玄在绿林起义将领的支持下杀死了南阳豪强刘縯，以防他夺取领导权。刘秀闻讯火速回到宛城向更始帝刘玄谢罪。他不为哥哥刘縯举丧礼，也不同他的旧属往来，饮食言笑不改常态，只说自己的罪过，不表一句昆阳的战功，表现出异常的理智和克制。刘玄因此没有杀他，过了些时候，就派他去河北镇抚各个州郡。

刘秀到了河北，立即释放囚徒，废除王莽苛政，恢复汉朝官名，招集人材，收揽人心，取得了河北豪强地主的支持，先后打败铜马、青犊等各部农民军，得降人数十万众，发展成一支强大的独立势力。

同年十月，继洛阳陷落，京都长安城也被绿林军攻破。同时，城内市民起义响应，杀死王莽。王莽头被送到宛城，悬于街市。舌头又被人割下切碎分食了，大概是因为他那张巧舌把好话说尽、骗人太多的缘故。新朝就此结束了。

更始帝刘玄迁都长安后，政治比王莽时更加腐败，民众极为失望。

公元25年，赤眉打入关中，攻陷长安。刘玄向赤眉投降了。赤眉缺少食物，于是引军东归。不幸，在河南遭到刘秀的截击，全军覆没了。这样，绿林、赤眉、铜马各路农民起义军的胜利果实，最后落入豪强地主刘秀手中了。

同年六月，刘秀在鄗（hào号，今河北柏乡北）称帝，随后定都洛阳，建立起东汉王朝。后又经过十年左右的经营，平息了大大小小的地方割据势力，中国重新恢复了统一。

十六、汉王朝四百年的盛衰(下)

刘秀的"柔道"
——光武帝的"中兴"

新莽王朝历时十五年灭亡了。王莽临死时还紧紧抱在怀中的那颗传国玉玺,先后辗转于农民起义军绿林、赤眉手中,最后又被刘秀夺去。刘秀把已被灭亡的汉王朝又重建起来,史称"中兴"。刘秀帝号光武,故又叫"光武中兴"。光武建都洛阳,在长安以东,是为"东汉"。东汉与西汉一样,也有部二百年的盛衰史,贯穿其中的主线也是地主阶级与农民阶级争夺土地的斗争。同时,统治阶级内部的斗争也极其激烈。

光武帝刘秀像

东汉初年,原来造成社会危机的土地高度集中问题已得到部分解决。那是因为连年的饥荒与战争使得人口锐减,原来的十个人能活下来的只有两三个,以往的大片良田,现在长满了荆棘,山上的大片桑林结满了野蚕茧。造成危机因素之一的奴婢问题,也因动乱解除了部分禁锢,不少奴婢恢复了自由,或参加起义、或逃亡了。当时社会面临的严重问题是经济的崩溃,遍地的饥荒。新莽时,一斤黄金尚可换到一石白米,约合三十多公斤。此时却只能换到五升豆子,约合三公斤多。社会经济的现实状况总是现实政治的基础,正如西汉初年的经济凋敝产生了"无为"政治一样,东汉初年的经济崩溃也萌发出一"柔道"政治思想。

一天,刘秀宴请宗人,几位皇族老太太几杯醇酒下肚就兴奋地谈起往事来,说:"文叔(刘秀的字)小时很谨慎,没有花言巧语,又老实又柔顺。谁能想到他那么柔顺竟做了皇帝!"说着,都笑了。刘秀也笑着说:"我治理天下,也要用柔道呢!"

刘秀的"柔道",不是那种作为健身术的柔道,而是一种屈伸得宜,以柔克刚的韬略思想。比如,刘秀平时似个书生,但在战争中,他却表现出惊人的胆略和决断,勇猛冲杀,以少胜多,立下首功。而这位出色的统帅,当他处于逆境,哥哥刘縯被杀时,他却没有怒发冲冠,也不为哥哥哭丧,反而向仇人更始帝刘玄叩头请罪,表现得至柔至顺。但当他一旦得势,良机到来时,他就毫不犹豫地一口鲸吞了全国农民起义的胜利果实。

后来,当取得了天下,全国统一了,刘秀又继续运用这种韬术来安民治国。

看到经过大动乱幸存下来的农民,形容枯槁,嗷嗷待哺,刘秀认识到不能再从他们的身上榨取油水,不能继续采用前朝帝王们经常使用的"杀鸡取卵"的办法,而是依据"将欲取之,必先与之"的柔道思想,采取了"先撒一把米"的政策。这样,先使人们活下来,借以争取民心。

当时,战争还在进行,刘秀就着手颁行新政策。恢复减收田赋的规定;实行精兵简政,让大批士兵复员去回乡生产;全国大约一千个县,裁并了四百多,县级及以下官吏,精减了百分之九十;接连不断地救济孤老贫弱;整顿了混乱的币制。总之,新王朝颁布了一系列拨乱反正的政策,使社会秩序安定下来,人民得以休养生息,社会经济也渐渐复苏了。

刘秀东汉王朝的建立,得力于他那一大批功臣宿将为他卖命打天下。他知道开国勋臣的坐大,将会对皇权造成威胁。然而,他没有采用汉高祖曾经采用过的"狡兔死,走狗烹"的强硬手段,而是采取了保全功臣的柔道。他大封功臣三百六十五人,外戚四十五人,赏给他们可观的封地,众多的民户,大量的钱帛,并彰扬他们的功勋,然后,劝他们一律回到自己的封地去过荣华富贵的生活,不再参与朝政。刘秀还不时派官员去慰问,把异域的奇珍异宝分送给他们。这样，东汉初统治集团内部没有发生内讧，保持了政局的相对稳定。刘秀巩固了皇权，还落得个不杀功臣的美名。

在中原与边疆、中国与异邦的关系问题上，以往常常是以武力对武力。刘秀也不取这种对策，而是采取立足于中原，立足于国内，强大自身的柔道。结果，由于东汉王朝社会经济的迅速恢复和发展，政治的稳定，国家的富强，边疆的兄弟民族与异邦的使者，络绎不绝地来到京都洛阳，朝见天子，共同举起友好的杯爵。

在一次国宴上，有位来自东海彼岸的使臣，他是日本国土上倭奴国王派来的。他受到年已六十二岁的光武帝的欢迎，送给他一份厚礼。其中有颗龟钮金印，还有两丈一尺长的赤色绶带。这是公元57年的事。事过一千七百多年以后，那颗金印在日本九州福冈县志贺岛重新发现了。从此，它成为中日两国人民两千年友好历史的最早见证。

刘秀的柔道政治适应了东汉初经过长期社会大动乱后人心思治的要求。尔后，经过六十余年的休养生息，促成了社会经济的空前繁荣。那时的农业社会劳动生产率，由于冶铁业的突飞猛进，牛耕的到处推广，黄河的治理，水利的开发，新式农具的发明，接近了在小农经济条件下可以达到的最高水平。据学者们研究统计：当时全国每个农业劳动力每年生产谷物平均一千公斤左右；每人每年平均占有粮食约三百二十公斤；每人每年平均口粮约二百四十三公斤；亩产一般在五十到一百公斤之间，个别丰产的"美田"，亩产可达二百五十到三百五十公斤。自此以后，直到近代，历代的农业社会劳动生产率始终在这条汉代已达到的水平线上下徘徊。那时的全国人口数也回升到五千多万。据研究，这是个被缩小了大约百分之二十的官方人口统计数字。就是这个数字与唐朝盛世的数字也不相上下。中国自汉至明，历代有据可查的人口统计数字，一直徘徊在五六千万。宋辽金时的合计人口，略多些。总之，东汉经济的繁盛同西汉昭、宣时一样，是相当可观的。

"跋扈将军"
—— 东汉后期的外戚专权

东汉时，在经济繁荣的背后潜伏着新危机的种子，仍是土地兼并问题。东汉初，刘秀曾下令度田，即丈量土地，清查人口，企图进一步限制豪强地主大量兼并土地和占有奴婢，但失败了。他曾企图解决，却不可能解决这个问题。相反，因他大封功臣，造成了一大批新的土地兼并者，使问题更加严重了。几十年过去，伴随着经济的发展，遍布全国各地的大大小小豪强地主也进一步发展起来，农家的小块土地，重又集中为地主拥有的跨州连郡的万顷田地。农民们不断地破产,依附于地主门下,叫作徒附,实际是农奴。徒附是不入户籍的,即不再给政府纳税,只给主人劳作。平时,他们从事农耕,或充当百工、僮仆,从事各种杂役;战时,就充当地主的家兵,叫作"部曲"。地主住在设有瞭敌楼和土城堡的村寨中,称为坞堡。大豪强地主的坞堡中"部曲"多达两三万人,俨然一个独立王国。这种坞堡庄园,在汉代的画像石、画像砖以及壁画中,有着非常详尽而真实的描绘。

这些豪强地主中,有些就是朝廷分封的功臣宿将,他们的子弟也往往是世代公卿,或郡守、县令。这些人家被称为世家望族,形成了豪强地主中的上层,东汉皇帝为网罗权势,与他们世代通婚,借以相互扶持。东汉前期皇权势重,可以控制这些世家豪族,后期则不同了,以外戚为代表的豪强地主上层经常控制着皇权。在后期的整整一个世纪里,外戚控制皇帝的局面共有五次,称为外戚专权。最有代表性的要数外戚梁冀了。

梁冀是个无恶不作的"花花公子",生着一对豺狼的眼睛,端着一副秃鹰的肩膀,说话结巴,性情凶残。他的擅长是驾鹰走马,斗鸡玩狗,踢球赌博,以及嫖女人。他的朋友是宫廷中的弄臣宦官,以及洛阳街头的地痞流氓。他不学无术,可却依仗着妹妹是汉顺帝的皇后而做了朝中最有实权的大司马。

公元144年顺帝死后,妹妹成为梁太后,抱着两岁的冲帝登上了御座,朝政大权都抓在了国舅梁冀手里。不到半年,小皇帝死了。梁冀又立了个八岁的孩子刘缵当皇帝,是为质帝。梁冀名为大司马,实际成了不称皇帝的皇帝,独断专行,飞扬跋扈。质帝年龄虽小,却很聪慧,看出梁冀的骄横。他当着文武百官,指着梁冀说:"这是个跋扈将军!"梁冀听了气急败坏,指使人把毒药放在饼内给质帝送去。质帝吃了,当天就死了。可是,质帝说的"跋扈将军"这句话却被载入史册,成为对梁冀的历史判决。

质帝死后,朝中重臣李固、杜乔等人联名请立清河王刘蒜为皇帝。刘蒜年长最贤,为人严明,举止有度,颇得众望。梁冀和梁太后为了继续把持朝政,当然不愿立位贤明的皇帝。他们早就选了个十五岁的孩子蠡吾侯刘志,还打算把自己的小妹妹嫁给他。梁冀的打算,在朝会上遭到重臣们的反对。梁冀就把双肩一端,狼眼一瞪,气势汹汹地说:"立……立……立蠡吾侯。"事后,在他的阴谋策划下,持不同政见的大臣李固、杜乔等一个个被关进监狱,清河王刘蒜也被逼死了。

公元146年刘志做了皇帝,即桓帝。梁冀的两个妹妹,这时一个是梁太后,一个成了梁皇后。他自己前后加封了三万户,兄弟和儿子也封了侯,妻子被封为襄城君,加上其故旧党羽形成了一个权倾内外的梁氏政治集团,把持朝政近二十年。

外戚梁冀,不但在朝中飞扬跋扈,平日里更加横行不法。他一句话,就吞并了扶风的一个亿万富翁;一个指令,几千个农家子弟就被抓来充当奴婢。梁冀喜欢小白兔,下令在洛阳城西圈了几十里的农田,征调民夫修了几年,盖起了一个兔苑。把各地贡纳来的兔子烙上记号,放养在苑中。谁要伤害了梁家兔子,罪名可以重判到死刑。西域一个商人不知禁令,偶然打死一兔,为此事牵连被杀的竟有十多个人。梁冀还喜欢打猎,就下令把以洛阳为中心直径大约有五百里的地方封了起来,作为梁家猎苑。他的家产价值三十万万缗,抵得上当时全国租税的一半。

透过跋扈将军梁冀这个典型的例子,就不难想见东汉时外戚专政和遍地豪强的政治危机了。

"党锢之祸"
——东汉后期的宦官擅政

由于梁冀权倾内外,上自朝中的大臣,下至地方的长官,朝野谁敢不听从他的。梁家门前经常是车水马龙,宾客难得求见,就贿赂门人,看门的奴才也都因而家富千金。可是,相形之下,桓帝那里,除了几个贴身的宦官之外,总是冷冷清清。梁冀的骄横不法,使形同傀儡的桓帝忧心忡忡。后来梁太后、梁皇后都先后死去,桓帝想剪除梁冀。他依靠谁呢?只有同身边的侍从阉人商量了。

公元159年的某天,二十八岁的桓帝到厕所中去,单独把宦官唐衡叫去了,问他宦官中哪些人同梁家有隙,靠得住。唐衡指出有单超、徐璜、具瑗、左悺等人。桓帝就把他们找来密商了剿灭梁氏的计划。后来计划成功了。梁冀被抄家罢官,他与妻子自杀,朝中大臣牵连被杀的有几十人,被罢免的三百多人,朝廷都空了。整个京师为之震动,乱了好多日子。

老百姓听说梁冀被除掉,举杯把盏,相互庆贺。谁知刚刚打死一只凶残的老虎,却又来了五条恶狼。单超等五个宦官因诛梁有功,在同一天都被封侯,世称"五侯"。单超不久病死,剩下的四侯立即成了暴发户。他们结交党羽,启用亲戚,形成了庞大的宦官势力集团。这个集团大量启用下层豪强地主充当郡、县官吏,夺人房屋,掘人坟墓,抢人妻女,穷凶极恶,比梁氏集团有过之而无不及。

东汉后期的一百年间,王朝的宝座上先后坐过八个十五岁以下的小皇帝,最小的刚生出一百多天。这些皇帝年幼无知,容易受人摆布,因而造成了外戚专权的政治局面。这些小皇帝有三个夭折了,其余五个长大成人以后,都曾依靠宦官剪除了当权的外戚势力。这样,也就先后五次形成了宦官擅政的局面。上述的桓帝依靠宦官杀外戚,已是第四次。之后,灵帝时,宦官再杀外戚,是第五次。这两次,宦官擅政前后共达三十余年,政治极端腐败。历史上有名的"党锢之祸"就在这时发生了。

除外戚和宦官两大势力集团互相斗争之外,还有第三个力量即主要由名士和太学生组成的士人集团。

当时，京城洛阳太学中有三万多名太学生，太学生是要通过读经书来取得仕途的。可是，当时朝中的大臣职位，大都为外戚势力所把持，郡、县的地方官吏职位，又被宦官势力垄断了。两面夹攻，原来士人读书做官的途径就被堵得越来越窄了。这时外戚已经势微，正是宦官擅政的时候，于是太学生起而反对宦官势力。他们得到朝中比较正直的官僚的支持，也得到全国各地官私学府中士人的拥护，形成了社会上一股雄厚的舆论势力。他们经常议论朝政，抨击宦官，叫作"清议"。司隶校尉李膺是名士出身，即读书做官又有廉正操行的人。李膺负责纠察京师百官及附近各郡、县官吏，为人很有胆识。大宦官张让的弟弟张朔，做县令时横行不法，虐杀孕妇，逃匿到张让家中，张让仗势窝藏。李膺打听到张朔藏在张让家的空心柱子中，亲率部下直入张让家中，"破柱取朔"，拉出去正法了。李膺执法不阿权贵，立即轰动京师，受到"清议"的推崇。太学生争着去拜见李膺，谁要是被接见了就引以为莫大光荣，时称"登龙门"。李膺实际成了反宦官势力的领袖。气焰正盛的宦官视这批知识分子为眼中钉、肉中刺，必欲去之而后快。于是罗织了个"共为部党，诽谤朝廷"的罪名，让皇帝下道诏书，进行了大逮捕，李膺等二百余人被投入监狱。这事发生在公元166年。第二年，党人得到赦免，但剥夺了出任官吏的权利，"禁锢终身"，即一辈子也不许再做官。这即第一次党锢之祸。

　　党人的斗争并未因遭到镇压而销声匿迹，反而声势越来越大了。然而，当时的政权掌握在皇帝手中，皇帝又被宦官操纵着，党人再次遭到了大逮捕。这次被监毙在狱中和流放的达六七百人，不但党人被禁锢终身，他们的父子兄弟、亲戚师生也被免官禁锢。

　　宦官集团镇压舆论的党锢之祸绵延二十余年。这不但使统治阶级内部矛盾一次次激化，同时也促使统治阶级与被统治阶级之间的阶级矛盾激化，终于引起了黄巾农民大起义。这时，只有在这时，统治阶级内部的斗争才暂时得以缓和下来，各种势力纠合在一起疯狂地向暴动的农民扑了过去，竭力支撑东汉王朝大厦，以免最后的崩溃。

黄 巾 起 义
——汉代历史的终结

　　东汉王朝的黑暗统治，逼得广大农民一步步走上绝路。东汉后期遍布全国的坞堡庄园主如同一群群鲨鱼，不断贪婪地吞食着一个个农户的土地和儿女，把他们由自由人降到徒附的悲惨地位上去。农民阶级面临绝境，早就怒不可遏了。可是，三五成群的零星反抗，很快就遭到拥有成千上万家兵的豪强地主的镇压。农民的愤怒越积越烈，他们从斗争中积累经验和教训，于公元184年，终于酿成了全国总暴动。暴动农民的头上都裹了块黄色的头巾，因此，官兵骂他们是"黄巾贼"，新的历史书则称之为"黄巾军"。这次总暴动就是"黄巾起义"。

黄巾起义的领袖名叫张角，河北巨鹿人。他本是个用符水替人治病的道人，其道叫"太平道"。张角到处传道、治病，十几年间，信徒遍布大半个中国，有了几十万人。他把信徒按地区划成方，大方万人，小方六七千人，共有三十六方。每方设渠帅领导。渠帅即大帅。

张角拟了几句口号让信徒们去传播。口号是："苍天已死，黄天当立；岁在甲子，天下大吉。"这口号的提出是与汉天子的统治理论针锋相对的。皇帝说他是天之骄子，皇权是天给的。这口号却说，你那个苍天已经死了，我们的黄天该立了。他们的头巾、旗帜等都用黄色，就是表示黄天的意思。张角起义时，自称"天公将军"，弟弟张宝、张梁称作"地公将军"、"人公将军"。这无异于说黄巾起义是顺乎天地，合于人情的。甲子是年号，按干支纪年法推算，当时的"甲子"年是公元184年，三十六方共同约定在这年的三月五日同时起义。信徒们还把"甲子"两字写在那些贪官污吏以及恶霸豪强的门上，作为标记，准备在起义那天，一起消灭他们。

黄巾起义是各地同时发动的，有严密的组织与准备，有统一的领导和计划,有共同的标志和纲领,并巧妙地利用了宗教的形式,这比秦末和新莽末年的农民起义都有很大的进步。

黄巾的声势十分浩大,各地官府和豪强都被吓得惶惶不可终日,连皇帝也吓得连忙把督察郡守的长官刺史升为握有军权的州牧,要他们为保住封建统治卖命出力。那些一度遭禁锢的党人刚被赦免起用,就都成了穷凶极恶地屠杀起义农民的刽子手。在这些恶势力联合反扑、邪正力量悬殊的情况下,黄巾起义不到一年就失败了。这时,北方豪族袁绍起兵,趁势把宦官两千多人一下子杀光,东汉王朝二百年的统治至此已经名存实亡。又经过二十多年的混乱,全国就形成了魏、蜀、吴三国鼎足而立的局面。

两汉王朝历时的四百年间,曾有两度盛衰起落。西汉与东汉都出现过一治一乱,乱而后治,治而后乱的场面。这周期性的治乱盛衰其根源在哪里呢?众所周知,自从奴隶制赖以生存的井田制伴随着铁器的普遍使用解体以来,周期性的土地危机与农民起义,也就伴随着封建制赖以奠基的土地私有制的确立而出现了。两汉的历史已表明,每次社会动乱之后就会出现一时的经济繁荣,跟在繁荣背后接踵而至的,就是人口的激增与土地的高度集中,新的动乱也就又在酝酿之中了。调节这一矛盾的自发方式就是动乱造成的人口锐减与土地荒芜,从而促成土地占有与封建生产关系某些环节的部分调整。在中国大约两千年的封建社会,就这样周而复始,退一步进两步地艰难蠕动着。这问题在新的社会生产力没有出现以前,当然任何一个封建帝王没有、也不可能去解决。农民大规模的自发斗争,可以迫使统治者对原有生产关系做些调节,但也都未能从根本上解决问题。

有位历史学家指出,土地所有制问题是研究中国封建社会历史的一把钥匙,这话是颇有见地的。

十七、汉代长城内外民族的悲欢

冒顿单于的崛起
——匈奴驰骋漠北的三百年

万里长城,今天象征民族的团结,祖国的力量。在历史的回顾中,它又是北方各民族间悲欢离合故事的见证。故事主要发生在两汉时期,在匈奴与汉族之间,出现了一代又一代的风流人物。

匈奴,它是中国北方的一个古老民族,繁衍在河套地带,游牧于大漠南北,即今内蒙古及其以北的地带。不过,现在蒙古草原上的蒙古族并不是匈奴人的后裔;而远在欧洲东部的匈牙利人却曾同历史上的匈奴人有着某种血缘关系。

相传匈奴人是夏人的后代。商代甲骨文中称其为"鬼方",周代的诗集中又写作"熏粥(yù育)"、"猃允",春秋战国时称之为"狄"、"戎"或"胡人"。"匈奴"之名始见于秦、汉。

秦末,匈奴已渐趋强大,出了位杰出的首领叫冒顿(mò dú

莫独,？—前174)。公元前209年,即陈胜起义那年,冒顿射杀父亲头曼,夺到了单(chán蝉)于权位,自立为单于,单于是广大的意思,用作最高首领的称号。在冒顿率领下,匈奴最终完成了由分散的氏族、部落联盟向统一的奴隶制政权的过渡,掀开了古匈奴族历时三百年的文明史。

冒顿单于初立,国基还未稳固,强邻东胡就来挑战,指要冒顿单于的千里马。冒顿集众征询意见,部下纷纷反对,说:"那千里马是单于的宝马,怎能给人呢!"冒顿却说:"双方既是邻国,我们何必爱一匹马呢?不如送给他们。"果然,冒顿把他那匹千里马送给东胡了。

不久,东胡又派人来要冒顿单于宠爱的阏氏(yān zhī胭脂,即单于的妻子)。部众知道了,都很气愤,说:"东胡欺人太甚,竟敢来要单于的阏氏,我们应该立刻进攻他们!"冒顿却平静地说:"双方既是邻国,怎么能为一个女人起争端呢?不如送给他们。"冒顿又把自己的阏氏送给东胡了。

东胡以为匈奴软弱可欺,更加骄横,又派使者来要匈奴让出一千里土地。冒顿集众征询对策。有人鉴于上两次的经验,就顺水推舟地说:"那是些荒废的土地,送给东胡也无不可。"冒顿这次却勃然大怒,斥责说:"土地是国家的根本,怎给!"他立刻下令,把主张以国土送人的人都一齐杀掉了。匈奴倾国出动进攻东胡,一下子把东胡灭掉了。

匈奴乘东灭东胡之势,又西击月氏(rù zhī 入支),北服丁零,南攻楼烦、白羊,国土日广。随后,又攻灭月氏,平定楼兰、乌孙、乌揭及其旁二十六族。冒顿单于的儿子竟砍下月氏王的头颅作饮器。原在祁连山、敦煌地带放牧的月氏人被迫离开家乡,西迁到今伊犁河流域及其迄西地带,称作大月氏。留在河西的称小月氏。

马踏匈奴石雕(西汉)

匈奴四出扩张,频频得势,气焰日炽。这时,中原地带刚刚经历了连年战争,经济凋敝,国力微弱。公元前200年,冒顿率师南下,直逼晋阳(今山西太原)。汉高祖刘邦自统三十万步兵迎敌。冒顿设诱兵,刘邦中计。他所率先头部队在平城白登山(在今山西大同东北)被匈奴三十余万骑兵包围。匈奴的阵势十分壮观,东面是一色的青马,西面是一色的白马,北面是一色的黑马,南面是一色的红马,万马攒动,咴咴嘶鸣,气势逼人。汉军被围七日,饥渴难捱,救兵不至,突围无望。刘邦只好派人以重金厚礼买通了冒顿单于的阏氏,说动冒顿撤兵,才逃脱了性命。

史称"白登之围"。

白登之役,汉军失利并非偶然,那是当时双方国力对比的必然结果。

冒顿单于以其雄才大略统一了匈奴各部,控制了南抵长城、北抵贝加尔湖、东至辽河、西逾葱岭的广阔地域,拥有精壮骑兵三十万,建立起强大的奴隶制军事政权,国威赫赫。然而,他那贪婪的掠夺行径和民族压迫政策,也给匈奴埋下了无法拯救的民族悲剧的种子。

卫青和霍去病
——抗匈战争中的汉族英雄

白登之围以后,西汉王朝对匈奴采取了所谓的"和亲"政策,在六十六年间(前200—前134)先后把七位公主送到单于的帷幕之中,又年年把数不尽的美酒、粮食、丝帛等送往塞外,以求长城下的暂时和平。可是,匈奴奴隶主贵族欲壑难填,长城以内的禾稼仍不时遭到匈奴铁蹄的践踏,先后有二十万边民被掠去充当奴隶。匈奴"小入则小利,大入则大利",日益猖獗。公元前166年,冒顿的儿子老上单于率骑兵十四万进到长安西北一百公里左右的甘泉宫(今遗址犹存,在陕西淳化北二十五公里),在长安已望得见匈奴人点燃的战火。

汉武帝元光元年（前134），冒顿的孙子军臣单于派出使者向汉家要求"和亲"。这引起一场关于对匈奴政策的激烈辩论。

主管外交的大臣王恢认为，汉家屡次和亲，匈奴屡次背约，和平是乞求不到的，不如"举兵击之"。御史大夫韩安国则认为战争总是害多而利少，"不如和亲"。"兵击"与"和亲"两种政见的辩论相当激烈。结果是朝臣多附议"和亲"。因此，汉家的第八位公主又被送到了漠北龙庭。可是，第二年，二十三岁的汉武帝依仗经过"文景之治"的休养生息而造成的雄厚国力，再也不能容忍匈奴的骄横了。他采纳王恢的"马邑之谋"，断绝了同匈奴的"和亲"关系。

西汉时的马邑是塞内的重镇之一，在今山西朔州。汉武帝派人诱匈汉单于偷袭马邑，而在塞内埋伏下三十万大军。单于引十万人入塞，发觉中计，中途引军而去。从此，点燃了汉匈战争的烽火，拉开了整整一个世纪的民族纷争的序幕。

纳贡铜贮具器

公元前130年到前119年的十余年间，奴隶出身的将领卫青（？—前106），七次远征匈奴，斩杀五万余人。卫青为人沉着而勇猛，有胆识。他第一次出击匈奴,率一万骑兵,孤军深入,奇袭敌人巢穴,直捣龙城。龙城是匈奴单于每年三次大会各部共同祭天的地方,地形狭长如龙,所以叫它龙城。龙城在今蒙古鄂尔浑河西侧的和硕柴达木湖附近。卫青以其一次次卓著军功,被升为大将军,即全军的统帅。

与卫青同时,另一位将领霍去病(前140—前117),也在战场上立下了不朽功勋。公元前123年到前119年的四年间,他六次远征匈奴,先后杀敌十一万余人,降众数万。在河西战役中,他带领一万骑兵,过焉支山一千余里,在沙漠中转战六日,夺得河西地带,置河西、酒泉二郡,割断了匈奴与西部羌人的联系,打通了中原与西域交往的通道,在战略上取得重大胜利。匈奴失去西域与羌人的支持,开始衰弱下去。匈奴人曾为之悲歌:

亡我祁连山,使我六畜不蕃息;失我焉支山,使我妇女无颜色。

公元前119年,卫青和霍去病分率汉军深入漠北与匈奴决战。卫青远袭,单于以逸待劳,匈奴反而大败。卫青率轻骑追击单于直到寘颜山赵信城,大约在今蒙古杭爱山南地带。卫青军烧光匈奴储粮,次日凯旋。霍去病大败匈奴左贤王,追索逃敌直达瀚海,即今西伯利亚的贝加尔湖。这即"漠北战役"。从此,匈奴单于远走,不敢南顾,史称"漠南无王庭"。

汉军虽然胜利了，但是出塞时的十四万军马，入塞时只剩三万了，国库也因此虚耗，尔后二十余年再无力北征。

霍去病是大将军卫青的外甥，十八岁就充任汉武帝的近侍官。他为人深沉寡语，胆略过人。汉武帝以其屡建奇功，十分钟爱，给他建造了府第，让他去看看。他却说："匈奴不灭，无以家为也。"他这种以民族利益为重的精神，曾激励着一代又一代的后辈。可惜的是，霍去病有所作为的岁月只有六个春秋，二十四岁时就过早地去世了。

汉武帝为了表彰这两位抗匈名将的功绩，把他们的陵墓都安置在自己寝宫茂陵的近旁。两墓东西相并，墓上都竖有巨石。卫青墓是象征匈奴境内的卢山，霍去病墓则是摹拟河西的祁连山。

现今，茂陵已作为全国重点文物加以保护。霍去病墓前盖起了陈列茂陵文物的展廊，展出一批中国最早的大型石雕。其中有一"马踏匈奴奴隶主"的造型，最为人所称道。

张骞通西域
——丝绸之路的拓荒者

早在霍去病打通河西走廊之前十八年，一个从西部包抄匈奴的战略计划就在汉家朝堂之上进行酝酿了。那时，汉武帝听说匈奴的老上单于砍下月氏王的头颅作饮器,双方结下了世仇,就想联合月氏人从西部夹击匈奴。于是,朝廷开始征募精明强干的人出使月氏。汉朝与月氏过去从来没有过交往,谁也不知月氏在哪里,更不知路途中有多少艰难险阻。诸侯王公,文武大臣,谁也不敢去冒险,一个低级官吏却出来应征,他是汉中人,名叫张骞(？—前114)。

汉武帝建元三年(前138),张骞接受了使命,带领一百多随从从长安跨马西征。张骞一行想悄悄越过匈奴人控制的河西走廊,可却被机警的匈奴骑兵捕获了。军臣单于希望他们投降,未加杀害,还给张骞娶了妻子。张骞被扣留了整整十年。同伴都分散了,身边只剩下一个随从。这个随从原是胡人,被卖到堂邑氏那儿做奴隶,名叫甘父,人称堂邑父。张骞一直精心地保存着汉节,即汉家使者的凭证,终于找个机会同甘父一起逃走了。

这两个使者并没有逃回长安,毅然继续西行,决意不完成使命不回头。西行的路是艰苦的,有走不尽的终年积雪的大山,浩瀚的沙漠,……然而,张骞无所畏惧,经常为饥饿所迫,就靠着甘父的一手好猎艺,取些野味充饥。他们路经姑师(今新疆吐鲁番及吉木萨尔一带)、龟兹(qiū cí 丘慈,今新疆库车一带),翻越葱岭(即帕米尔),跋涉数十日抵达大宛(在今中亚费尔干纳盆地),再到康居(在今巴尔喀什湖和咸海之间),终于在妫水流域(今中亚的阿姆河流域)找到了大月氏。原来大月氏人在伊犁河流域的牧场又被乌孙人夺去,才被迫迁到这里来的。大月氏又征服了大夏(在今阿姆河上游),已在这里定居下来。大月氏王被匈奴单于砍去头颅以后,他的夫人被立为大月氏王。大月氏王给张骞以使节的礼遇和款待,却不愿因以往的民族仇恨再重返东方作战。张骞和甘父滞留一年多,未能说服大月氏人,只得重新踏上归途。

他们在归途中又被匈奴人捕获,留住一年多。公元前126年,军臣单于死去,匈奴发生内乱,他们才乘机得以脱身回到长安。张骞这次出使西域历时十三年,去时一百多人,只有他们俩生还。几年后,张骞又奉命第二次出使西域。他带着三百人的使团,每人两匹马,牛羊万头,丝绸缯帛价值数千万。这次也获得成功。

张骞和甘父通使的成功,带来了西方异域的万里见闻,大大开阔了东方人的视野。从此,友好的使团、商队,牵着那骆驼队,满载着东方的丝绸、铁器,或西方的珍宝、特产,西去东来,沿着这两位拓荒者的足迹,踏出了联结欧、亚两大洲的丝绸之路。

公元前114年,这位以其渊博的知识被封为博望侯的探险家,终于在他的故乡(今陕西城固)永远地安息了。然而,他在人类文化史上所作的杰出贡献,将永远载入史册。位于陕西城固的张骞墓,已是国家重点文物保护单位。

"昭君出塞"
——汉、匈民族友好的佳话

青塚,是矗立在内蒙古自治区首府呼和浩特市南郊黑河畔的一座古墓,每当严冬过后,它都最先以泛青的草木向人们示意春天的来到;每当秋风劲吹,它那墓头的绿茵最后凋零。因此,人们称它为"青塚"。青塚下掩埋的是位汉朝的"公主",千古闻名的王昭君。昭君名王嫱,南郡秭归人。她与伟大的爱国诗人屈原是同乡,都生长在长江三峡的北岸。

"昭君出塞"的故事在民间流传已久,自从元代剧作家马致远编了《汉宫秋》,更是家喻户晓了。

王昭君墓

那剧情与史实有很大出入,剧作家把王昭君写成为一个忍辱出塞,途中愤然投水,含恨九泉的悲剧人物。故事充满了屈辱与哀怨,几百年来博取了人们多少同情和眼泪。

其实历史的本来面目并不是这样的。王昭君的命运和历史作用与剧中人是完全不同的。汉、匈民族间互相杀伐的历史,到公元前52年出现了转机。那时,匈奴内部因争夺权力,分裂成南匈奴和北匈奴。南匈奴呼韩邪单于迫于北匈奴的压力难以自存,就亲自到长安,觐见汉天子,自愿归附,"列为北藩"。汉天子给予南匈奴单于兄弟般的礼遇和支持,南匈奴从而得以自立,并逐渐发展强大起来,后来,汉军击溃北匈奴,并诛杀了北匈奴郅(zhì)支单于。南匈奴统一了大漠南北。这时,南匈奴呼韩邪单于再次来到长安,自称愿做汉家的女婿,结为亲戚,以加强汉、匈友好。汉家历经百年烽火,也希望长城内外和平安宁。

从此,汉、匈关系的历史开始了新篇章。这年是汉元帝竟宁元年,即公元前33年。在这以民族友好为基调的历史新篇章中的风云人物就是王昭君。

昭君,是位明大义、有远见的姑娘。她在出塞之前多年已被选入宫。当汉元帝应呼韩邪单于之请选宫女"和亲"时,昭君自愿"请

单于和亲瓦当

行"。她平时并未被人看重,可当她束装起来,竟是位绝色的姑娘。呼韩邪单于在五位列选的姑娘中,一下就选中了她。这时,宫廷上下都为昭君风采所惊服。汉元帝有心想把昭君留下,但碍于体面,不好失信于人,只得作罢。

昭君肩负民族团结的使命来到漠北。据说,匈奴人为昭君的到来特建造了汉家宫殿式的建筑。近代发现的"单于和亲"、"千秋万岁"、"长乐未央"字样的瓦当,可能就是匈奴"和亲"的历史文物。单于封昭君为"宁胡"阏氏,表示匈奴的和平愿望。史书记载,在她出塞前后的数十年间,长城内外,出现了"边城晏(晚)闭"、"牛马布野"的和平兴旺景象。

昭君的历史功绩是值得历史家们彰扬的。现今,作为国家重点文物保护单位的青冢前竖起一块丰碑,碑面镌刻着已故老一辈革命家董必武题的一首诗:

  昭君自有千秋在,胡汉和亲识见高。词客各摅胸臆懑,舞文弄墨总徒劳。

班超再通西域
——汉、匈悲喜剧的尾声

东汉人班超(32—102),是著《汉书》的史学家班固的亲兄弟。班超早年也曾涉猎书传,当过朝廷的兰台令史。兰台是皇家图书馆,令史是主管兰台典籍的,相当于现代的馆长。班超富有学识,胸怀大志。年少时,他就想效法张骞,立功异域。公元73年的某天,班超正在提笔作书,听来人说匈奴寇边,杀掳百姓,玉门关的城门白天也关得紧紧的。这时,他愤然而起,扔下笔杆,着戎装,跨战马,投入了远征军。这个故事就叫"投笔从戎"。

班超像

西汉时,自昭君和匈,长城内外不是一片和平景象吗?何时又起争端的呢?这还得从王莽代汉说起。

公元9年,漠北单于庭上来了两位使者,告知汉朝已被新朝所取代,安汉公王莽当了新皇帝,特给单于送来颗金印,同时收回旧印。这时的匈奴单于是呼韩邪单于的儿子,他也和父亲一样,愿同汉家和好。他就憨诚地捧出那颗"匈奴单于玺",接受了新印。第二天才发现新印的刻文改为"新匈奴单于章"。这使单于大为恼火,当即向使者索取旧印。旧印却在昨夜被砸得粉碎了。

原来汉承秦制,规定只有皇帝的印才能称"玺",诸侯王以下称"印"或"章"。匈奴呼韩邪单于虽向汉天子称臣,但汉天子却视其若兄弟之邦,故予其印称"玺"。诸侯王印文都冠以国号"汉"字,单于的印文前也不加汉国号。新莽改单于的"玺"为"章",又加上自己的国号"新",这意味着原来对匈奴的礼遇被降格了,匈奴应同诸侯王一样,臣服于新莽王朝。这怎能不引起匈奴人的义愤呢!以此为肇端,匈、汉(新朝)间不愉快的事情就接二连三地发生了。匈奴背约接受车师后王的投降,进而控制西域;王莽陈兵三十万,并欲立十五个单于,分裂匈奴……长期不见的狼烟又滚滚升起了。

东汉初,匈奴一度混乱,分裂为南单于和北单于。南单于率所部入塞称臣,请求保护,定居在陕北、晋北等地。北单于仍以西域为府库,以大漠作屏障,恣意南下牧马。长城下六十余年间,"无复宁岁"。

东汉明帝永平十六年(73),班超奉命出使西域。二百年的历史证明,在汉、匈关系这架天平上,西域是个决定性的砝码。汉家联合西域,匈奴则势孤;汉家与西域断绝,匈奴则势强。欲制匈奴,必先联西域,去其右臂。这就是班超出使西域所肩负的战略使命。

班超一行来到鄯善(原名楼兰,在今新疆若羌县治卡克里克,地处西域南道),鄯善王对汉使起初殷勤而又热情,后忽变得

汉朝玉门关遗迹

疏远而怠慢了。班超意料到其中有故，可能是匈奴也派来使者，鄯善王何去何从狐疑不定。这个判断从鄯善的侍者口中得到证实。班超立即与同行的三十六个伙伴密商，当机立断，必须先发制人，夜袭匈奴使者，否则，汉使必为其所害。

班超遂率吏士，乘夜半风起，出袭匈奴使者。班超命令十人带上十面鼓，隐藏在匈奴营帐背后，约好，一见火起，立即击鼓呐喊。他又布置其余人都手持弓箭兵器，埋伏在匈奴营门两侧。班超借风纵火，火舌怒卷，鼓声大作，一片呼噪。匈奴使者突然受惊，不知所措，争夺营门逃命。班超亲手格杀三人，伙伴们斩首三十余级，其他一百多人全被烧死。第二天，班超把鄯善王请来，鄯善王看到匈奴使者的人头，也为汉家官吏的英勇果敢所震惊，遂打消狐疑，决意摆脱匈奴的统治，与汉家复通和好。

接着班超一行经于阗（今新疆和田一带），争取了于阗王。于阗人主动杀死了匈奴派去奴役他们的"监护使者"。

班超继续西行，来到疏勒（今新疆喀什一带），得知疏勒王兜题并不是疏勒人。他是龟兹王依仗匈奴势力杀死前疏勒王后，派来统治疏勒的。疏勒人恨他，可又不敢惹龟兹和匈奴。班超同几个伙伴来见兜题，出其不意，突然动手把他抓了起来，宣布他的罪状。疏勒人举国欢动，推出自己人当国王。班超让疏勒人把兜题放回龟兹，让他去警告龟兹王，不准依仗大国势力欺压小国。

公元75年，班超出使的第三年，西域南道已经打通，北道仍在匈奴的控制之下。这时，东汉朝廷命令班超从西域撤回。疏勒人知道后，举国忧恐，挽留不让离去。一位都尉不忍汉使离去，竟拔刀自杀了。班超路过于阗，从国王到百姓，都哭号不止，紧紧抱住班超的马脚不放。班超见此情此景，也不忍功半而去，上书朝廷，愿继续留在西域。

班超在西域，联合弱小民族，团结抗暴，先后打败莎车（今新疆莎车一带）、龟兹、焉耆（今新疆焉耆一带）等国，匈奴北单于在西域北道上的势力也被驱逐出去，西域五十多国又同东汉王朝建立起友好的关系。

匈奴北单于失去了西方府库，又逢上蝗旱灾年，人畜死亡甚多，加之内部阶级矛盾激化，奴隶成千上万地逃亡，国势日衰。这时，"南部（匈奴）攻其前，丁零寇其后，鲜卑击其左，西域侵其右"，四面受敌，被打得分崩离析，六七年间，先后到长城下投降的部众达三十余万人。公元91年，汉军追击北单于直抵金薇山（今阿尔泰山）。北单于大败后，西走乌孙，后转康居，再行西迁。匈奴奴隶制政权历时三百年至此全部瓦解了。

后来，匈奴北单于所部几经辗转，出现在欧洲东部的匈牙利平原上；匈奴人原来生存、繁衍的地方漠北草原，则让给东胡的后裔鲜卑人了。

班超在西域经营整整三十年。东汉和帝永元十四年（102），他以七十一岁高龄扶杖回到长安，一个月后，就与世长辞了。

班超和张骞的名字，已同"丝绸之路"凝结在一起，时至今日，每当人们谈起这条东西方文化交流的古道时，谁能不怀念他们呢！

十八、两汉时代的科技硕果

放马滩古纸和"蔡侯纸"
——造纸的起源与造纸术革新家蔡伦

1990年6月,北京故宫举办了《中国文物精华展》,展品中有放马滩古纸。

放马滩古纸,是1986年在甘肃天水放马滩汉墓中发掘出的珍贵文物。此墓为西汉文、景时期所葬,而此墓中的古纸最晚也晚不过西汉文、景时期了。古纸呈黄色,上有用细黑线绘出的山川、道路等图形。这一珍贵文物证明:在西汉初年中国已造出了用于绘、写的纸。《中国文物报》1990年7月5日载文谈及放马滩古纸:"作为四大发明之一的纸的实物竟会出现在西汉初年的墓葬中,不禁令人联想起学术界多年来有关西汉是否有纸的争论可以到此休矣。"

文中所说的"多年来的争论",与放马滩古纸发现之前的几次考古发现有关。

1933年，在新疆罗布淖尔汉烽燧遗址，发掘出一块麻纸，年代考为西汉宣帝黄龙元年（前49）。

1957年，在陕西西安灞桥汉墓遗址，考古发现麻布下有纸，纸呈浅黄色，纸上纤维束较多，为早期麻纸，下葬时间不晚于西汉武帝时期。此纸后称"灞桥纸"。

1973年，在甘肃额济纳河流域的肩水金关汉代驻军遗址，考古发现两片古纸。一片呈白色，质地匀细，年代考为西汉宣帝甘露二年（前52）；一片呈暗黄色，质地较松，年代考为西汉哀帝建平元年（前6）。此纸后称"金关纸"。

1978年和1979年，又分别在陕西扶风和甘肃敦煌马圈湾两处发掘出西汉宣帝时期的麻纸。

从1933年到1979年，五次考古发现都证明了西汉时期就能造纸。但是，仍有争论。

在考古发现证明西汉就能造纸之前，大都认为造纸的起源在东汉。这要追溯到三国时期。

三国时期的文字学家张揖，提出纸是东汉宦官蔡伦发明的，称蔡伦以旧布捣抄而成的为"今纸"或"帋"。后至南朝，史学家范晔认同"蔡伦造纸说"。张揖、范晔错把"古纸"当成了一般的丝织品。

至唐，书画鉴赏家张怀瓘认为，西汉初年就有人以纸代简，即用纸取代竹简以绘、写。入宋，支持张说者多了起来。灞桥纸、金关纸等古纸的出土,实已证明唐、宋人说法的正确。

当代"多年来的争论"双方,一方之所以坚持"蔡伦造纸说",是像张揖、范晔一样错把"古纸"当成了一般丝织品,没有看到古纸的绘、写功能。而放马滩古纸的出土,上绘有图形,证明古纸是用来绘、写的。所以,有人下结论:"争论可以到此休矣。"

西汉初年就有了用于绘、写的纸,不单是放马滩古纸可以证明。1990年,在甘肃敦煌甜水井西汉悬泉遗址,发掘出三十多片古纸,其中三片古纸上留有字迹,就是说,西汉时有人在纸上写字了。

西汉初年之前,用以绘图和写字的材料,不是笨重,就是贵重。造纸之所以被称为一大发明,是因为在绘、写材料上进行了一场革命。

商、周时代文字已经成熟,那时把文字镌刻在龟甲、兽骨上,也有的刻在泥范上,铸成青铜铭文。刻骨、铸器,工序繁难。因而,甲骨、钟鼎上的文字篇幅都很简短。

春秋、战国及其后,开始使用竹简、木片。这比刻骨、铸器方便多了,然而,仍很笨重。战国时,惠施外出游学,随身携带的书就装了五车,故有"学富五车"的典故。如此编竹简、木片成册的书,运输、存放都很麻烦,人们曾形容说"汗马牛"、"充栋宇",因而又有了"汗牛充栋"的成语。

西汉早期的帛书《五十二病方》(马王堆三号墓出土)

当时,除竹外,帛也开始用以绘、写。帛画,在中国美术史上占有一定的地位。古书上有"著于竹帛"之说,竹是竹简,帛是缣帛,即一种裁好用以绘、写的丝织品。"纸"字最早指的是缣帛,所以会意的偏旁为"纟"。缣帛作为丝织品,价格昂贵,除皇家富室,一般人谁能用得起呢!

造纸起源于西汉初年,是经济形势和科技进展的必然。比如说汉文帝,他面对经济恢复的形势,节俭从自己做起,皇帝、皇后都不穿好的丝绸衣裳了,绘、写的材料自然要寻求造出一种比缣帛成本低的。丝织技术的不断改进,为造纸术的产生提供了条件,最初的造纸就是丝织手工作坊里的一种副业。

中国外部的世界,在中国造纸术传出之前,所用绘、写的材料也远不如纸。古代埃及、希腊和阿拉伯人,将沼泽地所产的莎草，压成薄片，用作绘、写材料，或用羊皮和刮光的树皮绘、写；古代东方的印度等国，用的是扇椰树叶，传入中国的印度佛经称为"贝叶经"，就是因为佛经写在了树叶上。

造纸术的发明，不仅推动了中国文化的发展，而且为世界作出了巨大贡献。纸既是绘、写材料，又是一种万能材料，文化事业以及工业、农业、军事无不在使用。如今纸已成为国际性的用途广泛的通用材料。

西汉初年虽已造出纸，但尚未普遍用以绘、写。相传汉武帝时，东方朔写了篇文章，用了三千根竹简，进呈给武帝看，由两人很吃力地抬进宫中。纸普遍用以绘、写，是在"蔡侯纸"出现之后。

蔡侯纸是东汉和帝时蔡伦监造的。蔡伦（？—121），字敬仲，桂阳（今湖南耒阳）人。东汉明帝时，始在皇宫当差。和帝即位后，升任中常侍。接着，兼任尚书令，职掌皇家的承担各种制造的手工作坊。凡他监造的产品，"莫不精工坚密，为后世法"，即成为后世产品的样板。蔡伦堪称精于制造的专家，同时是造纸术的革新家。他后来被封为龙亭侯，故而世人就称他监造的纸叫蔡侯纸。

造纸术虽是西汉人发明的，但蔡伦亦有功于造纸，他革新了造纸术。

造纸的原料，蔡伦之前用麻。蔡伦监造纸，将原料由麻扩及多种植物,并利用麻头、破麻布、破渔网等废弃物,既增加了原料来源,又降低了造纸成本。

蔡伦完善、推广了麻纸的制造工艺,同时,他又主持研制楮皮纸,掌握了木本韧皮纤维的造纸技术,为后世的木浆纸开创了先路。

蔡伦监造纸,将造纸这一丝织业的副业变为独立的正业,从而使造纸业得以长足的发展。

蔡伦之后的一二百年,至公元三四世纪,即魏、晋时期,纸便逐步取代了竹简、缣帛成为唯一的绘、写材料。"洛阳纸贵"的典故,就反映出这一时期用纸的状况。西晋文学家左思(250？—305？),完成辞采华丽、气宇宏大的《三都赋》,洛阳为之震动,豪富之家,争相传抄,全城的纸张价格突然大涨。这是在中国。造纸术传出到外国,是在蔡伦之后的五百余年,经由朝鲜传入日本；六百多年以后,传入阿拉伯,再传入欧洲；一千五百多年以后,辗转传入美洲。这样,中国古代劳动人民的智慧结晶,变成了为全世界人民共同拥有的文化财富。

《氾胜之书》
——中国第一位农学家氾胜之

农业,在中国,历史悠久。有文物可证的中国农业史至少有七千八百年了。然而，农业作为科学研究，并写出农学著作却较晚，那还得从西汉成帝在位时（前32—前7）的《氾胜之书》算起，距今已两千年。

氾（fán凡）胜之，是中国历史上最早知名的一位农学家。自古至今的广大农民也许不知其名，但他的一些农学技术却一直沿用至今。比如，有的园艺家依据《氾胜之书》所载的"种瓠法"，竟种出了重达200多公斤的大冬瓜。

何谓"种瓠法"？瓠，也叫瓠瓜，俗称葫芦。据说原生于印度和北非，其实早在七千年前，中国的长江下游地区已有生长，人们从浙江余姚的河姆渡遗址（属新石器时代）中，已发现了葫芦的种子。汉代时，葫芦已成为黄河两岸人民种植的一种经济作物。它的嫩果可作蔬菜，老果可作容器。瓤子可喂猪，种子可以榨油作烛照明。关中地区的老农把瓠瓜种得又大又好，创造出一套成功经验，就叫"种瓠法"。

那办法是先挖坑松土，深翻施肥，每坑撒种十粒瓠种，十棵瓠苗生长到二尺多长时，把苗蔓拢在一起，用布条缠扎五寸来长，外面用泥土封好。几天以后，缠扎的地方就长在一起了。然后，在十棵苗蔓中选择长得最茁壮的一棵留下，把其余九棵掐去。这样，十棵瓠根在地下吸收养料，集中供给一条茎的生长需要，结出的瓠瓜特大。大的瓠瓜制成容器，可以盛放一石粮食。瓠瓜原是怕旱又不耐涝的，为此，在瓠坑四周挖出小水沟沟，让水慢慢渗透过去,使土壤中总保持着适量的水分,瓠瓜因而长得又硕大又水灵。

"种瓠法",开创了依据人们的需要改变植物生长状况的新途径,为后世嫁接果木、培育植物的新品种展示了广阔的前景。

氾胜之是曹县人,即今山东曹县。他曾被朝廷派往关中地区管理农业生产。后升迁为御史。氾胜之虽身为官员,却接近农民,虚心向老农请教,学习那读书做官的人所看不起的农业知识。他写了一部书,总结了关中地区农民的种植技术和经验,发展了战国以来的农学。这书就被称为《氾胜之书》,在汉代就很有名。书中记载有耕田、种麦、种瓜、压桑、选种等耕作技术,内容极其丰富。其中"区田法"、"溲种法"则更为著名。

"区田法",类似今天的挖坑点种。即把耕地分成一方方小区,区与区间培出土埂。分区的大小,坑内挖土的深浅,是根据作物的不同来决定的。比如种谷、麦,每亩耕地分到三千七百个小区。这样,可以作到深翻、保墒,集中施肥、浇水,节省人力、畜力,又便于管理。这种方法是适合当时中国北方黄土地带种植旱作物的特点的,在小农经济条件下,也是一种因地制宜的科学方法。金章宗承安元年(1196),今山西南部曾遭大旱,官府遂推行"区田法",使百姓度过了灾荒。现在,在北方的山区仍被采用着,在园艺中则更为多见。

"溲种法",是一种古老的浸种法。播种前二十天左右,用马骨煮出清汁,泡上含有毒性的中药附子,加进蚕粪和羊粪,搅成稠汁浸种。浸过的种子蒙上了一层带有药味的有机质,种下以后,可以避免虫蛀,萌发后,因根部伴有养料,长得整齐茁壮。这种方法,今天看来也是合乎科学道理的。

《氾胜之书》是中国的第一部农业科学著作,对后世的农业科学产生了重大影响。可惜,原书在公元十世纪到十四世纪的宋、元时就失传了,现在的《氾胜之书》是后人从《齐民要术》及《太平御览》等古籍中辑录下来的,大约只有三千七百字。

从"鼓橐"到水力鼓风
——东汉著名技术发明家杜诗

鼓风,是与冶铸业同步发展的。

战国时期,冶铁已开始使用一种硕大的皮口袋鼓风。鼓风的皮口袋,时称为"橐"。开始是一人一橐,但风力不足;改进为多人多橐,叫排橐。排橐,通过一排进风管向炉内鼓风,增大了进风量,加强了火力。传说干将、莫邪铸剑,参加"鼓橐"的有"童男童女三百人"。

排橐之后,又出现了马排。史载,"旧时冶,作马排,每一熟石,用马百匹"。一次冶铸,就要用如此多的畜力。因而,冶铸业的发展,有待鼓风的改进。

从西汉到东汉，冶铸规模不断扩大，鼓风工具、鼓风方法也应随之革新。东汉初年的杜诗，主持设计、制造的水排，正适应了这一经济形势的需要。

杜诗，字公君，河内汲（今河南汲县）人。生年不详，卒于东汉光武帝建武十四年（38）。在他离世前的七年，即建武七年（31），赴南阳任太守。从西汉到东汉，南阳是重要的冶铸基地。1959年在南阳发掘的西汉铁工厂遗址中，发现有坩埚炼铁炉十二座，可以想见其规模。杜诗任南阳太守时，南阳的冶铸业更加兴旺。原来的鼓风工具、鼓风方法已不适应冶铸业的发展，于是，杜诗便主持设计、制造了水排，即水力鼓风机。

中国在东汉初年就制造出了水力鼓风机，这遥遥领先于世界。在欧洲，到公元十一二世纪之间才出现了用水力鼓风设备的鼓风炉，十四世纪以后才普遍使用。

遥遥领先世界的杜诗水排，是怎样的呢？有立轮式水排和卧轮式水排两种。元代的王祯，在他的《农书》中，将两种水排都作了介绍，并画出了图样。卧轮式水排较立轮式水排构造复杂，但构造原理同一，都有三部分组成，即：动力机构、传动机构、工作机构。工作机构部分得到动力，作往复运动，使排扇一启一闭，"搧冶甚速，过于人力"。这一发明，使机械取代手工工具，将人从笨重的体力劳动中解放出来。

杜诗的水排，不仅推动了冶铸业的发展，而且对冶铸之外的机械制造起到了很广的启发作用。稍后于杜诗的大科学家张衡所创制的用力转动天文仪器——水运浑天仪,三国时期的马钧所巧制的"水转百戏",西晋的杜预所发明的用水力作动力的粮食加工机械——连机碓和水转连磨,直到元代出现的水转翻车和水转大纺车,无不受到了杜诗水排的影响。仅水转连磨,就比欧洲的水磨早出现一千二百年。

浑天仪和地动仪
　　——东汉大科学家张衡

　　在现代的天文馆中,人们凭借天象仪再现日沉月升、斗转星移的各种天象,展示天体变幻的宇宙奥妙,这似乎并不是什么令人惊奇的事。但早在两千多年以前的汉代,中国的天文学家就作出了这方面的努力,并创制了天象仪的祖型——浑天仪。浑天仪是"水运"的,就"水运"说,是受了此前的杜诗水排的启发。而天文仪器的制作,在两汉四百年间虽有不少次尝试,但都比不上浑天仪的成功。浑天仪的创制,这在人类文明史上的确值得大书特书。其创制者是张衡。

　　张衡(78—139),字平子,荆州南阳郡(今河南南阳)人。张衡青少年时代,家境比较贫困,刻苦好学。他十几岁时,文章已写得很出色。十七岁后,以七八年时间,游学古都长安、京师洛阳,与当时的学者、名流研讨学问。三十七岁后,他出任太史令,职掌观察天象及管理国家档案、编修国史等事。他当年观察天象的古灵台(即天文台)遗址,1974年被重新发现,并进行发掘,在今河南省偃师县岗上村与大郊寨两村之间。

张衡担任太史令的第四年,精心制成了可能是世界上第一架自动天文仪器——水运浑天仪。浑天仪的主体是个空心大铜球,球面上刻布着满天星宿,故又被称作"天球仪"。天球外绕有好几个铜圈,它们分别代表地平、赤道、黄道等。张衡又给这架浑天仪安上了自动装置,那是依据古代计时器的铜壶滴漏原理,用水力推动那个天球,使天球的转动与地球自转的速度恰好相等,这就再现了天象的最基本的变化。有了这架仪器,坐在屋中就可以看到星空的变化了。后代天文学家就根据张衡造的水运浑天仪的原理,制成了世界上最早的天文钟。

张衡所生活的年代,正是中国大地上地震频繁的岁月。自张衡十二岁时起,到他六十二岁逝世后的一年,在这半个世纪中发生了五十三次地震。张衡四十二岁那年(119),春、冬发生两次大地震。春天一次,地震波及京师及四十二郡(当时全国共有郡和侯国一百零五个)。大地陷落,地裂泉涌,房屋倒塌,人畜死亡无数。那些岁月里,狂风也常常造成灾害。在京城地带的一次风灾,仅拔掉的树木就有三万余株。人们在频繁的天灾面前束手无策,社会上就流行起迷信来。当皇帝与臣民都在祈祷、叹息的时候，五十五岁的张衡经长期研究，制成了世界上第一架探测地震的仪器——地动仪。

地动仪形如一个酒坛，内部安装着机关。四周按八个方向装有八个龙头。龙嘴是活动的，口内含着一个小铜球。每个龙头下又放了

地动仪模型

个张口望天的铜蛤蟆。哪个方向要是发生了地震，正对着这个方向的龙嘴就会自动张开，铜球就"啥"的一声落入铜蛤蟆的口中，发出地震的警报。

公元138年二月三日，安放在灵台上的地动仪，正西面的龙嘴突然张开，铜球落了下来。可是，当时洛阳的人们，谁也没感到有地震的现象。这时，洛阳的官僚们纷纷讥笑张衡，说他那地动仪是个骗人的玩意儿。几天以后，陇西的使者赶到洛阳，向皇帝报告，那天在陇西地带发生了大地震。张衡的地动仪准确地测出了一千多里以外的地震，这一下子又震动了那些无知的官僚们，他们又视张衡为神奇了。

可惜这架地动仪，不知在什么时候毁失了。地动仪的内部

机关的秘密也失传了。在二十世纪五十年代，中国的科学家们根据古书的零星记载，运用现代科学知识，才弄清了张衡制造地动仪所应用的原理，并复制出一个地动仪的模型，陈列在北京的中国历史博物馆的汉史馆里。

张衡不但精研星象，穷究大地，还制作了"相风铜鸟"、"记里鼓车"等仪器。相风铜鸟与公元十二世纪时欧洲创制的候风鸡相仿，是世界上最早的候风仪。记里鼓车的原理则开了现代汽车里程表构造原理的先河。

张衡将他对天文学的研究成果写成了一部书，叫《灵宪》。灵指神灵，这里借指天象；宪是法则，即天象法则的意思。他在这书中提出了自己的宇宙观，认为天是圆的，天包着地，如同蛋壳包着蛋黄，浑圆得如同弹丸一样，然而宇宙却是无限的。他还科学地解释了日蚀与月蚀以及月亮盈缺的成因，指出月亮自身不会发光，它反射的是阳光。同时，他还绘制了中国第一张星图，指出在中原地带可见的星有两千五百颗。现代天文学证明，夜空中肉眼可见的星总计约有六千颗，而在同一时间同一地点可见的星则不过两千五百颗左右。这使人不能不赞叹这位天文学家观察星象的精心和准确。

张衡，以其在天文学上的成就著称于世，月球上有以他的名字命名的环形山，宇宙间有以他的名字命名的星星。然而，他不只是一位大科学家，还是一位艺术大师。他精于汉赋，是位出色的文学家；他长于丹青，是东汉六位著名绘画大师之一。所以，当代已故的文学家、史学家郭沫若曾给张衡题辞曰："如此全面发展之人物，在世界史中亦所罕见。"这段题辞刻在张衡的故乡"平子读书台"旁的一块石碑上。与"读书台"同在一地的张衡墓，是国家重点文物保护单位。

麻 沸 散
——汉医的外科鼻祖华佗

医生给病人动手术，总要先施用麻醉药物。麻药的使用，人们也许以为是近代医学的成就。其实，早在一千八百年以前的东汉末年，中国有位叫华佗的医生就已使用全身麻醉法动大手术了。

华佗（？—208），本名旉（fū夫），字元化，沛国谯郡（今安徽亳县）人。年轻时，曾经到外地游学，钻研医术。有些名人荐举他做官，他拒绝了。他立志要当个医生，为百姓解除病痛。几十年间，他行医的足迹遍及现在的安徽、山东、河南、江苏等地，享有很高的声誉。当时佛教已盛行，人们比附印度神话故事，视华旉为"药神"，而天竺语"药"字与"华佗"音近，遂称之为"华佗"。从此，华佗的名字传开了，而其本名却少为人知了。

华佗精通各种医术，尤其擅长外科。古典小说《三国演义》

里,就有一段华佗为蜀国名将关羽"刮骨疗毒",医治箭创的故事。故事说,华佗用刀刮骨,悉悉有声,旁观者都掩面失色,可关羽却谈笑自若,全无痛苦的样子。故事为了渲染关羽的英雄气度,没有谈是否用过麻药。那是小说,这无关紧要。

史书记载,华佗动大手术是使用麻醉药的,药名叫麻沸散。有了麻药,他就可以做切除肿瘤、剖腹取胎、切肠接肠等大手术。据传说,华佗有次看到个船夫肚子痛得厉害,经诊断,确认脾脏烂了,必须立即切掉。船夫同意了,就喝了华佗的麻沸散,不一会就像酒醉似的,昏昏沉沉睡着了。华佗给他剖腹切除了烂脾,止了血,重新缝合,涂上生肌药膏。船夫醒来后,肚子就不大痛了,又吃了几帖药,伤口就愈合如初了。

华佗使用的麻沸散,相传是由曼陀罗花、川草乌、香白芷、当归、川芎、天南星六味药组成,药量比例不一,具有麻醉、镇痛、活血和防治破伤风的功能。麻沸散是用酒冲服的,以增强麻醉药效。后来因为有了更好的麻醉药,这个古老的药方现在已不大使用了。

华佗不仅精通医术,更注重锻炼身体,认为这是预防疾病的有效方法。他曾仿照虎、鹿、猿、熊、鸟的动作,创制一套锻炼身体延年却病的拳法,叫"五禽戏"。只要打一套"五禽戏",模仿鸟那样展翅飞翔,猿猴一样前后左右地跳跃,虎一样匍匐舒身,……全身的肌肉、筋骨、关节,就差不多都活动起来了。

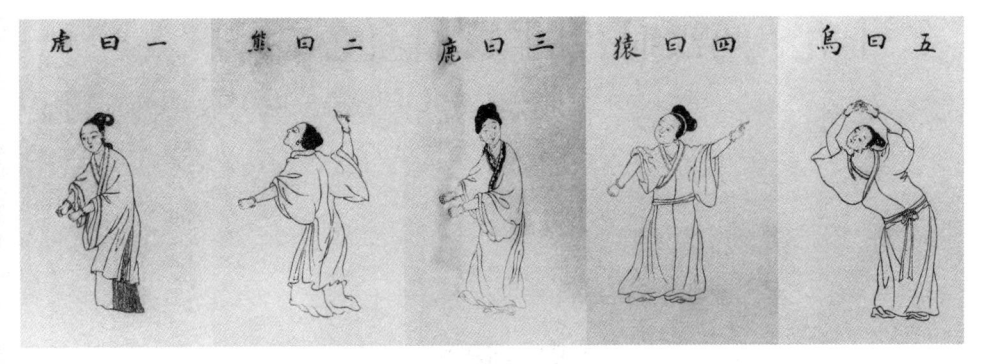

五禽戏

华佗有两个徒弟，一个叫吴普，精于药物，一个叫樊阿，长于针灸，他俩都按老师的"五禽戏"锻炼。吴普活到九十多岁，牙齿都没掉，听力视力都很好。据说樊阿活到一百多岁，头发还是乌黑的，老当益壮。但是，华佗却很不幸，六十几岁时因不肯去做丞相曹操的侍医，遭猜疑，竟被杀害了。

华佗临死前，把他整理的几部医书拿出来，交给看守他的狱卒，说："这些都是救人性命的宝贵药方和经验，您把它传出去吧！"狱卒胆小怕事，不敢接受。华佗只好含泪把书烧了。

华佗死了，人们怀念他。后世人们往往用"华佗再世"的话赞美医术高明的医生，意即华佗又回到人间来了。汉医外科以华佗为鼻祖。

十九、两汉时代的文化巨匠

《史 记》
——中国伟大史学家司马迁

中国是个历史悠久的文明古国,历代王朝都有修史的传统,到清乾隆时,《明史》定稿,遂成"二十四史",总计三千二百六十六卷,记载着中国上下五千年的历史。这二十四史的第一部是《史记》,其他二十三部断代史,也大都以《史记》为样板。《史记》的作者司马迁,是中国伟大的史学家。

司马迁(前145或前135—约前90),字子长,夏阳龙门(今陕西韩城)人。司马迁的父亲司马谈任太史令,专管天文、历法和历史文献。司马迁儿时在家乡种地、放牧,十来岁时到长安,开始学习古文。二十岁和三十五岁时两次周游,他的足迹遍及淮河流域和黄河、长江中下游,甚至深入到川、滇一带的西南腹地,了解风土人情,观瞻历史古迹。他博览古今典籍,又亲自游历各地,调查采访,极大地丰富了自己的学识和扩展了视野。后来，在他父亲去世的第三年，他被授以父职——太史令。

司马迁的父亲临死时，握着司马迁的手嘱咐说："我家自周代就任太史，我死后，你要继承祖先的事业。我身为太史想写部像样的史书未能做成，真担心天下的史籍文献会从此断绝了。你一定要把这事办好啊！"司马迁任太史令后，立即整理皇家藏书以及各种文献资料，开始了《史记》的写作。

司马迁四十八岁那年，他的事业正在进行中，巨大的不幸突然降到他的身上。原来，有位英勇的将领李陵，不幸被匈奴人掳去。汉武帝大为恼火，司马迁为李陵说了几句好话，就更火上加油了。因此，司马迁被关进监狱，判了死刑。汉制规定，死囚有两种办法可以赎罪免死，一是花钱，二是以腐刑代死刑。司马迁家境不富，哪有那么多钱来赎死罪呢！腐刑又叫宫刑，对男人施行宫刑，就是剜掉睾丸。这种刑罚很残酷，是对人格的极大侮辱。司马迁是个有骨气的人，本不想接受这种刑罚，死掉算了。可又觉得这样死，未免太不值得了，应当留着生命，去完成自己所肩负的那有意义的事业。于是，他忍辱接受了宫刑。这对他是个极大的打击，精神上的痛苦更甚于肉体上的摧残。但是，撰写《史记》的雄心壮志鼓舞着他顽强地活下来了。他勤奋地写作，终于在他五十岁那年，写成了中国的第一部纪传体通史——《史记》。

为什么叫《史记》呢？古代帝王设有史官，左史记言，右史记事,比如,《尚书》就是记言的,《春秋》就是记事的。司马迁的书,初始无名,只称《太史公书》,后世因其既记言,又记事,囊括了左、右史官的全部记述,所以称之为《史记》。

《史记》共分五部分:"本纪"十二篇,记述历代帝王的政绩;"表"十篇,排列历代大事年月;"书"八篇,记载经济、科学、文化等方面发展状况;"世家"三十篇,记述王侯贵族的历史;"列传"七十篇,是不同类型、不同阶层的人物传记。这五部分互相配合,相辅相成,构成了《史记》这部书的完整体系,开创了以纪和传为主辅以表、书的史著新体例。《史记》的体例为后世史家所效法,正如宋代的一位史学家说的"百代而下,史官不能易其法,学者不能舍其书"。

"欲以究天人之际,通古今之变,成一家之言。"这是司马迁为自己设定的撰写《史记》的目标。史家的责任,就是要掌握社会发展的规律,揭示社会变化的原因,汲取成败得失的经验教训,使所修史书不受各种言论干扰而坚持自己的正确见解。司马迁作为伟大的史学家,出色地完成了这一历史使命。

司马迁写作《史记》是窃比《春秋》的,孔子作《春秋》是"微言大义",有他的是非褒贬。《春秋》的"褒贬",是用文字暗示出来的。而《史记》的"褒贬",则通过人物的描述表达出来。司马迁重视"自然之势",对古往今来的变动原因,究竟是天道还是人事,他的回答是人事。这是《史记》以人物为中心的思想基础。开创纪传体的体例为《史记》一大成就,而《史记》中的诸多纪传作品,其成就之高,为后世史家所难以超越。如"本纪"中的《项羽本纪》,"世家"中的《陈涉世家》,"列传"中的《廉颇蔺相如列传》,等等。

《史记》除写了众多的历史人物外,还涉及财政、经济、水利、天文、地理、历法、礼制、音乐等方面的史料。《史记》既写了中原地区的情况,又记载下边远地区少数民族的状貌。《史记》名为一部史书,其实是部具有一定规模的古代百科全书。其内容的真实性,为大量的考古材料所证明。

司马迁这位中国伟大史学家,在中国文学史上的地位,位列为一流的传记文学作家和散文作家。

《史记》是一部历史著作,必须忠实于历史事实。司马迁善于在不违背历史真实的前提下,以文学家的艺术手法,在典型的环境和事件中塑造人物形象。因而,上自帝王将相、下至小吏酒徒,无不有血有肉,栩栩如生,具有感人的艺术魅力。《史记》综合了历史真实性与艺术的形象性,既不同于小说,也不同于一般的历史著作,达到了传记文学的典范水平。

《史记》之前的《左传》、《国语》、《战国策》,写人写的都是人物的片断;而《史记》则奠定了以人物为中心的纪传体历史散文的格式,这也是司马迁的一大创举。《史记》中所描述的人物形象和故事情节都具有高度的概括性,如《李将军列传》中选择了六七件典型事例,就塑造出了李广英勇善战的形象。

《史记》作为传记文学的典范作品,直接影响着后世小说的创作,六朝笔记、唐代传奇、宋元话本、明清章回小说等,无不采取了《史记》的叙事手法。清代文言短篇小说《聊斋志异》,仿照的是传记式体例,篇末的"异史氏曰"也是仿照"太史公曰"的写法。后世的戏曲多借鉴《史记》,仅取材于《史记》的戏曲就有《赵氏孤儿》、《将相和》、《霸王别姬》等等。

《史记》作为历史散文的典范作品,给唐宋古文八大家输送了营养。唐代古文运动,以包括《史记》在内的先秦两汉作品作为古文的代表,借此改变形式主义的骈俪文风。

鲁迅先生用两句话高度评价了《史记》,即:"史家之绝唱,无韵之离骚。"这一评价,为当代的人们所认同。位于陕西韩城的司马迁的祠和墓,已是国家重点文物保护单位,当代多少人亲临,瞻仰和凭吊。

《史记》中的故事在继续讲述着……

儒术与谶纬
——西汉儒学大师董仲舒

董仲舒是继孔孟之后的西汉儒学大师。他改造了儒家学说,使其从并存的百家中一跃取得独尊的地位。董仲舒在中国思想上虽算不上先进的思想家,然而,他的尊孔崇儒思想对后世产生过深远影响,一直是封建统治的主导思想。之所以会如此,是有其历史背景的。

春秋战国时期,伴随着新旧社会制度的更替,出现了百家争鸣的时代。到了秦代,则是"焚书坑儒",法家独霸的时代。西汉初期,实行"无为"政治,推崇黄老,先秦诸子中的其他各家都被冷落了。《汉书》中有这样一段故事:

景帝的母亲窦太后崇尚黄老,听说博士辕固生治《诗经》,崇儒学,就召见他,同他辩论儒道两家的高低。辕固生直斥《老子》书中都是些鄙俗人的话,不值一谈。这可激怒了窦太后。窦太后视儒者比猪还蠢,就下令让他去同野猪搏斗。幸亏景帝给了辕固生一把好刀,这样博士才没有被野猪咬死。

这故事形象地揭示出西汉前期儒学还斗不过居于统治地位的黄老思想。但同时也表明,这时儒学的影响正在增长,并开始向黄老思想挑战了。

公元前135年,窦太皇太后驾崩,她的孙子汉武帝亲政,历史已进入西汉中期,也即西汉王朝的鼎盛时期。促成封建大一统局面的条件,已经成熟。年富力旺的汉武帝已不甘心再同其先辈一样"无为而治",正欲大干一番事业。正是在这样的客观形势下,原来在家乡读书"三年不窥园"的董仲舒,这时也不远千里抱着部《春秋公羊传》来到京城长安,很快就成了新兴的思想家、汉王朝的理论代言人。

董仲舒（前179—前104），广川（今河北景县）人，专门研究《春秋公羊传》。《公羊传》是"春秋三传"之一，相传是战国时人公羊高对《春秋》一书的阐释。董仲舒给汉武帝上书说，孔子修《春秋》，把"一统"作为首要大事，把"忠君"作为最高的原则。"忠君"与"大一统"是天地宇宙间的常规，也是古往今来必须遵循的根本道理。要在政治上实行忠君主、大一统，在学术思想上，也必须"罢黜百家，尊崇儒术"。否则，百家百说，思想混乱，臣民无所适从，朝廷也就无法统一了。

董仲舒这套理论正适应当时的政治形势，投合了汉武帝的心意。从此，儒学的地位开始提高，熟读儒家经典的人就可以做官。儒生公孙弘出身布衣，竟被提拔到宰相的高位，影响很大。政府又开办太学，培养儒生。开始一百多人，后发展到三千人。西汉后期，儒学就取得了独尊的地位，声势很大。

董仲舒为儒学争得了独尊的政治地位，被汉儒视为孔夫子的继承人，誉为"纯儒"。其实，这位孔学的继承人，有继承，也有篡改，所谓"纯儒"，也并不纯。董仲舒大胆地发挥了孔学中的唯心主义，借天道说人事，把天说成是有目的，有意志的。又说君王的行为如有错误，天就以灾异进行警告，这叫"天人感应"。他写的书中，还有什么登坛祷告、求雨止雨法等名堂。孔子生前是不谈神怪迷信的，经董仲舒的篡改，孔子就变成妄谈神怪妖言的鼻祖了。原始的儒家学派经此衍变，蒙上了一层宗教的色彩。

有一年，汉高祖的陵庙失火，董仲舒就用他那套天人感应的学说推论火灾的起因，意思大概是说这火灾是上天对皇帝的什么过错的惩戒。他写的草稿被人偷去呈送给汉武帝，汉武帝就召集大臣们一起讨论。有个叫吕步舒的，是董仲舒的大弟子，他不知要讨论的是他老师的"作品"，就说这议论荒唐而愚蠢，是对陛下的诽谤。为此，董仲舒几乎被杀头，吓得从此再不敢妄论什么灾异了。

董仲舒不再妄论了，可他创造的那套妄论灾异的理论却广泛传播开来，而且愈演愈烈。西汉后期就形成了一套"谶纬"学。谶（chèn 衬），也叫图谶，是一种预卜吉凶的宗教预言。纬，就是用这种观点对经书的解释，充满着穿凿附会的胡言乱语。后来篡夺西汉政权、建立短命新朝的王莽，和东汉的开国皇帝刘秀，都曾用这种办法制造舆论，从而登上了皇帝宝座。谶纬在汉代作为一种思想统治手段长达三百多年之久。这一历史罪过的首倡之"功"，恐怕也只有记在董仲舒的名下才是比较合适的。

《论　衡》
——古代唯物主义思想家王充

东汉初期，谶纬之学盛行，迷信思想猖獗无忌。面对这样一股"潮流"，博学多识的老臣桓谭上书光武帝刘秀说：图谶是惑众妖术,皇帝信妖术,会贻误国家大事,这是何等的错误!应明令取缔。光武帝看了老大不高兴。

后来,刘秀要建造一座灵台,即古天文台。朝臣们聚议建造灵台的地点。刘秀对桓谭说:"灵台的地点,我打算用谶来决定,你看怎么样?"桓谭沉默了老半天,才说:"老臣愚昧,从来不读谶的。"接着,他就指斥谶纬荒诞不经。刘秀听了勃然大怒,骂桓谭老朽狂妄,不尊圣法,下令推出去砍掉他的脑袋。桓谭老人叩头求饶,直叩得头破血流,刘秀才赦他不死,贬他到六安郡(今安徽六安北)去做地方官。桓谭郁积成疾,还未到任就死在半路上了。

刘秀对桓谭的严厉处罚使朝野大为震恐,从此再没人敢公开指责迷信活动了。古语说,上有好者,下有甚焉。那些趋炎附势的人以及著名的学者,都以谈论谶纬为能事,弄得思想领域里乌烟瘴气。不久,刘秀"宣布图谶于天下",也就是把图谶国教化,谁还敢不信奉呢!

在中国哲学史上,桓谭曾以用烛与光的关系比喻人的形与神的关系这一唯物主义的命题而著名。他认为光借烛燃,烛灭光逝,人的精神与肉体的关系也是这样的。这是真理,而真理是永存的。因此,桓谭死了,他的精神却未死。

四十年后,公元89年,会稽郡上虞县(今浙江上虞)有一位头发花白,牙齿脱落,但精神矍铄的老人,完成了一部三十万字的哲学巨著。他用了三十年的心血写成这部书,题名为《论衡》。衡,是古代对天平的称号。书名的含义是对古往今来的一切思潮和学说,统统要加以称量和品评,别其真伪,权其轻重。书的主要锋芒是对着董仲舒及其天人感应论的,并旁及孔子("问孔")和孟子("刺孟"),以及其他先秦诸子的学说。他在批判古代唯心主义体系的同时,建立了以气来解释宇宙万物的构成和变幻的哲学体系,成为中国汉代唯物主义哲学的集大成者。

这位老人叫王充(27—97?),又叫王仲任。他生于一个富于行侠仗义传统的家庭,自幼受到反抗精神的熏陶。他童年就聪颖过人。青年时,曾游学洛阳。他就读太学,却对通向仕途的那些儒家经典缺少兴味,经常出入于洛阳书市,去那里浏览先秦诸子百家的著述。他家境不富,买不起书,就靠在书市上博览强记,过目成诵。他拜当时名儒班彪(即《汉书》作者班固的父亲)为师,然而却不以师传为禁锢,学术观点与政治见解同老师大相径庭。后来,他回到故乡,一面教书,一面著述。虽也曾先后做过郡县小吏,但往往同长吏政见不合,时间不长便去职了。

王充晚年,家境清苦,连一亩地也没有。故旧断绝,门庭冷落。然而,他精力充沛,著书不倦。一天,皇帝的使者突然驾着高车大马到来,宣请他进京去做大官。原来他有位好友给皇帝上书推荐他说:会稽王充是个了不起的人材,就是孟子、荀子、司马迁、刘向、扬雄这些前代名流,也都比不上他的学识和才干的。这对一些追求利禄的俗儒来说，也许是一个千载难逢飞黄腾达的良机。然而，敬重桓谭的王充，也以桓谭为鉴，他知道自己不合时俗，更不甘在老年受辱。他以年老多病、不堪君王驱使为辞，婉言谢绝了。

王充年近七十，身体渐衰，自知难久于人世。他忧心忡忡地看着自己以毕生心血写下的四部著作（除《论衡》外，还有《讥俗》、《政务》、《养生》），心潮起伏，这些书卷将会遭到怎样的命运呢？于是，他以颤抖的笔写下了一篇《自纪》，也就是他的自传。自传中讲了他的家世，以及自己著作的目的和态度。但是，在自传中对于他曾师事的名儒班彪，对于皇帝的招聘，都只字未提。他大概是不想借此自炫于世，也许他认为那根本不值一提。其实，这倒恰好反证这位千古哲人的品格，他那不慕虚名、不与世俗苟同、唯真理是求的精神，一生保持始终。

大概在他七十一岁的时候，这位哲人终于与世长辞了。门人把他埋在上虞县县城西南十五里的浜笕枪山下。

公元189年，即王充死后九十二年，同时代的著名学者蔡邕来到浙江，看到《论衡》一书，如获至宝，密藏而归。蔡邕的友人发现他自从浙江归来，谈吐不同凡响，学问突有大进，猜想他可能得了奇书，后来果然从他帐间隐处搜出了《论衡》。这部哲学名著遂得以辗转传抄，流传于后世。可惜其他三部却散失了。

二十、两汉时代的文学艺术及文化交流

子虚和乌有的对话
——汉赋大家司马相如与汉赋历程

汉武帝在位时,他身边有独尊儒术的董仲舒、《史记》作者司马迁,还有擅长汉赋写作的司马相如、东方朔等。此时,文化巨匠、文学大家辈出。

司马相如在他写的《子虚赋》中虚构了两个人物——子虚和乌有,如今还在使用着"子虚乌有"这一成语。

司马相如(前179—前117),字长卿,成都(今属四川)人。汉景帝时,司马相如与枚乘同为梁孝王的门客,他写了《子虚赋》。梁孝王死后,他归蜀。在蜀地,与临邛豪富卓王孙的女儿卓文君相识,他以琴挑之,文君夜奔。他们俩在那个时代所演绎的浪漫爱情,有人又编成了小说和戏曲,更加广泛流传。

司马相如的《子虚赋》,后来被汉武帝看到了。汉武帝读后赞叹道:"朕独不得与此人同时哉!"司马相如的同乡狗监杨得意为之荐引,汉武帝召见了他。他续接《子虚赋》,为汉武帝又写了《上林赋》。《上林赋》中添了个亡是公这一虚构人物,亦属子虚、乌有之辈。

《子虚赋》中,楚国子虚向齐国乌有先生炫耀楚国云梦泽的宽广和楚王田狩的盛况,乌有先生则把齐国也炫耀了一番。《上林赋》写亡是公听了子虚、乌有的对话后,夸说天子上林苑的壮丽和天子射猎的豪举,以压倒楚、齐。此赋最后归结到反对奢侈淫靡,但只是"劝百讽一"。

像《子虚》、《上林》这样的大赋,其意义在于,表现了大一统的西汉王朝无可比拟的气魄和声势,以及当时统治者的发扬踔厉精神。这是时代赋予作家的以开阔眼界总览全局,才有了如此大手笔的作品。

艺术表现上,《子虚》、《上林》采用主客问答的形式,虚构人物对话,这是继承了《楚辞》、《庄子》的手法,后世赋家多采用这种形式。再有极尽铺排堆砌之能事,把云梦泽、上林苑描写得光华亮丽,令人神往。由于大量地运用对偶、排比,增强了文章的气势和词采的富丽。

汉赋,与后世出现的唐诗、宋词、元曲同是各为一代的文学代表。汉赋的发展可分为四个时期:形成期,全盛期,模拟期,转变期。

汉赋的形成期,自汉初至汉武帝初年的七八十年间。多数作品效法屈原的写法,开始是模仿楚辞的小赋,后以中篇为主,也有趋向大赋的作品。代表作家有贾谊、枚乘等。

贾谊(前200—前168),既是杰出的政论家、思想家,又是辞赋名家。赋作有《吊屈原赋》、《鵩鸟赋》等七篇。《吊屈原赋》是骚体的抒情赋,在句法上是四言和六言的混用。吊屈原实际上是自吊,贾谊对屈原的不幸遭遇寄予深切同情,这正是发泄对自己贬谪长沙的不满与牢骚。

汉赋的全盛期,时在武帝、宣帝、元帝、成帝四朝。汉赋的格式已经定型,以大赋为主。代表作家有司马相如、东方朔等。

司马相如作为全盛期的代表作家,赋作除《子虚》、《上林》外,还有《大人赋》、《长门赋》、《美人赋》等。唐诗、宋词中的用典可见《长门赋》,如辛弃疾词中写道:"长门事,准拟佳期又误,蛾眉曾有人妒。千金纵买相如赋,脉脉此情谁诉?"

东方朔(前154—前93),喜为滑稽问答之词。其赋作《答客难》,写出了士人在帝王的摆布下怀才莫展的实况。东方朔的一面是有一些正义感和政治牢骚,一面却是玩世不恭的滑稽大王。

汉赋的模拟期,从汉成帝以后到东汉中叶。代表作家有扬雄、班固等。

班固(32—92),本是史学家,《汉书》的主要作者,但也是东汉时期的辞赋名家。他的《两都赋》，模仿《子虚》、《上林》，比《子虚》、《上林》更为铺张，文辞未脱堆砌奇丽的积习。不过，赋中表达了自己的政治主张，写实成分加重。

汉赋的转变期，为东汉中叶以后至汉末。汉赋由大赋又转向小赋，主要是抒发个人情感和对现实的揭露。代表作家有张衡、赵壹等。

张衡这位东汉大科学家，又是作赋高手。张衡也有模拟之作，著名的《二京赋》即是。"十年乃成"的《二京赋》，比班固的《两都赋》，体制更宏大，铺排、夸张尤甚，是"京都大赋""长篇之极轨"。然而，张衡的小赋成就更高，标志着汉赋的转变。小赋有《应问》、《思玄赋》、《归田赋》等。《归田赋》，表露了他不满当时政治、不肯同流合污的情怀，抒发了退隐田园的志趣。张衡之后，抒情小赋不断出现。

转变了的汉赋，走进魏晋南北朝时期，以新的面貌惊现于世。

"孔雀东南飞"
——汉乐府的文学成就和音乐价值

"孔雀东南飞，五里一徘徊。"这笼罩着依恋、徘徊气氛的诗句，是长篇叙事诗《古诗为焦仲卿妻作》的开头两句。焦仲卿妻刘兰芝,是一位美丽、善良、能干、勤劳的妇女。她有教养,与丈夫感情甚好。但是在封建家长焦母的逼迫下,却难以与丈夫团聚。她被遣回娘家后,势利的阿兄又让她改嫁。爱情专一的她,外示顺从,却内怀死志。就在婚礼的那一晚上,她殉情了,最后不惜用死来反抗破坏爱情幸福的封建礼教。刘兰芝这一形象,是古代诗歌中一个富于反抗性的完美的妇女形象。她的丈夫焦仲卿,得知她已投水逝去,便也"自挂东南枝",随她而去了另一个世界。一对相爱的男女青年到了另一个世界,化成了"自名为鸳鸯"的"双飞鸟","仰头相向鸣,夜夜达五更"。诗的结尾,用"双飞鸟"的长鸣象征着刘兰芝夫妻的爱情不朽,表达了广大人民对理想生活的愿望和追求。

这一长篇叙事诗,后来多用其首句为题,称为《孔雀东南飞》。《孔雀东南飞》是汉乐府民歌的代表作。

"乐府",本是官署的名称。从汉武帝时设立的专门掌管音乐的机构,叫作"乐府"。乐府的具体任务是:制定乐谱,训练乐工,搜集歌辞。乐府将搜集到的民间歌谣和文人诗,配以乐曲,供朝廷祭祀、朝会宴饮时演奏之用。这些乐章、歌辞,统称为"乐府诗",或简称"乐府"。这样,"乐府"便从官署名称变为诗体的名称。

自从"乐府"由官署名称变为诗体名称之后,又有广义和狭义之分。广义的乐府,包括词和曲;狭义的乐府,只指歌辞。

由于汉乐府中的主要部分是民歌,所以通常又称为"汉乐府民歌"。

汉乐府民歌的大多数作品保存在"相和歌辞"、"鼓吹曲辞"、"杂曲歌辞"三类中。相和歌是汉人所采各地的俗乐,大约以楚声为主,歌辞多出自民间。所谓相和,是一种演唱方式,含有丝竹更相和及以声相和两种意思。"相和歌辞"中,除少数几篇能确定为西汉时作品外,大部分是东汉时的作品。鼓吹曲,是汉初传入的北狄乐。今存铙歌十八篇,是西汉时的乐章。铙歌本是军乐,多有声无辞,其后陆续补进歌辞。所以,时代不一,内容庞杂,有叙战阵表武功的,也有写男女私情的,既有民间歌谣,又有文人创作,然而全部是西汉作品。杂曲中的乐调多不知所起,自成一类,收存民歌较多。

汉乐府民歌继承和发展了《诗经》的现实主义精神和人民性,广泛而深刻地反映了汉代的社会现实。从中可以听到农民、士兵、城市贫农和孤儿、弃妇的痛呼和哀啼,可以看到战争和徭役给广大人民带来的灾难,可以感受到贫富的对立、阶级压迫和剥削的严重,可以品味到当时妇女在爱情、婚姻生活中的情感经历……

汉乐府民歌在形式上有很大的发展。《诗经》是以四言为主,汉乐府民歌已发展得自由多样,有四言、五言、六言、七言和杂言等不同形式,但以五言为主。这些丰富多样的形式,有助于表现复杂的思想内容,也为五言诗的成熟开了先路。

汉乐府民歌坚持《诗经》以来的优良传统,这一传统贯穿到从建安经唐代至以后的诗歌发展进程中。建安时期的"三曹"和"七子",多采用汉乐府旧题。到了唐代,李白几乎将保留下来的乐府旧题都运用了,杜甫则"即事名篇",写了诸如《兵车行》、《丽人行》等新题乐府,白居易更加提倡,开展了新乐府运动。汉乐府民歌的影响是深远的。

马王堆的考古发现
——古琴、帛画和书的卷轴

湖南长沙市东郊,原有两个大土堆,相传是五代马殷的疑冢,人们就叫它马王堆。实是汉墓,为西汉初年长沙国丞相轪侯利苍及其家族的墓地。

1972年,开始对马王堆汉墓进行了考古发掘,发现地下有三座墓葬。在一号墓葬里,发现一具保存得非常完好的女尸。她在这里躺了两千一百多年,竟然还形体完整,全身润泽,部分关节可以活动,软组织尚有弹性。让人更为惊奇的是,三座墓葬出土三千余件珍贵文物,其中有近五十件堪称中国和世界的文物之最。

帛画、古琴等珍贵文物,映照出汉代的艺术之光。

马王堆一号汉墓出土的T形帛画,是世界上现存画幅最大、保存最好的帛画。

帛画,绘在丝织品上的画。现存绘制最早的帛画,是从长沙战国楚墓中出土的。从战国帛画可见,我国绘画的基本特征早在战国时就已奠定。至汉代,帛画长足发展。马王堆汉墓出土的帛画,表现出高度的绘画技巧和艺术水平。它的发现,填补了中国绘画史的一大空缺。

马王堆汉墓出土的古琴这一珍贵文物,则反映出汉代音乐的水平。

音乐的"乐",繁体为"樂",是甲骨文"🎵"演化来的。🎵,为木板上架着丝弦的象形,是最早的一种琴。汉代的古琴,就是🎵所象形的琴发展来的。

西汉初年,已有七弦的古琴,其面板较为平直。发展到西汉中期至东汉末年,古琴开始与笛、笙、筝等乐器一起演奏,便由原来的音域窄、音量小而加以改进。琴的面板完全平直,尾部实木处已改为与主体相连的共鸣箱,扩大了音量。随着古琴形制的改进,演奏古琴的技巧亦随之提高。著于西汉中期的《淮南子》,有一段盲人弹琴的记载:

> 今之盲者,目不能别昼夜,分白黑。然而搏琴抚弦,参弹复徽,攫、援、摽、拂,手若蔑蒙,不失一弦。

"徽",是音位的标志。"擩"、"援"、"摽"、"拂",是右手的四种弹奏指法。"手若蓰蒙",说的是弹起琴来手在弦上像飞虫一样快速、灵活。演奏古琴的技巧,何等的高啊!

据考证,古琴已有四千年的历史,古代有瑶琴之称,至近代名为古琴。2003年,古琴被联合国教科文组织列入"人类口头和非物质遗产代表作"名录。

马王堆汉墓出土的珍贵文物,像古琴、帛画等映出的是音乐、美术等艺术之光。而帛书,则说明了书籍的发展。书的卷轴形制,由此可看出。马王堆的帛书,有整幅帛写的,有半幅帛写的。整幅的帛书,折叠成长方形,放进漆盒下层的格子里;半幅的帛书,则用一长方形木片为轴,卷成一卷。后来将书籍篇幅的计算单位称为"卷",即出于此。用帛一类的丝织品写书,造价高,后来更多的是用纸了。用纸写书,仍沿卷轴形制的还有。而书法、绘画作品,多用卷轴形制。不过,后来的轴已比马王堆帛书的轴精美多了。

马王堆古琴、帛画、帛书等,为艺术史话、书籍史话增添了诸多趣话。珍贵文物中还有纺织品、竹简、木俑、陶器、农副产品、中草药等,为经济、科技等领域的发展提供了实物佐证。就举纺织品的一例吧。墓葬中有绮、罗、纱、绵等珍贵的纺织品,其中的一件素纱禅衣更是稀世珍品。它是当今世界上最轻最薄、年代最早、保存最完好的一件丝绸衣服。它"薄如蝉翼"、"轻若烟雾"，一件长达160厘米的衣服，重量仅48克。从这件工艺精湛的丝绸衣服可见，西汉时的丝绸纺织和丝织品制作达到了空前水平。古代西方的人像雕塑，身上披着轻、薄、透的衣服，有人从其纹理分析认定为中国丝绸所制作。此非妄谈，两汉丝绸之路的畅通，致使丝绸在罗马世界风行。

丝绸之路的畅通
——中西文化交流的高潮

著名的罗马博物学家普林尼（23—79）在所著的《自然史》中说，中国的丝织品驰名于罗马帝国。书中称当时的中国为赛里斯，赛里斯为"丝"的音译。照罗马人看来，中国就是丝国。

另有记载，罗马的凯撒大帝在一次观戏时，身穿中国的绸袍，在场的人都为其豪华而惊叹。此后，罗马帝国的贵族们纷纷穿起中国丝绸缝制的衣服。丝绸风行，直吹到罗马帝国最西端的英伦海岛。在英伦海岛上风行的程度，不亚于在中国的洛阳。埃及女王克列奥帕特拉身着丝袍，更增魅力，那是用中国丝料缝制的。埃及被罗马人占领后，身着中国丝绸的人愈多。丝绸风行于罗马世界，说明当时中国同西方丝绸贸易的兴旺，这是因为丝绸之路的畅通。

丝绸之路，是中国同中亚、西亚、欧洲、北非诸国进行丝绸贸易的主要通道。

在西汉,由长安经河西走廊,西出玉门关、阳关之后,分为北、南两条通道。北道自高昌(今新疆吐鲁番)沿天山南麓西行,经焉耆、龟兹、姑墨(今新疆阿克苏)、疏勒等地,越过葱岭,到达大宛,再向西北行可到康居、奄蔡(在今咸海和里海之间),向西南行可到安息(今伊朗)、犁轩(在今叙利亚一带),更西通大秦(即罗马帝国)。南道沿昆仑山北麓西行,经鄯善、且末(今属新疆)、于阗、莎车等地,越过葱岭,向西行可到大月氏、安息、条支(今伊拉克),再向西行可通大秦,向南行可通身毒(今印度、巴基斯坦)。

到东汉,北道路线有所变更,出玉门关后,改为经伊吾(今新疆哈密),沿天山南麓西行至疏勒,越过葱岭,再向西到大宛、康居、奄蔡。南道路线仍同西汉时。

丝绸之路的畅通,与张骞、班超的通西域是不可分的,两汉朝廷的举措更提供了保证。西汉时,汉武帝先后在河西走廊设置了酒泉、武威、张掖、敦煌四郡,在敦煌西北设立玉门关,西南设立阳关,在轮台、渠犁一带军事屯田,设使者校尉管理,为来往于丝绸之路上的使者们安排食宿。东汉时,朝廷在丝绸之路的沿途设置驿亭,为商旅提供方便,并在鄯善北、伊吾、高昌、龟兹、疏勒等地屯田,以保证丝绸之路的畅通。

两汉时的中国商旅,沿丝绸之路所达到的西极是波斯湾。

丝绸之路虽西通大秦,但罗马帝国的中国丝绸是由安息、条支的中间商转运过去的。

罗马人为获得中国丝绸,除由安息、条支转运外,欲在海上寻求通道直达赛里斯(指当时的中国)。东汉桓帝延熹九年(166),大秦王的使者经埃及于海上东行,在交州日南(位于今越南中部)登陆,前往洛阳拜谒赛里斯皇帝。此后,罗马人通过海上通道来中国的便多了起来,少不了进行丝绸贸易的。

在罗马人欲在海上寻求通道的同时,两汉朝廷也在着力开辟海上丝绸之路。西汉时,汉武帝派遣黄门译长率队出海,从雷州半岛出发,经今越南、泰国、缅甸,向西航行至印度次大陆的东岸。到东汉,朝廷对海上丝绸之路又有所开辟。

丝绸之路,名曰"丝绸",因当时的贸易是丝绸。除丝绸贸易外,当时中国的铸铁、冶炼、凿井等生产技术和建筑技术随之西传,西方的音乐、舞蹈等艺术东来当时的中国,东来的还有葡萄、石榴、胡桃、苜蓿、胡麻(芝麻)、胡瓜(黄瓜)、胡萝卜等农作物和良马、骆驼以及琉璃、玻璃、毛织毡毯等制品。《三国志》中有"大秦出赤、白、黄、青、绿、绀、缥、红、紫十种琉璃"的记载,琉璃东来中国晚也不会晚过汉武帝时。大秦王即罗马皇帝的使者献给赛里斯皇帝的礼物——象牙、犀角等,则是东北非一带的特产。

丝绸之路的畅通,使中西文化的交流掀起了高潮。

二十一、魏蜀吴三国鼎立

秦和两汉维系了四百多年的统一局面,尔后,中国历史进入了近四百年的分裂时期(西晋时出现过十几年的短暂统一),历三国、两晋、南北朝直到隋代,破碎的版图才又合并成一个整体。

三国指魏、蜀、吴。三国的纪年是从公元220年曹魏代汉开始的,到公元280年西晋灭吴结束,历时六十一年。但要追述三国形成的原委,那还得从董卓之乱导致东汉王朝名存实亡讲起,那就将近一个世纪了。

董 卓 之 乱
——东汉末的军阀割据

东汉末,在镇压黄巾农民起义的战争中,朝廷衰弱下去,各地州牧、豪强都拥兵割据,相互兼并,弱肉强食。这样,战祸连绵,给人民带来极大灾难。在不到二十年间,全国人口锐减,十不存一。董卓之乱给两京（长安、洛阳）地区造成的浩劫就是典型的一例。

董卓（？—192），陇西临洮（今属甘肃）人，年轻时曾到羌族地区游历，结交豪强，培植起自己的势力，成为西凉（今甘肃和青海湟水一带）势力很大的军阀。公元189年汉灵帝死，之后，为争夺权力，宦官与外戚大厮杀，最后两败俱伤。这时，董卓带兵进驻京城洛阳，废掉了十四岁的少帝，又立了个九岁的陈留王做皇帝，即东汉的末代皇帝汉献帝。这时，董卓为丞相，专断朝政，残暴跋扈。有一次，董卓率军到洛阳以南的阳城（今河南登封东南的告城镇），正赶上二月的祭神庙会，熙熙攘攘，人山人海。董卓竟然下令把庙会上男子全部杀掉，拖了百姓的牛车，车辕上挂着人头，马后载着妇女，耀武扬威地回到洛阳，狂呼："打了大胜仗回来啦！"还把人头聚起焚烧，把妇女分给士兵去蹂躏，弄得整个洛阳城一片恐怖，人人自危。

董卓的残忍暴戾、独断专横，引起了社会的愤怒，也引起统治集团内部的分裂和反对。那些握有兵权的大小军阀，共推名望很高的袁绍作盟主，组织联军，共同讨伐董卓。这支联军都来自函谷关以东，故史称"关东军"。

董卓是西凉起家的，势力在西部。这时，在洛阳不但受到关东军的威胁，又有后顾之忧，于是就挟持汉献帝匆忙撤离洛阳，逃往长安。董卓撤出洛阳时，把几百万百姓驱赶出家门，裹胁着西迁。洛阳城附近二百里以内,都被放火烧光,鸡犬不留。地下的皇陵也被挖掘一空,名都洛阳城就这样被毁了。

董卓到了长安,搜刮民财,谋求自保。他征集二十五万民伕,在离长安大约一百三十公里的一个叫郿的地方,修筑起一座城堡,名叫郿坞。董卓在这里屯聚了足够三十年用的粮食,黄金二三万斤,白银八九万斤,锦绮珍玩,堆积如山。董卓曾说,事情成功,他就可以称霸天下;万一不成,守着这些东西也足够他养老了。

董卓为聚敛财富,曾下令把长安城中的铜人、宫中的铜钟以及钟架统统砸碎,把汉武帝以来发行的五铢铜钱也统统收集起来,改铸成小钱在市上使用。这一来,弄得货币贬值,物价飞涨。过去谷贱时,三十多公斤谷子只卖三十个铜钱,现在竟卖到几十万钱,暴涨两三万倍,把老百姓害苦了。史书上说:"百姓嗷嗷,道路以目。"当时,长安流传一首民谣:"千里草,何青青,十日卜,犹不生。""千里草"就是"董"字,"十日卜"就是"卓"字。民谣的意思是:残暴的董卓啊,你怎么还活着?专横的董卓啊,你活着还不如快死了好!

董卓修筑了同长安城一样高大的郿坞,就以为有了铜墙铁壁,可以高枕无忧了。他哪里懂得,真正的铜墙铁壁是民心所向。董卓失去民心,就在其堡垒内部起了内讧,他被司徒王允和部将、也是义子的吕布设计杀死了。董卓被杀的消息传开,长安的百姓欢欣鼓舞,沽酒买肉,相互庆贺,如同过节一样。

董卓的尸体被暴弃在街头,守尸的士兵见卓尸肥胖多脂,夜晚就在肚脐中插上灯芯,点了起来,通宵达旦,几日不熄。

董卓被除掉了,但其余势未尽。他的部将李傕、郭汜打进长安来,杀了王允等一万多人,长安被抢劫一空,关中几百里内,不见人烟。诗人王粲曾记述说:"出门无所见,白骨蔽平原。"

东汉时,长安、洛阳都是名都。然而,经过汉末董卓之乱,昔日繁华的两大名都可见的只是嶙嶙白骨、颓墙断壁,以及丛生的杂草野树了。

官 渡 之 战
——曹操统一中原

汉献帝被裹挟西去以后,几经颠沛流离,公元196年又逃回洛阳。但见宫殿早已倾圮,到处是蓬蒿荆棘,只得暂且安身在过去小宦官住过的一间矮屋中。随从的一班大臣没有吃的,只好自己到野外去挖野菜,有的竟活活饿死了。这时,各地军阀正在为争夺地盘,扩充实力,打得不可开交,谁还去管这位破落皇帝的死活呢?正在汉献帝走投无路的时候,据守在今河南中部一带的曹操亲自率领人马来迎接他到许昌去。

曹操(155—220),沛国谯(今安徽亳州)人。他在中国的戏剧舞台上以及演义小说里，往往被丑化成一个心怀奸诈的白脸奸臣。其实，在历史上他是位有远见的政治家，卓越的军事家，著名的诗人。他是一位过微功著的历史英雄。

曹操初起，只有五千人马，后在济北（今山东长清南）诱降黄巾军三十余万，男女上百万人，选其精壮，组成了一支强大的青州军。他以这支悍勇的农民军为基础，发展起来，先后打败了割据徐州的陶谦、淮南的袁术、宛城的张绣以及杀死董卓的吕布等大小军阀，据有了黄河中、下游以南的广阔地域。他又把汉献帝接到许昌，"挟天子以令诸侯"，政治上、军事上都取得优势，在全国割据的军阀中，独树一帜。

这时候，那位被推为关东军盟主的袁绍，在董卓西迁以后，联军散伙，也就不成其为盟主了。他在黄河中、下游以北吞并了大大小小的军阀和豪强势力，实力最为雄厚，成为当时最大的军阀。袁绍不能坐视曹操的迅猛发展，因而在公元199年刚刚消灭了他的北方对手幽州公孙瓒以后，立即挑选十万精兵南下，与曹操争雄。

曹操以皇帝的名义封孙策为吴侯，稳住了江东，即今长江下游苏南浙北地带，解除了后顾之忧，遂即北上迎敌。袁、曹两军相峙于官渡（今河南中牟北），一场决战势不可免了。

袁绍军容强大，但将帅骄盈，矛盾重重。初战失利，大将颜良被斩。再战中计，名将文丑阵亡。两战皆北，士气低落。但是,袁绍仍自恃兵多粮足,定要同曹操主力决战。监军沮授劝袁绍,曹操兵少粮缺,利于急战,难能持久,不如与其长久相持,待其疲敝,再行进击,稳操胜券。袁绍不听,意欲速决。谋主许攸又献策说:曹操竭其兵固守官渡,后方必然空虚,可分兵偷袭许昌。许昌离此只有二百里,星夜兼程,定可成功。袁绍又不听,坐失战机。

袁、曹相持已经半年,曹操军粮匮乏,很想退兵。这时,曹操征询谋主荀彧(yù 欲)的意见。荀彧来信说:两军相持已久,先退兵者其势必败。再坚持一下,袁军也会有变化,胜利的机会就来了。

恰在这时,袁绍的谋主许攸因遭排斥来投奔曹操。曹操听说,来不及穿鞋,光着脚就出来迎接他。

许攸问:"袁军强大,曹公您打算怎么办呢?军中还有多少粮食?"

"还可以支撑一年。"曹操似乎满有信心地说。

许攸劈头又问:"不对吧,您说实的。"

"可以支撑半年。"曹答。

"您大概不想打败袁军吧,不然,怎么不说真话呢?"许攸又逼近一层。

曹操只得说:"刚才那是开玩笑,其实军粮只能维持一个月了,可怎么办呢?"

于是,许攸献策,劝曹操偷袭乌巢(今河南延津南),那是袁绍屯集粮食军需的地方。许攸断言,袭击成功,不出三天,袁绍就大败了。

袁绍探知曹操要偷袭乌巢,极为震惊。可是,他却想侥幸取胜,只派少数兵马去驰援乌巢,而命令全军主力去偷袭曹操的官渡大营。他事先没有准备,仓促间这样决定,将领们意见纷纷。袁绍不能集思广益,却一意孤行。结果,曹营早有防范,坚守壁垒,袁军久攻不下。这时,乌巢却被曹军攻破,袁绍的粮食军需被付之一炬。这时,袁绍的军心动摇,前线的主将张郃(hé和)等也向曹军投降了。曹军乘胜全线出击,袁军崩溃,十万大军被杀死的有七万多,袁绍自己只带着八百名轻骑兵逃走了。

这就是公元200年发生的官渡之战。两年后,袁绍病死。曹操在战胜北方劲敌后,经过几年经营,终于使分裂的北方又重新统一起来了。

作为这次战争的历史见证,半个世纪以前那古战场上仍有曹军筑的土垒遗存,称中牟台,又名曹公台。可惜,今已不存了。

"三顾茅庐"
——刘备的崛起

官渡之战时,原来先后投靠过陶谦、曹操,后来又投靠过袁绍的刘备,又南逃荆州,投奔到刘表的名下。刘表拨给他一些人马,让他屯住在偏僻的小县新野(今属河南)。

刘备(161—223),原是西汉景帝的儿子中山靖王刘胜的后代,但到刘备时,家业已失,曾靠织草鞋、卖草席为生。黄巾起义时,他靠镇压黄巾军起家,也曾随同公孙瓒一起参加关东军讨伐董卓。从起事到屯驻新野经营将近二十年,名声很大。然而,他始终未能占据个稳固的地盘。屯驻新野后,他又广招人材,四出访贤。他听说有位叫诸葛亮的读书人,胸怀大志,富有韬略,自比古代的名相管仲和名将乐毅,很想建树一番事业,就决定亲自去拜会他。

诸葛亮(181—234),复姓诸葛,字孔明,琅邪郡阳都(今山东沂南)人。小时父母早逝,随叔父来荆州避难。他十七岁那年,叔父死去,自己就在隆中(今湖北襄樊市西二十里)盖了几间草屋定居下来,一面在山下躬耕田亩,一面攻读经史,并经常与友人切磋学问,议论天下大势。当地有识之

诸葛亮像

士都认为他是位了不起的人材。他住在隆中的卧龙岗,也犹如一条卧地的巨龙,随时准备腾空而起。所以,人们又尊称他"卧龙先生"。

年已四十七岁的刘备,身经百战,带着两员虎将关羽、张飞,长途跋涉,来到隆中拜访比自己年轻二十岁的诸葛亮。头两次都没有见到,第三次才得以见面,故而有"三顾茅庐"之说。这个成语,从此成为诚心诚意礼贤下士的佳话美谈。刘备见到诸葛亮就谦逊地说:"现在汉室衰颓,权奸当道。我不自量力,想出来安定天下。但是,我智短才疏,已过半世,也没什么成就,请先生指教。"

诸葛亮见刘备如此诚恳虚心,也为之感动,就对当时的政治形势进行了精辟的分析,指出:"自董卓进入洛阳以来,天下群雄并起,跨州连郡者不可胜数。如今,曹操拥有百万之众,挟天子而令诸侯,目前当然不能和他去争锋。江东孙权,据有长江天堑,老百姓归附他,有才能的人肯为他效力。因此,对他也只能采取联合的策略,不能去打他的主意。然而,荆州(辖有相当于今的湖南、湖北两省,以及河南、贵州、广西、广东的部分地域)地势险要,益州(相当于今的四川全境,以及甘肃、云南、贵州的部分地域)是天府之国,而这两州的主将则都糊涂软弱,是可以用武之地。您如果东联孙吴,西取荆、益,南和彝越,北抗曹氏,待天下有变,派一上将军从荆州北上,直取宛城、洛阳,您从益

武侯祠

州出师,直指秦川(泛指陕西、甘肃境内秦岭山脉以北的平原地带,包括长安)。那么,统一天下的大业就能成功了。"诸葛亮这番话就是著名的"隆中对策",他为刘备后来的政治、军事活动提出了基本战略思想。

刘备听诸葛亮的分析头头是道,心中极为佩服,便恳请诸葛亮出山,辅佐其完成这一大业。从此诸葛亮就当了刘备的辅佐,成为出色的政治家、军事家。这位历史人物后来在人民的心目中竟成了聪明智慧的化身和同义语。现在隆中仍保存着许多纪念性的古迹,如"古隆中坊"、"三顾堂"、"草庐亭"以及"躬耕田"等等。而在成都则保存着武侯祠,是国家重点文物保护单位。

赤 壁 鏖 兵
——三国鼎立的形成

官渡战后八年(208),曹操统一了北方,掉转马头,挥师南下,意欲鲸吞荆州与江东,进而统一全国。

正在这时,刘表死去,他的小儿子刘琮承其父位,听说曹操军势强大,直取荆州,就吓坏了,赶快派人去暗中投降。

刘备的驻地新野一带,恰被夹在曹操和刘琮的两军之间。当刘备得知刘琮投降时,曹军已经逼近了。他来不及抵抗,急忙向江陵退却。江陵是军事重镇,又是兵力和物资的重要补给地。曹操怕刘备捷足先登,亲率五千骑兵猛追,一昼夜行程三百里,没几天就在长坂(今湖北当阳东北)追上了。刘备寡不敌众,被打得大败,改从小路逃往夏口(今湖北武汉市的汉口)。刘表的长子刘琦正驻军夏口,两军会合,约有两万兵马。江陵重镇却被曹操夺去了。

江东的吴侯孙策早在官渡之战那年死去,死时才二十六岁。他的弟弟孙权仅十九岁就承继父兄的事业,担负起巩固江东的重任。曹军大举南下这年孙权才二十七岁,正带兵驻在柴桑(今江西九江西南)观望形势的发展。他对曹军南下感到紧张,但取何对策尚举棋不定,就派出鲁肃去观察动静。鲁肃北上之时,正值刘备南退,他们在当阳相遇。鲁肃劝刘备退守长江南岸的樊口（今湖北鄂城），与孙权联兵，共同对付曹操。刘备便派出诸葛亮出使柴桑，与孙权共商大计。

诸葛亮见到孙权，知他尚在犹豫不决，就说："曹操破了荆州，威震四海。现在，他又顺江而下，直逼江东，孙将军有何打算呢？您要以江东与中原抗衡，那就该立即同他断绝关系；假若没有这份胆量，何不趁早按兵束甲，向曹操称臣投降。形势逼人，若再犹豫，马上就要大祸临头了！"孙权一听这话，立即反问道："刘豫州（刘备做过豫州刺史）为什么不向曹操投降呢？"诸葛亮从容回答说："刘豫州是汉王室的后裔，德能盖世，人材所归，眼下遇到一点困难，他怎能就屈居于别人之下呢？"孙权听诸葛亮这么一说，十分激动，猛地站了起来，说："我怎么能举吴越之地，十万大军，去受制于人呢！我的主意拿定了。"接着，诸葛亮又向他透彻地分析了敌我形势，指出曹军不可克服的弱点，以及孙刘联军必胜的基本条件，坚定了孙权联刘抗曹的决心和信心。

这时，曹操也派人给孙权送了一封信来，说："我奉诏讨伐叛逆，大军南向，刘琮就束手投降了。现在，我带着水军八十万人，准备来和将军您一起在江东打猎了！"孙权把这封一半恐吓、一半劝诱的书信拿给文臣武将看，大家吓得张皇失措。长史张昭为首的一班人，竭力渲染曹军的强大，顿时，主张出降的议论占了上风。

孙权听不下去，走了出来。鲁肃也跟着出来。孙权知鲁肃有话要说，就握着他的手问："您想说什么？"鲁肃说："刚才那些人的话万万听不得，会耽误大事的。您想，要出降，像我这样的人是可以的，大小总还可以有个官做。可是，您若是出降了，曹操会轻易放过您么！那些人都是替自己和妻子儿女打算的，不能听他们的主意。"孙权点点头，深以为是。

孙吴的大将周瑜当时正在鄱阳湖训练水师，孙权接受鲁肃的建议把他召回柴桑，共议军机大事。周瑜坚决主战，并分析形势说："曹军诈称八十万，其实不过二十几万，其中还有七八万是荆州降兵，这些人是慑于形势，并不心服。曹军长于陆战，我军习于水战，今天，他舍鞍马，仗舟楫，以其所短，对我所长，哪有不败的道理。请拨给我几万精兵，开赴夏口，这正是活捉曹操的好时机。"孙权听周瑜这么一说，精神为之大振，遂拔出佩刀，"咔"的一声，砍下几案的一角，传令道："今后，谁要再提出降曹操，就和这几案一样！"

孙权决计后，任命周瑜为大都督，程普做副都督，鲁肃做赞军校尉，带领三万人马，与刘备的水师会合，协同作战，共抗曹军。

这时，驻扎在赤壁江岸（在今湖北赤壁）的曹军士兵，多是北方人，乍到南方，水土不服的很多，害起病来。没有病的，许多人也不习惯水上的风浪颠簸，晕船呕吐，失去作战能力。曹军

《赤壁图》(金武元直绘)

针对这种情况，就把战船用铁索锁在一起，船上铺上木板，组成"连环船"，同陆地一样，果然平稳多了。

事物总是有两重性，有利也有弊的。周瑜的部将黄盖，见曹军组成"连环船"，就建议采取火攻的办法破敌。

几天以后，曹操接到黄盖派人送来的一封要求投降的信。曹操以为自己处在绝对优势，孙权的内部分化也是极其可能的，就信以为真，约定了受降的日期和暗号。

日期到了，对岸果然有一批船只扬帆驶来。曹操高兴地说："黄盖一来，我的大功就告成了！"哪里知道，黄盖的船上满载浇上油的枯苇干荻，外边盖着帷幕。在离曹军水营只有两里左右的地方，黄盖就下令点起火来。当时东南风刮得正紧，风助火势，火借风威，这批火船如同离弦之箭，向曹军直冲而来。仓促间，曹军的战船无法分开，顿时烈焰腾空，江对岸的石壁都被照红了。大火延及岸上军营，江上陆上连成一片火海。曹军纷纷惊慌奔命，孙刘联军乘势掩杀。曹军淹死烧死的不计其数。曹操带着些残兵败将，取小道逃窜，才没丧命。

这场战争，历史上就叫"赤壁鏖兵"。鏖兵，意为激烈的战争。它在三国史上具有决定时局的重要意义。试想，如果此战曹操胜利，孙权刘备失败了，那中国很快就统一了。但历史的发展是曲折的。赤壁大战后，曹操再无力南下；刘备却乘势夺取了荆、益二州，站稳了脚跟；孙权保住江东，并向东南发展。这样就奠定了曹操、刘备、孙权三足鼎立的政治局面。

公元220年，曹操逝世，次子曹丕迫使汉献帝让位，自己做了皇帝，改国号魏，建都洛阳。第二年，刘备自称皇帝，国号汉，历史上又叫蜀汉，也称蜀。再过八年，孙权也弃王号，称起皇帝来，国号吴，这是在公元229年四月。魏、蜀、吴三国鼎立的局面就这样确立下来了。

二十二、魏蜀吴三国的历史功业

三国的形成并非偶然，它是统一的中国遭到破坏，再重新走上统一的历史过程。曹操自赤壁鏖兵以后，再也无力南下，那是因中原的千里沃野到处是白骨和荆蒿的缘故。连年战乱，中原人民大量流徙江南、巴蜀，带去了先进的文化与技术，那里落后的经济迅速得以开发。一时，蜀锦誉满天下，吴船充斥江海，这就造成了长江流域的吴、蜀得以同黄河流域的曹魏相抗衡的物质条件。三国鼎立，相持数十年，政治的或军事的原因很多，然究其根本，还在这里。

三国的开国君主，都堪称一世的雄杰，谁也不甘心偏安一隅，都苦心经营，以谋自强，进而侵吞他国，做个大一统的帝王。其著名的将相，也是如此。从历史发展的客观结果看，三国对当时中国的社会经济以及历史的发展，各自都作出了重大的贡献。

养民屯田
——曹魏的经济政策

董卓之乱以后,黄河流域到处闹饥荒。东汉献帝逃回洛阳,住在荆棘丛生的瓦砾堆中,搭个小棚子,还美其名曰"扬安殿"。

曹操迎接汉献帝,自许昌到洛阳,走到新郑军队就没粮食吃了。他把县令杨沛找来,请他接济点军粮。杨沛说:"不瞒将军说,这几年兵荒马乱,人民逃散,土地都荒了,今年又遇上旱灾,哪里去弄粮食呢?我们也好久没有粮食,只吃些桑葚充饥。"曹操问:"桑葚也能充饥?"杨沛答道:"这一带野桑树很多,老百姓就把野桑葚收下来晾干,充作粮食,不致饿死。田赋征不到粮食,只好征些桑葚干来贮在库内。将军如果需要,我可以送些来。"当天晚上,曹操同他的士兵就吃的桑葚干。

桑葚干如能充分供应也还算不错的。有些军阀的士兵饿得只好去挖虫蛹充饥,有的干脆散伙了事。手持戈矛的军队尚且如此饥荒,遑论百姓?其严重局面就可想而知了。

这时,东阿县令枣祗向曹操提出建议,要制敌取胜,必须养兵屯田。曹操采纳了这个意见,开始在许昌一带屯驻军队,开垦荒地,进行耕作。头一年就得谷百万斛,大约六万吨左右。这对解决军粮问题起了很大作用。这叫军屯。后来,又组织流亡的饥民百姓,按军队进行编制,给以土地、农具、种子,助其耕垦,称为民屯。政府为支持屯田,实行盐铁专卖,把得来的钱买耕牛、农具,扩大屯田。屯田的分配办法是官民各半,如用官牛的,官六民四。这项经济政策的实施,对安定流民,筹集军粮,恢复社会经济,都起了良好的作用,使黄河流域惨遭破坏的经济又渐渐复苏了。

曹操重视政府的屯田,对百姓的农业生产也极为关注。他曾下令保护农民的庄稼,不准军队践踏禾苗,如有违犯,就要依据军法判罪。有次曹操带兵出征,行进间,麦田里突然飞出一只斑鸠,扑刺刺从曹操马头上掠过。战马受惊,嘶叫着窜入了麦田。惊马被勒住时,一片麦苗已被踩坏了。曹操赶紧下马,请求主管法令文书的主簿对自己战马践踏百姓麦苗一事,依法议罪。主簿说:"您的战马突然受惊,闯入麦田,出于意外,不是存心犯法;您又是一军主帅,根据古代的规矩,刑罚也不应施加于您的。"曹操沉思了一会儿,说:"我自己制定的法令,自己怎能不遵守呢?既然主簿不便议罪,我就自己来执行吧!"说着摘下冠巾,拔出佩剑,割下一大绺头发,掷在地上,说:"姑且以割发代替砍头吧!"曹操的做法,用今人的眼光去看,也许意思不大。其实,在古代割发也是一种很重的刑罚。曹操以发代首的事马上在全军传开了,上下无不悚然。

这虽是个小小的故事,可以看出当时曹操是十分重视农业生产的。养民屯田,这是曹操得以统一中原以及北方的基本战略措施之一。他死了,儿子曹丕继续奉行这一经济政策。曹丕做了六年皇帝死了,他儿子曹睿也继续推行养民屯田的制度。这时,在淮河南北的军屯就有五万人。又据说从寿春(今安徽寿县)到京都洛阳,逶迤几近两千里,沿途所见,"农官田兵,鸡犬之声,阡陌相属"。屯田的发展,促进了农田水利的开发。重大水利工程遍及北方各省,有些设施,可以灌溉四五百里,千顷万顷的土地。收获的谷物也成倍成倍地增长。

处在黄河流域的中原经济在曹魏时期恢复和发展起来,又渐渐回升到全国重心的地位。这就为后来以中原的政权为主体统一全国奠定了基础。

南 征 北 伐
——蜀汉的政治得失

在中原烽火连绵的岁月,巴蜀偏安,经济未遭受严重破坏。刘备夺得巴蜀,做了皇帝,不到三年就死去了。他儿子刘禅继位,时年十七岁,是个昏庸无能的人。故古语有云"扶不起的阿斗"。阿斗是刘禅的小名。阿斗虽然平庸,却有出色的政治家诸葛亮辅佐。那时,蜀的政治清明,经济发展,治理得井井有条。都江堰本是秦时筑起的水利工程,到蜀时又得到大力维修和发展,至今还是有名的,故巴蜀自古有天府之国的美誉。蜀锦的发展前已提到，其他也就不言而喻了。

诸葛亮是位深谋远虑的战略家，早在隆中对策时，他就提出联吴抗曹的方针，在赤壁之战中取得了重大的胜利。尔后，曾因荆州问题，吴蜀联盟一度遭到破坏。刘备去世以后，诸葛亮又派人出使江东，恢复两国联盟，形成对曹魏左右夹击的钳形之势。诸葛亮想在东吴的配合下，出师北伐，完成统一大业。然而，这时蜀国的后方南中地区发生了少数民族上层贵族发动的武装叛乱，这给北伐增添了后顾之忧。

诸葛亮决计先安定南中而后北伐。

南中泛指大渡河以南云贵等地，这里历来是多民族聚居的地方。那时有叟、僚、濮等各族人民，即今彝族、壮族、傣族、德昂族等的祖先。他们与汉族人民一起，世世代代为开发祖国大西南地区作出了贡献。这种叛乱，破坏着各民族的和睦相处与国家的统一。然而，怎么才能平定这次叛乱呢？怎样做到平叛以后收到长期安定的效果呢？出师之前，诸葛亮反复考虑这次南征的方针大计。

公元225年春，诸葛亮出师南征。参军马谡亲自送出数十里。马谡字幼常，做过县令、太守，很有才气，又是位健谈的军事评论家。诸葛亮很器重他，临行向他问计。马谡精辟地分析了当时的形势，以及历史的教训，提出这次南征应取"攻心为上，攻城为下"的方针。诸葛亮点头赞许，采纳了他的意见。

诸葛亮进军南中，军队还在路上，叛军原来的主帅雍闿被杀死，益州豪强首领孟获被推举为统帅。孟获叫人到处散布不满，说官家要他们进贡许多根本没有或难以办到的东西，还说官家非要不可。这就把民族对立情绪煽动起来了。诸葛亮亲率大军渡过泸水（即今雅砻江下游以及其与金沙江会合后的一段），追击孟获军。孟获在南中一带各族人民中颇有些声望和影响，因此，诸葛亮想争取他归顺，下令不准杀害他，一定要捉活的。

孟获退往山区，想凭借有利地势抵抗。蜀军不避艰险，追击进山。孟获以为战机有利，起兵迎战。蜀将战不多久，掉转马头退去。孟获以为蜀将怯懦，紧追不放。他哪里想到这是诱兵之计，结果中了埋伏，被活捉了。

诸葛亮捉到孟获非但不加刑罚，反以优礼相待，并请他观看蜀军阵容。蜀军阵营整肃，军纪严明，士气旺盛。孟获看了，心中暗暗佩服，可他并不服气，说："我不是被打败的，是中了埋伏才被捉的。以往不知虚实，看了你们的队伍，才知道也不过如此，真要硬打硬拼，我们是准能取胜的。"诸葛亮笑着说："既然这样，那也好，就请将军回去整顿人马，准备好了以后，再打一仗。"

果然，孟获整顿好人马又来了。可是，一战再战，先后一共打了七次，被活捉了七次。最后，诸葛亮还要放他回去，孟获却不走了。他按照民族习惯,袒露出半个臂膀,跪在地下,恳诚地说:"南人虽不知礼义,但也知道羞耻,七擒七纵,这是自古以来也没有的事,丞相天威,南人再也不反叛了!"

南中安定了,仍选用孟获等当地民族首领充任官吏,进行管理。孟获后来升迁到蜀汉中央任职,做御史中丞,是负责监察朝廷官吏的长官,职权很大。

南中安定后,重新划分了行政区域,进行了政治改革。在当地推广内地已普遍采用的铁犁牛耕等先进农业技术,派匠人教给当地人织锦的方法,传播各种手工业技术,并修筑道路,以利文化交流。一千几百年过去了,西南地区的卡佤族人民中今天还流传着诸葛亮老爹如何教他们的祖先盖房屋、编竹箩的动人故事。云南保山县城以南十里的地方,还有三个能灌溉几千亩农田的堤堰,名"诸葛堰"。相传就是诸葛亮下令修筑的。诸葛亮的名字和故事在西南各民族中世代流传着,纪念着他对民族团结作出的历史贡献。

南征成功两年后,北伐就开始了。从公元228年到234年的七年间,六次出兵,故有"六出祁山"之说。祁山,即今甘肃省礼县东的祁山堡。那里,自汉以来,山上筑有城堡,为兵家必争之地。不过相传六出祁山,实际在五次北伐中只有两次取道祁山,而还有一次出兵是防魏兵的进犯。在这多次战争中,诸葛亮运筹帷幄,神机妙算,往往在千钧一发之际,化险为夷,留下许多动人而有趣的故事。如那位曾为南征提出了战略方针的马谡,在第一次北伐时被任为先锋。但他违背诸葛亮的军令,失守咽喉要地街亭,给全军造成战略被动。因而诸葛亮忍痛杀了他,以正军法。这故事名叫"挥泪斩马谡"。再如"死诸葛吓走活司马",造木牛流马等。还有些是经说书人或演义家加工编造而并非史实的,如"空城计"等。这些都真实地或本质地表现了这位政治家兼军事家的智慧和才能。

然而,仔细考究起来,诸葛亮的南征是得计的,而北伐在战略上却是失算的,应该说是聪明人做出的违反客观实际可能的糊涂事。诸葛亮在"王业不偏安"的总的思想指导下,担心在当时的形势下,屯兵相持,天长日久,曹魏会坐大难除。因而,不度时宜,不自量力,不惜千里运粮,连年劳师远征。曹魏采取战略防御方针,以逸待劳,拒险固守。这样,蜀军往往因粮草不济,不能以战养战,屡屡挫败,因而弄得蜀国疲惫不堪。

在最后一次北伐中,诸葛亮死于五丈原(在今陕西眉县),时年五十四岁,葬于定军山(在今陕西勉县)。

诸葛亮死了,但他那不符合实际的战略方针未变,继任者姜维,也是个"心存汉室"、主张王业不偏安的将领,他更不看客观条件是否成熟,有无可能,竟连年出兵北伐,故有"九伐中原"之说。长期而频繁的战争,动师扰民,严重损耗国力,把疲惫的蜀国终于弄到了崩溃的境地。当时,吴国一使臣出使蜀国后回去报告说,所到之处,"民皆菜色"。魏国得到的报告也说,蜀军"士皆饥色"。又据史书记载,蜀汉灭亡时,有户二十八万,人口九十四万,而却养了四万官吏,十万二千士兵。平均七户养一官吏,九人负担一个士兵。这样的穷兵黩武,怎能不兵败国亡呢?

历史证明,要想统一全国,必须有坚厚的社会经济基础为其后盾。当时,蜀国的经济虽有很大发展,但其实力仍不足以统一全国。曹魏、东吴也是这样。在历史的客观条件尚不成熟的时候,曹氏父子未能做到的,孙权君臣不能做到的,诸葛亮也不可能做到。他尽管鞠躬尽瘁,终究劳而无功,谋而不成。其实,历史已反复证明任何英雄大略的人物,包括具有诸葛亮一样聪明才智的人,如果试图干那种超越现实客观条件的事情,都只能以失败为其归宿了。

公元263年,魏军入蜀,蜀主刘禅举国投降。他被掳送到魏都洛阳,封为安乐公。一次,操纵曹魏政权的晋王司马昭宴请刘禅,特意安排演出了蜀国的音乐和舞蹈。左右人听了都为他默然落泪,可刘禅却听得高兴而快活。后来晋王问他:"你不想念蜀国吗?"刘禅不假思索地答道:"这儿生活得挺好,我干嘛要想念蜀地呢?"这位做了四十年皇帝的昏庸君主给后世留下一句成语,叫"乐不思蜀"。意思是,只图眼前的安逸和快乐,忘了根本。

拓 土 扬 帆
——吴国开发东南之功

蜀、魏在陕甘争锋之际，两国都无暇东顾。这时，孙权凭江而望，虽时机大好，却因兵源短缺，战马不足，无力去驰骋中原。他欲自立，只有着意于开发东南地带，先稳住国基，尔后再图发展了。

孙权据有的江东，即今之江苏、浙江一带，原是春秋后期吴、越借以建立霸业的地方。西汉初期，吴王刘濞也曾雄踞此地，开山铸钱，煮海为盐，富极一时。江东虽历来富庶，却局促于东南沿海地带，而长江中下游以南广阔地带的农业，仍处在"火耕水耨"的落后状态。这里的大多山区居住着山越族，他们仍处在原始社会末期以及奴隶制初始的历史阶段。孙权乘西线无事，北境暂安，连续用兵围剿山越族人民，强迫他们出山定居，充作生产奴隶或纳税居民，择其青壮男子补充兵源。据记载，吴军中的山越人多达十万。孙权给山越人带来的苦难是惨重的，但也正是从这时起，山越族才渐渐摆脱了落后的闭塞状态，接受了先进的耕作技术和封建文化。牛耕普遍推广，经济蒸蒸日上，民族融合的进程加快了。

东南的开发，为东吴的长期立国奠定了雄厚的物质基础。

东吴的手工业随着农业的急速发展而突飞猛进，陶瓷是比较著名的,而更值得称道的是造船业。当时建造的舰船,长二十余丈,高出水面两三丈,上下五层,可乘五六百人,载重千吨,雕镂彩绘,精巧绝伦,远望犹如楼阁。大者,可载三千余人。如此发达的造船业,为开发沿海地带以及国际交往创造了便利的条件。当时,吴国的远洋船队已驶往扶南(今柬埔寨)、林邑(今越南南方),以及北方的辽东等地。江水口岸停泊着来自波斯(今伊朗)、天竺以及南洋各国的船只。大秦(罗马帝国)的商人也辗转来到吴都建业(今江苏南京)。显然,当时吴国海运频繁,同国内外的交往、贸易都相当兴盛了。

吴人在海上行船,有遭遇风暴飘流到夷洲(今台湾省)和亶洲去的。浙江会稽地方也有夷人来往交易。民间的频繁交往,引起吴主孙权的注意。公元230年,他派出万人船队,由将军卫温和诸葛直率领出海去寻访夷洲和亶洲。船队在海上航行多日,没有找到亶洲,却到达了夷洲,并有数千夷洲人随船来到大陆。

夷洲,为隋代以前的名称,隋时改称流求,到明代万历后始称台湾。夷人系今日高山族的祖先。高山族是后来多移居高山峻岭深山老林而得名的,其先人原并不限于高山居处。那时,夷人仍处在原始的部落阶段,故有夷人"各自为王","分画土地人民"的记载。夷人经营农业,种植五谷,当地富有铜铁矿藏,却不知冶炼,只用鹿角作戈矛,用石头制箭镞和工具。当地风俗喜吃生鱼肉,家家都会作虾酱。住室低于地面,周边种植荆条作围墙。妇女善编织,织物上面缀珍珠,穿起来光灿夺目。男女都剃去头发,女人不穿耳孔,男人却要穿耳孔戴耳饰。夷人习俗,平时各谋营生,遇有急难,首领则用大杵撞击放在院中的一大空木,声如大鼓,可以传出四五里远。夷人们听到鼓声无不迅速拿着弓矢戈矛赶去集合……

这些是三国时人以及更早以前人们著录的见闻,记在一千多年甚至两千多年前的古书中。从这些具体翔实的描绘,可以知道,很早以前台湾岛上的高山族先人同大陆上的居民就有着经常的往还了。据记载,夷人对从吴地取得的铁器十分珍贵。后来,隋炀帝时,曾多次派使者和军队泛海到达台湾。到南宋时,朝廷又开始在岛上设置行政机构进行管辖,最初隶属于福建省的晋江县。

古籍上曾记载有个名为"凿齿"的夷人部落,极为强悍。中国古人类学家对江淮等地新石器时代的大批人类遗骨研究,发现了一个令人注目的古老民俗,即在成丁之年,要把左右侧门齿拔除。这大概就是古老的"凿齿"部落的人类遗骨。这种习俗在大陆上早已不复存在了,可据民俗学家考证,不久以前在高山族中还颇为流行。高山族同中国古代东方夷人是否有着血缘关系呢?这是专家们正在致力探索的一个颇有兴味的课题。

亶洲,据有些研究者认为,当为今日的日本列岛。古代日本人除称中国人为秦人、汉人以外,更多的场合和更长的时间则称中国为吴国,称中国人为吴人,称中国话为吴音,称中国人在日本的留居地为吴原。由中国传去的许多物品名称,往往都加以"吴"字,如吴床、吴织等。虽说史书上记载,吴国寻访亶洲的船队未找到亶洲,但以当时吴国航海业之发达,吴人与日本列岛上先民的交往恐怕未必不可能。

孙氏的吴国历时五十八年,最后被司马氏的西晋灭亡了,那时江面上留下的吴国大小舰船还有五千余艘。

魏、蜀、吴三国在历史上历经半个多世纪,各自都曾建树了历史性的功业,促进了各民族间的经济文化交流,最后导致国家的重新统一。公元260年以后,曹魏政权已名存实亡,灭蜀后的第三年,公元265年,曹魏的傀儡皇帝就被迫"禅位"了。司马氏代魏建立起晋朝。公元280年,晋灭掉东吴。中国近一个世纪的分裂局面,暂时结束了。

二十三、西晋王朝的短暂统一

三国时,蜀汉与东吴借助两国联盟,东西呼应,与雄踞中原的曹魏抗衡半个世纪。后来,昏庸的蜀主刘禅向曹魏投降了,做了个"乐不思蜀"的亡国之君。这样,偏居东南一隅的吴国就势单力孤,岌岌可危了。

正当蜀亡吴危之际,魏都洛阳演出了又一场所谓"禅让"的历史剧,曹氏政权易手于司马氏了。

这出历史剧的演出不是偶然的,早已酝酿了二十余年。若追根溯源,还得从司马懿(179—251)说起。

"司马昭之心,路人皆知"
——西晋王朝的建立

曹操当政时,为争取世家豪族的支持,曾征聘地方名士出来做官。河内(今河南武陟)人司马懿出身名门士族,青少年时就颇有些名气。曹操虽请他出来,但未加以重用。到曹丕即位,他成了朝廷重臣。丕死，他与大将军曹真两人受命辅佐魏明帝曹睿。这时，他曾统帅劲师，北定辽东，西拒巴蜀。在战争中，他逐渐掌握了军事大权。明帝死，他又同已故大将军曹真的儿子曹爽共同受诏，辅佐八岁的小皇帝曹芳。这样，就形成了曹氏与司马氏两派政治势力。

曹爽年轻，起初他对老臣司马懿是很敬畏的，后来，受人怂恿，想扩张自己的势力，就设谋夺了司马懿的军权，给他个位尊而无实权的太傅头衔，让他去做小皇帝的老师。

老谋深算的司马懿眼见曹爽集团的势力正炙手可热，就假装把官位让了，称病在家，暗中却布置儿子司马师抓到了统领京师禁卫军的重要兵权。

曹爽对司马懿也并不放心，就派心腹李胜去探听情况。

司马懿听说李胜要来，就同儿子司马师和司马昭说："这是曹爽派来的密探！"他将计就计，披头散发卧在床上，装作重病的样子。李胜来到床前，他故意让两名婢女扶起见他。李胜致意问候，他就故作神志不清，错乱其辞。一会儿，他用手指口，侍婢会意，端上一碗粥来。他边喝，粥就边从嘴角流出，沾满前胸。他说不上几句话，就卧在床上气喘吁吁，好像危在旦夕了。

李胜见状信以为真，回去就对曹爽说："司马公病入膏肓，形神已经离散，不久人世了。"曹爽也就以为司马懿不足为虑，去掉心腹之患，更加放肆了。这是公元248年冬的事。

转年正月，曹爽陪同皇帝曹芳去京城以南的高平皇陵祭祖，司马懿乘机以迅雷不及掩耳之势发动了政变。他调集敢死士卒三千人控制了都城洛阳，亲自屯兵洛水浮桥，控制要道，并发布诏书，声讨曹爽的罪行。

司马懿政变成功了，曹爽被迫交出兵权。不久，曹爽及其家族、党羽都被诛灭。史称"高平陵事变"。

高平陵事变后，曹魏政权实际已逐渐控制在司马氏手中。七十一岁的司马懿两年后死去，司马师、司马昭兄弟俩相继执政。朝廷内外的重臣、将领曾接二连三进行反抗，但先后都被镇压下去。公元254年，二十二岁的皇帝曹芳也被废掉，另立了十四岁的曹髦当傀儡。

司马昭做丞相执政时，专横跋扈，根本不把皇帝放在眼里，时时流露出篡权的野心。这时，民间到处流传着：这儿青龙困于井中，那儿黄龙在井中出现。

这时，小皇帝曹髦也已年近二十，不甘任人摆布，对司马昭的独断朝政极为不满。他有感于黄龙的传闻，就提笔写了一首《潜龙诗》，借以抒发心中的忧愤。诗的大意是："可怜的黄龙被困于井中，不能够去到大海中自由翻腾。泥鳅鳝鱼居然也敢来欺侮，竟在黄龙面前摇头摆尾逞能。可怜的黄龙啊，我眼前的处境与你多么相同！"

司马昭很快就知道了曹髦的诗，非常恼怒。不久，他故意逼皇帝封他做晋公,按古制给以最尊崇的礼遇。显然,这是篡夺皇位的试探。

皇帝曹髦眼见司马昭气焰日甚一日,忧愤难平。他请来尚书王经,还有两位大臣王沈和王业。曹髦愤愤地说:"列卿,司马昭之心,路人皆知,是可忍,孰不可忍?朕与其坐以待毙,何如早下手与他拼一场!"尚书王经苦劝皇帝三思而行。王沈、王业一声不吭。曹髦从怀中取出已用黄绸写好的诏书,说:"朕意已定,死亦不足畏!"

王沈、王业出来后就去向司马昭告密了。

曹髦亲自率宫中的几百名卫兵以及官奴、童仆,吵吵嚷嚷要去进攻司马昭。曹髦还未见到司马昭,正碰上皇家禁军的首领中护军贾充带兵而来。贾充是司马昭的部下,战不多时,曹髦就被贾充指使的凶手成济杀死了。这位年轻的皇帝死了,他那句"司马昭之心路人皆知"的话却流传下来,成为一句成语。人们往往用这成语去比喻某些人心怀歹意而又已暴露无遗的情景。

司马昭做贼心虚,为了收买人心,事后出来假惺惺地责备自己尽职不力。他不忍拿心腹贾充开刀,就把成济作为替罪羊,灭了三族。成济临刑前心怀不平,大骂不休。司马昭原本想借此平息舆论,结果是欲盖弥彰。这一来,他不敢贸然自称皇帝,就又立了曹操的孙子十五岁的曹奂做皇帝。

262

这是公元260年的事,曹魏政权名存实亡了。

五年后,司马昭死去。魏国的末代皇帝曹奂同东汉的末代皇帝刘协一样,也在一次隆重的朝典上被迫宣布,甘愿效法古代圣哲尧舜,把皇位让给贤臣,逊位隐去。但"禅"让的典礼一结束,他回去就抱头痛哭起来。

在禅让的朝典上,司马昭的儿子晋王司马炎也效法曹操的儿子魏王曹丕受禅时的样子,假意推让再三,最后也就接过象征皇权的玺绶,宣称国号为晋,定都洛阳,改历法,大封臣僚,建立起另一个新王朝。

十五年后,晋灭东吴。

这段历史叫三国归一晋。

晋历时一百五十六年。前五十二年都城在洛阳,史称西晋(265—316);后一百零四年都城在建康(今江苏南京),史称东晋(317—420)。故又有"两晋"之称。

石崇与王恺斗富
——西晋王朝的腐朽

西晋王朝建立了,人民渴望着新的统一能带来新的社会繁荣与生活的和平安定。谁曾料到,这个王朝是依靠世家豪族的支持,通过宫廷政变建立起来的,所以,它一开始宣布的政令就是维护世家豪族的特权，给予人民的是灾难与重赋。它代表着一个正在腐朽糜烂着的统治阶级。

开国皇帝晋武帝司马炎就是这个阶级的总代表，他是个穷奢极欲的人。当时，全国总人口大约一千六百万，而他在后宫中养的后妃宫女就有近一万名。佳丽美人多得使他眼花缭乱，无所适从，他就每天乘着羊拉的辇车，任那畜生信步走去，拉到哪里，就在哪里宴饮和寝宿。争宠的后妃就把新鲜的竹叶放在自己的门前，沿途洒上盐水，想方设法企望着拉车驯羊的光顾。即使这样，皇帝仍不满足，下令在全国选妃，官吏借机敲诈，直弄得到处鸡犬不宁。

皇帝尚淫奢，臣僚争相效尤，奢靡之风日甚，整个统治阶级沉浸在金迷纸醉的生活中。

丞相何曾"日食万钱"，他还抱怨在那满桌珍馐中"没有可以下筷子的地方"。他儿子何劭，"一日之供，以钱两万"，每餐都要穷尽四方的奇珍异味。何氏父子的奢侈是有名的，可是晋武帝的女婿王济则更胜一筹。

一次，晋武帝幸驾王济府上，他家身穿绫罗锦绣的上百名婢女手托罕见的琉璃盘盏，穿梭般地送上一道又一道的山珍海味。盛宴间，有一蒸独，即整个儿蒸的小猪。晋武帝一吃，格外鲜美，不同常味。他奇怪地问这独怎么别有风味，才知道小猪是用人乳喂养的。

王济的奢侈令人惊异，但还比不上石崇和王恺。

石崇和王恺斗富的故事是人所共知的，堪称西晋世家豪族腐朽风貌的缩影。

故事是这样的：

王恺为显示豪富，以麦糖洗锅；石崇为与之匹敌，就用蜡烛当柴烧饭。王恺为压倒石崇，用紫色丝布做了四十里长的步障；石崇自不示弱，就用比丝布更为贵重的织锦做了五十里长的步障。石崇以香椒为泥，涂于室壁；王恺则用赤石脂泥墙。如此这般，不一而足。

石、王斗富，风闻京都，人多以为王不如石。皇帝知道了，为助舅舅王恺胜过石崇，特赐他一株二尺多高的珊瑚树，枝条多姿，世所罕见。王恺得意地拿出向石崇炫耀。石崇不屑一顾，随手拿起铁如意，一下把那奇宝打得粉碎。王恺十分惋惜，正欲发作，只听石崇从容地说："不用可惜，我赔还就是了。"石崇让奴婢把自家中收藏的珊瑚全搬了来，三四尺高的就有六七株，光彩耀目，株株绝俗。石崇请王恺任意挑选。王恺目瞪口呆，恍然若失，自愧不如，只好服输。

这些豪门何以如此富有呢？因其世代都是大官僚和大地主，长期搜刮民脂民膏。世家豪族萌生于东汉，形成于魏晋，是地主阶级中门望高贵、世代相承的特殊阶层。他们在政治上，累世做大官，门第高人一等；在经济上，占有大量土地和劳动人手(佃客,类似农奴),并享有免纳赋役的特权;在军事上,他们豢养了大批部曲(家兵),在地方上称王称霸。而且,这些世家中都蓄养"苍头"、"家僮",亦称"奴婢",其地位相当于奴隶或半奴隶。石崇家就蓄养"苍头八百余人"。不难理解,这些豪门的崇楼峻阁,是以农民的血汗作泥浆,以奴隶的白骨作砖石累砌起来的。石崇做荆州刺史时,公然劫掠远使客商,以致暴富。所以,这个特殊阶层,不仅仅是世代的大官僚地主,竟可直呼为奴隶主加强盗呢!

有这样的事:

王恺一次宴客,命伎女吹笛助兴。乐伎演奏时丢忘了一节,被王恺听出,立即拉出去打死了。

石崇请客喝酒,让美女劝饮。客人如不尽饮,就杀劝酒的美女。一次,有个客人执拗不喝,美女竟接连被杀死三人。

早在西汉末年,权臣王莽的儿子打死一名奴婢,还抵偿了性命。东汉初年,朝廷就曾六次下令解放奴婢。并明令保护奴婢的人身权利,杀伤奴婢的要处以刑罚。可是,西晋王朝的世家豪族却视奴婢的性命如草芥,恣意杀害,不受制裁。这种现象不是偶然的,它反映着这个历史时期阶级关系的特点。难怪有些历史学家认为魏晋南北朝时期的社会性质仍属于奴隶制阶段。虽然,我们不能把当时社会阶级关系中仍存在的奴隶制残余视作主流,以致颠倒了主次,错判了社会的性质。但是,也不能不看到当时阶级关系中的这一特点。它反映着这个时期的历史性的倒退，也深刻地揭示着这时统治阶级的腐朽性。

西晋世家豪族的腐朽，不但表现在王公大臣物质生活的挥霍奢侈上，也鲜明地表现在那群纨袴子弟的精神空虚上。西晋行九品中正法，根据士人的品第来选官。而品第主要是依据门望来划分的，负责"计资定品"的大小中正官，又都由世家豪族把持。这样，朝中职闲位尊的高官，世代相袭，由豪门子弟垄断，他们不用读书努力，便可平流进取，坐至卿相。于是，王孙公子们，手执拂尘，游手好闲，过着醉生梦死的生活。

在这腐朽了的公子哥儿们中，最典型的莫过于晋武帝的儿子司马衷了。他在宫闱中长大，不懂世事。当他听说天下饥荒，百姓饿死之时，竟奇怪地问："那他们为什么不去喝肉粥呢！"

从这一群脑满肠肥，精神空虚，形同行尸走肉的豪门子弟的身上，就可以清楚地预见到统治阶级的末日即将到来了。

"八王之乱"
——西晋王朝的内讧

司马衷这个皇储是个十足的白痴，可却是西晋皇权的象征，世家豪族政权的继承人，因而，也成为权势者们吹捧与争夺的对象，斗争的焦点。

早在司马衷做太子时,争斗就开始了。

权臣贾充,即指使凶手杀死魏帝曹髦的那个人,想方设法把自己的女儿贾南风嫁给了司马衷。贾南风是个风流泼辣、阴险奸诈的女人,甘心嫁给这个白痴,就因他象征着未来的皇权。

朝臣们大都心怀忧虑,担心朝廷无主。

晋武帝也知儿子痴呆,担心他坏了朝政保不住江山。

太康(280—289)初,晋武帝在陵云台举行宴会,群臣酒兴正浓。年过六旬老成持重的少府卫瓘,似醉非醉,脸红手颤,突然扑跪在晋武帝坐的御床前,说:"臣有话说。"晋武帝静听,他却欲言又止。他默然再三,终以手摸着御床说:"这座位可惜呀!"武帝会意,却佯装糊涂说:"卿真喝醉了啊!"从此,这位忧国的老臣始终默然。

陵云台宴会以后,晋武帝也忧心忡忡,想试试太子的智力。于是,在东宫召开宴会,请来大、小官属参加,让与会人提出些问题,密封起来,送给太子,等候他作出回答。

一堆密封试卷送来,太子不知所云,贾南风也着了慌。她已从贾充那里得知皇帝与大臣们有废立的争议,便急中生智,收买了传递试卷的官吏,请代为作答。答卷由太子抄过。皇帝看了答案还颇为满意,并给少府卫瓘去看,这老臣也大吃一惊。

从此,白痴的皇储地位保住了。

公元290年,晋武帝驾崩,太子登极,是为晋惠帝。这位呆头呆脑的皇帝，自然无法执掌朝政。皇太后的父亲杨骏辅政，独揽大权。

皇后贾南风是中国历史上有数的几个醉心于皇权的女人之一。她眼见已到手的权力竟被皇帝的母党夺去，怎能甘心呢！这位心狠手辣的女人决心夺回权力。

公元291年三月，贾南风与年轻的楚王司马玮（司马炎的第五子）合谋，杀死了专权的太傅杨骏，诛其亲族、党羽数千人，又迫使皇帝下诏把皇太后废为平民，进而逼这位太后在洛阳城外的宫城金墉城绝食而死。西晋王朝的内讧就由此肇端了。

贾南风的阴谋进行得很顺利，但朝廷推举出的新的辅政大臣是汝南王司马亮（司马懿的第四子）和老臣卫瓘。这两位重臣都富有从政经验，贾南风仍不得专权，深以为恨。

两个月以后，司马玮接到一纸诏书，命他杀死汝南王亮和卫瓘。他忠实地执行了诏命，但他刚回来就被捕入狱了。诏书上列的罪名是擅杀大臣，图谋不轨。原来，这两道诏令都来自后宫。二十一岁的楚王玮临死前才知道自己被利用了。

贾南风一箭双雕，去掉了自己的心腹之患，组成了自己的班底，把持了政权。这班底中主要是皇帝的妻党贾氏家族中的人，同时，也起用了几位富有政治才干的大臣，帮她维持了七八年的统治。史称这期间"虽暗主在上，而朝野安静"。

然而，贾南风的心中却不安静。她自己没生儿子，生怕惠帝仅有的儿子太子遹一旦登极，也像她过去对待杨太后那样对待她自己，因此，总是如坐针毡。她忽然灵机一动，假装临产，从妹妹那里抱来个男孩冒充自己的亲生儿，接着就找个口实把太子废为平民，幽禁在金墉城。这时，她听到个风声，说太子将如何如何。这个毒辣的女人迅速设计把太子杀害，斩草除根了。她派人杀害了太子，却又装出一副悲痛不已的样子，请求皇帝不要以平民的身份而要以王礼送葬太子。贾南风正在庆幸得手，可是，心怀不满的司马氏王公大臣们早已把这一切看在眼里了。

公元300年四月，在太子被害后的第十天，贾南风的执政班底统统被禁卫军抓起来杀掉了。贾南风还被蒙在鼓里，一位大臣拿着一纸诏书前来，宣布废她为平民。又过了五天，也在那座金墉城里，在使者的逼迫下，贾南风绝望地把一杯金屑酒喝下去自尽了。

这件事是掌握京都禁卫军的赵王司马伦（司马懿的第九子）干的。赵王伦本是个权欲大于才干的人。他听了一位善搞权诈的人的主意，先放出风去挑动贾南风害死太子，再以杀害皇储的罪名收拾贾南风。他干得得心应手，一如盘算。半年以后，他满以为大权在握，就踢开那个白痴，自己做起皇帝来。这一来，却引起各地手握重兵的诸侯王的不满，一场战乱爆发了。

先后参与这场战乱的有齐王司马冏（司马师继子司马攸的儿子）、长沙王司马乂（司马炎第六子）、成都王司马颖（司马炎第十六子)、河间王司马颙(司马懿从孙)、东海王司马越(司马懿从孙)。他们像走马灯似地一个个登上舞台,大打出手,接着就又倒了下去。那个白痴皇帝就像篮球场上的球一样,被抛来拖去,最后落到东海王司马越手中。不久,吃了块麦饼中毒死去,时在公元306年。这场混战就从此告终。

这场内讧为期十六年,史称"八王(亮、玮、伦、冏、乂、颖、颙、越)之乱"。

衔璧出降
——西晋王朝的灭亡

先哲老子曾说过:"师之所处,荆棘生焉。大军之后,必有凶年。"八王之乱的社会后果正是这样。

在长期战乱中,几十万良家子弟死于血泊之中,成百万家的屋宇倾圮,田园荒芜。同时,各种可怕的天灾接踵而来。

公元302年大水,黄河下游以及淮河流域的大部分地带均成泽国。

公元309年大旱,长江、黄河和汉水、洛水全枯竭了,行人提鞋可过。

公元310年飞蝗蔽天,秦岭南北以及黄河的中、下游地带,禾稼林木都被吃得精光。据说连牛马身上的毛也被吃光了。

……

连年的战乱与天灾,造成了可怕的饥荒。在诸侯王的军队中出现了"人相食"的严重情况。连洛阳城中的皇家宫殿里也横七竖八地躺着死人,无人掩埋。朝廷各府台中空空如也,官吏十之八九都去流亡了。据统计,这期间先后从黄河中、下游去长江中游地带就食的,总计至少有上百万人,大约占全国总人口的十二分之一。

这时,长安、洛阳两京所在的关中、豫西一带,大片河山无主,遍地荆蒿。原住在北部、西部的匈奴、鲜卑、羯、氐、羌(史称"五胡")等各族人民,逐渐南移或东迁,或进行放牧,或进行垦殖……。

皇家与官府对离乡背井处于水深火热之中的各地流民,非但不去救援,反而强迫他们扶老携幼限期返回原籍,时日不假宽贷。甚至处处设卡,进行刁难、掠夺与杀害。这样,官逼民反,流民起义接二连三地发生,各地义旗林立,阶级矛盾激化了。同时,民族矛盾也尖锐起来。这种形势为汉族的世家豪族与少数民族中的上层分子所利用,纷纷兴国建号,聚众称王。统一的河山,又被分割得支离破碎。

西晋王朝面临的最大威胁是匈奴人在平阳(今山西临汾西北)建立的汉国。京都洛阳先被其攻陷,西晋的军队主力以及宗室四十八王被消灭了,继惠帝之后的怀帝司马炽(司马炎的第二十五子)也被俘虏了去。

公元313年四月,在怀帝死后,秦王司马邺(司马炎的孙子)在长安被拥立为皇帝,是为愍帝。大厦将崩,独木难支。君臣苦苦支撑四年,最后也失败了。那时,长安城中的全部居民不够一百户,公私的车辆,总共四乘。国库太仓中空无一粟,仅有的几十块麹饼,也早给皇帝作为"御膳"用完。当匈奴人汉国的大军压境的时候,愍帝只好袒露着胸臂,牵着一只羔羊,拉着棺木,口衔玉璧,出城投降了。

愍帝降后,被虏至平阳,匈奴人的君主刘聪让他穿起奴才的青衣在宴会上行酒洗爵;打猎时又让他像猎犬一样,在前边驰驱,追捕猎物。他遭受到了胜利者的尽情奚落和侮辱,最后还是被杀害了,死时才十八岁。

愍帝的个人遭遇令人同情,但他所从属的那个腐朽的统治阶级却是毫不值得怜悯。这不正是罪有应得的历史惩罚吗?古哲有言:"多行不义必自毙。"腐朽者的失败,也就是历史创造者的胜利。

二十四、东晋王朝与十六国的纷争

"王与马,共天下"
——南北世家扶持的东晋王朝

公元316年,晋愍帝衔璧出降,第二年,在受尽奚落和侮辱之后,被杀害。第三年,这消息传到建邺,镇守江南的晋王司马睿悲痛不已,为之举哀建陵,并派使者北上搬取棺椁。旋即,司马睿称帝,定都建康。愍帝名邺,为避讳,改建邺为建康。司马睿即晋元帝。建康较洛阳地理位置偏东,故史称司马睿重建的晋朝为东晋。

司马睿是司马懿的曾孙,十五岁时袭父爵为琅邪王。父祖都不曾建树功业,又是远支,故在皇室中的地位并不显要。八王之乱时,北方政局日益恶化。战乱的最后胜利者司马越为应变计,指令司马睿由下邳移镇建邺,以备逆境时有个退身之处。司马睿初到建邺时,南方的世家豪族并没把他放在眼里,并骂随同他一起南迁而来的北方人是"伧夫",意即粗鄙的人。司马睿到后一个多月，当地官民中的头面人物没有一个去拜见他。

每年三月初三是江南人民传统的节日。这一天男女老幼都要到水滨河畔去祭祀，祈福祛灾，熙熙攘攘，甚为热闹，称之为"禊节"。公元307年禊节这一天，司马睿也乘坐着华丽的轿子出来了，盛仪赫赫，引人注目。尤其令人惊讶的是簇拥在轿后的那支队伍，以世家名士王导、王敦为首，北方南渡的名流世家全都聚会来了。江南世家豪族看到这种局面极为震动，对这个不显要的皇族不能不刮目相看了。据说，南方世家中的头面人物顾荣、纪瞻等人见此情景，当即就在路旁拜见。

随即，司马睿又让王导出面回访顾荣等人，并延聘他们出来做官。南方世家一一顺从地出山从政。这样，司马睿就取得了南北世家的共同支持，才在建邺站稳了脚。

这次强龙威慑地头蛇的禊节出游，原来是王导谋划的。王导从此成为司马睿的辅佐，他的从兄王敦掌握着军事大权。经过十几年的经营，司马睿据有了荆、扬地带，即今长江中、下游，政权比较稳固了。同时，王氏家族的势力也与日俱增，炙手可热。

东晋开国大典那天，司马睿称皇帝，百官陪列。这时，司马睿硬要拉王导共坐御床，接受百官朝贺。王导坚辞固让再三，才算作罢。这种事是史无前例的，可是也并非偶然。当时民谣说:"王与马,共天下。"马,即司马简称。

"共天下"的"共",即说明司马氏政权离不开世家豪族的支持,也说明世家豪族的政治势力足以同朝廷相抗衡。东晋开国后第六年,王敦就从荆州出兵,攻陷建康,杀戮朝臣,排斥异己。司马睿也因此忧愤成疾而死。王敦后来失败了,但王氏家族未败,王导仍任宰辅,执掌朝政。东晋皇权离不开北方世家豪族的支持。昔时,江南世家豪族周玘曾欲叛乱,也失败了。皇帝也未予追究,不了了之。因为,东晋皇权也不敢触动作为朝廷两大支柱之一的江南世家。

东晋一百余年间,继王氏家族辅政的先后有庾氏、谢氏、桓氏家族。王氏之后,虽再无"共天下"之名,却有"共天下"之实。皇帝仅仅是个傀儡而已。最后,东晋王朝的末代皇帝也同汉、魏的末代皇帝一样,被权臣取而代之了。

石赵和冉魏
——民族仇杀的一例

公元四世纪初西晋崩溃时,在中国北方和西部的匈奴、鲜卑、羯、氐、羌等族(史称"五胡",加上巴蜀的賨人,又称"六夷")先后崛起,争鼎中原,在长江上游和黄河流域建立了十六个割据政权,史称五胡十六国。

最早建立的是匈奴人的汉国。开国皇帝刘渊,是五百年前冒顿单于的后裔。借口汉高祖刘邦曾与冒顿单于和亲,并相约为兄弟,因而改姓刘。刘渊的汉国,不祀匈奴的单于,而祭祀汉朝有功业的皇帝,以及蜀汉的刘备。刘渊的儿子刘聪在位时,灭掉了西晋。刘聪死后,汉国发生内讧,分裂为前赵和后赵。后赵灭掉前赵,称雄中原,定都襄国(今河北邢台),盛极一时。

后赵(319—350)是羯人石勒建立的,故史书上亦称"石赵"。羯人高鼻深目,崇奉祆(xiān 先)教,即拜火教。石勒的先人可能是古代中亚塔什干地方石国人,随匈奴人移居中原后,遂以石为姓。

石勒死后,养子石虎篡承了帝位。石虎是十六国期间一个极其残暴的君主。一次石虎攻陷青州,下令屠城。石勒任命的青州刺史提出抗议,说:"皇帝派我做刺史是治理百姓的,你都杀光,我这刺史怎么当?"这样,一州之中才有七百人得以活命。石虎当了皇帝要进攻东晋,下令征兵,要应征的人五人出一辆车、两头牛,每人要准备十五斛米、十匹绢。凡办不到的,届时就要杀头。百姓倾家荡产、卖儿卖女的不可胜数,走投无路在大路两旁上吊自杀的相望不绝。石虎又大肆掠取民间妇女充后宫。宫殿不足,又征发数以万计的人营造。有一次暴风雨,筑造宫殿的役夫大量死亡。石虎的残暴统治激起了大规模起义,形势危急,自己也忧愁死去。

石虎死后,他的儿子们为争夺皇位,兄弟相残。石虎的幼子石世继位三十三天,就被哥哥石遵杀死。石遵在位八十三天,又被弟弟石鉴杀死。石鉴刚登极一百零三天,又被石虎的养孙冉闵杀死。

冉闵不是羯人,父亲是农民起义军的后代。冉闵以勇武著称,夺得帝位后,改国号魏。后赵积三十年的民族矛盾这时已激化。冉闵称帝,胡羯离心。他就下令大开邺城(今河北临漳附近)城门,并宣布:"与官同心的就住下来,不同心的愿到哪里去任其自便。"胡羯人闻讯争相出城,城门都拥塞不通了。同时,百里之内的赵人(即汉人),都自动纷纷赶往邺城来。冉闵同石虎一样,也采取了报复性的民族仇杀政策,下令:凡抓住胡羯,不分贵贱,不论男女老少,一律杀死。杀一胡人将首级送往京城来的,文职官升三级,武职都升军阶。不几天,杀死胡羯人二十余万,暴尸城外,为野狗豺狼争食。四方听到这个命令,也滥杀起来。不少人并非胡羯,只是鼻高须多,也大半被杀死。

冉闵的民族仇杀政策,非但没有巩固他的统治,反而使激化了的民族矛盾愈演愈烈。三年之后(352),冉闵就成了鲜卑人慕容氏的俘虏。慕容氏建立了前燕政权,在其灭掉冉魏以后的十几年,也被氐人建立的前秦灭亡了。

苻坚和王猛
——苻秦"天下一家"的民族政策

前秦（351—394）是氐人苻氏建立的政权，故亦称"苻秦"。

氐人在揭开历史序幕的时候，已聚居在今川、陕、甘三省接境的地域。氐人自称是槃瓠的后裔。槃瓠是南方一些民族起源神话中的犬名。氐人可能也是以犬为图腾，同南方某些少数民族有着近亲血缘关系，本非胡人。但在民族间长期的文化交流中，氐人已同当地的羌人、巴人等无多大区别，故而晋时已被目为五胡之一。

秦王苻坚（338—385），是氐人，他却没有石虎、冉闵等人那种狭隘的民族观念。他有经国大志，欲建立一个爱护百姓、团结各民族、天下一家的国家。他重用鲜卑、羌、羯以及匈奴各民族的领袖人物，也器重汉族的将领与政治家。他特别重视汉族政治家王猛，曾这样说："我得到王猛，如同刘备得到了诸葛亮。"

王猛（325—375），字景略，北海剧（今山东昌乐西）人，家境贫寒，曾以贩卖土筐为业。他贫而好学，通今博古，尤嗜兵书，具有政治家与军事家的才能。东晋军队北伐到关中时，王猛曾拜访过晋军统帅，他一边摸着虱子，一边同晋军统帅谈论天下大事，旁若无人，侃侃而谈。晋军统帅请他到东晋做官，他没有去。不久，他就成为苻坚的谋主。

王猛辅政，一开始就针对时弊，采取了抑制氐族豪强、缓和民族关系的政策。氐人的贵族国戚,横行不法,从来没有人敢去过问。王猛当政后,在几十天内,就杀了二十多个,并陈尸于市。这一下,"朝廷震栗,奸猾屏气"。秦王苻坚也赞许说:"我今天才知道,国家有了法制,天子才有尊严!"王猛接着又整顿朝政,改革军队,提倡教化,兴修水利,劝课农桑……。经过治理,前秦国富兵强,百姓丰乐,社会安定。那时,自长安到各州的大路两旁,都种着一行行的杨树、柳树和槐树,枝叶繁茂,每二十里有一茶店,每四十里设一驿站,旅行者沿路可以取得供给,贸易车辆安然往来。这种和平安乐的"小康"景象,出现在那杀人盈野,风云变幻的十六国时期,实在是难能可贵的。

秦王苻坚的天下一家的政治思想与王猛的才干,共同赢得了前秦的强大和北中国的统一。前秦的版图,东极沧海,西并龟兹,南包襄阳,北尽大漠。当其时,东北的肃慎与新罗,西方的于阗、大宛和康居、天竺等六十二国,都派遣使臣贡献方物,建立了友好的关系。

这时,只有东晋王朝同它南北对峙。

"风声鹤唳,草木皆兵"
——以少胜多的淝水之战

秦、晋对峙着,显然,晋弱而秦强。

公元382年十月,秦王苻坚召开朝臣会议,共商出师伐晋大计。他说:"现今,四方已定,只有东南一隅,尚未王化。秦有兵九十七万。朕想亲征,不知列位卿相以为如何?"

朝臣中附和者说:"这是千载难逢的时机,以强秦伐弱晋,王师所到,有征无伐,一定成功!"持异议者甚众,说:"晋虽微弱,君臣和睦,内外同心,民为所用,伐之未必有功。"太子苻宏等认为:"晋得天时,且得地利,据有长江天险,恐难以征伐!"苻坚听着不顺耳,就说:"天道的事情谁能说得清楚,且不去管它。什么长江天险,从前吴国不也曾有长江天险,最后还是灭亡了吗?以我秦军之是众,只要把马鞭子掷诸江心,江水也要为之断流,晋有何天险可凭!"

群臣议后,苻坚单独请弟弟苻融密议。苻融善于谋略,武功文采兼长过人,是王猛一流,也是苻坚的臂膀和谋主。融对坚说:"远在数千里之外的晋国无衅,师出未必有全功。可是,近在肘腋的羌、羯和鲜卑,不可不防。恐王师远出,京畿生变,悔之莫及。"他略顿,又说:"臣愚顽,但愿陛下不忘丞相王景略的临终遗言。"原来王猛临危时,苻坚曾亲自省问,询以后事。王猛说:"晋虽偏居吴越之地,而天下百姓以其为正统。臣死之后,但愿陛下不要伐晋。秦、晋善邻,这是治国的至要。"苻融想以王景略的遗策说服苻坚。苻坚一听,却脸色顿变:"我强兵百万,资仗山积,以秦伐晋,犹如疾风扫秋叶。可是,朝廷内外,都说不可,这实在令人不解。我以为你当助我,怎么你也这样说呢?"

秦王苻坚正在心烦意乱,京畿地方长官京兆尹慕容垂来见。慕容垂是鲜卑人,前燕的宗室,颇有雄才大略。当前燕败于晋军,倾国危在旦夕之时,他曾出任燕军统帅,抓住有利战机,一战转败为胜。正因其功勋卓著,不见容于朝廷,被迫出走,来投苻坚。苻坚给以信任和重用。这时,慕容垂对苻坚说:"强吞弱,大并小,理出自然,并不难懂。今日,恰逢难得的战机,此时秦不伐晋,难道还要留给儿孙们去做吗!"苻坚听了,喜形于色。慕容垂又说:"欲成大事,自当独断,广询朝众,必将一事无成。"苻坚大喜,说:"与我平定天下的,只有卿你一个人啊!"并给慕容垂大量赏赐。

苻坚决意鲸吞荆、扬,朝野为之不安。

苻坚最宠爱的张夫人劝谏说:"陛下欲出王师,天道、民心不可不察。"苻坚只道:"军旅大事,妇人不要干预。"苻坚最宠爱的小儿子中山公诜,也劝谏说:"君王能否听取贤相谋主的划策,往往事关国家兴亡。"苻坚则斥他:"小孩子家懂得什么!"

苻坚最崇信佛教,名僧道安也欲劝阻,乘机献策。苻坚但笑而不纳。

公元383年八月初八,秦王苻坚颁发军令,大举伐晋。同时,他还布置说:"晋主司马昌明即将到长安来帮朕管理朝政,封他为尚书左仆射;晋相谢安,可以职司官吏,封他个吏部尚书;

晋将桓冲，可封侍中，做朕的侍从长官。王师将出，为期不远，在京师先给他们造起府第来！"充分流露了他那踌躇满志、盲目自负的骄狂心理。

九月，秦王苻坚率秦军主力抵达项城（今河南沈丘南）。苻融率前锋三十万人马已直达颍口（颍水入淮河处，在今安徽颍上）。这时，秦军的左翼幽、冀大军已进驻彭城。秦军的右翼蜀、汉大军，也正顺江而下。后卫的凉州兵，长途跋涉，刚刚到达咸阳。秦军步兵六十万，骑兵二十七万，水陆并进，东西万里，声势逼人。

强秦号称百万的大军压境，晋都建康为之震惊。

晋廷这时正是谢氏家族辅政。宰相谢安，通达多谋，精心划策，诏命其弟谢石为征讨大都督，其侄谢玄为前锋都督，其子辅国将军谢琰也从军出征，晋师八万，共同拒敌。

晋军中有支攻必克战必胜的劲旅，由北方南迁的健儿组成，因在北府（京口的别称，今江苏镇江）招募所得，故名"北府兵"。北府兵由将领刘牢之率领，为晋军前锋。

晋军虽士气旺盛，不乏骁勇，但只及秦军十分之一，力量悬殊，这不能不令晋军将帅捏着一把汗。谢玄问计于谢安，宰相只答另有安排。晋将桓冲出镇荆州，闻讯派遣精锐三千来保卫京城。谢安却命令说："京师不缺甲兵，回去镇守西疆。"谢玄、桓冲都不解其意，心中无主。桓冲长叹说："谢安是位好宰相，却不是位好统帅,我们都将成为秦人的俘虏了!"

晋军虽弱,然而在大敌当前、国家存亡的危急关头,原先内部尖锐的阶级矛盾却缓和了。军民一心,一致对外,誓死保卫国家和人民的生存。

淝水两岸秦军与晋军都在布阵了,一场有如赤壁之战的历史性的战略决战开始了。

十月,秦军前锋攻下寿阳城(今安徽寿县西南),首战告捷。晋军一部退守硖石(今寿县西),修书告急:"今贼势盛而我粮尽,恐难见大军了!"这告急文书被秦军搜获,苻融即驰告苻坚。苻坚闻讯立即带八千轻骑兵由项城赶到寿阳。坚与融密议后,立即派朱序为使者到晋军去,欲乘威势以胁降。

朱序原是晋军将领,镇守襄阳时城破被俘,为苻秦尚书。朱序心怀故国,来到晋军后,私下对谢石等人献策说:"秦军百万,今尚未集。待其尽至,诚难与为敌。今天,乘势先败其先锋,夺其士气,秦军可破。"并相约为内应。

十一月,晋军以刘牢之率领的北府兵猛攻驻扎在洛涧(洛水入淮河处,在今安徽怀远西南)的秦军一部。秦军五万溃不成军,争渡淮河逃命,溺死者一万五千余人。

晋军随即进逼淝水东岸,遥望寿阳城。

秦王苻坚与谋主苻融闻报登城瞭望,见晋兵布阵严整,兵势旺盛,又遥望远处的八公山(在寿阳城北)上草木摇动,也误认为是晋兵。苻坚面有难色，说："这也是劲敌呀，怎能说是弱兵呢！"

秦兵逼淝水西岸布阵，与晋军隔河相对，晋军不得渡。

几天后，秦军先锋收到晋军先锋的战表，内容是说两军隔水相对，是持久之计，秦军如欲速决，可稍后退一步，让晋军渡河进行决战，以分胜负。秦军将领多主持重，认为退不得。苻坚却主张："我军少退，待晋军半渡，再以精锐骑兵冲突，压逼晋军，没有不胜的道理。"苻融也以为然。

东山报捷图（清苏六朋绘）

谁想到，秦军一退，犹如河决山崩。那些背井离乡来作战的士兵，不愿无故送死，就只顾往后退却。晋军乘势掩杀。朱序也着人在退军中大喊："秦军败了！秦军败了！"秦军顿时大乱，争相逃命，自相践踏，昼夜不敢停息，饥寒而死的十有七八。

苻融死于乱军之中。苻坚身中流矢，仓皇逃命，单骑奔至淮北,闻到风声鹤唳,也疑心是晋兵追及,一路饥寒交迫,疲于奔命。

且说谢安正在同客人弈棋,忽得书知淝水大捷,仍弈如故,了无喜色。客人问及,谢安只轻轻淡淡地说了句:"小孩子们已破秦军了。"其实谢安的心里并不平静。客人去后,他入室,过门槛时,把屐履上的木齿都弄断了还不知道呢。

淝水一战,秦王的百万雄兵只换得"风声鹤唳,草木皆兵"这样一句成语流传后世,成为对其"投鞭断流"、"起第长安"的骄横态度的千古嘲讽。然而,淝水之战还留下了人心向背不可不察的历史教训,这是千古不变的政治哲理。

苻秦碎,东晋危
——淝水战后的形势

滔滔淝水,它曾是秦晋划分疆域的一条界河,这里发生的秦晋大战却把它改变了。而大战的那个日子,即公元383年的冬天,则成了魏晋南北朝时期沧桑巨变的一条分界线。

淝水战后,苻坚败退长安,收拾残兵败将还有十余万,然而国势日颓。原来聚首于苻坚脚下的一些民族上层分子,眼见苻秦倾危,就像俗话说的"树倒猢狲散"一般,纷纷离去。

最先离去的,也就是曾经力主伐晋并得到重赏的鲜卑人慕容垂。这位原前燕的统帅,乘此乱世,拥兵自立,定都中山(今河北定州),重建起燕国来,史称后燕。至今在定州故城之内仍有慕容垂的巍巍陵墓。

羌人头领姚苌(cháng 长)曾经随同苻坚南征北战,颇得信任。这时,姚苌也拥众自立,抓住苻坚,把他勒死在新平(今陕西彬县)的佛寺中。姚苌国号仍称秦,史称后秦。

后燕与后秦,东西相对,是众国中的两个强国。其他还有西秦、后凉、南凉、北凉、西凉、大夏等。后燕后来分裂为南燕和北燕。总计,淝水战前统一的前秦,战后分裂成了十个国家。

这十个国家,再加上淝水战前在纷争中建立和灭亡的成汉、前赵(包括汉)、前凉、后赵、前燕以及前秦,共有十六国。十六国是择其要而言的,如连同一些小国(如冉魏、代、西燕、仇池等)也算上,二十个也不止呢。

淝水战后,十国纷争的北中国,最后统一于鲜卑人拓跋氏建立的北魏。北魏的统一北方是为北朝的开端。历时一百三十余年的五胡十六国时代结束了。

东晋王朝如在淝水大捷之后继续推进,在企足引颈的北方人民的支持下,重整山河本来是大有希望的。但是,苻秦的威胁解除之后,潜伏在民族矛盾之下的世家豪族与农民的阶级矛盾,以及权臣与皇帝的朝廷内部矛盾都又渐趋激化,致使东晋迟迟不能北伐。即使后来举兵北伐,也因君臣相互掣肘而无功告罢。

公元399年到411年，东晋爆发了以孙恩、卢循为首的农民起义，旬日之间，聚兵数十万。在十余年间，时伏时起，烽火遍及江浙、广东等沿海地带。最后，起义军占据长江中游，进围建康，差点破了京城。

这次起义，最后被北府兵将领刘牢之的部下刘裕镇压下去，失败了。但是，起义已严重地打击了浙东的世家豪族的势力，而浙东世家正是东晋王朝的最大支柱。因此，东晋王朝处于风雨飘摇之中了。

几年后，这个被削弱了的世家豪族的王朝，也就被出身微贱的将领刘裕取而代之。刘裕建立起宋朝，史称"刘宋"。是为南朝的开端。

从此，南朝与北朝长期对峙，这就是淝水之战后造成的中国政治形势的基本格局。

二十五、南朝宋齐梁陈的更替

南朝与北朝,是继东晋与十六国之后的又一南北大分裂时期。从公元420年刘裕代晋到589年隋灭陈,历时一百七十年。

北方,在秦晋淝水之战以后,又经历了半个世纪的分裂,公元439年,重新为北魏王朝所统一。北魏维持了近百年的统一局面,后分裂为东魏与西魏。东魏和西魏又分别为北齐和北周所取代。公元577年,北周灭掉北齐,北方重又归于统一。从北魏到北周,北方先后建立的上述各朝,在历史上称为北朝。

南方,这期间先后经历了宋、齐、梁、陈四个朝代。与北朝不同,南朝都是继东晋之后偏安江南的汉族政权,统治时期都很短暂。四朝中,最长的是宋,最短的是齐。宋是六十年,齐是二十四年,梁是五十六年,陈是三十三年。历史上称作南朝。南朝与北朝相对峙,这个历史时期合称南北朝。

这里,先谈南朝。

寒族势力的上升
——刘氏建立的宋朝

东晋末,南北世家拥立的司马氏王朝在农民起义的打击下已处于风雨飘摇之中。这时,一个出身寒微的小人物却因屠杀起义者有功,得到了当权者的赏识,一跃而成为朝廷显要。

这个人叫刘裕(363—422),小名寄奴,京口(今江苏镇江)人。他年轻时,种过地,捕过鱼,做过小买卖。后参加北府兵。成为刘牢之的部下。当刘牢之在王朝内争中人头落地的时候,刘裕却扶摇直上,成为权臣桓玄的膀臂。一反手,他又杀死桓玄,把东晋王朝的军政大权牢牢地抓到了手中。

刘裕自知身微功浅,难以当国。为建功以树威,刘裕亲率大军北伐,进攻南燕。南燕是鲜卑人建立的政权。南燕都城广固(今山东益都)被围,危在旦夕,派出特使向强邻后秦求救。后秦君主姚兴从长安派出使臣来对刘裕说:"秦燕邻邦,不能见危而袖手。长安已派出铁骑十万,进据洛阳。晋军若不立即退兵,我铁骑立即长驱直入!"刘裕不假思索地回答:"你去告诉姚兴,我原想灭燕之后,休兵三年,再去收复洛阳与长安。现在,你们既然急于送死,那就快来吧!"说着,就把后秦的来使赶了出去。

刘裕的谋主刘穆之听说这事,担心激怒后秦,秦燕联兵,势将难制。刘裕说:"兵贵神速,这是军家常识。秦能助燕,早就迅即发兵了,哪有迢迢千里先来给我们报信的道理。秦主姚兴虚张声势,色厉而内荏,有何可怕呢?"

刘裕的判断是正确的,后秦始终未敢出兵。南燕城破灭亡,时在公元410年。

七年后,刘裕又率大军北伐后秦,进抵长安,收秦彝器、浑仪、土圭、记里鼓、指南车等等。后秦主姚泓出降,被送往建康,斩首于市,后秦灭亡。

刘裕两次北伐,一个胜利接着一个胜利,一时把东晋的北界从淮、淝推进到了黄河南岸,在失陷已一百年的长安城头,重又插上了汉家王师的旌旗。这期间,刘裕还曾出兵荆州与益州,也胜利而归。东晋朝廷的政令可直达长江中、上游。刘裕的勋业是东晋以来任何一个权臣名将都不可比的。因而,他在朝野都赢得了很高的声望。刘裕借助于此,压倒了他的政敌,被晋封为宋王。

公元420年,东晋末代皇帝乖乖地表示甘愿逊位让贤,阿谀逢迎的朝臣们也纷纷上表劝进,天

宋文帝刘义隆长宁陵石兽

官们也来胡诌晋运已终、新朝当兴的各种征兆。刘裕于是受禅称帝，国号宋，都建康。

魏晋以来，世家豪族势力烜赫一时，历代朝政无不为世家所把持。世家出身的权臣名将，不少人都曾觊觎过司马氏的皇位，如王敦、桓温、桓玄等，但他们都失败了。谁也不曾想到，司马氏的皇位最终竟落到一个寒门出身的将领手里。这一现象并非偶然，它反映着统治阶级内部的两种势力的消长，世家豪族的权势日渐衰弱，寒族的势力已经抬头。然而，世家豪族这股庞大的政治势力，也不是一下子就能消失的。历史又过了整整两个世纪，世家豪族门阀势力才在全国规模的一场农民战争中被涤荡殆尽。

刘裕做了两年皇帝死去了。他的继任者除宋文帝刘义隆外，大都是暴君。尤以他的曾孙刘子业为甚，史称前废帝。

刘子业十六岁继位，立即杀掉朝廷重臣叔祖刘义恭及其四个儿子。不久，刘子业又怕小弟弟们长大，威胁他的皇位，先后派人杀掉两个年幼的弟弟。同时，还要谋杀六个叔父。弄得"举朝遑遑，人人危怖"。

刘子业在大杀皇族近亲的同时，还过着极端淫乱的生活。他不顾人伦，强占他已出嫁的姑姑新蔡公主为宠妃，宫女不计其数，并给他同样淫乱的姐姐山阴公主置了三十六个面首，即男妾。他甚至指令他的左右去任意侮辱皇室中的近亲女眷。

这个残暴的帝王恶贯满盈,后来死在他的侍卫官的刀下。

刘宋王朝历时六十年,后期近三十年间,一个暴君接着一个暴君,为争夺皇位骨肉相残。刘裕有九个儿子,只有一个善终。其子刘义隆十九个儿子,其孙刘骏二十八个儿子、刘彧十二个儿子,大都死在争夺皇权的相互厮杀中。刘宋王朝也就在这干戈声中衰弱下去。刘宋王朝灭亡后,刘裕的众多子孙除一人早年投降北魏得以幸存留有后人外,在南朝的被杀了个精光。

刘宋皇族自相残杀的丑剧,名闻史籍。因而,这一丑闻被一则民谣记录了下来:

遥望建康城,小江逆流萦,前见子杀父,后见弟杀兄。

重蹈覆辙
——萧氏建立的齐朝

公元479年,宋朝灭亡了,代之而起的是齐朝。齐朝是萧道成建立的,故亦称"萧齐"。历史书上又称"南齐"。

萧道成(427—482),即齐高帝,南兰陵(今江苏常州西北)人。他原是个布衣,本没有远大的志向。初起,他在戍边的地方部队中充任个地位低下的参谋人员。他为人谨慎、能干,屡屡借助战功升迁。宋朝皇族在自相杀伐的时候,统领中央禁卫军的大权落入萧道成手中,他遂成为朝中的四位显贵人物之一。

刘宋末代皇帝刘昱（yù玉）也是个小暴君,史称后废帝。他终日以杀戮、闲逛为乐,不务朝政。一天,刘昱突然闯进禁卫军兵营。当时天气炎热,禁卫军的首领萧道成是个大胖子,正裸露着身体午睡。刘昱见他的肚皮很大,为了逗乐,就在其上画了个圆圈,作为靶子,引满弓就要射他。萧道成醒来大惊,忙告罪求免。这时,左右的人帮忙解脱,说:"萧将军的大肚皮,的确是个好射靶。可是,若一箭射死,再射就没了。不如换一支取掉箭头的骲箭,射了还可以再射,那多有意思?"小暴君以为有理,就改用骲箭来射,一箭正中萧的肚脐。他把弓一扔,大笑说:"我这箭法如何,一箭中的,不错吧!"

经过这件事,萧道成忧惧恐有不测,暗中布置将领王敬则结交皇帝的侍卫官,待机行事。

一天夜间,小暴君又扬言要杀侍卫官。侍卫官乘他熟睡,先把他的头割了下来,送给王敬则。王敬则立即给萧道成送去。但是,萧道成死也不敢开门,怕是小暴君诳他的恶作剧。王敬则无奈,只好把人头隔墙扔了进去。萧道成亲自用水把人头洗净,仔细端详,认准确是小皇帝的人头时,才下令打开大门,披挂上全身戎装,火速率军进驻了皇宫。

天明,萧道成召集重要朝臣会议,商讨皇权应该属于谁。皇族的首脑刘秉和士族领袖袁粲略一迟疑,平时一贯和蔼可亲、谨慎从事的萧道成却一反常态,"须髯尽张,目光如电",咄咄逼人。这时,萧道成的同谋王敬则忽地拔出白刃,在旁跃起嚷道:"天下事都应归于萧公,敢有开一言者,血染敬则刀!"并要萧道成马上登上皇帝宝座,说:"要趁热打铁。"

萧道成自幼从儒学大师雷次宗读过儒家经典,熟悉封建王朝更迭的历史,同这个小吏出身的王敬则毕竟不同。他还要依先朝惯例,演出一场所谓"禅让"的历史剧。

这出戏差不多演了两年。当公元479年四月演出关键性的最后一幕时,操在萧道成股掌间的十三岁的小皇帝刘准异常恐惧。他逃到宫内佛殿中藏在佛盖下,终于被搜出,押上了车子。小皇帝惊恐地问:"是要杀我吗?"押送皇帝的王敬则说:"不会的,送你到另一座宫殿去住,你的祖先取代司马氏的时候也是这样的。"小皇帝一路上涕泪涟涟,还喃喃地说:"但愿以后我辈辈都不再降生到帝王家!"

萧道成开国以后,就一心盘算着如何为子孙后代建立万世的基业。他临死前还谆谆告诫子孙们:"我本是个布衣,从来没想到会做皇帝。那是因刘宋骨肉相残,弄得国亡族灭,才为我大齐所取代。你们要以宋为鉴,兄弟和睦,骨肉恩爱,切不可……"

然而,历史好像故意在嘲弄这位布衣皇帝的主观臆想,在他儿子武帝死后,萧氏子孙也同刘氏子孙一样,演出了内容几乎完全相同的历史悲剧。这其实并没有什么奇怪,这不过是封建地主阶级贪婪、残暴本性的必然表现而已。

"皇帝菩萨"的"政绩"
——萧氏建立的梁朝

齐朝末年,雍州刺史萧衍率军攻下建康,禅代称帝,是为武帝,国号梁。

萧衍(464—549),字叔达,南兰陵人。他做了四十七年皇帝,活到八十六岁。他自幼酷爱读书,至老手不释卷,对经史都有研究,曾撰《群经讲疏》二百余卷,《通史》六百卷。诗也作得很好,"洛阳女儿名莫愁"的诗句至今仍在传诵着。他还是一个草隶兼长的书法家。

梁武帝统治时期,曾一度出现文化盛世之象,连北方的敌国也颇为佩服。以往的历史书上,对这位皇帝也不乏溢美之词。一是称道他对政务的勤奋,冬季四更就起床,点起蜡烛,批阅奏章,处理公务,手都冻裂了,也不在乎。二是赞美他生活节俭,一日三餐都是蔬菜粗米,一床被子盖两年,一顶帽子戴三年都不肯换。封建帝王能够如此,那也确是难能可贵的。

梁武帝晚年信佛甚为诚笃。每天只食一餐,也不饮酒,不听音乐(他自己是一个精通乐律的音乐家),穿的衣服质料全是木棉制的,不用丝绸。因制取丝绸要杀死众多蚕的生命,同佛家不忍杀生害命的经义是不合的。每当朝廷要判处一些罪犯的死刑，他就好多天现出不高兴的神情。后来他索性声言连皇帝也不做了，愿皈依佛法，出家为僧，四次舍身于建康城中最大的寺院同泰寺。这位皇帝因此得了个雅号，被称作"皇帝菩萨"。

皇帝菩萨的最大"政绩"之一，就是营寺塔，造佛像，使佛教的传播在南朝出现了空前的盛况。建康城东西南北各四十里，京城内外寺院一座连着一座，崇楼峻阁，高台宝塔，耸入云天。唐诗人杜牧曾歌咏道："南朝四百八十寺，多少楼台烟雨中。"可以想见，其情其景，多么壮观。梁朝有人口大约五百万人，仅建康城内的僧尼就多达十万。每座寺庙中都役使着叫作"白徒"、"养女"的寺院奴婢。总计全国人口，寺庙几乎占去一半。寺庙不给政府输纳租税，还不时捞到大量的施舍。梁武帝四次舍身，每次都得以巨款赎回，总计花去四万万钱。

皇帝菩萨的"政绩"之二，就是不但养肥了手捻佛珠、身披袈裟的寺院地主，也养肥了皇族和世家这个统治阶级。他的六弟临川王萧宏，贪婪成性，百般聚敛，仓库有百间，藏钱的每间有钱千万，贴有紫封，共有三十余间，计钱三万万。其他则满装着丝、绸、漆、蜜、蜡、朱砂等，各种资财，不可数量。梁武帝一次到他家去，要查看他的库房，萧宏非常害怕，怕哥哥那么节俭而自己搜刮这么多，定会受到处罚。谁知梁武帝看了以后却连连称赞："阿六，你很会处理生活啊！"

皇帝菩萨的"政绩"之三，就是弄得老百姓"肌肉略尽"，"骨髓俱罄"。所到之处，"人人厌苦，家家思乱"。

皇帝菩萨的"政绩"之四，则是全国百姓不堪驱使，士兵毫无斗志。每次征发，均得木枷铁锁，否则就都跑光。

梁武帝末年，梁朝的统治已濒临山穷水尽的境地。公元548年，发生了侯景叛乱。

侯景原是北方东魏的大将，叛投梁朝。不久，又在寿阳叛乱，很快打到长江北岸，隔江与建康相望。梁朝以长江天堑做屏障，尽收渡船锁在长江南岸。这时，梁武帝的侄子萧正德做了侯景的内应，连夜派出大船把侯景的八千士兵、数百匹战马接过长江，攻占石头城，进而包围了台城（建康当时有四城：台城是皇宫与朝廷所在；台城以西的石头城，临江负山，形势险要，为京师驻防的要塞；台城东的东府城，是府库所在，宰相所居；还有一西州城，为扬州刺史治所）。

朝廷吃紧，各路援军先后到来，总计有二三十万人。梁武帝的儿子邵陵王萧纶就带着重兵驻扎在城外。朝廷大臣柳津的儿子柳仲礼为援军统帅。援军超过叛军几十倍，粮丰草足。可是，柳仲礼与萧纶却坐观侯景围攻台城，按兵不动。原来，他们巴不得侯景早破台城，替他们扫除夺取皇位的障碍。

八十五岁的梁武帝在城里心急如焚，问计于大臣柳津。柳津悲哀地说："陛下有邵陵，我有仲礼，不忠不孝，贼还怎么能破呢！"

侯景围攻一百三十日，台城终于陷落。城破后，梁武帝年老多病，想吃点蜂蜜也要不到，最后活活饿死了。死时八十六岁。

梁武帝死前曾经半是自嘲半是自慰地说："自我得之，自我失之，我有何怨呢？"皇帝自己虽得失无怨，但因此而带给江南人民的却是一场空前的灾难。富庶的江南，千里绝烟，尸骨堆积，如丘如垅。建康城到梁代已是历时三百余年的五朝古都，有户二十八万，城破之日死者十之八九。四百八十寺院也荒圮不堪，一片瓦砾。

这场浩劫的直接肇事者是叛将侯景，可是，统治南朝达四十七年之久的梁武帝又怎能逃脱其历史责任呢？宗教拯救不了统治阶级贪婪残暴的灵魂，梁朝的惨败不正是其腐朽统治所造成的必然结果吗！

"隔江犹唱后庭花"
——陈氏建立的陈朝

叛将侯景在建康站住脚以后，就自己做起皇帝来，改国号为汉。这个鲜卑化了的羯人施政十分残暴。他在石头城设下大春碓，抓住反对他的南朝人就投入碓中活活捣死。侯景还告诫部下："凡攻下城池，就要把人全部杀光，使天下知道我的威风。"侯景军攻破广陵(今江苏扬州),城主祖皓(南朝大科学家祖冲之的孙子)被车裂而死。广陵男女老幼都被抓来,一半身体被埋入地下,一半裸露在地面上。侯景军的铁蹄驰逐其间,射杀取乐。侯景的暴行激起江南人民的强烈反抗。梁朝的部分地方官吏和将领,以及豪强世家也纷纷起兵。

在为数众多的江南抗暴军中,有两支大军特别有力,一是荆州的王僧辩军,一是岭南的陈霸先军。

陈霸先(503—559),是高要(今广东肇庆)太守,率军自始兴(今广东韶关)出大庾岭,沿赣水顺流而下,沿途人民纷纷从军献食,队伍迅速扩大起来,至湓城(今江西九江)与王僧辩军会师。当时王僧辩的荆州军正发生饥荒,军心浮动。陈霸先就从自家军的五十万石储粮中拨出三十万石给荆州军,荆州军于是士气大振。两军齐心合力,攻陷建康,大败侯景叛军。

侯景兵败,同亲随数十人欲逃海上,船小人多,遂把两个儿子推入水中。船将入海,侯景在船上睡熟。他的近侍告诉老船工转舵返航,向京口驶去。船近京口,侯景醒来发觉,正欲发作,近侍们对他说:"我们随你多年,出力不少,可所事无成。现在,请你把脑袋借给我们,好去换得一点富贵。"侯景未及反抗,已被杀死。后被送到建康,暴尸于市。江南官民争食其肉,以解心恨,焚骨扬灰,以报怨仇。后至者,不得食其肉,焚其骨,就以骨灰入酒,传杯痛饮。时在公元552年四月。

收复建康，歼灭侯景，王僧辩与陈霸先两军勋劳最多。梁元帝萧绎（梁武帝的第七子）以王僧辩为太尉镇守石头城，以陈霸先为司空出镇京口。王、陈二人过往甚密，情投意洽，并相约作了儿女亲家。

梁元帝死了，王、陈又共同拥立元帝的儿子十三岁的晋安王萧方智为皇帝，是为梁敬帝。

陈霸先是汉族人，王僧辩本是鲜卑人，姓乌丸氏。在陈霸先与王僧辩共同扶持梁王朝小皇帝的时候，北方鲜卑贵族建立的北齐王朝发兵南犯，同时，派来使臣同王僧辩说："梁朝正值多事之秋，皇帝年幼易生变故，推个长君为宜。萧渊明年长，担当大任比较适宜。梁朝如愿立萧渊明为皇帝，齐国愿立即回师，齐梁永远合好。"萧渊明是梁武帝的侄子，八年前梁齐在寒山大战，兵败被俘。北齐要送一个俘虏来做南朝皇帝，其用心是显而易见的。

王僧辩不顾陈霸先的坚决反对，竟将萧渊明迎回建康，立为皇帝。梁敬帝被改为皇太子。汉族的梁王朝听命于鲜卑人的齐王朝改立皇帝，这意味着屈节投降。王僧辩这样做是很不得江南民心的。于是，陈霸先当机立断，毅然从京口秘密起兵，袭杀了王僧辩，又废掉萧渊明，重新拥立萧方智为皇帝。

北齐闻讯大举南来，进至建康钟山。王僧辩的残余势力也乘机作乱。陈霸先率军抗敌。时值连日大雨，平地水深丈余。两军都遇到很大困难。陈霸先又军粮不济，无以为食。江南父老姐妹闻讯,家家在夜晚以荷叶裹饭,夹上鸭肉,去慰劳陈霸先军。在老百姓的支援下,这支军队为保卫乡土,奋勇杀敌,获得大捷,把北齐军打得七零八落,仓皇北窜。王僧辩的残余势力也被肃清了。

陈霸先军不负江南民众的企望,保卫南方免遭北齐的蹂躏,保持了南朝的政权。

公元557年,陈霸先受禅登上帝位,改国号为陈,是为陈武帝。他做皇帝不到三年就死去了,继任者陈文帝和陈宣帝完成了他的未竟事业。

陈朝的辖境在江南四朝中是最小的,西不过蜀,北失淮、泗,始终局促在长江中、下游以南。然而,广州、桂州都先后归附,江南总算统一在陈氏的江东政权之下了。

陈宣帝的儿子陈叔宝,是南朝的最后一个皇帝,也是个荒淫的君主。他在位时,南朝统治集团在豪侈的物质享受和精神放纵中,日益沉溺,腐败不堪。陈叔宝还自作靡靡之音《玉树后庭花》,在与妃嫔饮酒作乐时恣意演唱。这靡靡之音也就成了亡国之音,并为后世用作亡国的隐喻。故而,唐诗人杜牧曾写诗讽喻道:"商女不知亡国恨,隔江犹唱《后庭花》。"

公元589年,隋朝的开国君主文帝杨坚从北方兴兵伐陈。陈后主(即陈叔宝)从后宫的一眼枯井中被吊了出来,成为隋军的俘虏。南朝的一百七十年历史也就到此结束了。

二十六、北朝魏齐周的更替

沙漠汗之死
——北魏的兴起

当南方东晋被南朝的刘宋取代时,北方五胡十六国的长期纷争也渐趋尾声。这纷争历史的最后胜利者是刚刚从原始社会走出来的鲜卑拓跋部。他们以其悍勇成为北方统一山河的新主人,建立起魏王朝,始建都盛乐(今内蒙古呼和浩特西南),后定都平城(今山西大同),再后迁都洛阳。史称北魏,亦称后魏、拓跋魏、元魏。

北魏(386—534)历时一个半世纪。它统一北方的公元439年,即北朝的开始。

鲜卑人的先民被称作东胡人。秦末汉初之际,曾被冒顿单于率领的匈奴骑兵打得大败。东胡人的一部逃入乌桓山,被称为乌桓人;一部逃入鲜卑山,遂被称为鲜卑人。

鲜卑山在哪里?几年前,仍是个难解的历史之谜。1980年

7月30日下午,考古工作者在黑龙江省鄂伦春族集居地阿里镇东北的深山密林中找到一个鲜卑古洞。主洞南北长92米,东西宽27米,总面积约2 000多平方米,可容纳千人。当地人称之为"嘎仙洞"。就在这洞口内不远的石壁上,刻有二百零一个字的祭文,是太平真君四年(443)北魏天子拓跋焘派使臣李敞来此祭祖时刻下的。这祭文见载于《魏书》,古洞被称为"鲜卑石室"。这样就得以确证,鲜卑山原是大兴安岭的古称。

三百年过去了,蒙古大漠南北的匈奴人先后南移西迁,鲜卑人遂历经"九难八阻",走出高山深谷,游牧于蒙古大草原。鲜卑人主要分为宇文部、慕容部、拓跋部、秃发部、乞伏部。在长城以外从东到西分布着。

三国时,拓跋部一个叫力微的人做了大酋长,与曹魏往来问聘,并送儿子沙漠汗作质子长住洛阳。西晋初,沙漠汗告别洛阳回国,力微派各部酋长入塞到阴馆(今山西代县西北)去迎接。沙漠汗在洛阳居住日久,言谈风采,服饰打扮,已同汉人差不多,这就引起酋长们的猜忌。酒宴间,沙漠汗抬头忽见头上有飞鸟,遂引弓发丸,鸟应弹而落。鲜卑域内本无此猎器,酋长们见了弹丸,以为沙漠汗得了晋人的奇术,大为震惊,遂相谋:"沙漠汗穿的是晋人的衣服,又学了晋人的奇术,他要继任做了大酋长,势必要改变祖宗的旧俗,那我们的日子可就不好过了!"

原始氏族社会的旧俗同封建制度的新风在拓跋部第一次

发生了冲突。这次冲突中,新风的力量是微弱的,传统的旧势力却是强大而可怕的。酋长们联名去同力微商议,力微也担心儿子的到来会破坏了古老的风尚。这样,沙漠汗未曾回到久别的故乡,就被杀害在途中了。

沙漠汗是拓跋部新旧势力角斗中的第一个牺牲者。旧势力虽可以杀死沙漠汗,然而却无法逆转拓跋部必将从野蛮迈入文明的历史总趋势。

后来,相继又有猗卢、什翼犍等革新者躺倒在血泊中。然而,他们的鲜血没有白流,他们以血的代价为拓跋部的前进铺平了道路。后来,拓跋珪建立起北魏王朝,拓跋部走出原始社会,开始进入封建时代。

南 征 与 迁 都
——北魏孝文帝的改革

孝文帝(467—499),姓拓跋,名宏,是北魏王朝自拓跋珪起的第六个皇帝。他从小机灵、早熟,秉性孝谨。三岁时,被立为皇太子。四岁时,就曾为父亲吮疮。五岁时,年仅十八岁的父皇献文帝就禅位给他,做了皇帝。他的祖母文明皇后,这时被尊为太皇太后,是位颇有才干的女政治家。她年轻寡居,行止颇有些可非议之处。她担心献文帝对她不利,年仅二十三岁就被她毒死。不仅如此,她还担心在位的小皇帝对她不利,打算把他废掉。一次,她曾把小皇帝关在空屋里,当时天气很冷,只给他穿单衣,三天不给他饭吃。又一次,她因听信有人对小皇帝的谗言,还杖罚了他。

太皇太后也做过一些好事。在她听政时期,曾以孝文帝的名义颁行了俸禄制、三长制和均田令。俸禄制——规定官吏俸禄由政府筹集、分发,官吏不得自筹。因北魏初年吏治混乱,官吏自筹俸禄,任意鱼肉百姓,故有此颁令。

三长制——五家为一邻,五邻为一里,五里为一党,分别设置邻长、里长、党长,即三长。三长制是为取代宗主督护制而建立的基层行政组织,有利于中央集权。

均田令——是北魏开始实行的新的土地制度。政府规定十五岁以上男女都可以向国家领取耕种的土地。男子一个人可领取露田(荒地)四十亩,桑田二十亩。妇女可领取露田二十亩。桑田为私田,授予后不再收回,露田死后归还官府。这些都是针对当时传统弊政实行的政治改革。这些制度的实行,巩固了北魏的统治,有利于北方的社会安定和经济恢复,在中国历史上是有进步意义的。

公元490年,太皇太后驾崩,二十四岁的孝文帝才亲揽朝政。祖母生前对他虽不很信任,但他却是祖母的肖孙。他继祖母之后,继续推行改革措施,意欲使魏王朝长久统治下去。

但是,凡有革新,总会遇到阻力,何况拓跋部原就是有着保守传统的。所以,一开始,改革与反改革的斗争就围绕迁都问题展开了。

孝文帝意欲迁都,但他清楚地知道几十年多次的迁都之议都因遭到显贵达宦的反对而被搁置了。这次迁都,他决意秘而不宣,召集群臣,声称要调集大军,举行南征。南征之议一提出,也立即遭到以任城王拓跋澄为首的文武百官的反对。

孝文帝发怒道:"国家是朕的国家,任城王难道想阻挠朕用兵吗!"

拓跋澄也反驳道:"国家固然是陛下的国家,但我是国家大臣,明知用兵有危险,怎能不说话!"

朝会之后,孝文帝召拓跋澄入宫密议,同他讲了真心话,说:"我们鲜卑人,起自漠南,徙居平城。平城是输军马,出战士,宜于用武的地方,可是,不宜作文治的中心。欲与江南相对峙,争正朔,作长治久安之策,就不能不借助中原,迁都洛阳。朕想以用兵南征之名,行移众于洛阳之策,卿意如何?"拓跋澄一经提醒,便转过来支持迁都大计。

公元493年,孝文帝亲率步骑三十万大军渡过黄河,进驻洛阳。这时,正值秋雨连绵,文武百官的心情也如同这秋雨一样惨淡而沉重,都在想:皇帝真的要南征吗?一提起南征,鲜卑人总是胆战心惊的。原来四十三年前,北魏曾以十万大军南征,昂扬而去,惨败而归。据说北魏军曾在淮河岸边围攻一个只有几百人把守的小县城,这城即盱眙县城。魏军数万,轮番进攻。他们在城下留下的尸体堆积得同城墙一样高,也未攻下,只好弃城而走。从此,"南征"成了可怕的事情。

这年九月的一天,孝文帝全副戎装,骑在马上,下令三军,往南进发。文武百官这时都纷纷跪在马前,叩头谏止进军。孝文帝满面怒容,对他们说:"朕要统一天下,卿等却屡次阻挠大计。谁要再说,就要办谁的罪!"说完,抖动马缰,仿佛就要出发。一个叫拓跋休的鲜卑贵族,仍跪在马前,一动也不动,一把眼泪,一把鼻涕,哀求皇帝不要南征。孝文帝这当儿顿时改换了脸色,用另一种语气对群臣说:"这次南征,兴师动众,不可劳而无功。不南征,便迁都。列卿们赞成吗?赞成的站在左边,不赞成的站在右边。"

几十年来,文武百官都是反对迁都的,但现在要在南征与迁都两件事中作出选择,自然会避重就轻,倾向后者,因此他们不约而同地都站到左边去了。这出戏演得很成功。大军在洛阳停下来,迁都成了定局。

这次迁都同历次革新一样,随着改革的实施,接踵而来的就是旧势力的挣扎反抗。迁都后,鲜卑大贵族穆泰、陆睿阴谋在平城另立朝廷,同洛阳分庭抗礼。太子拓跋恂也在旧势力的怂恿下,密图从洛阳逃回平城去参加叛乱。然而,这次的历史条件同以往终究不同了,革新已逐渐深入人心。以往的革新者几乎都以失败而告终,但这次旧势力却成了失败者,叛乱刚刚开始就被压平。太子恂被废掉,并被赐死。

这次迁都,从平城来洛阳的人口,总计约有百万,叫作"代迁户",即从代郡迁移来的人户。根据改革的命令,代迁户都改为洛阳籍,死后也葬在洛阳北面的北邙山。同时,他们都得脱下鲜卑装,改穿汉服;不再讲鲜卑话,学说洛阳话;并改鲜卑姓为汉姓。皇室原姓拓跋,改姓元。又提倡鲜卑贵族同汉族世家通婚。孝文帝自己就取崔、卢、郑、王四姓的女子做后妃,又为五个弟弟娶汉族大姓的女子做正妻,并把公主们嫁给汉族大姓。范阳卢氏一家就娶了三位公主。

孝文帝对改革措施的实施很认真。他在洛阳街上看见一个妇女坐在车中,作鲜卑打扮,就在朝会上责备任城王拓跋橙,说他奉行命令不力,督察不严。拓跋澄辩解说,那只是少数人打扮。孝文帝尖锐地反问道:"难道要全部那样打扮才算督察不严吗?这简直是'一言丧邦'!"又转向史官说:"应该把这件事记载下来!"

鲜卑人的汉化成为改革的主要内容,而汉化的实质是封建化。北魏的统治,随着封建化的不断深入,也更为巩固和完备了。

野蛮的征服者,总是被那些为他们所征服的民族的较高文明所征服。这是一条历史的规律。在中国历史上,曾有过多次民族大融合。如果说黄帝时代是第一次,春秋、战国五百年间是第二次，那么，魏晋南北朝的近四百年，则是第三次了。匈奴、羯、氐、羌、鲜卑慕容部都先一步走完了这一历史过程。鲜卑拓跋部虽然姗姗来迟，但也不能不沿着这一历史方向前进。

黄河椎冰的故事
——东魏和北齐

鲜卑拓跋部同汉族的融合，在孝文帝时迅速达到了高潮，但远没有结束。以往的历史上，民族的融合总是同干戈、仇杀、礼聘、互市等交织着，这次也不可能一帆风顺。

孝文帝死后，过了二三十年，北魏的政治渐趋腐败，接连激起了北方各族人民的大起义。几经周折，声势浩大的起义先后都被镇压下去，北魏王朝也因此一蹶不振，风雨飘摇，被控制在一个叫高欢的汉人手中。高欢是依靠北方边镇的鲜卑军人起家的。最后，北魏的末代皇帝孝武帝不堪高欢的欺辱，被迫逃往长安，依靠与高欢相对立的另一支关陇军人势力，继续称孤道寡。公元534年，孝武帝在长安宫中喝下一杯毒酒，北魏王朝历时一百四十九年的历史也就随之告终了。

高欢失去的虽是个傀儡皇帝，但在政治上就失去了号召力。他为挽回劣势，就在洛阳又立了位皇帝，即孝静帝元善见。国号仍称魏，史称东魏（534—550）。公元534年，迁都于邺城

(今河北临漳附近)。

北魏的孝武帝在长安被鸩杀以后,关陇地带的军人首领宇文泰也另立了一位皇帝,继续称魏。史称西魏(535—556)。

统一的北魏,被分裂成东魏与西魏,两个皇帝,东西对峙。其实,两个皇帝,一对傀儡,地位都如同囚徒一样。东魏的孝静帝一次想出去骑马散闷,刚刚骑到马上,监视的官员就来呵斥他:"天子不要骑马,大将军要生气了!"又一次,他同高欢的儿子高澄饮酒,说话时自称为"朕",高澄就怒骂道:"朕,朕,狗脚朕!"并令人狠狠地揍皇帝三拳。之后,皇帝反向那个揍他的人致意,并赏绢一百束。

公元550年,高欢的另一个儿子高洋,废掉了"狗脚朕"皇帝,自己做起皇帝来,改国号为齐,史称北齐(550—577)。

公元557年,宇文泰的儿子宇文觉也废掉西魏的皇帝,在长安登极,改国号周,史称北周(557—581)。

至此,魏在名义上的统治也结束了。

北魏分裂为东、西魏以后,在大约半个世纪的历史时期,东魏与北齐、西魏与北周,一个推行汉人鲜卑化的政策,一个推行鲜卑人汉化的政策,结果,形势大不相同。史籍上记载着一个"椎冰"的故事:北齐与北周,东西相对,以黄河为界。先时,河西的周人唯恐齐人乘冰越河西向,整个冬季,守河将士天天去椎冰,年年如此。后来,周人渐强,不再椎冰。轮到河东的齐国将

灰陶加彩牛车(北齐)

士开始椎冰,防备周人东渡。这故事形象地说明齐、周两国强弱的转化。

齐国何以由看着周人椎冰,而弄得自己椎冰了呢？原因固然很多,其推行汉人鲜卑化的政策则是一个重要的因素。

北齐的奠基人是高欢,高欢是个鲜卑化了的汉人,他的部下主要是北方边镇上不曾汉化的鲜卑人。鲜卑将士野蛮而贪暴,但却勇敢善战,成为他的依靠力量。他部下也有汉族将士,以及其他各族人。高欢也较注意团结他们。他在鲜卑人面前,自称是鲜卑人,讲鲜卑语；在汉人面前,又自称是汉家子孙,讲汉话。他对鲜卑人说:"汉人是你们的奴婢,男人为你们耕田,女人为你们纺织,他们送给你们粟帛,使你们温饱,你们为什么还去欺压他们!"他对汉民说:"鲜卑是你们的雇客,受你们的粟帛,替你们打仗。他们出生入死,让你们安居乐业,你们为什么还仇恨他们!"这就是高欢的民族"政策"。

北齐初,其子高洋称帝后,朝廷中的一百十几位将相大臣中,鲜卑人或鲜卑化了的各族人竟占了八九十。汉族文官只处于附从的地位。高洋曾问汉族士大夫杜弼:"治国当用什么人?"杜弼说:"鲜卑人只会骑马坐车,治国当用汉人。"高洋听了,因与他推行的汉人鲜卑化政策不合,怀恨在心,不久,就把杜弼杀了。甚至他的儿子高殷也因受汉化的熏陶,被认为是得了"汉家性质",立为太子后,几乎被废掉。

北齐末,高欢的另一个孙子高纬,在高洋大杀汉化了的鲜卑元姓士族之后,又大杀汉族官吏。这样,北齐政权日益鲜卑化,鲜卑语也渐渐流行起来,弹琵琶也成为一时的社会风尚。然而,它并没有因此而强大,反而使其统治基础越来越小,国势日益颓弱,"椎冰"也不足以守卫它的疆土,最后还是被原比它弱小的北周灭亡了。

宇文氏的政绩
——西魏和北周

西魏与东魏对峙着,东魏强大而西魏弱小。

西魏的实权一直控制在宇文泰手里。

宇文泰,字黑獭,世居武川镇(今内蒙古武川西),先世曾为鲜卑宇文部的酋长。鲜卑人谓天子叫"宇文",因以为姓。宇文泰曾参加北魏后期北方边镇的起义,后为关陇地带的军人首领,故其部下多是北方边镇的鲜卑人或鲜卑化了的其他各族人。他以手中的关陇军权崛起,辅国时却十分注意吸收汉人士族从政,帮他治民和理财。

一天,宇文泰想去长安的昆明池观鱼,行至城西的仓池(这原是汉代的遗迹),就向随行的公卿大臣们询问有关仓池的历史,但谁也不知道。当问及一个叫苏绰的人时,他却对答如流,从仓池的历史谈到天地的起源,以及历代的治乱兴亡。宇文泰被苏绰的话吸引住了,钦佩他的博学多识,同他并马徐行,也顾不得去观鱼赏景了。回来后,宇文泰又听他一直谈下去,直谈到第二天天亮。宇文泰夸他是位"奇士",委以重任。

苏绰出身于关中的名门,九世以来,历居二千石高官。绰自幼好学,博览群书,熟悉历史,尤长于数算。他对汉族统治阶级的治国经验加以总结,形成一篇施政纲要。主要内容是要求当政者:在处理政务时首先要端正认识,以身作则;宣扬教化,移风易俗;注重农耕,不违农时;选贤任能,不拘门第;断狱务明,赏罚务当;均平赋役,不可舍豪强而征贫弱。

宇文泰对这个施政纲要很重视,置于自己座右,不但自己随时习之,而且下令各级官吏学习,并颁令在全国实行。史称"六条诏书"。西魏以及北周都一直遵循。

这诏书比北魏的孝文帝改革前进了一步。孝文帝时承袭魏晋以来的门阀制度,选拔官吏只看门第,不论才德,形成汉族世家与汉化了的鲜卑士族把持政权的局面。诏书冲破了这一界限,强调选贤与能,注重才德,这就可能吸收更多的有真才实学的人从政,从而扩大了宇文氏政权的统治基础。这样也就把鲜卑汉化,即封建化,推进到了一个新阶段。

宇文泰死后,其子宇文觉灭西魏,建北周。公元560年,其第四子宇文邕称帝,史称周武帝。周武帝是位解脱了鲜卑旧俗,并真正接受了汉文化优良部分的出色的封建皇帝。周武帝治国,建树很多,特别值得称道的是释放奴婢、废佛与制定"刑书要制"。

释放奴婢。鲜卑人进入封建时代,其自身仍保持着许多原始的野蛮习俗,掠人作奴婢就是其一。自北魏以来的二百余年间,历次战争中俘虏被充作奴婢的数量很大,成为一个严重的社会问题。宇文泰时,也仍沿旧俗,任将士掠人作奴婢,动辄几千、几万。周武帝下诏书说:"古制规定,父亲有罪不能涉及儿子。现在,一旦被罪为奴婢,世代都不可免,这是违背古制,不合于法的。"他先后几次下令,放免所有的奴婢和杂户(杂户的地位高于奴婢而低于平民)。从而,基本上解决了魏晋以来几百年间残存的奴隶制问题。

废佛。南北朝期间,战乱天灾,人不自保,故佛教甚为流行。寺庙林立,僧徒遍布,同政府的财政、兵源都发生矛盾。公元577年,周武帝在邺城召集僧徒五百人,宣布废佛。慧僧法师抗声争论,并用废佛死后要下地狱来进行恐吓。周武帝毅然回答说:"只要百姓得乐,我甘愿下地狱受苦。"结果,四万余座寺庙被充作王公的宅第,近三百万和尚还俗做平民,大大解放了生产力。

制定"刑书要制"。这是周武帝以法治国的一个重要文件。它的本质当然是用以镇压人民的,但其中有些重要条文则主要是针对豪族和贪官的。如禁止他们强掠财物、隐瞒户丁和土地,超过一定数量的要处以死刑。

北方经过宇文氏父子的治理,逐渐强大起来。北方各民族也在强大的封建经济、政治的基础上,相互融合,形成共同的文化。这就给南北的统一,创造了条件。

金陵王气尽
——南北朝的统一

周与陈,以长江为鸿沟,南北对峙着。

周武帝雄心勃勃,在公元577年灭掉北齐以后,即欲北平突厥,南定江左,统一天下。突厥是继匈奴、鲜卑之后游牧在蒙古草原的又一强大民族。第二年,他亲帅五路大军,讨伐突厥,不幸病死途中,年仅三十六岁。周武帝虽未完成统一大业,但已为此奠定了基础。四年后,汉人杨坚取代北周,建立隋朝。

杨坚(541—604),弘农华阴(今属陕西)人。父杨忠,西魏十二大将军之一,封隋国公。杨忠死,杨坚袭父爵,女儿为周武帝儿子周宣帝的皇后。宣帝死,杨坚辅佐八岁的周静帝执政。杨氏是关中的世代名门,又是北周开国的柱石,同鲜卑贵族与汉族世家关系都很深。杨坚又以外戚地位执政。故而,杨坚代周,几乎是水到渠成,未遇到什么阻力。以汉人代鲜卑人执政而未遇阻力,这表明鲜卑人的汉化已达到彼此融为一体的程度。

杨坚建隋后,兢兢业业,励精图治。

与此同时,陈朝的后主陈叔宝,正宠幸嫔妃,大兴土木,建造崇楼峻阁,穷奢极欲,日夜宴饮,以艳诗靡音为乐。士人章华上书切谏:"陛下当了五年皇帝,殊不知祖上创业的艰难,惑于酒色,荒于朝政,祭祀祖庙的大典,一次也不亲躬,册封贵妃的常仪,又哪次没有驾临?老臣宿将,被甩得远远;阿谀之徒,充斥朝廷。陛下如不改弦更张,唯恐江左复成草莽,任麋鹿驰突了。"陈后主读过这奏疏之后,不仅无动于衷,反而下令砍了章华的头。

北方,隋朝的将士,在长江上游督造战船,木屑顺流而下,凭江可见。

南方，陈后主却正宠幸贵妃张丽华。他将其置于膝上，参决国政，并打算废掉皇后，立其主掌后宫呢！

陈朝廷文武官员无不人心惶惶。大臣韦鼎已尽卖田宅。人或问其故，说："江东王气，尽于此矣！我和你都得死葬长安了！"

公元588年，隋文帝杨坚列举陈后主二十条罪状，抄写三十万份，在江南散发，并下令五十万大军南伐。

陈朝沿江守军纷纷告警，朝廷重臣张皇失措。陈后主却无所谓地说："王气在此。齐兵来过三次，周兵来过两次，哪次没失败呢？隋军来又能怎么样？"媚臣孔范附和说："对呀！长江天堑，隋军哪能飞渡？我常恨官位低，隋军要渡江，正是我立功的好机会。"

陈后主君臣正演着这醉生梦死的滑稽剧的时候，隋军已经渡江，从朱雀门打入建康城中来了。

这时，陈后主才慌了手脚，同张贵妃、孔贵嫔躲进后宫的一口枯井里。隋军在井口喊话，陈后主先不敢应。当隋军扬言要向井中扔石头时，他才吓得忙喊饶命。隋军遂放下绳索吊他上来。绳索奇重，拉上才知道，一个昏君两个宠妃紧紧地捆缚在一起。

陈后主随后被带往长安。公元589年，南朝的最后一个王朝陈朝灭亡了。

建康，古亦称金陵，自孙吴在此建都，历孙吴、东晋、宋、齐、梁、陈六朝，有六朝古都之称。它作为三国以来四百年间分裂割据时期南方政权的京都，已完成了它的历史使命。

至此，长期以来南北对峙的局面遂为隋朝所统一。

二十七、魏晋南北朝的科学技术

指南车的故事
——曹魏机械制造家马钧

马钧是位能工巧匠,曹魏时人。他家住扶风(今陕西兴平),出身贫苦,很小就开始为生活而奔波。他不曾读许多书,却有丰富的生产经验和知识,他造器械的故事很多,造指南车就是一个。

传说在上古,黄帝同蚩尤在涿鹿大战,正遇上大雾,难以辨别方向。黄帝发明了指南车,就取得了胜利。又相传,西周初,越裳氏的使臣从遥远的南方来贡纳珍禽,周公怕他们回去时迷路,就造了辆指南车送他们。这原来都是半神话似的传说,其中说的指南车更无据可考。可是,曹魏时,竟为古代有无指南车的问题在魏明帝面前发生了一场争论。

学者高堂隆与将军秦朗都持否定态度,说:"那是古人随便说说,其实并不可靠,读书不可泥古!"

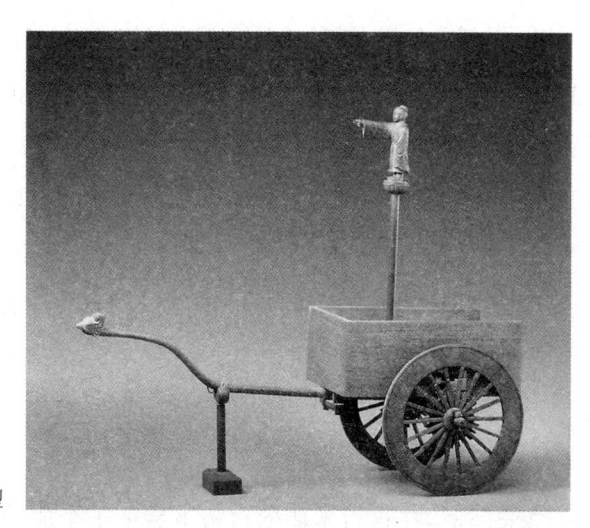

指南车模型

马钧却说:"古书说有,恐怕也并非无缘无故。泥古不足取,然而未尝不可以研究研究。"

高堂隆和秦朗根本不相信这回事,就嘲笑马钧。

马钧并不与他们多费口舌,征得魏明帝同意后就去苦心钻研。他毫无借鉴,就凭自己的知识和勤奋,终于把指南车造出来了。马钧赢得了人们的称赞和钦佩。

马钧造的指南车,装有齿轮传动机械,车走起来,车上木人会自动指示方向。这同利用磁铁制造的指南针不同。

指南车造成了,又一个难题摆在面前。

魏明帝接受的贡品中有套木偶,样子很好看,但得靠人操纵。相传西汉时,东方朔曾造过木偶人,外饰衣裙,内藏机关,无人操纵,木偶能扬袖起舞,左顾右盼,宛若真人。魏明帝这时又想起马钧,召他来问:"卿可以使这些木偶自己活动吗?"马钧并不贸然回答,拿起木偶翻来覆去琢磨,好一会才说:"能!"魏明帝又问:"能使其顾盼起舞吗?"马钧又给以肯定的回答。

不久,马钧就将一组木偶,呈现在皇帝与廷臣面前。机关一动,这组木偶就活动起来,有的击鼓,有的吹箫,有的舞剑,有的在麻绳上行走倒立,进进出出,左顾右盼,变化多端,煞是热闹。机关一停,戛然终止。围观的人们无不连连喝彩,赞叹马钧的绝技。

原来,马钧在这台木偶的台板下装上了个原动轮,用水力旋转原动轮,木偶均与原动轮关联着,遂可做出种种表演,被称作"水转百戏"。这可说是一千七百多年以前的机器人,现代机器人的始祖。

马钧的改革与发明很多。他曾改造西汉以来沿用了二三百年的织绫提花机,把六十蹑(踏板)改为十二蹑。提高工效四五倍。他还曾改进一种提水工具,叫翻车。后世称为龙骨水车。翻车可把河塘里的水连续提上坡地灌溉,轻巧灵便,效率很高。至今在中国一些地方仍沿用着。

马钧对兵器的改进与发明,也颇有贡献。当时,以聪明著称于世的诸葛亮曾发明连弩,可以一次齐发十箭,威力强大,号称"摧山弩"。这一精巧发明,曾震惊当世。马钧看到后,提出了改进方案,他说改进后可再提高效率五倍。马钧曾试制一种转轮式发石机,能连续发射砖石,是一种很厉害的攻城器具。

马钧以其特有的智巧与天才,经常受到人们的夸奖。他却从不骄傲,更不肯炫耀自己的才能。曹魏有个叫裴秀的,是位出色的制图学家,很自以为是。他瞧不起马钧,扬言要找马钧辩论。马钧知道后就有意回避他。裴秀反而更加得意。著名的学者傅玄很为马钧鸣不平,对裴秀说:"您的擅长是言辞,马钧的擅长是智巧。您以己之长,攻人之短,是可以占上风的。假若您同马钧较量智巧,那会怎么样呢?马钧厚重,总在逊避,难道您不知道吗?"

裴秀从此再没话说,但裴秀所反映的当时鄙视科学技术的社会风气并未被扭转。马钧的一生研究成果,在这种气氛中难以充分发挥作用。指南车被作为陈设搁置起来了。水转百戏等自动机械的先声也在历史的岁月中悄然泯灭了。改进连弩与制造发石机的方案也被束之高阁。只有织绫机的改进,被织工们一代代相传下来,而龙骨水车借助农民的生产需要流布于世。

"祖率"的来历
—— 南朝大科学家祖冲之

刘宋升明二年(478)的一天,建康城内轰传着一件新闻:皇家大花园乐游苑里要进行举世罕见的指南车试车比赛了!

事情是这样的:

马钧造的指南车,早在西晋末就下落不明了。后秦时,皇帝姚兴又让令狐生造了一辆。东晋灭掉后秦时,那指南车也同其他战利品一样,被从长安运到了建康。可是,不知怎的,机件散失不少,指南车也不再指南。它被废弃了整整六十年后,忽然被操纵刘宋王朝的齐王萧道成想了起来。他正想延揽人材,壮大自己的势力,于是召见著名学者祖冲之,问他能否修复或再造一辆指南车。祖冲之答应了,就去开始研究、制造。这时,一个叫索驭驎的人去对萧道成说:"造指南车,那有什么了不起,我也会的。"萧道成就让他也去造一辆。这天,两辆指南车都造成了,决定在乐游苑比赛。乐游苑里面那宽阔的道路可以并行四辆马车。萧道成同达官贵人们来了,站在高处观看。

两匹骏马拉着祖冲之的指南车驶过来了,车上木人的手指着正南方。车子左转右拐,木人指示的方向不变。突然,车子来了个右后转弯,接着,又一个左后转弯,再看木人,仍指示着正南方向。观众们喝彩不绝。

两匹高头大马拉着索驭驎的指南车也驶过来了,车上木人也端端正正地指示着正南方,几经回转,方向渐偏。突然一个急转弯,木人一震,机关失灵了……

比试结束,索驭驎低下了高昂着的头。

祖冲之成功地制造过指南车，还发明过更为精巧的水碓磨和千里船。水碓磨是以水力推动的粮食加工机具，可以同时转动石杵舂米和石磨磨面。千里船是一种脚踏机械船，在建康城南的新亭江中试航成功，日行一百多里，因而，被称之为"千里船"。

指南车、水碓磨、千里船，都堪称祖冲之的精巧之作，然而，最足以表现其精巧的，还是祖冲之在天文历法和数学上的杰出成就。

祖冲之(429—500)，字文远，祖籍范阳郡遒县(今河北涞源北)人，后迁居南方。他年轻时，就爱好天文和数学，三十三岁时就编制出最先进的新历法。那时正是南朝刘宋的大明年间，因而名为《大明历》。

大明历，是以祖冲之的长期天文观测作基础制定的，比以前的十二家古历都精确得多。祖冲之应用了东晋天文学家虞喜首次发现的岁差原理，计算出一回归年是365.242 814 81日，同近代科学测量的结果比较，一年只差五十秒。他又测出月亮环行地球一周(交点月)的时间是27.212 23日，同近代科学测量比较，相差还不到一秒。他还改革了置闰方法。以往十九年置七闰，这样每二百年比实际多出一日，造成历法同天象不合。他采用三百九十一年置一百四十四闰的方法，使之更符合天象实际。这些，在天文历法史上，都是重大的改革和进步。

祖冲之在中国天文学史上是一颗巨星，在世界数学史上，也是古代数学家中的巨擘之一。他采用割圆术的科学方法，计算出圆的直径同周长的比，在3.141 592 6和3.141 592 7之间，在世界上第一次提出了最精确的圆周率。

割圆术，即把圆形分割成内接的正多边形，利用求正多边形总边长的方法，去求得圆周长度的近似值。始初从正六边形开始，再求正十二边形、二十四边形……，边数一倍倍增加，依次算到正二万四千五百七十六边形，才能得出上述的圆周率近似值。当时，不但没有今日的电子计算机，连算盘也还没有发明。祖冲之是用筹码进行演算的，十分繁难。然而，他计算的圆周率比今日通常使用的3.141 6还精密得多。

圆周率的近似值用分数形式表示，早在祖冲之以前就有人提出，那就是22/7，但它的分数值是3.142 857 1，在其第三位小数以后就同圆周率不相符合了。祖冲之认为它过于粗疏，称之为"疏率"。他自己经过反复测算，测得355/113，其分数值是3.141 592 9，这数的六位小数都与圆周率相符，是圆周率的最佳渐近分数，称之为"密率"。

当地球绕太阳又转过了一千几百周圈以后，勤奋的荷兰工程师安托尼兹以及德国人奥托，也求得这个圆周率近似值的分数。欧洲数学史家当时还不知祖冲之早已提出过"密率"，误以为首次提出的是荷兰人，故而称之为"安托尼兹率"。日本数学家有人主张应改称为"祖率"。在祖冲之的祖国,今天人们已习惯地称其为"祖率"。

祖率,原只是祖冲之的数学研究成果之一。他曾把其研究成果汇总成一部著作,叫《缀术》。《缀术》的命运同大明历一样,在祖冲之生前未显于世。大明历被搁置了四十八年,它被采用颁行时,祖冲之已逝世十年。《缀术》则是在祖冲之死后的一百多年,才为唐朝的国立太学列为必读的《算经十书》之一。此书最难,学习期限规定为四年。《缀术》后来东传。据说十二世纪时,日本与朝鲜也曾把它列为教科书。可惜,这书终竟失传了。

祖冲之科学成果的价值,直到近代才被逐渐重视,二十世纪五十年代,他被公认为世界文化名人之一。

《水经注》
——北朝杰出地理学家郦道元

郦道元(466?—527),字善长,范阳涿鹿(今河北涿州)人。北魏末,他先后出任过太守、刺史等地方长官,读过许多书,走了许多路,足迹遍及长江以北的大半个中国。他热爱祖国的山川河流、一草一木,热爱祖国的历史文化,到处寻访名胜古迹。他知识渊博,曾给《水经》作注释,其书名曰《水经注》。

《水经》原是汉朝人桑钦著的，记录了中国古代的一百三十七条水道，成为一部河道学的专著。但它只有一万多字，记述过简，且有不少错漏。此书清朝人考证是三国时人的作品，也可备作一说。郦道元就是以此书为纲要，把记述的水道增加到一千二百五十二条，每条水道，一一穷源究委，记述其流经的山陵、原隰、城邑、关津，以及地理沿革。注文中最富特色的是那些同水道密切相关的历史事件、人物，传说与神话，以及历史遗迹、文物和碑石等记载。北魏以往的几千年中国故事旧闻，从这部书的注文中大都可以窥见概略。因此，它的篇幅也增加到三十万字，比原著扩大二十倍。《水经注》，名为注释，实为创制，它是部独具风格的综合性地理巨著。它与南朝史学家裴松之的《三国志注》，唐初学者李善的《文选注》，被合称为中国古代典籍中的"三大名注"。《水经注》被称为名注，除其内容的特色之外，则是因郦道元的文笔美妙动人，其精彩的篇章，又像诗，又像画。比如，在《江水》篇中，他以散文大家的独到笔墨，描绘了三峡的壮丽，十分感人。自古诗人墨客描写长江三峡绝境奇观的诗文，多不胜数，但脍炙人口、流传最广的，莫过于李白的诗和郦道元的文了。

唐诗人李白的《早发白帝城》唱道：

朝辞白帝彩云间，千里江陵一日还。两岸猿声啼不住,轻舟已过万重山。

诗人极写三峡的山高、峡长、流速、舟疾,从而抒写出当时遇难后刚刚获免的轻快心情。

郦道元的《江水注》写道:

自三峡七百里中,两岸连山,略无阙(同缺)处,重岩叠嶂,隐天蔽日。……有时朝发白帝,暮到江陵,其间千二百里,虽乘奔(指奔马)御风(驾风),不以疾也(也没这样快)……每至晴初霜旦,林寒涧肃,常有高猿长啸,属引凄异(猿声此伏彼起,异常凄楚悲凉),空谷传响,哀转久绝。故渔者歌曰:"巴东三峡巫峡长,猿鸣三声泪沾裳!"

凡读过这一诗一文的,都不能不称道这两位文学巨笔各自的特色,不能不为李诗的轻快歌声与郦文的悲凉基调所感染。同时,也会发现,李诗、郦文虽各不同,其间却有内在联系。那就是地理学家那有声有色的千古名篇,曾深深地打动过诗人;诗人又赋予地理学家的山川图画以神韵,结晶为凝炼的诗句,形成了千古绝唱。

这"绝唱"缘于"名篇";"名篇"亦有所缘。足见千古传诵的名诗佳句,多为历经巨匠椽笔锤炼而成,你锤我锻,愈炼愈精,故能动人心弦而流播久远。

郦道元的不朽文笔,在历史岁月中哺育过一代又一代的诗人作家,至今,仍被选作大、中学的文学教材。正因此,郦道元的《水经注》在现代被作为古典文学巨著出版,作者的名字也被列入著名文学家辞典之中。

《水经注》虽以文学特色著称,然而,它毕竟是部地理科学著作,受到历代科学工作者的珍重。由于它的记述翔实可靠,在今天也仍是国家与地方进行水利建设、城市规划以及制定远景蓝图时的重要参考文献。特别是在考古和历史研究方面,发挥着其特有的重要作用。比如,它在易水条下,记载了古代燕下都城址,对寻找和考证这座古城址起了很大作用。它在科学上起着重要作用,然而,也曾出过这样的大笑话。

那是在二十多年以前。

山西省雁北地区,在大同市以东约三十公里的地带分布一火山群。火山口历历在目,火山弹也比比皆是。中国地质学家早年曾去考察过,认为是些死火山。二十多年前,有位外国火山专家也来考察,断定那是个休眠的火山群,它们在一千三百多年以前还曾喷发过。其文献根据就是《水经注》。

《水经注》的㶟水(古代流经雁北地带的桑干河与其下游永定河的统称)条下曾记载:"水导源火山西北流,山上有火井,南北六七十步,广减尺许。源深不见底,炎势上升,常若微雷发响。以草爨之,则烟腾火发。"

这样的考察绪论与文献证据，引起当地居民的震惊，惶惶不已。当地的大规模基本建设，从此都不能不顾及这一潜在的威胁。

火山脚下的人们过了大约二十个不得安宁的春节。一个春天，他们在火山脚下发现一座汉墓，即一千七百年前的古墓，墓室与遗物都处在火山灰上沉积起来的厚厚积土层中。接着，又发现周代陶片、新石器时代的石斧，以及数万年以前鸵鸟在这里蹒跚遗留下来的蛋片化石。这些不会说话的材料确凿地告诉人们：大同火山群自有人类在这里定居以来，未曾喷发过，是座死火山。后来，又进一步从地质学角度得到了确证。

那么，难道《水经注》上记述的火山不确凿？这部科学著作不科学？仔细检校，原来那位外国专家的论文中，把《水经注》讲的火山的地理位置弄错了，把在大同以西三十公里弄成在大同以东三十公里，东西混淆，张冠李戴了。

大同以西有无火山？据实地调查，那里没有火山的任何迹象。然而，在某些地方，每当雨后或雪后，那里确有云雾蒸腾。原来，几千年来，这里都存在着地下煤层自燃的现象。郦道元见山上有火，故称之为火山。可这同现代的火山概念是不同的。这一点，不只那位外国专家弄错了，中国许多学者也弄错了。

科学家们细查郦道元的全部注文,发现他还记载了煤层自燃引起的其他种种现象。比如注文中有"南崖下有风穴,厥大容人,其深不测,而穴中肃肃,常有微风"。风穴,就是地下煤层自燃后地层下陷形成的进风口,又是煤层得以燃烧的条件。郦道元大概曾亲临风穴踏勘,不然,他怎能写得如此真切,有"肃肃"、"微风"的感受呢!

郦道元不识煤层自燃的道理,却以科学家的态度如实地记述了所见所闻。当然,他的注文也不能说绝无错漏之处,但其态度是严肃而谨慎的。正因如此,它才为科学家们所信赖,成为一部科学名著。

魏晋南北朝四百年间的科学技术,还在农学、针灸学、冶炼学、制瓷与造船等各个领域也都有出色的成就。诸如北朝农学家贾思勰的著作《齐民要术》,就是中国现存的一部古代农业的百科全书。晋代医学家皇甫谧著的《针灸甲乙经》,总结了古代针灸学的基本经验和理论,成为后世针灸学的范本,历代针灸著作,基本上都是从这部范本发展而来。冶炼师綦母怀文锻打的宿铁刀,极其锋利,可斩断铁甲,是用特殊的淬火工艺锻成的钢刀,在北朝名盛一时。同时,那时发明了溶生铁与熟铁为一炉冶炼的灌钢法,这使钢的产量大大提高,成本大为降低,以致使农具制作也广泛应用灌钢。当时南朝的青瓷业发展起来,以致取代了先代的铜器与漆器。梁朝的船舰载重吨位已达两万斛,即约两千吨,比三国吴船的吨位增加了一倍。建康城下的江面上经常停泊着难以数计的船只,据说有一次风灾损毁的船只就达一万艘。这样的科学与技术,是在长期处于割据的社会境况下发展起来的。

二十八、魏晋南北朝的文学艺术

古曲《广陵散》的传说
——曹魏时的音乐家、文学家嵇康

嵇康(224—263),字叔夜,谯郡铚(今安徽宿州西南)人,是曹魏时的一位名士。他擅长文学,喜欢绘画,尤其酷好弹琴。

相传,嵇康年轻时,一次到洛西去玩,流连忘返,夜宿华阳亭。云淡月明,引起他的雅兴,就弹起琴来。不知不觉,更鼓三敲,夜深了。他刚要收琴,看见身后立着一位老者,正在专心致志地听他演奏。老者佝偻着身躯,眼睛灰暗无光。嵇康随口问道:"老人家也会弹琴?"

老人谦逊地微微一笑,说:"略知一点。"

嵇康正年轻气盛,自负很有才华,就存心试老者一试,随又说:"请老人家指点指点,我的琴艺有哪些不够的地方?"

老人摸着垂到胸前的灰白胡须说:"您的指法很熟练,可惜感情不够。一支悲壮的古曲,相公弹得过于婉转柔和了。"嵇康万没想到这位其貌不扬的老人会一针见血指出他的毛病，脸顿时涨得通红，遂诚恳地请老人家弹一遍，给他作个示范。

老人并不推辞，让嵇康点起一炉紫檀香，自己净了手，整整衣，盘膝坐好，先不弹琴，闭目沉思良久。然后，老人才从容地拨动琴弦，桐琴发出了阵阵沉闷的声响，仿佛黑云压城，令人感到压抑、窒息。继而，老人又奏出铿锵有力的旋律，犹如云开月朗，给人以希望、信心和鼓舞。老人双手在琴弦上挥拂，给弦音造成了万千变化，时如海浪击岸，时如喁喁私语。稍后，琴弦又奏出了悲壮、凄凉的哀调，如泣如诉，泣诉的旋律飞越亭外，湖水似乎也在呜咽。

琴声戛然而止，嵇康才如梦方醒。此时，嵇康再看老人，两目晶明，神采奕奕。他佩服得五体投地，恭恭敬敬地恳请老人家把这绝技传授给他。

老人欣然允诺，就给他讲起古曲的来历。

原来，这古曲流传在广陵，是一支散曲，故名《广陵散》，描写的是勇士聂政刺杀韩国奸相侠累的故事。

故事发生在战国时期。秦欲吞六国，而韩国首当其冲。韩相侠累做了秦国的奸细，意欲卖国求荣。国卿严仲子反对侠累，被迫出亡齐国，结识了勇士聂政。聂政本是杀猪宰狗的屠户，却是位见义勇为的人。他应友人之请，赶到韩国刺杀了韩相侠累，连及韩哀侯。然后，聂政割下自己眼皮，又割掉鼻子、耳朵，毁坏了面容,横剑自刎了。韩人暴其尸于街头,悬赏千金,征闻这"刺客"的姓氏和籍贯。

聂政的姐姐聂莹,先听说韩国奸相被刺杀,就猜想那是只有弟弟才做得出的。后又听说,刺客毁容自杀,就认定那准是弟弟怕连累自己。聂莹也是个豪爽而明大义的人,决意不能为了顾全自己而埋没了弟弟的英名。她毅然前去认尸,抚弟痛哭,尽哀之后,把弟弟的名字告诉了众人。她不等兵士来抓,也自刎于弟弟尸旁。

嵇康听得十分激动,一时话也说不出来了。

老人沉默良久,才又说:"弹琴,单靠指法的熟练是不够的,还要理解曲子的内容和精神,要把自己的感情融化到琴曲中去,自己感动了,弹出的旋律才能动人。"接着,老人就亲自指点嵇康弹奏。

天快亮了,嵇康再看老人时,不知何时早已飘然而去。

据说,嵇康的《广陵散》从此就弹得极为出色。这支古曲同嵇康的名字联在一起,名闻全国。

这是个传说,它也许被人们夸张和渲染了。但,这传说反映的内容确有历史根据。嵇康善鼓琴,尤以弹奏《广陵散》而著名,是见诸史册的。嵇康的文章传世很多,其中《琴赋》是名作之一。文中对古琴的奏法和表现力作了细致而生动的描写。

嵇康这位出色的音乐家、文学家,是"竹林七贤"之一。曹魏末，司马氏集团专擅朝政，意欲篡夺皇权。嵇康与阮籍对此都很不满，遂经常约集山涛、向秀、阮咸、王戎与刘伶几位名士，游于竹林之中，故被世人称为"竹林七贤"。

"竹林七贤"后在司马氏集团势力的威胁、利诱下，渐渐分化瓦解。嵇康是个铁铮铮的硬汉，始终不肯阿附司马氏势力。他感到苦闷，就以吟诗作画解忧；诗画不足以解忧闷，就弹琴；铮铮琴声仍不足以解忧愤，就打铁，愤愤地举起铁锤，狠狠地打在锻铁上。这位琴师，竟成了一位铁匠。

有一天，嵇康正在打铁，好友向秀给他拉着风箱，钟会来了。钟会是司马氏的心腹，因羡慕嵇康的才学和名气，很想交结他。嵇康知其来意，却看也不看他一眼，旁若无人，只管叮当打铁，钟会也不肯立即就走。那场面十分尴尬，僵持了很长时间，钟会终于火了，掉头就走。嵇康这时开了腔："何所闻而来？何所见而去？"钟会回头答道："闻所闻而来，见所见而去！"一席对话，短短四句。嵇康的话里充满了骄傲与鄙视，钟会的话里溢出了恼怒与愤恨。

嵇康与司马氏集团势不两立的态度，终于招来了灾祸。他们罗织罪名，要杀掉他。

在刑场上，嵇康深慕勇士聂政的除奸义举，也深悔自己未能除却奸臣反遭权奸所害。他要了一张琴，弹了一曲《广陵散》。那激昂、悲壮的琴声，感动得围观的人们为之垂泣洒泪。

他收住琴,昂天长叹:"吾死不足惜,《广陵散》啊!只恨你要失传了!"

嵇康被杀害了,死时只有四十岁。

所幸《广陵散》并没有失传,它先是辗转于琴师们的手口之间,历经九百余年后,终被一位有心的音乐家记录在《神奇秘谱》一书中。该曲分小序、大序、正声、乱声、后序五大部分,连开指共四十五段,成为今日得见的最长的古琴曲之一。

古曲虽在,可谁还能和嵇康一样,以其生命去拨动琴弦,奏出《广陵散》的最佳音呢?

书 成 换 鹅
—— 东晋大书法家王羲之

王羲之(321—379),字逸少,琅邪临沂(今属山东)人,出身于南迁的北方世家。他是位杰出的书法艺术家,曾任右将军,故人称王右军。右军书法,"飘若浮云,矫若惊龙",集前人之大成,开一代新风,为中国书坛之冠,故后人又誉其为"书圣"。

"书圣",少时沉默寡言,不拘一格,也没什么特异的天才。早期的书法,与其朋辈相较,不但无杰出之处,且还略逊一筹。但是,他那刻苦学书,坚韧不拔的精神,却是朋辈们无人可以企及的。

相传王羲之学书十分刻苦。他学习、吃饭、走路，无时无刻不在揣摩字体的间架、结构以及笔法，边想就用手在身上边划，久而久之，衣服都被划破了。

羲之学书往往全神贯注，以致达到忘情的程度。一次，他正在埋头练字，饭也顾不上吃。家人把饭给他送到书房，他不加思索地用馍馍蘸着墨就吃了起来，还说好香好香。当家人发现时，他已弄得满嘴墨黑，自己还不知道呢。

鹅池

羲之经常临池书写，就池洗砚，时间一长，池水尽黑，故称"墨池"。现浙江的永嘉西谷山、绍兴兰亭，江西的临川新城山、庐山归宗寺等地，都有被称作王羲之"墨池"的名胜。这"墨池"传说的可靠性姑且不论，右军学书曾经下过一番苦功夫，那是确真无疑的。

王羲之以锲而不舍的精神，积数十年之功，终于"暮年方妙"，达到了超逸绝伦的书法艺术高峰。

右军书成，朝野视为墨宝。

相传，羲之游于山阴蕺山地方，见一老婆婆卖扇。竹扇粗疏，无人购求。羲之遂在竹扇上各写了五个字。婆婆见扇子被人弄得墨迹斑斑，不大高兴。羲之告她："你就说这是王右军写的，每把少了百钱不卖。"百钱高于市价多倍，然而，当人们知是右军所书，顿时购求一空。

日后，婆婆又来找羲之写扇，他但笑而不答。他乃江南一代名士，其墨迹在当时也是难以求得的。

山阴一道士，深喜王右军书法，恐求之不得，就养了一群白鹅。

原来，王羲之性爱白鹅。昔时，会稽有位孤老太太，养一白鹅，鸣声悠远，颇为喜人。羲之曾令门人去购求，主人不卖。王羲之欲买不成，就邀集亲友同去老人家中观鹅。老太太听说名士要来造访，遍寻家中无物为礼，就把鹅杀了，准备款待王羲之。王羲之乘兴而来，见鹅在釜中已熟，怅然不已，为此惋叹多日。

山阴道士的鹅，养得洁白肥硕。王羲之听说后，果然乘船来看，意欲买鹅。山阴道士说："如此好的鹅，贫道是舍不得卖的。但愿奉送给您，希望您给写部《道德经》。"羲之爱鹅心切，慨然允诺，欣然命笔，俄尔即就，载鹅而归。这就是欲问右军书法妙如何，"换尽山阴道士鹅"的一段佳话。

右军墨迹很多，最著名的当推《兰亭序》。兰亭，是会稽山

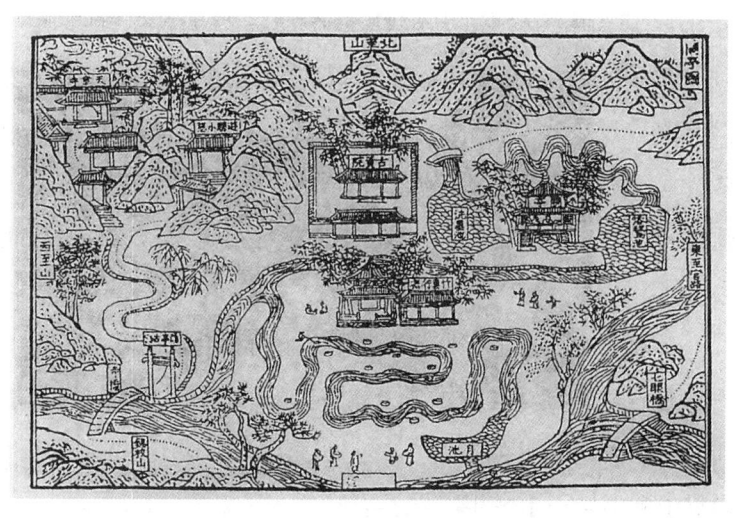

王羲之《兰亭图》

阴的一处古老名胜,那里有崇山峻岭,茂林修竹,兰亭左右有弯弯的曲水,自古游人颇多。东晋永和九年(353)三月初三,正值"禊节"。这天,王羲之邀集谢安(即后来淝水之战东晋一方的决策者)等四十一人,到兰亭过禊节,饮酒赋诗。彼此相约,以觞盛酒,置于潺潺的曲水之上,任其顺势漂流,各人分列曲水之旁,依石而坐,觞流至谁面前,谁就当即赋诗一首,若作不出,则罚酒三觞。那天,曲水流觞,"一觞一饮",共得佳作四十余篇,编为一集,王羲之为之作序并书,故称《兰亭序》,又叫《兰亭集序》,或《临河序》、《禊序》、《禊帖》。该序共二十八行,三百二十四字。这序,王羲之本是信手写来,字体潇洒流畅,气象万千，成为中国行书的绝代佳作。

后世，唐太宗李世民珍爱右军书法，从王氏后人手中访得《兰亭序》墨迹，视若神品，当即令书法名手赵模、冯承素等人勾摹数本，分赐亲贵近臣。他生前对《兰亭序》玩之不倦，曾多次题跋，死后又将其随葬。后昭陵被盗，《兰亭序》真迹也就从此失传了。

王羲之的行书代表作被李世民毁掉了，但在初唐由于李世民的大力提倡、推崇，遂形成争相临仿王书之风。这样，原只是江南书体正宗的王羲之真书，遂一跃而成为全国书体的正宗，并影响中国书坛一千余年。

古代墨迹，书于纸绢，历经一千几百年，是很难保存下来的。谁知在清朝康熙至乾隆年间，还先后发现晋人王羲之、王献之（羲之子）及王珣的三纸墨迹。王羲之的为《快雪时晴帖》，王献之的为《中秋帖》，王珣的为《伯远帖》。这三纸墨迹被视为稀世之珍，独辟阁室，藏于内府，所藏之室，亦被命名为"三希堂"（今北京故宫西路养心殿）。

二百年后，在清王朝覆亡之际，这稀世的"国宝"又散失了。中华人民共和国建国之初，得知"三希"中的"二希"（《中秋帖》与《伯远帖》）流落香港，政府遂不惜重金买回。现为故宫博物院所收藏。《快雪时晴帖》现存台湾。"三希"何时得以重新团聚，那将不仅是书法界的喜讯，更是举国人民的期盼。

浙江省绍兴市的兰亭，现已成为游览名胜。那里的游人络绎不绝，在兰亭之侧的曲水之滨，鹅池碑前，墨池之畔，人们在讲说着这位"书圣"的故事，纪念着他对民族艺术的杰出贡献。

"神妙独难忘"
——东晋绘画名家顾恺之

顾恺之（345？—406），字长康，小名虎头，晋陵无锡（今属江苏）人，出身于江南名门世族。他自幼聪明有才气，博览群书。工诗赋，多艺能，美书法，尤妙绘画。他性格率真通脱，好矜夸，喜诙谐。故而，人称其有"三绝"，即才绝、痴绝与画绝。

恺之的"才绝"是名副其实的。他出口成章，诗赋也绝佳。如《四时诗》，描绘春夏秋冬四季的变化以及大自然的美丽场景，只用了短短二十个字：

春水满四泽，夏云多奇峰，秋月扬明辉，冬岭秀孤松。

诗的意思是，春水融融，充满了江河湖泊；夏日彩云，犹如奇山异峰；秋月朗朗，光辉明亮；冬寒肃杀，岭巅的孤松傲然，格外秀美。简短四句诗，犹如四幅简练而幽静的国画，形象地再现了大自然的四季特色。

恺之的《赋》流传很多。他很欣赏自己的《筝赋》，曾说：

"我的《筝赋》可以同嵇康的《琴赋》媲美。后人不能赏识的,会以为我的赋后出而遭遗弃;善于鉴赏的会知道,我的赋高而且奇,加以珍贵。"的确,他的文采足以同嵇康媲美。恺之的话是坦率、直爽的,正因此,他得了个"痴"名。

恺之虽以"痴绝"而闻名,其实,他似痴非痴,似呆非呆,只是貌似痴呆而另有奇趣。比如他曾为桓温幕僚,与桓温友善。桓温以其手握重兵、专断朝政而声誉不爽。桓温死后,人多指斥,而恺之独去哭坟,并赋诗曰:"山崩溟海竭,鱼鸟将何依!"后,有人问其哭坟的情状,他竟毫不掩饰地说:"声如震雷破山,泪如倾河注海。"恺之是位感情充沛的艺术家,不像史学家、道学家那样,以成败功过论人,而全从故情出发。同代人皆知恺之

顾恺之《洛神赋图卷》

纯厚，人们也不认他是阿私附贵，然而人们却不能不说他"痴"。其痴绝之称，多类似。

顾恺之"画绝"的故事很多，主要绝在一个"神"字上。魏晋南北朝时期，统治文坛的美学思想，主要是追求"形似"，而恺之的画则以"神似"见长。他的画论，也是以"以形写神"的论点闻名于中国绘画史的。

相传有这样一个故事：

恺之为人画扇，画的是嵇康与阮籍两个人物，然而人物还没画眼睛，就送还给了主人。主人问："怎么不点睛？"他幽默地回答："哪能点睛啊，点睛不就会说话了吗！"他画人物，经常是不点睛的，甚至几年不画眼睛。他曾说："传神写照，正在阿堵（这个东西）中。"他视眼睛为整个人物画的关键，是否传神，在此一笔，因而未酝酿成熟之前，宁可不画。

相传还有个画像点睛的故事：

建康城中新建一座瓦棺寺，落成时，寺僧举行法会，并请当朝名流来寺中击鼓鸣钟，以借机募化。当时一般官绅认捐的都不超过十万钱。募到顾恺之时，他在布施册上挥笔写了疏捐一百万钱。他家境素贫，人多以为他又在开玩笑。事后，寺僧去请他缴纳捐款。他说："请在寺中为我准备一堵白墙，我自有道理。"寺僧一一照办了。恺之来到瓦棺寺，闭户月余。原来，他在那堵白墙上正画着一尊菩萨像，名维摩诘画像。维摩诘是印度梵文的音译,意思是清净无垢、名声远扬的菩萨,俗亦称金粟如来。像已画成,将要点睛,恺之告诉寺僧说:"明日,维摩诘像开光(即点睛),你们请人来看,并告知来人,第一天来看的要捐钱十万,第二天来的减半,第三天来的随意布施。"消息一传开,人们争先恐后来到瓦棺寺。顾恺之站在像前,手执画笔,全神贯注,沉思片刻,轻轻两点,维摩诘像顿时栩栩如生,慈颐万端,"光照一室"。观瞻者在惊讶之后,纷纷解囊,不大一会儿,募化了数百万钱。

这幅壁画在瓦棺寺中保存了四百七十余年。唐代杜甫游历瓦棺寺时,壁画还在,诗圣为画家的妙笔所征服,感叹地吟道:

虎头金粟影,神妙独难忘!

相传还有个给瞎眼人画眼睛的故事:

殷仲堪事亲至孝,哀伤过度,以致瞎了一眼。恺之为仲堪幕僚,意欲给仲堪画像。仲堪以为眇目恐难入画,坚辞不肯。恺之早已成竹在胸,遂说:"给您画像,原就是画您的眼睛。试想,给您的眼点上漆黑的眼珠,再于其上轻拂飞白,看去犹如轻云掠过,掩住了一轮明月,那是多美啊!"殷仲堪欣然同意了。这幅特有的传神之作,被记在后世的画著之中。

相传还有个更有趣的画像故事:

顾恺之给裴楷画像。裴楷脸颊上与众不同地长着三根长毛。恺之作画时,不但没有略去不画,反而夸张地将三根长毛画了上去。裴楷的形象非但不丑,其神态更加突出了。

顾恺之就是这样,使其艺术实践,达到了"以形写神",形神兼备的绝妙境界。

顾恺之的画作甚丰,仅据唐、宋有关的记载,总计就不下七十余幅,并著有画论三种。流传到今世的只有《女史箴图》、《洛神赋图》和《列女图》三种。据鉴定,恐亦是唐、宋高手的临摹之作,但仍不全失其神韵。

顾恺之是位全能的天才画家。按照书法家、诗人的杰出者称"圣"的习惯,已故的现代国画大师潘天寿也称誉顾恺之为中国古代的"画圣"。他是当之无愧的。

"世外桃源"
——东晋大诗人陶渊明

种豆南山下,草盛豆苗稀。晨兴理荒秽,带月荷锄归。道狭草木长,夕露沾我衣。衣沾不足惜,但使愿无违。

这自然而平淡,散发着清新的泥土芳香的诗句,就是陶渊明吟唱出的心声。

陶诗传世的有一百二十余首,多咏田园生活,故被称为"田

《隐居十六观图·陶渊明》(明陈洪绶绘)

园诗"。田园诗在中国诗史中成为一大流派,陶渊明则以其拓荒之功,成就最高,被视为田园诗之父。

但是,陶诗的伟大,在其所生活的晋、宋之际,以及其后的近二百年间都不曾为人所识。直到中国诗、词的盛世唐宋年间,陶诗才为李白、杜甫、白居易、欧阳修、苏轼等人理解和推崇。

诗人的高风亮节与艺术的价值不为时人所理解,这并没有什么奇怪。这种现象,在艺术史上是屡见不鲜的。这反衬出诗人的奇伟,而不同于凡响。

欲知其诗,得识其人。

陶渊明(365?—427),字元亮,一名潜,浔阳柴桑(今江西九江西南)人,出身世家,父祖辈累居高官,但其年轻时,家境已衰。他受到传统文化的熏陶,少有"猛志",意欲干一番济世的大业。同时,他也养成了放达不拘、热爱自然的性格。他二十九岁时出任县里的祭酒,走入官场,后又曾担任过参军一类的小官。他在官场,目睹了统治阶级内部争权夺利、相互杀伐的种种丑恶现象。黑暗的现实同他原先济世的理想相牴牾,他知道自己的抱负在这样的社会里是无法实现的,故而他三次出仕,又三次归隐。当他四十一岁时,家境贫困,儿女盈室,瓶无储粮,为酒饭计,又违愿出仕彭泽县令。他到任不久,就觉悟到违背自己的意愿所带来的苦恼更甚于饥寒带来的苦痛。他暗自盘算,等收获了官田中的稻谷以后,就辞职隐居。偏巧这时上级派来个督邮,视察政务。县吏告诉他,应束带相见。陶渊明耻于官场中的应酬,更厌恶逢迎拍马,愤然道:"我岂能为五斗米折腰,拳拳向乡里小儿!"当即解绶去职,毅然还乡了。这次出仕只有八十天。

陶渊明视居官为误落"尘网"、"樊笼",视去职归隐为鸟归旧林、鱼还故渊。他一到家,就欣喜欲狂,引觞自酌,抚松盘桓,种豆南山,采菊东篱,或命巾车,或棹孤舟,心静气爽,怡然自乐。他感慨地说:"实迷途其未远,觉今是而昨非!"

从此,诗人决意再也不出仕了。

陶渊明隐居了,田园生活给他带来了很大乐趣,而家境的日益困乏又使他感到不安。原来家中有"方宅十余亩,草屋八九间。榆柳荫后檐,桃李罗堂前",户无尘杂,有酒盈樽,生活还算小康。后来,家遭火灾,日益穷困了。耕种勤苦,却仍时时不得温饱。饥不可忍,以致去扣门乞食。席冷无被,彻夜难眠。但境遇虽苦,其志不移,时时著文吟诗,激励自己。

诗人不愿与世俗同流合污,同邻里的父老们却过往甚密,融洽无间。农忙时,各务农桑,闲暇时,则披衣而聚,但话桑麻,言笑无厌。谁家酒熟,便相邀还家,尽情斟酌,一醉方休。

陶渊明归隐之初的诗文,较多表现出的是怡然自乐的轻快心境;后来的诗文,则有不少是深沉的思索了。那官场的黑暗,农人的疾苦,以及自身的饥寒交加,这一切不能不使他思考一个为什么。魏晋的先哲的答案曾是以抽象的哲理来表述的;诗人思索的结论却是个完美形象,即一个令人向往的境界——"桃花源"。

据说在晋代,武陵地方有一渔人,顺一条小溪逆流而上,欲穷其源。他忘记走了多远,忽然看见一片桃花林,芳草鲜美,落英缤纷。渔人很惊异,又继而前行,走到桃林尽处,见一山,山有一小洞,仿佛还有光亮。渔人便舍船,从洞入,初极狭,才通人,又走数十步,豁然开朗,另是一个世界。

在那里,土地平旷,屋舍俨然,阡陌交通,有良田、美池、桑竹等等,公鸡啼叫着,小狗摇着尾巴。风光秀美,和平而宁静。

在那里,人人劳动,日出而作,日入而息,春收长丝,秋收五谷,但却没有人来收租,也没有官府为皇家收税。

在那里,一切都保持着淳厚的古风。祭祀仍沿用着古代的礼器。种地也不用历志,看到春草荣发就知该下种了,看到木叶凋落就知道该收割了。

在那里,乡里间的感情是融洽的,彼此和睦相处。当人们知道渔人来到村中,便都纷纷设酒杀鸡,邀他去家中作客。

从问讯中知道,他们的先人原是为避秦乱才到这里来的,久而久之,与世隔绝。他们都不知道世间又经历了两汉、三国以及两晋等朝代。渔人逗留几天以后,就告辞还乡,并在沿路作了标志。然而,后来人再去找,就迷了路,谁也找不到了。

这就是诗人以诗文形式写出的千百年来流传不息的"世外桃源"。

世外桃源是美好的,但是,从来也没有。它是善良的诗人在饱经乱世的痛苦之后所向往的一种理想境界,借用近世外来语就叫"乌托邦"。桃花源虽是不现实的,但以其同那个现实的时代一比,真善美与假恶丑就如同一句成语所说的:"泾渭分明。"

这正是诗人伟大的所在。

这只是陶渊明的"静穆"一面,诗人还有"金刚怒目"的一面。再读读他的《读山海经》、《咏荆轲》等诗,便见到了又一个陶渊明。

二十九、佛教的传入与扎根

古印度的释迦牟尼,中国的孔子,这两位世界名人,同生于公元前五六世纪之际。

当孔子带着学生周游列国,宣传儒家的政治主张的时候,释迦牟尼大概也正率领门徒在中天竺弘扬佛法。两位圣哲虽生于同代,却相隔万里。相传,孔子曾说:"丘闻西方有圣人,不言而信,不化而行,荡荡乎无能名。"这话可能为后人附会,未必可信。孔子未必知道释迦牟尼。大约四五百年之后,随着东西方之间丝绸之路的开辟,佛教渐流布于中国。圣人与佛祖的门徒,在公元前后各两百年的两汉之际于中原相遇了。

东汉末,农民起义扯起了宗教的旗帜,以神仙家的衣钵作基础,奉先哲老子做教主,创立了太平道、五斗米道。此即原始道教。起义先后失败,道教却传布开来。

儒、佛、道成为中国的"三教",虽同为统治阶级服务,彼此也存在利害之争。佛与儒、道的矛盾和斗争,在魏晋南北朝时期往往同民族问题结合着,时张时弛,渗透到社会的各个领域。

这里将要叙及的主要是佛教在魏晋南北朝时期发展的梗概,以及"三教"与政治的关系史。

洛阳白马寺
——佛教传入中国

洛阳城东有座千年古刹,名叫白马寺。它被誉为中国的"释源",意即佛教的发源地;亦被称作"祖庭",即中国第一座寺庙。

关于它的来历,有个动听的传说:

东汉永平七年(64),汉明帝刘庄做了个梦。梦见一个硕大金人,尊严而慈祥,头上有一光环,犹如日月,光辉耀人。金人始初在宇间悠然飞行,后飘然升空,径往西方而去。明帝感到惊异,把梦境告诉群臣,让他们推测吉凶。朝臣们彼此你看看我,我看看你,谁也说不清。

博士傅毅广闻多识,说:"臣闻前朝霍去病攻打匈奴时,曾把匈奴休屠王供奉的金人带到长安,献给皇帝。汉武帝命将金人置于甘泉宫,烧香崇拜。时过一百八十余年,屡遭战乱,金人早已下落不明。据说那金人是西方天竺的佛祖。陛下莫不是梦见了佛祖吧!"历来说霍去病将金人带到长安,并以此定为佛像传入中国之始。此实讹传,始作俑者就是傅毅。

明帝熟读儒家典籍，还亲到太学讲经，却不熟悉天竺的什么佛祖，听了傅毅的话，很感兴趣，就派出两位使臣去西方求佛。

两位使者历尽艰险，终于到了佛国。佛国对中国的使者深表欢迎。佛国的两位高僧，一名摄摩腾，一名竺法兰，用白马驮着佛像和《四十二章经》，不辞万里，来到洛阳。

明帝对友邻佛国的两位高僧异常敬重，指令在京都城西盖了规模宏伟的佛寺，供两位高僧居住。驮经白马也养在那里，故称白马寺。

今洛阳白马寺外景

依这个传说，洛阳白马寺已有一千九百多年的历史。现在，寺前山门两侧仍饰立着两匹石雕白马，寺内的东西侧院中分别有摄摩腾、竺法兰的古墓，寺内大殿中嵌有《四十二章经》的刻石，还遗留有东汉清凉台的硕大青石柱础。这里因被视为"释源"，历代名僧云集，译经传教，成为佛教活动的中心。

白马寺的传说，流传广远，但附会甚多，实不可靠。据佛学史家们考证，两位高僧，是否确有其人，尚存疑问；《四十二章经》原文亦系后人抄辑，并非最早传入中国的经卷。传说中的人物、情节、时间、地点，也众说纷纭，矛盾百出，不足凭信。

白马寺的传说不能视为信史，但却证实着一段可信的史实：

佛教初入中原，远不如儒、道影响之大。佛经的教义，始初只能借助儒、老的概念和形式，才得以传播。故在东汉一代，人多同祀佛老，史书上也把浮屠、老子并称。后来，道徒眼见佛教力量的增长，就编了老子西去化胡的故事。大意说，老子西游天竺，教化胡人，释迦牟尼就是老子的化身。意在抬高道教，贬低佛教。东汉时，佛教力量尚弱，高攀黄老，也只好默认老子化胡，即默认"汉神"高于"胡神"。

曹魏与西晋时，佛教力量发展。译经事业早在东汉末亦有成就。佛、道力量的对比逐渐发生变化，佛教转弱为强，渐同道教分庭抗礼。白马驮经的传说，就是在这样的历史背景下编造出来的，意在攀附皇权，渲染佛教在中国的历史地位。西晋时，白马寺的故事已在佛徒中广为流传。后来，佛徒们又编造出佛派老子、孔子来中国进行教化的故事，用意则更为昭然。

白马寺传说的出现，反映了魏晋时佛教力量的抬头，同时，也反映着佛、道矛盾的发展。

佛图澄和鸠摩罗什
——十六国时期的兴佛

西晋末，富庶的中原出现了可怕的惨象："八王之乱"的连年战争，几十万良家子弟死于血泊，乡村屋宇倾圮，荆棘丛生，一片荒凉；天灾接踵而至，今年原野变成泽国，翌年又土地龟裂，禾苗尽焦，飞蝗蔽天；饥荒蔓延着，皇宫里的死人横七竖八，饥民成百万涌向长江流域……正在这时（西晋永嘉四年，即310年），一位天竺高僧从西域来到中原，驻锡洛阳，想建造佛寺，说是要拯救一方苦难。

这位高僧叫佛图澄（232—348），是位能背诵数百万字经卷，精通教义，妙于法术的大师。他自称已活了一百余岁，善诵咒语，能役使鬼神，又善辨铃音，可从铃声中卜知吉凶祸福。他先结识了石勒的将领郭黑略，暗中为其出谋划策，使郭黑略屡建功勋。石勒原知郭为人平庸，却屡建奇功，颇生疑惑，就问他。一问方知为其划策的是位高僧，遂拜佛图澄为师。

公元319年，石勒建立后赵，自称皇帝。石勒是少数民族羯人，入主中原，正需"胡神"做精神支柱。佛图澄由是大受恩宠。

石勒死后，石虎称帝。石虎是十六国时极其残暴的君主，动辄成千上万地杀害无辜人民。但他对佛图澄却异常敬重，给以特殊礼遇。每当朝会，佛图澄衣锦绣，乘雕辇，太子侍臣簇拥而上。主司一声："大和尚到！"文武百官，肃然起立。事无巨细，石虎无不请佛图澄代为筹划，预卜吉凶。

有一次，东晋军来攻伐，石虎军失利。石虎大怒道："我奉佛敬僧，却引来晋寇，佛有何用！"

次日，佛图澄见石虎，说："陛下前身是位巨商，曾在西方佛寺设法会，与会的有六十位罗汉，我是其一。有位得道者当时就预言：这位施主身后将在晋地做帝王。现在，陛下果真做了帝王。这正是前世礼佛的好处啊！"

佛法的根蒂就是人死而神灵不灭，从而导出"生死轮回，因果报应"的教义。佛图澄是传布这种教义的大师。成千上万的人开始对佛法心悦诚服。石虎也不例外，遂大力兴佛。

原来，佛教自两汉之际传入，朝廷只准西域人立寺传法，汉人不得任意出家。魏承汉制。石虎要兴佛，就得解除这一限制，说："我不是汉人，做了中国皇帝，理应兼奉中外神佛。从今以后，不分民族，凡愿意奉佛的，一概允许出家做僧尼。"

僧尼是不负担徭役和租赋的。后赵时期，境内民户不过几百万,却经常调集几十万人服徭役、筑宫室。暴政繁苛,不亚于秦代。石虎诏令一下,百姓为逃避沉重的徭役负担,纷纷出家。佛教借助暴政勃兴起来。

宗教的兴旺,总是以人世间的苦难为温床,人世间愈是长夜难明,佛头上的光环也就愈发光辉明亮。佛教在魏晋南北朝四百年间正是这样兴起来的。西晋时,洛阳、长安两京有佛寺一百八十座。后赵时期,佛图澄在后赵境内建立的佛寺竟达八百九十三座。

佛图澄是位高僧,又借后赵皇权的扶持,威望很高,中外来跟他学法的人很多。大弟子道安长于佛教哲学,入长安后,成为前秦一代大师,门徒甚众。道安的大弟子慧远,后入庐山,建东林寺,成为东晋一代高僧,创往生净土之宗,被奉为净土宗初祖。

佛图澄、道安以及慧远,弟子云从,遍布中国南北,到处传法,东晋十六国时期的佛教遂蓬勃发展起来。

道安听说西域有一高僧,名叫鸠摩罗什(344—413),七岁出家,日诵佛经三万二千言,学识渊博,精于梵文,现在龟兹。西域诸王均诚服鸠摩罗什。每次鸠摩罗什讲法,国王长跪法坛侧旁,以供鸠摩罗什登坛说经。道安深慕鸠摩罗什之名,就劝秦王苻坚派人去迎请。

苻坚派将军吕光率兵七万前往龟兹。龟兹王不放鸠摩罗什走,被吕光大军攻灭。吕光带鸠摩罗什向长安进发。行至凉州,得知苻秦已在淝水之战中惨败,苻坚被杀,苻秦已为姚秦所取代。这时,吕光就据有凉州。后姚秦攻陷凉州,鸠摩罗什才被迎接到长安。其间历时二十余年。

公元401年鸠摩罗什到长安,在西明阁和逍遥园译经,改直译为意译,先后译出佛经七十四部,三百八十四卷。鸠摩罗什对自己译文的忠诚是很自信的。七十岁时逝世,死前发誓说:"假若我的译文不失梵文大意,死后焚身,舌头不会烂坏。"

鸠摩罗什像

这话是否有应验?《晋书》说,鸠摩罗什死后火化,"薪灭形碎,唯舌不烂。"舌不坏烂未必真实,却足见后人也很称道鸠摩罗什译文的忠诚。

鸠摩罗什与南朝真谛、唐僧玄奘,被合称为中国佛教史上的三大翻译家,影响深远。

鸠摩罗什又同佛图澄、道安,被合称为十六国时期的三大名僧。他们为佛教的发展奠定了基础,对佛教在中国的兴起有莫大贡献。

《佛国记》与扶桑国
——东晋、南朝宋齐时僧侣的求法运动

葱岭，在中国西境，那里海拔近七千米，属于世界屋脊。东晋隆安三年（399），有几位僧人迎着怒吼的暴风雪，不畏艰险地攀登在这葱岭的冰山群中。法显（337？—422？）与慧景就是这一行中的两位僧人。

他们不满于有口无心地诵经，欲深究教义，深感已译出的经卷不足。他们就相约了一批伙伴，去佛国取经。当时，先后去西域佛国取经的僧侣很多，兴起了个求法运动。

法显、慧景一行，兴冲冲地从长安出发，出了玉门关，进入了沙漠地带。上无飞鸟，下无走兽，狂风一起，日月无光，四顾茫茫，只能以沿路的枯骨作路标。征途的险恶，前景的渺茫，一些伙伴逐渐犹豫、动摇了，结果先后颓然返回了长安。惟法显与慧景等六人矢志不移，昂然奋进。

法显与慧景他们走到了沙漠尽头，又穿越了戈壁，来到了千仞冰山，爬过了激流之上的一座座摇晃的索桥，攀登了数百座山头，终于把葱岭甩在身后，进入了异域，登上了苏来曼山北端的小雪山。这时，慧景被长途跋涉折磨病了。谁料，暴风雪又骤

然袭来,慧景病体难支,倒毙路旁。法显掩埋好同伴僵挺的尸体,抹去泪痕,又毅然独自前进了。

　　法显路经三十国,终于到达了佛教圣地摩揭陀国(在今印度东部),见到了佛经原本。可是,他不懂梵文。学梵文,并不比征途上忍受饥乏容易。但法显不畏难,立志苦学,三年学成。法显在天竺历时十一年,又泛海去狮子国(今斯里兰卡),在那里游学两年。他先后求得了一批佛像和梵文经卷。

　　法显求法已成,就在狮子国搭乘一商船从海道返国。船在印度洋上遇到风暴,风急浪高,船漏水涌,人们急忙把行李什物抛入海中,以保船活命。法显视经卷重于生命,把其他物品抛光,坚持完好保护着经卷。船在海中漂行九十余日,被吹到耶婆提国(在今印尼爪哇),又搁浅被撞坏了。法显焦急地等了五个月,仍然起锚无期,就改搭另一去广州的商船。船在太平洋上航行二十余日又遇暴风,迷失航向。船已漫无目的地漂流了四十余日,眼看即将粮尽水绝,船上人们莫不心如铅铸。异教徒认为这是法显带来的灾祸,扬言要处置他。可怕的灾难,眼看就要发生了……

　　一天,海日冲破夜幕,朝霞中隐约地出现了陆地的影子。人们绝望的心重新燃起了希望!

　　船靠岸了,问讯后方知这已是中国土地,地属青州府长广郡,当地名叫牢山(即今山东青岛崂山)。法显在东方的大陆和海洋中绕行了一个周圈,历时十四年重又回到了祖国,经卷与佛像被完整地保护下来。

法显求法大功告成返国以后,并未松懈止步。他南下去东晋都城建康,就道场寺开始译经,又开始了一个漫长的征途。据说他译出经卷六部,二十四卷。后又到荆州的辛寺继续翻译,前后共译出一百多万字。

法显又将自己求法的见闻写成《佛国记》(原名《历游天竺纪传》,亦名《法显传》)。作者对去天竺所经历的三十国山川风物都扼要地作了记叙。它成为今日研究南亚次大陆各国古代史地的重要著述之一,也是中国有关海上航行最早的详细记录。

今日,在斯里兰卡的首都科伦坡外八十公里的地方,有个约三百户的乡村——石村,现已改称"法显石村"。那里有当地名胜法显石洞。相传法显曾在这里驻足。洞宽24米,深8.5米。1981年6月,这里又建起"法显石村碑"和"法显庙碑",以纪念这位最早到过斯里兰卡的高僧。法显的名字,现在成了中、斯两国人民友谊的象征。

法显是中国西行求法的先驱者。他比唐僧玄奘西行求法早了约二百三十年。

法显回国后约半个世纪,另一位高僧慧深又出发去海外弘扬佛法了。他走的是与法显相反的方向,不是向西,而是向东,远涉太平洋去扶桑国传法，于萧齐永元元年（499）回到中国的荆州。

慧深所去的扶桑国，并不是中国古代诗文中所常指的日本。如唐诗人王维在《送秘书晁监还日本》诗中说："乡树扶桑外，主人孤岛中。"晁监即日本人阿倍仲麻吕，曾随遣唐使到中国，在长安做过官，中国名字叫晁衡或朝衡，他与李白、王维等唐代著名诗人过从甚密。

慧深所到的扶桑国，据中国史书记载，在中国之东。其具体位置，书中说：中国之东，海中有倭国；倭国东北七千余里，有文身国；文身国之东五千余里，有大汉国；大汉国之东二万里，有扶桑国。显然，扶桑不只在中国之东，也在古日本之东。道路里程未必尽确，但可知决非只有一水相隔的距离。

近二百多年来，经历代学者考证指出，扶桑国可能就在今墨西哥。

据史书记载，慧深说，扶桑国生长一种扶桑木，初生如笋，果实如梨，色赤红，名桑梨，经年不坏，扶桑人以此为食，织扶桑皮作布为衣。先时学者们考证这是美洲生的龙舌兰。近年证实，这是美洲的一种玉米，古玛雅人广泛种植，今日亦有种植。学者们还从考古学、语言学、古生物学、民俗学等多方面寻得一些证据，佐证扶桑国就在今墨西哥。在古代玛雅人的传说中，有位东方来的神人，传播给当地人农业、历法、天算、采矿、冶炼等多种知识。后来又走了。有学者考证此即慧深。

假若扶桑国在今中美洲的墨西哥,慧深等当年是怎么渡得重洋,去而复来的呢？学者们或认为是在特定季节漂洋过海的(近年也还有人乘木船横渡太平洋成功);或认为是在冰期,沿阿留申群岛越冰而过的。但是,不论取何途径,在一千五百年以前,从亚洲到美洲,路途上的艰险是很难想像的。《梁书》、《南史》等许多史籍都记下了这个令人难解之谜。

东晋与十六国时期,佛教在中国已扎下了根,趋向成熟了。慧深东渡传法比唐僧鉴真东渡日本还早约三百年。

佛教哲学的危机
——南朝关于"神"的一场辩论

南朝的佛教盛极一时,尤以齐梁时期为甚。

南朝历经宋、齐、梁、陈四个朝代,每个朝代都是汉家天子,每个汉家天子却都崇拜"胡神"。他们一个接一个地修寺庙,起佛塔,铸金像,以致舍身为寺庙的奴仆。梁武帝就舍身四次,为给他赎身,朝廷花去四万万钱。这些钱都给了京都建康城中最大的寺庙同泰寺。同泰寺再以这巨款起楼阁,造寺塔,大事修建。当时,建康城的佛寺极为壮观。曾有"南朝四百八十寺"之诗句,若据史书记载,还不止四百八十,而有七百座之多。寺庙栉次,佛塔如林。塔林中,同泰寺的六级佛塔辉煌壮丽,最为有名。

起寺造塔,初看起来是和平静穆的善事,是一种信仰,无可非议。但南朝的佛寺,盛时多达几近三千,僧尼约十万。这样,宗教的盛行就变成了社会的灾难。一位朝廷老臣指着皇帝新造的一座高耸云霄的佛塔感叹说:"多高的塔呀!可这并非'功德',是罪过啊,那是用百姓卖儿贴妇的钱造成的塔,罪过比塔还高啊!"这话是切中时弊的。当时,南朝一片诵经声,掩盖着天下百姓的哀叹声、呻吟声和怒骂声。

皇帝与菩萨结合在一起,形成了南朝崇佛的社会气氛。他们想借助有神论"生死轮回,因果报应"的说教,使愤然不平的人们安静下去,得以"坐致太平"。

汉人原有自己传统的民族文化,向来是不重来世,而重人生。具有洞察力的思想家们早看到潜伏的社会、政治危机,形成了反佛的思想倾向。这一思想的代表者,即是唯物主义思想家范缜(450?—510?)。

南齐竟陵王萧子良执政,他笃信佛教,常常举行法会,每做佛事,萧子良亲自给僧侣送饭送水,以示自己是佛家的奴仆。萧子良有文才,常邀集当代名士在王府中做宾客。范缜虽是个不显要的官吏,也常被邀请。同时被邀请的,还有萧衍、沈约、范云等人(萧衍后来灭齐建梁,即梁武帝,沈约、范云等都成了开国功臣)。范缜与这些当代名士为友,但谈及对佛教的看法,却观点冲突,势同水火。

有一次,萧子良对范缜说:"你不信鬼神,也不信因果报应。请问,世上为什么有人富贵,有人贫贱?有人享福,又有人受苦?"范缜从容地指着庭院中盛开的花枝,说:"人生就好比这棵树上的花。一阵风来,有些花瓣被吹落到庭堂,落到席毯上,有的被吹进厕所,落到茅坑里。那飘落到茵席上的,就犹如殿下;那落入茅厕的,就有如下官。这完全是偶然的。哪里有什么因果报应呢?"

范缜那时,当然不会知道贫富的原因是由于阶级剥削造成的,然而,却以生动的比喻,以偶然论反驳了因果论,说得萧子良哑口无言。

一场孕育已久的有关"神"的辩论,就这样拉开了序幕。

范缜同萧子良辩论以后不久,大约在公元487年前后,发表了哲学名著《神灭论》。《神灭论》,从"形存则神存,形灭则神灭"的哲学根本命题出发,以问答的形式,条分缕析地阐明了无神论的思想。并以犀利的语言,揭露了佛教、僧侣对社会的危害。

《神灭论》一发表,震惊了长期沉醉于佛教哲理的人们,致使"朝野喧哗"。

萧子良召集高僧名士著文反驳范缜,都没有人能驳倒他。

有的同范缜一交锋,便自愧不如,退下阵来。

论战进行着,范缜手中有真理,"辩摧众口,日服千人"。神,它的存在发生了疑问,"天堂"、"地狱"也随之动摇了。佛教哲学面临着危机。

这场辩论持续了大约二十年左右。

后来,萧衍做了皇帝,亲手写了一旨敕书,硬是诬说范缜的神灭论荒谬背理,强令他以后不许再说,后又加个罪名,将他流放到广州去了。

范缜被迫离开建康,未几即不屈地死去。但建康城里有关神与无神、崇佛与反佛的辩论并没有终止。大臣苟济上书梁武帝,痛斥佛教的荒谬,被砍了头;郭祖深抬着棺材到宫门前上书,切谏崇佛,力陈崇佛势将害民亡国的道理……

僧侣有皇权做后盾,在哲理上辩不过论敌,就凭借皇权的势力把论敌压了下去。为维护有神论的地位,就大兴土木。寺庙建造得更多了,金像也铸得更大了,佛塔也修得更高了。

同泰寺的佛塔,在梁武帝最后一次舍身被赎回的当天晚上竟被烧毁了。梁武帝说:"做善事总有魔鬼阻碍,要重造新塔,新塔要比旧塔造得更高,魔高佛更高!"

新塔计划造十二层,比旧塔高一倍。但新塔还未造成,梁朝的政治危机就爆发了。叛乱与战争,使"奄若天宫"的建康佛寺群沦为颓垣灰烬,破碎的佛像同瓦砾堆在一起。号称"皇帝菩萨"的八十六岁的萧衍,也竟被活活饿死。

南朝的佛教从顶峰跌落,每况愈下。

魏太武帝和周武帝的灭佛
——北朝的政教冲突

北魏王朝于公元439年统一了北方,夺得了中原半壁河山。同时,它从此也卷入了持续二百余年的中华民族在宗教问题上的纷争。史称"华夷之辩"。

北朝宗教问题与南朝不同。南朝完全是汉人的政权,没有所谓华夷问题。佛、儒的争辩,也多限于哲理与教义。北朝的宗教斗争,则具有民族间政治斗争的意义。当然,也有阶级的、经济的原因。斗争的形式也不尽相同。

寇谦之是位著名道士,隐居嵩山,招收了众多道徒,编了许多道经,扬言太上老君(老子)亲封他为"天师",命他出世辅佐北方太平真君治理天下。太平真君喻指北魏太武帝拓跋焘。寇谦之到了北魏的京都平城,得到太武帝的宠臣、北方士族首领崔浩的推荐,向太武帝奉献了道经。太武帝又接见他,为他设立天师道场,并亲到道坛接受符箓。这是表示接受天命,有权君临中原。后还改年号为太平真君。

太武帝既接受道教,崇奉汉神,表示亲汉,遂下令限佛。规定五十岁以下的和尚要还俗，服徭役，供租赋。这样，北魏政权就同僧侣发生了冲突。当北魏出兵崇佛的北凉，完成统一北中国的最后一战时，北凉的僧侣都拿起刀枪为北凉的君王死守都城。城陷之后，三千僧侣被俘。太武帝气愤地说："和尚不去礼佛，不去修行，竟手持刀枪做贼，实在可恨！"他下令把三千僧侣一律斩首。幸得寇谦之出面为僧侣说情，他们才得免死罪，被罚做苦役。

不久，平城破获一起未遂的宫廷政变案，高僧玄高、慧崇等竟是这案件中的要犯。太武帝下令砍了他们的头。

云冈石窟本尊如来坐像及左协侍如来立像

第二年，北魏境内发生规模很大的农民起义。同时，在长安城的佛寺中查获大批武器和财物。

太武帝早为守城的僧侣和参与政变的和尚所激怒。现在，他又怀疑僧侣们同起义军串通一气，图谋不轨，大为恼火，遂于公元446年宣布灭佛。命令说：要把佛寺统统捣毁，把经卷佛像烧光，把所有僧尼杀光，永远禁绝佛教流传！

幸得太子拓跋晃故意迟迟拖延着宣布这一法令，僧尼大都得以闻风逃匿，佛像经卷也大都密藏，只有寺庙佛塔等多遭捣毁。

中国历史上发生过四次大规模的灭佛事件。北魏太武帝首开其端。

太武帝死去，新皇帝即位，禁佛的律令就被宣布解除了。隐匿的僧尼重又披起袈裟，找回经卷，化募布施，修整寺塔……

佛教在北魏复苏了。并且在皇权的荫庇和支持下，又得到迅猛的发展。

自公元452年取消禁佛律令，到公元534年北魏分裂为东西魏，共计八十三年。据记载，这期间的前期约五十年，佛寺恢复发展到六千座，重披法衣的僧尼，发展到七万七千余人；后期三十余年，佛寺猛增到三万座，僧尼达二百余万人。

每座寺庙都是一所地主庄园，大寺庙则是大地主庄园。役使着的僧祇户、佛图户成百上千，或为寺庙输粟米，或为寺庙服杂役。史书记载：凉州有为寺庙供粟米的僧祇户二百家，迫于僧侣的逼迫欺压，上吊投河而死去的竟达五十人。仅此一例，即可见当时僧侣地主阶级同农民阶级的矛盾之尖锐了。

后来北齐继续崇佛。

北齐灭亡时，有户三百零三万余。全境佛寺多达四万座，僧尼二百万人，只邺都一地佛寺就多达四千座，盛况空前。粗略计算，平均三户负担两个僧尼，还不算那庞大的官僚机构以及几十万军旅。当时，黎民百姓的负担沉重是可以想见的，这样的国家又怎能不灭亡呢？

北周与北齐不尽相同。

始初，对佛教则加以限制。周武帝眼见佛教的泛滥，造成了国家的兵源短缺，财政枯竭，就果断地宣布了中国历史上的第二次灭佛法令。先是取缔了北周境内的百万僧尼。北周灭掉北齐后，又在齐境内宣布灭佛。

这次灭佛，周、齐境内，总计约四万余座寺庙被没收，分给王公大臣作第宅，约三百万僧尼被迫还俗。各州郡众多的僧祇户、佛图户，也从寺僧的压迫下解放出来。这使北周渐强，为以后南北朝的统一奠定了基础。

北朝的佛教造成了社会性的大灾难，但它也留给后世以辉煌的宗教艺术。今天尚可见到的是那代表一代艺术风格的石窟雕塑艺术，如敦煌莫高窟、云冈石窟、龙门石窟，以及麦积山、炳灵寺、响堂山、天龙山等石窟群,这些都是古代的艺术宝库。同时,它们也成为这一时代佛教文化艺术的历史见证物。至今,其中的前三石窟群已是世界文化遗产。

它们的开凿,短者历经数代,长者以至千年。它们以生动的形象告诉人们,太武帝灭佛,未能成功。在其死后,佛教重又复兴。云冈石窟的开凿就是证明。那么,周武帝灭佛又怎样呢?

龙门石窟

他没有杀人,没有流血,做得是比较成功的。然而,太武帝未曾做到的,周武帝也不可能彻底做到。佛教同其他宗教一样,都是一定历史时期的社会现象。它们的发生与存在,有着深刻的社会原因和认识上的根源。再者,一定历史时代的思想与文化,只能随着历史的发展为更进步的思想文化所取代。如以任何行政手段去强制或禁锢人们的思想、意识与宗教信仰,少有不失败的。周武帝的灭佛,亦如扬汤止沸,在他死后,佛教就又复兴了。

杨坚代周灭陈,建立起统一的隋王朝,佛教也就在新的历史条件下又兴旺起来,到唐代达到了中国佛教发展的鼎盛时期。同时,也孕育着中国历史上的第三次灭佛。

三十、道教的早期宗派和炼丹名家

龙虎山上驻仙岩
——龙虎山派及其前后的道教宗派

世界自然遗产龙虎山,位于江西鹰潭市区西南的二十公里处。山有九十九峰、二十四岩和二十多处神井丹池。其中的驻仙岩,相传是第一代天师张道陵得异书之处,至今仍留有丹井、丹灶、飞升台等遗址。

龙虎山下的天师府,宅临泸溪河,为张天师的居所,至今已传六十四代,可与北方曲阜的孔府比世系,人称"龙虎山下宰相家"。

天师府的第一代是张道陵。张道陵,又名张陵,沛国丰(今江苏丰县)人。东汉顺帝时客居于蜀,赴鹤鸣山(在今四川大邑)学道。汉顺帝汉安元年(142)五月初一夜半,自谓遇老子,遂奉老子《道德经》为经典。从之受道者,照蜀地习俗,须出五斗米,故称此道为五斗米道。作为世界文化遗产的青城山(在今四川都江堰），遍布着以道教文化为主的文物古迹。其中的天师洞，三面环山，万树凝烟，相传是张道陵结茅居住过的地方。张道陵创建的五斗米道，由其子张衡、其孙张鲁继承、发扬。至东晋末年，孙恩、卢循农民起义，就是以信奉五斗米道而发动起来的。起义遭到镇压，五斗米道销声。

与五斗米道同为道教初创教派的太平道，主要流传于河北一带。创建人是张角，即黄巾起义的领袖。

西晋怀帝永嘉（307—312）年间，张道陵的四代孙张盛移居龙虎山，建上清宫，尊张道陵为"正一天师"，"天师道"之名取代了销声的五斗米道。天师道多宗派，张盛一派称为龙虎山派。

道教初创时，如太平道、五斗米道，是治病养生、为民请命的。到南北朝时期，道教便逐渐为封建统治者所利用。北魏太武帝时，嵩山道士寇谦之，主持新天师道，亦称北天师道。他提出以封建"礼度"为主要内容、以礼拜炼丹为主要形式的新教义，得到反佛的北魏太武帝的重用。南朝宋明帝时，庐山道士陆修静，整理道书，撰成《三洞经书目录》。他依据封建宗法思想和制度，借鉴佛教仪式，制成新的道教斋戒仪范，为处于统治地位的门阀士族所接受。陆修静主持的一派，被称为南天师道。

在龙虎山派和南、北天师道的前后，道教宗派还有：阁皂山派,楼观派,茅山派,等等。

阁皂山派,又称灵宝派,由三国时吴国道士葛玄创建。葛玄在阁皂山(在今江西清江)修道,世称葛仙翁。他的从孙葛洪,著有《抱朴子》,将道教的神仙信仰系统化,并结合了儒家的伦理纲常。葛洪之孙葛巢甫,又撰《灵宝度人经》,灵宝之教风行一时。

楼观派,由北魏元帝时道士梁谌主持。楼观之地相传为老子西出函谷关传《道德经》之处,为当时的道法重镇。

茅山派,由南朝梁陶弘景创建。茅山即句曲山(在今江苏句容、溧阳交界处),因西汉时茅氏三兄弟在此山修炼成仙,故称此山为三茅山。陶弘景隐居茅山修道,梁武帝常往山中咨询,他被称为"山中宰相"。他主修的是《上清经》,因而茅山派又称上清派。

道教,不同于由外传入的佛教,是本土宗教。作为一种传统文化,其文化价值超出了宗教范畴。道教早期宗派中的重要人物,如葛洪、陶弘景等,又是著名的科学家。"四大发明"中的印刷术和火药,若追寻其源头,则不难发现,源头就在道教的符箓和炼丹。东晋道士的枣木符印是隋唐之际雕版印刷的雏形,炼丹炉中则有了初始的火药。大书法家王羲之,信奉五斗米道,其行草的成功,得益于道教符箓。还有东晋以后大量出现的山水诗,其中一部分是受"道法自然"培育的。

炼丹炉中的科学
——道士身份的科学家葛洪

葛洪,是位很神秘的人物,他的主要著述《抱朴子》被道教奉为经典,他不但被称为道士,而且被视若神仙。

现今,在广东省罗浮山下还有座冲虚古观,观东还有座石坛,坛由三层花岗石砌成,呈八角形,石坛的八面分布着乾、坎、艮、震、巽、离、坤、兑等八卦图案。相传这是葛洪的遗迹,被称作"稚川丹灶"。稚川,是葛洪的字。丹灶,即炼丹的炉灶。一千五百多年以来,这里流传着以葛洪为主人公的种种神话,辗转润饰,被说得玄而又玄。

翻开史籍《晋书》,历史上确有其人。

葛洪(284—364),丹阳句容(今属江苏)人。年轻时,寡欲而好学,家境清贫,常砍柴以换纸笔。相传葛洪在余杭山偶遇两位当世名声显赫的人士,人或恐后,葛洪却只目击而已,不肯与之接谈。葛洪对典籍的研讨颇为刻苦认真,遇有疑难,必想方设法求得解决。

西晋末,葛洪已出仕朝廷,然其志不在功名地位,意在能去洛阳都城搜求异书,广拓见闻。

东晋时,朝廷欲选葛洪任散骑常侍,兼领大著作。散骑常侍,是随从皇帝,预闻要政的显职。大著作,是领导撰写国史的重任。可是,葛洪却固辞不受,偏偏又乞请去到遥远的交趾郡勾漏县(今广西北流)当县令。皇帝认为那是大材小用,不予诏准。葛洪就又奏道:"臣不为荣誉,那里出丹砂,为炼丹耳。"

葛洪酷好神仙奇术,渊源颇深。葛洪出身炼丹世家,尽得先人炼丹秘术。炼丹,是把一些矿物放入密封的鼎里,用火来烧炼。矿物在高温高压下,会发生变化,生出新的化合物来。于是,这样炼出的某些化合物就被视为"仙丹",据说久服可以长生不死。炼丹求药,在当时南朝的统治阶级中已成为一种腐朽的风气,颇为流行。葛洪去勾漏,行至广州,被刺史邓岳强行挽留下来,遂居于罗浮山下,炼起丹来。

东晋兴宁二年(364)的一天,邓岳突然接到葛洪的书信,声称他将要"远行寻师",不日起程。邓岳慌忙赶去话别,却见八十一岁的葛洪坐在洒满阳光的巨石上,已长眠不醒,体质轻而且柔,颜色如生。

葛洪逝去了,他却留给后世大量著述,其著作之多,史称"富于班(班固)马(司马迁)"。其中特为后世所推重的有《抱朴子》、《肘后备急方》等等。

《抱朴子》分内、外两篇。内篇二十卷,主要记载的是炼丹知识。炼丹求仙虽是荒唐的,但炼丹的过程却使人们认识了一些矿物的性质,获得了一些原始化学知识。比如分解与化合,某些物质化学反应的可逆性,某些金属间的相互置换作用,以及炼制过程中出现的升华与结晶等现象。葛洪的书中就记载着丹砂加热可以分离出水银,水银同硫磺化合又能变成丹砂,以及铜铁在一定条件下发生置换作用后,"铁赤如铜色"等。葛洪将其经年累月积累起来的炼丹知识,记在《抱朴子》的内篇中,仅炼丹所用原料就提到雄黄、雌黄、石胆(硫酸铜)、消石(硝酸钾)、矾石(白明矾)、寒羽涅(石膏)等二十多种,堪称一部集中国原始化学知识之大成的著作。

《肘后备急方》是部医药书。"肘后",意指书小,可随身带在肘后,如现代说的"袖珍本"。书中集有许多民间验方,药草也常见易得,疗效又很灵验,故而深受欢迎。这书的内容几乎包括各种医学。书中讲到结核病与恙虫病,这是世界上最早的记载。书中对天花等病的论述,则已含有免疫学的思想萌芽。当时对流行病,世人还不知道是病菌等微生物传染的,普遍认为是天灾,是鬼神造成的。可是,以宗教家面目出现的葛洪却认为不是天灾,也不是鬼神造成的,而是中了外界的疠气,即物质的原因造成的。葛洪的这些思想和成就出现在一千五百多年以前的古代,是多么难能可贵啊!

葛洪的书名曰《抱朴子》,葛洪也自号抱朴子。正如俗语说的,文如其人,书也一样。葛洪是位笃好神仙的原始化学家、医药学家,所以,他的著述也大多是迷信与科学的混合品,在糟粕之中掩藏着闪光的科学精华。正如古代的天文学、哲学、医学都涂有浓重的神秘色彩一样,稚川丹灶中也生出了科学的萌芽。

"一事不知,以为深耻"
——道士身份的科学家陶弘景

"一事不知,以为深耻",是道教茅山派创建者陶弘景的座右铭。年少时他践行此座右铭,博览群书,至成年而为通晓万事的大学者,连当朝皇帝都找到他咨询;学成后仍践行,刻苦钻研,至成果累累而为科学家,可不少人却只知他是个道士。

陶弘景(456—536),字通明,自号华阳隐居,秣陵(今江苏南京)人。早年仕齐,任左卫殿中将军等职。齐武帝永明十年(492)起隐居茅山,创建道教茅山派。入梁,不受朝廷征聘,虽不在朝,但有"山中宰相"之称。著有《真诰》、《真灵位业图》等,主张儒、释、道三教合流。在今茅山的华阳洞,留有陶弘景隐居的遗址。华阳洞为一天然溶洞,位于茅山中部老虎岗西侧,洞深约一千多米,是道教的"第一福地,第八洞天"。

隐居于华阳洞的陶弘景,伴随着炼丹等道教活动,不懈地在原始化学、冶炼铸剑、天文历法、山川地理、医术本草等方面进行刻苦钻研。

作为道士,醉心于炼制仙丹。通过炼丹,陶弘景发展了中国的原始化学。他将"水银有生熟"加以区分,并验证了"汞齐"现象。汞齐,即水银与金、银等金属炼制成合金。近代分析化学用火焰分析法鉴别钾盐和钠盐,这一方法早被一千五百年前的陶弘景实验过了。他提到了消石(即硝酸钾),实验中观察到"以火烧之,紫青烟起",而燃烧芒硝(即硫酸钠)却不生紫青烟。他那个时代,尚未有钾盐、钠盐的科学术语,但他已掌握了区分的科学方法。

佩剑,为道士除邪禳灾所用。因而,陶弘景对刀剑的铸造甚为用心钻研,著有《古今刀剑录》一书。

结合刀剑铸造,陶弘景在钢铁冶炼方面也有科研成果。"灌钢"冶炼法,是中国在炼钢技术发展中的一项突出贡献。陶弘景第一个将这影响世界的冶炼法记录下来,让后人得知"灌钢"冶炼法在南北朝时已为冶铸业使用了。

陶弘景于天文历法方面,有不少科研成果。比如,他制造了天文仪器"浑天象"。此仪器,"高三尺许,地居中央,天转而地不动,以机动之,悉与天相会"。

陶弘景最高的科研成就是在医术本草方面。"本草学",是中国古代一门讲述药物知识的学问。陶弘景的《本草经集注》,在本草学的发展史上起着承上启下的作用。现存最早的药物学专书《神农本草经》,收载药物三百六十五种,陶撰《本草经集注》则收载了七百三十种药物,增收了一倍。《本草经集注》不仅增收了药物,而且将药物的分类方法科学化。《神农本草经》

将药物分为上、中、下三品,《本草经集注》将药物按照天然来源分成玉石、草、木、虫鱼、禽兽、果、菜、米谷和"有名未用"等九类。按照品种分类的方法,在本草学著作中陶撰为最早。《神农本草经》,据阴阳五行而将药物区别出"酸、咸、甘、苦、辛"五味,陶弘景对此五味并不盲从,而是将药物的药性分为"寒、微寒、大寒、平、温、微温、大温、大热"八种。重视药性,而不盲从药味,是汉医向科学化迈出的一大步。

陶弘景对汉医学发展的贡献,还在于:他规定了丸、散、膏、丹、汤、酒的制作规程,统一、细分了称量药物的斤两标准,等等。葛洪的医药书《肘后备急方》,陶弘景予以修订,使之更为完善,改名《肘后百一方》。

江、浙一带,神化陶弘景行医的传说颇多。比如,陶弘景给小白龙治好了病,小白龙报恩,从此年年风调雨顺。浙江瑞安有一座福泉山,山下有一个村叫药齐坑,村后的山顶叫药齐顶。名中都有"药齐",确实,各种中草药长遍了村边、山顶。这是怎么一回事呢?传说是陶弘景当年把采药篓里的中草药都撒在了这里。

三十一、隋王朝的治与乱

隋,是个短暂的王朝,文帝开国,炀帝亡国,一治一乱,历三十八年(581—618)。但是,隋在中国历史上却是个重要的王朝,全国又一次大一统由其始。

"开皇之治"
——隋朝的统一与繁荣

隋文帝杨坚,原是北周的勋戚重臣,被封为隋国公。他的女儿杨丽华,是北周宣帝的皇后,性情柔婉,举止端雅,颇得宫妃的敬重。妻子独孤氏出身于鲜卑贵族。杨氏和独孤氏这两大家族都是北周王朝的顶梁柱。这种联姻,当然是为了政治的需要。

隋文帝像

宣帝的父亲周武帝历史上以灭佛而闻名,是位英俊的君主,儿子宣帝却是个庸碌的昏君。宣帝二十二岁做皇帝,还不到一年,就传位给八岁的儿子周静帝,自己当起太上皇,自称天元皇帝。这个昏君喜怒无常,看不中那位淑娴端庄的皇后,经常无故地责骂她,杨后却从容不迫,辞理不屈。一天,昏君暴怒,强令杨后自杀,并扬言要族灭杨氏全家。

后母独孤氏闻讯,仓皇进宫磕头求情,直磕得头破血流。

后父杨坚也奉召入宫。坦然而入,神色自若,打乱了昏君事先要谋杀他的计划。

一场统治集团内部的冲突暂时避免了。

这场冲突的内在原因,要比帝后不睦的表面现象深刻得多。这是因为隋国公的潜在势力日增,对皇权构成了威胁。宣帝虽然昏庸,也已朦胧地感觉到了。同时,隋国公也在收揽人心,私下放风说:天元昏聩,又自剪羽翼,容颜憔悴,寿命不会很长了……。

果如杨坚所料,大约未出一月,宣帝就颓然死去。朝廷重臣刘昉、郑译等,有些原本就是杨坚的心腹,乘机假传遗旨,召杨坚入朝辅政。杨后得知此事,大为惊愕,转念又想,皇帝幼小,家父辅政,总比大权旁落为好。

杨坚辅政不到两年,就剪除了异己势力,将政权紧紧控制在自己手中。于是,由隋国公晋封隋王,由隋王而受禅称帝。公元581年二月,建国号隋,改元开皇。

隋文帝开国,一改先朝弊政,励精图治,然后,北逐强胡,南灭残陈,结束了近四百年的大分裂局面,建立起一个强大的统一的隋帝国。

隋文帝治国有方。他首先建立起强大的中央政府机构,又简化了地方行政层次;改革选吏制度,废除了三百多年以来为世家豪族所把持的九品中正制,设科举士(此为科举制的创始),使中、小地主也有参政的机会,扩大了统治基础;经济上,采取轻徭薄赋,鼓励农桑的政策,遂使生产蒸蒸日上,国势日渐强盛。

隋文帝初始亦倡导节俭,平日顿饭不过一肉,宫廷用物,残坏了的经过修补再用。皇后不尚丽服艳饰。宫人的衣服也是穿了再穿,少有新制。达官贵人也以节俭朴素为荣,便服多用布帛,不以金玉为饰。这样,久而久之,形成了隋初崇尚节俭的社会风气。

隋文帝对官吏贪污行为,总是严惩不贷,甚或失之苛酷。

隋文帝如此治国,二十几年后,国家安定,经济繁荣,百姓乐业,一片兴旺景象。开皇十二年(592),财政官员呈报说:"府藏皆满,粮食布帛无处容纳,已堆积在走廊和房下了。"文帝诏令再造新库。后来,又奏呈说:"新库落成,亦堆积无余。"文帝只好下令说:"告知郡县,寓富于民,不藏于府,免除今岁租赋,赏赐百姓。"早在平陈之后,就宣布免除江南十年租赋。这样富庶的景况在历史上也是罕见的。七百年前,曾一度见于西汉初的文景之治,今再见于开皇之时。

这时,朝廷府库中储积了多少财物,史无确数。但见有这样的记述,粮食布帛足够朝廷支用五六十年。即至后来隋末洛阳被围困,城内布帛山积,以致用布帛做柴烧,用绢代绳汲水。唐朝代隋之后,堆积的布帛还用了二十多年。

伴随着社会的安定,经济的繁荣,户口也迅然猛增。隋初北朝半壁河山有约三百六十万户,南朝有户约五十余万,合计不过四百多万。二十九年后,全国已有八百九十余万户,四千六百余万人。户数比南北朝时约增加一倍,比西晋时约增长两倍,接近了东汉时的户口水准,即一千万户,五千万人。当然,这是些相当粗略的统计数字,但从中也可窥见东汉以后人口的起伏变化,以及隋文帝时期人丁兴旺的景象。

隋盛时,中国的版图东起大海,西到新疆,南抵云广,北至大漠,东西四千六百余公里,南北七千四百余公里。

隋文帝,作为封建帝王,当然有其阶级的、历史的局限性,以及种种弊政,但他顺应历史的发展,统一了中国,又使国家迅速地富强起来,达到上述如此繁荣的程度,这在中国漫长的封建历史上是少见的。隋文帝的历史功绩,以往很少为人们所称道。

隋文帝善于治国,却不善于治家。仁寿四年(604),他卧病在仁寿宫(在今陕西扶风北),竟被太子杨广派人杀害,据载:当时"血溅屏风,冤痛之声闻于外"。从此,隋朝治世的局面就逆转了。

建东都与开运河
——隋炀帝暴政之一

杨广(569—618)继位,是为隋炀帝,他是中国历史上著名的暴君。他先施展权术,设计使文帝废掉太子杨勇,继而又害死生父,夺得帝位,丧尽天良,无恶不作。他骄横自负,为了满足自己的贪欲,不惜使千百人肝脑涂地。因此,他最后走向了灭亡的道路,成为历史上屈指可数的独夫民贼之一。

炀帝即位后,大征民力建东都,开运河,在客观上对历史有一定的积极作用。但他的乱国暴政也正是从此开端的。

炀帝即位的头一年,即大业元年(605),就决定从长安迁都洛阳,营建东都的浩大工程就在技术家宇文恺的领导下开始了。从这年三月开始,三个月完工,每月征用约二百万人。

被征发的农民背井离乡来到洛水两岸夯土筑墙。他们丢下地里的庄稼,以汗水和鲜血给隋炀帝换来了一座规划有致,略呈正方形的高大都城。

为在新城中构筑宏伟的宫殿,远到江南的深山老林中去砍

大运河鸟瞰

伐木材。一根大木,需用两千人拖运。从江南到中原,千里迢迢,历尽了千辛万苦,不少人弃尸于途。洛阳城中的庞大而富丽的宫殿群,就是这样耸立起来的。

东都古城遗址在今洛阳市区以西,据考古学家实地勘察,外城周长五十多里。城门、水道遗迹尚清晰可辨。

营建东都之始,大运河工程也破土动工了。开运河,并不是在陆地上开挖出一条全新的水道,而是沟通已有的天然河流。在北起京津,南至杭州的中国东部,分布有海河、黄河、淮河、长江、钱塘江五大水系,彼此都有许多相距不远的支流。只要加以沟通、疏浚,从南到北就可以舟楫往还。但在近一千四百年前,全凭原始工具开挖,这终究是一项浩大的工程。

运河的开筑,当然是为了巩固皇权统治和享乐的需要,但也不尽然。秦汉时,中原地带是全国的经济中心。东汉以降,山河分裂,中原人口涌入南方,江南渐被开发出来。隋时,经济重心已开始南移。继隋之后的唐代,"赋出天下,而江南居十九"。故而,隋王朝统一后,南北经济交流已是大势所趋,单靠陆路马驮车载的运输已不适应,迫切需要一条沟通南北的水道。正是这样,南北大运河才应运而兴。

大运河的开凿,分为四段进行。从大业元年(605)开始到大业六年(610),历时六年,以洛阳为中心北达涿郡(今河北涿州),南抵余杭(今浙江杭州),全长约两千公里,贯通南北的运河通航了。沿河修了堤道,栽种了杨柳。大运河,现今是国家重点文物保护单位。

挖河与建都两项巨大工程,使人民付出了巨大的牺牲。

炀帝以营都挖河肇端,年复一年地将繁重的徭役强加于全国人民,动辄调发几十万、成百万的劳力为他造海筑山,修建离宫,建造成万艘的龙舟、楼船,……。徭役成了灾难。据史书记载,当时,在洛阳以东和以北的几百里的大路上,每月役夫更迭时,车载筑城死丁"相望于道"。运河两岸更是"死尸满野"。长城脚下,百万夫役,十天之中死亡过半。……谁知在那岁月里有多少农家的田园荒芜了,有多少妻子成了寡妇,婴儿成了孤儿,挣扎在死亡线上!繁徭重役的可怕,竟致使不知几多人忍痛砍下自己的手足。伤残者可以避免役死他乡,故而被称为"福手福足"。

出巡与扬威
——隋炀帝暴政之二

人民付出了沉重的代价,造成了雄伟的新都,华丽的宫阙,蜿蜒的运河和长城,这些应足以使隋炀帝引以为自豪骄世了。但他是永无满足的,他役使着中原千万人民仍嫌不足,还要威加远居边陲的民族。于是,他又北巡塞外,西出张掖(今属甘肃),扬威四域,夸富海内。

大业三年(607),炀帝率甲士五十万人,马十万匹,北巡出塞。他事先下令让技术家宇文恺造了观风行殿与六合城,随驾出巡。观风行殿是一座可拆可装的宫殿,下置轴轮,进退自如,其大可容纳数百人。这是世界上最早的大型活动房屋。六合城则是可拆可装的一座城池,周长八里,以板作骨,以布作饰,绘以丹青,上布旗旌,甲士可荷戟负戈在城上巡逻。这恐怕也是古代最大的活动建筑。草原上一夜之间突兀树起一座城池。城中又起宫殿。突厥可汗与酋长们远远望见以为是神助天成,敬畏不已。离城十里就不敢再骑马,跪于地上匍匐而行,纷纷争献牛羊驼马。炀帝则厚赐可汗酋长以大量金帛。

当时,朝臣高颎、贺若弼等人就曾私议皇帝此次出巡过于奢侈。炀帝知道了,立即加他们诽谤朝政的罪名杀掉了。

大业五年(609),炀帝又西巡张掖,并诏令西域十七国的使臣前来晋见。又命令武威、张掖两郡的男男女女,都穿起最华丽的服饰,驾上最好的车马,列队欢迎,队伍长达数十里。如此兴师动众,原是为了向西域人民夸耀中原的富有。

第二年,西域使团和成队的商旅倾慕中国之富有,云集洛阳。炀帝诏令举行盛大的欢迎仪式。在皇城端门外大街上搭起戏楼,戏场周长约八公里,乐师多至一万八千人。灯火辉煌,如同白昼,通宵达旦。这场百戏从正月十五日开台,整整演了半个月,到月底方才收场。

这期间,商旅们要求在市内进行交易。整个市容整顿一新,小商小贩锦衣丽服,竟连卖蔬菜的也用精美的龙须席铺地。西域商人路经酒食店,店主热情邀请入座,醉饱出门,不收分文,以显示隋的富庶。但客人并不痴呆受骗,有人就指着市间树木上缠饰的彩绢质问说:"贵国也有穷人,衣不蔽体,为什么不给他们去做衣服,却用来缠树呢?"市上的人被问得无话可答。

炀帝这种虚荣浮夸的愚蠢行为并未赢得民族间的信誉,他的大民族思想,却招致了民族间的干戈。

大业十一年(615)秋,当炀帝再次率领甲士出巡塞外时,突然遭到突厥人几十万骑兵的袭击,雁门(今山西代县)一带四十一座城堡被攻克三十九座。炀帝逃之不及,被围困在雁门城里。突厥人攻城甚急,飞矢纷纷落到炀帝脚前。这位不可一世的暴君,被吓得六神无主,抱着小儿子痛哭流涕,眼睛都哭肿了。

多赖将士奋勇,死守孤城,才得以转危为安。

三 征 高 丽
——隋炀帝暴政之三

炀帝役使了中原,又威加四域,可是,他仍不满足,又要征服邻国。他首先看中了高丽。

大业七年(611)正月,大运河刚刚通航,炀帝就乘坐龙舟北上,到了涿郡他发出羽檄,征调甲兵来涿郡集结,准备征伐高丽。

涿郡,辖境约相当于今北京以南,保定市以北,太行山以东,白洋淀以西的地带,郡治在今河北涿州。飞檄传出,各郡甲士络绎向涿郡进发,河南、淮北赶造的五万辆兵车也辚辚北上,黄河两岸国库中的粮米正装船北运,粮船头尾相接,帆樯千里,江南、淮南、岭南的几万兵丁水手也在长途跋涉。大道上,经常有几十万人疲于奔命,隘道要津被人流堵塞了。路途中破车死牛,比比皆是,死人相枕,秽臭扑鼻。

东莱海口(在今山东),正在赶造三百艘大型战船。官吏限期督办,皮鞭交加,役人纷纷倒毙。帆樯尚未竖起,海底已不知有几多尸骨了。

对内重役,对外用兵,民愤郁积,犹如地下火山,迟早要爆发的。

这年,邹平人王薄在长白山(在今山东邹平南)聚众,首举义旗。王薄自称"知世郎",取世事可知,隋朝必亡的意思。各地饥民纷纷加入,打碎旧王朝的又一场农民战争的序幕拉开了。

大业八年(612)正月,炀帝不顾人民的死活,仍然发布了进军令。远征军分为两翼,各领十二军,共计一百一十三万三千八百人,号称二百万。远征军依次出发,两军相间四十里,日发一军,出发时间就用了整整四十天。全军首尾相继,鼓角喧天,旌旗招展,逶迤九百六十里,后面还有御营六军,又排出八十里。这样的军队首尾不得相顾,根本不是征伐的格局,实际是千里示威游行。这体现了炀帝狂妄的战略思想。原来他以为,高丽小国,不及中国一郡之地,大军一到,准定乖乖投降。但是,出乎炀帝所料,高丽人民不畏强暴,举国一致,坚决抵抗。炀帝的先头部队三十余万,初战小胜,转而大败,死里逃生的只有两千七百人。

炀帝第一次远征高丽,可耻地失败了。

炀帝并不甘心,第二年(613),又发动了第二次远征。同样,又遇到高丽人民的顽强抵抗。

正当高丽君民困守孤城、危在旦夕的时候,隋炀帝的后院起火,督运军粮的尚书杨玄感起兵反隋。同时,河北、山东、河南等地的农民起义,也正如火如荼地发展着。东都洛阳垂危,炀帝只得撤军。

炀帝远征高丽,不但使国内阶级矛盾激化,也使统治阶级内部分裂了。

第三年(614),局势稍有缓和,炀帝犹未死心,又召集百官商议第三次远征。但是,朝堂上却寂然无声。炀帝不度时宜,一意孤行,再次向全国发出了征兵令。这次与往次不一样了,不少郡县公然抗命,应征来的士兵又不断逃亡。炀帝下令,以逃兵的颈血衅鼓,残酷镇压,然而无济于事,兵士逃亡仍有增无减。炀帝无可奈何,只好借高丽求和的台阶,下令撤兵。

炀帝的远征军归来,路经邯郸时,农民起义军一部袭击了远征军的后队,掠获了几十匹战马。

这个小小的袭击,却是个重要的信号。它标志着反隋力量壮大的必然趋势。这时,农民起义的烽火已在全国燃起,一场汹涌澎湃的阶级大搏斗开始了——隋朝覆灭的丧钟敲响了。

"好头颅,谁当砍之"
——隋朝的覆灭

炀帝三次远征归来,形势每况愈下,郡县纷纷呈报告急文书,这使他忧心如焚,夜不能寐。这个临亡的暴君已如惊弓之鸟,听不得起义军的消息。谁若奏闻起义军"人多了"、"离洛阳近了",他就暴怒杀人。他色厉内荏,心怀恐惧,在东都住下去感到不安全,意欲避难江都(今江苏扬州)。

炀帝要下江都,朝臣们都明知群龙无首,王朝大厦也就崩溃了,但谁也不敢进谏。这时,一个叫任宗的小小尉官,挺身上书劝阻,立即被打死在殿下。途中,同样的事又发生多次。炀帝执意东行。

炀帝到了江都,但江南并不平静,反隋力量也在风起云涌。这时是大业十二年(616)。

炀帝起用了一批心毒手狠的刽子手统领官军,对反隋力量进行残酷的镇压,一支支起义队伍被淹没在血泊中。可是正如史书所说,"隋将战无不捷,然百姓从乱者如市","败而复聚,其势益盛"。

各地农民军在几落几起之后,渐渐适应斗争的需要,由分散走向集中,全国汇合成三支比较强大的农民队伍:翟让、李密领导的河南瓦岗寨军;窦建德领导的河北起义军;杜伏威、辅公祐领导的江淮起义军。

大业十三年(617)，隋王朝的地方官吏、将领也纷纷割据，称霸一方。实力最为强大的是唐国公李渊，起兵太原，割据关中，发展迅猛。李渊也就是后来唐朝的开国皇帝唐高祖。

大业十四年(618)，隋王朝的势力已土崩瓦解，只剩下洛阳和江都两地了。

隋炀帝在江都离宫，虽仍拥姬抱妾，然而如坐针毡。天天打卦问卜，以酒浇愁。一天，他引镜自照，嘿然而笑，说:"好头颅，谁当砍之!"炀帝自知江山倾危，预料自身难保，就备下一缸毒酒，并告宠妃们说:"贼兵若来了，卿等先饮，然后朕也饮之!"可是，他毕竟不甘心灭亡，犹抱幻想，希求苟全性命，故又同萧后说:"痛痛快快地喝酒吧! 不管怎样，朕不失为长城公，卿亦不失为沈后!"

长城公，是南朝亡陈之君陈后主降隋以后，隋给他的封号。沈后即陈后主的皇后。

说来也巧，陈后主是在炀帝即位那年即604年死去的。当时，这位雄心勃勃的新朝皇帝给死去的陈后主一个贬称，叫"炀"，意思是说他一生贪图花天酒地而疏怠了政务。显然，他是在嘲弄这个亡国之君。历史无情，他万万未曾料到，十四年之后，他自己竟连当长城公的待遇也未求得，而被属官处死，并戴上了他自己制定的"炀帝"的丑名!

当隋王朝在农民起义的怒吼中崩溃时,炀帝落入了哗变的禁卫军手中。宠妃早已逃散,毒酒也找不到了。他怕被杀头,便从身上解下一条绢带,递给禁卫军的头领,把自己活活勒死了,时年五十岁。

公元618年三月,隋亡。

三十二、唐王朝的创建与勃兴

起 兵 太 原
―― 唐的初创

隋失其鹿,大厦将倾。贫苦百姓,被迫无路,揭竿而起,义旗林立。边将郡守,纷然割据,遍地称王。这就是隋末的形势。

镇守太原的李渊(566—635),先人原是周、隋先朝重臣,袭爵唐国公。唐是西周古国名,在山西南部。李渊素无大志,在那群雄竞逐的岁月,手握河东一方兵权,却无心于河山,只顾在晋阳离宫中同宫女们厮混。父亲庸庸,儿子们却很干练。长子建成时年二十九岁,次子世民年二十岁,四子元吉年十五岁,个个英武,雄心勃勃。

李世民(599—649),在李渊的诸子中称最,聪明勇决,胆识过人。他眼见隋势已去,暗结俊杰,蓄意经略天下。

公元617年,世民乘机劝父亲起兵。李渊一听,大为惊恐,竟要捆儿子送晋阳县衙,治他谋反之罪。其实,晋阳县令就是世民的同谋。当其时,只有这位唐国公不识时务罢了。后来,李渊受到隋炀帝的逼迫,眼见难免有杀身之祸,才只好听从儿子的安排,开仓济民。六月,起兵太原。

八月,率兵三万进入关中。

十月,部众发展到二十万人,入据长安。

第二年三月,炀帝死于江都。五月,李渊在长安称帝,建国号唐,改元武德,是为唐高祖。又立建成为太子,世民为秦王,元吉为齐王。

唐朝二百九十年的历史帷幕拉开了。

李渊建国前后,秦王世民率军西征北伐,解除了关中、太原等地的后顾之忧。公元620年七月,又率兵东进,决战中原。

河南地方,原有李密所部的瓦岗义军与王世充所部的割据势力相对峙。李密兵败降唐,王世充在洛阳称起皇帝来,国号郑。

唐军东征,河南郡县相继归降,郑军被困于洛阳城。日久粮荒,宰相府的官吏也相继饿死,情势危急。窦建德闻讯率兵来救。

窦建德,是隋唐之际的著名农民起义领袖,据有河北地带,称夏王,号大夏。军纪严明,深受河北百姓拥护。

王世充原为隋朝的郡守,以镇压义军起家。始初,阴险狡诈的王世充在江南与义军作战,与部分降服的农民在寺庙的大佛前焚香盟誓,扬言降者不杀。憨诚的农民不知是骗术,旬日间参加义军的二十万人出降自首。王世充全部予以坑杀在黄亭涧,"涧长数里,深阔数丈,积尸与之平"。王世充以此腾达。

窦建德与王世充,两者性质不一,势同水火,何以窦建德要救王世充呢？原来,窦建德唯恐唐军吃掉郑军后,夏军在力量对比上处于劣势。故拟先联郑挫唐,维持鼎足之势,尔后再寻机灭郑,争得战略主动,进而与唐争天下。

唐军获悉夏军南下,决计围城打援,未等夏军进抵洛阳,先行东进,雄踞虎牢（今河南荥阳汜水镇）。夏军远来被阻,求战不得,日久劳顿。唐军乘夏军疲惫,一举将其击溃。夏王窦建德被俘。河北郡县闻讯相继归降。

公元621年,夏军败亡,洛阳孤城无望。王世充只好身着白衣素服,率领太子、朝臣两千余人开城出降。王世充来到秦王军门,俯伏汗流。二十四岁的唐军统帅李世民说："昔日,卿视本帅如孩童,何以今日见到孩童竟至如此恭顺呢！"骄横凶残的王世充连称自己死罪、死罪。秦王世民以礼待之。

王世充被押解长安,李渊责其罪过,未加杀害。但因其作恶甚多,终为仇家所杀。

窦建德也被送往长安,李渊下令把他杀害了。接着,又迫害夏军归降者。窦建德的大将刘黑闼,兵败后回到漳南（今山东武城东北）家乡,闭门种菜。义军再起,推他作首领,不到半年,尽收河北失地,声势浩大。刘黑闼率兵奋战两年,终被唐朝瓦解。

中原决战胜利,北方基本平定,第二年,南方也统一了。

玄武门之变
—— 皇位之争

一波刚平,一波又起。

高祖李渊刚刚杀死了窦建德,发落了王世充,还未举行庆祝江山统一的大典,又被太子、齐王、秦王几个儿子的纷争弄得心绪不宁了。

纷争是这样肇端的。

突厥铁骑入侵中原,高祖李渊听了个胆小鬼的话,打算烧掉富庶的京都长安,逃往秦岭,踏勘建都新址的大臣都已派去多日了。他以为这样一来,突厥人抢不到大批财物,就不会再来了。这个愚蠢的迁都方案,得到了太子建成和齐王元吉的赞同。秦王世民知道了,却竭力劝阻,并亲冒弓矢率军拒敌,连连挫败了突厥可汗的一次次进犯。

秦王世民正在长城内外奋勇杀敌,长安的宫廷与朝堂上却流传着对他的诽谤。说:突厥犯边只不过抢些财物,不足为虑,秦王借故兴师,名为御边,实抓兵权,容其下去,必将篡逆!

究竟谁生了篡逆之心,欲夺皇权呢?

秦王世民,入为宰相,出为元帅,功勋卓著,人心倾归,部下人材济济,羽翼已成。

太子建成,身为皇储,位在东宫。广招谋臣猛士,实力不亚于秦王。但他深感秦王世民对他的地位是潜在的威胁。谋臣魏徵劝他早除秦王,以免养痈成患。

齐王元吉的势力不及太子与秦王,可他素以勇猛著称。元吉也在暗中盘算,欲夺皇储之位,得先去秦王;秦王一除,太子建成犹如囊中之物。

于是,齐王也劝太子早除秦王,并愿为之效力。太子允诺齐王,事成之后,立其为皇太弟。

从此,一连串的事变发生了:

——太子召秦王去东宫夜宴,秦王酒后腹痛,吐血数升,几乎丧命;

——齐王欲代秦王北征突厥,秦府的老臣宿将多将被调遣去从征;

——妃嫔们受到太子的优礼,在李渊的耳旁说着太子的仁德,盛传着秦王图谋不轨;

——齐王来向父皇密奏:秦王早有反心,宜应速杀;

——伏兵昆明池,杀害秦王的密谋正在部署;

……

与此同时，秦王世民也并未酣睡。他收买了众多耳目，甚至太子的心腹玄武门禁军首领也为其所用。他注视着势态的发展，却未动声色。秦府的谋臣老将早已心急如焚，力劝秦王，与其后发为人所制，不如先发制人。

公元626年六月四日晨，秦王在玄武门埋下伏兵。玄武门是长安宫城的北门，是去朝见皇帝的必经之路。这天，太子与齐王正欲去太极殿早朝，行近玄武门发觉有异，立即拨马回身。秦王随后高呼，纵马追来，一箭射死太子。齐王慌张中连发三箭皆空，负伤后仍奋力抵抗。终为秦府大将尉迟敬德杀死。

这故事，史称"玄武门之变"。

三天以后，高祖李渊立秦王世民为太子。

两个月后，李渊退位，被尊为太上皇。太子世民在东宫显德殿即帝位，是为唐太宗，年二十九岁。

玄武门之变的发生不是偶然的。当时唐王朝的统一战争已大功告成，而潜伏的统治集团内部矛盾转而激化了。尤其是皇室内部为争夺皇位继承权，水火不容，终于酿成玄武门之变，这是统治集团内部矛盾激化的集中表现和必然结局。这种现象在历史上屡见不鲜，但其历史作用却不尽相同。由于李世民雄才大略，怀有励精图治的愿望，又深得一大批富于进取心的势力的支持，因此，他的上台，促进了唐初勃兴局面的出现。

唐太宗纳谏的故事
——"贞观之治"之一

唐太宗继位,次年改元贞观。

贞观元年(627)正月初三,唐太宗设国宴,与群臣欢度佳节。酒宴方酣,皇家乐队奏出一曲,声韵慷慨,威武雄浑,曲名叫《秦王破阵乐》。唐太宗这时凝神倾听,感慨万千,使其联想起十年的戎马生涯,说:"朕在开国之初,受命征伐四方,北平叛臣,民间始谱此曲。戎马之功虽比不上文德的雍容,可是,开创国基却是靠它完成的。如今四海宴宴,可不能忘本啊!"

宰相封德彝随和着颂扬说:"是啊,陛下驰骋疆场,以神武之功定海内,岂是文德教化可与之比拟的呢!"

"卿的话说过了头。"太宗说,"勘乱以武,治世以文,应该说各随其时啊!"

封德彝连忙改口,叩头称是。

这似是闲话,却并非闲话。新皇帝当国怎能不考虑自己的治国方略呢!

唐太宗治国的首要方略,是广开言路,虚怀纳谏。臣民规劝或批评君王,叫作进谏。君王接受批评或规劝,称之为纳谏。

贞观初年,官场中贿赂公行,乌烟瘴气。唐太宗意欲整饬这种风习。他密使左右故意以金帛去贿赂一些官吏,果然就有个门吏接受了一匹绢。他很气愤,敕令杀掉受贿的门吏,惩一儆百。户部尚书裴矩知道了,当众切谏,说:这种做法是诱人触法,陷人以罪,是不正当的。门吏之罪当罚,但不应斩。

太宗始初面有愠色,听裴矩讲得有理,遂转嗔为喜,赦免了门吏的死罪,又表扬裴矩,并要朝臣们向裴矩学习,勇于谏诤。

裴矩是怎样一个人呢?他原是隋炀帝中意的大臣,颇有些才干和见地,炀帝是不喜人规谏的,谏臣多遭杀身之祸。裴矩聪达,处处承颜顺旨。前文讲到隋炀帝夸富西域,远征高丽,这些祸国殃民的主意就是裴矩出的。故而,裴矩被称为隋朝的佞臣。可是,入唐以后,裴矩却常常在朝堂上据理谏诤,故而又被视作贞观诤臣。裴矩历经隋唐两代,判若两人,何以如此呢?显然,裴矩还是裴矩,只是唐太宗与隋炀帝的作风不同了。

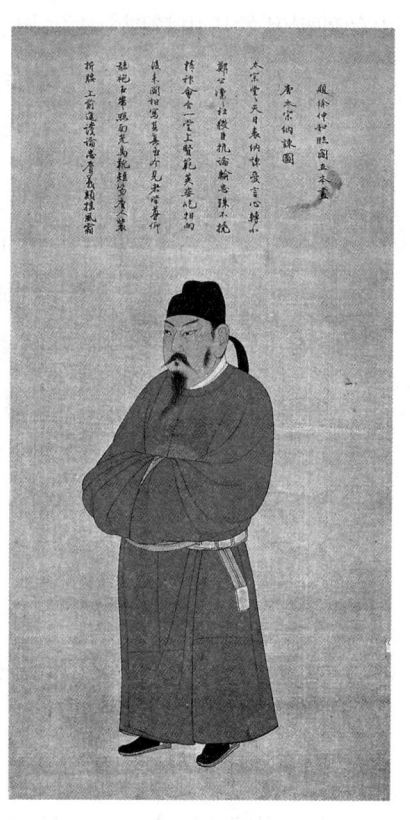

唐太宗纳谏图

唐太宗肯于纳谏,但并非从善如流。封建帝王少有不喜欢顺耳之言、纵欲之行的。

相传,太宗获一鹞鹰,雄健俊逸,爱之不已。他正把鹞鹰架在臂上玩赏,忽见老臣魏徵进得门来,不及回避,就把鹞鹰藏在怀中。魏徵奏事,故意耽延时刻,又言及古代帝王贪图逸乐而生出种种祸乱的历史教训。太宗担心鹞鹰闷死,却畏惧魏徵,不敢稍动。魏徵去了,鹞鹰已死,太宗怅然。

太宗有次回后宫去,面带怒容,愤然自语:"朕一定杀死这个庄稼佬!"文德皇后惊问道:"谁人又忤逆了陛下?""有谁呢!还不是魏徵老儿,每每廷争屈我,使我不得自在!"太宗说。

文德皇后立即退出,穿了朝服,庄严地走来,向太宗祝贺。太宗吃惊地问其缘故,皇后从容奏道:"臣妾听说君圣臣忠。如今陛下圣明,魏徵才敢于忠心直言,臣妾怎能不祝贺呢!"

文德皇后的婉言劝慰,才使太宗释怒为喜。

贞观年间,政治较为开明,政策较少失误,同太宗的肯于屈己纳谏是有关系的。这种情景在漫长的中国封建社会是罕见的。

任贤能与轻徭赋
——"贞观之治"之二

唐太宗的治国方略之二是广开才路,任用贤能。

太宗初即位，就命宰相封德彝推举贤才，封德彝久久未举，太宗责问他，封德彝说："臣下并非不尽心搜求，今日确实没有贤才可以推荐啊！"

太宗批评说："治世的道理，用人如同使用器物，各取所长，不乏贤才奇士。难道古代的治世是从另外的时代去借取人材吗？卿不善知人，怎能诬一世之人没有贤才呢！"

封德彝又赶快叩头谢罪。

唐太宗当国，广延人材。贞观朝臣中，有隋炀帝的重臣，也有义军的领袖，有王世充的将领，也有先太子建成的谋臣。太宗用人不计前恶，只要有贤德才能，都予以重用。

前曾叙及，魏徵在东宫时，曾为先太子谋划早除秦王，太宗即位召魏徵责问他："昔日为何离间朕兄弟，挑起祸端！"大臣们在场的无不为之恐惧。魏徵举止自若，说："先太子如早纳臣言，必无今日之祸。"太宗看重魏徵的卓识与才能，非但未予加害，反而引为心腹。

唐太宗为网罗人材，颇为重视科举。古书上记有一段故事：唐太宗在端门上看到许多新考取的进士鱼贯而出，得意地说道："天下英雄尽入吾彀中矣！"意思是天下有才能的人都为我所用了。

封建社会的后期，科举成了扼杀人材的制度，因此，这个故事也常被后人用来说明封建帝王利用科举钳制文人的例证。

但是，从封建社会选人制度的发展历史去考察，隋唐时的科举制是新兴的制度，比之过去几百年间为世家大族所把持的九品中正制要进步得多。西晋诗人左思就曾感叹"世胄蹑高位，英俊沈下僚"。到南北朝时，形成了"上品无寒门，下品无势族"的腐朽政治。隋唐，以科举制取代九品中正制，这就为中、小地主参政开辟了一条途径。唐朝一代有三百六十九名宰相，绝大多数都是由科举出身的，中央政府和地方官吏中科举出身的则更多，以致后来形成了同世族门阀相对抗的强大势力。这对巩固中央集权起了很大作用。

唐太宗的治国方略之三，是体察民情，轻徭薄赋。

贞观初，关中、关东连续三年发生水旱等灾害，百姓饥荒，卖儿鬻女。唐太宗体察下情，唯恐由于自然灾害而引起社会动乱，遂诏令开仓赈民。据史书说，有些州县把赈粮一户户送到灾民家中，饥荒过后，户户皆有余粮。太宗还命令取皇家府库的金银布帛，赎回灾民卖掉的儿女，护送回乡，令其与亲人团聚。同时，朝廷却在紧缩开支，中央政府的两千名吏员被裁减了一千四百人。

朝廷重视农业生产，时时注意不违农时。一年，河东万泉县（今山西万荣）喜降春雨，县狱中因有十几名犯人，也临时宽以假日，令其回家及时播种。

贞观间，为使农民重新回到土地上去，恢复生产，继续推行均田制,即按人分给一定数额的口分田和永业田。又实行新的租赋徭役制度租庸调法。租是按丁缴纳的田租,即地亩税;庸即徭役,不服力役时,可缴纳一定的实物庸替,也叫"输庸代役";调是户调,按丁缴纳一定的织物和棉麻。这些新法令虽不能使农民根本摆脱对封建王朝的负担,但较之隋炀帝时的横征暴敛则大大减轻了。农民得以生活下去,社会经济渐渐复苏了。

贞观时,隋末大量流散的人口又先后返回家园。贞观三年(629),户部呈报说,近年人口剧增,自塞外归来以及新降服者已达一百二十万人。这个数字在当时是相当可观的,因国家控制的总户数也只有二百多万。

贞观的政绩还有许多值得称道,难一一尽述。比如理民以法,执法以信,废除酷刑和肉刑。司法部门敢于犯颜执法,有时皇帝也得服从律令。贞观末,负责司法的大理寺报告说:"狱中囚犯有五十余人,只有两人当判死刑。"年节时,犯人还往往被允许回家探亲。又如,倡导节俭,力戒奢侈;释放禁苑中的鹰犬;不建避暑台榭;遣送三千宫女回家婚嫁等等。

贞观之世,风尚纯朴,社会安定。故而有"贞观之治"之称。

这些史料多出唐人手笔,难免有溢美过誉之辞。但贞观年间由乱而治,成为一代开国的"治世",当是可信的。社会发展的总趋势是向上的,朝气勃勃的。同时,也应看到,贞观之际的物质基础尚不丰富,从其人口来看,至其末年国家控制的户数仅有三百万,只及隋盛时的三分之一左右。

松赞干布和文成公主
——唐初的民族政策

松赞干布和文成公主的故事,是中国民族关系史上的一段佳话。这故事就发生在贞观年间。

正当唐王朝国势日盛的时候,西藏高原上兴起一个强大的吐蕃王朝。唐、蕃两大王朝的关系如何处理,当时是个举足轻重的政治问题。

吐蕃人是现今藏族人的祖先。吐蕃是古代羌人的一支,可能是从川西进入西藏的。吐蕃人很勇敢,有崇拜战死英雄的风尚。谁要临阵逃跑,就在他头部拴上一条狐狸尾巴,讥笑他像狐狸一样胆小。

公元620年,赞普论赞弄囊征服了西藏高原各部,建立起一个统一的专制王国。赞普,是吐蕃人对君长的称谓,意即雄健的男子。九年后,他中毒死去,被征服的各部相继叛离。

论赞弄囊的儿子叫松赞干布(617—650),当时才十三岁,精通骑射、角力、击剑,武艺出众,熟悉赞普的世系和英雄的传说,好民歌,善吟诗,是个文武双全的王子。松赞干布经历了严峻的考验,终于在新兴势力的支持下,平息了旧势力的叛乱,重新统一了吐蕃，建立起一个奴隶制王朝。

松赞干布做了吐蕃赞普，定都逻些（今西藏拉萨）。松赞干布热心吸收周边各族人民先进文化，派出第一批使臣访问长安，又派人去印度留学，制定文字。

公元640年，松赞干布派宰相禄东赞作使臣，带着五千两黄金和数百件珍宝，翻越崇山峻岭，来到长安请求通婚。唐太宗赞同两族联姻，允诺将宗室女文成公主嫁给松赞干布。

相传禄东赞是位非常聪明而有才干的使者，唐太宗在允婚之前，曾"五难婚使"。五件难事之一是要使者把杂处的一百匹母马和一百匹小马驹的母子关系准确地识别出来。禄东赞有丰富的畜牧知识，巧妙地把母马和马驹分别圈了起来，暂时断绝了马驹的草料和饮水。过了一天，他把母马和马驹同时放出，饥渴的马驹疾速地奔向自己的母亲，寻求母乳，偎依不离。禄东赞以其聪明才智，一一地解决了五个难题。唐太宗非常高兴，不但允许禄东赞迎娶文成公主入藏，又将琅琊公主的外孙女嫁给了他。

唐文成公主入藏的喜讯传到京城逻些，松赞干布亲率大队伍来到柏海迎接。柏海在今青海省中部，即接近黄河源头的鄂陵湖和扎陵湖一带。文成公主被迎入逻些，举行了盛大的婚礼。松赞干布高兴地说："我的父祖没有和上国通婚的。我能娶大唐公主，深感荣幸。我要为公主筑一座城，好让后人永记不忘。"

松赞干布在逻些按唐朝建筑的式样和风格,为文成公主修建了城池和宫室,即作为世界文化遗产的布达拉宫的前期建筑。

文成公主读过许多书,很有才干。她对藏族经济和文化的发展作出了重要贡献。

藏族人当时还没有历法,视物候耕作,以麦熟为一年之始。公主教他们推行历法,使种植更合时宜,以后藏族人民始创藏历。

藏族人当时耕作技术粗放,基本上还是刀耕火种。公主把汉族的耕作技术让人传授给藏人,从而西藏高原上也出现平整的畦田,纵横的阡陌,交错的沟渠,农业产量提高了。公主随嫁带去了各种谷物和蔬菜的种子,中原的蔬果也在高原生长了。

藏族人当时尚不知纺织、养蚕、酿酒以及打制碾磨、制造纸墨,公主亲自教给藏族妇女纺织、刺绣,并从唐朝带去各种匠人,传授这些先进技艺。

文成公主还带去了医书、佛经、佛像以及汉族的文化典籍、精致的手工艺品等等,使中原与西藏进行了广泛的文化交流。

一千三百多年过去了,今天藏族人民中仍流传着许多民歌和佳话,颂扬这位唐家公主的历史功绩。

唐太宗正确的民族政策,开创了汉藏兄弟民族之间的友好历史。文成公主入藏后约一个世纪,又有位金城公主嫁给了吐蕃赞普。她继续了文成公主的事业,进一步密切了两族的友好关系。又过了七十三年,唐蕃会盟,立下了一座民族和睦的纪念碑,相约和同一家,"患难相恤",这就是"唐蕃会盟碑"。这座有名的会盟碑,因为文成和金城两位公主的关系,吐蕃赞普自称外甥,尊称唐天子为舅父,故而又叫"甥舅和盟碑"。它至今完好存世,树立在今西藏拉萨市的大昭寺前。

贞观年间,除吐蕃外,唐与其他兄弟民族的关系也多是友好的。因此,大西南的许多民族纠纷得以一一和平解决;西域各国,也先后归附,丝绸古道从而再次畅通无阻。也有些西域人到中央政府担任要职。

征辽东与求长生
——唐太宗晚年的敝政

综观历史,人多慎始,鲜有克终。

唐太宗的一生,武功文德,都堪称古代帝王中的佼佼者。但在晚年,他也不如始初那么谦虚谨慎了,百姓的疾苦已不大留心,节俭也不大注意,不断地兴筑宫室、巡行四方,声色犬马引起了他的兴趣,采风纳谏都置诸脑后,开始喜颂德之声、夸饰之誉,渐渐变得骄傲起来……

公元644年,太宗意欲亲征辽东。宰相褚遂良有鉴于亡隋的历史教训,切谏不可渡海远征,以防不虞。太宗不听。

群臣也多谏止皇帝亲征辽东，太宗又力排众议，一意孤行，发兵辽东。

这次远征，历时将近一年，杀戮甚多，损失也很重。战争双方胶着，拖至寒冬，草枯水冻，粮草将尽，唐军被迫回师。途中又遇暴风雨，将士冻死甚多。这次出征实际是失败了。

太宗在回师途中懊悔地说："假如魏徵在世，就会制止我劳师远征了！"于是，派出使者在魏徵墓前立起了纪念碑，进行隆重的祭祀。

唐太宗虽有所后悔，但仍不肯认输，几年后，又准备发兵三十万再征辽东。为运输军粮，甚至命令四川、云南等西南边远地区的百姓大造船舶。官吏限期逼迫，弄得百姓变卖田宅、子女以供船资，物价暴涨，社会骚动。

战船尚未造成，唐太宗为追求长生不老，服用金石丹药以致断送了性命，时年五十二岁。太宗死后葬在今陕西省礼泉县东北的九嵕山，陵园占地三十万亩，世称昭陵。贞观的名臣也大多葬在陵前，称为陪冢。昭陵以及地处关中的几多唐陵，今已是国家重点文物保护单位。

唐太宗在中国的历史上，功著而过微，是位出色的政治家。

中国史话

郭伯南 刘福元 著

这是一部忠于历史真实,以轻松流畅的笔触写成的中国史话。书中运用新的史料,尤其是近几十年历史、考古、文物各界的新发现和新的研究成果,对历史人物和事件进行客观深入的观察、分析和评述。采用"话题体"的写作形式,既提纲挈领、简明扼要,又具体而微、生动有趣。

下

上海古籍出版社

三十三、唐前期的女皇武则天

中国历史上的帝王约计三百余人,却只有一个是女性,这就是武则天(624—705)。

在以男权为中心的中国封建社会里,居然有个女子称孤道寡,成为举国的主宰,这是破天荒的大事,当时引起的惊讶、奇怪和争议,是可想而知的。甚至,一千多年来一直存在着争议。可是,无论褒的也好,贬的也好,谁也不能不承认武则天是一位重要的历史人物。

武则天活了八十二岁,唐王朝历时不到三个世纪,她一人执政就近半个世纪。这样,讲到唐王朝的历史,就不能不谈这位女皇帝。

武 媚 娘
——从才人到皇后

贞观二十三年(649),唐太宗的病情日益恶化。太子李治被召到翠微宫中入侍医药。太宗榻侧已伫立着一位陪侍的才人，叫媚娘。才人是皇帝的宫妃之一，在皇后、四妃、九嫔之下，地位较低。但是，她以自己的才情，博得了太宗的欢心。此时，又以她的妩媚，牵动了太子的心扉。

媚娘姓武，并州文水（今属山西）人。父亲原是大木材商，后仕唐，官至工部尚书。然而，在当时重视门阀的社会里，仍被看作是出身寒微。九岁时，父亲死去。十四岁时，以"美容止"声闻于朝廷，引起年近四十的唐太宗的注目，遂召她入宫，赐号武媚，人称媚娘。

媚娘的姿色的确媚丽，可性格却阴狠刚烈。相传，太宗得一马，名狮子骢，性暴难驯。媚娘时入宫不久，自请驯马。太宗问其驯技，她说："臣妾只需三物：一铁鞭，二铁杖，三匕首。它不驯，就用铁鞭子抽打它；鞭而不驯，就用铁杖猛击它的头；杖而不服，就用匕首割断它的咽喉！"太宗见媚娘气概胜过烈马，大为赞赏。

太宗驾崩，媚娘出居感业寺，削发做了尼姑。时年二十六岁。

武则天像

二十二岁的太子李治继位做了皇帝，是为唐高宗。不久，皇帝驾临感业寺进香，媚娘隔帘垂泪，又引动了旧情，遂让她重蓄起乌发，入宫侍寝。

媚娘性烈不驯，但入得宫来，却忍辱事上，谦恭有礼，得到帝后的宠信，晋升为昭仪。昭仪位于九嫔之首，地位仅次于皇后和四妃。当其时，王皇后正同萧淑妃争宠。武昭仪立即与王皇后一起，诋毁萧淑妃，使其终于被废为平民。转手，武昭仪活活窒死亲生的小公主，嫁祸于皇后，又加以种种诬陷，使其有口莫辩，也含冤失宠，被打入冷宫。她欣然庆幸清除了自己进阶的障碍，急切地等待着授予她皇后的玺绶。

皇后和淑妃，后来都被武则天责令打了一百杖，又砍去手足，泡在酒瓮中，活活折磨死去。

初时，萧淑妃被废，曾愤然骂道："阿武妖媚，都是这个狐狸害得我以致如此。但愿来生转世，我生做猫，阿武为鼠，辈辈都要咬断她的咽喉！"武则天害人心虚，下令宫中不准养猫，还常常梦见冤鬼前来索命，不敢在长安宫中居住，故而多住在东都洛阳。

武则天册立为后的事，遭到了元老重臣的反对，在朝中引起了一场轩然大波。元老重臣中为首的是手握兵权的太尉长孙无忌和总揽朝政的宰相褚遂良。他们都是在太宗病榻前受命的辅国元勋。他们认为，武昭仪出身低微，又曾事先帝，立为皇后，恐以恶名留世。重臣异议,高宗也举棋莫著。

武则天派出心腹到长孙无忌府上求情,遭到拒绝,心中愤愤。然而意却未冷,遂借枕席之便,恃宠诋毁褚遂良与长孙无忌。不久,褚遂良被贬到南方去了。这时,朝臣中李义府、许敬宗欲借机邀功,遂投靠在武则天门下,一个首书奏请册立,一个在帝侧制造舆论,说什么:"田舍翁多收了十几石麦子,还想换个婆娘,何况贵为天子呢!"元老重臣中李勋见势不可移,态度模棱,说:"这是皇帝家中事,何必去问外人呢!"这样内外夹攻的结果,终于促使高宗决意册立,武则天身着皇后的礼服,登上肃义门,接受玺绶,百官为之山呼朝贺。时年三十二岁。

李义府、许敬宗等人,从此平步青云,官至宰相。长孙无忌等元老被强加以"谋叛"的罪名,一个个被贬斥逐杀了。

李义府是怎样个人呢?他貌恭且柔,故人称其为"李猫"。每与人交谈,总是笑容可掬,然内心却阴险狠毒,凡冒犯过他,或不顺他意的,总要遭到他的陷害与中伤,故而时人又叫他"笑中刀"。"笑里藏刀"的成语,就是从此而来的。

武则天得到册封,渐渐形成了自己的势力集团,不只参预朝务,甚至同高宗一起垂帘听政,朝臣并称为"二圣"。高宗称天皇,武后亦称天后,朝政全由她来把持了。高宗无奈,只不过拱手而已。

武媚娘重入宫过了五年,第一个目标达到了。

"瓜熟子离离"
——从皇后到皇帝

武媚娘，由尼姑而昭仪，而皇后，而称圣，而称天后，身为国母，势如一尊，可是，意犹未足，又欲去后称帝，做个堂堂正正的真天子。高宗多病，为确保李氏皇统，欲传位给儿孙。武后早已是实际执政的皇帝，怎肯交出已经到手的皇权呢。因而围绕皇位问题，她又同自己的丈夫、儿子展开了长期的角逐，矛盾日益激化。

武后亲生的有四个儿子，长子李弘，次子李贤，三子李显，四子李旦。

初始，武后屈事高宗，当她已操纵国政时，高宗也为其所制，意欲废掉她，但已无能为力。长子李弘为皇太子，性情仁厚，高宗想禅位给他。武后以药酒毒死了二十四岁的太子弘。时在公元675年。

同年，高宗又立二十二岁的次子李贤为皇太子，并令太子监国。李贤容止端重，好读书，有文才，尝集当代名儒共注南朝人范晔著的《后汉书》。处理政务，也颇有才干。武后正欲逞志，太子贤能反遭嫉恨，遂被借端废为平民，时在公元680年。

同年，二十五岁的三子李显被立为太子，太子得子重照，高宗欣喜,遂打破惯例,立只有两个月的重照为皇太孙,以使李氏皇统后继有人。三年后,高宗死去,太子继位,是为中宗,过了五十五天,就被废为庐陵王,幽禁于深宫。后来,重照年十八岁时,也被武后杖杀。

公元684年,武后立二十二岁的四子李旦做皇帝是为睿宗,却将其软禁起来,不得与闻朝政。从此,政无大小,统由武后裁决,史称"武后称制",时年六十一岁。

相传这年,被废为平民的李贤流放在巴州(今四川巴中),有感于父皇的崩逝,母后的乖情,作了一首黄台瓜词,词曰:

种瓜黄台下,瓜熟子离离,一摘使瓜好,再摘使瓜稀,三摘犹为可,四摘抱蔓归。

这首词传入京城,武后的使者就来到巴中逼他自尽了。死时年方三十一岁。武则天死后,李贤被追封为章怀太子。

十几年前,章怀太子墓和懿德太子墓均在今陕西省乾县的梁山脚下发现。出土有大量珍贵文物和精美的壁画。

武后同丈夫、儿子角逐的结果,是她暂时取得了胜利,终于在公元690年,六十七岁时,登上了皇帝的宝座,成为真天子。她改国号为周,改东都洛阳为神都,自己立号为圣神皇帝,以睿宗李旦为皇嗣。

武则天自夺得后位,又经过了三十六年的苦心经营,终于以一介女子成为当朝的帝王。

"请君入瓮"
——武则天的政略之一

武则天称帝,史称"武后革命"。新朝廷的建立,使原来依附于旧朝廷的皇室、外戚、将相们失去了自己的天堂,他们怎能甘心呢?先是公开叛乱,一起起都被镇压下去。但是,他们终究是一股潜在的政治势力,时刻威胁着新朝廷的生存。武则天明察多识,怎肯漠然处之,令其滋蔓呢?

武则天正苦于此,一个叫鱼保家的人来献策,请铸铜匦(guǐ鬼),奖励告密。这正中女皇下怀,立即诏令鱼保家监铸铜匦,并诏旨各州县,凡有欲进京告密者,州县给以驿马和五品官的供奉,送其尽速来京,并不得问诘告密内容。凡来告密的,无论达官贵人,还是农民樵夫,一律接见。告密有功者给以封赏,不实者,也不予追究。从此,四方告密者蜂拥而起,来京向铜匦投书者络绎不绝。

铜匦,是个铜匣,方形,四面各开投书口,可进不可出。铜匦四面分别漆以丹青白黑四种颜色,匦中也分置四格,原规定不同内容的书疏可以分投于不同的格中,其形式有如今日之"检举箱"。可是,实际它是专为告密而设的。

俗语说,搬起石头打了自己的脚,鱼保家正是这样。他监造的铜匦铸成以后,就有仇家投书于铜匦,告发他曾参与谋叛活动,于是被砍掉了脑袋。

铜匦设置以后,告密者日多,案积如山,武则天就拔擢了一批新法官来刑讯治狱。这些人多是告密者,出身无赖,性残忍,善于罗织罪名,陷害无辜。武则天就以这些酷吏作刀斧,先诛杀宗室数百人,又杀大臣数百家,刺史以下的军政官吏则不计其数,有力地打击了李唐宗室及旧朝廷的势力。但是,酷吏的滥杀,也引起朝臣人人自危,造成了新的危机。这时,武则天就又反手诿罪于这些酷吏,借用这些鹰犬的头颅,来缓解日趋紧张的矛盾。史家曾评论说:"呜呼!非吏敢酷,时诱之为酷。"诚然这有几分道理。但是,只要看看这些酷吏的残忍,应该说,这些刽子手的下场也是罪有应得。

酷吏索元礼,以告密起家,曾杀害数千人。他刑讯时,以木橼枷住被刑人的手足,反转用刑,痛楚难忍,名之曰"凤凰晒翅"。又有令被刑人双手捧枷,枷上层层累砖,名之曰"仙人献果"。更有甚者,悬人脚于梁上,头垂于下,坠巨石于头发;还有以铁笼(圈)套在被刑人头上,四周打入木楔,常致骨裂脑崩。索元礼以酷刑杀人,终于激起民愤,武则天遂将他也收入狱中。受理索元礼案的法官,原是索元礼的部下。起初,索元礼多方抵赖,不肯服罪。那法官遂厉声说:"请把索公用的铁笼取来!"只此一句话,索元礼立即顿首认罪了。后死狱中。

酷吏周兴,是以制造"谋反"冤狱而臭名昭著的,亦曾杀害数千人。周兴终也被人告发"谋反"。武则天令另一酷吏来俊臣审理此案。来俊臣受命后即邀周兴宴饮,时周兴还蒙在鼓里。酒宴间,来俊臣说:"弟有一案,罪犯不肯认罪,为之奈何?"周兴随口便说:"这事还不容易吗?取一大瓮来,四周架上木炭,点起火来,将罪犯置于瓮中,还怕他不认罪吗!"来俊臣连连称周兄高见,立即命人抬来大瓮,点起火。他站起来向周兴一拜,从容说道:"弟承密旨,人告兄谋反,请君入瓮吧!"周兴一听,立刻汗流浃背,叩头认罪了。

"请君入瓮",这个带有讽刺意味的成语就是从这个故事来的,意思是喻指以其人之道,还治其人之身。

酷吏来俊臣,作恶更多,杀害有千余家。公元697年,他终于也以"谋反"的罪名,被斩首于西市。仇家蜂至,争相而上,挖其眼,剖其心,啖其肉,践其骨,立时磬尽。士民相互庆贺说:"从今可以躺在床上闭上眼睛睡觉了!"

"宰相之错"
——武则天的政略之二

武则天镇压了旧朝廷的势力,同时急需培植新朝廷的势力,因此,不拘一格,放手招官,广延人材。

武则天很重视科举。科举的考生,一是来自学馆,叫"生徒",一是来自州县的推荐,叫乡贡,或贡生。以往,州县的奏呈,总是把贡物开列在前面,而贡生则写在后边。武则天把贡物与人材的关系倒置过来,把贡生放在首位,以示朝廷更重视人材。她做了皇帝,亲自考问举人,破格录用,称为"殿试"。原来,只开文科选士,武则天又增开武科,扩大选官的范围。武则天广开科举,仍恐埋没人材,又诏令臣民皆可"自举",有所专长,均可录用。这样还不放心,又派出使者四出网罗,致使确有才能的一些落第举子、冬烘先生,也被选拔来做官了。

当时,朝廷上下,人材济济。武则天,凭借自己的明察善断,在大批贤才志士中遴选出许多出色的将相,委以国任。如宰相李昭德、魏元忠、杜景俭、狄仁杰、姚崇、宋璟、张柬之,以及边将唐休景、娄师德、郭元振等,都是一时的人选。故而即使在群奸、酷吏出入宫廷的不正常情况下,整个国家仍然保持正常状态,不但免于内忧外患,而且经济、文化都有较大发展。这同武则天的政略不是没有关系的。

武则天重视和发掘人材的故事很多。

相传,武则天看到一篇叛乱者的文告,叫《讨武曌檄》。曌,音照,是武则天造的十九个怪字之一。曌是会意字,意为日月当空。武则天取以为名,喻意自己称帝,犹如日月经天。檄文气势磅礴,文辞犀利,数其罪行,揭其隐私,淋漓尽致。武则天从容悦色地读着,当读到"一抔(póu掊)之土未干,六尺之孤安在"(意指高宗新死,中宗即被废黜幽禁),"试看今日之域中,竟是谁家之天下!"她问道:"何人所为?"左右答曰:"骆宾王。"骆宾王是位难得的才子,时与王勃、杨炯、卢照邻以诗文齐名,同为初唐四杰。他一生仕途坎坷,郁郁不得志。其诗文亦多悲愤之词。武则天感慨地说:"这样的人材,怎能使之流为叛逆!这是宰相的过错啊!"

武则天广延人材,不分贤愚,均予位置,故正员数额不足,又广置员外官,以致出现了这样的政治笑话:

御史台(府),有个令史骑着毛驴到府里去办公。令史是个地位低下的小吏。府门内正中几位御史聚立着,他没有下驴,就一冲而过。御史们大怒,齐声喝着要打他。令史忙说:"各位大人息怒,今日的过错都怪这愚蠢的驴子。且先让我责备它的过错,然后大人们再打我也不迟。"御史们答应了。令史就责骂那驴子说:"蠢驴!蠢驴!你有何能?你有何技?你神志昏昏,你行动迟迟,如此伎俩,怎敢混入御史行里!"这些御史们本来都是滥竽充数的,遂羞愧而散。

这是笑话,也是事实。当时在朝廷上,"绯衣比青衣多,象板比木笏多",即高级官吏比低级的多得多。故而有"补阙连车载,拾遗用斗量"的讽咏。补阙、拾遗都是武则天时置的谏官。

这些官可用车载斗量,可见其冗滥了。

武则天虽以禄位收取天下人材,发现不称职者,也能以法绳之,因此大批不称职的冗员或被降职,或被罢免,或被流放,以致被加以刑戮。这在史籍中都有记载。

女皇的困境
——从皇帝再到皇后

武则天,身为女皇,改李唐为武周,这样,在帝位的继承人问题上就使她陷入了困境。

她在建国号后,即启用武姓的子侄,或擢为宰相,或封为将军,臣子有功则赐以武姓,又免天下武姓的租赋,改文水县为武兴县,追封武氏家族的先人,并为之上谥号,立庙宇,显然,她是想传位于武氏。然而,李昭德、狄仁杰等几位有见识的宰相,都先后对她说:"姑侄与母子,孰更亲近呢?陛下若立儿子,千秋万岁之后,可以永享儿孙的祭祀;若立侄子,谁听说过侄子为姑母立庙奉祀的呢!假如那样,先帝的陵寝也要被废毁了。"武则天听了这话,为之心动。因而,久久不立侄儿武承嗣为太子。

一天,年已七十四岁高龄的武则天同狄仁杰说:"昨夜,朕梦见一大鹦鹉,两翼被折断了,卿看是何征兆?"狄仁杰乘机借题发挥说:"鹉者,武也,即指陛下,两翼即指陛下的两个儿子,陛下若起用两位殿下,两翼不就复振了吗!"武则天从此打消了立侄子为太子的念头,从外地召回三子庐陵王李显。四子皇嗣李旦愿逊兄长,李显遂又被立为皇太子。

不久,老臣吉顼来拜见武则天,说:"臣将远出,永无再见之日,愿进一言。"武则天命为他置坐。

吉顼问道:"陛下,杯水杯土,两者有争吗?"

答曰:"无争。"

"水与土合而为泥,有争吗?"

答曰:"亦无争。"

"那么,分泥为二,一半捏为佛祖,一半捏为天尊(道教的师祖),是否有争呢?"

"那就有争了啊!"武则天说。

吉顼语重心长地说:"臣也以为有争。今皇太子羽翼未丰,外戚诸王其势已成,陛下何以处置,方使两者相安呢?"

武则天也深以为虑。然而,她既拟传位给儿子,又怕以后为李唐宗室蹦籍,死无葬身之地,所以,明知外戚势强,也不忍剪除诸武。在这种进退维谷的困境中,想出个自我安慰的办法,将武姓侄儿和李姓儿子、女儿找来,在庙堂上共同祭告天地,一起宣誓,彼此相扶,并立下铁券,藏于史馆。

但李唐宗室势力与武氏势力是水火不容的,并不因一纸誓言而相安无事。

公元705年,武则天正在病中,宰相张柬之等发动宫廷政变,奉皇太子李显为皇帝,即中宗。武则天以八十二岁的高龄,被迫退位,不久死去。死前遗嘱,归葬乾陵,去帝称后,遂被称之为则天皇后。

李氏子孙后来还是同武氏子孙展开了激烈厮杀,终于是诸武被灭,李唐复兴。

褒贬的准绳
——武则天的千秋功罪

一千三百年以来,女皇武则天的幽灵总是不得安宁。她长期听到的是封建文人借渲染她的隐私丑闻,以湮没她出色的治国才能,并骂她老淫婆,怎能心平呢!前些年,她又听到自己被捧为伟大的法家,自己的缺陷也被誉为美德,并从而仿效,又怎能不感到羞愧惶恐呢!

她,终究是成长在帝王宫廷中的女性,也是属于地主阶级的政治家,自然难以摆脱那历史的局限和阶级的烙印。她确实干出不少蠢事,诸如任用酷吏,陷害无辜,大事兴佛,虚耗国库,等等。这些都是不足取的。她那阴狠的性格和手腕,常常为野心家所崇奉,而为正人君子所不齿。

然而,纵观历史,武则天执掌国政几近半个世纪,上承"贞观之治",下启"开元盛世",是个较为兴旺发达的时期。当时，虽统治阶级的上层常常处于混乱状态，但如史家所书，乱上而未乱下。当时社会较为安定，经济发展较快，人口也迅速增加。武则天握权前夕的公元652年，全国有三百八十余万户，武则天去世的公元705年，已增加到六百一十五万户。同时，这个时期的民族关系总体上是正常的。当其时，中国的疆域，东濒大海，西有帕米尔高原，南达南海诸岛，北逾贝加尔湖，东北辖境直到黑龙江中下游，西北抵达巴尔喀什湖一带。纵横万里，民族众多，在女皇的统辖下，国家是统一而不是分裂的。

另外这里还要提及的是，根据中国史籍的记载，武则天对中日关系采取了亲善的政策，是她率先改称东邻倭国为日本国。从此，日本之名就垂之宙宇了。

假若评价历史不以现代的要求去苛求古人，那么，中国历史上这位唯一的女皇，她虽有种种劣迹，却没有逆转历史车轮，而是在历史上起了一定的积极作用。那些逆转历史的效尤者，是无法与她同日而语的。

三十四、从开元盛世到天宝危机

"救时宰相"和"伴食宰相"
——唐玄宗选相治国

唐玄宗,名李隆基(685—762),是睿宗李旦的次子,女皇武则天之孙。他是个英俊而有谋略的政治家,也是位多情而通晓音律的才子。

公元705年,八十二岁的女皇帝被迫退位后在上阳宫死去了,可女皇的阴影并未消失,先后又有她的儿媳韦后、孙女安乐公主以及女儿太平公主,起而效尤,谋夺权位,想做女皇,以致弄得唐王朝政局长期动荡不安,给社会造成了灾难。在约八年半的时间里,竟发生了七次宫廷政变。最后的胜利者是李隆基。

公元712年李隆基做了皇帝,第二年改元开元。开元二年,拜姚崇为宰相,与之同时任相的还有卢怀慎。

姚崇文武全才,通达知变。一次,他请假十余天,政务堆积,卢怀慎不能决断。待姚崇回朝,须臾即处理妥帖。故人称姚崇为"救时宰相",而呼卢怀慎为"伴食宰相"。这个"伴食宰相"的雅号后来就成了讽刺尸位素餐的成语。

"救时宰相",的确名副其实。

开元初,黄河南北连年发生蝗灾。蝗虫飞来如云翳日,所落之处苗草罄尽。先朝也曾时遇蝗灾,往往造成赤地千里、横尸遍野的惨景,以致物价飞腾,政局动荡。姚崇曾历三代宰相,对此十分关注,力主诏令郡县及时捕杀。"伴食宰相"卢怀慎却认为蝗不可捕,捕则有伤"和气",恐致灾祸。今日看来"伴食宰相"的这种迷信思想荒诞可笑,但在古时这种思想却很普遍而顽固。姚崇据理驳辩,慨然质问卢怀慎:"我真不明白,您那么怕伤害蝗虫,怎么不怕黎民百姓死于饥荒呢!"

一年,山东地方蝗害严重,地方长官倪若水却上书拒绝捕杀,还说:"蝗虫乃是天灾,人力怎能捕灭。朝廷要行德政,灾害自然消止。"姚崇立即回书给他,说:"依你的道理,假若地方长官好,实行德政,飞蝗也就不会入境了。你那里蝗虫为害,那不就是你这长官无德吗?"倪若水被质问得十分尴尬,再也不敢抗命了。

官府为奖励治蝗,规定捕蝗一斗,奖粮一斗,捕蝗一石,奖粮一石。蝗灾被有效地制止了。因而,尽管蝗害连年,灾区也未发生大的饥荒。

姚崇是玄宗遴选的贤相之一,此外还有宋璟、张嘉贞、张说、李元纮、杜暹、韩休、张九龄等多人。他们先后任相，各有所长，多有政绩，成为有唐一代的佳话。玄宗的知人善任，是他取得政绩的重要原因。他能做到这点，并非出于偶然。

据史书记载，玄宗有一天照着镜子闷闷不乐。他身边的太监就说："自从韩休任相，陛下比以前瘦多了。何苦戚戚，为什么不罢免他的相位呢？"玄宗却说："吾貌虽瘦，天下必肥！选相是为社稷，岂能为吾一身啊！"

长安的骄傲岁月
——"开元之治"的盛况

长安，在那时是全国政治、经济、文化的中心。在唐朝之前，作为古都，它已有七百多年的历史。经过时间长河的浪淘风袭，几经盛衰荣辱，若问它的美好时光，应该说唐玄宗在位的开元盛世以及天宝初年，是它永远值得骄傲的岁月。

那时，是中国历史的兴旺时期，人口多时达到九百万户，五千三百万人。然而，唐代史家认为这个官方数字隐漏了大量户口，实际约有一千三百万户。那么，据以上的比例推断，当有六千几百万人。这是唐初户口的四倍左右，同繁盛的西汉时代相较，户口约略相当，或稍有超过。盛唐过后，经济凋敝，人口锐减，最少的五代末年，官方户数只及这时的六分之一。宋金人口合计略胜于唐,尔后,历数百年,到元、明时代,比之盛唐,户口也不曾超过。

当时,长安城的户口增长迅猛,不过史无确载。但是,可以从当年的漕运情况,略窥个大概的趋势。当时,长安与洛阳两京的城市用粮,以及军需,大都是从江南经运河转输而来的,称为漕运。唐初的漕运粮年不过二十万石。大约过了八十几年,开元初的漕运粮增加到年二百五十万石。又过了三十年,天宝初则猛增至年四百万石。《长安志》载当时有户八万。史家们测算长安人口大约有一百万。可以毫不夸张地说,它是当时世界上最大的城市之一。

唐长安,位于汉长安东南,是在隋大兴城的基础上发展起来的。城内有笔直的街道,南北大街十一条,东西十四条,划分为方格形的一百零八坊。长安城周长36.7公里,城内面积84平方公里,几乎相当于现在保存下来的明代西安故城的十倍。

长安城内北部居中的地方是宫城。内有太极殿,称"西内"。唐太宗贞观之治重大国策都是在这里议定的。城外东北方有大明宫,又称"东内"。当时长安城内来自亚洲各地,远至波斯和大食的使节、商人数以万计。大明宫中的麟德殿就是经常宴请国宾的地方。日本的入唐使节,也曾在这里受到热情的款待。城内东部在开元年间建造了兴庆宫,时称"南内"。玄宗

唐代绿釉相声俑　　　　　　　唐三彩女子

与贵妃就曾住在这里,现在辟为兴庆公园。这三大内,即唐朝的三大宫殿群。主体建筑,规模宏伟,同现存北京故宫的太和殿不相上下。今日,那些宽阔的殿基墙址经过考古学家精心的发掘和考察,绘出了复原图,从而我们可一窥盛唐建筑的伟大气魄。

长安城北是广阔的皇家禁苑。那里有毬(球)场,那是从波斯传入的一种马毬,当时颇为盛行。此外,皇家还豢养着各地的珍禽异兽,南亚的驯象,西域的舞马,以及大秦(东罗马帝国)的狮子和羚羊,还有天竺(古印度)的能言鸟,真腊(柬埔寨)的白鹦鹉,都为宫廷带来了欢快的气氛。

434

长安城内的商业区分东市和西市。市内有"井"字形的街道,店铺林立,四通八达。每市各有二百二十行。日当午时,击鼓三百响,店铺开板,市者云集,熙熙攘攘,顿时活跃起来。市井中,异货山积,胡商络绎。皇宫所需,也仰两市供应。红日西沉,鸣钲三百响,店铺上板,市者疏散,闹井悄然。长安两市的兴旺反映着全国经济的繁盛。它联系着全国各地,也联系着丝绸古道,远及四方的万里绝域。

唐朝的兴盛,长安称最。长安之富,又可从商贾的厚积想见一般。商人邹风炽上疏朝廷,欲买终南山。终南山是秦岭山峰之一,长安南面的屏障,山上林木如海。邹风炽愿以树计值,树一株付绢一匹。他夸口说,山林有尽,臣绢无竭。小小商贾尚富如此,国库的富厚可想而知。于此,亦可窥见当时社会生产力发展的蓬勃之势。

诗圣杜甫在其《忆昔》一诗中追忆开元时的盛况说:

忆昔开元全盘日,小邑犹藏万家室。稻米流脂粟米白,公私仓廪俱丰实。九州道路无豺虎,远行不劳吉日出。齐纨鲁缟车班班,男耕女织不相失。

诗人的描绘,在史册中得到了印证。《唐书》中记载,当时远行万里不带寸兵,当然更用不着选择黄道吉日了。朝廷储粮多时达一万万石,一年所征收的绢布达一亿一千万丈。可见纨缣车载,仓廪丰实的话是可信的。

开元之盛,从物价的升降上看得更为清楚。唐初,斗米二百钱。开元、天宝之际,京师斗米十三钱,贵时也不到二十钱。泰山以东斗米贵则五钱,贱只三钱。十几年后"安史之乱"爆发,斗米价达七千钱,尔后米价长期在千钱以上。

政治的清明,经济的发达,伴随而来的必然是科学文化的兴旺景象。这一时期,孕育了古代最杰出的诗人、画家、史学家、音乐家、天文学家。他们是那个时代的宠儿,也为他们的时代增加了映照古今的光彩,形成了举世闻名的唐文化。

奸相专权与贵妃专宠
——天宝危机

开元之世,李唐王朝登上了自己的顶峰;其后的天宝年间,它又从顶端急剧地跌落下来。这一历史的重大转折,并非偶然,自有它深刻的经济与社会的根源。但是,作为这一历史转折的标志,有两件事是为史家们所注意的,即奸相的专权与贵妃的专宠。

奸相李林甫,阴险而不露,惯于以甜言蜜语谄媚人,而背后却在谋害人,故有"口蜜腹剑"之称。

李林甫独揽朝政,堵塞言路,排斥异己,以酷吏为刀斧,残害正直的朝臣数百家,朝野钳口,皇太子也为之恐惧。李林甫的权势日炽一日,而朝政败坏,日甚一日。

玄宗不识其奸,反以为能。他有一天对太监高力士说:"现在海内太平了,吾想安居无为,委国政给林甫,你看如何?"

高力士为之一惊,说:"天下权柄,怎能轻易给人呢!"顿了顿又补充说:"他若养成威势,一旦有变,谁还敢说个不是呢!"

杨太真

玄宗怏怏不快。高力士连忙谢罪,说自己胡说,该死该死。

高力士本是玄宗的心腹,对他的话,玄宗往常是言听计从的。这时,玄宗无心于朝政,沉湎于声色,骄侈起来,连高力士的话也听不进了。最后,导致了天下大乱,而玄宗始终不寤。

公元736年,正是李林甫开始专权的那年,玄宗所宠爱的武惠妃死去,为此郁郁寡欢,后宫的美女充盈,却无一当意者。这时,闻说寿王妃杨玉环体态丰艳,绝世无双,即令太监将其接来侍酒。寿王妃性聪颖,晓音律,长歌舞,尤善逢迎。玄宗以自己谱写的《霓裳羽衣曲》示妃。妃略看则已通晓，且歌且舞，有如仙女临凡，无与伦比。玄宗如获瑰宝，愁怀顿开，遂借酒寻欢，无所顾忌。从此，开始了他们的浪漫史。

寿王李瑁，是玄宗的儿子，武惠妃的亲生子。五十六岁的皇帝同二十二岁的儿媳的这种私衷，显然悖于伦理，是一大丑闻。玄宗遂让寿王妃自请为女官，入居南宫，赐号太真，南宫改名为太真宫。玄宗夺了儿妇，又给儿子娶了个韦姓的姑娘作妃子，以示慰藉。

杨太真入得宫来，恩宠与日俱增，不到一岁，仪体已比之于皇后。白居易在《长恨歌》中曾生动地描写了她初时得到的宠遇：

>承欢侍宴无闲暇，春从春游夜专夜。后宫佳丽三千人，三千宠爱在一身。

这一对老翁少妇，春夜漫漫，仍苦其短，日上三竿，犹恋床笫。这个曾在兴庆宫中盖起了勤政楼借以自勉的风流皇帝，从此再也不去上早朝了。知道了这一背景，就不难理解何以玄宗愿委政于奸相，竟连心腹的忠告也听不进去了。

六年后，杨太真被册封为贵妃。贵妃在宫中的地位仅次于皇后。可这时并没有皇后，她就是实际上的皇后了。玄宗视贵妃为心肝。她的家族都得到了封赏，宠爱得无以复加了。

有年深秋，大明宫中太液池的千叶白莲，居然有数枝在肃杀的秋景中异时独放，洁白晶莹，宛若玉成。京师中一时传为奇闻。玄宗携贵妃也来临池观赏。左右称誉白莲的娇美，赞赏不已。玄宗爱这白莲，更爱贵妃，遂指贵妃说："莲花虽美，有形无神，又怎比得上吾这解语之花啊！""解语花"遂成为后世赞美佳丽的成语了。

贵妃生长在南国，喜食鲜荔枝。荔枝易败，离枝四五日则色味俱变。为快速贡奉新鲜荔枝，特开辟了从岭南（一说川南）通往长安的数千里贡道，沿途设有驿站，备有快马。荔枝运到长安，色味不变。

华清池

君王宠幸,朝臣官吏也无不倍加逢迎,争献奇珍异味,器物珍玩。岭南军政长官的贡献得到贵妃的欢心,遂连升三级。广陵的长官起而仿效,也被擢拔为朝廷大臣。由是,文臣武将瞩目后宫,全国风靡。

皇帝每临幸骊山华清宫,贵妃的三位姐姐与三个哥哥也必车骑从幸。大姐封韩国夫人,二姐封虢国夫人,三姐封秦国夫人。从兄杨铦被封为位当四品的朝中高官;杨锜娶了公主,封为驸马;杨国忠后官至宰相,领四十余职,权倾天下。杨家兄弟姐妹的车骑,每家一队,各衣一色,逶迤数十里。到了骊山,诸家合欢,往来穿梭,犹如万花竞放,遍山锦绣。

杨氏承宠,声势煊赫,时有民谣曰:

生男勿喜女勿悲,君今看女作门楣。

门楣本指门框的上方横木,这里引申为"门户"的意思,即说如今姑娘也可以光耀门户了。

贵妃姿色虽美,心甚悍妒。曾两次因其醋意太浓,气恼了玄宗,被遣送出宫。

当又一次被遣送出宫后,她哭得犹如个泪人,杨氏兄妹也惊恐不安,担心大祸临头。谁知,玄宗那里也茶不思,饭不想,整日间愁苦欲绝。太监高力士世故练达,早看透了玄宗的心思,遂请赐膳贵妃。贵妃见高力士送来御膳,即刻剪下一绺青丝托高力士奉上，并感切地说："妾罪当死，今日与陛下永诀。妾之什物，皆陛下所赐，唯有青丝是父母之物，特以奉献，以志衷情。"

玄宗与贵妃又一次破镜重圆，自不待言。但经两次磨难，贵妃虽悍，也不能不心存忧悸。

相传，有一年，玄宗临幸华清宫，住在长生殿，正值七月七日乞巧佳节，夜阑更深，贵妃好端端忽地独自抽泣起来。玄宗初不知何故，温存劝慰，久久贵妃才道出了心事，说："妾遥望牛郎织女二星，不由地慕其夫妻之久长，窃恐自身比不上他们。"稍顿又道："妾览前史，每见时过境迁，秋扇抛残，怎能不为之伤情呢！"贵妃的衷曲深深地打动了唐玄宗，他们遂相盟誓以志诚，誓曰"在天愿作比翼鸟，在地愿为连理枝"，生生世世，永不分离。

这段宫廷艳史，后被编成戏剧演出，即《长生殿》。

从开元二十四年（736），到天宝年间，奸相专权，贵妃专宠，玄宗日益昏聩，政治愈加腐败，繁荣背后的危机也就加剧了。

首先是均田制的逐渐瓦解。均田制是以劳动力计口授田的，也以劳动力计纳租赋、征发徭役。土地兼并发展着，负担租赋的民户缩减着，而朝廷的费用却加大着，财政的危机日甚一日。朝廷先是设法搜括民户，议定租赋。然而，仍不足用，就派出征收大员，横征暴敛，甚至一次预征百姓三十年的租赋。这无异于杀鸡取卵，唐王朝赖以生存的经济基础动摇了。

其次是府兵制破坏了。府兵制原是寓兵于农的军事制度。服役者自备兵器、资粮，轮番更替。均田制破坏了，府兵苦于生计，多有逃亡，加之死亡不补，府兵制就只剩下个空架子，无兵可用了。京师宿卫遂改行募兵制。所募多是无赖子弟、市井小贩，毫无战斗力。同时，中原承平已久，社会风尚耻于当兵。宿卫京师的官兵时称"侍官"。京师人打架相诬必骂对方为"侍官"。甚至子弟当了军官，父母都不愿理睬他。中原几乎无兵可用了。

然而，这时边疆的军政长官，却都拥有悍兵强将，总计达四十九万，形成尾大不掉的局面。

一言以蔽之，总危机的爆发只是时日问题了。

马嵬坡的悲剧
——"安史之乱"

危机，终于爆发了。

范阳、卢龙、河东三镇节度使安禄山率领十五万铁骑，以请诛杨国忠为名，从范阳（今北京附近）直向京城长安杀来，沿途郡县，望风披靡。很快攻下洛阳，遂自称起大燕皇帝来。

初报安禄山反叛，唐玄宗执意不肯相信。原来，唐玄宗待安禄山甚厚，他曾把安禄山从一罪人擢为领兵大将。当时，全国共有十个藩镇（即军政大区），让安禄山兼领了三镇的节度使（即军政长官）。在长安为他修建了富丽的宅第，并认他为义子。唐玄宗难以相信他会造反。但是，安禄山叛乱的军报，接二连三地呈送到御案上，确实无误。玄宗不能不信了，可又怎么办呢？京师没有足以御敌的强兵，他只好强令在京养病的河西、陇右节度使哥舒翰，率领临时凑集的杂牌军八万人，据守潼关，防守住关中的东方门户。

安禄山的叛乱不得人心。始初，各郡县猝不及防，叛军得手。稍缓，各地父老百姓纷纷组织义军出击，陷叛军于被动。平原太守颜真卿等起兵拒敌，安禄山被阻不得南下，富庶的江南免遭蹂躏。朔方节度使郭子仪、副将李光弼迅速出师河北，一度切断了叛军洛阳与范阳的联系。安禄山被压缩在几郡的地域之内，既不能西进潼关，又不得南下江淮，头尾亦不得相顾，形势危急。安禄山遂大骂劝其起事的谋主："汝教我反，以为万全，今北路已绝，诸军回合，万全何在？"

正在这时，宰相杨国忠害怕据守潼关的哥舒翰回师图己，力劝玄宗诏令潼关守军出击，收复洛阳。玄宗也错估形势，派出的使者相望于道，迫令潼关守军出击洛阳。事实上，那守军是由一病夫统帅的未经训练的乌合之众,防守尚有困难,又怎能攻战。结果,一触即溃,全军覆没,哥舒翰也被部下胁持投降。潼关防线崩溃,长安的东大门被打开了。

平日,潼关每夜都点起烟火,以报平安,称"平安火"。这日长安不见平安火,京师恐慌。宫廷震颤,一片混乱。

七十二岁的唐玄宗,亲临多年不曾登临的勤政楼,委任了京城留守的官吏,宣示御驾亲征。这时,百官都已作鸟兽散,谁也不相信皇帝会亲征。是夜,玄宗命整顿禁军。黎明,就同贵妃姐妹、皇子皇孙、宫中近侍及朝廷几个大臣,打开城北禁苑的延秋门,由千名禁军护从,悄然向西南而去,欲逃往蜀郡避难。

第二天,逃出了一百几十里地,来到马嵬驿(在今陕西兴平西)。士兵们困乏不堪,突然哗变,杀死了民愤极大的宰相杨国忠,并包围了驿馆,请诛祸根杨贵妃,呼号震天,刀兵砉(huā花)然。昔日至高无上的皇帝,此时此刻也救不得自己的爱妃,只好忍痛赐贵妃自缢身死。据说正在这个时候,岭南的鲜荔枝也送到了马嵬驿。这话未见史书记载,或许是人民对那骄侈者的讥讽亦未可知。

当然,贵妃的下场,是罪有应得。但真正的罪魁祸首,应该说是唐玄宗李隆基。当时,士兵哗变请诛杨玉环,而保护李隆基入蜀,这显然是不公平的。但由于历史与时代的局限,也只能如此。

长安在大约十几天之后陷落了。玄宗正在向西逃命。乡民父老遮道请留，玄宗哪里肯听，又请于皇太子，说："圣上既不肯留，我们愿率领子弟跟从殿下东破叛贼，收复京城。若殿下与圣上都入蜀而去，难道就将中原河山拱手让给叛贼吗！"不大一会儿，百姓聚集而来的有数千人。

后来，玄宗还是逃到蜀郡去了。皇太子李亨北上到了灵武（今宁夏灵武西南），即位称帝，是为唐肃宗，重新集聚力量，开始对安禄山进行反攻。

安禄山，自公元755年叛乱，先后攻陷两京，第三年，就被他的儿子安庆绪杀死了。

安庆绪于公元757年春称帝。不久长安、洛阳为唐军收复。第三年，他又被安禄山的副将史思明杀死了。

史思明于公元759年先称燕王，后称皇帝。第三年，他也被儿子史朝义杀死了。

史朝义于公元761年称帝，两年后，兵败势穷，上吊自杀了。

这场叛乱，从公元755年到763年先后历时九年，史称"安史之乱"。叛乱虽然平定了，李唐王朝却从此一蹶不振，每况愈下。

当唐军收复了两京，李隆基又由成都返回长安。他路经马嵬驿时，抚今追昔，黯然神伤。归至宫中，图写了贵妃的芳容，朝夕思念,时时垂泪。这位曾经促成了开元盛世繁荣局面的皇帝,晚年就在愁苦忧伤中郁郁死去。死时七十八岁。

大约过了半个世纪,诗人白居易为他谱写了那首脍炙人口的《长恨歌》。《长恨歌》,与其说是玄宗与贵妃的情歌,倒不如说是中国封建社会盛极衰来的历史悲歌。

三十五、唐王朝的衰败与末日

安史之乱以后，唐王朝这个庞然大物的帝国猛然走向衰败了。可是，正如俗话说的："百足之虫死而不僵"，它从衰败到灭亡又整整延续了一个半世纪。

这期间，它虽亦曾几经挣扎，欲图再起。许多君王、能臣、悍将，也曾以其才智，欲图力挽狂澜，但终究是大势已去。待各地农民起义军动摇它的根基时，它也只能无可奈何地走向自己的末日了。

"苛政猛于虎"
——昙花一现的"永贞革新"

安史之乱，始自唐玄宗时，历经肃宗和代宗两代。叛乱虽终于平息了，可是，唐王朝却已府库虚竭，人口锐减，元气大伤。史载，当时死难与逃亡的至少有六百万户，劫后余生的不足三分之一。与此同时，各地藩镇林立，形成割据势力，中央朝廷对之莫可奈何。

公元780年,李适继位,是为唐德宗。他想做番事业,整顿财政,抑制藩镇势力,以加强中央集权。故而,继位的头一年就宣布了一项新法令,即"两税法"。

新税法同旧税法租庸调制不同:不再以名存实亡的均田制为基础,而是依现有的劳力和资产及田亩多少确定纳税的等级,也不再分地租和力役,而合诸税为一税,统一征收;所征虽仍以实物计,但要折合为钱帛,主要征收货币。全年分夏、秋两次摊征,故称"两税法"。所谓摊征,是因两税法没有固定税率,征收总额是朝廷依据需要分摊给州县的。

新税法公布后,朝廷又通令全国,两税之外,谁若再加征一物,皆以枉法论处。但是,法令墨迹未干,首先枉法加征的就是曾下令不准枉法加征的那位皇帝。

两税法公布的头一年,因纳税面的扩大,税收总额增加了一倍多。但是,这仍不足以支付战争所需的巨额军费,故而皇帝接连宣布加征茶、竹、漆、木税,加征房屋税、交易税,市场交易"四取其一",结果闹得长安罢市,商民拦舆于途,向宰相哭诉请愿。

商业税率提高了,官盐也加价了。这仍不够,又宣布"借商令",即向富商强借国债,许以战后归还。京都官吏,遂借机敲诈搜刮,致使许多人家被抢劫一空,含冤自杀。

长安如此,地方尤烈。通津要道均设税卡,连卖瓜菜的小贩也不得免。甚至还有征收死人税的。可谓"无物不税"。

当时苛征暴敛的手段很多,官府巧立名目,层层勒索:

"宫市"。贞元(785—805)末年,宫中需物,均由太监到长安市场上直接采办。每当午时,鼓声咚咚,东、西两市开板,黄衣太监同白衫小儿数百人即蜂拥而入,遍阅市场诸物,只要说声"宫市",意思是宫中买了,货物就算易手了。但价钱多少,无人敢问,常常只付百钱却拿走几千钱的货物。同时,还要向卖主索取"门户钱"、"脚价钱"。市者凡遇到"宫市",常常是货物罄尽,空手而归。故此,太监一进市,商人们纷纷藏货上板,繁华的市场顿呈一片惊惶。

"进奉"与"羡余"。德宗时,有些地方军政长官,为邀恩沽宠,除正式上缴租赋给国库之外,另外单独给皇帝进奉财物,名曰"进奉"。有的四时进奉,有的"月进",有的"日进",动辄千万。谁进得多,谁就会得到更高的官位和权势。这批财物的数额是巨大的,原本同正赋一起加征而来,却美其名曰"羡余"。意思是正赋中"超出"而"多余"的。

诗人白居易目睹这种暴敛的残酷,曾借一个织妇的口斥责道:

> 号为"羡余"物,随月献至尊。夺我身上暖,买尔眼前恩!

比"宫市"、"进奉"等更为可恶的是"五坊小儿"。五坊,是为皇帝豢养雕、鹘、鹞、鹰、狗的处所,小儿即在五坊中喂养鹰犬的当差人。这是一群仗势欺人的无赖,敲诈勒索,无恶不作。他们或把捕鸟的网张在胡同口、大门口,以至井口上,令人不得出入和汲水。谁若走近一步,他们便进行敲诈,先诬你惊跑了进贡的鸟儿,紧接着是一顿痛打,最后还得赔钱认罪才算了事。他们时常到酒楼饭店中大吃大喝,分文不付。谁敢讨钱,即遭打骂,临走给你留下一袋蛇,还说:"这是替皇上捕鸟的,可要精心喂养,不要让它渴着饿着!"当然,他们等得到大把的金钱,才肯携蛇而去。

这些苛税重赋,肆意敲诈,弄得天下黎民百姓不得安宁。

据史书记载,当时的陕西渭南县有两个乡:一个叫阌(wén文)乡,原有户三千,在重赋逼迫之下,死难逃亡的达三分之二;一个叫长原乡,原有户四百,逃亡死难的达百分之九十。当时全国总人口的消长也是同样的。唐德宗初行两税法的公元780年,全国民户虽不及开元天宝时的一半,但尚有四百一十余万户,二十五年后,全国户数约二百四十万,减少百分之四十。古人有言,"苛政猛于虎"。的确是这样,猛虎哪里能够吃掉一个庞大帝国的百分之四十的民户呢!

公元805年,唐德宗死去,太子李诵继位,是为唐顺宗。他在东宫时,深知当时的弊政,即位后,遂支持朝臣王叔文等进行改革,朝臣中拥护王叔文改革的还有著名的文学家兼哲人柳宗元和刘禹锡。他们行新法,除弊政,罢免了"宫市"、"进奉",查禁了五坊小儿,释放六百名宫女,允其回家婚嫁,并查办一批贪官污吏。民愤极大的京兆尹(即长安市长)李实被贬逐,市民准备以瓦砾为其"饯行"。李实知道后乘夜绕道逃走了。这些事都是大快人心的。

但是,当改革触及朝廷的财权和禁卫军的兵权时,守旧的老臣和得势的宦官俱文珍等,都不肯再坐视不顾,起而合力反对。他们迫使唐顺宗退位,拥立了新皇帝。王叔文被杀,拥护改革的朝臣被贬斥。这次改革时在永贞元年(805),故史称"永贞革新"。永贞革新只历时一百四十多天就失败了。

蔡州之战与藩镇割据
——唐王朝灭亡前的征兆之一

公元814年,淮西镇节度使吴少阳病死,其子吴元济自领节度使大权,并四出侵掠。邻近州县纷纷告急。唐廷朝议时,宰相武元衡、御史中丞裴度,都力主发兵削藩。

征讨淮西的战争开始了。

淮西是个小镇,辖境只申、光、蔡三州,约略相当于今河南省东南驻马店与信阳两个地区。淮西只有三四万兵力,四境又为听命于朝廷的州镇所包围,显然,是不难攻取的。可是,朝廷调发了十六镇约九万大军围剿,攻打了四年,两易主帅,却未得成功。特别是在西线战场,朝廷四易主将,屡遭挫败。第三任全军覆没,第四任望而生畏,竟同敌方秘密妥协了。

这场战争,旷日持久,财政拮据,还要不要打下去呢?朝议纷然,多主罢兵,而宰相裴度却一言不发。

原来,早在这场战争进行不久,割据势力派来的刺客就把主张削藩的武元衡杀害了,裴度当时也被刺伤。朝中官员们多被吓住了,罢兵之议一时甚嚣。只因唐宪宗不肯歇手,决然下令追捕贼党,同时任裴度为宰相,以示用兵的决心,罢兵之议才暂时收起。

现在,战争胶着,财力难支,罢兵之议又死灰复燃,喧嚣尘上。裴度认为,淮西不平,两河不安,犹如人有腹心之疾,终必养成大患。他毅然奏请亲临前线,协同众力讨伐。唐宪宗亲自送行到通化门。裴度将行,说:"臣去淮西,贼灭,则有日朝见陛下;贼在,则无归期。臣与贼誓不共戴天!"说着,老泪如涌,宪宗也为之流涕。

公元817年八月,裴度到达郾城(今属河南),文学家韩愈也随其来到这里。这里是征伐淮西军的北线战场,也是朝廷军队的主力所在。裴度名宣慰,实为统帅。他的到来,引起吴元济的注意,遂以淮西军精锐万人驻扎洄曲(在今河南漯河附近),隔一河与朝廷主力军对峙。形势紧张,一场决战迫在眉睫。

西线战场朝廷军在年初再次易将,新的主将名叫李愬。他初来时,不求战功,示敌以弱,却着意在安抚士卒,团结将领。时过半年,上下同心,均愿为其所用。同时,他也注意争取敌方力量,以敌制敌,了解敌情。淮西军西线兴城(今河南遂平)守将李祐原为吴元济得力大将,曾多次击败朝廷军。后来,李愬设计诱俘李祐,并劝他归降。但朝廷军将士对其深恶痛绝,几欲杀掉他。李愬对他却坦诚相待,信用不疑,并让其统领宿卫军,允其携带兵刃同自己共住一帐。将士们多为此惴惴不安。

李祐向李愬献策,出奇兵袭击蔡州(今河南汝南)。李愬认为是上策,并得到了裴度的允准。

十月九日,李愬率九千精兵从文城栅(今河南遂平西南)东进。分三千人给李祐,令其为先锋。大军东行六十里,入夜时,悄悄地夺取了淮西军的栅寨张柴村,全俘守军。稍息,待进食后,又乘黑夜向东挺进,时值天降大雪。李愬这时才告令全军:"今夜袭蔡州,擒杀吴元济!"将士们听到军令,多愕然、疑惑,悄悄相语曰:"主帅中了李祐奸计,恐怕我们都有来无回了!"但将士们素信李愬,又畏其军法,无有抗命者。

大军在行进,夜黑雪大,丘壑难辨,加之奇寒袭人,人马跌伤、冻死者,道路相望。从张柴村又东行七十里,进抵蔡州城下。这时天刚四鼓。城外有一鸭池,李愬令士兵赶鸭,使其鸣叫。城中执更者，还以为鸭苦寒冷，不闻军声。

先锋李祐率先登城，蔡州守城军仍在瑟缩酣睡。

鸡鸣雪止，李愬军已控制了全城，并进入了吴元济外宅。

当部下告之吴元济："官军来了！"他还在被窝里安睡，不肯相信。当又告之："全城已经陷落！"吴元济还说："那大概是前方将士回来要寒衣的吧！"当他终于明了真相的时候，仍企图负隅顽抗，以待主力回援。

李愬并不强攻，而是派人找到了淮西军驻洄曲的统帅董重质的家属，予以保护和优礼，并让其子去将蔡州形势告知其父。董重质知大势已去，立即赶赴蔡州拜见李愬。当吴元济看见董重质时，立即瘫软了，乃叩头请降。

蔡州攻克，吴元济被擒，淮西军的前线主力，以及申、光二州，当日即全部投降。连绵多年的淮西战争，一夜就结束了。

淮西被平定的消息传开，长期割据不听命于朝廷的成德（治所在今河北正定）、卢龙（治所在今北京西南）、横海（治所在今河北沧州南）等镇都大为恐慌，遂先后上表归顺，唯有淄青（治所在今山东益都）节度使李师道独力顽抗。原来，他就是指使刺客杀害宰相武元衡、刺伤裴度的主谋。当时统一成为一时的趋势，分裂不得人心。他的部将起而将他杀死，淄青镇也听命于朝廷，藩镇割据到此暂告一段落。

朝廷虽然胜利了，却无力铲除藩镇得以割据的根源。这个祸根，犹如癌细胞一样，没有多久，就又蔓延、扩散开来。当藩镇势力第二次恶性发展的时候，也就是唐王朝的末日到了。

南衙与北司之争
——唐王朝灭亡前的征兆之二

俗话说：按倒葫芦起来瓢。当藩镇势力被削弱之后，宦官的势力继而膨胀起来，朝廷内朋党之争也随之加剧了。

唐宪宗在削藩战争中是位胜利者，但在处置宦官势力时，却是个失败者。他原就是宦官集团拥立的，但终于又被宦官杀害了。宪宗的三儿子李恒继位，是为穆宗，也不过是宦官手中的驯服工具。穆宗死去，他的长子敬宗李湛两年后也死在宦官的手中。接着，穆宗的次子李昂又被宦官拥上皇帝宝座，他目睹这几代的政变史，怎能不胆颤心惊呢！

公元827年，唐文宗李昂一继位，就想铲除宦官集团，以维护自己的安全和统治。可那时，朝臣中朋党纷争，彼此争权夺势，倾轧甚剧。然而，拥戴何人当皇帝，朋党的两派却都甘愿听从宦官集团的安排，谁也不敢违抗。文宗处在宦官、朋党的夹缝中，孤掌难鸣，忧心如焚。恰在这时，宦官王守澄引进一位名叫郑注的精于医术的人为文宗治病。久而久之，郑注渐被文宗信用，郑注又将好友李训引进宫廷，名为"经师"，他们成了文宗的心腹。他们经常同文宗一起议论,如何剪除宦官,如何除逆图兴。但是,郑注、李训都出身微贱,又是宦官所荐引,朝臣中肯与之合作者寥若晨星。显然,他们的实力甚微,成功的希望也很渺茫。可是,李训同郑注团结一致,巧妙地利用宦官集团中的内部矛盾,步步得手,进展十分顺利。

宦官中派系众多,势力最大的属王守澄。他曾三次操纵皇帝的废立,又手握神策军大权。神策军是保卫皇帝的主要禁军,全国边镇中也有许多劲兵悍将属其统领。一般说来,欲除宦官集团,当先除王守澄。可是,郑注、李训首先选中的目标并不是王守澄,而是先借助王守澄的势力,收拾了那些与王守澄争权的宦官,把那些人一个个贬逐和杀死。王守澄对此很满意。他原来引进郑注也是为了使之成为内助以对付自己政敌的。

宦官中仇士良是王守澄一派的。在拥立文宗时,他也曾出了点力气,却未得到提拔,为此心中颇存怨恨。郑注、李训了解这一内幕,就让文宗晋升王守澄为神策观军容使,即君临神策军之上的最高长官,又将王守澄的原神策军中尉的职衔移封给了仇士良。这一着棋,既夺了王守澄的实际兵权,又为他树了个强硬的对立面。然而,王守澄却被麻痹了,并未察觉。

约半月后,李训和郑注只用了一名使者,一杯毒酒,就轻巧地结果了这个一度权势赫赫的大宦官的性命。这事当时干得极为秘密，宦官们都不知情。

李训做了宰相，郑注做了凤翔节度使。他们又密谋，利用为王守澄发丧的机会，诏令宦官全去送葬，届时发凤翔兵，内外合力，一举歼灭以仇士良为首的宦官集团。

郑注在王守澄死后的第五天，便赴凤翔节度使任所，做准备去了。

李训在郑注走后，思来想去，恐怕这样让郑注抓了全功，而冷落了自己，这导致他酝酿下一步如何除掉郑注的计划。他终于决意另布圈套，抢先消灭宦官集团，独占大功。

公元835年十一月二十一日，文宗驾临紫宸殿。该殿在大明宫中含元殿后，含元殿为前殿，紫宸殿为内殿。这时，禁军将军韩约按事前布置来奏称：昨夜天降甘露，在含元殿侧警卫禁军所在院内的树上。"甘露"，意思是甜美的露水。古人视此为天下太平的征兆。文宗遂乘软舆移至含元殿，命宰相前往视察。李训等去了半晌，回奏说：甘露未必是真的，不可马上宣布，否则，天下官民都要来祝贺的。文宗就又派宦官首领仇士良等带领宦官再去验看。

李训这时就去大明宫丹凤门外召集士兵了。

仇士良等刚进入警卫禁军的院子，见将军韩约因紧张过度，面色发白，汗流不止，颇为诧异。忽又闻有兵戈相击声，恰好这时一阵风来，掀动了帷幕，露出幕后埋伏着的伏兵，遂急步退走。正欲关门的门卫,被他厉声喝住,宦官就在这瞬间夺门而出。宦官们直奔含元殿,七手八脚,将皇帝抬起来就走。

李训赶来,呼唤殿下卫兵上来保驾,双方厮打起来。宦官被打死十多人,李训也被宦官打倒在地。仇士良等立即拥着文宗的软舆逃进了宣政殿,紧闭宫门。

宦官们把皇帝抢到了手,得意地高呼万岁。

百官惊骇,慌张走散。李训见大势已去,遂化装逃入了终南山。

仇士良抓住皇帝,手有强兵,发布诏令,四出搜捕。神策军出动,逢人便杀。市民横尸街衢,官署狼藉,洗劫一空。李训被抓获杀死,郑注也未能活命。各官署的官吏被杀的有六七百人,以同党罪名被诛杀的千余人。史载:宦人得势,"血流成渠"。

文宗欲除宦官集团,反而落入宦官之手,名为皇帝,实为囚徒,一直到死。

这场统治集团内部的斗争,史称"甘露之变"。

宦官朝臣之间的斗争,在唐代后期此起彼伏,一直在进行着。朝臣所在的衙署均在皇城。皇城在宫城之南,通称"南衙"或"南司"。故而"南衙"或"南司"就常用以代指朝臣势力。内侍省设在宫城之北,相对而言,被称为"北司",北司主掌宫廷事务,职司均任用宦官。故"北司"又被用以代称宦官集团。所以,朝臣与宦官的斗争,史称"南衙北司之争"。

"甘露之变",就是南衙北司斗争中的一幕。从此之后,朝臣与宦官的斗争,愈演愈烈,势同水火,直到同归于尽。这种历史现象,说明唐王朝的统治阶级已从根本上腐朽,再也无力继续统治下去了。

"冲天香阵透长安"
——唐末黄巢起义

在唐西京长安的历史上,公元881年1月8日,即唐僖宗广明元年的十二月初五日,是个重要的日子。这天早朝刚散,唐僖宗就从长安西城的金光门仓皇逃命了。过不多久,农民起义军的领袖黄巢,就乘坐着饰金的软舆,从东城的春明门率领千军万马进入了京城。义军将士,肩披长发,发结红绸,衣着锦绣,手执兵戈,意气风发,井然而入。从东都到西京,"甲骑如流,辎重塞涂,千里络绎不绝"。长安百姓潮水般地拥向街头,夹道观看,太极宫中被禁闭的宫女数千人也出宫欢迎,并呼黄巢为"黄王"。

黄王的将领尚让向长安百姓庄严宣告:"黄王起兵,本为百姓,不像李家那样虐待你们。父老兄弟们,安居乐业吧!"义军将士见到贫苦百姓,就将衣物钱帛散发给他们。

这天,是人民的盛大节日,整个长安城被欢快的节日般气氛笼罩着。

黄巢,曹州冤句(今山东菏泽)人。少时曾习武学文,可屡试不第。他家世代武装贩卖私盐,广交各地豪杰。公元874年七月,王仙芝同黄巢誓盟起义于淮北,很快发展到几万人。王仙芝自称"天补平均大将军"。后来,王仙芝在朝廷的利诱下,意欲投降,为此被黄巢一拳打得鼻青脸肿。不久,王仙芝战死,余部投归了黄巢。公元878年,黄巢称"冲天大将军",建年号为"王霸"。"冲天",即推翻唐朝的统治;"王霸",即建立王朝或霸业。

冲天大将军黄巢,始初率领队伍转战于黄淮地带,后为求发展,避实击虚,向唐兵力薄弱而地富物丰的长江下游进军,转战于赣、浙,又劈开浙南的仙霞岭,开山路七百里(至今古道犹存),经福建,直捣广州。义军的足迹遍及黄河、长江、珠江三大流域。

当义军从桂林出发北伐,再次打回中原时,声势浩大,达六十余万人。唐军州县,望风披靡。义军挺进东都洛阳,守官出迎,不战而降。十几天后,一夜之间,又踏平潼关,长驱西进,四天后进抵霸上。朝廷的金吾大将军张直方率领未及逃跑的文臣武将,向农民起义军叩首称臣。

黄王入城后的第九天,在含元殿举行开国大典,建国号大齐,改元金统,冲天大将军登上了皇帝的宝座,并大封起义有功的将领。诗人皮日休是起义的参加者，被任命为翰林院学士。大齐金统皇帝发布诏令，原来三品以上的官员一律解职，四品以下官员统统留用，即刻报到上任……

这一幕地覆天翻的动人情景是难以用笔墨描述的。黄巢远不是诗人，但他的咏菊诗却道出了他心头的大志和京城当时的风貌，不失为千古绝唱：

> 待到秋来九月八，我花开后百花杀。冲天香阵透长安，满城尽带黄金甲。

冲天长安，满城金甲，多么威风，多么壮观！但是，黄巢在欢庆胜利，得意非凡之时，却忘了那个正在疲于奔命向成都逃去的皇帝僖宗——未派兵追击，留下了一条祸根。同时，他也没有领导义军及时地扩大胜利，收拾长安四域那些七零八落、惊魂未定的唐军，没有去解除他们的武装，用来武装自己。他疏忽失策了，而给敌人留下了喘息的机会，使他们得以集结力量，重整旗鼓，杀回长安。长安城中潜伏下来的唐廷官员，也企图里应外合，推翻立足未稳的大齐政权。这时，就在张直方家中，集聚了原来的宰相公卿，他们共同密谋劫持黄巢，迎接唐僖宗。黄巢察觉，给予了坚决镇压。但唐军终于重新集结起来，向长安反攻了。黄巢率军撤出长安，屯于霸上。唐军先头部队进入长安城大肆烧杀抢掠。原来隐藏起来的唐朝命官们也乘机出来杀人报复,反攻倒算。黄巢义军乘乱不备,又迅即杀入长安。唐军个个抢掠甚多,负重难行,被击溃了。黄巢回到长安就对那些反攻倒算的人进行了大搜捕,杀掉了他们。

这就是唐诗人韦庄在其诗中所描写的:

内库烧为锦绣灰,天街踏尽公卿骨!

天街,是长安皇城内的主要大街,亦称承天门大街,两侧全是朝廷的官署,即南衙所在。义军在天街所杀的都是些向义军进行报复的达官贵人。

大齐金统四年(883),黄巢兵势日蹙,长安的南、西、北三面均被唐军包围着。东去通往东都的大道,是黄巢的部将朱温控制着,他见形势日坏,竟叛变投唐。这样,长安城内,粮物奇缺,势危难守。后来,长安终被唐军请来的沙陀贵族李克用的强悍骑兵攻陷。黄巢十五万义军经蓝田撤退到河南省南部。此后,义军在战略指挥上又接连失误,遂全军瓦解。

最后,金统五年(884)六月,黄巢率残部千余人退入山东省泰山地带,在虎狼谷战败牺牲。历时整整十年的黄巢起义就此失败了。

黄巢起义虽然失败了,但是唐王朝遭此打击也奄奄一息。苟延残喘了二十三年,于公元907年寿终正寝。

这期间,藩镇势力又一次恶性膨胀,宦官统统被藩镇杀光,杀余的朝官也全部投入了黄河。南衙、北司同归于尽。中国的河山又被肢解，出现了混战的局面，那就是历时半个多世纪之久的五代十国。

唐，历二十帝，二百九十年（618—907）由勃兴至鼎盛终于危亡。

三十六、五代十国的始末

从公元907年到960年的五十三年间,在黄河流域先后建立了梁、唐、晋、汉、周五个朝代,史称五代。它是处在唐、宋两大统一王朝之间的一个短暂的分裂时期,也是唐末藩镇割据的继续。与五代同时,还有十个割据政权存在,九个在江南(吴、南唐、吴越、闽、楚、荆南、前蜀、后蜀、南汉),一个在北方山西境内(北汉),史称十国。所以,这段历史被称作五代十国。

其实,五代十国也只是概称,有些小的割据政权并未计入。

这段历史的岁月是短暂的,可内容却相当复杂。这里只略述五代的梗概。

上源驿的厮杀
——五代启端后梁

上源驿,是汴州(今河南开封)城里一座讲究的驿馆。公元884年五月,这里发生了一场厮杀,成为五代史的先声。

事情是这样的:

独眼龙李克用率沙陀部骑兵在封丘大败黄巢军后,穷追不舍,日夜兼程,数日亦未能追及,马乏粮尽,只好先回汴州休整。汴州是宣武镇治所,节度使朱全忠(即朱温)先时慑于黄巢军的优势,曾向李克用告急求援。朱全忠视李克用为上宾,遂请其入城,馆于上源驿,大摆酒宴,盛情款待。李克用自以为功大兵强,傲然无礼,乘酒使气,语多不逊。朱全忠心愤难平。

入夜,李克用及其侍卫大都喝得大醉,呼呼沉睡。朱全忠乘机发兵,包围了驿馆,动起刀兵来。

李克用烂醉如泥,那里知晓。十几个亲兵在外与朱全忠兵格斗,情势危急。侍者机警地灭了烛火,将李克用拉入床下,用凉水将其泼醒,悄声告知门外有变。李克用这时方挽弓而起。

不一会儿,驿馆四处火起,浓烟袭人,势已燃眉。正这当儿,一阵雷电夹着暴雨袭来,李克用遂乘天黑雨大,逾墙突围,借着电光逃至城下,缒城而出,只身逃归大营。侍卫三百,全部战死。

从此,晋(李克用后为晋王)、魏(朱全忠后为魏王)为仇,相互攻伐,战争连绵达三十年之久。

上源驿的厮杀,似出偶然,可也是历史必然的反映。当黄巢进驻长安时,阶级矛盾激化,统治阶级的内部矛盾暂时缓和,并联合起来,向黄巢军疯狂反扑过去。一旦起义军被镇压,统治集团为瓜分胜利果实,内部矛盾又加剧了。当时,唐王朝已名存实亡,在藩镇中势力最大的是李克用,其次就数朱全忠。两强争雄,势不可免。因此,统治阶级内部的矛盾,以这两条恶狗的撕咬表现出来,那是很自然的。

后来的历史也证明了这一点。在唐王朝灭亡前的二十几年间,左右政局的已不再是皇帝,而是兵强马壮的藩镇势力,主要的就是李克用和朱全忠。

公元896年,朱全忠推荐张濬给皇帝,昭宗欲任为宰相。李克用就奏称:"张濬如果早上任相,我日暮就到长安宫门!"长安曾几遭抢掠杀戮,这是莫大的威胁。皇帝在两个强大藩镇的夹缝中求生存,当然不敢评断曲直,只能屈意调解。

公元901年,朱全忠发兵打到了李克用的晋阳城下。晋阳几乎不守,李克用欲向北方逃窜,幸赖其妻刘氏劝他坚守,才免于灭亡。

不久,朱全忠又把皇帝也抓在手中,"挟天子以令诸侯",更加声势赫赫。皇帝手下的宦官集团与朝官集团,曾长期争斗不息,这时或被其杀死,或投入黄河,同归于尽了。朱全忠怕皇帝住在长安被人抢去,遂强行迁都洛阳,洛阳属朱全忠的势力范围。昭宗被迫迁徙,行至华州,老百姓见了夹道欢呼"万岁!"昭宗流着眼泪说:"再不要喊万岁了,我不再是你们的主子了!"他哀叹道:"我这次漂泊,还不知哪里才是归宿!"时在公元904年四月,昭宗所走的这段路,也就是李唐王朝的形象而具体的

"穷途末路"。

八月,昭宗被杀害于洛阳宫中。主谋朱全忠却跪在灵柩前恸哭流涕。接着,他立了个十三岁的小皇帝,即昭宣帝李柷(chù畜)。公元907年,小皇帝被迫向朱全忠捧上玉玺,以示禅让。朱全忠遂称起皇帝来,是为梁太祖,建国号梁,史称后梁(907—923)。建都汴州,改称开封府。

这之后,各割据政权纷然效尤,自称帝王,遂开五代十国局面。

朱全忠称帝的第二年,李克用死去了。其子李存勖称晋王。公元911年,在高邑(今属河北)大战时,梁军主力被晋军打得落花流水,伤亡惨重。从此,双方的军事优势从梁方转到了晋方。第二年,梁太祖亲率五十万大军又北上同晋军争锋。梁军将士闻敌胆怯,忽有人喊:"晋军来了!"立即溃逃,一败不可收拾,惨败而回。

梁太祖后来才知道,前锋所见晋军只是一支巡逻队,不过几百人,又羞又恼,回到洛阳就一病不起。临危,他对近臣说:"我死了,儿子们不是李存勖的对手,我死无葬身之地了!"哭得死去活来。不久便断了气。

公元923年,李存勖攻入开封,夷灭了朱氏家族,又砍尽了梁太祖陵前的树木,铲掉了封丘,几欲挖墓掘尸,焚骨扬灰。

后梁,自公元907到923年,历三帝,十七年。

"雀鼠耗"

——赋税奇苛的后唐

公元923年，李存勖称帝，是为庄宗，国号唐，史称后唐（923—936），建都开封，随又迁都洛阳。

李存勖是个善于骑马射箭的武夫，勇于作战是他的所长，而对经国理民，却一窍不通。他一上台，就任命善于搜刮的孔谦作租庸使，即财政大臣。孔谦一上台，就宣布重征过去已经豁免了的欠租欠赋，按原数缴纳，不得欠缺。接着，又下令命全国州县堵塞天下的山谷小路，严禁行人，另在通途要道设卡，征收商税。孔谦还制定了括田竿尺，凡被丈量的土地，皆由少变多，也就可以多征租赋。孔谦的重征急敛，无限搜刮，弄得民不聊生。据说那时在京城大道上流浪着无数饥民，到处是一片哭天号地的悲声。可是，唐庄宗却赐孔谦号曰："丰财赡国的功臣"。的确，孔谦把唐庄宗私用的内府库藏都填得满满的。然而，士兵们却有不少人不得不去卖掉自己的妻子儿女。

五代时的赋税繁苛。而在梁以后，历朝基本上是沿袭唐庄宗时的旧制。

当时的赋税，除正项之外，还有附加税。农家食盐，征盐税；作酒，征曲税；养蚕，征蚕税；还有地头税、农器税等等。在这"附加税"之外，还要"附加"，名曰"雀鼠耗"。比如丝棉绸线麻等每缴纳十两另外加耗半两,租粮每石外加耗二斗,即增税百分之二十。"耗"是损伤的意思。雀鼠耗,意思是供仓库中雀鼠损耗的。至今,北方俗称老鼠为"耗子",就是由此而来的。

五代时,除朝廷诏准的正赋外,地方官吏常常巧立名目,任意地横征暴敛。故有些税目名称稀奇古怪,诸如"拔钉钱"、"渠伊钱"、"捋须钱"等等。

拔钉钱,说的是宋州的事。地方长官赵在礼苛征百姓,引起愤怒,后来,赵在礼被调走,百姓奔走相告:"这个眼中钉拔去了,真是大快人心啊!"赵在礼知道了,又请回宋州任职一年。这年,他即向百姓征收"拔钉钱",每人税金千文,可把百姓害苦了。

"渠伊"等税,事出庐江。刺史张崇去见吴王,老百姓盼望他离开,就说:"渠伊(他)必不复来矣!"没想到,张崇又回来了,硬向百姓征收"渠伊钱"。后来,他又去见吴王,百姓又以为他走了,互视以目,捋须相庆。张崇又回来了,又征收"捋须钱"。

当时社会上流传着许多政治笑话,揭露和反对这种苛暴的赋税制度。

吴国的宣州刺史徐知训,搜刮了民财去进奉吴王。吴王请他看戏。演员一人出场,其后一人尾随。尾随者绿衣大面。演员问:"尔是何人!"绿衣人答:"吾乃宣州土地神也!"又问:"尔为何来到扬州？"又答曰："吾主（指徐知训）进奉吴王，地皮刮尽，故吾也被刮来！"

又一则说，一年金陵天旱，而四城却多雨。南唐皇帝问："何以京城无雨？"大臣们未答，一艺人在旁插话了，他幽默地说："启禀陛下，雨怕抽税，不敢入京啊！"

艺术的手法往往是夸张的，但其本质却是真实的。当时的实际情况是，统治者的便壶也要用宝石来镶嵌，而农家的鸡生蛋也得去上税。

我们还是说唐庄宗吧。

公元926年，发生内乱，这时唐庄宗想用兵去平息。可将士不肯效命，他只好打开内府，给将士们以重重的赏赐。兵士们拿到赐物气愤地骂道："我们的妻子儿女早已饿死，要这东西还有什么用呢！"

唐庄宗被箭射死，统帅李嗣源做了皇帝，是为唐明宗。明宗施政的第一步，就是历数孔谦刻剥百姓，穷困军民的罪名，把他杀了。凡孔谦所立的苛法，也一概废除了。

唐明宗比较同情百姓疾苦。他听别人念唐代诗人聂夷中的诗句："二月卖新丝，五月粜新谷，医得眼前疮，剜却心头肉。我愿君王心，化作光明烛，不照绮罗筵，遍照逃亡屋。"就教人写下，经常念诵。他在位七年，革除了不少弊政，加之战事稀少，屡有丰年，百姓曾得以喘息。因而，他被看作是那乱世中难得的一位好皇帝。

可是,必须提及的是,前边讲到在每石粮食的正赋之外,另加征二斗雀鼠耗的规定,正是唐明宗时诏准的。

儿皇帝与晋高祖
——出卖民族利益的石敬瑭

"儿皇帝"与"晋高祖",前者是厚颜无耻的卑称,后者是至高无上的庙号。两者截然相反,却是同一个人的称号,这人叫石敬瑭。

石敬瑭是唐明宗的女婿,同李克用的子孙都是沙陀人。沙陀部是西突厥人的一支,居住在今新疆巴里坤湖之东,其境内有大沙漠名沙陀,故而得名。该沙漠今名古尔班通古特。后该部内迁至今陕西省西北部的定边一带。后唐时,石敬瑭被任命为河东节度使,驻兵晋阳,防范契丹。他同被任命为凤翔节度使的潞王李从珂,是后唐立国的两根顶梁柱。但是,他们虽为至亲,却以势相倾,彼此切齿。

公元934年,潞王李从珂杀明宗儿子愍帝而自立,是为唐废帝。废帝视石敬瑭为腹心之疾。石敬瑭亦上书斥其为明宗养子,原本王姓,不该承祀,并以武力相威胁,令其禅让给明宗子许王李从益。废帝遂发兵讨石敬瑭。

公元936年五月,后唐将军张敬达率兵进抵晋阳城南,驻扎于晋安乡,与晋军对垒。

石敬瑭遂修书给北方的契丹主,请求兵援,那书信的大意是这样的:

臣石敬瑭,表奏契丹大国可汗:

潞王李从珂,废主自立,臣欲兴问罪之师,恐力寡兵单,不足以成大事。愿执子礼,父事可汗,借兵南向,以惩叛逆。报捷之日,割卢龙一道、雁门以北之地以为谢。

部将刘知远见四十五岁的石敬瑭要认三十四岁的契丹主耶律德光作爸爸,以为不妥,遂道:称臣即可,执子礼恐怕太过分了。又说:求其援兵,多与其金帛也就行了,割让国土,恐为国之大患!

石敬瑭求兵心切,哪里听得进去,遂让使臣携书到契丹去了。

契丹是中国北方草原上的游牧民族之一。契丹族号的含义是镔铁或刀剑。契丹原为东胡,后为鲜卑人的一支。唐末始发展起来,五代初建立国家。它屡窥中原,多遭挫败。此时,后唐内乱迭起,契丹遂成为北方一大威胁,意欲染指中原。正这时,契丹主得石敬瑭书,喜出望外,当即允诺来使,待仲秋马肥,枣子红时,即倾国赴援。时在七月。

九月,契丹主率骑兵五万杀奔晋阳。初战获胜,进而将张敬达军五万包围在晋安寨。

唐废帝闻讯,急调军救援,一支由朝廷重臣赵延寿率领,从晋南北上,正面迎击契丹军;一支由北平王赵德钧率领,发幽州(今北京)兵,从飞狐(今河北涞源)向西南进军,截断契丹军的后路,前后夹击,形成钳形攻势。赵德钧是赵延寿的父亲。朝廷令其父子协同作战,也是精心安排的。

契丹主深入唐境,攻坚未下,而前后的唐军又指日可到,闻讯胆颤。每当日暮便收拾行装,布置瞭哨,以作仓猝间遁逃之计。

正当契丹主惶惶不安时,忽有赵德钧派来的使者求见。使者带来重金,乞契丹立赵德钧为中原皇帝,与契丹永为兄弟之邦,并准石敬瑭割据河东。契丹主为万全计,有意接受赵德钧的条件。

石敬瑭大为惶恐,赶快派桑维翰来见契丹主。桑维翰就是为石敬瑭建策父事契丹的"智囊",见了契丹主,跪在帐前,自旦至暮,一把鼻涕一把泪地苦苦哀求。天晚,契丹主把赵德钧的使者召至帐前,指着帐前的一块石头说:"我早已许石郎做皇帝,盟誓已坚,只有石烂,方可变约。"

这时,两个民族败类,方才一怀喜一怀忧,拜别而去。

十一月,契丹主立石敬瑭为皇帝,建国号晋,史称后晋(936—946),并在晋阳筑台朝贺。石敬瑭感激涕零,举觞向契丹主祝寿,跪着说:"儿愿献燕云十六州给父皇帝,以表孝忱!"并签订了晋每年贡帛三十万匹给契丹的协议书。

公元938年,石敬瑭以儿皇帝的身份捧着十六州的图册,奉送给了契丹的父皇帝,完成了他出卖国土的最后一步。

十六州是:幽、蓟、瀛、莫、涿、檀、顺、新、妫、儒、武、云、应、寰、朔、蔚。在今河北、山西的北部,南北宽约三四百里,东西长约千里。它是中原的屏障,石敬瑭竟把它出卖了。尔后的四百年间,草原铁骑不时南进,中原再无宁日。

再说张敬达军,被困日久,军心摇动,副将劝他降敌。张敬达虽指挥无方,性格却很刚烈,正义凛然地说:"我身为将帅,丧师辱国,罪已大矣!难道还要我去投降敌虏吗?待我师力尽势穷,你们砍下我的脑袋再去敌营请功,也为时不晚啊!"敬达誓死不降,后为副将暗杀,遂迫全军投降了。

那赵德钧父子想做皇帝不成,败退潞州(今山西长治)。契丹军至,不战迎降,遂被锁往契丹京城。契丹太后召他来问道:"你前派人到太原去做什么?"赵德钧说:"奉唐王之命。"太后说:"你向我儿求做皇帝,还敢当面撒谎!"太后又指指自己的心说:"这是骗不过去的。我儿出发时,我就嘱他,假若赵大王引兵向榆关(山海关),就迅即退兵,晋阳不可救。你为人臣,国家危难,坐视不救,反而图谋私利,还有什么脸活着?"赵德钧无言以答,俯首而立,后死异域。这就是赵德钧背叛国家、民族的可耻下场。

石敬瑭入洛阳,据有了中原。他做了儿皇帝,就年年搜刮百姓，入贡契丹。契丹主稍不如意即遣使来责问。儿皇帝则总是卑辞屈节，以求宽宥，将士百姓多为他忍辱偷生感到是举国的奇耻大辱。

后来，河东节度使刘知远的亲将郭威招降了游牧于雁北却不肯依附于契丹的吐谷浑部众。公元942年，契丹主大怒，遣使向石敬瑭问罪。石敬瑭既不敢得罪父皇帝，也不敢得罪刘知远，走投无路，忧郁成疾，不多几天就死去。

石敬瑭死去一千多年了，尸骨早已朽烂，但他那"儿皇帝"的称号却遗臭至今。这个千古的民族罪人，永远也不会得到饶恕。

长乐老冯道
——来去匆匆的后汉

公元946年，契丹主攻入开封，抓走了石敬瑭的儿子晋出帝石重贵，灭了后晋。后晋，历二帝，十一年。以契丹而立，终以契丹而亡。

第二年正月，契丹主耶律德光在开封称帝，改国号大辽，意欲长期入主中原。但是，他却纵兵以"打谷草"为名，四出抢掠。开封、洛阳两京附近的数百里内村舍皆空，禾稼全无。因而激起民愤，中原百姓纷纷聚义抗辽。或几十、几百，或几千、几万，推举出头领,率众击辽兵,杀辽官,声势越来越大。

晋将刘知远拥军五万,镇守河东。当契丹与晋相争时,他据守本境,坐观静变。契丹攻陷开封,他派部将王峻以贺胜为名,去京城观察形势。王峻回报说:"契丹贪暴,志在掳掠,中原怨怒,其势必不得久。"有人劝刘知远出兵抗辽,刘知远却认为辽势正炽,尚需待机而动。

辽主眼见人民奋起,深为惶惧,遂率百官北撤,行至栾城(今属河北)死去。契丹内部为抢权而纷争,无暇南顾。刘知远乘机发兵晋阳,二十一天后进入洛阳,又八天进入开封,大兵所向,如入无人之境。黄河以南的后晋州镇,遂尽为其所有。

当辽主称帝于开封时,刘知远已在晋阳自立为皇帝,比至洛阳,建国号汉,史称后汉(947—950)。刘知远称帝后十个月就死去了。儿子刘承祐继位,是为隐帝。

灰陶船(后汉)

隐帝继位后，长安、凤翔与河中（在晋西南）三镇同时发生叛乱。最后，老将郭威率兵往讨才平定下去。隐帝重赏郭威，郭威不受，而推功于在朝诸大臣和将士们，深得朝廷内外的敬重。可是，年轻的汉隐帝却对老臣左右朝廷不满，欲用亲信执政。他先设谋杀死了在朝的几位重臣，后又派人到魏州企图杀害郭威，从而激起兵变。

郭威率兵从魏州（今河北大名）出发，七天就进抵开封城下。隐帝出城督师，后为溃军所杀。郭威以拥汉除奸的名义入开封城收拾残局，以天子的葬仪为隐帝举丧。

当其时，开封西北有晋阳刘崇（刘知远弟弟），东有徐州刘赟（yūn晕，刘崇的儿子），南有许州刘信（刘知远弟弟），皆为节度使，手握重兵，若联兵问罪开封，郭威的处境就岌岌可危了。

郭威持重，以李太后之命，宣告将立刘赟为帝，并派出一位深孚众望的使臣冯道去徐州奉迎。刘赟见冯道来，疑虑顿消，坦然就道。晋阳听得冯道去迎，也大放宽心了。

冯道何许人也？

冯道为五代时的四朝元老，是那风云变幻时代的一个不倒翁。查其史传，初显于后唐，身为宰相，两度降新主。入晋后，出使契丹，足不旋踵。石敬瑭怕他跪拜契丹主时难为情，他却说："陛下受北朝恩，臣受陛下恩，有何不可！"甘心做奴才的奴才。契丹灭晋，冯道自动入朝拜见辽主，辽主问他："你是个怎样的老子(老东西)?"答曰:"无才无德,痴顽老子。"他以辱骂自己,取悦于人,又得太傅高位。后汉初,他再次率百官迎拜刘知远,官拜太师。后汉将亡,他又以自己的"高德重望"作郭威的诱饵,钓刘赟上钩。

冯道曾自号"长乐老",并著《长乐老叙》,记述自己朝秦暮楚,依阿诡随的几十年生涯,他以身处乱世能左右逢源而自得,以寡廉鲜耻为荣耀。人生最大的悲剧莫过于心死,冯道就是个心死透了的人。然而,五代时,他却被看成有德长者,后来也有人赞美他德如孔孟。且不说这些伦理学的纷争,还是看冯道以其行为续写的自传吧。

冯道诱刘赟离开徐州,行至宋州(今河南商丘南),郭威已在澶州(今河南清丰西)被将士们拥立为皇帝,回开封建国号大周,史称后周(951—960)。刘赟得知澶州事变时,已被软禁在宋州的驿馆中,遂向冯道求生计,说:"我之所以不疑有诈而肯就道而行,就因您是三十年的老宰相,今日事已危急,您看怎么好呢?"冯道对这一事变早就心中有数,却装出痴顽的样子,默然不对。他把刘赟送上了断头台,却一点不露声色,而自己回开封去就任后周太师宰相的高位了。

后来,刘赟终于被杀,徐州投降,刘信自杀,许州归顺。晋阳刘崇这时只有遥望顿足,尔后在晋阳称帝,仍以汉为国号,史称北汉。

后汉历二帝,四年,是五代中寿命最短的政权。

统一的先声
——为结束分裂奠基的后周

梁之后,沙陀人建立的唐、晋、汉三朝先后更迭,最后为周所取代。历史在这时出现了转机。经济的发展要求统一,而人民久乱思治,也在盼统一。首先承担起这一历史任务的是周世宗柴荣(921—959)。

公元954年,周太祖郭威病逝,晋王柴荣继位,即周世宗,年方三十四岁。

北汉主刘崇闻周有国丧,遂联兵契丹,从晋阳向黄河杀来。

周世宗刚刚临位,国丧未举,朝政待理,也不得不跨马出征,接受北汉的挑战。世宗欲亲征,朝臣多劝谏,世宗不听。冯道这年已七十三岁,身为太师。他一生凡遇重大决策,总持两端,不置可否,然而,这次却力阻世宗亲征。世宗说:"昔唐太宗定天下,莫不亲冒矢石,身临前敌,朕何敢偷安呢!"冯道顶撞说:"还不知陛下能否作个唐太宗呢!"世宗说:"朕兵强大,破刘崇犹如以山压卵!"冯道又说:"还不知陛下能否作个山呢!"冯道敢于如此,并非无因,他算定这次出兵必败,也看不出这位曾为太祖管家的养子有何军事才能。更重要的是,当时妥协派的态度在文武百官中是颇有市场的。世宗意志坚定,亲率三军渡黄河北上,与汉军相拒于高平(今属山西)。

战争开始了。

周兵的左军在西,右军在东,精骑在中央。周兵人少,众心危惧。世宗却志气昂扬,亲自骑马督阵。刘崇见周兵少而有骄色,遂先命令骑兵猛冲周兵右军。右军将领樊爱能、何徽等平时骄惰无能,刚刚接战即引军溃逃,步兵千余人弃甲投降。周兵全军为之动摇,情势危急。正这时,世宗身先士卒,宿将赵匡胤等也率部奋勇杀敌,汉兵稍却,周兵复振。转而,周兵猛冲汉军,无不一以当百,遂大败刘崇。契丹兵亦不得救。刘崇兵溃,疲惫不堪,勉强逃入晋阳。

周兵的高平大捷,出乎冯道的意料。他自感冷落,不久病死,结束了那"有奶便是娘"的无耻无节的一生。

周世宗的成功,增强了他统一天下的雄心。他希望做三十年皇帝,以十年开拓天下,以十年休养百姓,以十年致太平。他拓天下的战略是先易后难,先南后北,同时,整顿内政,严明军纪,选用贤能,以实力的强大为根基。

不久,他西讨叛镇,收复了秦(今甘肃天水)、凤(今陕西凤翔东)、成(今甘肃成县)、阶(今甘肃武都)四州;南征南唐,尽得江北十四州、六十县,南唐臣服,划江为界。

后周的强大,致使割据者们大为恐慌。南唐主原都金陵

云岩寺塔(后周)

(今江苏南京),拟迁都南昌;南汉主则忧形于色,酣饮待亡;北汉主也惴惴不安。全国百姓久厌战乱,则感到统一有望,并寄希望于中原。

公元959年,契丹"睡王"当朝(耶律德光子述律,喜猎好酒,夜饮昼睡,不理国政,故时称"睡王"),国势日败。契丹所据汉地,民心南向。世宗遂发兵北上,意在收复燕云失地。

周兵所指,契丹披靡。百姓持牛酒欢迎王师。当世宗率军进抵今河北省大清河一线时,河南的三州归顺,河北的三关投降。三州为宁州（今青县）、莫州（今任丘）、瀛州（今河间），三关是瓦桥关（在今雄县）、益津关（在今霸县）、游口关（在霸县信安镇）。

周兵"兵不血刃"，收复了三州三关，契丹丧胆，急急派出使者日驰七百里去晋阳，令北汉出兵，以牵制周的后方。

世宗欲乘胜进军，但诸将则多虑力不足，主张不宜深入。正这时，世宗突然得病，只得班师回朝。世宗自想不久于人世，对后事做了安排，很快去世了，年仅三十九岁。七岁幼子柴宗训继位，是为恭帝。时在公元959年六月。

半年后，统领禁军的首领赵匡胤（927—976），以抗击南扰的契丹为名，统军北上，行至陈桥驿（今河南开封东北陈桥镇），让将领们拥立为皇帝。回师开封即帝位，建立起宋王朝。

后周，作为五代的最后一朝，历三帝，十年，于公元960年灭亡了。

周世宗发出了统一的先声，大业未成过早地逝世了。但是，历史由分裂走向统一的总趋势是谁也改变不了的。

三十七、佛教在中国的黄金时代

佛教，自两汉之际传入华夏，魏晋时已生根萌芽，南北朝时势力滋蔓，同中国的传统观念与宗教的矛盾日渐尖锐起来。南朝时，唯物主义思想家范缜提出《神灭论》，导致了佛教哲学在中国的危机。北朝时，佛教同皇权、同道教都发生冲突，导致了魏太武帝和周武帝两次灭佛。第二次，废寺庙四万余处，迫令还俗的僧尼多达三百万人。这对佛教的发展无疑是一次沉重的打击。

但是，正如秦始皇焚书坑儒未能消灭儒家学派，北朝以行政法令毁庙斥僧，也消灭不了佛教。这犹如抽刀断水，无济于事。周亡隋兴，佛教就又死灰复燃了。在隋文帝的二十余年间，即建新寺塔五千余座，新造佛像六十余万躯，度僧尼二十三万多人。隋炀帝也是崇佛的，几次出巡扬州，都有大批僧、尼、道士、女冠随从。这样，佛教在隋代又兴盛起来。

隋亡唐兴，佛教迎来了它在中国的黄金时代。

傅奕和法琳
——唐初的宗教政策

唐初,就对佛教的政策问题,曾在朝臣中展开了一次面对面的激烈辩难。

起因是太史令傅奕曾指斥僧尼"剥削民财,截割国贮",先后七次上疏奏请废僧尼,减塔寺。僧侣法琳亦著《破邪论》等,狂骂傅奕。这场争论已进行了五年之久,唐高祖李渊遂就傅奕的奏疏,令朝臣们辩论对佛教的政策。

朝议一开始,宰相萧瑀就率先站出来指斥傅奕,说:"佛是圣人,诽谤圣人就是无法无天。傅奕毁圣谤佛,臣请诛傅奕!"

萧瑀的调子这样高,不是偶然的。当时朝廷上崇佛的势力远远超出了反佛的势力。法琳早得到太子李建成的支持,并誉太子为"护法菩萨"。

傅奕当然也洞悉当时的形势,但他坦然自若,从容说道:"圣人是崇礼的。礼是什么?在家事亲,在朝奉君。可是,佛教却教人弃家去国,无父无君。萧瑀并非异国臣民,却尊奉异域邪说,无父无君。这样的人又何以能忠于朝廷呢!"

傅奕义正词严,萧瑀无言以对,只是俯首合十反复诅咒说:"反佛死后要下地狱的!"

朝臣们齐声附和萧瑀,赞同傅奕的只有一人。但是,高祖李渊还是采纳了傅奕的奏议，发布了诏令，准备禁佛。正这时，发生了"玄武门之变"，高祖也被迫传位，禁佛暂被搁置。

唐太宗继位后，问傅奕："佛理很深奥，佛的品德也值得学习，因果报应的话也很灵验，卿为何以为不可信呢？"傅奕说："崇佛事僧，对百姓没有好处，对国家却有害处啊！"唐太宗深以为然。

唐初，魏晋南北朝以来的世族门阀的政治势力虽已受到了致命的打击，但社会的习惯势力还很强大。尽管唐太宗出身于关陇军事贵族，可是论门阀，还低于山东世族，常被山东世族所轻视，他为了自高门第，遂认道教所崇奉的始祖老子李聃为家祖，提倡尊奉老子，并诏令全国，凡行法事，道士、女冠可在僧、尼之前。

自隋以来，佛、道的势力已相匹敌，故而，隋虽崇佛，但公开表示也还是僧道并尊。唐初规定僧道的地位，道为第一，佛为其次。由是僧道更加牴牾。

先时南朝梁代画家张僧繇，曾作《醉僧图》，活现了醉僧的狼狈可笑之状，道士们每每用这张名画来取笑僧侣，遂使僧侣们十分恼火。僧侣于是筹聚了几十万钱，去请当代的大画家阎立本画一幅《醉道士图》，以求报复。阎立本果然画了一幅。这张名画流传下来了。它就是唐代佛道矛盾的写真。但历史事实，僧道的斗争比这激烈得多。

唐太宗的诏令下达以后，僧侣们大为不满，纷纷集于宫阙下示威抗议。

法琳则面见唐太宗，力图争辩，说：经他考证，李氏的远祖有两支，一是代北李氏，原出鲜卑拓跋部，一是陇西李，即老子的李氏。又说："老子的父亲是个乞丐，是个跛子，没有耳朵，还瞎了一只眼，七十二岁时还娶不到老婆，同邻居家的老女仆私通，才生下李聃。"法琳还想劝唐太宗自为代北李，用不着同陇西李去认本家。他还没说完，唐太宗早已勃然大怒，斥责法琳："毁我宗祖，谤我先人，要挟君王，罪不容诛！"

唐太宗又对法琳说："你著的经卷里说，有念观音者，刀不能伤。现在给你七天去念观音，到期拿你试刀，看看到底伤不伤！"

法琳被关进狱中，心中恐惧，明知就是念七七四十九天观音，刀放在脖子上也是要死的。但他毕竟是个老于世故的和尚，终于想出一条活命的办法。当太宗使人来问："刑期已到，你念观音有无灵验？"他回答说："七日以来，我不念观音，只念陛下。"太宗又使人问他："诏令你念观音，你为何只念陛下？"他又说："陛下功德巍巍，照经典说，陛下就是观音，所以只念陛下。"法琳的气焰全消了。

唐太宗见此，也就免了法琳的死罪，流放他到远州僧寺去，后死在路上了。

唐太宗尊奉家祖,又诏令道先佛后,流放了法琳。但是,他并不抑佛,这只要看一看他对高僧玄奘的态度就一目了然了。

玄 奘 西 游
——中印文化交流的象征

玄奘,俗称"唐僧"。古典小说《西游记》就是取材于他去佛国取经的历险故事,虚构而成的。然而,在书中为塑造孙悟空的明察和勇敢,却把唐僧的真实面目歪曲了。其实,历史上的唐僧同小说中的孙悟空一样勇敢、坚定,富有献身精神。

玄奘,本姓陈,名祎,洛州缑氏(今河南偃师缑氏镇)人。他的出生年月不甚详,一说是公元600年,一说是公元602年(下文谈及玄奘的年龄均取602年说)。

玄奘十三岁时,在洛阳净土寺出家。后渐长,即游学长安、成都。三年后,又出三峡,讲经于荆州,再北上赵州,求法相州,复去长安。二十几岁的玄奘,因为求学勤苦,敬惜寸阴,已成为名噪江河南北的法师了。

玄奘学识愈进,愈发现经卷与师传对佛教教义的解释隐然有异,又苦于中国佛经的体系杂沓,译法紊乱,难以凭信,遂决心追踪法显,游学西天,求取真经,以释惑疑。

贞观三年(629),二十八岁的玄奘约集了几位同伴,奏请朝廷,请准其西游取经。当其时,西域未定,政局动荡,唐太宗未准。同伴们望难生畏,都打了退堂鼓,玄奘却毅然西出长安,只身上路了。

玄奘沿河西走廊西北行,经兰州,到凉州(今甘肃武威)。凉州都督陈大亮拒不放行,迫令其重返长安。玄奘誓死不回,黑夜逃离了凉州,昼伏夜行,西奔瓜州(今甘肃安西)。然后,出玉门关,进入了八百里荒漠。那里上无飞鸟,下无走兽,凭借枯骨、马粪辨识路径。方进入沙漠一百多里,就迷失了方向。他孤身独影,饥渴劳顿,想喝点水,又失手打翻了盛水的皮袋。在那荒漠里,水就是生命,没有了水,生命也就危促了。前进呢,还是后退呢?玄奘无可奈何地往回走了,刚走出十多里,一想到自己立下的"若不至天竺,终不东归一步"的誓言,又下定决心宁可西行而死,决不东归而生,继续西进了。

玄奘又连续走了四夜五日,无滴水沾喉,口干舌燥,几度将绝。他强令自己挣扎前进,然终不成,遂倒卧沙中,自度难支,昏然睡去。夜半凉风吹来,顿觉眼睛又发亮了,老马也站立起来,遂又前行。刚走出十几里,马不服驭,独自择径而走,又行十数里,遂找到青草数亩,清水一池,人马都得救了。

玄奘忘身求法,所历困苦,何止八百里荒漠的遭逢,然而,他坚定不移,又翻凌山,过热海,穿越中亚南部大雪山,历时五年,九死一生,终于抵达了佛国天竺。

古印度当年分为东西南北中五天竺,尚处于小国林立的局面。玄奘来到天竺,到处观礼佛教圣迹,参观寺塔建筑和艺术。他还参谒了佛祖的诞生处和圆寂地。

三十二岁时(633),玄奘来到中天竺的摩揭陀国的那烂陀寺(在今印度巴腊贡地方)。那烂陀寺是当时天竺佛教的最高学府,常住僧有四千余人,加上客住的僧、俗,超过万人。那烂陀寺的正法藏(院长)为戒贤法师,时已年过百岁,多年不讲经了。但当听说玄奘从东土不远万里,历尽磨难来求法时,颇为感动,亲自为玄奘开讲,连讲十五个月,每次旁听的多达数千人。玄奘虚心求教,潜心钻研,学问大有长进。

玄奘在那烂陀寺学习五年后,又以三年左右时间遍游五天竺,参观胜地,求师会友,学业益精。

玄奘四十一岁时学业已成。此前在几次不同学派、教派的辩论中,以其雄辩博识,屈敌致胜,为那烂陀学府赢得了荣誉,因而倍受尊敬。

戒日王是古印度的一代雄主,对玄奘的学识十分悦服。公元642年,他在京都曲女城(今印度北方邦坎若吉城)召开全天竺佛教学术大会,到会的有十八国国王,以及僧、俗、官、民六千余人,都是学有专长的知名之士。大会以玄奘为论主,宣讲了他的两篇论著,然后又将其论著抄出,张贴在会场门外,并按照当时在印度论辩的惯例,声明说:"若其间有一字无理能破难者,请

兴教寺玄奘塔(唐)

割舌以谢之。"

大会开了十八天，驳难者一一被挫服，最后再无人敢提出异议。据说，会后戒日王又请玄奘在五十万人的无遮大会上讲经。从此，玄奘名震五天竺。

玄奘以精湛的学业，在佛教的圣地攀上了佛学的顶峰，获得了"三藏法师"的称号。三藏是对佛教经、律、论三种经藏的总称。三藏法师，意为精通佛学全部经典的大师。当时，在那烂陀寺，这一称号的地位仅次于戒贤法师。故而人又称玄奘为

"唐三藏"。唐三藏在佛国取得的杰出成就,标志着中国佛学进入世界佛学领先地位的条件,已经成熟了。

玄奘在那次大会以后,即辞别了那烂陀寺师友及戒日王返国,路上用去两年时间,于贞观十九年(645)正月七日,以二十匹马驮着六百五十七部佛经及佛像回到了长安。唐太宗正欲出征辽东,已行至洛阳,得知玄奘归来,立即命宰相在长安城朱雀桥举行隆重大会,欢迎玄奘三藏法师。长安倾城出动,人山人海,热闹非凡。

玄奘西游,历时十七年,行程五万华里。西游时年仅二十八岁,东归时已四十四岁了。

玄奘回到长安,三个月后,又开始了十九年的译经生涯。他每天都是三更就寝,五更起身,日夜孜孜,十分勤苦,直到圆寂之前,共译出佛经七十五部,一千三百三十五卷,计一千三百多万言。同时,他还把老子的《道德经》等译成梵文,让使者捎去天竺。

玄奘为宝藏那些花费了他毕生精力的经卷,亲自倡导在慈恩寺内建造了耸入云霄的大雁塔。雁塔的名字来源于天竺的一个佛教故事。据说有位菩萨曾化身为雁,舍身布施,后人葬之以建塔,故而得名雁塔。长安的大雁塔,就是仿天竺雁塔建造的。现存大雁塔高64米,登临其上,可以俯瞰西安全市,远眺秦岭与渭水。是国家重点文物保护单位。

玄奘归来即在洛阳拜见唐太宗,三年后,唐太宗又在坊州玉华宫(在今陕西铜川市北四十公里,现已发现该宫遗址)召见他。恰在这时,玄奘已将其从戒贤法师授业的主要经卷译出,遂请太宗为其译作写序。太宗亲撰了《大唐三藏圣教序》,称颂玄奘舍身求法的至诚精神,并誉其为"千古无对"、"沙门领袖"。这序文刻石为碑,是唐初大书法家褚遂良书写的。至今,这古碑仍镶嵌在大雁塔南门的左侧,成了玄奘献身精神的纪念碑。

玄奘是著名的佛学大师,也是大旅行家。他西游经历曲折,见闻广博,曾引起唐太宗的浓厚兴趣。玄奘应唐太宗之请,把他所见所闻口述出来,由僧辩机整理成书,名《大唐西域记》。

《大唐西域记》记述了玄奘西游亲历的一百一十国和得之于传闻的二十八国的山川、城邑、物产与民俗。它是今日研究印度、尼泊尔、巴基斯坦、孟加拉等国以及中亚等地古代历史、地理的重要著作。

玄奘在天竺曾参观了佛教艺术胜地——阿旃陀石窟(在今印度孟买)。阿旃陀有二十九个石窟,始凿于公元前一二世纪,先后开凿了七八百年,雕塑了大量的佛像,绘制了精彩的壁画。公元八世纪中,印度佛教衰落,石窟逐渐埋没在荒烟蔓草之中。公元1819年,阿旃陀石窟重被发现,但无有识者,靠了《大唐西

《大唐西域记》(唐写本)

域记》的证明，才断定它是印度有名的胜迹。

公元664年，玄奘法师自度死期已近，遂向寺僧、门人一一辞诀。当唐高宗李治得知玄奘病重，派来御医时，法师已经圆寂了。时年六十三岁。高宗悲痛万分，说："朕失国宝矣！"为之废朝五日。当为玄奘举丧之日，长安附近五百里地以内的士民纷纷赶来送葬，多达百余万人。玄奘法师的墓塔至今犹存，屹立在西安城南少陵原上。

玄奘，他为中印文化的交往贡献了毕生的精力，也正是以他为肇端，在其生前，中印两国即建立了邦交。所以，一千三百多年以来，中印两国人民都视玄奘为中印文化交往的象征。

鉴 真 东 渡
——中日文化交流的典范

　　风急波峻，海流如墨。
　　一艘唐船像个小瓢，摇摇摆摆地在海流中漂泊，时而被推至浪尖，如登山巅；时而又被抛入浪谷，如坠深壑。这船是从扬州开出的，还没出扬子江，突遇南下的季候风，一夜之间就被吹出了七八百里，从长江口到了浙江海面。船避过了季风，再度起锚，又误入了这可怕的海流。
　　船上的淡水已经用完，人们饥渴难耐，嚼一把米，咽又咽不下，吐也吐不出，喝口海水送一送，又腹胀如鼓。人们挣扎着，盼望着，眼睁睁地数着太阳、月亮的出没，度日如年，一天，两天，三天……
　　这船是鉴真东渡乘坐的，事情发生在玄奘西出长安后的一百二十年，即唐玄宗天宝七载（748）。
　　鉴真法师是应日本留学僧荣睿、普照代表朝廷的邀请去东土传戒弘法的。随同鉴真一起东渡的还有弟子祥彦、思托等，以及工匠、水手共三十五人。但这已不是首次。
　　首次东渡，是在这之前五年（743）。那次，一切准备就绪，正要扬帆出海，不意竟被诬告为"私通海盗"，事实后来终于弄清，但首航未能成行。

第二次,是在那年年底,这次同行的有弟子、水手、工匠、画师一百多人。但船尚未出海即被暴风卷起的恶浪击坏,时值隆冬,人陷水中,凉彻心骨。待修好船再行,又在海上触礁,航船解体,幸得救援而未葬身鱼腹。

接着,第三次、第四次,也都失败了。

这是第五次东渡,航船活像断了线的风筝,任凭海风的驱驶,漂过了蛇滩、飞鱼海、飞鸟海……

船上的人们已经熬过了十四个昼夜,终于在绝望之中又见到了希望——在遥远的天海之际露出了一线大地,人们顿时活跃了。那是东土日本吗?也许是,那该多好啊!然而,那并非东土,而是唐土,即南海地区的海南岛。

东渡者又一次死里逃生,但目的却仍未达到。

鉴真(688—763),俗姓淳于,扬州江阳(今江苏扬州)人。他十四岁出家,二十岁游学于洛阳,后至长安,潜心钻研律学。律学是讲戒律的,即佛教为僧尼的行为规定的佛规佛法,或言佛教的行动准则和法律。

开元元年(713),二十六岁的鉴真满载丰硕的学术成果返回扬州。在此后的三十年间,鉴真在江淮地带,建寺造塔,传教讲学,遇河架桥,见病施药,深得僧俗各界的敬重,先后从其受戒的弟子多达四万余人。鉴真成了名扬海内的律宗大师。

鉴真五十五岁时,荣睿、普照来到扬州,恳请鉴真派弟子东

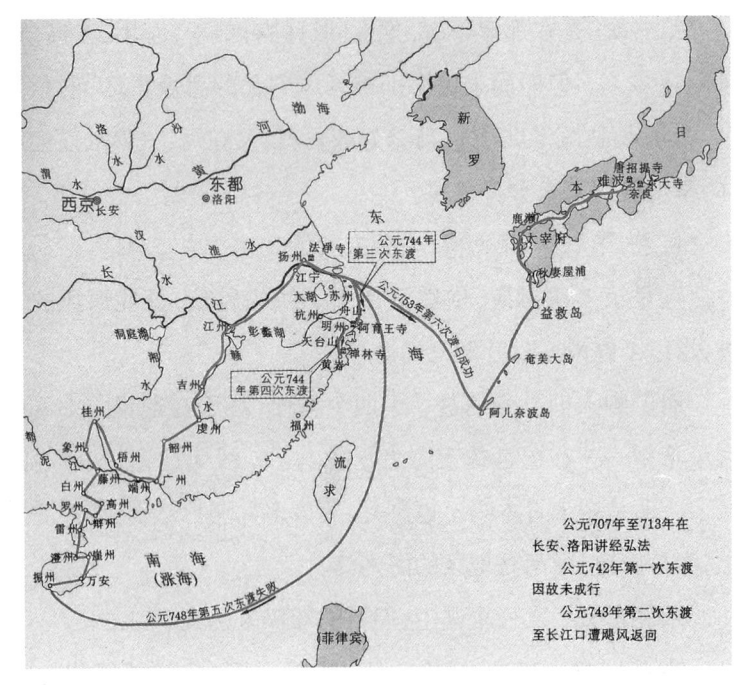

鉴真东渡行迹图

渡传戒。在那时,横渡沧海,百无一至,是九死一生的事。弟子们都默不作声。鉴真毅然说:"这是为东渡弘扬佛法,何惜生命,你们不去,那就让我去吧!"祥彦等二十一名弟子见鉴真如此坚定,遂请与法师风雨同舟,共赴东土。

可是,历时五年,五次东渡都连连失败,而今又流落到海南岛上。然而,这段悲剧尚未完结,不幸的事又接踵而来。

当鉴真一行北上,行至端州,荣睿积劳成疾,猝然而逝。现今,在广东省肇庆市七星岩,中国人民为荣睿和尚建有纪念碑。

转年,普照眼见风雨飘摇,夙愿难偿,告别鉴真,独自前往明州(今浙江宁波)阿育王寺去了。

鉴真这年已是六十三岁的老人,八年来,五渡受挫,不幸接二连三,不能不使他悲从中来,潸然神伤。不久即患眼疾,双目失明了。

接着,鉴真的得意弟子祥彦和尚也离开人世。鉴真双目失明,又失去患难与共的得力臂膀,不禁抚尸恸哭起来。

鉴真经三年漂泊,艰苦备尝,于天宝十载(751)春,又回到了扬州龙兴寺。

这幕幕悲壮史诗,虽历千年岁月,今日得闻,仍令人百感交集,鉴真法师当年的心境是可以想知的了。

两年后的一天,日本遣唐大使藤原清河突然来到龙兴寺,拜会鉴真法师,礼请东游。这时,双目失明的鉴真法师东渡弘法的信念并不减当年,他慨然允诺,遂在苏州黄泗浦(在今江苏沙洲鹿苑镇西约1公里)登上日本遣唐使船。同时,普照也从明州赶来。天宝十二载(753)十一月十六日,遣唐使船扬帆出海了。

十二月二十日,一位六十六岁的盲僧以其百折不挠的精神,历经十二年的磨难,终于走下航船,踏上了日本的国土。这地方是萨摩国阿多郡秋妻屋浦,即今九州鹿儿岛川边郡的秋目浦。

天宝十三载(754)二月四日,奈良以极其热烈的气氛欢迎鉴真法师的到来。四月,东大寺大佛殿前筑起了第一个戒坛,鉴真依次给圣武上皇、光明太后、孝谦女皇,以及四百四十名僧侣授戒。鉴真法师遂成为日本律宗的开山祖。

唐肃宗乾元二年(759),鉴真创立的律宗总本山寺院唐招提寺落成剪彩了。这是一座依照中国盛唐建筑式样和风格建造的寺院,孝谦女皇为之书写了匾额。

鉴真法师在中日文化交流方面的贡献是杰出的。他带去了建筑技术,还带去了许多珍宝。据说现在招提寺内鼓楼中供奉的金龟舍利塔里面的舍利子,就是鉴真带去的。"舍利"为梵文音译的略称,意指佛身火化后的残余骨烬。我们且不去考证这些圣物自身的真实性如何,它们被作为唐代中日文化交流的文物却真实无误,不容置疑。

鉴真是位造诣很深的汉医,曾在日本为朝野治病医痛。他鉴定药物,一嗅便知,配方为伍,药到病除。故此,他成为日本所尊重的少数名医之一。日本东大寺、西大寺沿用已久的常用药"奇效丸"、"丰心丹"等,就是鉴真法师传的方子。

相传,鉴真还将做豆腐的方法传到了日本。至今,日本豆腐业仍尊奉鉴真为祖师呢!

又相传,鉴真还把干漆夹纻造像的工艺带到了日本。现在,也只有日本才拥有最古老的夹纻干漆像,而鉴真法师的干漆坐像被视为日本的"国宝"。关于这"国宝",还有着一段传说呢。

公元736年春,鉴真的弟子忍基一天梦见唐招提寺讲堂的栋梁突然折断,顿时惊醒。他讲了此事,众僧立即想到这可能是德高望重的年迈人将要仙化的预兆。遂立意在法师生前依其神态塑一夹纻干漆像。

寿像制成了,紧闭双目,盘腿端坐,身披袈裟,形神酷肖。鉴真法师的真身于五月六日,以七十六岁的高龄辞世了。之前,法师曾说:"我若终,亦愿坐死。"果然,他就像那寿像一样,端坐禅堂向西方圆寂的。

鉴真大师结缘日本,未返故乡,死后火葬,埋骨奈良。后来,日本使者到扬州传达了鉴真的噩耗。扬州诸寺的僧尼、佛徒,均为之悲恸,向东举哀三日,隔海遥祭。

盲圣鉴真一生为中日文化交流而献身,死后亦被东海两岸的人民视为两国人民友好的典范。1980年4月,盲圣的寿像回中国探亲,再次激励了中日僧俗的友好热情。正如一首俳句所颂:

遍地菜花黄,盲目圣人归故乡。春意万年长。

会昌灭佛
——佛教在中国的衰败

玄奘西游,鉴真东渡,大雁塔的耸入云霄,招提寺的落成剪彩,这同是佛教在中国进入黄金时代的象征。这个时期,天竺佛教中国化的过程亦大体完结,并形成了众多的佛教宗派,出现了具有中国特点的佛派禅宗。僧侣们的宗教热情,也渐由去西方求法,转到去东方弘法上来了。中国佛教形成了空前昌盛的局面。

唐武宗会昌元年(841),全国大、中、小寺庙总计四万余,占地几千万顷,出现了大大小小的"富贵和尚",以及"空门猗顿",即巨富。唐人早就惊呼:"十分天下之财而佛有七八。"

那时,一方面是"僧徒日广,佛寺日崇",另一方面是"国库虚竭,军费拮据"。这就使皇帝同佛祖发生了尖锐的矛盾。

唐文宗对宰相说:"古者三人共食一农人,今加兵、佛,一农人乃为五人所食。其间吾民犹困于佛。"意思是说,崇佛与战争都给百姓带来灾难,但崇佛造成的困苦尤甚。这话出自于一个崇奉佛教的皇帝之口,当时问题的严重性也就不难想像了。

唐武宗继位,危局日甚。当时朝廷的户口册上,全国只有二百一十余万户,而僧尼却多至二十六万余人。全国的每座寺院,都占有几百、几千乃至几万亩土地,有自己独成格局的经济,独立的寺庙武装(僧兵),既不向国家纳税,也不服役,俨然一个个小的独立王国。唐武宗眼见国政日危,百姓日困,欲图兴复,就不能再容忍寺院经济同国家争民、争税、争土地。加之，唐武宗是唐代二十个皇帝中唯一不信佛的，灭佛之议遂成。

会昌五年（845）七月，唐武宗颁发了一道禁佛的诏令，随后又派出御史多人，分赴各道，监督执行。

天下百姓苦佛已久，闻风而动。御史们乘着驿马还未出关中，朝廷已闻捷报：全国寺庙已拆毁，连墙基也被刨掉种上庄稼了。诗人杜牧赞扬说："僧佛在中国为害已达六百余年，我生有幸，亲眼看见圣人一挥手，僧佛就被铲除了。"诗人的心情同当时黎民百姓的心情是相连的。

不久，朝廷颁布了禁佛的诏书，历数佛教罪状，公布了灭佛的成果。凡废毁大、中寺院四千六百多所，小的寺庙四万余座。僧尼还俗二十六万五百人。没收良田数千万顷，放免寺院奴婢十五万人，并给土地自谋营生。

会昌灭佛，摧毁了寺院经济，解放了生产力。当年朝廷控制的户口数字，比会昌初年增加一倍多，达四百九十五万余户。那时的户口数字未必确凿，但户数迅猛增加的趋势是可以相信的。这肯定同灭佛有关。

会昌灭佛，实际并未全灭，在长安、洛阳都留下了几所寺庙，每州也留下一所。这些寺庙的隶属关系也从祠部改为主客。祠部是主管朝廷祭祀天地、宗庙的，主客是负责外国朝贡的。这样的变更，意思是朝廷已不再把僧侣视为中国人了。

唐代佛教从此一蹶不振。

五代时,历梁、唐、晋、汉四十年,佛教又渐渐复苏。僧侣又销铜钱铸造大佛,以致铜不足用。

周世宗柴荣继位,力图富国强兵,统一全国,遂下令在后周境内禁佛。

据说,那时镇州(今河北正定)有一大佛,极其灵应,香火颇盛。禁佛毁像的诏书已传来很久,无人敢去触毁大佛。周世宗说:"佛是舍己为人的。为了众生,可以布施自己的生命。为了百姓,怎会舍不得铜像呢?假若布施我的身体对百姓有利,我是绝不吝惜的。"周世宗不信邪,亲到寺中,以巨斧砍了佛面,毁了佛胸。大佛被砸碎去铸铜钱了。

周世宗大力禁佛,态度坚定,成果显著。时有佛寺三万二千九百多所,被废掉三万零三百多所。铜像被用来铸钱,铁像销后铸成农具,僧尼们被迫还俗拿起农具去种地了。

这就是中国佛教史上第四次大规模的灭佛。四次灭佛,又概称"三武一宗"灭佛。三武,指北魏太武帝、北周武帝、唐武宗;一宗,即指周世宗。

佛教在中国度过了那美好的黄金时代,就开始衰落了。但后来历宋、元、明、清几近千年,仍时伏时起。明太祖朱元璋原是小和尚出身,他做了皇帝之后甚至委派僧侣为外交官出使西域,东访日本呢!但是,佛教在中国终究已近暮年,再不见玄奘、鉴真那样的高僧问世了。

佛教在中国，不知造成了几多灾难，但它毕竟也造就了伟大的佛教文化与艺术，诸如敦煌石窟、云冈石窟、龙门石窟、大足石窟，以及遍及全国各地的著名寺塔，丰富的佛教典籍，深邃的哲学思想，成为中华民族文化宝库中光辉灿烂的内容之一。

三十八、隋唐五代的科学技术

李春与赵州石桥
——隋代的建筑学

河北有一民间小曲,名叫《小放牛》,曲中曾说到赵州桥:

赵州桥什么人儿修?玉石栏杆什么人留?什么人骑驴桥上走?什么人推车轧了一道沟?

赵州石桥鲁班修,玉石栏杆圣人留,张果老骑驴桥上走,柴王爷推车轧了一道沟。

当地流传这样一个神话,鲁班刚刚将赵州桥修成,仙人张果老骑着毛驴,柴王爷推着小车就来了,要在桥上经过,其实是想试试鲁班的手艺。这两位神仙一上桥,桥就被压得直晃,鲁班赶紧跳到桥下,用手托住桥拱,石桥才安全无恙。但是,待他们过去,鲁班上桥一看,桥面的巨石上尽是深深的驴蹄印窝,还有

赵州桥

一条被小车轮轧出的道沟。后来才知道，张果老那神驴驮的口袋中装的是太阳和月亮，柴王爷的小车推着五岳，即中国著名的五座大山。

古代人民以艺术的语言、神奇的设想讴歌赵州桥，赞美它的优美和牢固，表现出人民对它的热爱，并引以为骄傲。的确，它是值得骄傲的，它是中国保存下来的最早的石拱桥，也是世界桥梁史上最早的石拱桥。

赵州桥原名安济桥，坐落在隋代赵州的洨河上，故又被称为赵州桥，位于今河北省赵县城南洨河上。当年这里是南北交通的孔道。石桥为空腔式，桥洞跨度为37.37米，连同南北桥堍为50.82米，桥宽9米。石桥建于隋代开皇后期至大业初年，约在公元七世纪初，距今已有一千四百年。

赵州桥的设计甚为巧妙，以致唐代人惊叹说："制造奇特，人不知其所以为"，"奇巧固护，甲于天下。"古人赞美赵州桥的设计是第一流的，可又难以理解是怎么设计的。今日考察，该桥设计有几个特点：

一是桥券取弧形。古代石桥，桥券多为半圆形，故而难以有较大跨度。假如赵州桥券取半圆形，如此跨度，桥洞则高达18.52米，即跨度的一半。那样，若没有长长的引桥，车马行人过桥就如同翻山一样难。由于实际采取了小于半圆的弧形桥券，桥洞高只有7.23米，坡度缓平，交通方便，比较实用。这样，造型也很美，远远望去，整个桥身犹如一弯新月，又好似落在河面上的一道彩虹，给人以刚劲、柔和又富有弹性的美感。

二是桥肩上南北各设两个小拱，形成独具一格的"敞肩"式。这一设计，是深谋远虑的，万一遇到山洪泛滥，四个小券就是溢洪洞，减弱洪水对石桥的冲击力。据今日测算，这一设计节约了石料七百吨，减轻桥身净重百分之十五点三，相应地增加了石桥的安全系数百分之十一点四。同时，从外形去看，也增强了石桥的健美，四个孔洞，犹如联结在彩虹上的四颗明珠，其美丽多姿，令人玩味无穷。

三是桥基承受压力的测算。赵州桥的基础就建在河床两岸的亚黏土层上，既未打桩，也未采取其他加固措施。然而，一千四百年过去了，桥基两端下沉的水平差仅有5厘米。据今日测定,石桥及其载重量所形成的压力,恰好在桥基那粗砂层可承受耐压力的幅度之内。当时设计者是怎样测算的,至今还是个科学之谜。

四是抗震力。石桥的设计之巧,筹算之精,已令人惊讶,更令人惊讶的是它的抗震性能。在漫长的历史岁月里,它不知经过了几多次地震的考验。就说1966年3月的邢台大地震吧,那是次七点二级的地震,震中离赵州桥只有四十公里。在那天摇地动的几十秒钟里,赵州桥一带的建筑物遭到严重破坏,而古老的石桥却安然无恙!从此,隋代古桥的抗震力又成了学者们研究的新课题。

五是古桥上两侧原建有桥栏,那上面雕有龙兽的形象,有的回盘,有的缠绕,有的伸爪,有的蹲坐,有的张目怒视,有的呼吸吞吐。这一组组的神物,雕琢得神韵飞动,好像即将从石栏中窜出一般!这真是难得一见的古代雕塑艺术。可惜,它的作者的姓氏被埋没了,因此,人民称那艺术家为"圣人"。"圣人",是个尊称,也是对桥栏石雕艺术的崇高品评。

这古老的桥,艺术的桥,建筑它的神工"鲁班"又是何人呢?史家不曾为之立传。幸而,桥头原有一唐碑,有文曰:"赵郡洨河石桥,隋匠李春之迹也。"这就是建桥巨匠的全部史传了。后来,就连这石碑也未能存世,不知何时被毁掉,碑身一块残石被人改作柱础石。现又被发现,其上犹存残字,"赵郡洨"几字依稀可见,李春的名字已无存了。现藏于赵州桥石刻室。其实,赵州桥本身就是一座丰碑,见桥如见其人。李春的头脑也许就如同这石桥一样精巧奇特,李春的风格也许同这石桥一样稳健而古朴!

现在,古桥被整修加固,并作为国家重点文物保护单位,另在桥旁建一便桥通行车辆。至今,古桥桥面的巨石上那"驴蹄印"、"车道沟",仍历历在目。

孙思邈与《千金方》
——隋唐时的医药学

孙思邈(581—682),生于隋,逝于唐,活了一百零二岁,是中国医学史上映照千古的名医。他是怎么成名的呢?还是先听听他的故事吧。

有一天,孙思邈正走在路上,看到四个人抬着一口薄棺,底缝中滴着鲜血,后随一老婆婆,悲怆欲绝,踉踉跄跄。孙思邈仔细看了看滴在路上的血,急忙赶上前去,问:"棺中盛殓的是什么人?死去多久?"答已死了几个时辰。孙思邈又说:"打开棺盖,让我看看可以吗?"老婆婆一听就拉住了孙思邈,说:"您是医生吧!我的独生女难产,折腾了两天两夜,孩子未生出,大人也死掉了。今后可让我怎么活啊!医生,她死了,还能救活吗?"孙思邈说:"可以试一试。看她流的血,可能还有希望。"棺盖打开了,产妇的脸像张白纸。孙思邈摸了摸产妇的脉搏,还在极其微弱地跳动,立即拿出针来,选定穴位,扎了一针,并使用了特殊的捻针手法。不一会儿,一个胖娃娃"哇哇"地生出来了,产妇也睁了睁眼。孙思邈又从自己随身携带的药囊中取出一些药来,找来碗热水,给产妇灌了下去,功夫不大,产妇竟苏醒过来了。众人眼见孙思邈一针救了两条人命,惊奇地称他为"活神仙"。

孙思邈像

要说孙思邈的医术神奇,还有更神奇的呢,他用一根葱叶竟也救了一人的性命。

那是个患了尿潴留的病人,小肚子绷得像个鼓,痛得不住叫喊:"救救我吧!救救我吧!"

孙思邈察看了病人的情状,心想尿脬都快胀破了,服药已来不及,那怎么让尿排出来呢?他知道古代名医张仲景治疗便秘的危急病人,曾经用过灌肠的办法,即用竹管插入病人的肛门,然后灌以猪的胆汁……可是,尿道不比肠道,那么细小,用什么东西疏导呢?他正在苦心思索,忽见一邻家小儿吹葱叶玩。叶管烤过,颇有韧性。于是,他有了主意,立即找来个葱叶,切去叶尖,小心翼翼地插入了病人的尿道,再用力一吹,尿道口被鼓开,尿也就顺着葱的叶管慢慢地流了出来,病人的小肚子渐渐瘪了下去。

尿潴留在今日已非难治之症。但在一千三百多年以前,世界上还没有人知道用导尿的办法,故而,孙思邈被称为世界上最早采用导尿术的人。

孙思邈是位热心的医生,也是位肯动脑筋,不为传统治疗方法所拘泥的人。故而,他不仅重视医典,更注重向人民群众学习治疗方法,搜求民间的验方。比如,孙思邈用民间的"蛭吸法"给病人消肿去瘀。这种蛭吸法,还用于吸疮毒脓血等。据现代科学研究,水蛭的唾液中含有水蛭素,能抑制凝血酶的活性,有抗凝血作用。看来,这民间土法,确有点科学依据呢!

孙思邈还发明用谷糠、麦麸治疗脚气病,以动物的肝脏治疗夜盲症,等等。这些疗法,经今日科学研究证明,都是对症下药,合乎科学原理的。这些药方,孙思邈也都是从民间验方中总结出来的。

孙思邈的医术至精,令人钦佩,而孙思邈的医德亦十分高尚,更令人崇敬。

孙思邈行医，不分贫富贵贱，亦不分华夏夷狄，都一视同仁。凡有人请他出诊，他不论远近，也不分寒暑，哪怕是三更半夜，或狂风暴雨，都立即挎起药囊，赶着毛驴上路，从不迟疑。有些病人远道来就医，孙思邈就把自己的屋室腾出给病人住，并亲自煎汤熬药，问寒问暖。凡贫苦百姓，他分文不收，还常常提供药草和饮食。他遇有危急病人，从不顾虑个人的安危和得失，也不顾成败毁誉，无不尽力抢救，千方百计。孙思邈以慈悲为怀，救人苦难，朝朝夕夕，几十年如一日。久而久之，孙思邈的医名就远播四海了。据说，他的家乡陕西省耀县孙家塬有一片杏林。一些贫苦患者，在孙思邈为他们解除了病痛之后，心怀感激之情，无以为报，离去前就在孙思邈的宅旁默默地种下一个杏核。天长日久，杏树日多，茂密成林，繁花似锦，果实累累。

孙思邈曾著书说"大医精诚"。精，即指医术高深；诚，即指医德高尚。精与诚，是他给医生提出的一个德才标准。而他自己就是一位德才兼备、精诚兼得的大医。

孙思邈七十岁时，将其医术整理成书，名《千金要方》。一百岁时，又写成另一部《千金翼方》。"翼方"是对"要方"的补充和发挥，取"比翼双飞"之意。这两书共记药方六千五百多个，集隋唐医学之大成，后人统称其为《千金方》。这些书的手抄本在唐代就流传到了朝鲜和日本。

一千三百多年过去了，至今《千金方》还是中外汉医必备的医药典籍,而孙思邈的"大医精诚"的观点及其救死扶伤的精神,仍是中外汉医的格言与楷模。他家乡的人民称其为"药王",并为其立祠,至今祭祀不绝。

僧一行与《大衍历》
——唐代的天文历算学

李淳风是唐初的一位历算家。

有一次,李淳风算出某月某日当发生日蚀。唐太宗不以为然,说,"假若届时不蚀,卿又何以处呢?""如期不验,臣请就死。"李淳风毫不犹豫地说。

预期已到,唐太宗率群臣聚于庭院中等候观察日蚀。等了一会儿,对李淳风说:"时候不早,日尚未蚀,朕放你回府,与妻子诀别,去吧!"李淳风坦然地说:"时候尚早一刻。"又指着晷盘上的表影说:"到这个地方就会日蚀。"结果正如历算家的预测,届刻而蚀,不差毫发。

这就是唐初天文历算学的一例趣闻。

唐代的天文历算很发达,人才济济,辈出不穷。最著名的一位是张遂。张遂(683—727),巨鹿(今属河北)人,家住长安,从小喜好天文历算学,很年轻时,就已成为有名的学者了。

那时正是武周时期,武则天的侄儿武三思为当朝权贵,财大势炽，可是却缺少才学与名望。他为提高自己的声望，千方百计想结交张遂。张遂厌恶武三思，可又怕遭他迫害，遂逃入嵩山，遁入空门，起个法名叫一行，后或称僧一行。

一行住在寺庙中，除翻译佛经之外，仍致力于天文历算的研究。他听说浙江天台山国清寺有个和尚精通数学，就不顾山高路远，千里迢迢去求教。后到湖北当阳的玉泉寺，仍继续孜孜钻研。

唐玄宗初即位，欲兴文治，编纂国典，就硬把一行请到了京城长安。开元九年（721），因原用《麟德历》的推算与天象实际不合，遂请一行主持修订新历。一行为制新历，进行了造仪观象、实测子午线等一系列卓越的天文活动。

开元十一年（723），一行同机械制造家梁令瓒合作，重新设计制造了两具天文仪器，一具叫黄道游仪，一具叫水运浑仪。

黄道游仪是用来观测日月星辰的位置和运行情况的。一行用这新仪器观察太阳的运行，证实太阳的运行速度是不均匀的，并不像古人说的日行一度，始终如一，而是时慢时快，冬至时最快，夏至时最慢，春分和秋分时速度均平。这一天象规律的掌握，对制历极为重要，从而为确定一年中的二十四节气，提供了更新的科学依据。

同时，一行又用黄道游仪对一百五十余颗恒星的位置进行了测定，对二十八宿距天体北极的度数也进行了重新测量，结果发现恒星不恒,也在自移。这一现象在西方被天文学家哈雷发现,是过了大约一千年以后的事了。

水运浑仪,是一种用流水作动力进行运转的浑仪。这架仪器制造极为精巧,既能再现日月星辰运行的天象,又能计时报响。仪器上附装有两个执锤木人和一钟一鼓,每个时辰(两小时),一木人出来撞钟,每一刻,另一木人出来击鼓。当时将一昼夜分为一百刻,一刻合今日十四分二十四秒。这水运浑仪,就是世界上第一具天文钟。

开元十二年(724),一行还与天文学家南宫说等组织了实测子午线的大规模天文观测活动。测量的地域,北起蔚州(今山西灵丘),南达林邑(今越南境内顺化附近),全长近四千公里。在这条经线上,分为若干点,观测当地冬至与夏至时日影的长度和北极的高度。并对白马(今河南滑县旧滑县治)、浚仪(今河南开封)、扶沟(今属河南)和上蔡(今河南汝南)四个地点的南北距离进行了实测。这支测量队,还深入南海中观测,观察到了大约南极二十度以上的星象,并有记载说:"老人星下,众星灿然,皆古所未名。"老人星,也称"南极老人"。

这次测量结果,得出子午线的一度等于351.27唐里,换算成今制,为131.11公里。现代测知子午线一度应为110.92公里。一行所测,显然误差很大。但是,他们使用的科学方法,却是天文学上的一次创举,那数字也是世界上有关子午线的第一次实测记录。

开元十五年(727)，一行主持修订的《大衍历》终于草成。它是当时以最新的天文观测成就为依据的一部先进历法。它的体制成为后世直到明末历代编历的范本。

一行以全部心血编成新历，但不久就逝世了，年方四十五岁。一行死后的第二年，朝廷颁行了《大衍历》，施行共二十九年。

在一行逝世后的三十五年，日本政府历法改革，也宣布废除旧历，采用《大衍历》。

隋唐五代的科学成就比之往古，有着长足的进步，但它却不像同时代的诗歌、书法、绘画、雕塑等文学艺术一样蜚声四海，扬誉古今。然而仔细察考，中国古代对世界文明作出过重大贡献的火药、印刷术与指南针三大发明，在这一历史时期已孕育或肇端了。比如火药的制法，最初的记述，就见于孙思邈的医药学著作中，但那时并未应用于生产，也不曾应用于军事。指南针，那时也已发明，然而仅仅是用于看风水，尚未应用于航海。雕版印刷最迟始于唐初，五代时已经相当发达。至于活字印刷术的发明，却是这以后的事情。科学史家们曾有人说，唐代是人文科学的盛世，自然科学领域里却显得寂寞。其实，纵看历史，寂寞之中也并非全然没有声响，而且后世映照古今的惊世杰作正孕育在这寂寞之中！

三十九、唐代文苑中的诗歌、散文

唐代文苑中,诗文的成就,蜚声四海,映照古今。以诗而论,唐诗在古典诗歌中可谓登峰造极,没有哪个时代的诗可以同它相比拟。唐诗流传至今的至少有四万八千余首,著名的诗人李白、杜甫、白居易等举世闻名,其他诗人更多,有诗篇传世的至少有两千二百多人。以文而论,唐代散文在中国文学史上是个大变革的时代,它的成就可以毫不逊色地与唐诗相媲美。散文大家韩愈、柳宗元在唐代就被视为散文的泰斗。唐代的文苑,百花争艳,灿若群星。

盛唐诗坛两伟人
—— 诗仙李白和诗圣杜甫

床前明月光,疑是地上霜。举头望明月,低头思故乡。

这是诗人李白的五言绝句,名《静夜思》。

会当凌绝顶,一览众山小。朱门酒肉臭,路有冻死骨。

这是诗人杜甫的警句,前两句是《望岳》诗中的,后两句是《咏怀五百字》诗中的。

这些诗句,在中国几乎是家喻户晓的。李、杜诗,现今的中小学生都能背诵出一些。这就不难想见李白和杜甫在中国人民心目中的辉煌地位及影响了。

李白(701—762),字太白,祖籍陇西,出生于西域碎叶城(在今中亚巴尔喀什湖以南)。他五岁时,随家庭内迁到绵州昌隆(今四川江油)青莲乡,故李白亦号青莲居士。他家可能是个豪富的巨商。李白少年时,即显露才华,吟诗作赋,博学广览,任侠,喜剑术。二十五岁起,出三峡,去蜀远游,长江上下,黄河南北,都留下了他的足迹。李白性格豪放,广为交游,一年散金三十万。兴致一来,"五花马,千金裘,呼儿将出换美酒",毫不吝惜。李白

李白像

怀有"济沧海"、"安社稷"的政治抱负,然而,十几年后,却以诗名闻于海内。

公元742年,李白被召入京。不久,年已八十的名士贺知章慕名来访。李白将《蜀道难》一诗送他。贺读到"蜀道之难难于上青天","黄鹤之飞尚不得过,猿猱(长臂猿)欲度愁攀缘","扪参历井(参、井,星名)仰胁息,以手抚膺(胸)坐长叹",以及"连峰去天不盈尺"等诗句时,啧啧赞赏,诗未读完,即拍案叫绝,呼李白为"天上谪仙人",意为天上下凡来的神仙。从此,"谪仙"之名,誉满长安。

唐玄宗召见李白时,也予以特殊的礼遇,说:"卿为平民,而为朕知,足见卿的道德文章,非常人可比!"并请李白坐到"七宝御床"上谈话,与其共进御膳。玄宗还亲自为李白把热汤调冷些,这就叫"御手调羹"。在封建时代,这对臣民来说是最高的礼遇了。李白也因此名噪天下。

李白有做政治家的抱负,想像管仲、诸葛亮一样,匡扶朝政,治国安邦,也曾自诩"我辈岂是蓬蒿人"。现在,李白得到皇帝的宠遇,平步青云,眼见理想即变成现实,更加春风得意了。但是,李白终于从天真的幻想中省悟过来,朝廷需要的是侍宴弄臣、宫廷诗人,并不需要他当治世的能臣与宰辅。在长安,李白无所作为,就整日同诗友们聚会,以酒浇愁,成了长安饮酒八仙之一。故有诗曰:"李白斗酒诗百篇,长安市上酒家眠。天子呼来不上船，自称臣是酒中仙。"

从此，李白愤世嫉俗，蔑视权贵，甚至伸出脚去让百官都屈意奉迎的大太监高力士为他脱靴，同样，戏谑天子如同僚。因此，他也就为权贵们所不容。有这样一个故事：

一天，唐玄宗携贵妃在沉香亭玩赏牡丹，感到应有新乐助兴，遂命乐师李龟年速召李白进宫作歌。李龟年到处找不到李白，就来到市井，忽听酒楼上狂歌："三杯通大道，一斗合自然。但得酒中趣，莫为醒者传。"李龟年闻声上楼，李白已酩酊大醉，只好扶他下楼，抬进宫去。李白见到玄宗，醉不能拜，口角还在流涎。名歌手念奴口含冷水，为其洒面。玄宗又

沉香亭

命人为其做来醒酒汤。李白遂乘兴挥毫，写下了三首著名的《清平调》——

其 一
云想衣裳花想容，春风拂槛露华浓。
若非群玉山头见，会向瑶台月下逢。

其 二
一枝红艳露凝香，云雨巫山枉断肠。
借问汉宫谁得似？可怜飞燕倚新妆。

其 三
名花倾国两相欢，长得君王带笑看。
解释春风无限恨，沉香亭北倚栏杆。

  诗的第一首，大意是说，贵妃的衣裳像云似的轻飘，贵妃的容颜像花似的艳丽，这样的妃子，要不是在王母娘娘居住的群玉山头见过，那也只有到天宫的瑶池里去找了！第二首的大意是，看，贵妃多么像一枝凝香含露的红花，相传巫山神女非常美丽，可那是虚幻的呀！在人间，有谁能同她相似呢，恐怕只有汉宫中那令人怜爱的赵飞燕吧！第三首的大意是，名花美妃，两相辉映，君王依在沉香亭的北面栏杆上，久久地欣赏着，此时此刻，不管有几多春愁春恨，也都随着那春风冰消云释了。

李龟年立即将这歌词谱上乐曲演唱起来，玄宗颇为欣赏，贵妃亦甚得意。

事后，因李白让他脱靴而引以为恨的高力士，暗暗地对贵妃说："李白在诗中将您比作行为不端的汉妃赵飞燕，这不是大不敬吗！"杨贵妃一听，立即变喜为嗔怒恨起李白来。唐玄宗为杨贵妃掣肘，始终不肯重用李白。

这是个传说的故事，难说它是否可靠。但是，李白在长安三年，始终不得重用，无以施展自己的抱负却是事实。《清平调》三首也确是李白的名作。诗中隐指杨贵妃为倾国乱宫的尤物，与李白谴斥权贵君王的态度也是吻合的。

李白不肯媚事权要，终亦不为所容，最后，只好请还山林，离开长安，再次去仗剑远游。

李白来到洛阳，同杜甫邂逅，李白年四十四岁，杜甫三十三岁。两位诗人，一见如故，情同手足，行则相携，醉则共寝，同在豫、鲁相接的一带漫游，怀古于城头，射猎于大泽，访友于僻壤，舒胸于高台，引吭高歌，傲然长啸。

这两位亲密的朋友，共同游历了一个时期后，终于恋恋不舍地分手了：

——李白，厌恶长安，无心于仕途，吟唱着"安能摧眉折腰事权贵，使我不得开心颜"的高歌，南下吴越，去拥抱那里的名山大川了；

——杜甫,仍想作一割之用,西上长安,希望能实现自己那"致君尧舜上,再使风俗淳"的政治抱负。

杜甫(712—770),字子美,祖籍襄阳(今属湖北),后迁巩县(今河南巩义)。他曾在长安东南部杜陵附近的少陵住过,故自称"少陵野老",后人亦称其为杜少陵。他出生在一个诗书世家,祖父杜审言是唐代著名诗人,深受家学的熏陶。七岁时曾作《凤凰诗》一鸣惊人。十四五岁时,他已是诗人聚会时不可缺少的常客。二十岁以后他曾先后出游吴越齐赵等地,"会当凌绝顶,一览众山小"的诗篇就是这期间东游泰山时写下的。这期间也曾去长安应试,落选了。杜甫这次再来长安,已相隔十一年,时为三十五岁。

少陵草堂

杜甫到长安的第二年,恰逢唐玄宗下令广求天下有才之士。杜甫去应试了,答卷也很出色,意想不到,他又落选了。

原来,主考官是奸相李林甫,他怕引进贤能,不利于自己独揽朝政,就一个也不录取,却向唐玄宗报告说:"臣奉诏选贤与能,广为搜求,然未能发现有一割之才,诚见陛下圣明,已野无遗贤了。"

杜甫求进不得,流寓长安,生活日渐困乏,过着"朝扣富儿门,暮随肥马尘。残杯与冷炙,到处潜悲辛"的凄凉生活。他这样强挨了好几年,四十岁时向朝廷献上了三篇赋,终于得到了皇帝的赏识。然而,官职尚未到手,他却眼睁睁地看着小儿子活活饿死了。

这时,杨贵妃兄妹正宠极一时,日日夜夜在华清宫中管弦歌舞,大张宴席……

诗人路过骊山,目睹此情此景,无限悲愤,遂写下了那"朱门酒肉臭,路有冻死骨"的千古名句。

不久,安史之乱爆发了,中原失驭,两京沦陷,"胡马翻衔洛阳草","秦人半作燕地囚",民族危亡,生灵涂炭。这时,举国有志之士都行动起来,荷戟戎装,共赴国难。诗人李白和杜甫,一在南方,一在关中,也都置身于这场平叛的正义斗争中来了。

李白怀着"清中原"、"静胡沙"的满腔报国热忱,应邀参加了南方永王李璘(唐玄宗第十六子)的义军为幕府。谁知永王璘的哥哥唐肃宗李亨,竟指斥永王璘为叛逆,并派兵消灭了他。李白也因而被认为犯有从逆罪,几被杀身。后被流放,途中获赦。诗人晚年流落江南,凄凉地死在当涂(今属安徽)。时年六十二岁。当涂的李白墓,现今已是国家重点文物保护单位。

杜甫在这场大变乱中饱经忧患,先是被叛军掳去,囚禁在长安,后逃出去投奔唐肃宗,欲报国效力,终因忠直而不见容,被放逐而去。这期间,诗人到处奔波,颠沛流离,耳闻目睹了战乱与赋役带给人们的灾难和痛苦。他自己,也曾被生活所迫,挖过野菜,拾过橡粟,砍过山柴,摆过药摊。因而,诗人悲愤而沉痛地唱出了一首首诗歌,勾画出了一幅幅的流亡图。《三吏》、《三别》等名篇,都深刻地表现了那个时代。杜甫的诗,真实而深刻,内容丰富,胜过了史家的简略记录,故而被誉之为一代诗史。

杜甫的诗篇中表现出诗人的欢快与痛苦和百姓是共通的。比如,诗人后来迁居成都曾在浣花溪畔建起一所草堂,作过一首《茅屋为秋风所破歌》。诗中说,秋雨沥沥,屋外雨停,屋中还漏,又一阵大风,卷去屋上茅草,雨湿风寒,令人难以眠睡,处境甚为凄苦,但诗人在这时却唱道:

安得广厦千万间,大庇天下寒士俱欢颜,风雨不动安如山。呜呼!何时眼前突兀见此屋,吾庐独破受冻死亦足!

诗人在此时此地竟有这样的思想境界，正是他的奇伟处。

现今成都已是"广厦千万间"的繁华之城，城中的杜甫草堂也成了国家重点文物保护单位。

杜甫晚年比李白晚年更为悲凉、困苦，流离在长江中游，最后客死于湘江中的一条破船上，时年五十九岁。

李白的诗流传下来的有一千首，杜甫的有一千四百多首。诗坛上的这两颗明星虽已陨落，但唐人说得好："李杜文章在，光焰万丈长。"诗仙和诗圣的万丈光焰，至今映照着中国的诗坛。

"文起八代之衰"
——古文大家韩愈和柳宗元

李、杜、韩、柳，在唐代被称为"四君子"。的确，他们是四位可以比肩的诗文大家。韩、柳的诗文都绝佳，正如李、杜的成就在于诗，韩、柳的成就则主要在于文。他俩同是唐代古文运动的杰出领袖。

古文，是与骈文相对而言的。

骈文，即骈体文，骈体通篇以双句为主，讲究对仗的工整，声韵的和谐。为此往往生硬地堆积词藻，而损害文章的思想内容，是一种重形式、轻内容、华而不实的文体。这种文体，起源于汉魏，形成于南北朝，风靡中国文坛达三四百年，从而流为一种腐朽的文风。当其时,历代都曾有不少有识之士起而反对,隋朝的开国皇帝曾下过禁令,但都无法改变文坛上业已形成的习惯势力。

唐初,文学家陈子昂(661—702)率先举起反对骈俪文风的旗帜,倡导古文,即以先秦两汉的优秀散文作楷模,写作散文。当时,虽未能扭转风气,但古文运动的种子却生下了根,并渐渐生长、滋蔓开来。陈子昂亦被后人视为古文运动的先驱。

陈子昂之后,大约经历了一个世纪左右,直到韩愈和柳宗元扯起了古文运动的大纛(dào到),才形成了社会性的古文运动,古文取代骈文,夺得了文坛的统治地位。这一胜利的意义是重大的,从而开创了以唐宋八大家为代表的古文传统。

"唐宋八大家",唐代的两家就是韩、柳,宋代的六家是欧阳修、苏洵、苏轼、苏辙、王安石、曾巩。这八家都是杰出的散文大手笔,而韩、柳又堪为八家之冠。

韩愈(768—824),字退之,河阳(今河南孟县)人,韩氏的郡望为昌黎(今属河北),故韩愈亦自称昌黎人,

韩愈像

后人亦称他为韩昌黎。其实,韩愈一生未曾到过昌黎。

韩愈三岁丧父,由从兄嫂收养,生活清贫,笃志于学。二十五岁中进士。后在地方与朝廷先后居官几十年。

韩愈是散文大家,各种文体在他笔下都运用自如。他主张为文要"言之有物",反对陈词滥调,提出"惟陈言之务去"。他自己的文章,就是他贯彻自己作文原则的典范。

《张中丞传后叙》,是韩愈的名作之一,写得简洁动人,情真意挚。这里摘其中南霁云断指乞师一节,以示其文章风貌之一斑。

文章先讲到,在安史之乱中,睢阳城(今河南商丘南)为叛军久困,食尽势危。守将张巡、许远遂派部将南霁云突围,去向驻扎临淮(今安徽凤阳东)率有重兵的代节度使贺兰进明请求救兵。这时写道:

> 南霁云乞救于贺兰也,贺兰嫉(张)巡、(许)远之声威功绩出己上,不肯出师救。……彊留之,具食与乐,延霁云坐。霁云慷慨语曰:"云来时,睢阳之人不食月余日矣!云虽欲独食,义不忍;虽食,且不下咽。"因拔所佩刀断一指,血淋漓,以示贺兰,一座大惊,皆感激为云泣下。

这是断指乞师的一段。接下去,文章又写了射塔志恨的一段:

> 云知贺兰终无为云出师意,即驰去。将出城,抽矢射

佛寺浮图(塔),矢着其上砖半箭,曰:"吾归破贼,必灭贺兰,此矢所以志也!"

文章刻画南霁云,只写了断指、射塔两事,不足二百字,其激昂慷慨、正义凛然的形象,顷刻卓然,英气感人,其为文之巧可以称绝了。文中又加一句,几十年过去,临淮寺塔中箭之砖犹存,当地人还曾指给韩愈看。轻轻一笔,加强了全篇的真实感。

韩愈的文学主张中,最主要的是"文以载道"。文,指形式;道,指内容。文以载道,即文章的形式要为文章的内容服务,艺术性要为思想性服务。这显然是针对骈文重形式而忽略思想内容提出的,是古文运动中富有战斗性的口号。

但是,韩愈所讲的"道",并不是泛泛的概念,而是有特定含义的,那就是儒家学派的"道统"。他倡导古文,也是为以道统反佛老。

唐中期,寺观泛滥,危及国计民生,故而,韩愈宣扬道统,反对佛老,是有见地的,也是有积极意义的。韩愈反佛是坚决的。有次皇帝欲迎佛骨入宫,韩愈直言切谏,写了《谏迎佛骨表》,触怒了佞佛的皇帝,差点被杀了头。但他反佛却始终不渝。

韩愈的为人,直爽、热情,交游甚广,与同时代的文学家孟郊、贾岛、柳宗元、刘禹锡、李贺、张籍等,情谊都比较深厚,有许多动人的故事。如贾岛"推敲"的故事，韩愈访李贺的故事，都说明韩愈是重视人材、奖掖后进的。故而，他不但朋友多，拜他为师的门人也很多。加之，他曾为国子祭酒的社会地位，所以，他在文坛上一呼百应，影响很大。古文运动借助他的提倡，蔚然成风。

韩愈在唐代的散文革新中，功绩是巨大的。后人曾说他"文起八代之衰"，意思是说，散文在历史上自汉、魏起，历晋、宋、齐、梁、陈、隋，衰落了整整八个朝代，直到韩愈才扭转乾坤，振兴起来。这话如是用来评价韩愈的个人作用，似乎有些夸张了。但如果说唐代的古文运动在中国文学史上具有划时代的意义，还是较为恰当的。

"文起八代之衰"，是一个历史时代的成就，也是经过了不知几代人的努力奋斗才取得的。但韩愈堪称为主帅，其功绩也是伟大的。那么副帅呢，就是柳宗元。

柳宗元(773—819)，字子厚，河东(今山西永济)人，故人称之为柳河东。柳宗元曾参加王叔文的永贞革新，失败后被贬为永州司马。柳宗元被贬永州(今属湖南)，时年三十三岁。十年后调任柳州刺史。在任四年，死于柳州(今属广西)，年仅四十七岁。故人亦称其为柳柳州。

柳宗元，年轻时颇有壮志，想干番大事业。可是，刚刚开始从政几个月，就被永远剥夺了在京城活动的权利，贬斥到荒僻的远州去了。从此,柳宗元潜心于文学事业。他原是写骈文的能手,到永州以后,也改写古文,而且成就卓著。

柳宗元也谙熟各种文体。他的政论文、哲理文,结构谨严,逻辑性强,说理透彻感人;他的传记体散文、游记、寓言等,凝练恬静,娓娓动人,寓理于情。

比如,他的名篇《捕蛇者说》,写一蒋姓捕蛇世家,三代人中,祖与父都死于毒蛇,而蒋氏本人也几死多次,但仍愿意捕蛇,因蛇为贡品,他家可以蛇免赋役。蒋氏历六十年,深知赋役之毒甚于蛇。为赋役所迫,与其祖为邻的,十不存一;与其父为邻的,十不存二三;与他自己为邻的,十二年间,死亡过半。唯其以蛇抵赋役而幸存。作者画龙点睛地感叹说:怪不得孔子曾说"苛政猛于虎",这话是真的啊!

该文全篇不足五百字,叙事生动曲折,用以小见大的笔法,从一个侧面揭露了重大的社会问题,即唐中期的赋役之酷,已逼得百姓无法再活下去。弦外之音自然是理应像王叔文一样进行政治改革。真可谓妙在不言中了。

又比如,他的山水散文《永州八记》,那是文章中的神品。刻画景物,一草一木,无不含情,一山一水,无不尽态,情景交融,神出物外。与其说这是一组绝妙的散文,倒不如说是一幅幅风格清新的山水画卷。其中《小石潭记》有段描写游鱼的文字:

潭中鱼可百许头,皆若空游无所依;日光下澈,影布石上,怡然不动。俶尔(突然)远逝,往来翕忽(飘忽),似与游者相乐。……

　　这段文字,未提及一个"水"字,但读来却令人感到了潭中的水,而且那是一潭清澈见底的水,一潭纯净如镜的水。记文写的是鱼,却令人感到鱼人神通,情感相融,那是一种高洁、深邃而略带些凄清的感情。

　　柳宗元写下《永州八记》的被贬之地永州,至今留有纪念他的柳子庙,是国家重点文物保护单位。

　　柳宗元的诗文,题材广泛,内容清新,寓意深刻,遣词用语,恰到好处。他的诗文在当时,世人争读,广为传抄。韩愈在为纪念柳宗元而写的墓志铭中说:湖广地带的进士们,都以柳宗元为师,很多人不惜跋山涉水去向他求教,凡经柳宗元指点过的人,文章诗词都写得很好,也有很多人成了名士。可见,柳宗元虽身处荒城,对古文运动的影响却是很大的。

　　韩、柳对古文运动都有杰出贡献,但韩的影响比柳的影响要大些。这是因为他们的客观条件差别较大。若以创作而论,无论是思想性和艺术性,韩、柳都可谓双峰对峙,并驾齐驱。

四十、唐代艺苑中的书法、绘画

"颜筋柳骨"
——书法大师颜真卿和柳公权

在中国民间说起学习书法,往往称道"颜筋柳骨",当作学书者的楷模。"颜筋柳骨",是分别指书法家颜真卿(709—785)和柳公权(778—865)的艺术特色。

先谈"颜筋"。颜真卿的书法,雄强浑厚,韧若筋带,世称"颜体"。俗话说:"书如其人。"欲识颜书,得先知其人品。

那是天宝末年,叛将安禄山在渔阳敲响了鼙鼓,铁骑南犯,河北郡县望风披靡。唐玄宗闻乱叹道:"河北二十四郡,难道无一忠臣吗?"不久,即闻平原太守首举义师,屡挫贼锋,河北十七郡起而响应,共推其为盟主,聚兵二十万临敌,致使安禄山叛军首尾不能相应,既不敢南向江淮,又不敢急攻潼关。这时,唐玄宗遂又惊喜道:"朕不知平原太守何许人也,竟能若是!"

这位堪称中流砥柱的平原太守,就是书法家颜真卿,时年四十六岁。

正是这一年,颜真卿在平原(今属山东)写下了《东方朔画像赞碑》。碑书笔笔凝重,字字磐石,筋强骨硬,严正峻峭。书法家将其誓死御敌的浩然正气倾注到笔端,化作其艺术的风格了。

二十八年后,颜真卿已是七十四岁的老人了。他又奉旨去劝谕叛迹已昭然的藩镇李希烈部。这是他的政敌为他设下的陷阱。他明知是险途,但却凛然就道。既至,李希烈养子千人,拔刀横目,汹汹欲试。颜真卿精神矍铄,举止自若,色不少变。叛军未敢贸然动手。

李希烈欲称帝号,胁迫颜真卿为其宰相。颜真卿守节不从,斥贼为逆,正气浩然。叛将为之失色。李希烈遂拘禁颜真卿,并挖下方丈大坑,传言说:"若不从,即坑之。"颜真卿视死如归,岿然曰:"死生有分,不用罗嗦!"李希烈亦束手无策。

后来,王师势振,李希烈虑有不测,又命架薪浇油,点起大火,告之曰:"若再不从,立遭火焚。"颜真卿愤然举身投火,又被救止。

早在这之前,颜真卿度贼势难久,而自身亦难免,遂给朝廷写下遗表,又自己撰就墓志、祭文,并指寝室西壁下说:"此吾葬身之处也!"

果然,最后叛军情势危急,遂将颜真卿勒死,时年七十六岁。

颜真卿一生，刚正不阿，忠贞不渝，临死不屈。他为人的品格同其书法的风格一样，浑厚坚韧，正大方严。

颜体书风没有初唐书风（以欧阳询、虞世南等为代表）的清丽秀媚，却有着盛唐雍容伟壮的风姿。

人们谈起颜书，多指出它最明显的特色是"蚕头燕尾"、"横轻竖重"。

何谓"蚕头燕尾"？颜体横、竖笔的起端，下笔时均运用藏锋，而后顿转，故起端形若"蚕头"。它的每一捺笔末端，临终则着力顿挫，再起笔轻轻挑出捺锋，其状若"燕尾"。

何谓"横轻竖重"？即书写横笔时，用力较轻，笔画也略细，而书写竖笔时，贯注全力，笔画也较重。

前者给人以力透纸背的感觉，造成了笔力千钧的艺术效果。后者字字都给人以厚度感，具有浮雕美的艺术特色。

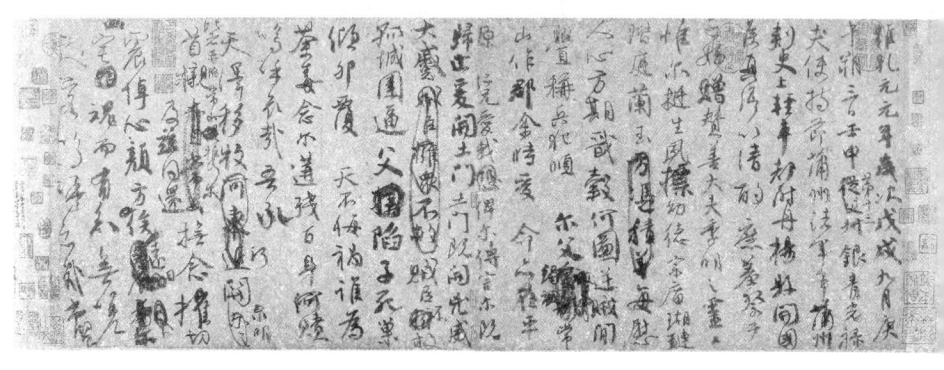

颜真卿《祭侄文稿》

颜书碑帖流传至今的有七十多种，近年还有新的发现。颜体楷书的代表作有《千福寺多宝塔碑》《东方朔画像赞碑》、《麻姑仙坛记》、《颜帷贞家庙碑》等等。行书名作有《祭侄季明文稿》、《争座位帖》、《刘中使帖》等等。这些都是千余年来学书者争相临摹的范本。

谈及颜书在中国书法史上的地位，清人王文治有诗曰："曾闻碧海掣鲸鱼，神力苍茫运太虚，间气古今三鼎足，杜诗韩笔与颜书。"作者认为，古往今来，其作品犹如大海搏鲸，神力冲天的，只有三家：杜诗、韩文、颜书。

在中国书法史上，自王羲之创新以来，王体统治书坛达数百年。唐初书法名家辈出，但皆袭晋人笔意，无所建树。至颜真卿出，始创新书体，体现了盛唐的时代风格，唐代方可言有书法。尔后，宋初书家学颜体，犹如唐初争学王体一样。故宋人有"学书当学颜"的诗句。

次谈"柳骨"。柳公权，字诚悬，是唐代与颜真卿齐名的大书法家。故世人如同称"李杜"、"韩柳"一样，并称其为"颜柳"。

柳公权书法，初学王羲之，继学颜真卿，并兼采历代书家之长，熔为一炉，自成一体，即"柳体"。柳体间架严谨，风骨挺拔，故有"柳骨"之谓。柳书的代表作有《玄秘塔碑》和《神策军碑》。

柳公权二十九岁才中进士，初做地方小吏，世不知名。四十几岁时，唐穆宗李恒在寺庙中偶然见到柳公权笔迹，甚为赞赏，思慕其人，柳公权方拜为京官，成为皇帝身边的人。柳公权活了八十八岁，历仕七个皇帝，为官五十余年，官至太子少师。

史载，柳公权的为人品格，颇似其书风，字字严正，笔笔铮骨。

相传，唐穆宗在位，荒唐放纵，臣下少有敢谏者。有一次，穆宗问书法运笔如何才能恰到好处，柳公权借机回答说："用笔在心，心正则笔正。"穆宗听出了弦外之音，气得脸色都变了。这就是世传的"柳学士笔谏"的佳话。

唐敬宗李湛，目光短浅，禀性猜疑，无甚作为，却喜颂扬。有次，他在便殿召对六位学士，当谈到西汉文帝崇尚节俭时，就举起袖子说："朕这件衣服已浆洗过三次了！"学士们纷纷称颂他节俭美德，唯独柳公权一言不发。敬宗遂问他为何不说话，柳公权说："主宰天下的君主，应该进用贤良，斥退不肖，赏罚分明，能听得进各种不同意见。陛下穿件洗过的衣服，同治国安邦的大功大德相比，这只不过是件区区小事啊！"在场的大臣听了都吓得发抖，柳公权犯颜直陈，却毫不畏惧。

柳公权刚正不阿的品格与其风骨峻峭的书法相表里，均为时人所推崇。公卿王侯们常常以重金聘他书碑。谁家为先人立碑如得不到柳公权的手书，就会被人讥为不孝。外国人来中国贡纳、贸易，也往往另备一份重金，叫做"购柳书"钱。

柳公权因此家富巨万。他把大宗金银财宝都交给家奴去管，经常被窃去，也不在意。有一次一筒金银酒器又被家奴盗用。柳公权知道了，也只笑笑说："银杯化羽逸去了。"不予追问。然而，柳公权的笔墨纸砚，图册书籍，都亲自保藏，家人也不得与闻。

"右相驰誉丹青"与"吴带当风"
——绘画大师阎立本和吴道子

唐初，荆州一古寺中有一壁古画，是南朝大画家张僧繇所绘制，远近闻名。有一天，从长安来了位官员，他大约是特地来看这画的，可看后却若有所失地说："原来也不过徒有虚名啊！"第二天，他又来了，也许觉得自己昨日的断语太轻率，故而这次观察得很仔细，看着看着不禁说："确是近代佳手啊！"第三天，他又来了，反复观赏，细细品味，越看越觉得这画不同凡品，遂赞叹道："果然是一代大师，名不虚传啊！"这人索性把铺盖搬了来，住在那壁画下，一连看了十多天，才恋恋不舍地离去。

这人是谁呢？就是一代画坛宗师阎立本。

阎立本，生年不详，卒于公元673年，雍州万年（今属陕西西安）人，出身于贵族世家，做过工部尚书，后至右丞相。他博学多才,处理政务颇为能干,工书法,诗文也很出色,但却都被他的画名掩盖了。他善画人物、车马、台阁,也兼及其他。他的画艺得自家传,与其兄阎立德同为唐初画坛双星。

有次,唐太宗泛舟春苑池,忽见异鸟飞来,随波荡漾,遂即命学士们赋诗,又召阎立本来作画。当时,阎立本已做主爵郎中,这是朝廷掌管封爵的官,职位已相当高了。可是,宣诏的人却不称其职衔,而连声唤他"画师"。阎立本急忙赶去,俯伏池边,审视着水鸟,调研着丹粉,心中颇不自在,又见同僚们在池中乘船赏玩,举杯赋诗,羞愧得满头流汗。他回家告诫其子说:"我自幼读书,学问文章皆不在同辈之下,只因我专于丹青,才有今日之耻,你们切记莫要学我作画了!"

阎立本的话虽如此说,可其嗜画成性,欲罢不能。后来,他官至右相,同左相姜恪共掌朝政。他虽身居高位,仍醉心于画。左相姜恪是将军出身,过去曾立功塞外。故而,时人谓之曰:"左相宣威沙漠,右相驰誉丹青。"这话本是含有嘲讽意味的,但是确是被它说中了。阎立本虽未能成为一代名相,可确成了驰誉古今的一代大画家。

阎立本一生的佳作甚多,流传至今的只有如下几件:

《历代帝王图》,这是其传世作品中最堪称道的。该图画了从西汉至隋朝的十三位帝王,个性鲜明,栩栩如生。试以魏、蜀、吴三主来说:胁迫汉献帝禅位的魏文帝曹丕,是一副咄咄逼人

阎立本《步辇图》

的姿态；为恢复汉家帝统和奔波一生的蜀主刘备，带有饱经风霜后的愁苦情状；割据江东自立为王的吴主孙权，表现出桀骜不驯的神情。这幅画卷，显示了阎立本传神写照的杰出本领，成为中国古代人物画中具有里程碑意义的作品。

但这幅中国的千古名作，却在中国人民无权的时代被人劫去，藏在美国波士顿博物馆。

《步辇图》，是记录汉藏两族友好历史的画卷。画的是藏王的使者来长安求婚，唐太宗接见使者，并允诺将文成公主婚配藏王的情景。整个画幅充满了亲切、融洽、和谐的气氛。此卷现藏于北京的故宫博物院。

《萧翼赚兰亭图》,是一幅带有戏剧性的画卷。它描写的是唐太宗的大臣萧翼装扮成书生去拜见王羲之的后人辨才和尚,趁机骗取《兰亭集序》真迹的故事。画卷上的老和尚辨才踞坐着高谈阔论,书生打扮的萧翼在一旁洗耳恭听,但眼神却略带诡诈。这画把被骗人的粗心和骗子的虚伪狡狯,刻画得淋漓尽致,也是件难得的艺术珍品。现藏于辽宁省博物馆。

　　此外,还有《北齐校书图》、《醉道图》等等,但原作已失,恐系后人临作,并非真品了。

　　阎氏兄弟双星之后,唐代画坛呈现一片灿烂景象。这里只谈谈吴道子。吴道子是个带有传奇色彩的人物,关于他的故事流传很多。

　　相传,有一天洛阳天宫寺里人山人海,挤得水泄不通,因为人们听说吴道子要来画壁画了。

　　原来,几天前皇家画师吴道子随驾来到洛阳,偶遇故交书法家张旭,同时结识了将军裴旻。彼此久慕声名,相见甚欢。张旭被世人称为草圣。据说,他每当喝得大醉,呼号狂走,这时或提笔作书,或以头濡墨,所书皆精奇绝妙。故人称之为"张颠",称其书为"颠草"。颜真卿、吴道子等人都向他学过书法。将军裴旻是位舞剑名手。据说一次在边塞战争中,裴将军被敌人团团围住,箭如密雨从四面八方射来。但见裴将军立马舞刀,飞矢皆迎刃而断,敌人以为神,皆惊恐而走。他们三人见面后,裴旻请吴道子在天宫寺作一壁画,以为自己新近亡故的父母祈求冥福,愿以厚金相赠。吴道子说:"久闻将军剑名,如肯为我一舞,足以当惠,借君壮气,助我挥毫作画,尊意如何?"裴旻欣然同意,相约今日来舞剑作画。消息传开,洛阳人争相来看。

在佛殿前,裴旻正在舞剑,但见银光闪闪,有如银蛇飞舞。忽地只见那剑被抛入九霄,瞬间落下,犹如一道电光。裴旻不慌不忙举起剑鞘,飞剑恰然插入鞘中。这一惊险的场面,先是把众人惊得呆若木鸡,顿又发出了震山撼岳的欢呼。

吴道子待裴将军收起剑来,即刻走到粉壁前,不假思索,笔走龙蛇,壁画立成。当最后画及佛像圆光时,"立笔挥扫,势若风旋",不用规矩,不差毫厘。观看的人围了一层又一层,先是屏息静观,待看到这一绝技,众人不禁惊讶赞叹不绝,皆以为神助。张旭看到这里,也脱帽向前,意兴勃勃地挥笔作书。只见他,疾若流星,轻若云烟,一洒而就。那围观的人们欢呼雀跃,说:"今生有幸,想不到一日间竟然目睹三绝!"

这个带有传奇性的故事,生动地说明了吴道子的为人风貌及其画作的艺术特色,以及他对社会的影响力。

吴道子,又名道玄,约生于唐高宗时代,活跃于开元、天宝年间。安史之乱以后,还有人见过他,生卒年已难考定了。他是阳翟(今河南禹州)人,幼年孤贫,流浪的生活和种种不公平的待遇,养成了他放荡不羁、好酒使气的性格。他初为画工、小吏,然其画名轰动两京,遂被召入宫廷,为皇家画师。

天宝年间,唐玄宗想看嘉陵江山水的奇丽景色,就命吴道子入蜀写生。吴道子饱览蜀中山水的奇伟壮美,却空手回到长安。玄宗召见他,欲看画稿。他说:"臣无画稿,只有腹草。"玄宗遂让他在大同殿壁上作画。吴道子成竹在胸,凭借熟练的技艺,只消一日就画完满壁的嘉陵山水。在此之前,著名画家李思训也在这殿内作了幅嘉陵山水图,精雕细刻,用了好几个月的工夫。唐玄宗看了两人的作品后赞叹说:"李思训数月之功,吴道子一日之迹,皆尽其妙!"

李思训,人称大李将军,其子李昭道,人称小李将军,皆为唐代著名山水画家。他们的山水画色浓重,描绘细致,青山绿水,金碧辉煌,开中国青绿山水画派之先河。

吴道子的画,以水墨为主,疏笔淡染,挥洒自然,苍劲大方。这种风格的山水画,后来也形成一个流派,即水墨山水,亦称"吴装"山水。

吴道子的水墨晕染法极为人称道。传说他在内殿画过五条龙,每当天色阴沉将雨,那画面上就如生烟雾,青龙张牙舞爪,鳞甲飞动,好像欲腾空而去。可见他运用晕染法之绝妙。

吴道子的画,善用兰叶描和莼菜条的笔法,这是他首创的画技。"兰叶描",即形如兰花叶状的线条;"莼菜条",两端轻细,中间粗重,浑圆劲挺,犹如杭州西湖中出产的莼菜茎。运用这种线条描绘人物,富有运动感和节奏感,亦富于变化。这一创造,突破了东晋顾恺之以来那种粗细一律的铁线描法,提高了线条的表现力。吴道子以这种线条作画,钩出的衣纹饰带,犹如迎风飘洒,流畅自然,故有"吴带当风"之誉。

吴道子作画神速,创作甚多,只在洛阳、长安两京的寺观中就有三百壁之多。然而,时移物迁,无一存世,他的画卷也只有一幅《送子天王图》流传下来。但那亦恐非原作,大约是宋人的临本。

《送子天王图》又名《释迦降生图》,描写的是佛祖释迦降生后,他的父亲净饭王抱着他去拜谒天神的情景。

此外,河北曲阳北岳庙的石刻画《鬼伯》,西安碑林中的石刻《观音像》,相传是吴道子的作品,但有可能是后人摹拟刻就。从中可略窥吴道子艺术风貌之一斑。

吴道子以壁画的杰出成就,赢得了画坛圣手的称誉。至今,民间画工崇奉其为祖师。千余年来,吴道子久享盛誉,故而渐渐被神化了。相传,有个和尚对一贫士不以为礼,贫士就提笔在墙上画一驴子,后拂袖而去。夜里驴子叫个不停,又下来将屋中家具什物践踏坏了。天明,和尚寻驴不见,只见壁上画一驴,下有题字"吴道子"。和尚后悔莫及。又相传,唐玄宗夜梦一巨人捉鬼,醒来述说此事。吴道子遂画巨人像,玄宗一见十分惊讶,竟然与梦中所见,一丝不差。问他为何人,指为钟馗。据说钟馗捉鬼的画，始于吴道子。这类神奇的传说很多，至今在民间广为流传，足以说明吴道子对后世的广泛影响。

中国画史上载有吴道子的一条为后人所耻的罪过，在此顺便提一下。

当年，吴道子已独霸画坛，享有盛誉。这时，有位叫皇甫轸的新秀，声望骤起，据说皇甫轸在长安净域寺的壁上画雕，"其势欲脱"，即欲飞上天，可见其艺术亦超越众伦。吴道子心胸偏狭，畏其将威胁自己在画坛上的霸主地位，遂仗势雇人将这位年轻的画师杀害了。

四十一、北宋的统一与危机

公元960年的正月初一,正当后周的君臣共同举觞庆贺元旦佳节之际,忽有人报契丹与北汉的联军大举南犯,宰臣们仓猝议定,派统帅禁军主力的将领赵匡胤率军御敌。赵匡胤统帅着这支精锐部队刚刚走到京城开封东北四十里的陈桥驿,就在部将的簇拥下,披起黄袍,调转马头,回师京城,夺取了皇位。宰臣们当得知并无契丹军南犯时,已不得不在刀剑的胁迫下向赵匡胤跪拜称臣了。赵匡胤建国号大宋,原因是他曾任后周宋州的军政长官节度使,他是于此发迹的。同时,定都汴京,即今河南开封。赵匡胤开国,是为宋太祖。

这就是历史上所称的"陈桥兵变"。以陈桥兵变为标志。中国历史上的隋唐五代时期结束了。从此进入了宋元时期。宋元共历时四百零八年。

宋朝,亦称"赵宋",以同先时南朝的"刘宋"相区别。赵宋共历十八帝,三百二十年(960—1279)。赵宋前期都汴京,史称北宋,历九帝,一百六十七年;后期只有半壁河山,建都临安(今浙江杭州），偏安一隅，史称南宋，历九帝，一百五十三年，终灭于蒙古族建立的元朝。

这里，先说北宋王朝。

"杯酒释兵权"
——北宋的君主集权

宋太祖赵匡胤是以禁军统帅的身份从后周七岁的小皇帝手中夺得皇冠的，故而，周、宋两朝更迭之际，政局未有大乱，很快就稳定下来。但是，宋太祖的心中并不安稳。他不能不考虑北方有契丹和北汉军事联盟的威胁；而南方还有南唐、吴越、荆南、南汉、后蜀等割据政权，这也是潜在的危险。然而更使他担心的不只是外患还有内忧呢！这就是骄兵悍将随时都可能摘掉他刚刚夺下来的皇冠。

有一天，宋太祖问心腹大臣赵普："唐末以来，几十

宋太祖坐像

年间皇帝换了八姓,战乱不息,原因何在? 欲使国家长治久安,有何良策?"赵普回答说:"战乱不息,天下不安,其因在于将权重而君权轻,欲长治久安,亦无它奇巧,只要夺其权,收其兵,控其钱谷,……"宋太祖不等赵普说完,连忙说:"勿再说了,朕已知了!"

不久,宋太祖请拥立他做皇帝的高级将领石守信等一起喝酒,乘席间有了几分醉意,说:"没有卿等出力,我当不了皇帝。可做皇帝也太艰难,整夜都睡不安稳!"

石守信等很诧异,遂问:"这是为何?"

"皇帝的位置,谁不想要!"宋太祖故意环视了一下。

"陛下何出此言?"石守信等都慌了,忙说,"如今天命已定,哪个还敢有异心呢!"

"不,卿等虽无异心,可卿等的部属能不想要富贵吗? 一旦黄袍加在你们谁的身上,那时,再不想当皇帝,能行吗?"宋太祖的话越逼越紧了。

石守信等连忙跪下叩头,说:"臣等愚昧,不曾想到这么深。陛下看如何才好呢?"

宋太祖遂又放缓语气,说:"人生短促,还是厚自娱乐为好。卿等何不放弃兵权,多置田宅,歌儿舞女,欢乐一世,也可使儿孙免去贫乏之忧。这样,君臣之间也无所猜嫌,各自相安,共享荣华,岂不很好!"

黄袍加身处碑

翌日,石守信等将领都自动告病,并请释去兵权。宋太祖自然一一诏准,让他们离开京城到地方上去做官。

这段故事,史称"杯酒释兵权"。

解除高级将领的兵权,这是宋太祖开国初,加强君主集权的步骤之一。同时,为防止宰相专权,又特设枢密使主管军机,以分军权;设三司使主管赋税等,以分财权。将一切大权都集中到皇帝一人手中。

为防范地方割据,先是派出文官代替武将治理地方,随后又规定了一系列的条令,把地方的军事力量削弱了,行政权力限制了,财权收了,司法权也收了。从而削弱了地方的独立性,令其听命于中央。

这些措施,对扭转唐末以来长期形成的藩镇割据、悍将干政的政治局面是必要的,也是有力的。

"卧榻之侧,岂容他人鼾睡"
——北宋的统一

宋太祖集中大权,于公元963年揭开了国内统一战争的序幕。当年灭荆南,两年后灭后蜀,七年后灭南汉,十二年后灭南唐。

南唐,是江南大国,也是个弱国。国主李煜昏懦无能。当南唐处于北宋的包围之际,他不图自强,却向宋太祖上书自动削去南唐国号,自称江南国主,并送去大批金帛,以示恭顺臣服。

宋太祖于公元975年,派出十万大军,战船千艘,直抵南唐金陵城下。京师危在旦夕,李煜不是动员兵民誓死抗敌,而是又派出特使去向宋太祖苦苦哀求,说他以小事大,如子事父,未有过失,乞求缓师。宋太祖闻言大怒:"说什么江南有无过失,岂不闻天下一家?卧榻之侧,岂容他人鼾睡!"

不久,金陵城破。据传,城破时,李煜还在静居寺听和尚讲经,闻变仓皇肉袒出降。

李煜是南唐的后主,故又被称为李后主。李后主在政治上是个昏懦的君主,是个失败者。但在文学艺术上,却是个才子,是个成功者,是中国文学史上一位著名的词人。他自己曾有几句词,记下了他肉袒出降的悲凉情景:

> 最是仓惶辞庙日,教坊犹奏别离歌,垂泪对宫娥!

这就是李煜成为亡国之君时的形象。李煜被押赴汴京,成了囚徒。又唱着"问君能有几多愁,恰似一江春水向东流"的哀歌,悲凉地了却了自己的一生。

南唐覆灭后,吴越自动献纳国土,其他割据政权也归附汴京,南方基本统一了。

公元976年,宋太祖赵匡胤病死。其弟赵光义继位,是为宋太宗。

宋太宗于公元979年率军北伐,灭北汉。至此,赵宋王朝的版图奠定了。

宋王朝曾想收复被后晋儿皇帝石敬瑭出卖的燕云十六州,曾两次全力出兵北伐,但是未能成功。故而宋、辽仍对峙着。

《清明上河图》
——北宋的经济繁荣

北宋基本统一了中原与江南,社会经济得到恢复和发展,逐渐呈现出繁盛的景况。

首先是农业生产力提高了，开垦荒地的数目很大。山坡上出现了层层梯田，江海沿岸的滩地上出现了沙田，湖泊边上出现了围垦的圩田，甚至湖面上还出现了以木浮土种植庄稼的架田。北宋初前六十年垦殖的结果，全国耕地扩大了将近一倍，达到了五亿二千四百多万亩，每人平均占有土地二十六亩多。

随之，手工业也发展很快。铁的年产量，唐代中期最高为一千吨，北宋中期达四千吨。煤炭不仅用于冶炼，京城的许多人家已以煤代柴了。造船规模很大，每年下水船只多达三千艘，海船上已使用指南浮针，即水罗盘。制瓷业十分可观，南北名窑倍出，产品远

《清明上河图》（局部）（北宋张择端绘）

销到日本、朝鲜和南洋诸国，以及印度、阿拉伯、叙利亚、埃及等地。造纸业技术很高，不仅大量制造书写、印刷用纸，还制造一种特制纸，用来制作衣服、被子，松软舒适。有诗曰"纸被围身度雪天，白于狐腋软于棉"。刻书业空前兴旺，有的印刷丛书一次制版多达十万块。活字印刷也已开始。纺织业等也有很大进步。

商业逐渐兴旺起来，城市也接连兴起。唐朝十万户以上的城市约有十个，北宋时增加到了四十多个。都城汴京，成为全国的商业中心。

汴京的商家多达一百六十行，六千四百余户。这样多的商户，再像唐长安那样限于东西两市已无法容纳，故而冲破了坊市限制，沿街到处都有店铺，鳞次栉比。唐制日中击鼓为市的传统也打破了，不但从早到晚可以交易，甚至还出现了"夜市"和"鬼市"。闹市上人来人往，熙熙攘攘，通宵不绝。

京都的市场上，有各地的货物。比如江南的丝茶，沿海的鱼虾，塞外的牛羊，西北的煤炭，以及各地的铁器、陶瓷、药材、纸张、书籍，还有日本的扇子，朝鲜的墨料，阿拉伯的香料、珍珠等等。

当时的贸易量很大，"每一交易，动即千万"，这样，货币的需要量大为增加，经常发生钱荒。同时，铁钱很重，商人甚感携带不便，故而称作"交子"的纸币应运而生。始初是由四川的大商户发行的，后来，宋政府才统一发行。宋代的交子，是世界上最早出现的纸币。

今天说来,汴京街市上所呈现出的北宋经济的繁荣早已成为过去,不可复现了。有幸的是,北宋一位叫张择端的画家留下了一幅画卷,真切地描绘了北宋末汴京城内外,店铺比比、货物山积、车船络绎的繁盛景况。这画卷名叫《清明上河图》。

财政的危机
——北宋中期社会矛盾的发展

《清明上河图》,不仅描绘了汴京的繁荣,仔细去看,它也揭示了富有者的奢华逸乐与贫穷人的辛勤困苦之状。这,也就是伴随着北宋经济的发展而发展的社会矛盾。

这一矛盾的表现是,伴随着农业耕地的成倍垦殖,并没有给开垦者们带来生活的富裕,而是土地兼并的加剧,出现占用几万亩乃至几十万亩的大地主。北宋中期,占全国人口不到百分之二十的上户(地主),却占有百分之八十以上的耕地。有人估计,当时租种地主土地,并租用犁牛耕具的,千夫之乡就得有九百余人。地主对佃农的剥削率高达百分之八十。农民们越来越贫困化。同时,地主们又大量隐瞒田产,转嫁赋税,致使朝廷税收也日见困乏,仁宗皇祐元年(1049)的税收就比前二十八年的税收减少了百分之六十。

同样,伴随着全国工商业的发展与繁荣,不是国库的充盈,而是一股大商人社会势力的出现。京城的商家,"资产百万者至多,十万而上,比比皆是"。大商人垄断商行,冲击政府的盐茶等专卖,甚至同官僚勾结,哄抬物价,牟取暴利。同样,农民又受到血腥的盘剥,朝廷的专利也大部被侵夺了。以茶叶专卖为例,太宗时茶利年收入可达二百八十几万贯(千文),可在大商人的冲击下,英宗时减少到不够五十万贯了。

朝廷的财政收入受到大地主、大商人的威胁,日见颓势,可是,朝廷的财政支出,却日见长势。原因是朝廷的官僚群恶性膨胀,各级机构叠床架屋,冗员充斥,每年只薪俸一项就要开支钱一千六百九十六万贯,金一万四千八百七十两,银六十二万两!

朝廷还要养活一支庞大的军队。太祖时禁军只有十九万三千,仁宗时则猛增到八十二万多,连同地方军,总计有一百二十五万多。仅养兵费用一项,就占去国家赋税总收入的百分之七八十。英宗时,国家每年收入虽多达一亿一千六百万贯,但收支相

耀州窑青瓷刻花纹熏炉(北宋)

较，还不足一千六百万贯。财政危机日甚，濒于破产。

总之，伴随着社会经济的繁盛，北宋的社会矛盾也发展着，日渐激化。

王安石变法
——北宋的改革与反改革

神宗宰相王安石（1021—1086），早就看到了这一深刻的危机，他三十八岁那年，就曾上书宋仁宗，主张变法，抑兼并，以求富国强兵，然而未被采纳。

十年后，二十岁的宋神宗继位。年轻的皇帝眼见财力日困，国势日衰，很想振作一番，做个中兴君主。神宗遂不顾重臣的阻拦，破格提拔王安石，实行变法。

王安石行新法，首先从理财入手，开始就设了个"制置三司条例司"。它是个统筹国家财政，制定和颁行新法的官署。据说这个官署设立后，一年便省下冗费百分之四十。

王安石像

王安石的新法重要的有下列几项：第一是青苗法，即由政府在新陈不接之际贷青苗钱给农民，以对付高利贷者对农民的盘剥；其次是免役法，这是一种以免役钱代替服徭役的制度，无丁壮的户也要出助役钱，这就减轻了丁壮农民过多过重的徭役负担；再其次是市易法、均输法，是调节物价，防止富有者囤积居奇扰乱市场的；再其次是方田均税法，即丈量土地，整顿赋税，防止隐瞒地产，这主要是针对大地主漏税的；此外还有保甲法、保马法、置将法等等，这些新的军事制度，是为了富国强兵的。

新法尽管是维护地主阶级根本利益的，但却触动了大地主、大商人以及高利贷者们的现实利益，因而首先遭到他们的强烈反对。反对变法的代表人物主要有司马光、韩琦、吕诲、苏轼等等。后族与宫廷中的许多人也竭力反对新法。他们说，新法破坏了祖宗留下来的制度，扰乱了天下，弄得人心惶惶！连华山山崩，彗星出现，以及天旱不雨，都说成是王安石行新法的罪过，说他的新法干了天怒，王安石不滚蛋，天是不会下雨的。甚至，有个叫郑侠的大臣出来以头颅担保，罢去新法，赶走王安石，十天之内天准会下雨，如果不验，情愿斩首。

神宗在一片反对新法的吵嚷声中有些惶惑动摇了。王安石却正气凛然，坚定不移，并针锋相对地提出了"天变不足畏，祖宗不足法,人言不足恤"的观点,对反对派进行了回击。

变法的工作仍在进行。但是推行新法在朝廷上得不到旧臣的支持。王安石遂起用一批年轻的官吏帮他推行新法,即所谓"新党"。新党中如吕惠卿等,也是些官僚,他们的心思并不在新法的成败,而想借推行新法之机,植党揽权。后来,新党之间也意见不一,互相排斥。甚至吕惠卿反转来揭发王安石的隐衷,并拿出证据,说他有欺君之罪。新党分裂了,新法推行不力,旧党的反对也就更激烈了。这样,连支持变法的神宗最终也动摇了。

神宗一死,十岁的哲宗即位,高太皇太后听政。她早就反对新法,曾经哭着要儿子神宗赶走王安石,恢复祖宗制度。现在她当政了,立即起用司马光做宰相,"旧党"又重新得势了。司马光执政后,在一年左右的时间里,就把推行了十六年(1069—1085)的新法几乎全部废止了。新党在朝者也几乎全遭罢斥。这一事件发生在哲宗元祐元年(1086),史称"元祐更化"。

元祐更化的主要人物司马光受到了旧党和大地主、大商人的拥戴,欢呼他是"万家生佛"。司马光也以废除新法为己任,一次在病重之际还说:"四患不除,我死不瞑目!"四患是指四项新法。

元祐更化那年的四月,王安石在江宁(今江苏南京)得知新法被全部废止,十分惊愕,不久这位中国十一世纪的改革家忧病而死。时年六十六岁。

漆园誓师
—— 北宋末的方腊起义

变法失败了,危机复又日甚一日。当宋徽宗登上皇位以后,政治局面就愈发不可收拾了。

宋徽宗宠信宰相蔡京和宦官头子童贯,时人称蔡京为公相,童贯为媪相。这是一对权奸。他们派人到江南去收集珍奇的花石,运到京城造宫殿和万寿山,以供玩赏。运送时,每十条船为一纲,故名"花石纲"。官吏们打着皇帝御用的旗号搜求花石,见到谁家有奇花异石,闯进去用黄纸一贴,就算是"皇家"的了。启运时,花石若高大,又拆墙毁屋,趁机敲诈,甚至抢掠一空。为此不知有几多人家倾家荡产。人民不堪花石之扰,愤恨极了,遂用歌谣骂道:

打破筒(童贯),泼了菜(蔡京),便是人间好世界。

睦州青溪县(今浙江淳安)一带遭受花石之害甚烈,人民遂在一个叫方腊(?—1121)的人领导下聚众反抗。公元1120年十月的一个夜晚,起义者誓师于漆园。

方腊愤慨地说："天下国家本来是一个道理，好比子弟们一年辛勤耕织，才挣得一点点粟帛，当父兄的却拿去挥霍掉，稍不如意还随便打人，打死了也不在乎，你们甘心乐意吗？"众呼："不能！"方腊又说："挥霍之余，又全部奉献给敌人（辽与西夏），敌人养肥了，又来打我们，却使子弟去应付。子弟应付不了，就挨骂受气。你们甘心乐意吗？"众答："岂有此理！"

方腊最后说："诸君如能仗义而起，四方必闻风响应，旬日之间，万众可集，一鼓攻下江南各郡，划江而守，轻徭薄赋。十年之内，定能统一全国。不然，也是叫官府害死。大家好好想想，到底该怎么办吧！"众人听到这里一起高呼："听从你的命令！"

果然方腊的义旗一立，旬日间集众十余万人，他们稍加整编之后，即挥师北上，攻占了东南重镇杭州。浙江、安徽、江西的许多州县纷然响应，队伍发展到了上百万人。方腊建立政权，自称圣公，年号永乐。

北宋朝廷闻讯大惊，立即派童贯率军十五万前往镇压，同时宣布罢免"花石纲"，以麻痹人民。起义军仓猝聚义，虽英勇冲杀，但因组织较差，缺乏军事经验，多次失利。转年四月，方腊被俘。八月，在汴京就义。

方腊起义，专门抢富豪杀官吏，先后攻占六州五十二县，震动了东南。

童贯等镇压这次起义，先后残杀起义者和群众多达三百万人。

和方腊起义的同时,山东有梁山泊好汉聚义。宋江等三十六人便"横行齐魏(山东、河南等地),官军数万人无敢抗者"。这就是古典小说《水浒传》梁山泊一百零八条好汉的故事之渊薮。

方腊领导的轰轰烈烈的农民起义被屠刀镇压下去了;宋江所领导的起义者,还没有发展为广大的群众行动也被扑灭了。

但是,北宋王朝也风雨飘摇,寿命不长了。

四十二、宋辽夏金的和盟与争战

宋朝三百余年间,在中国辽阔的疆域里,始终是个南北朝的格局。

北宋基本统一了中原与江南,辽(916—1125)则雄踞着长城与大漠,双方南北对峙。

后来,夏(1038—1227)、金(1115—1234)又先后在西北、东北崛起。北强南弱,兴衰有差。然而,弱宋的政令虽不闻于塞上,北国鞭长,亦不及江南。

这种状况直到蒙古崛起之后,方有所改变。

宋、元四百年间,是继黄帝时代、春秋战国、魏晋南北朝之后的第四次中华民族大同化、大融合的历史时期。这段历史,是南北各族以各种形式(和平的、流血的、经济的、文化的……)频繁交往的历史,既是灾难深重的,也是威武雄壮的。

往事已越千年,当年各族人民的后裔早已你我莫辨,融为家人。然而,有如一对亲人常常在一起咀嚼初恋时的争吵与误解而越发感到生活的甜美,回味那段错综复杂、悲欢离合的民族史,同样是有意义的。

"澶渊之盟"
——辽与宋

公元1004年闰九月,契丹发兵南犯,号称二十万大军,浩浩荡荡,直逼黄河北岸。

宋真宗闻报色变,忙问计于宰臣。

副相王钦若、陈尧叟,都主张南迁都城,以避敌锋。王钦若是江南人,主张迁往金陵;陈尧叟是四川人,主张迁往成都。

宋真宗举棋莫著,又以迁都之议问计于宰相寇准。寇准明知端底,却佯作不知,故意当着两位副相的面说:"谁为陛下划此败亡之策,罪当斩首!"寇准接着分析了形势,指明了利害,提出了车驾亲征以挫强敌的决策。

十月,宋真宗终在寇准等催促下,起驾北征。出得汴京,还未到达黄河南岸,这位怯懦的皇帝就动摇不进,又想迁都。寇准再次指出:"今寇已近,四方危心,陛下只能进尺,不可退寸。进则士气百倍,敌闻丧胆;退则万众瓦解,敌乘我势,汴京失驭,金陵亦不可得!"真宗无奈,又勉强起驾北行。行至黄河南岸,又驻跸河边,畏葸不前。寇准等又固请,车驾方渡河抵达北岸。

当宋旗在澶州(今河南濮阳南)城上高高升起时,兵民欢呼,声闻十里,气势百倍。

契丹闻讯,派骑兵数千来骚扰,以探虚实,当即被宋军杀伤过半,败逃而去。

真宗临敌,住在行宫亦惴惴不安,于是,派人去察看寇准的动静。当听说寇准正与部将喝酒搏戏,诙谐如常,才放心说:"寇准如是,吾有何忧呢!"

可是,正坐镇军中的契丹萧太后却不能不忧。出师未捷,统帅萧挞凛已被宋兵射死,契丹锐气大挫;各路援宋大军正向澶州方向集结,数量甚众,远远超过契丹军;而契丹孤军深入,千里退路上宋民蜂起抗击,怎能使其不忧呢?于是,她不得不派出使臣致书大宋,以求和议。

宋接辽书,寇准即提出,辽欲求和亦可。但必须还我燕云故地(即五代时后晋石敬瑭割让给辽的十六州),否则,兵戎相见,以决雌雄。但是,宋真宗却唯恐失去和议时机,不顾寇准之议,急派大臣曹利用使辽。临行,真宗特嘱曹利用,契丹如索岁币(即年年贡纳的银绢财物),虽百万亦可允诺。寇准得知后,立即召曹利用至军帐,说:"圣上虽有敕旨,但你许给辽人的岁币不得过三十万,否则,我就砍掉你的脑袋!"

公元1005年一月,和议告成。双方议定,宋、辽为兄弟,辽帝称宋帝为兄,但是,"哥哥"每年要送给"弟弟"岁币三十万(即二十万匹绸缎和十万两银子)。这次宋辽和盟是在澶州签订的,澶州为古澶渊郡,故史称"澶渊之盟"。

曹利用成约而还,真宗正在用饭,未及召见,即派侍者去问许辽岁币几何,利用不肯先告侍者。侍者见利用以三个手指支着脸颊,回报时遂说,曹利用以三指支着脸颊,大概是三百万吧!真宗失声道:"太多了!"既而又说:"姑且了却此事,三百万也可吧!"三百万虽属讹传,但可见宋真宗为苟且偷安,是不惜百姓的巨额脂膏的。

和议之后,妥协派王钦若等弹冠相庆,反诬主战的寇准以胁迫君王的罪名,说寇准挟君王作孤注,幸兵以自取重,结果与敌国签订城下之盟,有辱君王。是非黑白就这样全被颠倒了。功臣寇准反遭贬斥,后死雷州。契丹退兵了,宋朝又继续推行其"守内虚外"的国策。守内,即竭尽全力防范人民起义;虚外,即不修边防,理由是勿令敌国起疑。

然而,事有乖巧。宋室虽虚外而不为备,辽却因内争日剧,自顾不暇,注意力内向。宋、辽关系因之基本呈现稳定状态,彼此粗安达一百二十年之久。

好水川之役
—— 夏与宋

正当南北粗安,西北又起烽火。党项羌人建立起大夏王朝。

其盛时，国境东尽黄河，西界玉门，南接兰州，北控大漠，辖境几近四十万平方公里，拥兵五十万。因大夏位于北宋以西，故史称西夏。

西夏主先人曾有功于唐，赐姓李。至宋时，臣服于汴京，又赐姓赵，并被封为定难军节度使、西平王。

西平王元昊继位，雄心勃勃，不甘臣服于宋。于公元1038年称帝，建国号大夏，定都兴庆府（今宁夏银川）。同时，去赵姓，改姓党项姓"搜名"，改元天授礼法延祚，又立官制，造文字，定礼仪，筑宫殿。于是，一个与宋、辽鼎立的王朝兴起了。

赵宋不能容忍西夏的独立，中断了互市，又贴出布告说，有能斩获元昊人头的，允其做定难军节度使。

元昊亦不宣而战，铁蹄不时南犯，西北不得安宁。

宋仁宗遂任命朝臣韩琦、范仲淹出任陕西经略安抚招讨副使，共御西夏。韩琦的制敌方略重在进讨，以攻为守；范仲淹的制敌方略则重在招抚，以守为攻。

公元1041年二月，元昊率军逼近怀远城。韩琦立即集结兵力一万八千人，命将军任福统帅，出敌后据险设伏，待敌退邀击。

任福是位猛将，曾多次深入敌境，屡建奇功。这次又决心令元昊匹马不得生还。正行进间，忽闻夏军与宋兵某部战于张家堡南，元昊丢下几百具尸体和大量驼马牛羊仓皇北窜。任福求功心切，立即命令全军追击。沿途荒僻，任福兵马三日不得食，穷追不舍。会日暮追至好水川（即今甜水河，源出今宁夏隆德东六盘山）。

翌日晨，任福与先锋桑怿合兵沿好水川西进。当前方距羊牧隆城（今宁夏隆德北）五里时，川谷已为夏军扼断，进退不得，方知中计，遂与敌军展开格斗。

先锋桑怿在路旁忽然发现几个密封的银泥盒，中有跃动声，甚为疑惑，未敢开视。将军任福后至，尽开泥盒，突有上百只家鸽飞出，盘旋于川谷上空。家鸽皆佩悬哨，哨音清拔，悠远可闻。元昊军闻哨声而四合。

任福布阵未成，元昊铁骑突至，东奔西突，左冲右撞。宋兵难以立足，遂舍川谷夺取两坡，欲居高制下，扭转劣势。这时，只见夏军中忽地竖起一面大旗，长两丈余。宋兵莫名其妙。只见大旗左摆，左山后伏兵冲出，大旗右摆，右山后伏兵骤起。两山伏兵有如悬河决堤，猛扑宋兵，杀声震撼山谷，宋兵死伤相枕，满山遍谷。

将军任福身中十余矢，仍奋力冲杀。随从小校劝他脱身自免，任福却说："我身为大将，兵败何颜以求生，愿以身报国！"说完又冲入敌阵，终以死闻。

是役，宋兵死亡一万零三百人，几十位将校只有一人战至日暮敌退而生还。此即好水川之役。消息传开，关右大震，韩琦因之被降职。

范仲淹主持延州（今陕西延安）一线防御。他到任后，即整顿军制，训练士卒，修筑城寨，十分注意安抚边民。结果，夏军虽屡次来犯，而终不得逞。

一次，范仲淹修筑大顺城。大顺城的位置突出于敌境，料夏必争，故密作筹备。临筑城时，发兵而随，十日城成。夏人发觉后，果遣骑兵三万来争，城坚不下，遂佯败而走。范仲淹下令但令其去，不得追击。后知西夏果有伏兵。

夏军屡犯不逞，遂自相告诫说："咱们莫再打延州主意，今小范老子胸中自有数万甲兵，不比大范老子可欺也！"小范即指范仲淹，大范指其前任范雍。范雍是个只会念佛的人。

范仲淹的成功，重要的是执行了安抚边境羌民的正确政策。以往，边境羌民迫于宋兵的骚扰，多背井离乡去投西夏。范仲淹到任后，立即明令将士不得扰民。并筑城寨，招抚流亡，帮助羌民解决土地、耕牛、籽种、口粮。因此，大批羌民相踵归业，重返家园。范仲淹也很注意团结各族上层人士，与酋长六百余人，挚诚相待，引以为助。因而，羌人敬爱范仲淹，亲切地称他为"龙图老子"（范仲淹曾加"龙图阁直学士"的头衔，这样称呼是表示敬重）。甚至羌人还为范仲淹立生祠、图像供奉。十年后，范仲淹病逝青州（今山东益都），羌人酋长数百人奔丧，哭之如父，斋三日而去。

西夏王陵

宋、夏这次交兵历时两年多。初时,元昊多次取胜,亦有掠获,但兵员亦死伤过半,国力日匮。后来,韩、范合力防御得宜,人心倾归,元昊亦不敢轻易骚扰边境。故边民歌曰:"军中有一韩,西夏心胆寒;军中有一范,西夏惊破胆!"

宋、夏兵起,互市遂断,两国百姓都深感不便,尤其是西夏百姓得不到宋地绢帛粮茶等生活必需物资,更感到开衅不如和好,人民遂作《十不如》谣以讽之。

元昊迫于形势,遂向宋请和。宋也恐夏辽联盟而势盛,故准和议,恢复互市。从此,西夏名义上称臣于宋,以求得岁币;宋每年赐给大夏银七万二千两,绢帛十五万三千匹,茶三万斤,以求西北的安宁。从此,西北稍安,边民互市,往来如织。

西夏共传十帝,历时一百九十年,亡于蒙古。

阿 骨 打
——金与辽

公元1112年二月,辽天祚帝不远千里从京城来到混同江(这里指松花江的一段)畔钓鱼。千里之内的各部酋长都奉命前来朝拜。这时恰逢女真人一年一度的头鱼宴,酒至半酣,天祚令各酋长依次为舞,气氛欢快。谁知当挨到一个年纪四十开外雄姿勃勃的酋长时,却辞以不能,端视而立。天祚强之再三,终不从命。这使大辽皇帝甚为恼火,几欲将其杀掉。

这位强项酋长就叫阿骨打(1068—1123)。他是女真完颜部的首领,为人勇敢刚毅,有胆识,深为女真各族所崇敬。

女真是个古老的民族,先秦称肃慎,隋唐称靺鞨,五代方改称女真,臣属于辽。

辽为削弱女真,将女真分为生、熟两部,进行分治。熟女真迁入辽境,编入辽籍;生女真仍留居故地,不编入辽籍。

生女真留居白山黑水间,地方千里,人口十万,有七十二部。女真自古以来一直过着穴居野处,以渔猎为生的原始生活。他们驯养一种机敏的猎鹰,可以飞上蓝天拦击天鹅,女真人从天鹅肚中剖取其吞食的珍珠。这种猎鹰原出辽东海中,故名海东青。后来,女真与辽、宋密切交往,发展很快,北宋后期,女真族已手持铁器冲破氏族制传统向着奴隶制迈进了。阿骨打就是女真族这个特定历史时期的杰出首领。

在那次头鱼宴上,天祚未杀阿骨打,并非出于仁慈,而是怕引起女真各部对大辽的离心。其实,迫于辽的民族压迫,女真人民不但早已离心,且已怒火中烧,愤不可遏。

原来,女真臣服于辽,年年以其名产人参、生金、貂皮、马匹、珍珠、海东青等方物向辽廷进贡。可是,辽廷贪得无厌,索要无度,每年都要派出银牌天使,坐逼贡物,限期严急。这些钦差大臣每当过境,都要污辱女真妇女,名之曰"荐枕"。并肆意掠夺财物,名为"交易",却分文不付。这种种行为激起了女真各阶层的普遍怨恨。

阿骨打遂联络女真各部,造兵械,筑堡垒,准备抗辽。辽廷闻女真反情,立即派人来查问。当场就闹翻了。

公元1114年九月,阿骨打调集各部会师来流水。阿骨打历数契丹罪状,号召所部同心协力,共灭契丹。并宣誓说:"有军功者,奴婢、部曲可为平民;平民可以做官;原有官职的,可按功劳大小晋升。违反誓言者,身死梃下,家属亦不得赦免。"阿骨打说完,各首领传梃,一一盟誓。誓师后,乘辽大军未集,先发制人,以两千五百部众,一举攻下宁江州(今吉林扶余东石头城子),进占了契丹东北的门户。两月后,又以不足万人兵力,于出河店(今黑龙江肇源西)破辽十万大军。第二年十二月,天祚帝御驾亲征,调集问罪之师七十万,浩荡而来。阿骨打以两万兵力迎战,杀得辽军尸横遍野,枕藉相属百余里。天祚帝有如惊弓之鸟,一昼夜跑了五百里。

阿骨打在公元1115年正月元旦建国号大金,建元收国,以会宁府(今黑龙江阿城南)为国都。阿骨打执梃誓师后百余日,

觉山寺塔(辽)

就从一个部族酋长而一跃成为大金皇帝,是为金太祖,并尽有辽河以东的山河土地。

阿骨打何以取国号为"金"呢？相传阿骨打议国号时曾说:"辽以宾铁为号,取其坚也。宾铁虽坚,亦有坏时,唯金长久不坏,况且,我们又居住在按出虎水呢!""按出虎"为女真语,即"金"的意思。相传该水产金,故得名。按出虎水即今流经阿城的松花江支流阿什河。

宋廷闻阿骨打建大金,力破辽百万雄师,连下五十余城,辽境百姓蜂起,度辽势必不得久,遂派使臣浮海与大金会盟。相约共同破辽,金取其中京(今辽宁凌源西),宋取其燕京(今北京)。灭辽后,金、宋以长城为界,燕云故地归宋,宋将输辽岁币送金。史称此约为"海上之盟",时在公元1120年。

这年阿骨打亲率大军攻取辽上京(今内蒙古巴林左旗南)。并请辽、宋两国使臣相从。阿骨打率兵至上京城下,对两国使臣说:"请看我用兵,你们再各自决定去就!"阿骨打一声令下,各部奋勇争先,猛烈攻城,不消半日,城破敌降。宋使向阿骨打敬酒,众呼万岁。

两年后,阿骨打如约攻下辽中京,天祚帝还在鸳鸯泊(今河北张北西北的安固里淖)行围取乐呢!

再说赵宋,也曾发兵攻打辽燕京,可是,残败的辽军仍把腐朽的宋军打得大败。宋兵只好请金兵入关,才消灭了燕京守军。

天祚帝流窜五年后,终为金人擒获。辽将耶律大石西迁,再建辽国。史称西辽(1124—1218)。

阿骨打,以其雄豪大略完成了建国、灭辽两件大事,积劳成疾而死,年五十六岁。

"靖康之变"
——宋与金

辽亡,宋、金亦由联盟而转为开衅。

初始,金、宋灭辽而宋无功,金遂不肯履行双方以长城为界的前约。宋与金几经交涉,才收回燕京等部分土地。而金人索取的代价是每年由宋给其银二十万两,绢二十万匹,外加燕京代税钱一百万贯。金兵离燕京时大掠而去,留给大宋的竟是一片狐狸出没的废墟。

宋徽宗不以此为意,而只想从此可以太平享乐了。

金太宗吴乞买继阿骨打而立,他却不以此为足,而又想得到汴京的府库珍藏,中原的大好河山。因他在灭辽战争中已看清宋朝廷的腐朽和软弱可欺。

公元1125年十一月,金人发兵南犯,长驱直下,势如破竹。

宋徽宗闻金人南犯,离京城只有十日之程,惊恐气慑,拉着一位大臣的手说:"朕万没想到金人竟会这样!"说着一气昏厥了,跌倒在床前。群臣赶忙急救。徽宗苏醒后,索要纸笔,用他那别具一格的瘦金体书写道:"皇太子可即皇帝位,予以教主道君退居龙德宫。"他在国难当头之际,哪里还敢住在京城的宫殿中呢,放下笔之后,即在公、媪两相蔡京、童贯的簇拥下,去亳州、镇江避难了。

太子赵桓即位,是为宋钦宗,改年号为靖康。

京师官民,一见受到宋徽宗宠信的蔡、童集团倒台了,纷纷起来揭露他们的罪恶。太学生领袖陈东等上书要求处死蔡京、童贯等六名祸国殃民的罪魁,传首四方,以谢天下。群情愤然,声讨不已。

宋钦宗不得不予诏准,惩办群奸。民情由之振奋,濒于灭亡的北宋王朝又有一线转机。可是,钦宗畏敌如虎,并不敢率领军民抗战,也想效法老子,一跑了之。

这天,大臣李纲入朝,忽见乘舆备好,皇后已先行,皇帝要逃跑了。李纲当即高声厉问护驾的禁卫六军:"将士们,你们愿意死守京城呢,还是愿意随皇帝出巡(逃跑)?"六军齐呼:"愿意死守!"

钦宗见状犹豫起来。李纲又说:"金人逼近,恐乘舆未远,即被敌兵快马追及!"钦宗方才不敢再跑。

金军已开始渡护城河攻城。

李纲早有防卫。沿城布有敢死之士,以长钩钩住敌船猛击。

金兵死伤很多,攻城不下,遂退去。

李纲正率军加固城防,将士们搬运蔡京家以"花石纲"为名掠来的山石去堵塞城门道。这时以钦宗为首的投降派却去金兵大营求和,答应了金人的和议条款,给金兵黄金五百万两,白银五千万两,绸缎百万匹,牛马万头,并割让太原、中山、河间三镇的山川土地,末了还要大宋皇帝尊大金皇帝为伯父。

也在这时,老将种师道率两河(河北、河东)健儿来援,号称百万(各路援军总计约二十万)。金兵孤军六万,见势为之敛迹。

金人畏却李纲、种师道。

宋钦宗为讨好金人,竟罢去李纲官职。

投降派的倒行逆施,激怒了京都中的朝野百姓。太学生千余人在陈东率领下又赶到宫门上书请愿,要求钦宗罢免奸臣李邦彦、张邦昌,重用李纲、种师道,城内防守委李纲,城外防务委种师道。百姓闻讯赶来声援,一时间,集众数万,皇宫也被团团包围了。

正当群情激怒之时,恰好李邦彦来上朝,百姓遂历数其罪行,痛加责骂,并

宋卤簿大钟

用砖瓦投打。李邦彦抱头鼠窜。百姓得不到满意的答复不肯散去，"登闻鼓"（有急事奏闻用的）都被敲破了，还打死几十名宦官，口号震天，京师殿宇几乎都为之动颤。

宋钦宗怕出变故，被迫答应再起用李纲。百姓欢呼，却仍不肯散去，又要见种师道。钦宗立召种师道乘车进城，与百姓相见，百姓方散。

大宋朝野愤怒，人民揭竿抗战，金人恐惧，索要的金银尚未足数，就慌忙北撤而去。

金兵退去，各路援军也被遣散，逃跑的道君皇帝又回来了，李纲等抗敌将领遂又被排挤。宋钦宗为首的投降派，以为敌人已去，不复再来，又可以安享太平，纵情欢乐了。

可是，金太宗却不如此想。事过只有几个月，又发兵南下，饮马黄河，兵临汴京。

宋钦宗不能率军民抗战，竟相信一个无赖郭京的鬼话，说他能请"神兵"退敌。钦宗下令撤去城上守军，大开城门，金兵乘势攻进，郭京却溜走了。

汴京城破，钦宗出降。

金人自度无力吞下这个腐朽然而却庞大的帝国，遂尽取九十二府库的一百六十余年积藏，搜刮了无数的金银，以及玉玺、图籍、珍玩、仪仗等等，连同徽、钦二宗与皇族三千人，席卷而去。

徽、钦二宗当了俘虏,被带到会宁府参拜金主。父亲被封为昏德公,儿子被封为重昏侯。显然,这是有意的戏辱。宋朝君臣讳避此事,自欺欺人地称之为"二圣北狩"。

同样,也讳言北宋亡国,只是说"靖康之变"。

辽、北宋相继而亡,但中国仍是个南北朝对峙的格局。

四十三、南宋的偏安与沦亡

靖康之变后,中国大地上仍是个南北朝的格局。

初始,金与南宋对峙;后来,蒙古兴起,先灭西夏,又与宋联兵灭金;最后,南宋末代皇帝也被蒙古兵赶下海去淹死。这就是南宋时期大约一个半世纪左右的民族争战史。

"直把杭州作汴州"
——南宋的建立与偏安

正当汴京沦陷、"二圣北狩"时,徽宗的第九子康王赵构在南京(今河南商丘南)做起皇帝来,是为高宗。赵构临坛加冕,想到那正被金兵押着,一路走一路哭的徽、钦二宗,想到后妃以及皇族三千人的命运,不由扑簌簌地掉下眼泪,向北遥拜着,诏封群臣。张邦昌原为北宋宰相,后降金兵,被立为楚国皇帝,这时自动削去国号、帝号,前来拜贺,也得到封爵。

南宋王朝,就是在这样阴郁、悲凉的气氛中凑起班底开国的。时在公元1127年五月。

莫看赵构临坛时哭得那么伤心，可他也如其父兄一样，生就一副软骨头，是个无耻无节的人。他一开始就没有决心抗金，为讨好金人，竟罢去主张抗战的宰相李纲，杀死支持李纲抗战的太学生领袖陈东，甚至，连李纲在黄河沿岸的防务也统统撤去了。可是，金人并不赏脸，却接连发兵，把他赶过了长江，又赶下了大海。幸赖将士奋勇抗金，把金兵打退，他才得以从海上归来。

赵构回到杭州，就在那里定都了，为掩人耳目，改杭州为临安。可是，他很快就在那里起宫殿，建太庙，修明堂，变临安为偏安。故有人作诗说：

> 山外青山楼外楼，西湖歌舞几时休？暖风熏得游人醉，直把杭州作汴州。

赵构虽认杭州为汴州，可沦落敌手的中原人民却不堪金兵的掠掳和屠杀，为家计，为国计，都不能不起而抗争。一时间，风起云涌，如火如荼。

八字军十余万人聚义于太行山，首领名叫王彦，义军人人脸上都刺着八个字："赤心报国，誓杀金贼。"八字军作战勇敢，威慑敌军。有一次，金兵主帅令其部将去进攻王彦，部将竟吓得跪下哭起来，说："王彦营寨坚如铁石，宁死我也不敢去打啊！"

红巾军在中条山上树起了义旗，活动于河北、山西一带。他们人人头结红巾,到处袭击金兵。有次,红巾去偷袭金兵大营,金兵的副统帅差点被他们捉住呢!

中原义旗林立,众约百万。

故后人有诗曰:"南渡君臣轻社稷,中原父老望旌旗。"确切些说,中原父老何止是"望"旌旗呢?他们在敌后已燃起烽火,高擎起抗金的义旗,民族大义的旗!

"撼山易,撼岳家军难"
—— 岳飞抗金

岳飞像

岳飞(1103—1142),字鹏举,相州汤阴(今属河南)人,出生在贫苦农家。他用兵英勇多谋,屡立战功,三十几岁已成为抗金的主要将领,志在收复中原,重整河山。

公元1140年,金人撕毁了墨迹未干的金宋两国和议,发兵大举进犯。宋兵各路大军,同仇敌忾,屡挫敌锋。岳飞所统帅的岳家军,大败金兵主力于郾城(今属河南),一直追击敌兵到朱仙镇,离金兵在中原的大本营汴京只有四十五里了。金兵溃不成军,龟缩在汴京城中哀叹道:"撼山易,撼岳家军难!"

金兵势去,自燕京(今北京)以南,金人的号令已不通行。军心骚动,士气瓦解。将领们暗结岳家军,接受岳家军旗号。将军韩常准备率五万骑兵来投降。金统帅兀朮见大势即去,也命令随军老小先行北渡黄河,自己也准备不时逃窜。

岳家军的胜利,震撼了中原大地。父老们争相挽车牵牛前来劳军,沿途更是人山人海,头顶香盆,欢迎岳家军的到来。

河南省汤阴县岳飞庙精忠坊

中原各路义军也打出"岳"字旗,只待同官兵约好时日,共图大举。

岳飞也积极筹划进军,并上书朝廷,请求各路宋兵发起总攻。中原恢复已指日可待。这时,岳飞高兴地同部将说:"直抵黄龙府,与诸君痛饮耳!"意思是打到金人的巢穴去,大家一块喝个痛快!黄龙府在吉林省农安县,东北去金京都会宁府约四百里。

金兀术见势不妙,遂丢下汴京,率兵北走。他刚刚上马,一位书生上前拉住了马缰,说道:"元帅且留勿走,岳飞很快就会退兵!"

兀术十分诧异,说:"郾城一战,我骑兵主力铁浮屠(重铠骑兵),尽丧于岳家军麻扎刀下。朱仙镇一仗,岳飞又以五百骑兵破我十万大军,城中百姓,日夜盼望岳家军,这汴京城怎么能守得住呢!"

那书生从容说道:"自古以来,哪有权臣在内而大将能立功于外的呢?岳飞自身性命尚且难保,又怎能期望成功呢!"

金兀术听书生说得有理,遂又勒住了坐骑。

"莫须有"
——秦桧卖国

果如书生所料,昏君赵构和奸相秦桧很快就下令班师,一日间,连发十二道金牌。金牌是一种传驿凭证,朱漆金字的木牌,这是朝廷发布紧急要令时才动用的,一日可送行五百里。

岳飞见朝廷十万火急迫令班师,悲愤泪下,惋叹道:"十年之功,废于一旦!"

岳飞班师后,即被夺去兵权,进而又被投入大狱。

原来,赵构正向金人求和,视岳飞为障碍。金兀术也派密使来告秦桧:"必杀飞,始可和!"秦桧卖国的行径早就受到岳飞的指斥,心中恨恨,遂忠实执行金兀术的旨意,伙同大臣万俟卨(mò qí xiè 莫其谢)、将领张俊等人共同诬陷岳飞,以"岳飞谋反"的罪名,将岳飞及其子岳云、部将张宪关入了监牢。

秦桧命人审问岳飞,逼他承认谋反。岳飞一下子甩开上衣,背上裸露出四个大字"尽忠报国"。其字深入肤理。

谁能相信一个尽忠报国的人会谋叛呢?故而世人皆知其冤。老将韩世忠去质问秦桧:所谓岳飞谋反的证据何在?秦桧拿不出证据,却狡猾地说"其事莫须有",即"当须有"。韩世忠听了十分气恼,说:"'莫须有'三字何以服天下!"

然而,赵构和秦桧竟在"莫须有"的罪名下,将岳云和张宪腰斩于市,将岳飞在狱中秘密处死了。岳飞年仅三十九岁。

岳飞被害前不久,"和议"告成。条款规定,宋向金奉表称臣,金主册封宋主为皇帝。宋每年向金贡献银二十五万两,绢二十五万匹。东起淮水中流、西至大散关(在今陕西宝鸡西南)

为界。这和约是在南宋绍兴十一年(1141)签订的,故而史称"绍兴和议"。

绍兴和议后,南宋的偏安局面便暂时稳定了。

二十二年后,岳飞的沉冤终于得到昭雪,并悬赏找到了岳飞遗骨,迁葬在杭州西子湖畔的栖霞岭下,后又为之建庙祭祀。岳飞墓,今已是国家重点文物保护单位。

岳飞的尸骨是怎样得以保全的呢?

岳飞被害后,狱卒隗顺景慕岳飞的气节,故乘夜负其尸逾城而去,埋于城外一菜园内。埋入时,将岳飞身佩玉环置于尸体腰下,掩土后,又种了两棵橘树。隗顺临终嘱其子要年年祭祀岳飞这位有名的"忠臣"。他忠于自己的民族,也忠于南宋君王。他既听从民族的呼唤坚决主张抗金,又不能不听命于主张投降的昏君赵构。这也正是他悲剧的所在。然而,隗顺及千百万百姓对他爱戴与景仰的,却正是他同赵构、秦桧根本不同的敢于反抗异族暴力的硬骨头精神,故而岳飞被尊为民族英雄,而岳飞墓与岳庙亦被视为民族正气的象征。七百余年以来,屡废而屡兴。

秦桧、万俟卨等谋害民族忠魂的罪犯,生前逃避了应得的惩罚,死后人们铸其铁像,令其跪在岳飞墓前,永为世人所唾骂。

有个故事说,一秦姓状元来瞻仰岳坟,当看到秦桧跪像时,愤然吟道:"人自宋后少名桧,我到坟前愧姓秦。"又据说万俟卨的故里在河南开封西北六十里的万寨村,族人耻于与其同姓,遂改为聂、洪、刘等姓。以致万俟姓氏在那里灭绝了。这些虽属民间的佳话、轶事，却反映着中华民族心理的向背。民族败类，为子孙后代所不齿。

岳飞临死前曾写下八个大字："天日昭昭！天日昭昭！"这历史的无情裁判，大概就是"天日昭昭"吧！

英雄的巩州城
——金朝的末日

古语说：螳螂捕蝉，黄雀在后。当年金人的处境恰是如此。当其连连犯宋，大肆掳掠时，蒙古人却在其背后兴起，逼得金人不得不把都城从燕京迁到汴京，以致其东北故土丧失殆尽。

金人局促在中原一线后，理应联宋抗蒙，但金主却想鲸吞南宋，以求立足之地。经过多年激战，金无力过江，而自身的实力也大大虚耗了。这当儿，蒙古人却向它发起了全面进攻。

公元1232年正月，蒙军尾追金兵主力，寻机决战。蒙军采取疲劳金兵的战术，当金兵进击，蒙军不战自退，金兵刚扎营寨，蒙军就来袭扰，结果使金兵不得休息，三日不得食。蒙军乘机将金兵包围于三峰山（在今河南禹州）。那天恰逢大雪，气候奇寒。蒙军在四周燃火煮肉，轮番休息。金兵却披甲僵立雪中，枪刀都结冰如椽。蒙军知金兵苦于饥寒，遂虚让一路，金兵争出，伏兵顿起，大败金兵。经三峰山一役，金主力崩溃，大将也死亡殆尽，其失败的命运注定了。

同年，蒙军进围汴京。城内疾病流行，五十天中，死亡几十万人。后又绝粮，以致人相食。这样，不待敌攻，城中已无法生存。第二年初，金哀宗遂逃往归德（今河南商丘南），转迁蔡州（今河南汝南）。

这当儿，金人方想到联宋抗蒙。金哀宗派出使臣去临安，说："蒙古残暴，灭国四十，以及西夏，夏亡而及金，金亡必及于宋。唇亡齿寒，势所必然。为大金计，亦为大宋计，愿相携以抗蒙。"然而，宋人早与蒙古达成默契，决计联蒙灭金了。

第二年十一月，蒙、宋合兵攻蔡州，宋攻其南，蒙攻其北，以及东西。金人坚守，第三年正月，久困粮绝，城墙也被挖破，危在旦夕。哀宗知势将不守，当夜传位给东面元帅承麟，说："朕身肥体重，已难鞍马驰骋；卿体矫健而有将略，万一逃出，国祀不绝，也就是朕的心意了。"第二天清晨，承麟正行继位大礼，城南已树起宋兵旗帜。顷刻间，杀声震天动地。

金哀宗上吊自杀，承麟死于乱兵，宰相完颜仲德等将士五百余人皆投汝水殉国。各州县纷纷降蒙，大金的末日来临了。

可是，三年以后，巩州（今甘肃陇西）孤城独存。

原来，大金守将郭虾蟆，矢志守节，义不降蒙。后来，蒙古发来大兵攻城，虾蟆度势难以再支，遂收城中金银铜铁杂铸炮弹，向敌军猛轰，又大杀城中牛马，以慰劳将士，并将房舍、库藏付之一炬，不以一物资敌。最后，又命在府舍聚积薪柴，召集家人以及将校妻女，闭于一室，准备自焚。

蒙兵破城而入，虾蟆率将士与之巷战良久。弓尽矢绝者即投火自焚。虾蟆独自一人上到大草堆顶，以一块门板掩护，连发二三百箭，箭箭射中敌兵。矢尽后，亦掷弓跳入烈火中。

英雄的巩州城，无一人降敌。

后当地人怀念郭虾蟆，为之立庙祭祀。

金，历九帝，一百二十年。

"留取丹心照汗青"
——南宋的沦亡

北宋曾采取"以夷治夷"的策略，联金灭辽，结果招致了中原沦丧；南宋也不顾"唇亡齿寒"的警告，联蒙灭金，结果是驱狼引虎。金朝刚刚灭亡，蒙古就向南宋进攻了。

公元1258年，蒙哥可汗大举攻宋。

南宋末，正是贾似道任相，这是个专横而又昏聩的典型。他卖官鬻爵，贪污腐化，宁可同爱妾在别墅里蹲在地上斗蟋蟀，也懒得去处理军国大事。他带兵去湖北增援,却不敢同蒙军作战,反派了人到忽必烈军中去求和,答应每年给蒙古军银二十万两,绢二十万匹,并划长江为界。这时,恰好蒙哥可汗在四川攻打钓鱼城时,中矢后病死,忽必烈要回去争夺汗位,便答应和议,退兵了。贾似道隐瞒了他所签订的卖国条约,却反而向宋理宗报告说:"我们打了个大胜仗,你看蒙古兵不是已经被我们打退了吗?"

理宗被蒙在鼓里,贾似道卖国反而受到了加官晋爵的奖赏。

忽必烈即了帝位,派人来要银绢。贾似道恐求和的事败露,竟把使者扣留起来,可并不作任何防守的准备。忽必烈发兵南下,包围了襄阳,襄阳军民苦苦地守了六年,告急文书上了无数次,贾似道都置若罔闻,坐视不救。

蒙军终于攻破襄阳城,然后顺江而下,南宋的长江上游与下游被切断,首尾不得相应,临安危急了。

公元1271年,蒙古改国号为大元。

这时,英勇抗敌的民族英雄出现了很多。状元出身的文天祥(1236—1283),本来是过惯了"声伎满前"的优裕生活的,也在赣州(今属江西)起兵救亡了。

贾似道后来被杀了,但临安也失守了,恭帝当了俘虏,南宋实际已灭亡了。时在公元1276年。

宋臣陆秀夫、张世杰再在福州拥立十一岁的益王赵昰做皇帝,重建了南宋小朝廷。后赵昰死,又拥立八岁的卫王赵昺做皇帝,继续支撑。

文天祥也在慷慨战斗,想收拾残局,但终于失败被俘。

陆秀夫、张世杰还在苦苦地战斗。公元1279年,他们退守到广东省新会南海中的厓山,结果遭到元军的猛攻,以致全军覆没。兵败时,陆秀夫先让妻儿跳海,又将金玺系在南宋末代皇帝赵昺腰间,背着他一起跳到波涛中去了。张世杰也在海上遭台风遇难。据说,几天后海中漂起的死难宋兵的尸体有十余万具。他们都成为南宋的殉国者。

灭宋的元军统帅叫张弘范,是个降蒙的汉人,他自以为有功,遂刻石纪功于厓山石壁上,文曰:"镇国大将军张弘范灭宋

南宋末代皇帝宋少帝陵

于此。"可是，后人却多认为他助元灭宋，背叛了民族，背叛了国家是有罪的，故而在那纪功碑文之上又加刻了个"宋"字，成为"宋镇国大将军张弘范灭宋于此"，以此来讽刺他。现在，这些字早已被全部磨去了，但那石壁仍存，被称为"功罪石"，成了历史的见证。

文天祥被捕后，张弘范劝他投降，可他却只求速死。张弘范又逼他写信招降坚持苦战的张世杰等将领。文天祥不肯，张弘范就立逼。文天祥挥笔写下了被俘后作的一首诗，名叫《过零丁洋》，其最后两句是：

人生自古谁无死，留取丹心照汗青。

古人以竹简为书，写字前要先用火烤炙竹青，使滴出竹液，状如出汗，故谓"汗青"，诗人这里借指史册之意。

文天祥被押到元大都（今北京），忽必烈劝他降元，他坚决不降；又以杀头来威胁，他也不怕死；再许他高官厚禄，他也不动摇。敌人拿他没办法，终于把他杀了。年四十七岁。

岳飞死了，郭虾蟆死了，文天祥也死了，还有众多的英雄死去了，但他们的伟大民族气节至今活在人民的心目之中。

四十四、蒙古王朝的兴建与衰亡

蒙古王朝,每当提到它,就会令人想到开拓者成吉思汗(1162—1227)及其子孙们的武功。这些游牧民族的首领,曾先后统帅数以万计的蒙古铁骑,弯弓舞剑,纵横驰骋于亚欧大陆,并跨海远征,建立起历史上空前的蒙古大帝国。

这就是蒙古族在公元十三世纪的近百年中,曾一度充当了中国与世界历史主要角色的故事。

"一代天骄"
——蒙古族的兴起

正当金与南宋在中原大地鹬蚌相争时,蒙古贵族铁木真趁机在北方的蒙古高原统一了各游牧部落,并在斡难河(今蒙古鄂嫩河)畔举行各部贵族大会,被推选为成吉思汗。时在公元1206年。"成吉思",有的解释为强者,天子,海洋,天赐;有的说是一种五色鸟鸣声"青吉斯"的近似音。总之,是表示至高无上、吉祥如意的意思吧。"汗",是蒙古语对君主的称呼。

蒙古是个古老的民族,唐时称蒙兀,属室韦族的一部,秦汉之先,族属东胡。东胡与匈奴,先是蒙古草原的友邻,后成敌手。东胡被匈奴打败,一部逃入大兴安岭。蒙古即属这部东胡后裔中的一支。他们一直过着"没有主子,不分上下尊卑"的氏族制原始生活。铁木真称成吉思汗,蒙古始有国家,并创制文字与法典,跨入了该族历史的奴隶制时代。

成吉思汗当国后的第三年,强邻金朝皇帝章宗死去。第四年,金朝新皇帝的使者送来诏书。依旧例,金使要成吉思汗拜受。原来,蒙古未统一前,各部曾分别为金兵所征服。金人唯恐蒙古强盛起来难以驾驭,故取分化政策,时常挑动各部相互仇杀。成吉思汗先人俺巴孩,就是在仇杀中被另一部落抓走,送给金人,被钉死在木驴上。先时,还有的金朝皇帝,每三年派兵对蒙古人进行一次剿杀,名曰"减丁"。金人对蒙古各部经济上的掠夺与盘剥更不消说了。蒙古人对金人的残暴统治早已恨之入骨。现在,金朝的新皇帝又要蒙古大汗向其跪拜,成吉思汗怎肯屈从呢!

成吉思汗问道:"金朝的新皇帝是谁?"

"卫王也。"金使答。卫王完颜永济是个以"柔弱鲜智能"而闻名的懦夫。

成吉思汗一听,面向南方吐了一口唾沫,轻蔑地说:"我以为中原皇帝是天上人做的,像卫王这样的懦夫也能做皇帝,叫我怎能给他下拜呢!"说罢,跨马扬鞭北去了。

转年,成吉思汗率领千军万马来到克鲁伦河畔,登上一座高山,誓师伐金。他祈祷说:"长生的上天啊!金朝皇帝杀死了我的先人,侮辱了我的民族。假如您允许我去复仇,就助我一臂之力吧!让神与先人在天之灵来帮助我吧!"

成吉思汗,以民族复仇作号召,激起了蒙古将士对金朝的仇恨,接着揭开了伐金的战幕。

蒙古伐金的战争共历时二十四年。成吉思汗临终前还留下了联宋取道宋境伐金的遗嘱。他死后七年,蒙古与宋朝联兵攻破了蔡州城,金朝灭亡了。

成吉思汗的功业,赢得了蒙古族与后世人的尊敬,将其与"秦皇汉武"并称,视其为历史伟人。但是,他同所有历史伟人一样,并非完人,不可能摆脱其所处时代的、民族的、阶级的种种偏见。有个故事恰好可以说明这一点。

有一天,成吉思汗将他的儿子术赤、察合台、窝阔台、拖雷四个人叫到跟前,想同他们商量汗位继承的事。长子术赤和次子察合台当着他的面就争执起来。成吉思汗遂说:"世界广大,江河众多,使你们去进攻外国,各自分配,还怕没有广阔的牧地!"

这就是作为蒙古族奴隶主的成吉思汗的哲学,也是世上所有奴隶主都曾奉行的哲学,即以掠夺为荣。在他们看来,谁能掠夺,谁就是"英雄"。成吉思汗正是以这种哲学为指导思想,率其子孙开始了四十余年的有名的蒙古西征。

西征是分三次进行的。

第一次西征(1219—1225),蒙古铁骑是由成吉思汗亲自统帅的。他首先攻灭了花剌子谟国(在今中亚阿姆河下游),继而一支蒙军又在迦勒迦河(在今乌克兰境内)大败斡罗思各封建小邦的联军。

第二次西征(1236—1242),是在成吉思汗之子窝阔台称汗时期进行的。西征将领主要是成吉思汗家族各房的长子长孙,故又称"长子西征"。这次,蒙古军首先大败斡罗思,火烧莫斯科,进而西破波兰、匈牙利,继进奥地利及亚得里亚海东岸,军锋直逼西岸的威尼斯城。

第三次西征(1253—1260),是在成吉思汗的四子拖雷的儿子蒙哥称汗时期进行的。这次蒙军铁蹄践踏了美索不达米亚,火烧了世界著名的古城报答(今巴格达),进而蹂躏了小亚细亚、塞浦路斯,逼近埃及。

蒙古的西征,震撼了寰宇,特别是第二次西征,恐怖一时笼罩了欧洲。基督教徒们认为这是上帝的惩罚。意大利南部出现了"鞭笞派",祖背巡行,人执一鞭,互相鞭扑,直至流血,沿途祈祷、忏悔、呼喊、歌唱，希冀能以此得到上帝的宽恕。故而，蒙古西征又得了个西方称谓，叫"上帝之鞭"。

成吉思汗西征东还后，即将所得土地分给了四个儿子。后其子孙各自经营，分建起四大汗国，依次是：

钦察汗国——里海以北，西至多瑙河；

察合台汗国——天山附近，锡尔河流域；

窝阔台汗国——阿尔泰山一带，至巴尔喀什湖；

伊儿汗国——波斯及小亚细亚，西到地中海。

四大汗国初始皆以中国的蒙古王朝为宗主，共同组成了以蒙古高原上的和林为中心、横跨欧亚大陆的蒙古大帝国。

蒙古帝国的武力强盛极了，这股可怕的"祸水"，流向了西方，流向了东方，也流向了南方。其势有如山洪横溢，所向披靡。然而，它也曾西攻埃及失利，南取安南受挫，跨海东征日本时，更大吃其亏。元军战船四千，将士十余万，全部葬身于海底。去年，在日本长崎县北松浦郡鹰岛町海域，日本考古学家打捞出元军沉船的大量遗物。这恰是那曾逞凶于西方的"上帝之鞭"在东方被折断的历史物证。

成吉思汗一生干了三件大事：建国、伐金与西征。死后葬于内蒙古自治区伊金霍洛旗甘德尔敖包，至今那高大陵墓仍巍然屹立。伊金霍洛，蒙语是"圣主陵园"的意思。成吉思汗陵，为国家重点文物保护单位。

成吉思汗陵

当今人们怎样评价这位历史巨人呢？议论是很多的，但较多的人都赞成毛泽东同志在其《沁园春·雪》一词中对他的评价：

一代天骄，成吉思汗，只识弯弓射大雕。

"治天下的良匠"
—— 元朝的建立

成吉思汗堪称蒙古草原上的一代骄子，成就了其前人不可想像的勋业。然而，初始的马上得天下，使其过分地依重武功了。他驱使蒙古男儿几乎是倾国出征,给亚欧人民带来了深重灾难,而首先将蒙古人民拖进了灾难的深渊,不知几多帐内只剩下了孤儿寡母。蒙古的帝国大厦,不仅是用他国人民的尸骨,而首先是以蒙古百姓的头颅合着血泪奠基筑造的。因而,公正地说,蒙古西征也好,东伐也好,蒙古百姓是不能负责的,罪过在于那"只识弯弓射大雕"的决策者。

说起成吉思汗是个"只识弯弓射大雕"的一介武夫来,还有个故事呢。

有次,蒙古攻打西夏,掠获甚多,可是,成吉思汗最为得意的是俘虏了夏人的治弓良匠夏八斤。成吉思汗当着大儒耶律楚材自矜道:"国家方用武,耶律儒生又有何用呢!"

耶律楚材从容说道:"治良弓尚需巧匠,治理天下,难道就不需要治天下的良匠吗?"

成吉思汗对耶律楚材寓庄于谐的回答既惊讶又赞赏,当着窝阔台指着耶律楚材说:"这是天赐我家的良匠,以后军国庶政都可以委托给他。"

耶律楚材(1190—1244),契丹人,其八世祖突欲,即辽朝开国帝王阿保机的长子,曾封东丹王。耶律楚材自幼聪颖好学,博览群书,兼通天文、地理、医卜、释老诸学,并晓音律,工书画,多才多艺。初仕金朝,后归附成吉思汗,先后辅佐成吉思汗与窝阔台三十余年,长期任中书令,是位治世良相。蒙古帝国初创,政体、法令、制度等一切皆不完善,有赖耶律楚材为之一一擘划,始有规模,从而促进了蒙古帝国由奴隶制向封建制的转化。且说二三例。

蒙古人的传统生产方式是放牧牛羊,娴于畜牧而疏于农耕。公元1229年窝阔台刚即位,大臣别迭等人就献策说:"汉人对国家毫无用处,不如统统赶走,将其耕田变成草原,让我们的百姓去放牧!"耶律楚材深知废耕为牧是误国之道,遂向窝阔台提议说:"陛下将南向伐金,兵费之需甚为可观,这从何而出呢?臣估算,如向汉民征收赋税,岁可得银五十万两,帛八万匹,粟四十万石,可足兵用。何以说汉人无补于国呢?"

窝阔台将信将疑,就说:"卿且为朕先试试吧!"

两年后,窝阔台有事于云中(今山西大同),耶律楚材所设燕京等十路课税使皆呈送来岁贡簿籍,所征得金银粟帛与原奏比比皆符。窝阔台看了高兴地对耶律楚材说:"卿不离朕左右,却能使国家财用充足,南国大臣还有像你这么能干的吗?"窝阔台亲用大觥为耶律楚材酌酒,以示嘉奖。

元太宗窝阔台像

蒙古帝国原来是以掠夺奴隶用以去放牧牛羊为其经济基础的，从此，始重农耕，建立起赋税制度。此其一。

蒙古铁骑，剽悍而野蛮，以嗜杀著称，征人城郭，稍遇抵抗，即屠戮全城，以致"血流有声"，鲜有孑遗。公元1232年，大将速不台率兵攻金朝都城汴京，相持日久，伤亡惨重，遂奏请城破之日，尽屠汴人。耶律楚材得知，立即谏止，指出征战的目的在于获得土地与人民，若得地而无民，地亦无用。窝阔台遂下令："只罪金朝皇室，其余一概不准擅杀。"汴京城中百姓一百四十七万余人，因此得以活命。

蒙古悍兵的屠城恶习并未从此中止，但这些草原的统治者已开始像封建君王一样注意去占有土地和人民了。此其二。

蒙古立国之初，成吉思汗曾依世代相传的习惯形成法典，但很不完善。耶律楚材在健全蒙古帝国的法制方面颇为尽力。他曾提出十八项建议，诸如非奉玺书，州县不得妄自征发；死囚，亦得奏准方可行刑等等。但是，蒙古权贵多仗势恃宠，为所欲为，违法乱纪。耶律楚材则绳之以法，严惩不贷。

有一次，耶律楚材秉公审理了一案，拘系了皇帝的一个宠臣。窝阔台大怒，竟把耶律楚材也绑了起来，可细思之，又觉不妥，便传旨释放。事情本可就此了结，耶律楚材却偏偏不肯释缚。说道："老臣备位公卿，辅佐陛下，陛下传旨系臣，想必是臣有罪。有罪则应处之以法,明示百官,令人皆知罪在不赦。现在,陛下又释臣,那想必是臣无罪。无罪何以要系?有罪何以又赦?如此轻易反复,如同儿戏。若处置天下大政,难道也这么办吗?"

耶律楚材义正词严,抗争有据。在场群臣听了都不禁大惊失色,为其出言无状捏一把汗。窝阔台沉思了好一会儿,才说:"朕虽贵为天子,难道就没有错误吗?"

耶律楚材执法,不但敢于严惩不法权贵,硬是逼着忽视法制的帝王低下了高贵的头,不愧是治天下的良匠。此其三。

蒙古王朝中相互牴牾的奴隶制与封建制,就这样随着岁月的推移,彼消而此长。这个从量变到质变的过程,大约从成吉思汗到忽必烈,历六十余年方才完成。

忽必烈是成吉思汗四子拖雷的第四个儿子,于公元1260年自立为帝。十一年后,建国号为大元。据说,"大元"取义于《易经》中的"大哉乾元"一语。这话的大意是:"伟大的天啊,万物的本元!"元的意思是物之所本,事之所始,与"原"字义通。

正是以忽必烈建大元为始,蒙古王朝亦被称作元朝,这标志着蒙古人建立的地方性政权,已发展成为全国性的政权。同时,蒙古王朝终于弃旧俗,取汉法,从奴隶制跨入了封建制时代。

元大都与异域的交往
——元朝的社会风貌

蒙古贵族的征伐和统治,是血腥而残酷的。然而,历史是辩证地向前发展着,世间的许多事往往犹如塞翁失马,因一定条件坏事又可以转化为好事。西征也是这样。自古以来,生活在同一块大陆上的东西方人民彼此隔绝,汉唐时代,虽曾踏出了丝绸古道,终究彼此还是有隔膜的。至此,方打破了中西交通大路上的道道藩篱,相互频繁交往了。这是西征者们所未曾想到的。

蒙古帝国征服了东起黄海、西至多瑙河的广土众民,为统治的需要,以京师为中心,在全国建立起驿站网。即在驿道上,每隔二十五里设一驿站,备有马匹,并供食宿。全国驿站共有一万余处,驿马不下二十万匹。条条驿道,犹如条条动脉,将帝国的心脏与肢体沟通了,从而也保证了中西交通畅然无阻,东西方的文化交流空前地活跃起来。元朝的京师大都城因而成了一座世界著名的国际城市。城内到处可见语言不同、面貌各异的外国人,而异域的奇货特产更是山积云屯。

当年,大都城里有罗马教皇派来的牧师多人,并建起了四座教堂,《新约全书》也译成蒙文进行传播,蒙古贵族一批批拜倒在十字架下,京师一地受洗礼的人达六千之多。福建泉州、山东临清等城市中也建起教堂。牧师们乘坐着驿站供给的八匹马

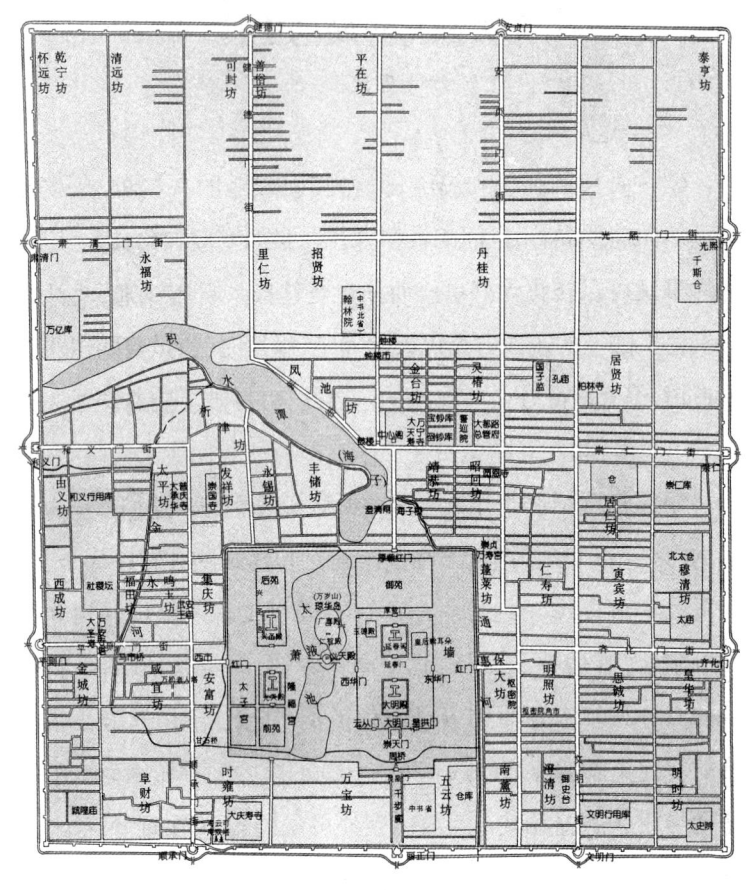

元大都城平面图

拉的车子,从大都去几千里外的泉州传教。

在大都城以及全国各地的西域人就更多了,各地城市中都仿阿拉伯式样建起了圆顶的清真寺。西域人对元朝以及后来中国文化的发展是有贡献的。特别值得一提的是元大都的主要设计师也黑迭儿，就是阿拉伯人的后裔。

大都同亚洲诸佛国的交往也是频繁的。泰国著名的君王敢木丁（成可太王朝的建立者）曾先后两次不远万里来大都进行国事访问，成为中泰两国人民相传不息的友好佳话。尼泊尔的优秀匠人也越过高山峻岭来大都参加建设。具有尼泊尔古建筑风格的妙应寺白塔，至今仍巍然屹立在北京城中。它就是一位入仕元朝的尼泊尔艺术大师阿尼哥设计监造的，他至今仍为中国人民所怀念。

元朝众多的异国宾客中，有两位是举世闻名的大旅行家：来自欧洲的马可·波罗和来自非洲的伊本·拔图塔。他们都曾在中国留下了万里足迹。

马可·波罗（1254—1324），出生于意大利威尼斯城，十七岁随父叔启程来华，二十一岁抵达大都城。他以其聪明才能，赢得了忽必烈的赏识，尊称他"马可·波罗阁下"。他在元十七年，多次代表朝廷出使异国。后返故乡，口述著成《东方见闻录》，即闻名世界的《马可·波罗游记》。书中盛赞中国与东方的富庶，文物之昌明，轰动了当时的欧洲。

据说，《游记》所谈，其内容为欧洲人闻所未闻，超乎想像，故而当时竟没有什么人相信他的叙述是真实的。因此，威尼斯人送他一个绰号，叫"百万马克"，意思是"牛皮大王"。马可·波罗临终前,他的一些亲友为了"解救他的灵魂",请求他否认自己的书,或者承认书中有杜撰之处。但是,马可·波罗却郑重声明,他不但没有杜撰和吹牛,而且"所见的异国异事尚未说到一半"。

《游记》成书是依据记忆,难免失实之处,可那确实是他的亲历见闻和感受。无论欧洲人怎么看它,《游记》终于为西方人打开了认识东方世界的大门。

航海家哥伦布就是读了《马可·波罗游记》才引起他寻找东方的兴趣,携带着西班牙君主致中国皇帝的国书启航的。结果,他虽未找到东方的中国,却发现了新大陆。至今,哥伦布读过的拉丁文的《马可·波罗游记》一书仍保存在西班牙塞维利亚帝国图书馆里。

《游记》对元大都有着生动的描述:

大都有三层城郭,即郭城、皇城与宫城。郭城城周全长六十里(元制),合今两万八千六百米。书中称大都城叫"汗八里",即大汗之城,帝王之都的意思。并说:"四面环绕城墙,每面各为八英里。"城内规划有致,"有如棋盘",街道宽阔而笔直,"此端可见彼端"。

《游记》谈到皇城,说:四面环以宫墙,"宫墙的四角和海面的正中各有一座美丽而宽大的宫殿。因此,环绕整个宫墙有八个宫殿。每个宫殿中各藏有一种大汗的军需品,比如笼头、鞍子、马蹬。"又说：在皇城之内，又有一宫城，高大的皇宫就坐落在此城内，"宫顶甚高，宫墙和房壁满涂金银"，宫顶之瓦，有红黄绿蓝多种釉色，"光辉灿烂，犹如水晶"。马可·波罗赞叹说："此宫之大，向所未见！"

《游记》谈及大都的繁荣景况，说："百物输入之众，有如川流之不息，仅丝一项，每日入城者计有千车"，"外国巨价异物及百物输入此城者，世界诸城无能与比。"

与马可·波罗一样，中国元代物产的富饶，也引起那位非洲旅行家的震惊。

伊本·拔图塔说：中国物产之丰，"世界各国无与伦比"。

他对中国居民用煤作燃料感到很惊奇。他说这种土是天然的地下矿物，燃烧起来火力比炭还旺。其实，中国用煤炼铁，至迟在汉代就已经开始了。

伊本·拔图塔还对中国的瓷器、丝绸和艺术十分称道。

这两位旅行家，出于亲身体会，对元代的驿站制一致赞不绝口。伊本·拔图塔说："中国的驿站制好极了，只要携带证明（皇帝发的玺书或金牌），沿途都有住宿之处，并有士卒保护，既方便，又安全。"马可·波罗则说：中国的大驿站中，房间宏敞明亮，备有华床锦被，十分方便，"即使是国王来住也会感到很舒服"。

驿站的发达，大大地促进了国内的交通和国家间的交往。

元朝使臣和商人的足迹当其时，不仅遍及亚洲，也涉及欧洲与非洲。中西交通的畅通与活跃，不仅使西方人有机会来认识东方世界，也使东方人有机会认识西方及其他地域的风土人情，大大开拓了中国人的眼界。

"惹红巾万千"
——元朝统治的残暴、衰败与灭亡

旅行家们的描述，无疑在很大的程度上反映着元代社会风貌。但是，他们当时接触的多是元代社会的上层，对威胁表面繁荣昌盛的各种潜伏的危机，却缺乏根本的了解和认识。

且看其一：

蒙古入主中原后，以掠夺人口为特色的奴隶主们渐渐变成了兼并土地的封建主。他们兼并的工具，主要依靠马鞭和利剑。甚至，他们不用契约的形式，而是骑马一跑，圈进的土地就尽归其有了。贵族伯颜得到的土地多达二百万亩。可是他比起皇后家族弘吉剌氏就大为逊色。弘吉剌氏有多少土地谁也不知道，只知道北起河北省的长城脚下，南到福建省的武夷山南麓，逶迤数千里，比比皆是。在河南省，甚至黄河沿岸的大片滩涂地也尽为势家所占，致使黄河水泄不畅时常泛滥。

元朝的赋敛是苛酷的，但仍难以支应朝廷无度的挥霍。他们为弥补财政赤字,就以滥发纸钞对农民进行变相掠夺。纸钞的面值越发越大,而其实际价值却越来越小。忽必烈称帝那年发行的纸钞,五十年后,千文只抵初时四十文,即物价上涨了二十五倍。

元时高利贷很是活跃,有所谓"羊羔息",年利率百分之百。依此计,若借贷白银一锭,十年后当归本息白银一千零二十四锭。

元朝的百姓,就这样在官府、地主、高利贷者的重重盘剥下,痛苦地呻吟着。一遇荒年饥岁,则只有背井离乡,枯骨遗路,村舍为墟。当时社会上流传着这样一首歌谣:

哀哉流民!如鬼非鬼,如人非人。
哀哉流民!男子无褐袍,女子无完裙。
……
哀哉流民!死者已满路,生者与鬼邻。
哀哉流民!一女易斗粟,一儿钱数文。

这首歌谣的作者就是当时陕西行台中丞张养浩。元朝办理赈灾的长官竟然也发出如此哀叹,可见当时黎民生活的悲惨了!

且看其二:

民族压迫,在中国封建社会中始终是存在的,可是,像元朝民族压迫之残酷,却是少见的。

蒙古君主,为维护其统治,将各族人民在政治上划分为四个等级,依次为:蒙古人、色目人、汉人、南人。

蒙古人是第一等,最受优待;色目人是第二等,仅次于前者,也是统治者依靠的阶层(色目人指西域各部族、国家的人,名称繁多,姓氏复杂,有"各色名目",故称之为"色目人");汉人与南人最受歧视,而以南人尤甚。汉人指原金朝统治下的各族人民,包括汉人、契丹人、女真人、渤海人、高丽人。南人则指原南宋统治下的各族人民。

这四等人的界限是森严的。凡重要的官职、军职,均由蒙古人充任,不足时则用色目人。汉人不得染指。法律规定,蒙古人可以打汉人,而汉人不得还手。汉人打死蒙人,判处死刑,蒙古人打死汉人,只罚当兵去出征了事。

蒙古统治者怕汉人、南人造反,各地都派驻了蒙古兵,一县之境,少则几千,多达二三万。这样,蒙古统治者仍不能安寝,又实行甲长制。

据说,官府明令汉人、南人,十户为一甲,一甲养一蒙古兵。蒙古兵也就成了这十户人家的老爷。他们要吃香喝辣,还要童男侍候,少女陪枕,专横跋扈,无恶不作。百姓人人侧目,怨气冲天。

蒙古人为防不测,就下令禁止百姓私藏兵器,将铁器都收了。可菜刀不能收,就规定几户只能合用一把。这样,蒙古人仍感不安,又曾在南方等地一度明令百姓,不准围猎,不准集会,不准集众说书唱戏,甚至夜间不准到街上行走,家家户户晚上不许点灯……

然而,防不胜防,百姓还是在忍无可忍的境况下起来造反了。从十四世纪流传下来这样一个民间传说,人们在蒙军监视下难以联络,就利用中秋节的时候,给各家各户分送去月饼。各户的月饼打开后,都发现有一纸条,上边有条命令:中秋之夜,尽杀鞑虏(对蒙古兵的贬称)。这故事叫"八月十五杀鞑子"。

且看其三:

这里还要提到的一点,即在元朝时,无论是居于统治地位的民族,还是居于被统治地位的民族,其中都有一地位最为卑下,命运最为悲惨的阶级,叫做"驱口"。

驱口,原是战俘,或被掠人口,有的被分给官府作坊当工奴,有的赐给将士作奴仆,形同牛马,位近奴隶。元法规定:私杀牛马一头,杖责一百;杀死一驱口,杖责一百七十。驱口不同于百姓,编入另籍,世代永为驱口。主人可以将驱口作为财物转让或买卖。大都城内与牛、马、羊市相并的就有人市,即买卖驱口的市场。

元朝后期,蒙古人、色目人也都有因贫困被卖为驱口的,甚至被卖到海外去当奴隶。公元1322年,元朝政府为赎回沦为驱口的蒙古族子女,特成立了个机构叫宗仁卫,一次赎回的就有三千人。

元朝末期,因饥馑与灾荒,阶级矛盾白热化了,然而却以民族斗争的形式爆发了。

浙江温州、台州的起义农民树起了反元大旗,上面写着:

> 天高皇帝远,民少相公多。一天三遍打,不反待如何!

农民的义旗插遍了长江南北、大河上下,声势最大的是红巾军。他们的北伐军,一度逼近元大都,皇帝与大臣都被吓得惶惶不可终日,元朝的统治从根本上动摇了。

当时社会上流传一首叫《醉太平》的小令,其中有几句道:

> 堂堂大元,奸佞当权。开河、变钞祸根源,惹红巾万千。

蒙古王朝,自成吉思汗计始,至其末代君王,共历十五帝,一百六十三年(1206—1368)。最后,因其残暴的统治,"惹红巾万千"而被埋葬了。

四十五、"四大发明"中的三大发明

"每当人们在中国文献中查考任何一种具体的科技史料时，往往会发现它的主要焦点就在宋代。"这就是著名的治中国科技史的英国李约瑟教授深有感触的经验谈。的确是如此。比如世界称誉的中国古代"四大发明"中的三大发明——印刷术、指南针、火药——就都是经历了几个乃至十几个世纪的探索，一直到宋代，才应用于实际生活，并获得发展。

拓碑、雕版、活字
——印刷术的发明

东汉熹平四年（175），洛阳鸿都门外的太学门前，车水马龙，热闹非凡，成千上万的读书人从全国各地聚集到这里，观碑、摹印、校书，景况十分壮观。

事情的原委是这样的：

古代没有印刷，读书的全靠刀刻、手抄。或刻在龟甲兽骨上，或抄在竹木简片上，纸发明后，也以纸抄。抄写书籍，既费工夫，又易错漏。一部书，辗转传抄，久而久之，文字与内容就有许多不同，或生歧义，或相抵牾。当时，因经典的抄本不同，经常引起学子们争论不休，真伪莫辨。

东汉末，大学者蔡邕为此奏请皇帝诏准，将经过校订的五经写出，刻于碑石，立于洛阳太学门前，作为朝廷规定的标准读本，供人摹印，以校正民间抄本的谬误。这碑石立于熹平年间，故世称"熹平石经"。

摹印，即摹写、拓印。摹写，是临摹、抄录。拓印，是先将墨刷于碑上，再贴纸印下。拓印，有刷有印，谁能说不是一种"印刷"呢！然而，它无印刷之名，习称之为"拓碑"，或"捶拓"。

汉代开始应用的拓碑方法，比抄书还难，故而未能改变抄书状况。西晋时有个"洛阳纸贵"的故事，是说左思的《三都赋》写成，名噪京师，争相传抄，以致纸为之涨价。从这个故事可知，西晋时，读书仍主要靠抄写。

读书人未能找到印书的方法，印刷的方法却在道士那里萌芽了。

东晋时，道士们以符箓为人治病、祛灾，为减轻画符的麻烦，就仿效先秦时就已有的印章样式，将符箓雕在枣木块上，进行印刷。这种符箓印刷，有的大到四寸见方，上刻一百二十字，犹如一篇短短的文章。这硕大的枣木符印，可以说得上是后来雕版的雏形了。

东晋以后，又经南北朝的发展，到隋唐之际，雕版印刷的方法就成熟了。据说，隋文帝和唐太宗，都曾下令雕版印刷过书籍。

雕版印刷，在唐代日渐流行。早在初唐时，高僧玄奘就雕印过佛像，舍给众生。中唐时，白居易还在世，他的诗集就已雕印出版。书商们在市上出卖白居易诗集，并以之换茶易酒。

有个故事说，唐末，黄巢率领千军万马进入长安，僖宗皇帝逃到四川成都去了，朝廷禁印历书的事也没人管了。这时，江东地方有两人卖历书，在月大月小上相差一天，发生了争执，就去打官司。地方官是个不懂历法的糊涂虫，竟然说："彼此同行做生意，一年当中相差一天半天有什么关系呢！"

这故事讽刺了那地方官的愚昧，也告诉人们当时雕印历书的很多，从而可见当时雕版印刷已相当普及了。

但是，这时印刷的规模不大。五代时，四朝元老冯道主持雕印了九种经书，规模相当可观，历二十二年方才完成。冯道首开中国政府大规模印书的先例，以致后世竟有人误以为雕版印刷是这位元老发明的呢！

雕版印刷到宋朝，发展到了高潮，成都、杭州、福州等许多地方形成了印刷中心，并且彼此相竞，争魁斗胜。北宋的教育机关印制经史书籍，一次雕版多达十万块。又在成都雕印全部汉文佛经名《大藏经》，用了十二年，雕版十三万块。这些书籍，字体朴素，美观大方，印刷质地精良，后世藏书家称之为"宋版"，在古代版本中被视为珍品。

雕版印刷的惊人发展，也恰好充分暴露出其固有的缺陷。几年、几十年方能雕出几万、十几万块版子，往往只印刷一次就废置了，犹如山积的雕版也难以历久保存。这惊人的浪费，造成书价的高昂，严重阻碍着刻书业的发展以及日益繁荣的文化传播。

怎么解决呢？这是印刷科技发展史上的一大难题。这一难题竟被一位普通人解决了，他的名字叫毕昇，他使用的只不过是几块铁板，一堆胶泥，其方法叫活字印刷。

活字印刷的具体过程包括制字、制版和印刷三个基本环节，具体说是这样的：

泥活字版模型

首先，以经过滤制的胶泥制成一个个犹如今日铅字一样的长柱体，晒干后，在顶面刻上单字，这些刻好的泥坯被送到火中烧过，就制成了泥字。泥字质坚如陶，故亦曾被称为陶字。每个字根据需要的多少制出，数量不等。

其次是制版。先在一块平整的铁板上，平铺一层黏合剂（松香、蜂蜡之类），再在四周围一铁框，将那泥字依印制物的需要一个个排起，满一框为一版。排好后，在铁板下适当加热，待黏合剂熔解时，趁势用一块平板在排好的版面上加压，令整版字面平整如一。黏合剂冷却后，活字即被固着，一块活字印版就制好了。

最后是印刷。印版制好，在其上涂墨即可印了。但为提高工效，毕昇是以两块铁板交替排印的，一块印着，一块排着，一版印完，一版又排好了。印过的版加热后，泥字即可取下，继续使用。

这种方法，只要制出三五万泥字，就可以反复印刷，几十万、几百万字的书籍拿来很快就可以付印了。

活字印刷在印刷史上是一次伟大的变革，毕昇也被尊为活字印刷的鼻祖。元代时，活字印刷经科学家王祯的改进，就更加完善了。

中国的雕版印刷与活字印刷都是最先传入朝鲜的，后经朝鲜传入日本。朝鲜在印刷术的发展上是有贡献的，是其在世界上最先使用了铜活字,并发明以模铸造金属字的技术。

印刷术的西传,经过了波斯人和阿拉伯人。十四世纪末,欧洲出现了木板雕印的纸牌、圣像,以及小学生的拉丁文课本。十五世纪中叶,在德国以活字印制了《圣经》。十六世纪,俄国的莫斯科、美洲的墨西哥、印度的果阿,都先后成立了印刷所。

印刷术的发明与传播,结束了那只有僧侣、贵族才可以读书的历史时代,并成为科学复兴的手段。印刷术自身也日益成为全人类的共同文化财富。

慈石、司南、指南鱼
——指南针的发明

相传,秦始皇统一中国后,在咸阳造了座阿房宫。阿房宫北阙有座神奇的宫门,名曰"却胡门"。谁要违反皇帝的诏令暗藏铁器进宫,临近宫门时,就会身不由己地贴在宫墙上,动也动不得。这是为什么呢?据说那宫墙是用磁石垒成的。

又相传,汉武帝时,有个叫栾大的人,进献了一种"斗棋"。那棋子很奇怪,只要在棋盘上把它们放在一起,就有进有退地自动斗起来。汉武帝看了十分吃惊,以为神奇。据说,那棋子是用磁石磨制的。

这些传说未必可靠。但是,要说秦汉时中国人已知磁石可以吸铁,并知将许多磁石放在一起,彼此既吸引,又排斥,这倒是很可靠的。其实,关于这一发现还可追溯得更早些。

先秦古籍中,称磁石为"慈石"。意为这种石头,一见铁就吸住,好像慈母抱着孩子不肯分离,故此而名之。

战国时成书的《管子》中记载:"上有慈石,下有铜金。"铜金是指铁矿。可见当时人们已经以磁石为标志,寻找铁矿了。还有部《韩非子》,书中记载着当时人们已知磨制磁石,制成"司南"。司南,即指南的意思。后世还有的书中说,战国时的玉工进入深山采玉,怕迷失方向,就携带着一种辨别方向的工具叫"司南"。

这里的"司南",同前面讲过的"指南车",都是世界上最早的指南仪。然而,指南车是利用齿轮原理制成的,司南却是利用

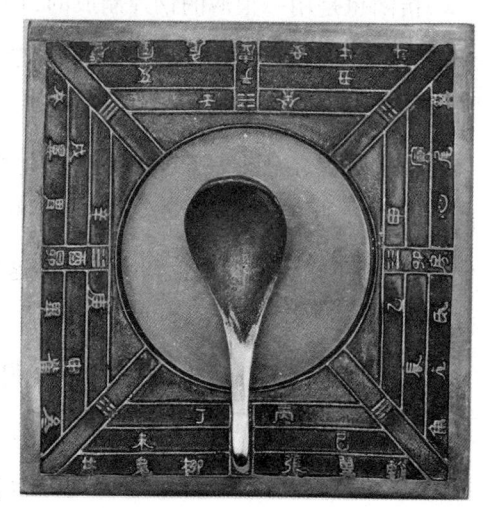

司南模型

磁性原理制成的。后来，指南车的制造方法被记录下来，而司南却失传了。

几十年前，发现了一批汉代画像石，有一幅画面上刻一小方台，台中央置一小汤匙状物，人不知其名，也不知其用。有的学者认为这就是至少已失传千余年的古代"司南"，并成功地进行了复制。

司南是怎么失传的呢？据此图推想：那汤匙状物可能是以天然磁石磨制的，磁性易失；匙底与盘面的接触面过大，摩擦系数大，指向也未必灵敏。这大概是失传的原因之一。

司南在汉以后失传了，可到了宋代又创制了一种比司南更先进的指南仪——指南鱼。

指南鱼是用一很薄的钢片制成的，两寸长，五分宽，形状若鱼，腹部凹下去些，放在一碗水中，即可浮于水面。这样，其摩擦系数较司南大为减少了。

指南鱼是用钢片制的，不是以磁石磨成，而是经人工磁化的。宋代已知钢片、铁针在天然磁石上摩擦即可获得磁性的磁化法。但是，指南鱼的磁化却不是用的这种摩擦法，而是另一种新方法：

首先将钢片制成鱼形，放到火上烧得通红，然后钳出，使鱼尾正对北方，浸入水中，再取出放入一密封的盒中藏起，放置方位，仍依南北方向，过一定时日取出，钢片就磁化好了。

在那时,这种方法可能是从经验中摸索出来的,知其然未必知其所以然。今日知道,地球自身就是个大磁体,南北端各有地磁场。上述磁化法,就是地磁场磁化法。这样磁化的钢片,由于其内部分子结构起了变化,磁性保持得很久,用以制造指南仪较之天然磁石适用多了。

指南鱼在宋代已应用于军事。地磁场磁化法就是在一部叫作《武经总要》的军事著作中记录下来的。《武经总要》成书于十一世纪中叶,大约就在这时或以后不久,指南针也用于航海了。

指南针,原本就是一根缝纫的钢针,经磁化,再穿以灯芯作浮漂,置于一盛水容器中,即可浮于水面,用以指南了。那盛水容器是个方位盘,浅而圆,有如仰置的铜锣,四周刻着二十四个方位。故而,指南针又称"指南浮针"、"水罗盘"或"罗盘针"。

指南针用于航海也不是一蹴而就的,曾经历了大约一个多世纪的经验积累过程呢!

有本书叫《萍州可谈》,写于十二世纪初,书中记载,海上行船,舟师"夜则观星,昼则观日,阴晦观指南针"。显然,指南针这时已用于航海,但只是在阴晦天气方才用一用。这是世界航海史上使用指南针的最早记述。

指南针用于航海一百多年以后,又有本书叫《诸番志》,写成于十三世纪初。书中记载:船行于南海,"渺茫无际,天水一色。舟舶往来，惟以指南针为则。昼夜守视唯谨，毫厘之差，生死系焉"。舟师辨别航向，这时再也不看日月星辰，唯看指南针了。大概这时在南海上航行，已有了安全航行线路，以此为"则"，否则何需日夜小心谨慎地守视着指南针，并有"毫厘之差，生死系焉"的感叹呢！

宋元的航海业相当发达。明朝初年，出现了著名航海家郑和所率的庞大船队。最多时，船队有宝船六十余艘，成员有两万七千人，先后七次远航，都取得了成功。它是中国古代航海业达到鼎盛期的标志。这同指南针的发明与使用恐怕有相当密切的关系。

宋元时期，广州、泉州都是世界著名的海港，来这些地方的客商多达五十多个国籍。其中阿拉伯人最多，故泉州有"回半城"之称。阿拉伯客商的往返，都愿搭乘中国海船，既大且稳，又有指南针，比较安全。也正因此，阿拉伯人最先学会了使用指南针。后经阿拉伯人才传给欧洲人。

欧洲使用指南针虽晚，可却是后来居上。旱罗盘，以及带有"万能支架"的罗盘针，都最先出现在西方人的船舶上。

所以，当东方航海家郑和的船队抛锚半个多世纪以后，西方航海家哥伦布所率的带有指南针的船队起锚远征了。从此以后，世界的海上优势，渐渐由东方转向了西方。不知有几多船队频繁地往返于新、旧大陆各地，从而给西方资本主义的原始积累创造了更有利的条件。

小小指南针,它为人类在地上、在海上的行动,争取了更多的主动权,其功莫大焉!

火球、震天雷、神火飞鸦
—— 火药的发明

火药,是中国古代化学史上重大科学成果。可是,它却是从道家那神秘的丹炉中孕育出来的。科学与迷信,就这样有趣地联系着。

炼丹,至少在西汉就已开始了,而炼丹的重要成果——火药到隋末唐初方被记录在《丹经》一书中,称为"硫磺伏火法"。所记已经是将硫、硝、炭按一定比例,依一定的配制方法,置于一炉的一个较为完备的火药方子。《丹经》一书是著名医药学家也是炼丹家孙思邈的著作,因而,孙思邈又是中国火药配方的最早记述人。

火药在炼丹家那里诞生了,可却未能派上大的用场。直到唐末宋初转入军事家手中,方才惊天动地,大显神威。开始被注意的是它的易燃性能,后来,它的爆炸性能才被更加重视。这也经历了相当长的一段历史过程。

北宋初,军事家已用火药制成一系列的火器。如火箭,即在箭上附有火药包,点燃引线后,以弓射出以烧伤敌军,或引发敌阵起火。这类似燃烧弹。又如火球,也叫"毒气烟球",类似毒气弹。后来又发明有类似喷火器的"突火枪"等等。

北宋朝廷在开封建有"广备攻城作",即兵工厂。其中主要一项任务就是生产火器。这个兵工厂多达四万人,生产规模也很可观。宋兵与西夏作战,一次领取的火箭多达二十五万枚。

爆炸火器,南宋时已被广泛应用。关于它的问世,历史上曾有过多次生动的记述。其中,以两次开封保卫战最为典型。

第一次开封保卫战在北宋末年,那是公元1126年,金人南犯,兵临城下。宋朝皇帝吓得要逃难去。抗战派大臣李纲,拦住了皇舆,亲临城上督战。在他指挥下,一排排"霹雳炮"直飞敌阵,攻城的金兵被打得狼奔豕突,溃不成军。

霹雳炮,是一种纸壳炸弹,其中装火药和白灰,点燃引线后掷向敌阵,火药爆炸,石灰雾散,致使敌军人马眼睛被迷住,鼻口也被窒息,失去战斗力。确切说,它以纸为壳,只是烟雾弹,还算不得真正的炸弹。

第二次开封保卫战,那是公元1232年,即一百多年之后。守城的是金人,攻城的是蒙军。一攻一守,相持不下。蒙古兵为破敌城,特制了一种"牛皮洞子",其中高可容人。蒙古兵钻在这"洞子"中去到开封城下挖墙脚。金人在城上,矢石雨下,却也奈何蒙军不得。这时,金人使用了尖端武器"震天雷"。金人将震天雷引火点着,从城上系下,待接近蒙古兵"牛皮洞子"时恰好炸响,蒙古兵连同牛皮洞子被炸得四处纷飞。

震天雷,以铁铸壳,其声如雷,热力烧及半亩,可以说,它已是一种真正的炸弹了。

火器,从纸壳到铁壳,这是个很大的进步。同时,也有以陶作壳的。宋元时有,明清时也有。郑成功的海军就曾使用过一种火药陶瓶。

元朝时,铁壳火器的发展极为迅速。以突火枪为例吧,北宋时,它是用竹筒制成的一种喷火器,火焰可喷出一丈多远。元时,开始以铁铸管筒,威力大大增强。又在其中装置铁屑、弹丸、石球等,加强杀伤力,发展成可发射子弹的火器。就在这时,类似火铳的一种叫做突火枪的武器问世了。火铳越铸越大,就成了原始的炮筒。元朝末年,不只朝廷可以铸造大型火铳,各地农民起义军也纷纷铸造大型火铳。蒙古王朝大厦,就在这火铳的轰击下,倒塌了。

元朝以降,火器渐向远射程发展了。比如飞弹,以及多级火箭。

有种飞弹叫"神火飞鸦"。那是以竹篾扎成的一只"乌鸦",内装火药,发射后能飞出一百多丈远才落地爆炸。

有种火箭叫"火龙出水",是用五尺长的竹筒做成的一条"龙"。龙身前后各扎两支大火箭,这是第一级火箭,用以推动龙身升空飞行。龙腹中装有第二级火箭多支。发射后，第一级火箭先行燃烧，火龙可飞出二三里远，尔后，第二级火箭被引燃，并从火龙口中飞出，射向敌营。

这些火器，都是靠火药燃烧时向后喷射出的气体所产生的反作用力向前推进的。也就是今日火箭的祖型。

火药与火器的西传，也是由近及远的。西传过程，仍然是阿拉伯得风气之先，再转手传到欧洲。

火药与火器传到欧洲，新兴的市民阶级得到了有力的武装，手持火枪火炮，摧毁了欧洲的封建城堡，跨出了中世纪，开创了欧洲的新纪元。

几百年来，印刷术、指南针、火药这三项中国古代发明，在世界上受到了广泛的赞誉。十七世纪英国学者弗兰西斯·培根（他曾被马克思称为"整个现代实验科学的始祖"）就曾称颂说：中国的三大发明，"改变了整个世界的面貌和事物的状况……，没有一个帝国，没有一个学派，没有一颗星星能比这三种机械的发明在人类事业中产生更大的力量和影响"。

四十六、宋元科苑群芳谱

《梦溪笔谈》
——北宋大科学家沈括

沈括的《梦溪笔谈》,是中国古代科学史上的"里程碑",科学盛世的重要标志之一。

沈括(1031—1095),字存中,钱塘(今浙江杭州)人。宋神宗时,曾参与王安石变法运动,是位进步的政治家,出色的外交家。沈括出使契丹的故事,足以显示他的品格和才识。

公元1075年,辽使来到汴京索地,强要以黄搜山(在今山西原平西南七十里)为界,黄搜山实际在宋境以内三十里。当时,辽对宋的领土虎视眈眈,志在必得。沈括这时奉命出使契丹,与辽进行谈判。神宗对沈括的胆略与才识是信赖的,但也深知这次出使是危险的,临行前,担心地问他:"敌情难测,设欲危使人,卿何以处之?"沈括毫不犹豫地回答:"臣以死任之!"

沈括置生死于度外。他到枢密院,仔细查阅了以往宋、辽交往的文书，认真地做了准备。沈括到了契丹，同辽相杨益成进行谈判。不论杨益成提出什么问题，沈括都能依据以往文书有根有据地加以驳辩，每每把杨益成弄得哑口无言。后来，杨益成恼羞成怒，竟然说："难道为了几里土地，就不要两国友好关系吗？"以战争相威胁。沈括说："古人有言，师直为壮，曲为老。宋朝理直，北朝理曲。一旦诉诸干戈，恐怕也未必就对我们不利吧！"针锋相对，义正词严。

最后，辽方的要挟被挫败，沈括归来。

沈括在出使契丹途中，沿路观察山川地势，道路迂直，人情向背，归来著成《使契丹图抄》。沈括出使途中，见雨后山涧之上有彩虹，便详细考究。《笔谈》中这样的记载很多。还有他在各地观察到的潮汐、雷电、地震、陨铁、龙卷风、海市蜃楼等自然现象。

沈括对地质学的研究是很有名的。当他在太行山中行进，发现山腰间有蚌壳、石子嵌镶如带，即断定那是古代的海岸，太行山以东的千里平原，曾经是汪洋大海，是流水浸蚀山陵、高原，冲走泥沙，填平了大海，形成了沧桑巨变。这见解，是符合科学原理的。这一科学概念的形成在东方比在西方大约早了七百年。

沈括对天文历法的研究也有着独到的见解。他在天文观测的基础上，创制了一种新历法，名《十二气历》。十二气，是指立春、惊蛰、清明、立夏等十二个节气，以节气定月，即立春为正月初一，惊蛰为二月初一，依次类推。大月三十一日，小月三十日，大小月相间，没有余闰，这是一部彻底的阳历，用于农业生产比现行的公历合理。

沈括预见到，推行"十二气历"，会遭到传统习惯势力的"怪怒攻骂"，但却坚信"异时必有用予（我）之说者"。八百年后，沈括的历论在太平天国颁行的《天历》中得到了体现。现在，英国气象局统计农业气候和生产用的《萧讷伯历》，就是同"十二气历"相差无几的纯阳历。

沈括对数学的研究是有贡献的。他发明了"隙积术"与"会圆术"。隙积术是一种等差级数的求和法，在世界级数论的发展史上是有开拓之功的。会圆术则是一种在已知圆的直径和弓形的高求弓形的弦与弧长的方法，这对球面三角学的发展有着重大意义。

日本数学家三上义夫曾热情地称赞说：像沈括这样多艺多能的数学家，举世罕见，日本没有，其他国家也没有，只有中国出了一位！

沈括也是地磁偏角的最早发现者。他在研究指南悬针时，发现针总是偏东，而不指正南。四百年后，哥伦布在大西洋上航行，也发现这一现象，并观察到船只所在位置不同，偏度也有差异。这就是人类对地磁偏角认识的开端。

沈括也是世界上最早认识石油的。甘肃、陕北等地，古来就时有石油出露，流入溪谷。当地人称之为"脂水"或"石液"。沈括到延州时见到这"脂水"，并取来烧烟制墨。他断言："此物后必大行于世。"今日果如其言。"石油"之名，就是沈括首先使用的。

沈括是位政治家，也是位外交家，但就其本质来说，是位科学家，甚至出使异国，致胜于敌采取的也是科学方法和态度。他勤奋地探索自然奥秘，几十年如一日，从未间断过。五十八岁时，因变法失败，旧势力上台，被借故贬职。后隐居于润州（今江苏镇江）梦溪园。这时，所与谈者，唯笔与砚。他追记往日见闻与心得，写下了划时代的巨著《梦溪笔谈》。

《授时历》
——杰出天文学家郭守敬

宋朝科苑泰斗沈括安息了，一个半世纪后，元朝科苑的明星冉冉而起，这就是郭守敬（1231—1316）。郭守敬生于邢州（今河北邢台），生活于元朝初期，在中国天文学史上是与张衡、祖冲之、僧一行比肩的四大天文学家之一。

元初几十年间，忽必烈登帝位，建大都，破临安，统一了天下，成了堂堂中国的帝王。可是，在统一的疆域内，却推行着不统一的两种历法。南方使用着南宋制定的粗疏不堪的《成天历》。北方沿用着朔望失调的《大明历》，以致历年出现"前日中秋节，今日月方圆"的怪现象。显然，制新历，改正朔，势在必行。公元1276年，忽必烈诏令为元王朝制定新历法。

郭守敬年已四十六岁，被调任参加制定新历法。他研究了自秦汉以来七十次改历的经验，提出了"历之本，在于测验，而测验之器，莫先于仪表"的主张。在同僚们的赞助下，制历活动遂依造仪——观测——编历的三部曲展开了。

三年后，元朝的天文研究中心"太史院"在京师大都成立。太史院的官署建在东城墙内（遗址在今北京市建国门内五号中国社会科学院内），垣长二百步（一步约合一米），横宽一百五十步。院中耸立的主体建筑名"灵台"（即古代天文台），高七丈（约合今21.5米）。灵台有三层，上为平台，中、下两层各有回廊。下层有一中室，名"官府"，即太史院长官办公的地方。中层有八室，分藏着多种天文仪器以及历代天文图集。台顶的平台上，陈放着两架大型仪器，一是结构新颖的简仪，一是别具一格的仰仪。灵台东面另建一小台，上置玲珑剔透的玲珑仪。灵台西面，矗立着长四十尺（约合今12.28米）的高表，表下向北水平地置放着被称为"量天尺"的石圭。这里的二十几件崭新天文仪表以及整个建筑群落，都是依郭守敬画出的蓝图建造的。

这就是七百年前中国的天文研究与天文观测的中心，也是当年世界上最发达的天文中心之一。

简仪，是测量天体坐标的一种仪器。它是由原来构造相当繁复的浑仪简化而来的。它构造简练，使用方便，精密度却大大提高了，故有"简仪"之名。

它名为简仪，却也是庞然大物，为使有关部件转动灵活，采用了滚动轴承装置。它是世界上滚动轴承的祖型，故而简仪在机械制造史上也是赫赫有名的。

简仪模型

铜方日晷（现存南京紫金山天文台，郭守敬设计制造）

仰仪，是郭守敬创制的，是架用日影反测太阳真位置的仪器。它形若半个空心铜球，口径丈二，深为六尺，内刻赤道坐标以及经纬度，像口大锅一样仰放在灵台上，故名仰仪。仰仪之上，架有横木，中心处有一铜片，开有小孔，阳光透过铜片小孔投影在仰仪底面上，观测者俯视即可指出太阳所在的经纬度，用以观测日食过程，则更为清晰、方便。

圭表，是用以测度冬至与夏至时日影的长短，以确定太阳回归年长度的一种古老天文仪表。历代制历无不以它求得一年长度的基本数据。用圭表测影，有个难以解决的矛盾，即表低影短，则实而清，可是求得的数据误差较大；表高影则长，误差也小，可日影虚而淡，不便观测。故而，历代表高不超过八尺。郭守敬大胆革新，将表加高到四十尺，又发明了一种叫"景符"的辅助仪器，得到的日光投影长而实，测得数据的精密程度大大提高了。

玲珑仪，现原物已失，难知其详。据说那是一种通体镂空，罗列天象，人可从中窥视天象的浑天仪。因其雕镂精巧，得名玲珑仪。

这些仪表，凝结着郭守敬以及一代天文学家的心血，体现着中华儿女的才能与智慧，是前无古人的。

明朝末年，欧洲牧师汤若望来到中国，见到这些仪表深为惊异，赞叹不已，尊称郭守敬是"中国的第谷"。第谷·赫拉布出生在郭守敬之后三百年，是丹麦的一位著名的天文学家。可惜，这些稀世的国宝，却在清朝康熙年间被一度主持中国天文机构的欧洲传教士南怀仁当作废铜给销毁了。

郭守敬继造仪之后，公元1279年，组织了历史上空前的大规模天文观测活动。全国设了二十七个观测点，南到北纬十五度的南海，北到北纬六十五度的北海，已接近北极圈了。

第二年，一部新历编成了，命名为《授时历》，这是取古籍

《尚书·尧典》中"敬授人时"即敬告人民以农时的意思。

《授时历》为中国历法史上著名的三大历法(西汉的《太初历》、唐代的《大衍历》、元代的《授时历》)之一，所用数据几乎全是历史上最先进的。它采用的太阳回归年长度为365.242 5日，这数值比地球绕太阳公转一周的实际时间只差二十六秒。现今通行的公历比《授时历》晚三百余年颁行，采用的也是同一数据。

郭守敬是中国天文学史上著述最多的人。一生共撰有天文著作十四种，一百零五卷，藏于太史院。元朝灭亡时，被元顺帝携往漠北，最后下落不明了。只有在《元史》中记载的一部分流传下来。

郭守敬专于天文、历法、数学，皆有成就，同时他也是位出色的水利学家。

公元1298年，元成宗铁穆耳欲在上都西北部开凿铁幡杆渠，南向通滦河。这时，郭守敬已六十八岁，早已不任水利职官，铁穆耳特请郭守敬去上都商议工程规划。郭守敬踏勘了地形山势，估计了雨季山洪暴发时的冲击力，提出渠堰宽度必须在五十步到七十步。施工时，主持人吝惜工费，不以郭守敬的建议为然，实际宽度减少了三分之一。第二年，恰遇大雨，山洪暴发，渠堰被冲垮，皇帝的行宫险遭淹没，铁穆耳也不得不躲到山丘上去避难。这时，铁穆耳感慨地对左右说："郭太史真是料事如神啊！"

"衣被天下"
——著名棉纺织家黄道婆

中国纺织史上,有两位名声赫赫的女子,一位叫嫘祖,一位叫黄道婆。

相传,嫘祖是西陵氏之女,黄帝的妻子,善养蚕治丝,后被尊为"先蚕",即蚕神。

相传,黄道婆擅长于棉纺,后被尊为"先棉",即棉神。

嫘祖,是中国古史传说时代的人物,年代悠远,其事难考了。黄道婆,是宋末元初人,其事翔实。可是,往昔史家却不肯为之作传,《宋史》与《元史》上都没有她的地位。松江一带的织女们却崇敬她,犹如木工崇拜鲁班,医家纪念扁鹊,奉为始祖。至今,在那里还留传一首歌谣:

> 黄婆婆! 黄婆婆! 教我纱,教我布,两只筒子两匹布。

据传,黄道婆出生在松江乌泥泾(今上海龙华),十二三岁就做了童养媳,备受凌虐,不堪其苦。后来,她在一个风雨交加的夜晚,逃出了婆家,找个道观出了家。因其姓黄,人称黄道姑。过了些时日,她方知这里离婆家的路程不远,未脱险境,心甚不安,又搭上海船,漂泊到了海南岛南端的崖州。

海南岛盛产棉花,黎人多是纺织能手。崖州所产黎幕(幕布)、黎单(床单),名闻遐迩,招来了各地的商旅。黄道婆与黎族姐妹相处,日久情深,也从她们那里学得了一手棉织的好技艺。

时间如流水,一晃就过了三十年。黄道姑已年过半百,人们已尊称她黄道婆了。人老怀乡,这是常情。黄道婆也日夜想念故乡乌泥泾。公元1295年左右,她带上棉纺机具,告别了黎族姐妹,回到了故乡。这时,元朝已灭南宋十七八年,松江一带的植棉业也远非昔比了。

中国植棉甚早,距今至少也有两千多年了。但是,所植是木棉,属木棉科。"棉"字,就是从"木绵"二字衍演而来。中国引种草棉(属锦葵科)稍晚。新疆吐鲁番,在晋代已有种植,唐代时已较普遍。宋时海南岛已有种植。元初,长江下游正方兴未艾。明以后,"乃遍布于天下"。

元初,江南地带随着植棉渐多,棉纺业已见端倪。可是,传统的纺织技术却遇到了新课题,即棉花不比丝、麻,纤维较短,如何进行加工,缺少经验,费时费力,工效甚低。

正在这时,黄道婆在家乡架起了机具,靠织"崖州被"为生。她带来的新技艺、新机具,以及精美的织物,引起了乡亲们的兴趣,个个投以惊奇的目光,纷纷上门学习。黄道婆耐心地向乡亲们传授黎族姐妹的纺织技艺,又同乡里姐妹一起,结合汉族传统织技,创制了一些新工具,对轧子、弹花、纺纱、织布等工艺进行了系统的改革。

轧子——黄道婆先是推广黎族人民的经验，教人用铁杖擀棉去子，代替用手剖棉去子的原始方法，后又创制一种轧棉子用的搅车，功效提高了许多倍。

弹花——原来松江一带用的弹弓很小，用手拨弦，棉花弹不很熟，直接影响棉纱质量。黄道婆向乡亲们介绍了崖州的悬弓，弓长四尺多，用弹椎击弦，用力小，弹出的棉花却松软干净。

纺纱——原来的纺车，一锭一线，这是汉代就使用的一种古老工具。据说黄道婆创造了一种脚踏纺车，三锭三线，减轻了劳动强度，却提高了工效(实际宋代已有脚踏三锭纺车，当时这是世界上最先进的纺车)。

织布——黄道婆改进了传统的织法，采用了"错纱配色"、"综线絜花"等先进技术。这些织艺也很快为乌泥泾镇上心灵手巧的姑娘们学会了。

乌泥泾镇在黄道婆的帮助下，家家户户响起了织机声，街街巷巷一片纺纱声，一时间，织有折枝、团凤、棋局等图案的"乌泥泾被"，驰誉全国。没过几年，松江、上海、青浦，以及苏、杭等地，也学乌泥泾，织机遍布，其纺织品远销北方。故当时有"松郡棉布，衣被天下"的赞誉。

黄道婆逝世后，乡亲们安葬了她。乡亲们怀念她，感激她，就在乌泥泾镇上盖了座祠堂纪念她，祠堂就叫做"先棉祠"。

国内发行过多套纪念科学家的邮票,有一套纪念中国四位科学家,其中之一就是黄道婆。这位连名字也没有的黄道婆,作为历史上无数织女的典型,终于赢得了她在科技史上应有的光辉地位。

木塔、铜人、珠算、宫漏
——科苑群芳竞秀

在那势如雨后春笋的科苑中,沈括、郭守敬、黄道婆,是可以比肩的几株参天大树,且不可忽视,在其间还有五彩缤纷的奇花异木,也无不诱人一顾。

木塔——这是宋、辽建筑的一枝奇葩,颇有特色。

北宋初,有位木工叫喻皓,曾在汴京开宝寺建了一座木塔,八角十三级,高达三百六十尺(约合今110米),名福胜塔。塔建成后,略向西北倾斜,人皆怪之。喻皓说:"京师地平,又多西北风,略倾以抵风力,百年后塔则自正。"

喻皓堪称古代建筑大师,著有《木经》。可惜,这部制木专著后来失传,汴京开宝寺的木塔也早毁圮了。令人略可慰藉的是山西省应县完整地保存下来一座木塔,八角九层,高达六十七点三一米。现今是国家重点文物保护单位。它并非喻皓所造,又为辽塔,但却是同时代的建筑,从中仍可略窥中世纪中国木塔之奇伟!

铜人——即北宋时王惟一创制的针灸铜人。

王惟一,是古代著名的针灸学家,任职太医署。他为便于教学,设计铸造了两个铜人。铜人中空,大小与真人相仿。铜人身上钻有几百个小孔,孔旁刻有穴位名称。教学时,予铜人遍身涂以黄蜡,内部注满了水。老师指定某个穴位,学生扎对了,水马上就会从针眼渗出。这大大方便了培训针灸医生。

王惟一为了说明铜人的实用意义,还著有《铜人腧穴针灸图经》三卷。并刻石流传,不久就传到了朝鲜与日本。其残石五方,于1965年到1971年,陆续在北京发掘出土。

两具铜人,一具置于太医署,一具陈设于皇宫。靖康之变时,金人索要北宋府库珍宝,就指定要这铜人,可见这铜人的价值了。又过了七百七十多年,1900年八国联军侵略中国时,仅存于清廷皇宫中的一具铜人又被日本侵略军抢去。至今仍流落异乡,沉默不语。

数学——宋元时是中国代数学发

针灸铜人模型

展的高峰。这时著名数学家蝉联辈出,除沈括前已叙及,贾宪、秦九韶、李冶、杨辉、朱世杰等也都颇有成就。

珠算——这个具有中国特色的计算器,就是这时发明并使用起来的。珠算发明于何时,史无确载,以往多以为大约在元末明初间。近来,有人研究《清明上河图》这幅北宋画卷,发现画面上在汴京一家药铺的柜台上就置放有一本账簿和一架算盘。大概算盘的发明同宋代数学的发展是有关系的。

宫漏——即漏壶,是古代的计时器,最晚殷代已开始制造。但是,历代造的漏壶,没有哪个能比得上元顺帝亲自设计制造的宫漏。

据记载,那宫漏高约六七尺,宽三四尺。造木为柜,中置漏壶,以水运行。木柜上雕有三圣殿,柜腰立一玉女,捧一漏箭,上有刻度。随时浮水而上,显示时刻。柜左悬钟,柜右悬钲,钟、钲下各立一金甲神,按时撞钟击钲,不差分毫。钟钲响时,两旁的雕凤镂狮,也飞舞应和。三圣殿两侧,分别为日、月宫,宫前各站立飞仙三人,一到子、午时刻,飞仙则合为一队,鱼贯而行,度过仙桥,到三圣殿前舞拜。时过,又自动退还原位。这宫漏构思奇妙,精巧绝伦,是罕见的科学制品。

元顺帝因有此奇巧,被京师人称为"鲁班天子"。

"鲁班天子"还在内苑亲自设计造一龙舟,长一百二十尺,宽二十尺。驶动时,龙的口眼头尾都动起来,内有机括,龙爪自会拨水。每登龙舟,即命盛装彩女,两岸牵挽。正当这位勤于制造却荒于政务的天子兴高采烈之时,天下百姓举起了反旗。不几年,大都城破,龙舟船翻。"鲁班天子"就变成了"亡国之君"。

"鲁班天子"的机巧,虽说不尽可取,但是,从中也反映,宋元科学不仅遍及于民间,盛行于官署,甚至影响及于宫掖,可见其势峥嵘,不同一般了。

四十七、两宋文坛的双璧

文学发展至宋、元,宋词、元曲堪与唐诗相媲美。

宋词与元曲,其作者队伍庞大,作品篇帙(zhì至)浩瀚,难以数计。宋词的知名作者有一千三百三十多人,传世词作两万多首。元曲(包括杂剧和散曲)的知名作者数以百计,流传下来的作品仅散曲(包括小令和套数)就有四千余篇。

同时,宋代散文的成就也是相当可观的。著名的唐宋古文八大家就有六家是北宋人。其中的苏轼,文继韩、柳,诗承李、杜,词作堪称独步,为中国文学史上的一代巨人。

宋诗不比唐诗,已属落日余晖,然而,仍有霞云万里之势。比如南宋的陆游,诗名向有"小李白"之称,就其作品数量之丰,在中国诗坛上首屈一指。据有关记载,其一生诗作约有三万首,仅存世作品就有九千三百多。陆诗多洋溢爱国挚情,诗人乃南宋诗坛巨擘(bò簸)。

宋元文学拟作上、下篇,上篇先谈两宋文坛双璧苏轼和陆游,下篇再叙宋词与元曲。

"千古风流人物"
——北宋文坛魁首苏轼

人有悲欢离合,月有阴晴圆缺,此事古难全。但愿人长久,千里共婵娟。

这是一位诗人在中秋赏月之时,思及远方的胞弟,有感而作的千古传诵的佳句。这位诗人就是苏轼。

苏轼(1037—1101),字子瞻,号东坡居士,眉州(今四川眉山)人。他自幼与胞弟苏辙受教于乃父苏洵。苏洵是位文学家,文章写得很出色。苏轼刚过二十岁,就与胞弟随乃父告别了故乡的巴山蜀水,进京赴试。翌年(1057),恰逢大比,兄弟一起进入考场,结果,双双金榜题名。苏洵在这时也誉满京城,以才文宏辩,被比之为"当代荀卿"。荀卿即荀子,是战国的思想家,以文章雄辩闻于世。从此,苏氏父子名动天下,世称"三苏"。

苏轼像(元赵孟頫绘)

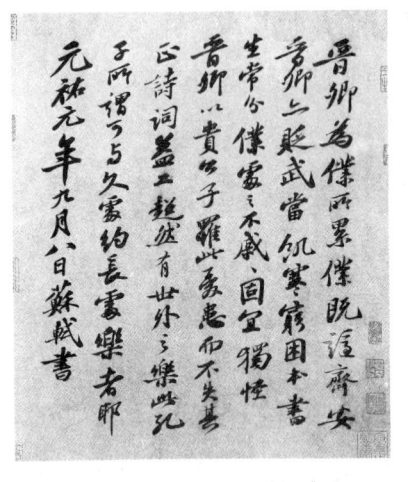

苏轼《行书题王先诗帖页》

苏轼考中进士，还有一段佳话。

那一年，主考官是文坛领袖欧阳修（1007—1072）。欧阳修不满于晚唐以来华而不实的浮靡诡怪的文风，主张文章应该明道与致用，即阐明治世之道，而有用于当世，正在倡导诗文革新运动。他想借科考选拔雄才，以振兴文风。苏轼恰在这时来应考，其文洒脱豪放，风格浑厚，才华粲然。欧阳修一见他的试卷，大为惊喜，遂欲点该卷进士第一，即状元。那时的考卷是密封了姓名的，欧阳修反复阅看，觉得此卷似为自己得意门生曾巩的文笔。一想，若点了自己的门生为第一，恐有厚亲薄疏之嫌，遂点那卷为第二。后方知为苏轼所作。

欧阳修知此生不同凡响，遂对一考官说："读苏轼书，不觉汗出，快哉！老夫当避路，放他出一头地也。"后二句的意思是他这位主考官要为这位考生让路，他这文坛领袖，得让这年轻的后生出人头地呢！这话传出，闻者莫不大哗。后来这后生终成为文坛旗手，足证欧阳修独具慧眼，长于知人。

据史载,仁宗皇帝读了苏氏兄弟的文章之后,欣喜异常,说:"朕今日为子孙们得了两位太平宰相!"

苏轼初露头角,即得到了如此的赏识,其官运似可亨通无疑了。然而,他混迹宦海四十余年,虽在几任地方官时颇有政绩,但政治上却总不甚得意,时浮时沉,始终未能展其才,竟其志。

王安石变法,苏轼持异议,成为反对派,因而遭到贬谪。后又因作诗讥讽新政,被关入狱中,险遭杀头。变法失败,旧势力上台,又不分良莠,尽去新法。苏轼并不赞同这种偏激做法,曾与旧党领袖司马光面争,故而又遭旧党排斥。十几年后,新党重又得势,苏轼再被目为旧党,继续遭到迫害。最后,被贬到岭南惠州,再贬去荒凉的海南岛,欲置之于死地。后虽遇赦北归,未至京师,即病逝途中。葬于汝州郏城(今河南郏县)钓台乡上瑞里的小峨眉山。苏轼连同他父亲和弟弟的祠和墓,即三苏祠和墓,均为国家重点文物保护单位。

苏轼一生,虽不得意于官场,却得以纵横驰骋于文坛,大显身手,成就惊人。苏轼于文、诗、词、赋,无所不精,传之后世的诗有四千余首,词三百四十余首,加之其他各种体裁的文章,号称"万篇",共二百万字左右。

苏轼是散文大手笔。他主张写文章"当如行云流水,常行所当行,常止于所不可不止"。苏文真切自然,姿态横生,考科举的学子们争相仿效。故时有谚云:"苏文熟,吃羊肉;苏文生,吃菜羹。"

后世将韩愈、柳宗元、欧阳修、苏轼并称为"韩柳欧苏",号称"唐宋四大家"。他们是唐宋古文八大家中的佼佼者。

苏轼的诗,以艺术性见长,往往富有美学情趣与哲理意味。试看他题于庐山西林寺壁上的一首七绝:

> 横看成岭侧成峰,远近高低各不同。不识庐山真面目,只缘身在此山中。

这诗,明白如话,通俗易懂。然而,细细咀嚼,其味至深,其理无穷。"不识庐山真面目"的诗句,已成为人们通用的成语,比喻对事物的本质尚没有真正的了解。

苏文、苏诗创作甚丰,但他的最大成就还在于词。苏轼的词超迈古人,独步于文坛。试看其《念奴娇·赤壁怀古》一词:

> 大江东去,浪淘尽,千古风流人物。故垒西边,人道是,三国周郎赤壁。乱石穿空,惊涛拍岸,卷起千堆雪。江山如画,一时多少豪杰。　遥想公瑾当年,小乔初嫁了,雄姿英发。羽扇纶巾,谈笑间,樯橹灰飞烟灭。故国神游,多情应笑我,早生华发。人生如梦,一樽还酹(lèi类)江月。

这是诗人四十七岁时,因作诗得罪当朝,被贬官黄州(今湖北黄冈)游赤壁时的咏怀之作。开篇即以滚滚长江为喻,站在哲理的高峰,纵观历史长河,感叹浪淘千古,不知出现过多少英雄豪杰。继而,具体赞颂了三国赤壁之战时吴国主将周瑜,年轻有为,谈笑间,取得赤壁之战的胜利,立下了千古功业。诗人此时此刻,面对如画江山,忆及千古英俊,发出"人生如梦"的感叹,不觉悲从中来。然而,到此笔锋一转,竟以"一樽还酹江月(即倾杯洒酒祭江)"作结。这就令人想见诗人胸存浩气,激荡不已。犹如大江东去,万古不息。

这词意境雄奇,风格豪迈。有个故事说:苏轼在汴京时,有次问一名歌手:"我的词与柳永的词相比,怎么样?"柳永是北宋著名的词人。那歌手风趣地回答说:"柳永的词,只适宜十七八的女孩儿,手拿红牙拍板,唱'杨柳岸晓风残月'(柳永词句)。你的词,须要关西大汉,手拿铁板,唱'大江东去'。"苏轼听了哈哈大笑。这故事形象地说明了苏词的风格特色以及诗人的品格风貌。

苏轼在写这首"大江东去"的名词时,不仅官场失意,而且生活上也艰难拮据。友人因而代其向郡守乞得几十亩旧营地。苏轼躬身垦辟,并在营地东坡盖一草屋,名曰"雪堂",因而自号东坡居士。他就在那东坡雪堂,著书立论,并写下大量诗、文,成为其一生中创作最丰的时期。与《念奴娇·赤壁怀古》齐名的《前赤壁赋》、《后赤壁赋》,就是这时期的杰作。

苏轼晚年,流放在海南岛。他登高北望,有四顾途穷之感。

可是,他心境豁达,泰然处之,甚至认为海南为岛,九州之外也皆环海,也不过是一大岛,海南与中原,无所谓优劣,犹如仓中的米粒,谁能分出高下雌雄?就在这人皆以为绝境的去处,苏轼却写下了"回顾环一岛,百洞蟠其中,……千山动麟甲,万谷酣笙钟"这样气势磅礴的诗句。

这位诗人,处逆境,临死地,却通达豪放若此,写下一篇篇千古传诵的名作,真堪称是位"千古风流人物"!

这位才子,是位文学家,也是位艺术家。他不但长于诗、词,也擅于书、画。在中国书法史上,他与黄庭坚、米芾(fú芾)、蔡襄并称为"宋代四家",而苏轼书法,为四家之冠。他的书法,用笔丰腴跌宕,有天真烂漫之趣。

苏轼为官,颇有政绩。他出任杭州太守时,疏浚湖水,提倡农桑,为民教化,至今杭州人民还很怀念他。西湖中的苏堤据说就是在他当年的主持下筑成的。苏堤是西湖胜景之一。至今那漫漫长堤上,垂柳成荫,烟雾轻笼。凡游西湖,漫步于此的人,谁不缅怀这位奇伟的诗人呢!西湖,又名西子湖(西子,即春秋末年越国漂亮的女子西施),它的得名就是来源于苏轼下面的这首诗:

水光潋滟晴方好,山色空濛雨亦奇。
欲把西湖比西子,淡妆浓抹总相宜。

"但悲不见九州同"
——南宋诗坛领袖陆游

山重水复疑无路,柳暗花明又一村。

这写景幽美而又内含哲理的诗句,八百年来在人们的日常生活中和文章中经常被引用。这就是南宋诗坛领袖陆游描绘其家乡鉴湖边山西村路上的佳句。

陆游(1125—1210),字务观,号放翁,越州山阴(今浙江绍兴)人。在宋室南迁前两年,他出生在行驶于淮河中的一条船里。他还不懂得世事,淮河就成了宋、金的分界线,中原沦丧了。

陆游在南宋定都临安时即跟随父母返回了家乡。他的少年时代,正是南宋朝廷内抗战与投降两派激烈斗争之时。这期间,乃父友人都是些爱国志士,每当来家聚谈,总对祖国山河的残破,朝廷的腐朽,激昂陈词,疾首痛心。有时谈得激动,竟相对痛哭,食不下咽。这给陆游以深刻影响,在他小小的心灵里,播下了忠于祖国、忠于民族的种子。既长,陆游就以收复故国河山为己任。

陆游二十九岁那年,参加省试,考取第一名。同时参加省试的有奸相秦桧的孙子,名列陆游之后。这使秦桧大为不满。

第二年，陆游又参加殿试，却被秦桧削了名，并永远剥夺他仕进的资格。加给他的罪名是"喜论恢复"，即主张收复失地，也就是"爱国罪"。

正当仕进受挫，爱情的悲剧又来折磨他。原来，陆游小时即与唐琬彼此相爱，后结为美满姻缘。可是，陆母不满于这一婚姻，硬是强行把这对夫妻拆散了。十年过去了，也就是在被秦桧削名不久，陆游重游绍兴的沈园（这里是他与唐琬以前常游之地），不期与已改嫁的唐琬在桥头猝然相遇。诗人感慨万千，一时说不出话来。唐琬随后通过丈夫送给陆游一份酒菜。陆游在惆怅之余，当即作了一首词，题在园中的粉墙上，调寄《钗头凤》：

　　红酥手，黄縢酒，满城春色宫墙柳。东风恶，欢情薄，一怀愁绪，几年离索，错，错，错！　春如旧，人空瘦，泪痕红浥鲛绡透。桃花落，闲池阁。山盟虽在，锦书难托。莫，莫，莫！

这之后，唐琬一病不起，辞世了。

四十多年后，陆游已是年近古稀的老翁，又来园中凭吊。但见池台非旧，可壁上《钗头凤》的墨迹犹存，哀惋者再，不能胜情，遂又写下两首哀诗，其中有句云：

沈园葫芦池

伤心桥下春波绿,曾是惊鸿照影来。……此身行作稽山土,犹吊遗踪一泫然。

但是,爱情的悲剧,仕进的挫折,都没有使陆游消沉下去,反而将其磨炼得更加坚强,希望着有机会报效疆场,为国捐躯。

陆游三十七岁那年,秦桧早已死去,金朝又生内乱,宋、金形势发生了变化。在这种形势下,临安的抗战呼声日高。转年,民族英雄岳飞的沉冤得以昭雪,抗战将领张浚重被起用。第三年,开始北伐,陆游当时已供职于最高的军事机关——枢密院,亲自参加了北伐的筹划。他看到青年时代的抱负有了施展的机会,精神振奋,意气风发。然而,张浚北伐,初有胜利,终归失败。陆游也因此受到牵连而罢官。

陆游四十六岁入川为地方官。四十八岁时,再次有机会驰驱疆场。他来到南郑(今陕西汉中),应川陕宣抚使王炎的聘请,襄理军务。

这期间,有次陆游带兵巡逻,迎面扑来一只猛虎。正当士兵们惊惶失措间,他大喝一声,奋不顾身迎上前去,将长矛直刺向猛虎咽喉,几经拼搏,他的战袍被鲜血溅红,猛虎倒地了。

陆游不仅是位有才华的文人,而且也是位打虎的勇士。同时,他也是位深通兵法的战略家,曾向王炎提出过如何进兵收复汴京的战略方案。可惜,这次和上次一样,也是昙花一现。不久,王炎被调回临安,陆游收复中原的宏图也随之付诸流水,自己也只得离开南郑了。

陆游五十岁时,仍在四川做个六品的地方小官。这时,传来朝廷拟调任他为嘉州知府的消息。但后来却被临安城中的主和派从中作梗,借口说他颓放,朝廷又临时将这个任命收回了。陆游闻讯愤愤难平,就以"放翁"作别号,以示对这一事件的抗议。

犹如苏轼被称为"苏东坡",陆游也从此被称为"陆放翁"。

两人均以号行。

陆游从入川到出川,生活几近十年,这是他一生中至关重要的历史时期。他的诗风,在这时为之一变,气概沉雄、轩昂。他自己编的诗集,取名《剑南诗稿》,就是为了纪念这段川陕生活。

陆游《自书诗卷》

陆游出川后,时仕时闲,六十五岁时再次回到了山阴县鉴湖边上的三山村,度其晚年。

陆游回到故乡,虽年事已高,但努力读书,手不释卷,劲头不减当年。他家中藏书很多,桌上,床上,到处都是,故而自称其房间为"书巢"。他在这里埋头读书,不接待客人,外面刮风下雨,他全然不顾。他还有间书屋名"老学庵",就是取其活到老学到老的意思。陆游著有一书,即以此屋为名,题曰《老学庵笔记》。这是部研究南宋文史不可缺少的重要著作,其中记有很多遗闻轶事,以及民间故事,为正史或缺。著名的"只许州官放火,不许百姓点灯"的轶事,就是这书中最先记载的。这书较早即传入日本,后日本皇家图书馆失火,来使向中国明朝政府请求赠送图书,其所开书目中就有《老学庵笔记》。可见,它早就为日本学人所重视。

陆游晚年，居于乡野，身处书屋，然而他念念不忘中原，渴望祖国河山的统一，始终不渝。他在六十八岁时，曾愤然唱道：

三万里河东入海，五千仞岳上摩天。遗民泪尽胡尘里，南望王师又一年。

又过了十八年，诗人八十六岁了。在春天的一个夜晚，自感将不久于人世，写下一首《示儿》诗：

死去元知万事空，但悲不见九州同。王师北定中原日，家祭无忘告乃翁。

这首绝笔诗，是诗人的临终遗嘱。在这生命的最后一刻，他不以死为悲，却以未见祖国统一为至憾。他叮嘱儿子们做的只有这样一件事——就是有朝一日王师收复了中原，一定要在灵前告诉他这一胜利喜讯！

四十八、宋词与元曲

"怎一个愁字了得"
——婉约词宗李清照

> 寻寻觅觅,冷冷清清,凄凄惨惨戚戚。乍暖还寒时候,最难将息。……

在一个残秋的傍晚,一位孀居的老妇独自凭窗,只见雨骤风急,黄花堆地,旧雁南飞,梧桐滴水,一派凄凉景象,这怎能不勾起她久经忧患的满怀愁绪,于是她一连用了十四个叠字,一气贯下,抒发自己的哀愁。最后,她竟唱道:"这次第,怎一个愁字了得!"

这位呻吟的老妇就是宋代著名的女词人李清照。

在中国几千年的文学史上,女性文学家寥若晨星,而能够在中国文学史上占有相当重要地位的更是凤毛麟角。李清照正是这样一位千年罕见的女文学家。

李清照（1084—1155？），号易安居士，前半生时当北宋，后半生时当南宋。她四十四岁那年（1127）南渡，从北方到了江南。这是有宋一代，也是她个人一生的重要分界线。

李清照在北宋时期的生活是安适而富有诗意的。

清照出生在历城（今山东济南）的柳絮泉畔，父亲李格非为朝官，也是文坛名士，著有《洛阳名园记》传世，母亲王氏为状元孙女，也知书能文。她自幼受到了良好的熏陶，晓音律，工书画，长于诗词。十四五岁即以才女闻名于朝野。

清照年方十八，嫁给了吏部侍郎赵挺之的儿子太学生赵明诚。明诚长清照三岁。夫妻感情甚笃，流传后世不少佳话。

明诚喜金石，著有《金石录》传世，清照也同丈夫一样有金石癖。清照长于诗词，明诚也有同好。他们的住处，并不豪华，但所藏古

李清照（王叔晖绘）

器图籍,真可谓汗牛充栋。

每当饭后烹茶,夫妻二人常以猜中某事载于某书、几卷、几页、几行,而决胜负以为乐。胜者得先饮茶。清照性强记,故多中。举杯欲饮,忍俊不禁,往往将茶水泼在衣上。

每晚,夫妻二人则在一起切磋学问,约定燃烛一支,烛不尽不得作罢。

清照的词,清新婉约,才气横溢。可是,年轻的丈夫却总想胜过爱妻。有次,清照寄赠明诚《醉花阴》词一首,明诚杜门谢客,废寝忘食,用了三日三夜,做得词五十首,将清照那词也抄在其中,拿给友人陆德夫去看。德夫玩诵再三,说:"有三句绝佳。"明诚问何所指,德夫答曰:

莫道不消魂,帘卷西风,人比黄花瘦。

这恰是清照那新词中的佳句。

不料,随着赵宋王朝的南迁,李清照夫妻的美满生活也来了个急剧的变化。那是靖康之变那年(1127),京都陷落,山河破碎。就在这一年,赵明诚病故于建康,青州故居中十几间屋收藏的古玩图籍在兵变中化为灰烬,护送过江的十五车金石书画也在兵荒马乱中散失殆尽。国破、家亡、夫死……,巨大的不幸一个接着一个地向她袭来。最后只剩下词人孑然一身,颠沛流离,漂泊于杭州、绍兴、临海、温州、衢州、金华各地,备尝人生的艰辛。

就在这样的一种愁苦不堪的绝境中，词人抑郁地唱道："这次第，怎一个愁字了得！""只恐双溪舴艋舟，载不动，许多愁。"

是啊，那金华双溪中的小船怎能载得动这许多的哀愁呢！这不仅是鬓发霜染的老妇个人的愁，也是整个国家、民族共同遭际的愁啊！

南渡，是李清照个人生活的、也是其文学创作的重大转折。这之前，其词的内容多写闺情，风趣活泼；之后，多写思乡离愁，格调沉郁。但其词风，却一贯以委婉蕴藉为特色，是继五代李煜、北宋柳永之后的佼佼者，达到了婉约词的顶峰。

词人晚年孤苦无依，得寿多少，至今未能考证清楚。她至少活了七十几岁，留下了文集七卷，词集六卷。可惜，后世多有散失。现传世的包括残篇断句在内总共只有七十多篇。

作为婉约派的一代词主，李清照的作品并不都是沉溺于个人的哀愁，特别是她在后半生所写的一些诗作。我们不妨读读她的《夏日绝句》：

生当作人杰，死亦为鬼雄。至今思项羽，不肯过江东。

诗人虽是一个弱女子，可在民族危难之际，面对苟安的南宋君臣,却一扫凄凄惨惨的愁容而变得金刚怒目了。她赞美西楚霸王,虽然失败了也不肯渡江苟安的知耻有节的品格,以此鞭答那些无耻无节的南宋君臣。她自己则"愿将血泪寄河山,去洒青州一抔土",即为恢复中原而捐躯。

从这里,不难看到词人的内在品格。

"看试手,补天裂"
—— 豪放词宗辛弃疾

> 醉里挑灯看剑,梦回吹角连营。……沙场秋点兵。……了却君王天下事,赢得生前身后名。

这是辛弃疾的词《破阵子》摘句。这里没有那离别的泪眼,也没有凄惨的哀愁,有的是爱国的热忱,英雄的壮志。

辛弃疾(1140—1207),字幼安,号稼轩,历城(今山东济南)人。他是位有雄才大略的将领,也是位独步文坛的词人。

辛弃疾出生时,家乡沦陷于金人十四个年头,当其时,"南共北,正分裂"。辛弃疾从小在祖父辛赞的教育下,就立下了壮志,欲"洗胡沙,复故土","看试手,补天裂。"

二十年后,金朝内乱,中原各地义兵蜂起。辛弃疾也在历城附近聚众两千人起义。后与耿京的抗金农民武装合并,队

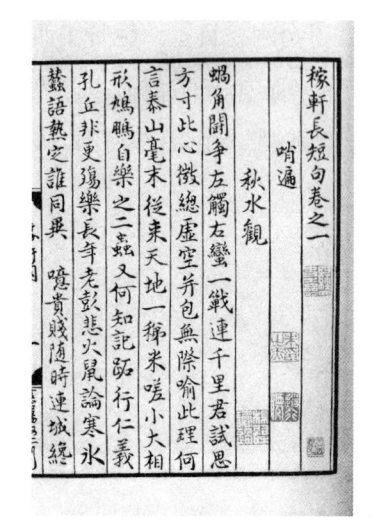

《稼轩长短句》书影（元刊本）

伍有二十五万人。辛弃疾任掌书记，即掌管印信文书的秘书长。不久，辛弃疾说服耿京归附南宋，联兵抗金，并亲自去建康联络。当联系成功，回返途中，得知耿京被害，叛徒投敌，义军溃散。他不由怒火中烧，立即约集了五十名壮士，连夜奔袭金兵大营，活捉了投敌叛徒，捆缚于马上，迅即南下。金兵大营屯军五万，却被这迅雷不及掩耳的突袭震慑了。当金兵后来得知辛弃疾只有五十骑又派兵来追时，辛弃疾已率领反正的义军万余人安然渡江了。

辛弃疾这年才二十三岁，即以奇勇而有胆识闻名于世。

南渡后，辛弃疾志在洗国耻，驱胡虏。可其所率万人却被解散，作为难民安置于各地。辛弃疾仍矢志不移，几年间接连上书朝廷，提出了抗金的《十论》、《九议》。当时正是主和派把持朝政，并刚刚同金朝签署了屈辱的和议，辛弃疾的议论统统被束之高阁。

辛弃疾毕竟是一个有才干和胆识的人，朝廷虽然始终不肯委以重权，却屡屡派他去解决朝廷感到棘手的难题，如救济灾荒,镇压起义等等。

辛弃疾在江西任上的救灾措施是有名的。

那年,江西干旱成灾,出现饥荒。他到任后,立即传令各州县在通衢要道上贴出了八个大字的布告:"劫禾者斩,闭粜者配。"意思是,抢劫粮食的,处以死刑,囤粮不售的,处以流刑。布告一贴出,粮价很快就稳住了。加以其他措施得宜,粮食源源而来,有效地制止了饥荒的蔓延。

辛弃疾的这个八字告示成了救荒史上的佳话,在后世各代广为流传。

辛弃疾作为地方长官,颇有政绩。但是,他的志向却不仅仅在于治理江南一地,而是时刻不能忘怀收复中原故土。他在江西造口的赣江边上,曾感慨地唱道:

> 郁孤台下清江水,中间多少行人泪!西北望长安,可怜无数山。　青山遮不住,毕竟东流去。江晚正愁予,山深闻鹧鸪。

辛弃疾触景生情,想到四十年前,金兵进犯,至今长安(暗喻汴京)沦丧,山河蒙尘,不由得感慨万千。可词人坚信,青山挡不住江河东去,意即谁也阻挡不了收复中原的民族愿望的实现。可是,令人发愁的是那深山中传来的鹧鸪的叫声。自古以来,民间把鹧鸪的叫声听作是"行不得也哥哥!"词中暗喻朝中主和派的滥调,即恢复之事"行不得"!

辛弃疾在公元1181年终被借故去职。这年他方四十二岁。从此,辛弃疾去江西上饶的带湖隐居了。在此后的二十余年间,虽曾两度被起用,但不久就又被放还,终不能竟其才能,展其抱负。

辛弃疾在置闲期间,他的忧国忧民的心情却更加深沉了。他有词曰:

> 少年不识愁滋味,爱上层楼。爱上层楼,为赋新词强说愁。　而今识尽愁滋味,欲说还休。欲说还休,却道天凉好个秋!

辛弃疾始终不忘平戎万里,重整乾坤。他这时在给好友陈亮的一首词中写道:"我最怜君中宵舞,道'男儿到死心如铁'。看试手,补天裂。"这赞美好友雄心壮志的话,不也正是他自己的写照吗?

辛弃疾年届六十五岁高龄仍壮心不已,在其临终的时候,词人还大声疾呼:"杀贼!"

辛弃疾享年六十八岁,传世的词篇有六百二十余。辛词开拓了词的新境界,继北宋文学家苏轼之后,成为豪放词派的大纛。他的词唱出了民族的呼声,时代的强音。

《窦娥冤》
——元曲大家关汉卿

在去刑场的长街上,一个带枷的少妇被刽子手押着走来,她愤怒地呼喊着:

天地啊!怎么不把世间的清浊分辨,圣贤被当了强盗,强盗反被奉为圣贤?……地啊!你不分好歹算的什么地!天啊!你错判了贤愚枉做了天!

元杂剧壁画(山西洪洞明应王殿内)

这怨气冲天的少妇临刑前又发下三桩誓愿,以白自己冤:

第一桩,若妾身死的冤,让我人头落地,血冲旗杆,染红那高悬的丈二白练,半星儿血也不沾地面;

第二桩,若妾身死的冤,我要这六月天降下三尺大雪,掩我尸骸不露天;

第三桩,若妾身死的委实冤,我死后,要这楚州地面,大旱三年。

少妇的名字叫窦娥,她被斩了,冤气直冲霄汉,三桩奇愿一一应验了。

这就是传统悲剧《感天动地窦娥冤》中的一折。全剧的情节是:

窦娥三岁丧母,七岁离开父亲,被卖到蔡婆家做童养媳。十七岁完婚,两年后丈夫死去。她与婆母相依为命,苦挨着光阴。

谁知祸从天降,地痞张驴儿及其父闯入她家,硬要她婆媳嫁给他父子。窦娥性烈,执意不从,张驴儿就弄来毒药放在羊肚汤中,想毒死蔡婆。谁料到毒药却被他馋嘴的父亲误食,其父很快死去。

张驴儿借机诬窦娥药死了公公,想胁迫她屈从。窦娥揭露了张驴儿的阴谋,同他一起去打官司。

楚州太守却是个只认得金银的昏官。在张驴儿的贿赂下，他不究实情，就对窦娥千般拷打，万般凌逼，窦娥死也不肯屈招。太守就又要对蔡婆进行拷问，窦娥为救婆婆，想权且屈认，待上司勘核时，再诉说冤情。可她不知天下乌鸦一般黑，到处都是昏官，未经勘核，就将她处以死刑了。

结尾，冤魂告状，方得昭雪。

《窦娥冤》列于世界大悲剧中亦无愧色。七百多年以来，一直演出不衰。

《窦娥冤》的作者关汉卿，号已斋叟，生卒年不详，大都人，或说其故里在今河北省安国县的伍仁村，那里还有他的墓丘与故宅遗址。关汉卿不但是位大剧作家，而且是位大学者，工词曲，亦善吹弹歌舞，多才多艺。他举止潇洒，风流倜傥。他不乏治世之才，却不屑仕进，誓不与元代的统治者为伍。故而，他甘居社会的底层，经常出入勾栏瓦舍，同戏曲艺人过从甚密，常常与著名女艺人朱帘秀一起粉墨登场。关汉卿在剧作中塑造了栩栩如

元杂剧陶俑（河南省焦作市元墓出土）

生的社会底层人物群像,通过他们的遭遇、挣扎、反抗,鞭挞了社会的种种黑暗势力,斥天骂地,从而为受压迫受损害的人们伸张正义,大声疾呼!

关汉卿的这种不与统治者合作的政治态度与创作思想,当然会招致权势者的攻击与中伤,关汉卿却毫无畏惧。他公然宣称:"我是蒸不烂、煮不熟、捶不扁、炒不爆、响当当一粒铜豌豆。""你便是落了我牙,歪了我嘴,瘸了我腿,折了我手……尚兀自不肯休,则除是阎王亲自唤,神鬼自来勾!"

关汉卿是这样一位高傲不屈的人。他战斗了一生,写下六十三个剧本。现存约有十八种。他在中国戏曲史上作品最多,影响最大,堪称中国的戏曲大师。

新中国成立后,曾举行过纪念关汉卿创作七百周年的活动,当时有一千多个剧团在全国各地同时上演他的剧作。关汉卿与伟大诗人屈原、杜甫,曾同被列为世界文化名人,受到世界各国的广泛纪念。

《西厢记》
——剧坛奇才王实甫

碧云天,黄花地,西风紧,北雁南飞。晓来谁染霜林醉？总是离人泪。

这是一首著名的别离曲。它同唐代诗人王维的《渭城曲》相媲美，几百年来，广为流传。这曲就是古典诗剧《西厢记》里三百二十多支曲子中的一支。

《西厢记》讲的是个爱情故事：

唐代的崔相国故去，夫人郑氏带着女儿莺莺、婢女红娘护送相国灵柩回故乡安葬。她们行至浦关，暂住于普救寺。书生张君瑞进京赶考也路过浦关，住在普救寺。

有次，莺莺夜晚到花园中烧香，张生在园外吟诗，向莺莺表达自己的爱慕之意。莺莺听了，也和他一首，诉说了自己闺房的寂寞。

这时，有个叫孙飞虎的带兵包围了普救寺，要娶莺莺为妻，如不应允，即火烧普救寺。在这生死关头，老夫人表示，无论是谁，只要能退得贼兵，便把莺莺嫁他。张生这时挺身而出，写了封书信，请来好友白马将军带领五千人马，活捉了孙飞虎，解了普救寺之围。

张生救了莺莺全家性命，看来等待他们的定是洞房花烛了。但老夫人竟然赖婚。张生一气之下，得了重病，相思甚苦。莺莺也百事无心，神思恍惚。好心的红娘同情这对被拆散的有情人，为其穿针引线，传书递简，促成张生、莺莺的西厢幽会，私

《西厢记》图

下结成夫妻。

老夫人察觉后拷问红娘,红娘却据理指说罪在老夫人,驳得老夫人无言以对,只得接受既成事实,同意了婚事。

最后,张生应考得中,喜庆团圆。"愿天下有情人皆成眷属",这就是《西厢记》的主题思想。

《西厢记》,是剧作家王实甫在唐传奇《会真记》和金代董解元写的《西厢记诸宫调》基础上改编而成的。然而,它不是简单的加工，而是真正的重新创作，形成了自己独特的艺术风格。特别令人欣赏的是剧中人物的性格，个个鲜明而有特色，还有那诗一般的语言，犹如醇酒，读之令人心醉，难怪它被誉之为古代著名的才子书。

王实甫，名德信，早年曾做过官，晚年隐于山水田园，生卒年不详，其经历也不为后世所知。他写过十四本杂剧，却仅以《西厢记》而知名于世，被称为剧坛奇才。相传，王实甫写《西厢记》，呕心沥血，经过几多寒暑，当写到"碧云天，黄花地"那折时，用心过度，便死去了。这传说虽不足为信，却可见后世对《西厢记》及这位大剧作家的推崇与怀念。

四十九、两宋时代的学术巨著与理学哲人

《资治通鉴》
——司马光的史学成果

若说古代印度人注重宗教,那么也可以说古代中国人重视历史。故而,中国历代史家辈出无穷。可是,史家中的佼佼者,尚推汉、宋两司马。汉代的司马迁,首创中国史学中的纪传体,后为二十四史的典范,其巨著《史记》被誉为史家绝唱。宋代的司马光,著有《资治通鉴》,将中国史书中的编年体完善了,成为后世编年体的楷模。两司马对中国历史文化的传播,功莫大焉。

司马光(1019—1086),字君实,陕州夏县(今属山西)人。史载,他七岁时听人讲《左传》,就能了其大旨,并能为家人生动复述。他从小酷爱《左传》,熟读《史记》、《汉书》,后中了进士,做了翰林,仍读史不倦。

司马光生平读史,深感古史浩繁,纲目不清,人毕一生精

力,也难以通览。因而,他自拟于太史公,立志整理往古史籍,删削冗长,举撮机要,专取有关国家盛衰、人民休戚的内容,以年为经,以国为纬,编成一部通史,以便于帝王通览借鉴。

恰好,宋英宗要司马光编历代君臣事迹为书,以供御览,司马光遂着手编辑了。他先编好了作为全书纲目的《历年图》,又起草了《周纪》五卷,《秦纪》三卷,合为《通志》八卷,送呈英宗,得到首肯,遂诏令其开局编修。书局始初设在京城的崇文院内。

崇文院是当时朝廷藏书最富的地方,院内有"集贤"、"昭文"、"史馆"三大书库。皇帝除准他们借用此院藏书外,又特准可以借阅龙图阁、天章阁及秘阁藏书。后来,神宗为助其编辑,将其故邸藏书两千四百余卷也捐献出来,并为该书定名为《资治通鉴》,意思是可资君王治理天下的一面历史镜子。

《资治通鉴》自公元1065年始修,至1084年成书,历时十九年。全书

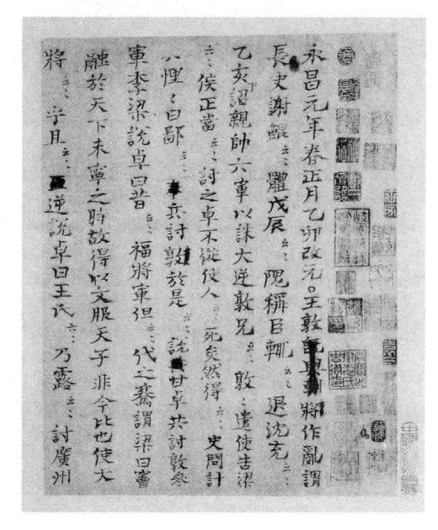

《资治通鉴》手迹

上承《左传》，起于周威烈王二十三年（前403），下至五代，终于后周世宗显德六年（959），记载了一千三百六十二年的历史，共二百九十四卷。另外，他还著有目录三十卷，考异三十卷，《稽古录》二十卷，皆流传于世。

《通鉴》为鸿篇巨制，非一人力所能及。司马光除得力于一般书吏外，主要得力于三位史家。一位是博览群书、无所不通的刘恕，一位是机敏好学、专治唐史的范祖禹，一位是强记而善文的《汉书》专家刘攽（bān班）。他们分工合作，配合默契。

然而，司马光是真正的主编，助手起草初稿，凡遇是非难辨、予夺难定之处，全由他一人考核删定。他自行规定，史稿每四丈截为一卷，三天必须修改完一卷。有事耽误了，事后还得补上。他的学风谨严，一丝不苟。他总是令老仆先睡，而自己秉烛到夜深，凌晨又伏案工作，朝朝如是，夜夜如是，十九年如一日。相传，他怕自己因困乏睡过头，便用圆木做了个枕头。木枕光滑，只要稍稍一动，头即落枕，从而惊醒。故人称其木枕为"警枕"。他六十岁刚过，视力已衰退，牙齿已脱落，面容憔悴，神识衰耗。《资治通鉴》于元祐元年（1086）十月在杭州付印，七年刊成。可令人遗憾的是，这位史学巨人已溘然长逝不及见了。

宋人记述说，在洛阳的司马光故宅里，司马光修改过的书稿堆满了两间屋子。书法家黄庭坚曾看过几百卷，发现司马光写的都是工笔楷书，找不到一个草字。另有个叫柳贯的，得到一纸《通鉴》手稿，上有四百五十字，也"无一笔作草"。从而可见，司马光修史的态度是多么认真，写字尚且如此用心，其行文斟酌之际，想更是费尽心思了。

《资治通鉴》，立意是为封建帝王提供历史鉴戒的，故而有其阶级的、时代的局限性，自不待言。值得一提的却是，自其问世之后，在史学界产生了巨大影响。后世的史学著述，如南宋李焘的《续资治通鉴长编》、李心传的《建炎以来系年要录》，清代徐乾学的《资治通鉴后编》、毕沅的《续资治通鉴》，都是在司马光《资治通鉴》的影响下按其体例写成的。后世这些长篇巨制各有千秋，可却没有任何一书能与司马光的《通鉴》相比拟。

从此以后，研究《资治通鉴》成为史学中的一门专门学问，称为"通鉴学"。

通鉴学的专家较早而最有名的是胡三省。

胡三省（1230—1302），字身之，天台（今属浙江）人。生活在宋末元初，与民族英雄文天祥、陆秀夫为同榜进士。司马光自己说，其毕生精力，尽于编著《资治通鉴》，可无独有偶的是，胡三省的毕生精力则用于给《资治通鉴》作注释。

胡三省注《资治通鉴》，是从他二十七岁中了进士之后开始的。几经寒暑，写成了广注九十七卷，论著十篇。可是，当公元1274年，蒙古军队进逼浙东，胡三省全家逃难时，注文与论著竟全部遗失了。两年后，蒙古人灭亡了南宋。战争结束，胡三省回家隐居，又毅然买来《资治通鉴》，发愤重注，无冬无夏，终日抄录不辍。这时他已年届五旬，儿子们劝他：年事已高，不可强为，自当厚重。他却说："吾成此书，死而无憾！"他七十三岁时，一日早晨言笑自若，忽然说："吾止于此乎！"语后即与世长辞了。

《资治通鉴》网罗甚富，体大思精，而胡三省以一己之力，前后花去二十九年，所作注文却能与之相称，这是何等的学识、毅力啊！后人称誉胡三省为"通鉴之功臣，史学之渊薮"。七百年后的今日，我们编写这本书，仍不得不借助司马光的巨著与胡三省的注文，其对古史整理研究的勋劳是千古不朽的！

游走于学术和政治之间
——理学开创期的程颢、程颐

程颢、程颐从其生前遭遇推想，说什么也不会想到身后名列公侯。

程颐因反对过新法的推行，当宋哲宗于元祐八年（1093）亲政后，便被列入奸党。绍圣四年（1097），将他放归田里，并追毁他的所著。接着，贬到涪州接受编管。宋徽宗即位，先是复职，后又被牵连进元祐奸党。至他病逝时，竟然"先生之葬，洛人畏入党，无敢送者"，虽然有那么多的门生，却无人敢送葬。程颐生前遭遇如此。其兄程颢，一生中只有十五六年在官场上，做的只是地方小官或朝廷闲职。生前遭遇如此的二程，身后之名如何？至南宋，理宗淳祐元年（1241）诏命二程从祀朝廷、入孔庙，并加封程颢为河南伯、程颐为伊阳伯。入元，文宗至顺二年（1331）诏封程颢为豫国公、程颐为洛国公，爵位一等。生前身后为何政治上有如此之大的反差？中国古代的游走于学术和政治之间诸多事例中又添个案。

程颢、程颐，世称"二程"。程朱理学之"程"，即指二程。程颢（1032—1085），字伯淳，人称为明道先生。宋仁宗嘉祐二年（1057）中进士，先后任鄠县主簿、著作佐郎、太子中允等职。供职时间不长，一生中的主要时间是著述、讲学。程颐（1033—1107），字正叔，人称为伊川先生。宋神宗元丰五年（1082），他上书求建伊川书院。于此后的二十余年间，他在洛阳城南的这一书院里，讲学、著述，弟子遍及天下。因程氏"隶籍于洛"，二程之学世称为"洛学"。处于河南嵩县的二程故里，今已是国家重点文物保护单位。

二程的洛学，与濂学、关学，共为理学开创期的主流派。

濂学的创始者是周敦颐。周敦颐（1017—1073），道州营道（今湖南道县）人。他从二十岁起进入官场，供职三十多年，并不热心于政治。他"善谈名理，深于易学"，著有《太极图》、《易说》、《易通》等，为出入于儒、释、道三家的学者。晚年定居于庐山莲花峰,建濂溪书堂,其濂溪先生之名由于此。

二程年少时,曾从师于周敦颐。据载,二程之父程珦结识周,得知其为"知道者",遂令二子拜周为师。洛学之二程同濂学之周敦颐,虽有师承关系,但于理学开创期分属不同的学派。程颢就说过:"吾学虽有所受,天理二字却是自家体贴出来。"

与理学开创期的主流派并存着众多的学派,这是为革新儒学而出现的学术繁荣局面。

自汉武帝"独尊儒术"后,儒家思想成为封建社会统治思想;至魏晋南北朝,儒学一度受到玄学的碰撞;入唐,儒学与佛、道二教冲突、磨合,以致融会;唐由盛而衰,随之动乱的五代,儒学将何去何从？北宋时,诸多学者面对"积贫积弱"的政治态势和"儒衰佛盛"的学术状况,都在考虑如何革新儒学。

理学在北宋时开创,是新的学术精神的体现。理学哲人们,从孔、孟的元典中求"理",坚持儒家的入世精神,求"理"结合求实,贴近社会和人生。求"理"、求实,并注重伦理道德的建构。面对晚唐五代的道德危机,要求摆正"理"和"欲"以重建伦理道德体系。二程的理学建树,就是奉行了这一新的学术精神所致。

二程学说的核心,为"自家体贴出来"的"天理"。

二程所著有言,"天者,理也","此理,天命也。顺而循之,则道也"。二程认为"天"、"理"、"道"是等值的,有时又合称为"天理"、"天道"、"道理"。理学家又被称为道学家，就缘于"理"和"道"的等值。

"天理"潜在于万物之中，怎样才能体认出呢？二程提出要实施"格物穷理"的工夫，即心性的修养。

心性的修养，从正面说，是要求"居敬"、"集义"；从反面说，是要求"灭欲"、"克己"。正、反四要求中，"灭欲"最为人关注。"灭欲"，即灭私欲。二程认定，要"损人欲以复天理"。"灭欲明理"，是二程的主张之一。二程的初衷，是希望天下所有人经一番工夫都具备圣贤人格。

"性即理也"，为二程之名言。程颐说："孟子曰：'尽其心，知其性。'心即性也。"所谓"心即性"，指的是只有"仁义之心"才可称为"性"。如此，才存了"天理"。所以，"性即理也"。

封建统治者对二程理学的利用，有一个认定过程。二程在世时，原本学术的理学未被看重，甚至为统治阶层所排斥。到南宋及以后，封建统治者逐渐找到了利用价值。理学与政治联姻，以致成为封建社会后期的统治思想，这与二程的初衷不完全一致。以"灭欲明理"为例，可见封建统治者是如何将学术探求转换为服务政治的。从孟子的"寡欲"说到周敦颐的"无欲"论，再到二程的"灭欲明理"，不过是儒家修身养性的工夫对"欲"禁限的程度不同。所谓"灭欲"，并不是后来说的要扼杀人民大众生存的欲望。发展了二程理学的朱熹，于"灭欲"也未发展到扼杀人民大众生存欲望的地步。朱熹说:"饮食者,天理也;要求美味,人欲也。""天理"是保障人的生存欲望的,所要灭的欲望是过度奢侈。初始所指的"灭欲",针对的是那些奢侈无度、腐化堕落的不顾心性修养的高官、富豪。这还有一定的积极意义。然而,当封建统治者用"灭欲明理"去针对人民大众时,那真是"以理杀人"了。

二程的著述繁富,发展了二程理学的朱熹多有编定。《程氏遗书》二十五卷,朱熹于宋孝宗乾道四年(1168)编定;《程氏外书》十二篇,朱熹于乾道九年(1173)编定;另有《程氏文集》十二卷、《程氏经说》七卷等。发展了二程理学的朱熹,在南宋也曾被朝廷以"伪学逆党"的罪名惩处,他的生前、身后的反差来了个二程的重复。

书院和精舍讲学与著述
——理学集大成者朱熹

南宋时,福建诸地的书院,规定生员精读的已不是"五经",而是"四书"。"四书",为《论语》、《孟子》、《大学》、《中庸》四部书的合称。如,延平书院的课程表列有:"早上文公《四书》,轮日自为常程。"课程表中的"文公《四书》"之"文公",为朱文公,即朱熹。

朱熹(1130—1200)，字元晦，后改为仲晦，号晦庵，又号晦翁、沧洲病叟等，别称紫阳。祖籍婺源(今属江西)，父辈起移居建阳(今属福建)。因他出生地在福建，他又在福建屡建书院讲学，故称其理学一派为闽学。他六十三岁时，在建阳考亭建竹林精舍，后改名为沧洲精舍。因他晚年定居和讲学在考亭，故称他为朱考亭或考亭先生，其学派又被称为考亭学派。

朱熹中进士后，初进官场任泉州同安县主簿，在任近四年，任满回到崇安五夫里(在今福建武夷山)的家，"对于仕进漫不在意"。在此后的二十三年间，多半担任的是祠职，如衡阳南岳庙临、台州崇道观主管等，是些只拿钱没有权的差事，在不在祠职之地听便。他任主管武夷山冲祐职时，在武夷山建武夷精舍，作为讲学、著述之地。武夷山现今已是世界自然文化遗产，评估其文化，少不了朱熹的贡献，获准的评语中提到："玉屏峰下还留有朱熹当年创办的武夷精舍旧址。"二十三年，朱熹主要是在崇安五夫里的家和武夷精舍，"以奉亲讲学为务"，进行著书立说和聚徒讲学活动。他四十八岁时，完成《论语集注》、《孟子集注》，标志着程朱理学体系的集成。

完成论、孟集注的第二年，即宋孝宗淳熙五年（1178），朱熹出知南康军（治所在今江西星子，庐山之南）。任职期间，他修复庐山白鹿洞书院，亲订《白鹿洞书院学规》，并临堂讲学，慕名者纷至，闽学盛极一时。白鹿洞书院，今已是国家重点文物保护单位。

宋光宗绍熙五年（1194），曾任皇帝侍讲的朱熹被免职，回到建阳考亭，隐居在竹林精舍，以集中精力讲学、著述。宋宁宗庆元四年（1198），以"伪学逆党之魁"获罪，有人"至上书乞斩熹"，要砍他的头，比二程在北宋的遭遇还要惨。嘉定二年（1209），是那个给他定罪的宋宁宗，为死后的他平反，诏赐谥曰"文"。

朱熹死后，葬于建阳黄坑大林谷的九峰山下。墓地及周围，峰高林密，地窄草丰，风动有声，鸟过无影。朱熹墓，今已是国家重点文物保护单位。

宋理宗宝庆三年（1227），皇帝下诏："朕每观朱熹《论语》、《中庸》、《大学》、《孟子》注解，发挥圣贤之蕴，羽翼斯文，有补治道。"并特赠朱熹为太师，追封为信国公。元朝最高统治者，

·同样认定朱熹之理学有助于其封建统治。至明，朱熹及其理学一度为学术界所攻讦。入清，康熙帝将朱熹移主大成殿，从祀孔庙十哲之列。朱熹身后的地位抬高了，而他的学术探求却扭曲了。

学术史名著《宋元学案》中列出两宋的学案共八十个，朱熹和他的弟子就占了十七个位子。朱熹的弟子取得颇高学术成就的有十几个，而未入"学案"的就更多了，史有记载的计四百四十二人。无弟子之名分而听其讲学的人，是难以计数的。宋孝宗乾道三年（1167），朱熹到长沙的岳麓书院讲学，慕名远道乘车骑马而来，马匹饮水将书院门前水池都饮干了，一次听讲者就上千人啊！朱熹在福建先后建有寒泉精舍、武夷精舍、竹林精舍等书院，并修复了庐山白鹿洞书院。他亲订的《白鹿洞书院学规》，是古代儒家完整的教育纲领，为南宋以后的历代书院广泛采用。庐山五老峰下，武夷山竹林隐处，泉流石上，月照松间，是朱熹讲学、著述之地。从他讲学的书院走出了诸多的有成就的弟子，弟子又传弟子，闽学学派（或称考亭学派）成了主流学派。

书院多为古代思想家、教育家自由讲学的基地，为了推崇本书院的学统，要供奉本学统的先圣、先哲。朱熹在所建的竹林精舍中，除供奉先圣孔子外，还将"七先生"从祀。七先生是：周敦颐、程颢、程颐、邵雍、司马光、罗从彦、李侗。

白鹿洞书院

朱熹三十一岁那年，拜李侗为师。李侗是罗从彦的门生，罗从彦是杨时的高足，杨时是程颐的大弟子。朱熹对二程理学的继承，是嫡系真传。

朱熹在承袭、发挥二程学说的同时，吸纳了濂学和关学的学说。朱熹是理学集大成者。他将洛学的"天理"和濂学的"太极"、关学的"气质"合在一起，加以理学的深入阐述。

朱熹说："太极是理，形而上者。"又认为，"理"是生成万物的本原，"气"是制造万物的材料。"形而上"和"形而下"之区分，是抽象之理和具体之物的不同。朱熹的这一形而上学，不无局限，但在此后的学术进展中多被引用。

朱熹常将社会、人生问题引入学术探求中，比如"君臣父子"、"仁义礼智"之类的表述。从儒家入世精神出发，将学术探求贴近社会、人生，这本是一种可贵的学术精神。然而，朱熹所反复举例中的"君臣父子"、"仁义礼智"之类，为封建统治者利用之后，那就成了封建宗法的"三纲五常"和封建道德的忠孝节义。如此，朱熹身后自然被封建统治者一再抬高地位了。

"理"和"气"这洛学和关学的学说核心，朱熹还用以发挥人性论。二程有"性即理"的名言，朱熹跟着说："性者，人物所得以生之理也。"关学将"性"分为"天命之性"和"气质之性"，朱熹则深入论证了天命之性和气质之性的关系。朱熹告诉人们，天命之性是纯粹至善的，气质之性才有善恶两重，"人之所以有善有不善，只缘气质之禀，各有清浊。"朱熹不仅希望人皆为圣贤，而且同时希望纯化社会和生活环境。他面对世风颓丧、道德危机，欲通过人性论的发挥以找到解决的出路。但是，像"理"和"欲"的存、灭之说一样，用"理"和"气"去发挥人性论，亦为宋、元及以后的封建统治者所利用。

朱熹讲学时，弟子常同他讨论。有关"一分为二"的对话，即为一例。

有一次，弟子求教于朱熹："先生以为一分为二，二分为四，四分为八，又细将分去。程子说性中只有仁、义、礼、智四者而已，只分到四便住，何也？"朱熹回答："周先生亦止分到五行住，若要细分，则如《易》样分。"他又说："此只是一分为二，节节如此，以至于无穷。"

朱熹的哲学体系是客观唯心主义的，但又具有着朴素的辩证法思想。他总结了前人有关"一分为二"的种种论述，更为明确地用"一分为二"来论述对立统一学说。朱熹认为"一分为二"亦出于理，说"一每生二，自然之理也"。他还提出无穷分割的命题，并推论出只有矛盾、对立才"迭为消长"，才变化万端，才有发展。无疑，朱熹的"一分为二"之论是有积极意义的。

朱熹在白鹿洞书院、竹林精舍等书院讲学，其讲义以《四书集注》为主。这是文本选择的一次革新。理学在开创之初，在经典解释文本的选择上，变更了汉、唐儒者所选择的"五经"，而选择了"四书"。二程讲学，虽也讲"五经"，但更多地讲"四书"。朱熹则更重"四书"。照程、朱看来，"四书"比"五经"可以更多地提供理学阐述的依据。不从"五经"的传疏中讨理论依据，而依据孔、孟的元典，这在经典解释文本的选择上，就体现了新的学术精神。

朱熹的编著，除《四书集注》外，另著有《易本义》、《太极图说解》、《诗集传》、《楚辞集注》、《韩文考异》等，编有《论孟集议》、《伊洛渊源录》、《近思录》、《通鉴纲目》等。朱熹的编著已超出哲学的范畴，广涉文学、史学等领域。

还有《朱子语类》，是朱熹弟子们在听讲时的笔记，后来成了理学经典，为南宋以后的大多数书院的必备书。

五十、明王朝的诞生

封建制度,在中国历史上从战国初年计始,到清朝中期爆发中英鸦片战争止,共历时两千三百余年。其间,它在秦汉时,犹如旭日东升,蒸蒸日上;隋唐时,犹若日当亭午,炽焰烈烈;历宋元,至明清,已经夕阳西下,气息奄奄了。正是在这时,资本主义经济已在封建制的机体内萌发了。封建制度已腐朽却未死亡,资本主义经济已萌芽并有所滋长,这就是作为中国封建社会晚期的明清史的特点。

这段历史共历时四百七十三年(1368—1840)。尔后,残败的封建制又苟延了七十余年,那已属于中国近代史的范畴。

首先叙述明王朝。从明太祖开国,到末代皇帝在景山吊死,共历十六帝,二百七十七年(1368—1644)。

和尚做皇帝
——开国之君明太祖

堂堂大元,奸佞当权。开河、变钞祸根源,惹红巾万千。

这首小令前面已谈到过,它简洁而明确地指出了元朝灭亡的原因,即由于政治的腐朽,经济的崩溃,引起了农民大起义,将其埋葬了。

什么是开河、变钞呢?

变钞,即更换钞票。朝廷财政困难,就滥发钞票,引起货币贬值,物价飞腾,民不聊生。这是红巾起义的重要原因。

开河,则是红巾暴动的导火线。

元末,正当到处是灾荒、饥民的时候,黄河又于白茅口决堤;转年,又逢连绵淫雨,河淮间的豫西鲁东地带平地水深两丈,几成泽国。公元1351年,元宰相脱脱命治河专家贾鲁为工部尚书兼河防使,征集了十五万民夫,两万戍卒,疏导河道,想将河水重新逼回故道。

正这时,儿童们唱起一首歌谣:

石人一只眼,挑动黄河天下反。

接着，就在河工中，以及民间广泛流传开来。有天，河工们掘土时挖出个石头人，石人真的是一只眼，恰与民谣相应，顿时大哗，几万人争相来围观。不久，白莲教祭旗，举行起义。起义者头裹红巾，故又称"红军"。红巾一倡，饥民蜂起，真的天下反起来。

这是中国封建时代发动农民起义的典型方式，当然，那石人是白莲教的首领们有意凿成暗中埋下的。

自开河挖出石人，十几年间，江河地带群雄竞起，各据一方，少者几万人，多者几十万、上百万人，建号称王，轰轰烈烈。其中声势较大的，有雄踞中原的刘福通，是红巾的主力。他建都汴梁（今河南开封），国号宋。在长江一带，中游有陈友谅，下游有张士诚。东南闽浙地带有方国珍，西南川蜀地带有明玉珍。群雄逐鹿，长达十七年之久，可结局却由一个开始并不著名的和尚取得胜券。这个原出家人于公元1368年在应天府（今江苏南京）登上了皇帝宝座，建国号大明，建元洪武。继而，出兵北上，把元朝的皇帝赶回了蒙古大漠，统一了中国。

这和尚即明太祖朱元璋（1328—1398），濠州钟离（今安徽凤阳东）人。他出生在一个贫苦人家，小时为地主放牛。十七岁时，父兄亲人都死于灾荒和瘟疫，孤苦无着，遂在故乡的皇觉寺落发当了小和尚。不到两个月，寺里也闹粮荒，众僧都被遣散。这新来的小和尚也只好捧个钵盂去做游方僧，沿途化缘，乞

明太祖洪武帝像

讨度日。他就这样在江淮地带流浪了三年，熟悉了那里的山川地势，了解了当时民间的疾苦与呼声。

当这小和尚重回皇觉寺敲响木鱼时，江河间已义旗林立，遍地一片反声了。小和尚也想造反，可开始犹疑难决，遂占了一卦，结果大吉，这才脱下袈裟，去投军起义。初来，做了个九夫长，后成为出色将领，终竟吞并群雄，成了大明的开国帝王。

和尚做了皇帝，为何取国号叫大明呢？这里还有段隐情。

大明的"明"，源于明王出世的传说。意思是，世间有黑暗和光明两种势力，现在是黑暗世界，故而天下大乱。乱到何时呢？那要等弥勒佛转生，明王出世，光明战胜黑暗，天下才能太平。这传说起于晚唐、五代时的明教，后经宋元时的白莲教广泛宣传，历时五百余年，早已成为百姓熟知的预言，苦难人们所憧憬的未来。故而，元末白莲教起义时就以"明王出世"作号召，教主韩山童就自称小明王。韩山童刚刚杀了白马乌牛准备祭天发难时就牺牲了。其部将刘福通遂成为红巾领袖,仍奉韩山童的儿子韩林儿为小明王。朱元璋初起,就从属于红巾军,并接受小明王的封号,称吴国公。当他称帝时,乃取大明为国号。这里有承继红巾和小明王事业以顺应人心,示意黑暗过去,光明已到来的意思。同时,他自己也就俨然是弥勒佛转世,一代明王了。这一来,和尚做皇帝,就顺理成章,奉天承运了。

公元1366年,朱元璋派人以迎接小明王韩林儿来应天府为名,行至瓜洲,将其沉入江心溺死。两年后,朱元璋旋即称帝。从此,朱元璋这个"明王",已不是农民起义的领袖,而成为地主阶级的代理人了。

胡、蓝之狱
——明太祖治国之道

明太祖开国后,立即出师北上。八个月后,攻陷元大都,继之以二十年的武功,终于完成了国家的统一大业。此后,明盛时的疆域,东至大海,包括台湾及其附近岛屿,南到南海诸岛,西南至云南、西藏,西到巴尔克什湖,北到大漠,东北到鄂嫩河、外兴安岭以北,以及鄂霍次克海。

明太祖在统一全国的同时,主要抓了两件大事:一是鼓励生产，与民休息；一是以猛治吏，独揽大权。

先谈鼓励生产，与民休息。

元末明初之际，从北京到南京的几千里地带，经长期战争破坏，"人烟断绝"，"城野空虚"。比如位于大运河畔的古城扬州，隋唐以后，一直是个繁华的都会，是南方的经济中心之一。可在战争期间，守城的青军（地主武装）搞不到粮食，竟发生杀城里老百姓吃的惨事。城降之时，居民仅存十八户。由是可以想见当时的经济状况了。因此，明太祖认为："天下初定，百姓财力俱困，好比小鸟初飞不可拔羽，小树新栽不可摇根。"故而，减免赋税，兴修水利，鼓励生产，与民休息。

明初另一个重要的经济政策是移民垦荒，经过二十几年收到了明显的效益。土地多了，粮食多了，人口也多了。据史书记载，从洪武元年到二十五年，耕地增长了四点八倍，总面积达八亿五千多万亩，其中有一半是移民垦荒增加的。税粮的收入增加将近两倍，达到三千二百多万石，各州县府库都装满了粮食，以至"红腐不可食"。人口同元代盛时比较，增加了七百万，总人口达到六千多万。

这一政策，使苦难的农民得到了喘息的机会，也使明王朝的帝业稳住了根基。

再论以猛治吏，独揽大权。

元末的吏治是极端腐朽无能的，明初无论从国家机构的设置,还是从立法等方面,都严加整顿和改善。

国家机构的设置——

明初中央的机构原是沿袭元代的旧制,设中书省,由中书省长官左、右丞相统率百官,辅佐皇帝,总理全国大政。丞相的权力很大。

明太祖时,有个丞相叫胡惟庸,权欲很大,欲谋不轨。有天,他同明太祖说,他府上有口井出了醴泉,即甜美的泉水。古人以为"天降甘露,地出醴泉"都是国家的瑞兆。明太祖很高兴,应邀去胡府观看。明太祖坐上乘舆刚要走,有个知道内情的叫云奇的太监,上前拽住乘舆,因太紧张,一时舌头发直,光张嘴,说不出话来。明太祖怪他失礼,让人拉下去重打。云奇直到咽气之前,仍然用手指着胡惟庸府第的方向。明太祖顿时警觉起来,登高眺察,见胡惟庸府中设有甲兵。他马上下令包围了胡惟庸的住宅,将其杀掉了。从这件事得到启发,明太祖废除了中书省,也废除了自秦汉以来的丞相制度。将原来由丞相统辖的六部(吏、户、礼、兵、刑、工)升格,直接听命于皇帝。从此,皇帝独揽大权了。

明朝的兵制,初时在中央设大都督府总揽全国军政。后来,明太祖废除了大都督府制,改为分设前、后、左、右、中五个都督府,并设兵部,分掌兵权。五都督府负责兵事,手中有兵,却无权调兵;兵部职掌调兵,可手中却无兵。最高兵权也由皇帝独揽了。

兵、将也是分置的。出征时,命将调兵,归来时,兵归卫所,将回府第,各不相属。

养兵行军屯。边地驻军,三分守城,七分种地。内地驻军,八分种地,二分守城。屯粮充作军粮。明太祖说:"吾养兵百万,不费百姓一粒米。"当其时,有兵一百八十万,而兵费不重。

立法执法——

明初的吏治也承袭元朝恶劣的风习。但明太祖的政令是极严的,对犯法者,不管是谁,也不假贷,以猛著称。初时,天下未定,攻克婺州(今浙江金华)后,因百姓饥荒,下令禁止酿酒。可是,功臣胡大海的儿子首先犯禁。当时,胡大海正率大军远征在外。诸臣建议,为了使乃父胡大海在外安心以不杀为好。明太祖怒曰:"宁可让胡大海叛我,也不允许乃子破坏我的国法。"最后竟亲手将犯法者杀了。明初缺马,明太祖遂下令严禁私人以茶出境,统由官府经营,以茶与西域易马。驸马都尉欧阳伦,以为自己是皇亲,竟目无法纪,指令奴仆私自贩茶出境。此事告发,明太祖大怒,不顾公主的情面,终将爱婿正法了。这样的事例还有很多。史家称之为"峻法亦守法"。

尽管如此,功臣宿将仍有不少是骄横不法的。大将军蓝玉建有奇功,远征漠北,曾俘虏元主次子、后妃公主一百三十余人,将校三十余人,男女七万口,马匹骆驼五万头。故而,他恃功自傲，目无法纪。明太祖在赐他铁券时，著其功勋，也镌其过错，蓝玉不满，以至欲叛乱。明太祖闻变，果断地将其与同谋一网打尽了。

胡惟庸、蓝玉意欲叛乱，明太祖及时地剪去祸乱，以巩固中央集权，事出必然，还情有可原。然而，事情并未到此结束，而是越来越过火，由之生出了一系列的冤狱来。比如胡惟庸被处死十年之后，又加胡惟庸以联虏通倭的罪名，与之相牵连无辜被杀的竟达三万多人。因蓝玉案株连而被杀者也有一万五千多人。冤狱大兴，还有更荒谬的事。有一年，元宵节，明太祖看见一张画，一个妇人怀抱个西瓜骑在马上，那马脚很大。马皇后是淮西人，淮、怀谐音，他就勃然大怒，认为这是有意讥讽马皇后脚大，因而大杀京城官民中所谓不守本分者，竟数以万计。此外，还有其他几大冤案，也杀了好几万人。这样一来，功臣宿将几乎都被杀光了。幸免的朝臣，每当去上朝，即同家人诀别，因一去上朝，就生死难卜了。

明太祖的残忍杀戮，连他的皇太子也看不下去了。有天，皇太子劝谏说："陛下杀人过滥，恐伤和气。"太祖当时未动声色。第二天，故意把一条棘杖放在地上，叫皇太子去拿。皇太子面有难色。太祖说："有刺会扎手的，我把刺给你去掉，再交给你岂不是好！"

这故事未必是信史，可能是当时为树立明太祖威信而创作的一则政治寓言。可是,它却生动地反证了明太祖滥杀的史实。明太祖这样做的目的,显然是希望大明永固,子孙永昌。

"靖难之役"
——明初的皇族内争

明太祖生前虽然把杖上的棘刺都去掉了,可他万万不会想到自己刚刚去世,竟然祸起萧墙,儿子和孙子动起刀兵来。这段历史就叫"靖难之役"。

明太祖六十五岁时,皇太子未等到继位就死去了。老皇帝很伤心,遂立十六岁的长孙允炆为皇太孙。这位皇储有若其父,秉性仁柔,他将来能否肩负天下重任呢?这使老皇帝很担心。

有天,老皇帝让这小孙子作诗对句。孙子的诗句平淡而苍白。老皇帝看了大不满意,遂又出一对句,曰:"风吹马尾千条线。"皇太孙对道:"雨打羊毛一片毡。"老皇帝一听,大煞风景,气得脸色都变了。这时四子燕王朱棣正好在侧,便上前对道:"日照龙鳞万点金。"老皇帝一听,气概不凡,不禁赞道:"对得好!"太祖从此很器重燕王,并有意移置皇储。但碍于封建礼法,终被辅臣们劝阻了。

公元1398年,明太祖驾崩,皇太孙允炆继位,是为建文皇帝。

这时,弱君在朝,强藩在外,显然潜伏着危机。辅臣齐泰、黄子澄等力主削藩,即削夺藩王的权势,以巩固中央集权。这本为长策,但几位辅臣十分迂阔,缺少处理现实政治问题的机变和才能,结果却适得其反。

初时,燕王朱棣虽有异心,却无反谋,且非常害怕,甚至装疯作癫,以避免皇帝的猜忌。后来建文皇帝依其辅臣之意接连处置了几个藩王,或去其藩号,或废为庶人,或终身幽禁,或赐死。这样,使其他藩王也都惊惧起来。

当朝廷命令北平府的守臣逮捕燕王朱棣时,这守臣竟暗中向燕王通气投诚。燕王遂借机起兵南下,理由是朝中有难,奸臣当权,他要除奸平逆,扶助君王。故美其名曰"靖难"。燕王兵称"靖难军"。

建文皇帝闻变,即派官兵拒敌,但又在诏令中说:"古人云:'一门之内,自极兵威,不祥之甚。'今尔将士与燕王对垒,务体此意,勿使朕有杀叔之名。"这样,谁还敢英勇作战呢,官兵的手脚被缚住了。加之,每当靖难军退败时,燕王往往亲自殿后,遇有急难,燕王又身先士卒,作诸将的护身符。官兵一见燕王在前,连一箭也不敢发。其战争的结局也就可想而知了。

靖难之役进行了四年之久。最后,应天城破,宫中起了大火。燕王入城来,遍索建文皇帝而不可得,追问宫人,说已投火自焚。依其所指,扒出一尸,全身焦烂,四肢残缺,已难辨识。燕王见尸还流下几滴眼泪,说道:"痴儿痴儿,何为至此!"

那尸体是不是建文帝呢？这是明史的一大悬案。一说是皇帝的尸体，一说是皇后的尸体。持后说者的说建文帝乘乱逃出应天，当了和尚，云游四方，甚至还出了国。从而生出许多故事，编出许多书来。

有位持前说者的史家认为，建文帝有惠政于民，而在百姓心中没有死，故而百姓不愿说他死了。同时，建文帝出走的故事越编越生动，也是世人对燕王处置建文朝君臣过于暴虐而不满的缘故。

历史既无定论，这里也姑且不偏一说。但这位史家的上述分析颇有些道理。的确，燕王虽不失为英主，可在夺位时其手段暴虐，也是骇人听闻的。这里且举方孝孺一案。

一代名儒方孝孺，是建文朝的辅臣。燕王入应天府后，他避而不见。燕王强行召见，他身着缟素而来，伏地大哭建文皇帝，悲恸不已，遂被下狱。

当燕王欲登位草诏，群臣共推方孝孺。再次召见，方孝孺又身穿麻布重孝而来，悲号不已。燕王始还以好言相劝，并请其草诏，方孝孺不肯。燕王强付纸笔，方孝孺大书数字，掷之于地。书曰："燕贼篡位"。燕王恼羞成怒，威胁说："难道你不怕死么！"

"头可断，血可流，绝不草诏。"方孝孺厉声回答。

"你不怕死，难道也不顾九族吗！"

"何说九族,灭我十族也不怕。"

燕王大怒,持刀挑其口,割裂至其两耳,遂又下令大捕其亲族。按古制,九族,乃指父族四辈、母族三辈、妻族两辈以内的亲属。十族,古无此制,遂连方孝孺的朋友、门生也一并捕来,充为十族。

当杀害方孝孺十族时,燕王命令每捕一人斩首之前,先牵给方孝孺看。方孝孺视而不顾,至死不屈。最后,被裂尸而死。

方孝孺一案被牵连诛杀的有八百七十三人。其他类似案件甚众,株连至多,以致"村舍为墟"。史称"瓜蔓抄"。

最后,燕王自己也叹息说,乃父三十年以来选擢的大臣都被杀光了。

燕王名为靖难,实则制造了更大的灾难。后世封建史家读史至此,不禁以秦始皇的虐政相比,说:"暴秦虽虐,也只罪及三族啊!"

郑和下西洋
——明成祖的文治武功

燕王朱棣做了皇帝,是为明成祖。改年号为永乐,历二十二年,是有明一代的盛世。

明成祖登位后,欲兴文治,建武功,树立君威,以安民心。的

确,他也做出了一番事业,值得后人称道。略举其大者有三:

一曰编纂《永乐大典》。

明成祖雄才大略,其部下人才济济,刚登上皇帝的宝座,就诏令著名学者解缙主编一部类书,以便学人翻检,发扬历史文化。一年多后,类书编成,名曰《文献大成》。但成祖仍嫌其简略,不足以显彰文治,又诏令姚广孝、解缙重修。第一次参加编纂的为一百四十九人,这次参加编纂的有二千一百六十九人,搜罗各种书籍七八千种,三年后编成。其书依韵检索,内容包括天文地理,诸子百家,三教九流,历史典制,以及平话戏剧,农医杂技,无所不有,堪称一部最早最大的百科全书。因成书于永乐(1403—1424)年间,故名《永乐大典》。

全书共有二万二千九百三十七卷,一万一千零九十五册,三亿七千多万字,因卷帙浩繁,明、清两代都未能刻版。后来,正本毁于明亡,副本散于清末。当时书藏北京的文渊阁。1900年八国联军入侵时,部分被烧毁,部分被盗运出国,分藏在许多国家的公私书库中。现在收藏在国内的这部大典残本只有一百一十多册了。

《永乐大典》的编纂,是中华民族文化史上的一次壮举。虽然所剩无多,可其历史功绩是不可泯灭的。

二曰亲征漠北。

有明二百七十余年,一直存在着来自北方的威胁,沿边虽设有重兵,仍不堪其扰。成祖即位后,为防北患,二十几年间,五次亲征漠北,并将首都从应天迁到北平。应天遂改名为南京,北平改名为北京。这就是北京最早的命名。时在永乐十九年,即公元1421年。

明成祖五次出征,敌军无不闻风丧胆。第一次亲征凯旋路过擒胡山,曾勒石纪功。文曰:

瀚海为镡,天山为锷。一扫胡尘,永清沙漠。

镡,即剑鼻,这里代称剑首;锷,指剑刃,这里代指剑身。

其实,"沙漠"并未"永清",后面我们还要讲到。不过,在成祖一世,以及以后的三十年间,即大约半个世纪,北方是比较安定的。故而,在民间广泛流传着"燕王扫北"的许多佳话。

三曰扬威四海。

明成祖登位后的第三个月,就派使节到安南(今越南)、苏门答腊(今属印尼)等国宣布新皇帝登极。转年,又派宦官马彬出使爪哇(今属印尼),派尹庆出使满剌加(今属马来西亚,即马六甲)、柯枝(今属印度),宣布明成祖"祗承祖训,廓清内难",即夺嫡称帝的合法性。同时,对日本、琉球等来中国的使臣、商人,也放宽贸易的禁令。这些措施和政策,意在取得四海支持,形成万国来朝的盛况,以此在国内臣民的心目中,取得英主临朝的美誉。最著名的郑和下西洋的故事,就是一例。

郑和(1371—1435),原名马三保,云南昆阳(今属云南晋宁)人,回族。十二岁时,被明军掳出云南,后被分到燕王朱棣的藩邸。在靖难之役时,跟随燕王"出入战阵","多建奇功",得到赏识,赐姓郑,改名和。又笃信佛教,受菩萨戒,法名福善。他的小名三保,佛教以佛、法、僧为三宝,由是称为"三宝(保)太监"。

公元十五世纪初年,郑和亲自接受成祖的指令,曾先后六次出使西洋,后又在宣德(1426—1435)年间出使一次,前后共七次,航程十余万里。他先后到过东南亚、南亚、中东,最远到达东非的卜喇哇(今索马里)与阿拉伯半岛的天方(今麦加城),访问了三十多个国家和地区。

郑和的远航船队,经常有大船六十余艘到一百艘,加上小船二百余艘。最大的船,长四十四丈四尺(合今142米多),阔十八丈(合今57.6米多),九桅十二帆,需二三百人驾驶。使团成员有时总计多达两万七千余人。这是当时海上最大的船队。当时使用的罗盘已划出许多刻度,并绘制出了航海图。郑和航海图上的针路(用罗盘针指示方向的航海道路)以文莱为界限,分为东洋指针、西洋指针。这就是历史地理名词"东洋"、"西洋"的来历。当时所指西洋是指现在的南洋群岛,以及印度洋一带。这样的航海规模以及航海技术在世界航海史上都是首屈一指的。

郑和"宝船"模型　　　　　郑和铸铜钟

郑和所率船队满载丝绸、瓷器、茶叶、铁器、金银和铜钱，以便换取各地的象牙、香料、药材、染料等特产。因船载宝货，故称宝船。

郑和所到之处，都是平等交易，故而到处受到欢迎。如到占城，国王率领臣民，骑着大象，奏着鼓乐出迎，气氛隆重而友好。郑和所到之处，总是宣扬大明皇帝的威德，并尊重当地风俗习惯，表示愿意通好，然后贸易。故而很多地方的国王、酋长派王子或王叔、王侄以及使节随郑和船队来到中国访问。

郑和出色地完成了扬威通好的任务。在永乐二十一年（1423），即郑和六下西洋后，各国使臣与商旅来到南京的一次就多达一千二百人。早在这之前，满剌加和渤泥（文莱）两国的国王都来了。渤泥国麻那惹加那国王，亲率王后、弟弟、妹妹、子女,以及陪臣一百五十人来到南京,受到明成祖的盛情款待。后来,国王染病不起,希望长眠中国,托体天朝,得允安葬南京。其墓今日犹存。它是中国与文莱友好历史的象征。

郑和下西洋,不仅扬威四海,也大大开拓了中国人的视野。郑和的助手们分别写下许多著作。比如马欢的《瀛涯胜览》,费信的《星槎胜览》,巩珍的《西洋番国志》。这些著作丰富了中国的航海史、地理学,也成为今日研究五百多年前亚非交往的重要文献。

郑和有功于国家,是古代著名的航海家。当打开中国南海地图时,就会看到有一组岛屿叫郑和暗礁,其旁有景宏岛、马欢岛、费信岛等等。这些岛屿都是为纪念郑和及其助手以他们的姓名命名的。在西沙群岛中,也有两个群岛,一是永乐群岛,一是宣德群岛,这正是郑和七下西洋时的两个年号。作为这些远航壮举的物证,历来在西沙有明代的铜钱、古瓷以及其他文物出土。

郑和下西洋,据说还有个秘密的使命,即寻找那个在靖难之役中逃亡了的建文皇帝。这个使命大概没有完成,史书也未留下任何记载,它只能作为一个历史悬案,难以深究了。

另外,郑和之死,也众说不一。比较可信的说法是:郑和于宣德六年(1431),七下西洋,第四年返航至南洋逝世,埋骨于异域,相传即今印尼的三宝垄。国外也相传郑和死于印尼,三宝洞有郑和归天处。同伴将其一根辫子带回祖国,葬于今江苏省江宁县的牛首山南麓周坊村。当地俗称"马回回坟"。郑氏后裔奉祀不绝。

五十一、明王朝的祸患

明朝,自太祖开国,至郑和七下西洋,将近七十年间,国势日盛,政绩可观。之后二百余年,内祸日滋,边患迭生,每况愈下。其间,虽一度有贤相欲图改革,然而积重难返,颓势已成,终至覆亡。

"土木之变"
——明朝的塞外边患

明正统十四年(1449)八月十六日深夜,边警突然传来,整个京师为之震动。

原来,两天前,明朝的五十万大军在宣府土木堡(今属河北怀来)全军溃没,连亲征的皇帝英宗朱祁镇也被也先抓去当了俘虏。

也先是北方蒙古族瓦剌部的首领。这时,蒙古大漠的鞑靼、兀良哈各部均已为瓦剌统一起来,奉元顺帝的后裔脱脱不花为大汗,也先为太师,成为明王朝的塞外强敌。

强敌压境,国无主君,京师一片慌乱。

英宗的弟弟郕(chéng呈)王朱祁钰仓皇来到午门,召集群臣计议。百官激愤,纷纷上书要求惩办肇事祸首王振,族灭其家,以平民愤。

王振是个粗通文墨的内监,受到英宗宠幸,十分跋扈。英宗这次北征,就是他怂恿成行的。朝中重臣竭力谏止,一概受到王振呵斥。原来,他想侥幸取胜,滥冒边功。及至兵至大同,敌势甚盛,前锋三万全军覆没,竟乃畏敌回师。回师本应取道紫荆关,可王振却下令取道蔚县,意欲让皇帝临幸他的故里,显显自己的威风。可当大军已东行四十里,他又恐兵马临境踩坏他家的庄稼,又下令绕道宣府,这就贻误了时日。大军行至土木堡,天近黄昏。将领们要求继进二十里,驻兵怀来城内,以求万全。王振见他的千车辎重未到,却命令全军夜宿土木堡。土木堡一带缺少水源,驻军连夜打井,深至两丈不见滴水。暑热行军,无水可饮,如入绝境。次日,瓦剌铁骑赶到,先以和议麻痹明军。王振派出使者议和,遂下令移营就水。正当明军拔营动乱之际,也先率铁骑从四面八方杀来。明军尸横山谷,一败涂地。王振被护卫打死,英宗被也先抓去。

这段故事,史称"土木之变"。此可视之为明王朝由盛转衰的标志。

当下百官要求族灭王振，郕王却心存犹移，起身入室。百官怒不可遏，也一拥而入。郕王见势，遂指令内监马顺去收捕王振家族。百官见是马顺，遂齐声喝道："他就是王振的爪牙，打死他！"在众怒之下，马顺与另外两名内监，都被当场打死。朝班大乱，卫卒汹汹，势将不测。

郕王几坐几起，不知所措。兵部侍郎于谦（1398—1457），这时上前一把拽住郕王袍袖，说："殿下且坐，马顺罪当论死，死有余辜。群臣义愤，心为天下，理当不论。"

郕王唯唯，百官怒平，一场风波过去了。

当朝廷重臣共议御敌方略时，又起争端。

有个叫徐珵（chéng呈）的朝臣，他暗中已把妻儿老小送往苏州去了，又在朝堂上煽动说："星象有变，天命已去。"主张放弃京师，迁都南京。朝班诸臣，六神无主，动摇沮丧的大有人在，有的甚至痛哭起来。于谦见状，厉声喝道："谁主张南迁者，把他脑袋砍掉！"然后，乃从容道："列位大人，京师乃天下的根本，根本不守，天下动摇，有谁忘记赵宋南渡的教训吗！"

经于谦这一说，上下方决心固守京师。八月二十一日，于谦升任兵部尚书，主持抗敌。

一波刚平，一波又起。

也先抓到英宗，以为奇货可居，遂派使臣来以和议为名，大索金帛，并欲迫明廷屈辱妥协。朝中竟有人附和之。于谦洞悉也先奸谋，毅然提出请皇太后立郕王为帝，以安民心。郕王惊惶辞谢再三。于谦曰："今日事，当以社稷为重，非为他也。"郕王乃于九月六日即帝位，是为景帝，遥尊英宗为太上皇，上下始安。后也先率军扶太上皇叩关，守军即高声回答："我大明已有新天子了！"也先奸计不售，奇货反成赘疣了。

十月，也先破紫荆关，直捣北京。

北京城内，守军老弱共计不满十万，有盔甲者不足万人。然而，于谦以民族大义激励军民，同仇敌忾，严阵以待。

也先兵至，先是诱降，不成，遂攻城。于谦在德胜门外设伏，诱敌至城下，前后夹击，一战而大败也先军。也先之弟索罗、宰相卯那孩被当场击毙。也先围城五日，死亡万余人，散失九万余骑，又闻明朝的勤王之师旦夕大至，恐归路被阻，乃惶惶然撤兵出关去了。

北京保卫战取得胜利，长城沿边名镇也加强防范。也先屡犯而不得逞，一年后，终于将那无用的奇货英宗送回来，又与明廷化干戈为玉帛了。

于谦以社稷为重，力挫强敌，保卫了京师，避免了江山分裂的危局，他的历史功绩是不可磨灭的。

且说那太上皇在南宫中冷冷清清地过了八年。一天，他趁景帝病危，勾结将领石亨、徐有贞，强夺宫门，进入奉先殿，鸣钟击鼓，宣布复辟。时在景泰八年（1457）正月十七日凌晨。

这天中午，于谦等几十位大臣被捕。六天后，于谦在北京东市就义，时年六十岁。抄家时发现，于谦身居高位几十年，"家无余资"，"萧然仅书籍而已"。于谦早年曾作《石灰吟》：

　　千锤万击出深山，烈火焚烧若等闲。粉身碎骨全不惜，要留青白在人间。

这首诗不啻是于谦忠烈清白一生的真实写照。

于谦死后，塞上重又边警频传。英宗此时方愀然叹道："倘使于谦在，北虏安敢如此！"

明王朝的腐败就是以英宗宠王振、杀于谦肇端的。

"但愿海波平"
——明朝的沿海倭乱

嘉靖三十二年（1553）八月，一群身着白衣，手舞双刀的海盗，突然在浙江上虞登岸，烧杀抢掠，无恶不作。这股海盗，侵扰杭州，打入浙西，窜入皖南，又直逼陪都南京城下，后流入溧阳、无锡，直至苏州。这伙盗匪，在浙、皖、苏三省，绕行几千里，杀伤兵民四千人，横行八十余日，方才被歼。其实，这股凶徒，只有百余人。

然而，海盗都是亡命徒，极其残忍凶暴。曾有一股海盗在浙江临海的桃渚上岸，抓到婴儿绑于竹竿上，向婴儿身上泼开水，视婴儿惨痛哭嚎之状以为乐。抓到孕妇，彼此置酒打赌，猜胎儿或男或女，当场剖腹验视，胜者仰天大笑，举杯牛饮。妇婴积尸如丘。

这些海盗，初始都是日本南北朝混战时期的溃兵败将，以及失意的政客、武士、无赖，流浪海上，聚而为盗，故名"倭寇"。

倭寇在中国沿海为患，从明初起至嘉靖末，长达二百余年，嘉靖二年以后的四十一年（1523—1564）日益严重，而尤以嘉靖三十二年以后的十一年最为猖獗。上述的百余倭寇横行八十余日，即为其突出的一例。

倭寇虽然凶恶，但为数尚属有限，唯大股几千、上万，小股只有几百而已。这与大明帝国的百万兵员相比，本是微不足道的。然而，些许匪徒却能在中国沿海几千里为患二百余年，甚至深入腹地烧掠，这与其归因于倭寇的强悍，倒不如归因于明王朝自身的日益腐败更为确切些。且举两例可见一斑。

嘉靖二十六年（1547），朝臣朱纨奉使出任闽浙，总督防倭。他先行海禁，整顿保甲制，断绝倭寇与陆地联系。然后，在浙大败倭寇，捣其巢穴，又在闽招集捕盗船四十只，巡逻防海，颇有成效。

当其时，真正的倭寇不过十之二三，十之七八却是沿海奸民，闽浙不少势要豪绅、衣冠大姓与倭寇相勾结，充任舶主，进行武装走私,得利则行贸易,失利则公开抢掠,内外勾结,倭寇方成沿海大患。朱纨勇于任事,一心剿倭,侦知倭寇实情,即如实奏闻朝廷。其奏章有言曰:去外国盗易,去中国盗难;去中国濒海之盗犹易,去中国衣冠之盗尤难。

朱纨为人清强峭直,奏章一针见血,却因之深深触动了闽浙衣冠盗贼在朝的后台老板。这些人反诬朱纨以防倭为名,滥杀"良民"。结果,剿倭者反被通倭者弹劾罢官,进行审讯。朱纨慷慨流涕,服药自杀。

当其时,朝中正是奸相严嵩弄权。从此,中外摇手,无人再敢谈禁海防倭了。倭患也由是日甚一日。

朝政昏暗,此其一。

明初,大军百万,不扰百姓。后来,承平日久,兵员多逃亡。嘉靖二十六年,即朱纨抗倭时,在籍兵员不过十之三四。"户部支粮则有,兵部调遣则无。"在籍者畏倭如虎,欺民似狼。时有民谣曰:"遇倭犹可逃,遇兵不得生!"可见,兵与倭同为百姓祸患了。这就难怪百名海盗得以深入千里如入无人之境了。

官兵腐化,此其二。

有此两端,何以御敌呢!嘉靖的最后几年,奸相严嵩日渐失势,徐阶、张居正等正直辅臣先后入阁,沿海防倭始有转机,连连获捷,这期间,剿倭成绩卓著者当推戚家军。

戚家军是戚继光训练的一支纪律严明的常胜军。

戚继光（1528—1587），字元敬，登州（今山东蓬莱）人。出身将门，幼有大志，曾赋诗曰：

封侯非我意，但愿海波平。

既长，任登州卫指挥佥事（约相当地方军区的参谋长），在鲁防倭有功。当闽浙倭患日甚，奉调入浙任参将（相当地方军区的长官）抗倭。初始，他挑选官兵中的精壮组成一支队伍，加以训练，步伍整齐，军容可观。可当与倭寇实战，皆畏葸不前，以致将已被围困住的倭寇放跑了。戚继光也因此受到革职处分。但仍令他"戴罪办贼"。

戚继光有鉴于此，决意另组新军，遂于嘉靖三十八年（1559）秋，去浙江的金华、义乌地方，以杀贼保民作号召，募得以勇敢著称的矿工、农民三千人。这支新军素质好，能吃苦，经两月训练，遂成一支劲旅。这支劲旅有铁一样的纪律。相传，有次命令集结列阵，突然天降暴雨，从晨至午，全军挺立雨中，一丝不动，主帅使令，如运臂指，观者无不叹服，人称之为"戚家军"。

戚继光率戚家军在台州、仙居抗倭，先后九战九捷，浙境倭患遂告平息。接着，奉调入闽剿倭。

闽倭有三大巢穴，一是宁德县的横屿，一是福清县的牛田，一是兴化府的林墩。

横屿离岸十里，四面环海，虽为孤岛，地势险要，涨潮时可以通船,退潮则为沟壑泥滩。戚继光先侦知地势后,下令全军,每人负草一捆,遇泥铺路,逢沟填壑,突兀而至,不消半日,杀倭两千六百余人,横屿即克。

牛田倭寇闻警,始不自安。戚继光率军至福清,故意扬言说:"我军远来疲惫,须休整后方可待机而动。平倭为长计,不是朝夕之事。"牛田倭匪侦知果有懈意,不为之备。不料,戚家军夜半突至,倭寇大乱,溃散逃去。

翌日黎明,兴化百姓方知昨夜戚家军入境,林墩倭寇与牛田败倭都作鬼去了。府城百姓,杀牛献酒,扶老携幼,出城十里夹道欢迎戚家军。

闽倭平息后,戚继光遂率师返浙。新倭万余又来兴化,倭首相庆曰:"戚老虎走了,又是我们的天下了!"可是,这伙匪徒的好景不长,很快就被闽总兵俞大猷部与返闽的戚家军打得落花流水了。

嘉靖四十三年(1564),山贼吴平又招纳残倭作乱,同样也被俞、戚合兵在南澳打败,逃往安南。后终被明军全歼。

东南沿海的险风恶浪终成过去,海禁也随之开放,平静的海面上和平贸易的商船一天天多起来。

戚继光一生,南平倭乱,北固长城,功勋卓著,千古垂名。可是,在其晚年,当贤相张居正死去以后,他也遭到排挤,贬官夺俸,悒悒而死,享年六十岁。人民怀念他,至今山东蓬莱水城、浙江镇海炮台、福建崇武石城犹在，这都是戚家军当年战斗过的地方。

"买不尽的松江布"
——明朝的资本主义萌芽

明拟话本集《醒世恒言》中有段故事：

且说嘉靖年间，苏州盛泽镇上有一人，姓施名复，浑家喻氏，夫妻俩口，别无男女，家有机杼，以养蚕织绸为生。也是他为人精明，蚕养得好，绸也织得好。一来二去，不几年，增加了三四张绸机，光景过得饶裕。邻里庆他个号儿叫施润泽。

施润泽仍是苦心经营，也是时运不错，不上十年，积下了千金家私，又买了左近一处大房住处，开起三四十张绸机，又讨了几房家人小厮，把个家业收拾得十分完美。

施润泽后来如何，我们且不去管他了。这里要说的是施润泽的发家史，即由一个手工业者上升为一个手工工场主。他有三四十张织机，开动起来，至少得上百个人手。这个工场也相当可观了。

小说乃源出于生活。它形象地再现了从嘉靖初到明朝末一百二十几年间江南手工业迅速发展的状况，以及新的生产关系的出现。

这种新的生产关系,首先出现在杭州、松江(今上海)、苏州三府的长江三角地带,以及包括江西景德镇在内的大三角地带。这些地方,当时出现了大大小小的施润泽。

以丝织中心苏州为例,这时织机多达万台,工匠多达五六万人。时有人市,无长期雇主的工匠,黎明即立在桥头等待雇主。"织工立花桥,纱工立广化寺桥。以车纺织者曰车匠,立濂溪坊。"苏州境内兴起了众多的市镇。以施润泽的故乡盛泽镇为例,明初还是个只有五六十户人家的小村落,随着丝绸业的发展,嘉靖以后,已经是拥有五万人口的大镇了。

明景德镇窑斗彩花鸟纹高足杯

以制瓷中心景德镇为例,以前官窑多于民窑,这时民窑有二三百座,官窑只有五十八座,且每座民窑都比官窑大四五倍。当时景德镇街长十三里,烟火逾十万家,十之七八都是制瓷工匠。

松江是棉纺中心,有几多布机,几多织工,已难考其详。但民间有谚曰:"买不尽的松江布,收不尽的魏塘(今属浙江嘉善)纱。"由是,也可略窥其盛况之一斑了。

这时,除了丝织、棉织、制瓷业外,在江南的冶铁、银矿、造纸、制茶、木材、农业等多种行业中,也都出现了施润泽式的手工

大明通行宝钞

作坊，或手工工场。在这些地方也都有人市，每天黎明都聚集着成千上万的无产者在那里自由地出卖自己的劳动力。同时，乡间破产的农民不断涌来，充作这劳动力市场的后备军。

雇佣者与被雇佣者成千上万地出现，在中国这个以地主和农民为主要阶级构成的传统封建王国里，是个破天荒的事，带来不少新的社会问题，出现了不少新鲜事。

比如，货币首先起了变化。明初禁用金银，七十几年以后开始放松了。嘉靖以后，连国家的赋税也折银征收了。与之相应的地租形式也由实物向货币过渡了。

货币的变化，需要大量的白银。先是在国内大开银矿（戚继光在浙江招募的三千人就大多是银矿矿工），随之墨西哥的白银也经菲律宾转输到中国来了。

与白银相伴而来的，还有美洲的玉米、烟草，以及吕宋的番薯等农作物，也都在中国土地上扎根了。

随着国内外商品经济的发展，人们传统的鄙视商业的观念也正起着变化。明初禁止四品以上官员做买卖。这时不同了，大官小官都经商,而且官越大,买卖也越大。贵族、王孙、宰相、皇帝,争相经商逐利,再也顾不得什么身份、地位了。

同时,社会风气也起着变化。过去妇女衣着很朴素,嘉靖以后,讲究漂亮、华丽了。往昔宴客,四菜一汤就可以了,这时已讲究八碗、十二碗、十六碗了。往时只有文士在名、字之外,再起个号,以示风雅。这时,连普通百姓,甚至乞丐也有别号了。时尚如此,难怪那施复在有了三四张织机后,邻里也庆他个雅号润泽了。

社会现实起着变化,文坛、舞台上也反映出来了。过去的书胆或主角多是帝王将相、显官贵戚,现在不同了,丝绸场主、珠宝商人、药铺掌柜、金银铺老板,以及卖油郎、妓女等,也都可以成为书胆或主角了。白话小说也适应市民的兴味迅速发展着。那载有施润泽发家故事的《醒世恒言》就是新兴的市民文学之一。

总而言之,雇佣与被雇佣者,这些市民的主要成员,已经作为新兴的社会力量出现了。然而,他们一出现就遇到了腐朽而强大的对手,并穷凶极恶地抽取他们的血液去补自己已老朽的肌体。史载,仅在万历二十五年(1597)以后的八年间,神宗仅以"矿税银"的名义,就从新的资产者那里攫取了三百万两白银。当时,神宗亲自派出的税监,遍布全国,以致逼得机户停机、窑主歇业、盐工抗税、矿工暴动、市民罢市。史称"城市民变"。

这时在苏州发生了织工抗税的斗争。

万历二十九年(1601),内监孙隆来苏州充任税监,勒令在已征税外,每机加派白银三钱,丝织品每匹加银三分。机户由是纷纷停工,几千织工染工失业。生活无路的织染工匠集结于玄妙观,公推织工葛贤等几人为首,进行游行示威。两千人的队伍,高喊着"赶走孙隆,杀死税棍"的口号,雄赳赳冲向税监衙门。有首民谣描绘当时的壮烈情景说:

揭尔木,斩尔竿。千人奋梃出,万人夹道看。随我来,杀税官!

斗争坚持了三天,税官、恶棍等被打死的有十六七人,税监衙门给放火烧了,太监孙隆化装逃跑了,加派的税银,知府出面宣布取消了。斗争胜利了,机户开工了,工匠又复业了。

时过不久,朝廷派兵来镇压。工匠领袖葛贤为保护其他工友,挺身投案,自认首倡,被关入狱中。织工闻讯又群聚而来,包围了知府衙门,去狱中给葛贤送衣送酒进行探望的,络绎如市。知府恐激成大变,一时未敢杀害葛贤。

在苏州织工抗税的万历年间,山东临清、辽宁锦州、陕西咸阳、江西景德镇,以及福建、云南等全国几十个城镇都发生了抗税和反税监的斗争,此伏彼起,如火如荼。神宗慑于形势,终于不得不全部撤回派往各地的税监,以求缓解。

葛贤被关押了十二年后终被释放,后死葬于虎丘。织工为之建祠立碑,尊称为"葛将军"。其墓今日犹在。

机户施复与织工葛贤所代表的新的社会力量,以及由之而产生的新的社会现象,明代人已经感觉到了。但述而未名。现代史家方比照西方历史,称之为"资本主义萌芽"。这个初萌的幼芽虽然软弱,但它的出现却意味着老态龙钟的封建制度行将就木。它虽然未能成为中国封建制度的掘墓人,却为封建制度的灭亡敲响了丧钟呢!

竟呼"九千九百岁"
——明朝厂卫与阉祸

明初洪武年间,有天,大学士宋濂在家请客喝酒。第二天上朝,明太祖一见就问他昨天请了些什么人,做些什么菜,喝的什么酒?宋濂如实一一回答。明太祖听了高兴地说:"全对,没有骗我。"说着拿出一张图,是昨天宴会的座次位置情况。宋濂一见不由吓出一身冷汗来。

这是明初的事,后期这类事就更严酷了。

天启(1621—1627)年间,京城有四个百姓相聚夜饮。一人贪杯,酒酣耳热后,骂起当权的阉宦魏忠贤来,其他三人皆不敢出声息。骂者话音未落,突有便衣数人冲入,捉四人而去。

魏忠贤见四人来,下令将骂者当场剥皮处死,另三人赏钱放还。生还者都吓得魂飞魄散,险些得了疯疾。

这些监视官吏、百姓的爪牙，就是明代的厂卫特务。

厂卫的"卫"，是锦衣卫的简称。锦衣卫，原是护卫皇帝的亲军。明太祖时疑心大臣们的忠心，就派锦衣卫的校尉作耳目，去监视大臣们的言行活动。由是，锦衣卫变成了皇帝直属的特务机构。这些特务，草菅人命，作恶多端。他们统穿白皮靴，京师百姓一见白皮靴来，无不畏之如虎。

厂卫的"厂"，是指东厂、西厂、内厂，也是特务机构。

明成祖在位时，感到锦衣卫到底是属于兵部的外官，终不如属于宫廷的内官可靠，永乐十八年建立东厂。东厂的督主由皇帝指派内监来担任，并给予监督锦衣卫的职权。宪宗成化（1465—1487）年间，又设西厂，比东厂人多一倍。武宗正德（1506—1521）年间，又设内厂，东、西两厂也在它的侦察范围之内。三厂一卫，被合称为"厂卫"。

这种叠床架屋的特务机构，是明代黑暗政治的产物，也是封建制度腐烂透顶的一个标志。

再说前述两个故事，初看也许以为差不多，仔细研究，前后颇有不同。其不同点是：一，明初的特务机构，控制在皇帝手中，后期，已成为太监专政的工具了；二，初时的任务是监视勋戚大臣，恐其图谋不轨，后来，已滥及百姓，形成社会恐怖。明后期，特务如蚁，遍及全国。百姓但凡见有华衣怒马，操京师口音者，即惊恐相告，远远逃去。

在明代，厂卫与阉祸相表里，同为时代性的癌症。

每当提到明代宦官，人或以为刑余之徒无一好货。其实，宦者中也颇有为人正派，为国家、为民族建有卓著功勋的。比如郑和、怀恩、金英等，均为史家所褒扬。但是，总的说来，更多的则是祸国殃民的丑类。臭名昭著的有王振、汪直、刘瑾、魏忠贤等，余类甚多，难以尽述。

王振前已提及，土木之变后被抄家，家藏金银六十余库，玉盘百余，高达六七尺的珊瑚二十余株。

汪直为宪宗时太监，成化年间专权六年，时谓："今人不知有天子，但知有汪太监！"

刘瑾是武宗时的太监，公卿皆出其门下。后以谋叛罪被捕，审讯时，他竟然高声大言说："尔等哪个不是出自咱家的门下，谁人敢来问我！"主持查讯的刑部尚书刘璟吓得上牙打下牙，百官皆退。这时只有驸马都尉蔡震站出来说："我是皇亲，不出汝门，能问你吧！"审讯才进行下去。

这些阉竖如此跋扈，但比起熹宗时的太监魏忠贤来，却又是小巫见大巫了。

魏忠贤，原出身于无赖，入宫时侍奉皇孙朱由校，并与朱由校乳母客氏通奸，由是得宠。由校即位，是为熹宗，年仅十六岁，只知嬉戏，一切大权都操在魏忠贤手中，内廷外臣中的趋炎者，皆拜倒在他的门下，形成阉党。其名目有"左右护卫"、"五彪"、"十狗"、"十孩儿"、"四十孙"等名目。这批人专门投匦告密,陷害异己,以致弄得世人侧目,举国不安。

阉党横行,也引起朝野正人君子的抗争。朝臣如杨涟、左光斗等接连冒死进谏,要求罢黜阉宦魏忠贤,结果反遭放逐和迫害。这些人被放逐后,在书院讲学,有时不免评议朝政,阉宦便以"东林党"的罪名,捉来屠杀,一批批正直的官僚,就成了魏忠贤的刀下鬼。

昏庸的皇帝为打击"东林党人",竟下令毁坏天下一切书院为魏忠贤建立生祠。延安的魏忠贤生祠盖的是琉璃瓦,犹如皇家殿宇;苏州的生祠中魏忠贤偶像是"金身冕旒"。凡进祠不拜者,即处以死刑。魏忠贤所到之处,官民遮道伏首,还要口呼"九千岁!"更有邀宠者竟呼曰:"九千九百岁!"

自古以来,阉人威势至魏忠贤可说是达到了登峰造极的地步。

更为有趣的是,后来,这个目不识丁的魏忠贤被奉为圣哲,将其牌位抬入孔庙,"配享孔子"。皇帝每年春秋两季祀孔,同时,也要向这个刑余家奴的牌位行三跪九叩首的大礼。这是何等的荒唐,何等的滑稽!

魏忠贤在熹宗死去,思宗继位后,终被罢黜,畏罪上吊了。

祸国殃民的魏忠贤死了,但是厂卫制未废,内监仍然受宠,大明王朝一天天在腐烂下去,不可收拾了。

五十二、明王朝的覆亡

明朝晚期,阉祸日滋,边患日紧,百孔千疮,内外交困,正在日甚一日地腐烂下去。恰在这帝国大厦将崩之际,公元1628年,朱由检继皇位,改年号为崇祯。崇祯帝一登极,先是放逐了祸国殃民的那个人称九千岁的宦官头子魏忠贤,罢黜了阉党。接着,重新起用了镇辽名将袁崇焕,以及一批老臣宿将。看样子,这位年方十八岁的皇帝,雄心勃勃,意欲刷新朝政,以图中兴呢。然而,年轻皇帝的时运却实在不佳,一继位,御案上就堆积着读之令人不寒而栗的一本本奏疏。

《备陈大饥疏》
——明末的土地危机

《备陈大饥疏》是那御案上的一份奏疏,陈述的是崇祯元年陕北饥荒的景况。文中有言曰:

臣乡延安府，自去岁（崇祯元年）一年无雨，草木枯焦。八九月间，民争采山间蓬草而食，其味苦涩，以延不死。至十月，蓬草尽，则争剥树皮以充饥，以求缓死。迨年终，树皮又尽矣，则掘山中石块（一种白色黏土，名观音土）以果腹。石性冷而味腥，少食辄饱，不数日则腹胀下坠而死。

最可悯者，如安塞城（在延安城北约25公里）有翳城之处，每日必有一二婴儿被弃其中。有号泣者，有呼其父母者，有食其粪土者。至次晨，所弃之子已无一生，而又有弃子者矣。

更可异者，童稚辈及独行者，一出城门便无踪迹。后见门外之人，析人骨以为薪，煮人肉以为食。始知前之人，皆为所食。而食人之人，亦不免数日后面目赤肿，内发燥热而死矣。

由是也，死者枕藉，臭气熏天。县城外掘数坑，每坑可容数百人，用以掩其遗骸。臣来之时，已满三坑有余，而数里以外不及掩者，又不知几许矣。

同疏中还有语指斥官吏不设法救济，反强逼赋税，以致民有不甘死者，始相聚为"盗"，杀官吏，掠富室云云。

这奏疏写于崇祯二年四月二十六日。那时，灾荒连年，百姓处在水深火热之中，类似的奏疏在崇祯御案上还不知有几多呢！

崇祯帝看了这些奏疏，对陕北饥民似乎也颇有些怜悯之心。因之，他曾一次次宣布撤乐、减膳，甚至连肉也不吃了。然而，这无补于事，饥荒在蔓延，灾民已易子而食，吃自己的亲生骨肉了。

当年有首民谣唱出了百姓的怨怒：

老天爷，你年纪大，耳又聋来眼又花。你看不见人，你听不见话。杀人放火的享着荣华，吃素看经的活活饿杀。老天爷，你不会做天，你塌了吧！你不会做天，你塌了吧！

在这样的背景下，覆地翻天的农民大起义首先在陕北爆发了。陕北一呼，黄河中游的几百万饥民蜂起响应，其势有如黄河溃堤，一泻千里！

当时农民起义的总部名称三十六营，各营领袖大多是陕北人。比如，著名的领袖闯王高迎祥，就是那《备陈大饥疏》中提到的安塞人。另一出色首领八大王张献忠，即延安府柳树涧人。

这样大规模的农民起义在中国历史上是屡见不鲜的。西汉、东汉、李唐以及元王朝，都曾因之而倾覆。明太祖借农民起义起家建国，明王朝也终于重蹈覆辙。究其根源，历代农民起义的直接导因虽往往是天灾，但本质的原因却是人祸，即地主阶级亲手制造的与封建制相始终的周期性土地危机。一般说来，每个王朝初建时，都曾竭力使流亡的农民重新回到土地上去。尔后，随着生产的恢复和发展，土地集中也就又重新开始了，以致弄得富者田连阡陌，贫者无立锥之地。这一矛盾，一遇灾荒，也就突然激化，农民大起义也就爆发了。这种历史现象前已多次叙及，明王朝也是如此，故而姑且从略了。

周期性的土地危机是封建制度的不治之症，任何一个帝王将相也不可能去根治它。同样，崇祯帝也不可能有所作为。他虽不甘心明帝国在这一危机中灭亡，可他最终也只能坐以待毙。

"迎闯王，不纳粮"
——明末李自成起义

崇祯八年（1635），明末农民战争进入了一个新阶段。

几年来，崇祯帝对起义农民时剿时抚，连连失败，已几次易帅了。这年，明廷又任命洪承畴为兵部尚书，总督军务，妄图将各地义军驱至河南，聚而歼之，一网打尽。洪承畴已传令各地，年初正在加紧调兵遣将。

与之同时，在河南荥阳镇上，义军正在召开一个重要的军事会议。高迎祥、张献忠、马守应、罗汝才等十三家七十二营的大小首领们，正济济一堂，共商破敌大计，史称"荥阳大会"。

几年来，各地义军多是孤军奋斗，各自为战，势薄力单，吃尽了官军的苦头。现在,大家都被压缩到河南一地,形势险恶,只有联合却敌,才是唯一出路。然而,会议进行多时,仍意见纷纭,莫衷一是。

马守应提出重新打回河北去。

张献忠认为那是自取灭亡,坚决反对。

彼此各持己见,几成僵局。顿时,会议气氛紧张起来,肃穆而低沉。

恰在这时,有位年轻将领蓦地站了起来。只见他,个子不高,腰背宽大,粗壮有力,突颧骨,深眼窝,高鼻梁,目光炯炯,说道:"大丈夫,孤身尚且奋斗,何况咱们有着十万兵马呢!他来个包抄合围,咱就来个分兵定向,四面迎击。官兵腐败,又奈我何!"

这年轻将领的闯劲与胆略,鼓舞了与会的各家领袖,一致赞成联合行动,遂分兵定向。有的南向抵挡川湖兵,有的西向防御陕西官军,有的北上控制黄河,防备河南官兵,有的作为机动部队,往来策应。高迎祥、张献忠人多势强,作为主力,向东主动出击,以调动官兵,打乱洪承畴的战略部署。

各地义军,从分散走向联合,并共商大计,制定统一战略。这在往日的农民战争史上是没有的。这是个了不起的创举。

荥阳大会以后,高迎祥、张献忠联兵东进,一路上风驰云卷,不到十天就攻陷了明太祖朱元璋的老家安徽凤阳城。崇祯帝闻报中京失守,祖陵被烧,惊惶不已,声泪俱下,最后只好把凤阳巡抚杨一鹏杀了来出气。

明末农民起义的形势出现了高潮。

荥阳大会上提出战略决策的那位年轻将领是谁呢？他就是最终推翻了明王朝的大名鼎鼎的农民领袖李自成。

李自成(1606—1645),本名鸿基,延安府米脂县李继迁寨人。李继迁是西夏政权的建立者,党项族人。李自成曾追尊李继迁为太祖。自成小时曾给地主放羊,后又当驿卒。因不堪地主逼索债务,逃到甘肃当了边兵,后升任统领五十名兵卒的把总。崇祯二年(1629),甘陕地带饥民蜂起聚义,李自成遂乘势杀死长官,率众起兵响应。几经辗转,第二年四月,投靠闯王高迎祥部下,被称作"闯将"。不久,他自领一军,在荥阳大会上,初露头角。崇祯九年(1636),高迎祥被俘就义,李自成遂被拥戴为"闯王"。从此,自成、献忠各为雄长。

崇祯十一年(1638),官兵剿抚并用,义军各自为计,相继失利。张献忠、马守应先后接受明王朝招降,李自成却继续举着战斗旗帜。先败于四川梓潼,仅以十八骑突围得脱;继而又惨败于陕西潼关南原,仅以七骑逃入陕南商山中隐伏。几欲自杀,都被养子李双喜救下。但是,他却誓不降敌,在隐伏中总结经验,研究战略,准备东山再起。

这一年,陕西、河北、湖广等地斗争形势急转直下,出现了低潮。但是，崇祯帝与朝臣们还未来得及庆祝他们的胜利，东北的清兵已打入关内，直逼京师城下。崇祯帝遂飞檄河南、陕西，调兵入援京师，以救燃眉之急。

官兵北上，义军获得喘息，又乘虚再起。

崇祯十二年（1639）五月，张献忠、马守应在湖北重新举起了反明旗帜。

转年九月，李自成也乘势从四川巴西鱼腹诸山（在今四川绵阳）中杀出，以五十骑经湖北打入河南。那几年，河南连年遭受风灾、旱灾，赤地千里，斗米万钱，饥民遍野。当闯王旗重新竖起，百姓奔走相告："闯王又打回来了！"不及一月，相聚而来的有数万人。同时，杞县举人李岩、卢氏举人牛金星、卜者宋献策等一大批文士也先后相投而来，从而形成了义军的智囊团。不久，李自成在李岩等人的帮助下提出了"均田免赋"的斗争纲领，并进行军事整顿，严明纪律，规定："马腾入田，践苗者斩"，"杀一人如杀我父，淫一妇如淫我母"，"宿营不准占据民房"等等。所到之处，开仓济贫。故而，百姓争颂闯王，相传"迎闯王，不纳粮"。时有谣曰：

吃他娘，着他娘，吃着不够有闯王。不当差，不纳粮，大家快活过一场。

李自成以五十骑入河南，不到半年，已拥兵百万。

崇祯十四年（1641）正月，李自成攻下洛阳，抓获了福王朱常洵。福王是个占地二百万亩的贵族大地主，作恶多端，民愤极大。义军在城中置酒召开庆祝大会，将其抓来烹熟，杂以鹿肉，借以佐酒，故而名曰"福禄酒"。然后，发其藏米数万石，藏金数十万两，以济饥贫。那贫无立锥之地的饥民欢呼腾跃，山呼万岁！

当闯王攻占洛阳时，张献忠正在湖北、四川与兵部尚书杨嗣昌相周旋。

初是在湖北，杨嗣昌大败张献忠。张献忠遂避其锋锐转入四川去了。杨嗣昌尾追不放，也进入蜀中，并先后同四川巡抚邵捷春、参军廖大亨联兵，前后堵截。同时，杨嗣昌还出告示说："有斩张献忠首级者，赏银万两。"命令刚下了一天，杨嗣昌所部兵营中到处有揭帖："有能杀杨阁部来者，赏银三钱。"杨阁部即指杨嗣昌。杨嗣昌闻知，惊愕不已。

正当杨嗣昌无计可施时，张献忠率部出蜀，一日夜急驰三百里，进至湖北襄阳，半夜赚开城门，抄了杨嗣昌的大本营。将士们在庆祝胜利的大会上高兴地唱道：

前有邵巡抚，常来团转舞。后有廖参军，不战随我行。好个杨阁部，离我三天路。

张献忠攻克襄阳，抓到襄王朱翊铭，请他赴宴，并斟酒与王饮,说:"王本无罪,罪在杨嗣昌。我欲断其头,而其远在蜀。今日暂借王头,令其陷藩得罪,他日当以嗣昌偿王。请王努力尽此一杯!"

杨嗣昌出蜀以后,方知福王、襄王已死在义军之手,顿足不已,自度罪责难免,遂在湖北沙市自尽了。

从此以后,在大约两年间,义军连续五次击溃官兵主力,扭转了敌强我弱的形势。接着,明末农民大起义进入了决胜的历史阶段。

崇祯帝煤山自缢
——大明王朝的完结

崇祯十七年(1644)二月初一,崇祯帝一上朝,忽见侍臣呈上一通牒,启封视之,是李自成勒令朝廷早日投降,末尾说:限三月望日至顺天,勒令尔等赶快去会同馆投降。君臣见此,相顾失色,忧心如焚,遂罢朝了。

几天后,崇祯帝下了罪己诏书,痛陈朝廷的弊政,历数自己为君的罪过。文辞也还恳切,但已经迟了。旬月间,传警频至:太原陷落……宁武失御……宣府叛降……居庸不守……保定危急……

三月十五日,又接到李自成的通牒,书曰:"十八日至幽州。"时间只有三天了。

十六日,崇祯帝召集群臣,共商如何安民、筹饷的大计,令各人献策。这时,忽有密封传入。崇祯帝启视后,脸色惨白,两手打颤,遂起身入内去了。群臣不知所以,呆若木鸡,伫立多时,方闻昌平已经失守,诸皇陵的享殿已被放火烧毁。义军离京师只有四十公里,危在旦夕了。

原来,李自成自崇祯十四年(1641)正月杀福王,不到两年,已据有河南全境及湖北大部。由是,于崇祯十六年(1643)冬移兵西向,破潼关,克西安,据有甘陕地带。转年正月初一,建国号大顺,建年号永昌,改西安为长安,号西京,自称大顺王,改自己名字自成为"自晟",追封先祖,大封功臣,建立起王朝政权机构。二月,李自成亲率步兵四十万、骑兵六十万,在龙门渡河,破汾州,攻太原,然后兵分两路向京师杀来。

三月十七日,李自成大军提前一日兵临北京城下。

当时,北京城内空虚,只有十五万四千老弱残兵。城上每三个城垛只有守军一人瞭望。这些兵,素无训练,甚至连炊具也不备,一日三餐都上街去买。军饷拖欠甚久,人人叫苦不迭。临到守城,方每人每天发给一百铜钱,人人厌战。崇祯帝派出几千太监督兵守城,用皮鞭抽打他们,刚把这个打起,那个又躺下去。士兵不愿与义军为敌,放炮时不装铅子,并向城下挥手示意,然后才放。

慑于义军的威势，朝廷派出的一批批游骑，即侦察兵，没有一个回来的，都自动去向义军投诚了。

甚至，崇祯帝派出的太监投诚后又缒城去见崇祯帝，盛称义军的威德，劝皇帝不可与战，不如早日逊位。

三月十八日，义军攻城甚急。下午日将落时，崇祯所宠信的大太监曹化淳，向起义军献城，将彰义门（彰义门原是金中都西城门名，后用以称呼广安门）打开，义军遂攻占外城。

这一夜，崇祯帝有如热锅上的蚂蚁，不能安寝了。他先在太监王承恩的伴随下出宫登上了万岁山（亦称煤山，今景山，城中心的制高点），但见环城九门外烽火连天，杀喊声一片，自度大势已去，叹曰："苦我民耳！"徘徊多时，又回到乾清宫，高呼："拿酒来！"连饮数大觥。之后，令送太子及诸王子至外戚家，令皇后与嫔妃自裁。又召长公主，公主年十五岁，崇祯帝见而叹曰："汝何生在朕家！"遂拔佩刀击公主，断其左臂，公主扑地。接着，又连砍伤几个嫔妃。出宫后，欲走安定门，门重不得启。时天已快亮了。

十九日凌晨，崇祯又返回宫中，鸣钟召集百官，结果，再没有一个人来上朝了。这位大明皇帝此时此刻众叛亲离，真正成了孤家寡人。遂再登万岁山，在寿皇亭畔的一株老槐树上自缢身亡了。他在位十七年，年仅三十四岁。大明王朝就此完结了。

明十三陵图

崇祯帝死后,发现在他自己衣襟上写下了一份遗诏,其中有言曰:

> 朕死无面目见祖宗于地下,去朕冠冕,以发覆面。任贼分裂朕尸,勿伤百姓一人。

这位皇帝可算得上一位"贤君"了,临死还不忘"怜悯"百姓呢!

可是,不久,义军发现了封闭了二百二十多年的皇库,是永乐年间封存的镇库金,计有白银三千七百万锭,总重十八亿五千万两。明朝晚期约有五千一百万人口,依此平均,每五口之家,即可得银一百五十多两。设若早把这金库打开,用以赈荒济贫，那么，也就不需要撤乐、减膳、下罪己诏，更不用最后在衣襟上写那些怜悯百姓的空话了！

寿皇亭畔的老槐树，把这位"怜悯"百姓的"贤君"吊死了，是功呢，是罪呢，应该怎样评说？

闯王旗的碎裂
——明末农民大起义的结局

三月十九日天明，老槐树上的尸骨尚温，几十万义军已高举着闯王旗从宣武门浩浩荡荡开进城里来了。中午时分，德胜门内外张灯结彩，锣鼓喧天，人山人海。原来是大顺王李自成在将相们的陪同下正举行入城仪式。李自成走在队伍前边，同往常一样，头戴毡帽，身着青布衣，骑了匹杂色的黑马，但见他气概不凡，精神焕然。街道两旁的铺户人家大门上，都贴上了黄纸，上边写着"永昌元年"和"顺天王万岁"等字样。李自成见此情景，心中好不快意。当转道西长安门，从承天门（清代重修后，改称天安门）进入紫禁城时，望见"承天门"三字，仰天大笑，弯弓一箭，恰恰直挺挺地钉在"天"字之下。众人喝彩。然后催马入宫，登上了皇极殿。皇极殿即今太和殿，俗称金銮殿。

从此，闯王旗在紫禁城上空高高飘扬。

大顺王以皇帝和皇后的葬仪安葬了朱由检夫妻，接连发布了一系列政令,派出了几百名府县官吏,在河北、河南、山西、山东、陕西、四川、江苏、湖广等地建立地方政权,以为这样就可以稳住基业了。但是,胜利者们忽视了在江淮以南还有五十万官兵没有放下武器,已失败的全国地主官僚,因面临着灭亡的命运而正在激烈地反抗。特别是去京师不远的重镇山海关仍控制在明将吴三桂手中。而关外满洲贵族们对中原的大好山河也早就虎视眈眈了。同时,更为严重的是,伟大的胜利使义军将士冲昏了头脑,以为从此天下太平了。宰相牛金星在京城里正忙于结党营私,天天身着玉带蓝袍,手拿洒金扇,坐着大轿在访问同窗故旧,以显威风。将领们正忙于聚敛财富,过起了莺歌燕舞的享乐生活。几十万义军住在城内,也滋生着和平麻痹思想。不少士兵掠夺的财物已成了沉重的包袱,无心打仗。更多的善良农民出身的战士,以为大功告成,该回家和婆娘种地去了。大顺王李自成虽然没脱去进城时的那套戎装,并曾在皇极殿召集父老询疾问苦,但是,他作为义军的统帅、领袖,对敌我双方各自出现的新形势、新情况都没有清醒的认识,犹如盲人骑瞎马,其前途也就不可卜了。

大顺王朝的智囊团,在新形势下理应为大顺王提出新的战略方针以及相应的政策。但是,由于牛金星的腐蚀,彼此都在钩心斗角,以致置国政大事于不顾了。

不久,山海关总兵吴三桂叛明投清。李自成率军二十万出讨吴三桂,在山海关西十里的石河一带遭吴三桂与清兵的夹击,大败而回。吴三桂遂引清兵日夜兼程,直逼京师而来。

李自成四月二十二日战败,二十六日逃回京城,二十九日在武英殿匆匆举行登基大典,称大顺皇帝。第二天,即仓皇撤离北京了。

吴三桂与清兵尾追不放。

李自成在河北连连失利,身负箭伤,遂引军入山西,拟退守关中,再图兴复。这时李岩献策,派一支兵去河北、河南组织军民抗敌,以分敌势。牛金星却借机进谗说:李岩心怀叵测,意欲背主自立。李自成连连失败,心绪烦躁,也顿起疑心,竟鲁莽地将在全军颇有威望的李岩杀掉了。主将刘宗敏闻讯,暴跳起来,咬牙切齿,欲与牛金星火并。宋献策见势不妙,吓跑了。

从此,闯王旗被撕裂了。

李自成从山西败走西安,又遭清兵的两路夹攻。意欲去四川,前锋又被互相不和的张献忠所阻。遂经商洛,入湖北,走襄阳,又连吃败仗。主将刘宗敏战死,宰相牛金星独自悄悄溜走投敌去了。

大顺王朝永昌二年(1645)四月下旬的一天,李自成率二十骑正在湖北省通山县九宫山察看地形,在牛迹岭下突然遭到了乡勇袭击,牺牲了。年四十岁。

二十世纪五十年代,曾在牛迹岭上建立了闯王陵,以纪念这位农民领袖的历史功勋。

但是，三百多年以来，李自成究竟死在哪里，是湖北，还是湖南，一直是有争论的。

有种说法是，李自成当时未死，而是在湖南省石门县夹山的灵泉寺出家为僧隐迹了。法号奉天玉。直到公元1674年二月方才辞世，享年近七十岁。此说始于清代乾隆年间，已有二百余年。最近发现一批文物，可证此说并非向壁虚构。

但持李自成死于湖北省通山县九宫山之说的，也有根据。特别是近年新披露的一份历史资料，名《甲申岁弋闯志》，即当年一位叫朱万年的秀才写下的目击乡勇头目程九伯等人杀害李自成经过的记录稿。此稿已秘藏三百多年，今方在《武汉师范学院学报》公之于世。

通山的李自成墓，现今已是国家重点文物保护单位。

这里，还得说说与李自成并称雄长的张献忠。当李自成威镇河南、河北时，张献忠一度遭遇惨败。崇祯十七年，李自成称大顺王渡河北上时，张献忠率部再次打入了四川。当李自成撤离京师，节节南逃时，张献忠在成都称大西王，建元大顺，改成都为西京，整顿军纪，深受当地百姓拥护。

李、张两部由于各自称雄，分道扬镳，始终未能联合起来。当然，他们的斗争在客观上是互相策应，互为屏障的。李自成惨败，张献忠也就失去了屏障。他虽有西南一隅，但已孤掌难鸣。

李自成死后,他又奋战了一年多,最后在与清军激战后,又遇伏兵,死于四川北部的西充凤凰山下。时在大顺三年十二月,亦清顺治三年,即公元1646年。

闯王旗的碎裂,八大王的牺牲,标志着明末农民大起义结束了。但是,两支义军至此仍拥兵几十万人。只因清兵入关,民族矛盾的激化,他们先后同南明朝廷联合,共同进行抗清斗争。他们又经过了大约十六年的浴血奋战,也终于失败了。然而,他们却给后人留下了许多可歌可泣的英雄形象,永为后世所景仰。

五十三、大清与南明

公元1644年,在明清史上是不寻常的一年:

三月,京师城破,明王朝崩溃了;

四月,闯王在京称帝,第二天就撤离京城;

五月,顺治迁都北京,开创了大清王朝;

同月,南明的金陵小朝廷也宣告成立。

不久,清廷派出几十万旗兵,挥戈南下,跨黄河,过长江,意在鲸吞全国。

一场腥风血雨在席卷神州,成千上万的汉族优秀儿女奋起抗清,整个中国沸腾了。

这里将要叙及的就是这段残酷的然而又是威武雄壮的兴亡史。

萨尔浒之役和八旗制度
——清太祖的肇基开国

在长白山下古来就有个美丽的传说:

在古老的年代，天上有三位仙女飘降到人间，来到长白山下的布勒里湖中洗澡。她们正玩得高兴，忽见一只神鹊衔了枚朱果飞来，放到岸边，叫了几声就飞走了。老三佛库伦动作轻捷，游到岸边，见那果子红通通，亮晶晶，爱不忍释。穿衣时，含在嘴里，可一不小心竟咽到了肚子里。她因而怀了孕，生下个男孩。这仙女所生的男孩就是满族的始祖，名叫爱新觉罗·布库里雍顺。

这个有关满族起源的神鹊故事，同殷人的玄鸟生商的传说大同小异，这或许是满人与殷人的先民都曾以鸟作图腾的缘故吧！

满族的历史也是相当古老的，先秦称肃慎，隋唐称靺鞨，五代以后称女真，明崇祯九年（1636）才改称满洲。满洲是族名，但"洲"字义近地名，故也假借作地域名称，相沿既久遂不改。同时，族名却省却了"洲"字，而直称为"满"了。

明后期，当历史上的金朝被灭国三百多年之后，女真族又出了位英雄人物，即清太祖努尔哈赤（1559—1626）。

努尔哈赤属建州女真的一部。当时，女真族散居中国东北，共分四大部分：

建州女真——生息在牡丹江和图们江流域；

海西女真——居住在松花江流域；

东海女真——生活在乌苏里江及其以东的滨海地区；

黑龙江女真——聚居在黑龙江流域。

努尔哈赤,早年丧母,以挖人参、采松子辅助家庭生活。通汉语,喜读《三国演义》。二十五岁时,以十三副铠甲起兵,经过三十几年努力,基本上统一了女真各部。于是,在五十八岁时,在赫图阿拉城(今辽宁新宾)穿起黄衣,称起皇帝来。建国号"金",史称后金,自号天命。因其不曾建元,故后世即以"天命"作努尔哈赤朝代的年号了,天命元年,即公元1616年。

努尔哈赤的金朝,只是中国的一个地方性的政权。

努尔哈赤在统一女真的肇基时期,是尊明的,并接受明廷龙虎将军等封号。开国后的第二年誓师反明,出兵大掠抚顺城。第三年,明廷兴师伐罪。努尔哈赤兵将虽少,却勇敢沉着,在萨尔浒一役,以迅雷不及掩耳之势,歼灭明师主力杜松部四万余人,旋又集中兵力歼灭明师另外两路,共歼十余万人,大获全胜。

萨尔浒在今辽宁省抚顺市东。

萨尔浒之役在明清的兴亡史上是一场战略决战。从此,努尔哈赤在辽东战场上夺得了主动权,进据辽河流域,迁都于沈阳,后金的政权稳固了。明廷兵将却从此龟缩于山海关,虽先后有名将出镇关隘,然而,却只是被动的防御了。后来,清高宗(乾隆皇帝)东巡至此地,曾立碑纪功,赋诗曰:

铁背山头歼杜松,手麾黄钺振军锋。至今四海无征战，留得艰难缔造踪。

今天，萨尔浒古战场已淹没在二十世纪五十年代修建的大伙房水库之中，可那铁背山、萨尔浒山却仍然屹立在碧波之畔，充当那明清兴亡史的见证。

努尔哈赤的肇基之功甚多，在历史上值得一书的还有"八旗制度"①和制定满文②。八旗制度是从中央到地方的社会组织形式，兼有军事、行政、生产的多种职能。它的创立将原来散漫的居民统一了起来，也是后金强大起来的重要原因之一。满文的制定也是一件大事，它对借鉴汉文，发展其民族文化，促其社

---

①　八旗制度，是努尔哈赤于公元1601年创立的一种社会组织。始初只有黄、蓝、红、白四旗。后人口日众，复增设镶黄、镶蓝、镶红、镶白四旗。始称八旗。满语称旗为"固山"。一固山下设五甲喇，一甲喇下辖五牛录。牛录为最基层单位，规定三百壮丁编为一牛录。依此数计，每旗有丁七千五百人。八旗有丁六万人。

皇太极时，又将降附的蒙古人和汉人编入"蒙古八旗"和"汉军八旗"。以后，牛录有所增加，但旗数不再增加了。

八旗制度初创时，兼有军事、行政、生产方面的职能。凡满族成员统编入八旗之中，平时生产，战时从征。故而满人又称旗人。入关后，满族统治阶级以八旗制度作为统治工具，生产意义日趋缩小，而军事意义膨胀起来。最后，伴随着清王朝的日益衰亡而瓦解。

②　满文，是一种拼音文字，有六个元音字母，二十二个辅音字母。另有十个字母是专为拼写汉语借词用的。字母不分大、小写，但在构成音节，出现在词首、词中、词尾时，均有不同形式。书写方式是自上而下，自左至右。

满文最初是努尔哈赤于公元1599年下令仿蒙古文字创制的。皇太极继位后又于1632年下令改进满文。改进的满文称新满文，原来的称老满文。新满文中为区别字音加点加圈，故又称为圈点满文。老满文也因之被称为无圈点满文。

会制度的加速封建化,都有莫大功绩。

今天,八旗制度已成历史陈迹,满语与满文也都正在消亡。且前,只有黑龙江的爱辉、富裕等地的部分满人中仍说满语,用满文,在其他地方它只是少数学者研究的内容了。尽管如此,努尔哈赤的历史功绩仍是应该褒扬的。

努尔哈赤戎马一生,攻必克,战必胜。可是,公元1626年春,当他率兵攻打宁远堡(今辽宁兴城)孤城时,却被明将袁崇焕的大炮打得大败而归,几个月后含愤去世了。

"冲冠一怒为红颜"
——吴三桂的启关卖国

后金国主努尔哈赤死去,继之而立的第八子皇太极也是一代雄主。乃父一世意在割据辽东一隅,无甚远图,可他却不安于辽河之滨,而欲问鼎中原了。十年后,皇太极改国号"金"为"清"。据说是因金人曾进犯中原,名声不爽,故改号以避免引起往昔的民族仇怨。其实,金、清也只是汉译时字形有所不同,而在满语中两者发音本是一致的,满文拼写也是相同的。事实上,皇太极也正是在改号以后才步金人后尘,南征朝鲜,北败索伦(索伦是对黑龙江以北至外兴安岭地带各部落、民族的统称),西毁长城,几逼京师,虎视中原的。可是,这位雄主的凤愿未偿就与世长辞了。

皇太极的八岁小儿福临承继皇位,弟摄政王多尔衮辅政,转年改元顺治元年,即1644年,也就是前面所说的那不寻常的一年。皇太极大概不曾想到他经营了十七年未能实现的雄图,在乃子继位后的头一年就顺利实现了。小皇帝何以如此幸运呢?据说与这同一位叫陈圆圆的绝代佳人有关。且先看看事实的原委,再做结论吧。

顺治元年二月,清廷致书李自成说,愿与将军联兵灭明,共分天下。当时,李自成正经由山西向北京进军。李自成视清为鞑虏,接到此信后,理所当然地予以搁置了。

山海关老龙头渡口

当李自成入京,闯王旗已在紫禁城上空飘扬的时候,清廷摄政王多尔衮兵出沈阳,正向山海关进发。

这时,驻守山海关的明朝总兵吴三桂正在左顾右盼,不知何去何从,忽接其父吴襄手书,言称自己已做闯王顺民,令其也尽快倒戈投诚。于是,吴三桂为自全之计,有意投顺。这时,闯王已派人来犒军,送来白银四万两,彼此已通声息。正在这个关节上,忽有吴三桂家奴来报,说:"家已被抄了,老太爷也被抓走了……"吴三桂听到这里急问:"圆圆呢?"那家奴说:"奶奶也被贼将刘宗敏强占去了。"吴三桂顿时火起,拍案大呼道:"大丈夫连一女子也不能保,还有何面目做人!"这样,吴三桂遂立即修书给清廷,"泣血请兵",引狼入室,叛明投清了。

陈圆圆何许人呢?陈圆圆本姓邢,名沅,字畹芬。原为苏州名妓,后入京师。吴三桂在一次宴会上偶然与其相遇,一见倾心,遂不惜千金为质,纳之为妾。从此,陈圆圆成了吴三桂的心肝宝贝儿。所以,吴三桂一听说圆圆被夺去立刻怒发冲冠!明末清初大诗人吴伟业曾作有一首著名的《圆圆曲》,其中有句道"冲冠一怒为红颜",就是讽述这段故事的。

吴三桂既降于清,却又不肯丢掉那四万两白银,故仍伪装归顺,接纳了银两,并袭杀了送银的使臣及随从五千人马。这时,他才给吴襄复信,"义正词严"地责备乃父认贼作主,不忠不义!

吴三桂向清廷乞兵的特使未到沈阳,在翁后即与摄政王大兵相遇。故当李自成率兵与吴三桂激战于山海关西石河一带时,清兵猝然而至,以致李自成大败。

李自成兵败后,方传令京师,将吴三桂全家三十八口逮捕处斩。有趣的是唯有陈圆圆得脱,重归吴三桂。多年以后方在云南病终。所以那位诗人又写道:

全家白骨成灰土,一代红妆照汗青。

吴三桂这位明廷的镇关总兵,引领清兵浩浩荡荡入京,原来明廷的文臣武将,个个衣冠楚楚,出郊列队跪迎。不久,小皇帝福临也被簇拥入京。从此,清廷从一个割据的地方政权,一跃为一代封建王朝,统治中国达二百六十余年之久。

这就是吴三桂叛降清兵入关的经过。

在这一过程中,乍看起来,陈圆圆事件这个偶然的因素似乎起了关键的、决定性的作用。陈圆圆也曾因之被人辱骂了几百年。然而,类似的历史事件是很值得探讨的,即历史的偶然性终究对历史的必然性起怎样的作用?

这里,不妨先考察一下明亡后的历史形势。

当时,在关内,明廷已亡,这个腐朽透顶的封建王朝不可能重振复兴;而大顺军入京后官兵的急剧腐化,也表明它虽然取得了胜利,却不可能巩固这个胜利。在关外,清廷已经崛起,它正生气勃勃,窥伺中原,意欲饮马江河。同时,关内的失势的地主阶级不甘心灭亡,正拼命反抗。他们与清廷虽有山关相隔,却同气相求,遥相呼应。因此,不管驻守山海关的吴三桂当时取何种态度,关外清廷与关内失势的原统治阶级联合起来与大顺争雄的战争已迫在眉睫,势不可免。

吴三桂的冲冠一怒,看似偶然,却是官僚地主阶级为维护其阶级根本利益的必然结果。正是如此,他才得到了关内失势地主阶级的拥护和支持,称颂他是哭于秦庭的楚大夫申包胥式的"爱国"人物。吴三桂启关,使得清兵得以顺利入主,也使得闯王旗很快倒下去了。可以说,这个民族败类在这历史的转折关头起了推波助澜的作用。然而,却没有理由说因其"冲冠一怒"而改变了历史的总趋势,又何况一个陈圆圆呢?

"垂节义于千龄"
——汉族人民的抗清斗争

清廷定鼎北京,大封功臣,采取了以汉人杀汉人的策略。

吴三桂被封为平西王,引兵杀向陕西、四川和云南;

孔有德为定南王,引兵杀向湖南、广西;

尚可喜为平南王,引兵杀向广东;

耿仲明为靖南王，引兵杀向福建。

这些鹰犬也同吴三桂一样，都是降清的明将，然后又都充作清兵的马前卒，向大明杀来。旗兵几十万人也分作三路督师于后，向江南进发。一场残酷的民族战争开始了。且看顺治二年（1645）的记载：

四月，清兵破扬州，大杀十天，被屠杀的百姓有八十万人。史称"扬州十日"。

七月，清兵攻嘉定，三次屠城，被杀两万多人。史称"嘉定三屠"。

八月，江阴城破，死尸相枕，井井皆满。城内有两大水池，池中均尸叠数层。全城被杀害的达九万七千人。清兵入城，出榜安民时，江阴城可"安"之民只有五十三个人了。

那时候，整个江南在流血，正义与变节在搏斗。当然，这样的时候，告密、暗杀、卖友求荣，种种蛀虫行径是屡见不鲜的。同时，这残酷的时代也是英雄辈出的时代，抗清的南明将领史可法、张煌言、瞿式耜，抗清的义军将领李定国（原为张献忠部下）、李来亨、郝摇旗（原为李自成部下），以及江阴的抗清领袖阎应元、陈明遇等都以民族大义为重，誓死抗清，临危不屈。有名者难以尽书，无名的殉国者又何止千百万呢！

在那千百万民族英烈中，有位十七岁的少年叫夏完淳，他以浩然正气名留史册，后人读史至此，无不为之感动。

夏完淳(1631—1647)，原名复，乳名端哥，号存古，松江府华亭(今上海松江)人。其父夏允彝，是江南名士。老师陈子龙，也是位学识渊博、作风豪迈的文人。端哥七岁时已能诗能文。九岁时已写出了一本诗集，题名《代乳集》。端哥英才早熟，胆气过人，成为江南一代"神童"。他十四岁那年，明朝灭亡了，他即改名夏完淳，投入了抗清斗争。第二年，正当嘉定、江阴奋勇抗击清兵之际，夏允彝、陈子龙也于家乡起兵抗清。他们欲与吴淞总兵吴志葵联兵攻打苏州。夏完淳即作为义军代表被派往吴志葵军中协商作战方略。他们曾一度攻入苏州的胥门，但因寡不敌众，又无援军，终于失败。

夏允彝兵败后愤然投水殉难。

第三年，十六岁的夏完淳又参加了太湖义军抗清，并变卖了家产，捐助军饷。这支义军横行湖上几百里，屡挫清兵。后因奸细的破坏，也失败了。然而，他并不灰心，又远去湖南等地，联络志士抗清，并欲走四川而未果。

第四年，夏完淳返回故乡又与老师陈子龙等抗清义士聚结，图谋大举。可惜，不幸事泄而被捕。

夏完淳镇定自若，慨然赴难。到了南京，一见审问大员是洪承畴，不由怒火中烧，昂然而立，冷眼而视。

洪承畴，号亨九，原任明廷兵部尚书，曾总督河南、陕西等省军务，残酷围剿农民起义军。后调任蓟辽总督抗清，兵败被俘。朝廷皆以为他已殉节,可他却剃发投清了。这时,他又来坐镇南京,镇压义军,招抚江南。当年有志之士,皆视洪承畴与吴三桂同为民族败类。洪承畴却恬不知耻,妄想诱降夏完淳,借其"江南神童"之名,以收拢人心。

这样,美和丑两种灵魂的搏斗势不可免了。

年已五十五岁的洪承畴一见夏完淳,就心怀叵测地说:"你这娃娃懂得什么,显然是受了叛逆之徒的蒙骗,误为人用。从今,你投顺大清,老夫保你前途无量!"

"你才是叛逆之徒!我夏存古乃大明子民,保家保国,何乱之有?"夏完淳又故装不识洪承畴,高声说道:"我年纪虽小,却常听人说,国朝有位洪亨九先生,出镇蓟辽,愤战鞑虏,兵败不降,宁死不屈,一代人杰,名扬天下。我虽晚生,常慕先生之忠烈,仰先生之节义,愿随其后,犹恐不及呢!"

洪承畴听了,面红耳赤,瞠目结舌,手足无措。

左右忙来解围,悄声告诉夏完淳:"本堂正是洪承畴洪大人啊!"

夏完淳却正色骂道:"一派胡说,亨九先生早已战死沙场,为国捐躯。天子亲为设坛哭祭,满朝为之哀悼,大明朝野,谁人不晓?"说着,又手指洪承畴的鼻子,斥责道:"你这叛逆之徒,自己无耻无节也倒罢了,怎敢冒洪亨九先生英名,辱污先烈忠魂!"

夏完淳的一堂巧骂,痛快淋漓。

洪承畴坐在审判席上反受到了无情的审判,心如刀割,却不敢还上一句。

夏完淳从容就义,年仅十七岁。

这位诗星过早地陨落了,可他却给人世间留下一部正气歌《南冠草》,同时也留给后世以气贯长虹的爱国精神。

夏完淳死后与其父均葬于故乡华亭曹溪附近的荡湾村。三百六十多年来受到当地人民的悉心保护。二十世纪五十年代,人民政府曾予以修葺一新。陈毅元帅于1961年为之题写了墓碑。现为上海市的文物保护单位,前往瞻仰者络绎不绝。

抗清的英雄们,一个个倒下去了。但是,他们却"垂节义于千龄",虽死犹生。

"逐荷夷,复先基"
——清王朝的统一

南明先后建立过三个小朝廷,史称南明三帝(弘光、隆武、永历)。这三个小朝廷的官僚大多腐朽糜烂,无所作为,可是,在人民抗清斗争的支持下,却次第坚持了十八年之久。最后,永历帝逃到了缅甸,平西王吴三桂以强兵压境,迫使邻邦将其引渡归来,在昆明绞杀了。吴三桂从启关引兵,到绞杀南明末代皇帝,对其朱姓故主,也算得有始有终了。

南明失败了,这时"国姓爷"的帅旗却插上了台湾岛,仍沿用永历年号,隔海与清廷对峙。

国姓爷是谁呢?即郑成功。

郑成功(1624—1662),原名郑森,字大木,泉州南安(今属福建)人。父名郑芝龙,原为海盗,后降明为臣。母亲田川氏,系日本人。成功出生于日本国河内浦(现在,那里立有郑成功居宅迹的碑石),七岁从日本回国。从小喜读书,好练武。

清兵入关后,隆武称帝于福州,郑成功随父往见,深受隆武帝的器重,赐予国姓(朱),改名成功。从此,人称其为"国姓爷"。

清兵由浙入闽,郑芝龙暗中与洪承畴勾结,尽撤浙、闽交界处仙霞岭的二百里防线。郑成功早已看透其父为人,遂于隆武二年(1646)揭起"杀父报国"的旗帜,起兵海上,夺取厦门为基地,继续抗清。

郑成功强盛时,夺得了四府(福、兴、泉、漳)二十二县,并与南明鲁王的大臣张煌言联军,兵临长江,直逼南京,清廷为之震恐。可是,那时抗清形势已每况愈下,日衰一日。这次也因孤军深入大败而归。

郑成功虽有海上优势,但仅有厦门一隅,不能不考虑立足之地。正这时,与福建隔海相望的台湾百姓正在荷兰殖民者的高压下呻吟，渴望郑成功大军去解救他们。

台湾的面积为36 000平方公里，自古以来就是中国领土。公元1624年，也即郑成功在日本出生那年，方为荷兰殖民者所窃据，强占土地，修筑城堡，推行奴化教育。经济上的掠夺与政治上的高压，迫使台湾居民多次起义。可是，每次都遭到了荷兰殖民者的残酷镇压，仅1652年一次起义失败，遭到杀害的战士与妇孺即达八千余人。

台湾人民盼望郑成功，荷兰殖民当局却害怕郑成功，因而，他们不时派人去厦门以通商为名，刺探郑成功的虚实。谁知这伙殖民者却弄巧成拙，他们派出的通译何廷斌是一位爱国者。他将台湾人民的苦难告诉了郑成功，也将荷兰殖民当局的虚实报告了郑成功，并献上一张台湾地图，敦促郑成功早下决心，尽快出兵。

公元1661年四月，郑成功统率三百五十艘战舰，两万五千名将士，在一个狂风大作的月夜，乘着海潮，绕入了鹿耳门港（在今台南安平港北），直逼赤嵌城（今台南）。

赤嵌城荷兰殖民者的守军，原以为那鹿耳门港滩多水浅，航道仅容两船，是天然险要之地，可以凭借，万没料到郑成功大军突然而至，在张皇失措之际，写给荷兰驻台总督的求援信上，只是说："中国兵从天而降，很危险，很危险！"

援兵未至，赤嵌城已倾城出降了。

郑成功初战告捷,又移兵台湾城(今安平)。台湾城是总督揆一的驻地,四周围墙高耸,防守严密,炮火强大。郑成功攻城之先,先致书揆一,大意说:台湾是中国人开发出来的,自古就是中国领土。我今日来索要,必须归还。贵执事固守危城,兵不过数千,何以对抗我师?若知不敌,揭白旗,举城降。我亦停战,以诚相待,秋毫无犯。若不听忠告,即揭红旗,双方决战。但是,生死之权在我掌中,希望慎重考虑,当机立断。

荷兰驻台湾总督揆一自恃有坚城利炮,粮草充足,第二天在城头上挂出了红旗,并致书郑成功说:他依靠着"上帝"的力量,至死也不会放弃台湾城。可是,当他坚守了八个月,一千六百多人,死亡过半,粮草也快完了,水源也被切断了,又眼看郑成功的大炮雨点似的落下来的时候,他未等死去就举着白旗出来投降了。这天是公元1662年二月一日。

台湾被荷兰殖民者窃踞了三十八年之久,终究又回到中国人民手中。当地居民如同节日似的庆祝这一历史性的胜利。

台湾回归祖国以后,社会面貌发生很大变化。苛捐杂税废除了,铁器大量传入,牛耕也普遍推广,农业生产发展了。同时,郑成功又写信招请福建沿海的几十万居民移往台湾,这为台湾的开发增添了一支重要的力量。

郑成功很关心高山族人民的利益,命令军队屯田不准侵占高山人的耕地,并给高山人种籽、耕牛,还派汉族有经验的农民到高山人居住的番社中去传授先进的耕作技术。郑成功自己还亲到各番社视察,每到一处,都问疾问苦。高山族人民闻讯,也提着酒、捧着菜来欢迎他。

郑成功在台湾设置一府(承天府)二县(天兴县、万年县),规定了官制,制定了法律,还兴办了学校。

这些政策和措施,为台湾经济文化的发展奠定了基础。

郑成功为收复台湾苦心经营了十个春秋,正如他所赋诗说的:

开辟荆榛逐荷夷,十年始克复先基。

可惜,郑成功收复台湾后不到一年就病逝了,年仅三十九岁。

后来,其子郑经继承他的事业,又在台湾经营了十九年,经济发展很快。郑经在公元1681年死去,台湾政权因内讧而四分五裂。两年后,清廷趁机出兵台湾,郑经之子郑克塽归顺了。

这是公元1683年,郑氏的抗清斗争历三十八年终于结束了。清廷也到此时才统一全国。

五十四、清王朝的鼎盛

"康乾盛世"
——清前期的国强人旺

从康熙到乾隆中叶,即自公元1662年至1765年左右,大约百余年间,史称"康乾盛世"。康乾盛世同汉初的文景之治、唐初的贞观之治,都被视为中国封建时代的治世。的确,康乾之世的治绩是可观的。兹略举其大者:

一是康熙时代抗沙俄,平内乱,建立起多民族的统一的国家。其疆域:西到葱岭、塔拉斯河、楚河、巴尔喀什湖;北到唐努乌梁海萨彦岭;东北抵外兴安岭、鄂霍次克海;东到黄海、东海,包括台湾及其附近岛屿;西南至云南、西藏;南有南海诸岛。

一是雍正时代实行"摊丁入亩"的税制,即农业税和人口税统一起来,按地亩征收,从而使中国成为世界上最早取消人口税的国家。

一是乾隆时代的人丁繁多,国家富庶。明末清初,长期的灾荒与战乱曾使中国人口锐减。天府四川，"有土无人"，地尽抛荒；湖南"村不见一舍，路不见一人"；广西罗城，一县之民，仅有六户。经康乾百余年的发展，至乾隆末年人口已超过三亿。这数字是明朝最多人口统计数的五倍，比清初人口最少时，增长了二十余倍。明、清官府的人口统计数字并不十分可靠，但它反映的康乾之世人口骤然增长的趋势是可信的。在当时的条件下，人口如此迅速增长，其富庶之状自不待言了。

康乾虽称"盛世"，治绩亦甚可观，然而，乾隆后期政治已经腐朽，衰败的迹象已经败露。同时，西方的资本主义也已漂洋过海来敲击中国的封建大门。所以，这不仅是清王朝盛极衰来的转折点，也是中国漫长的封建社会将要崩溃的前夕了。

平 定 三 藩
——康熙治绩之一

康熙大帝，即爱新觉罗·玄烨（1654—1722），在中国史上赫赫有名，堪与秦皇、汉武、唐宗、宋祖相并称。然而，玄烨能做皇帝却事出偶然，其原因是因他脸上有几颗浅浅的痘瘢，俗称麻子。

事情是这样的：

公元1661年，二十四岁的顺治就不做皇帝了，或说他死

了，或说他因失恋而出家当和尚了，从而成为清史中三大疑案之一。据宫闱秘闻，顺治是出天花死去的。当时玄烨并不是预定的皇储，可他的皇兄们还都不曾出天花，而玄烨那几颗浅浅的痘瘢却表明他已度过了这人生的劫难。顺治帝垂危时，有感于自己的恶症，为使帝位保持稳定，故确定玄烨为继承人。这就是故事的经过。

康熙皇帝写字像

玄烨继位，是为清圣祖。第二年改年号为康熙。清代同于明代，每个皇帝在位时只用一个年号，故习以年号代称皇帝。所以，又称其为康熙皇帝，或称康熙。

康熙登极时年仅八岁，按顺治的遗诏，由四位功高望重的满族大臣辅政。其中有个叫鳌拜的，为人跋扈，独揽大权，专断朝政。康熙十六岁开始亲自执政，可鳌拜目无君王，势力已成。

有次,另一位辅政大臣苏克萨哈与鳌拜政见不合,发生争执。鳌拜竟利用党羽罗织罪名,诬陷苏克萨哈,强要康熙诏准将其处死。康熙虽年幼,却聪慧明察,不肯批准。鳌拜竟然举拳头,捋袖子,大闹大吵起来。康熙也只好忍让着。后鳌拜矫诏把苏克萨哈处死了。

鳌拜专横,日甚一日。

有天,鳌拜托病不朝,反叫皇帝到他家中去看望他,康熙去了。鳌拜见康熙进门来,一按床席,精神紧张,脸色变了。护驾的侍从急向前去,揭开床席搜出把明晃晃的刀来。侍卫们拔刀出鞘,气氛紧张起来。康熙早把这一切看在眼里,却故意风趣地说:"刀不离身,这是满洲的传统啊!"这一说给鳌拜解了围,气氛缓解了。

可是,康熙从此决心剪除鳌拜。

不久,康熙亲自挑选了一批贵族少年做自己的侍卫,还经常和他们在御花园里摔跤,练把式。鳌拜常常被召入宫议事,也常见他们角力,心想小皇帝贪耍,并不在意。有天,他又被召入宫,刚进宫门,只听一声令下,那群少年蜂拥而上,将他按倒捆绑了起来。当他清醒过来,已被投入大牢了。

康熙抓起鳌拜,下令调查鳌拜的罪恶,而后交付执法机关审判。鳌拜被判处死刑,可他请求自己向皇帝面诉。康熙接见了鳌拜。鳌拜并不申辩,却脱下衣服,露出身上斑斑的伤疤。康熙知道，那是鳌拜当年在战场上搭救祖父清太宗皇太极时留下的，因而从轻发落，只将他革职拘禁，并清除了鳌拜的党羽。

从此，康熙才得以亲自执掌朝政大权。可是，权奸刚除，藩乱又起。

清初，江南封有三王：即平西王吴三桂，驻防云贵；平南王尚可喜，驻防广东；靖南王耿仲明，驻防福建。清廷以三王作屏障，以防南明势力，故被称为"三藩"。藩即藩篱，屏障。

三藩中，吴三桂势力最大，十分骄横，独自为政，不把朝廷放在眼里。顺治时，江南民心不服，南明的抗清势力时伏时起，所以清廷还不能高枕无忧。康熙亲政后，南明势力已被消灭多年，满汉的民族矛盾也日渐缓和，故而这位雄主不能坐视三藩割据称大了。

恰在这时，平南王尚可喜年老，欲回故里辽东，奏请康熙准其子尚之信继其王位，留在广东。康熙正想寻机削弱藩王势力，遂诏准尚可喜告老还乡，却不准其子承袭王位。这一下子触到了三藩的痛处。吴三桂、耿精忠（耿仲明的孙子）都上表奏请撤藩，想试探康熙的态度。

康熙与朝臣聚议，老臣们都说吴三桂是假意撤藩，不能批准，否则他们都会造反。康熙却力排众议，说："吴三桂早有野心，撤藩，他要反，不撤，他迟早也要反。与其晚反，还不如早反。"最后，果断地批准撤藩。

果然,吴三桂一见撤藩令立即暴跳如雷。他原以为自己将中原的大好河山都奉献给了清廷,主子对奴才总该有些知遇,没料到竟然如此无情!于是,吴三桂脱下了清朝王爵的衣冠,又穿起被他已扔掉了三十年的明朝将军的盔甲,跑到昆明城郊,在被他绞杀的南明永历帝的坟前痛哭流涕,说他忠于大明故国,从此要反清为先帝报仇了。虽然,这叛徒的"忠心"只能引起正人君子的厌恶,可他确于公元1673年在云南起兵反清了。

吴三桂一起,耿精忠、尚之信也先后响应,声势很大。三藩势力一下子推进到了长江,占据了半个中国。四川、陕西也起兵响应。这就是"三藩之乱"。

康熙眼见三藩势炽,可却胸有成竹。他调集清兵的主力讨伐吴三桂,而以剿抚兼施的策略分化尚之信、耿精忠。尚之信、耿精忠果然在形势稍有不利的情况下又降清了。吴三桂的处境由是日益孤立,接连失利。五年后,吴三桂眼见日暮途穷,生了场大病,断了气。其孙吴世璠又摇摇欲坠地支撑了三年,当清兵进抵云南昆明城下,也自杀了。

尚之信最后被赐死,耿精忠则被凌迟。

三藩之乱,历时八年,终于被平息了。这场战乱,虽然吴三桂等力图给它披上民族斗争色彩的外衣,可实质却是在清廷治下地方叛乱与中央平叛的一场斗争。

三藩平定后的第三年,台湾也归附了。然而,南国刚刚呈现太平景象，漠北却又起烽烟。

尼布楚条约
——康熙治绩之二

那北国的烽火，首先是沙俄入侵中国东北点燃的。

沙皇俄国原本是欧洲国家，明末清初，乘中国内乱，向东扩张，侵入亚洲东部黑龙江上游，并在尼布楚（今在俄罗斯境内，名涅尔琴斯克，原为中国茂明安等部落的游牧地）、雅克萨筑城盘踞。雅克萨为女真语，意思是"涮塌了的河湾子"，位于黑龙江北岸，是"水路扼要之区"，其城本为中国索伦部达斡尔族所筑。沙俄入侵者在这里盘踞，恣意掳掠，无恶不作。一次侵入达斡尔人聚居的木城村，杀害男子六百六十一人，掠走妇女、儿童三百五十余人。甚至，"用父母的尸体搭成烤架来烧烤孩子们"。

当清廷正在南方用兵，平定三藩，无暇北顾时，沙俄入侵者更得寸进尺，趁火打劫。故而，康熙在平定三藩后的第二年，戎装未解，就亲赴盛京（今辽宁沈阳），研究边情，筹措抗击沙俄入侵事宜。随后，从公元1685年开始，围绕争夺雅克萨的抗击沙俄的斗争就开始了，前后历时四年多。

那年五月，清兵一万五千人进围雅克萨，俄军守城头目托尔布津自度不敌，举着白旗投降了。康熙意在制止沙俄的侵略，故攻克雅克萨后，将俘虏的沙俄官兵释放了，勒令他们退回本土，不得再来侵扰。托尔布津哭丧着脸领着残兵败将走了。可是，当他得知清兵已毁城而去，就又背约溜了回来，重新筑城据守。

边警传到北京，康熙甚为气愤，决心将入侵者彻底消灭。

翌年二月，清兵以更强大的阵容猛攻雅克萨。俄军也几次出城反扑，都被清兵打了回去。清兵的炮火甚猛，守城的俄军头目都躲到地窖里去，士兵死亡惨重。托尔布津这次还没来得及举起白旗出降，就中弹身亡了。当雅克萨被围困半年之后，粮尽弹绝，活着的士兵只剩下一百五十人。

沙皇这时才收起那强硬的面孔，送来国书，要求和平谈判，划定疆界。康熙也于九月下令停止攻城。

中俄的划界和谈预定在尼布楚举行。

公元1688年，沙俄的使

康熙皇帝硃批

团已经东来,清廷也派出使团北上。这时,厄鲁特蒙古的准噶尔汗噶尔丹的铁骑正在践踏大漠,喀尔喀蒙古在流血,清廷使团北上的道路被截断了。康熙闻报,立即将使团召回。

蒙古自元灭以后,到明朝中叶已分为三部:漠南蒙古(即内蒙古);漠北喀尔喀蒙古;漠西厄鲁特蒙古。

厄鲁特蒙古即明朝时的瓦剌。瓦剌曾因在土木之役大败明军,而名著史册。明末,瓦剌人众渐多,分为四部,"部自为长",不相统属。这四部是:

准噶尔,游牧于巴尔喀什湖以东,天山以北的伊犁河流域;和硕特,原游牧于乌鲁木齐地域,后渐移牧于青海一带;杜尔伯特,游牧于额尔齐斯河两岸;土尔扈特,游牧于塔尔巴哈台地区。

噶尔丹原是准噶尔汗僧格的弟弟,后继其兄位称汗,又赶走了僧格的儿子策妄阿喇布坦,并夺了他的妻子。噶尔丹凭借铁腕侵占了天山南北以及青海,横征暴敛,奴役厄鲁特蒙古的其他三部以及维吾尔等各族人民。这年,他又与沙俄相勾结,横行于漠北,蹂躏了喀尔喀蒙古。然后,又乘机南向,去长城的古北口只有九百里,京师为之震动。显然,清廷对噶尔丹已不能等闲视之了。

当时,东北有沙俄入侵,西北有噶尔丹叛乱,两者已暗中勾结,如若联兵,将为大患。康熙深谋远虑,决计征讨之前,先分敌势。于是,转年(1689)先派出使团北上,以允让沙俄占有尼布楚的宽厚态度,与之划定了国界,签署了《中俄尼布楚条约》。条约规定,中俄东部以黑龙江上游的额尔古纳河、格尔必齐河及外兴安岭至海为界。这是中俄两国以平等精神签订的第一个条约。然而,举世皆知,当中国在清末受到世界列强欺凌的年代,这个条约就被沙俄破坏了,进而以强迫订立不平等条约的形式,夺去中国东北大约一百万平方公里的土地。在这片被割的中国国土上有块明朝永乐年间的碑石,立于庙街黑龙江恒滚河口的对岸山上,即永宁寺碑,它是这片土地早在沙俄未来以前二百多年已属于中国管辖的领土的见证。后来,被沙俄拆运走了。雅克萨在《尼布楚条约》中,尚规定属中国,至此也被沙俄割占了去。

康熙在东北抽身之后,集中力量,三次亲征叛酋噶尔丹。先败噶尔丹先锋于乌兰布通(今属内蒙古克什克腾旗),再败其主力于昭莫多(在今蒙古乌兰巴托东南),迫其退守于塔米尔河(在乌兰巴托以西大约千里的鄂尔浑河上游)。最后,在大兵压境的情况下,噶尔丹已众叛亲离,走投无路,于阿察阿穆塔台服毒自杀了。

康熙平定了叛酋,剪除了分裂国家版图的一条祸根,遂在狼居胥山勒铭纪功而还。

"到太阳升起的地方去"
——土尔扈特部的回归祖国

康熙以赫赫武功,平三藩,降台湾,征叛酋,抗沙俄,维护了中国疆域的统一。同时,又治黄河,兴文教,移风俗,将偌大个中国治理得安定和乐,呈现出一派兴旺景象。

中国的强大富庶,传遍了亚洲,也传到了欧洲。

正在这时(康熙五十一年,1712),有位名叫萨穆坦的使节,从伏尔加河下游出发,绕道西伯利亚,不远万里,来到北京,进贡地方特产。这不是沙俄的使节,而是流落到欧洲饱受沙俄欺凌的厄鲁特蒙古土尔扈特汗阿玉奇派来的。因遭种种阻挠,才绕道而行。

土尔扈特蒙古怎么去伏尔加河下游的呢?

原来,明朝末年,准噶尔部势力日强,意欲吞并土尔扈特部。两部交恶,纷争日剧。土尔扈特汗和鄂尔勒克迫于形势,率众西走。其时大约为明末崇祯元年(1628)。经过两年多的辗转跋涉,才来到伏尔加河下游沿岸,当年那里人烟稀少,遂在那里架起毡帐放牧。从这时开始,土尔扈特部进入了历史上暗无天日的岁月。

先是沙皇强迫土尔扈特蒙古宣誓,隶属并效忠沙俄,土尔扈特汗和鄂尔勒克心怀祖国,不肯宣誓,从而遭到沙皇的镇压,英勇地在沙场上流尽了最后一滴血。

土尔扈特部远离祖国,势孤力单,摆脱不了沙皇的控制。可是,他们始终不肯屈服,不时进行激烈的抗争。后来,沙皇又强迫土尔扈特部放弃自己民族所崇奉的佛教,改宗东正教,强行给土尔扈特人进行洗礼,企图以此驯服剽悍善战的土尔扈特人。然而,宗教的迫害适得其反,引起了土尔扈特人更为强烈的反抗。

土尔扈特部早在迁到伏尔加河下游不久,就曾想返回故土,可是未能实现。当他们遭受民族压迫日甚一日时,就更加怀念自己的祖国了。所以,土尔扈特汗阿玉奇这时冲破种种困难,派萨穆坦作为自己的使节来到清廷的都城北京。

康熙对远方游子的使节给予特殊的优礼,以示对土尔扈特部不忘故国的嘉奖。

两年后,康熙的特使图理琛奉命来到伏尔加河下游土尔扈特汗阿玉奇的驻地,转达了皇帝的问候,受到了盛大的欢迎。

这时,土尔扈特部已离开祖国八十余年。阿玉奇与其部众对祖国极为关心,一一询问。同时,向使臣表示,满、蒙同源,自己也是祖国的儿女。还说:"蒙古的衣服、帽式,都与中国的差不多。土尔扈特与俄罗斯语言不同,服饰不一,是两个国家,难以比较。"以此表示与沙俄格格不入,以及怀念故国的情意。

从此以后,土尔扈特与祖国时有往还,或进贡方物,或诉说苦难。乾隆二十一年(1756),土尔扈特汗敦罗布喇什遣使到承德避暑山庄觐见乾隆，向乾隆呈献了方物、贡品与弓箭袋（现藏于中国历史博物馆），向乾隆表示土尔扈特部对沙俄的强压绝不屈服，并说："非有大皇帝之命，安肯为人臣仆！"

沙俄对不肯驯服的土尔扈特部十分恼火。公元1768年至1769年，沙俄与土耳其发生战争，沙皇遂强征土尔扈特部十六岁以上的男子去当兵，死者已达七八万人，仍征调不已。

这时，土尔扈特汗渥巴锡忧心如焚。显然，沙俄是驱赶土尔扈特的男人去送死，居心险恶地欲借土耳其人的枪炮来消灭土尔扈特部。若任沙皇继续征调下去，自己的部落就只剩下孤儿寡妇了。渥巴锡果断地聚众计议，提出回归祖国，土尔扈特部众异口同声地高呼："我们的子孙永远不当奴隶，让我们到太阳升起的地方去！"

土尔扈特部于公元1771年一月五日起，踏上了回归祖国的艰苦卓绝的历程。

俄国女皇叶卡捷琳娜二世得知土尔扈特部暴动，并杀掉俄罗斯匠役千人，逃出神圣的俄罗斯国境，因而对漫不经心的大臣们大发雷霆，认为这"使罗曼诺夫家族和头戴彼得大帝王冠的守护神鹰蒙受了永不磨灭的耻辱"。女皇立即派出军旅兼程追袭。

英勇的大汗渥巴锡的坐骑跑在部众的前面，率队向东挺进，尽管前有阻击，后有追兵，也无所畏惧。经过长途跋涉，艰险的战斗，历时半年，终于又饮马于伊犁河畔，踏上了祖国的大地。俄罗斯与哥萨克追兵才无可奈何地退去。

土尔扈特部起程时，有户三万，有人十七万余。在回归途中，短短几个月，竟有近十万人被战争、饥饿和疾病夺去了生命。幸存下来的只有七万余人，也是个个形容枯瘠，衣衫褴褛。孩子们更是面黄肌瘦，一丝不挂。赖以生存的驼、马、牛、羊也几乎全部丧失了。

乾隆对土尔扈特的回归十分重视，新疆、甘肃、陕西、宁夏以及内蒙的各兄弟民族对土尔扈特也十分关怀，筹集了大批物资予以支援。计有：牛羊二十余万头，米麦四万多石，茶两万余封，羊裘五万多件，棉布六万多匹，以及大量的毡庐等。土尔扈特部寄人篱下，饱受欺凌，历时近一个半世纪，终于又回到先人放牧过的草原，在新疆与蒙古连接的广阔地域，重建起了家园。

乾隆在热河避暑山庄亲切召见了土尔扈特汗渥巴锡，褒奖他不畏强暴，有功于国家和民族，授予他满文银印，文曰："忠诚的旧土尔扈特部英勇之王"。并在普陀宗乘之庙内立了《御制土尔扈特全部归顺记》和《优恤土尔扈特部众记》两方石碑，以彰扬渥巴锡及其部众的抗暴爱国的民族精神。

土尔扈特的苦难与欢乐早已成为过去，可那英勇之王的银印和两方碑石一直被珍藏和保护着，象征着往昔中华各民族大团结的一段历史。

五十五、清王朝的衰败

从文治到文狱
——清王朝的由盛转衰

四个彪形大汉抬着一乘蓝围小轿正在赶路，殷红的血从轿底滴出，滴在从山西太原到京师的大道上……当到了离京师还有三十里的驿站，掀开轿帘看时，轿中人已两腿瘫软，面色苍白，气息奄奄了。

轿中人名叫傅青主，太原人氏，是清初的一代名医，也是位深得众望的反清志士。他曾因组织秘密反清的"朱楼社"而被关入大狱，几被杀头。后被营救出狱，仍矢志不移。

说来也怪，清朝的皇帝却硬要这反清的傅青主入朝去做官。傅青主推脱有病不肯出山，竟被强按入轿中抬走了。在路上，他将自己腿上的静脉戳破，欲求一死。可是，他终于未能死去。尽管傅青主以死相抗，皇帝还是下了一道圣旨，恩免傅青主入场考试，特授官为"内阁中书"。"内阁"是当时朝廷的最高官署,"中书"是在内阁负责起草文件、记载国事以及翻译等文字事务的官员,一般为七品官。

这在那碌碌钻营之辈看来可说是"皇恩浩荡"了,然而傅青主却感到"死之有余恨,不死亦羞涩"。当他又被强行抬到午门外,宁死也不肯低头。最后,执事官员只得把他从肩舆上跌下,头碰在地上,报称他已"谢恩",而后放他回去了。

这故事就发生在康熙开设博学鸿词科的那年,即康熙十八年(1679)。

傅青主为反清志士,康熙何以不杀他而要他做官呢?

原来,康熙虽以武功征服了天下,然而却不能一下子征服人心,尤其难以使素以气节为重的汉、蒙等族的文人俯首就范。所以,当三藩即将被平定之际,特仿宋代做法,开博学鸿词科,以收揽封建文人。当时规定,凡有一技之长的,都可应考,考中的都给官做。但是,不少明朝遗臣与素有众望的学者仍不肯应命入试。康熙遂又下令让内外大臣荐举。荐举不来,就上门去请。请还不来,就让轿子硬抬来。果然,大批学者被拉到了京师。有的拒绝应试入场,有的入场应试却故意不完卷,或聊以小诗塞之。这也不怕,清廷照样一一授以官职。所以,许多有学问的人,如朱彝尊、毛奇龄、尤侗等都做了官。

显然,这时清廷有求于汉、蒙各族封建文人,没有他们的赞

清高宗画像　　　　　　　　清代殿本图书

助无以兴文治,也不能使天下安定下来。甚至,康熙皇帝也整日请学者进讲,孜孜求业,唯恐新朝受到天下的漠视。

康熙将天下学者网罗而来,请他们住在京城修史和编书。著名的集汉字之大成的《康熙字典》——共收录四万七千零三十五字,并附古文字一千九百九十五个——就是这时编成的。《古今图书集成》是部大型类书,共分六个一百零九部,多达万卷,搜罗极广,内容极丰,也是这时开始,历康熙、雍正两朝方才编定的。乾隆时以十年之功,编了部大型百科全书,收书三千五百零三种,七万九千三百三十七卷。该书分为经、史、子、集四部，名为《四库全书》。这部巨制缮写了正本七部，分藏于北京皇宫内的文渊阁、圆明园文源阁、热河行宫文津阁、奉天陪都文溯阁以及杭州西湖行宫文澜阁、镇江金山文淙阁、扬州大观堂文汇阁。这些书籍的编纂，对保存中国古籍和传播古老的文化是有贡献的。其中文渊、文津、文溯三部保存至今，基本完整。

然而，这并非康熙、乾隆编书的主要目的，其本意在于笼络、羁縻知识分子，以浩繁的编纂工作将他们的时间、精力耗费掉，又以其丰硕的文化成果为清廷的"文治"增添几笔油彩。这可说是一箭双雕的妙策，其目的也确实达到了。

乾隆时编修《四库全书》，除上述的双关目的以外，还有一个目的，即进行大规模的图书审查。借编四库之机，广泛征求天下书籍，然后看其中是否有"抵触本朝"的字句，凡有抵触大清的字句，或删改，或抽毁，以致全部焚毁。由此，《四库全书》的编修，在保存中国古籍的同时，也摧残了一部分文化遗产。今日学者们不时惋叹有些重要书籍只存名目而不见原书了。有的虽然幸存下来，却面目已非，难睹原貌了。

删书、毁书自古有之，然而这是愚蠢的行为。书虽然可毁，而傅青主那样志士的民族意识却是不可能消灭掉的。故而清廷于开博学鸿词科、修史编书的同时，也在那些傲骨铮铮的知识分子面前摆下了屠刀，兴起文字狱来。

康熙时的文字狱初起，那时，有个叫庄廷鑨的，刊刻了一部明史稿，书中有指斥满人的话，后被人告发。案发时庄廷鑨已死，遂被刨棺焚尸。其父亲、弟弟因之被杀。刻书、作序的也受到株连。因此案牵连被杀的有七十余人，被流放二百余人。史称"明史案"。

雍正时的文字狱愈甚。翰林徐骏上书奏事，一时粗心，把"陛下"的"陛"写成了"狴"。雍正见到，立即将徐骏革职了。后又在徐骏诗集中查到"清风不识字，何必乱翻书"两句诗，很快又将徐骏处以死刑，罪名是"诽谤朝廷"。

乾隆时的文字狱最甚，朝野都形成了恐怖的气氛。比如胡中藻有句诗曰"一把心肠论浊清"。乾隆皇帝看了竟说："加浊字于国号清字之上，是何肺腑？"结果，胡中藻因一字被杀，罪及师友。又如山西王尔扬为李范作墓碑文，于"考"字上用一"皇"字，省、县不学无术的官吏闻报大惊。他们既想多抓几案以邀功请赏，又怕"失查"招致丢官、杀身的大祸，遂层层上报，奏闻朝廷，准备兴起大狱。其实，"皇考"只是对亡父的尊称。经典里写得明明白白，碑文中也普遍使用，并无悖逆的意思。乾隆见了也哭笑不得，把地方官吏们训斥一顿，算是了事。显然，文字狱泛滥的结果，已形成社会恐怖，人人自危，无所措手足。据说有位老臣叫梁诗正，积几十年处世经验，总结为一条："不以字迹与人交往，无用稿纸亦必焚毁。"

显然,大兴文字狱的结果,造成了社会恐怖,形成了万马齐喑的政治局面。这些就是清王朝的康乾之世由盛转衰的标志之一。

"和珅跌倒,嘉庆吃饱"
——清王朝吏治的腐败

有一次,乾隆出宫,在舆中阅一奏章,得知四川农民造反,事态很严重,愤然叹道:"虎兕出于柙,龟玉毁于椟中,是谁之过与?"意思是说,老虎犀牛从槛里跑了出来,龟甲美玉在匣里毁坏了,这是谁的过错呢?言外之意是说责任在监守者。可是,随从的官员个个茫然相视,谁也不解乾隆之意。这当儿有个人却从容不迫地应声道:"圣上明鉴,守土的地方官是不能推卸责任的。"乾隆正因地方官吏的无能而烦恼,忽听到这答话,甚为惊讶,忙侧头探视,原来是个二十岁刚出头的校尉,满意地向他点点头,说:"回答得好啊!"

这年轻校尉叫和珅,字致斋,钮祜禄氏,是满洲正红旗人。他读书不多,人却机灵,十九岁入宫当了浑唐阿,即在皇帝轿前执事的。过了三年,这个浑唐阿凭借自己善于奉迎的本领,当上了三等侍卫。这次偶然的答对,又得到皇帝的赏识,从此平步青云,不到十年,竟爬上了军机大臣、内阁大学士的宝座,成为在乾隆后期秉政二十余年,烜赫一时的当朝宰辅。乾隆还把自己的女儿和孝公主下嫁给了他的儿子丰绅殷德。宰辅与皇帝结为亲家,其权势更加根深蒂固了。

和珅主宰朝政的年月,吏治十分腐朽,贪污成风,贿赂公行。"三年清知府,十万雪花银",即那时腐朽吏治的写照。和珅则是以最大的贪污犯名著中国史册的。

有一次,两广总督孙士毅从安南(今越南)回到北京,去觐见乾隆,行至宫门,恰遇和珅。和珅见孙士毅手拿一小盒,问是什么,孙说是鼻烟壶。和珅伸手拿过来打开一看,那壶是用一颗大如雀卵的明珠雕成,十分精致,遂馋涎欲滴,厚着脸皮说:"这真是稀世的佳作,孙大人能否割爱……"孙士毅看出和珅的用心,急忙说:"昨已奏闻,说今日呈献给圣上。中堂大人如喜欢,这……怎么办好呢?"和珅脸色微微一沉,冷笑一声说:"这话不过是开个玩笑,孙大人何必顶真呢!"说着将珠盒向孙士毅手中一塞,愤然扭头而去。

几天后,和珅又碰见孙士毅,冷冷而又得意地说:"孙大人,昨日我也得一珠壶,但不知比您呈献给圣上的那个如何?"孙士毅近前一看,吃了一惊,心想难道皇帝将珠壶赏赐给他了吗?事后方知,和珅是买通太监从宫中偷出来的。

这小小一例可知,和珅的贪手敢于伸向皇宫,就是帝王之物也任意攫取,全国其他地方的珍宝财物,就更无顾忌了。

又闻,乾隆在宫中,陈列一碧玉盘,径长盈尺,乃稀世之珍,为其心爱之物。有天,乾隆的儿子七阿哥一不小心将玉盘打碎了,吓得惊慌失措。他弟弟成亲王让他赶快去找和珅想办法。和珅初始故作为难,第二天,就拿来同样大的玉盘,色泽尤为精美。

原来,四方贡物,和珅都要先过目,上等的先送入他的府中,次等的才送进宫去。据估计,乾隆晚年的各地贡物,十分之九都进入和珅私囊了。

乾隆做了六十年皇帝,禅位给儿子颙琰(yóng yǎn庸眼),退居为太上皇。颙琰继位,是为清仁宗,次年改元嘉庆。嘉庆四年(1799)正月初三,太上皇驾崩,他就将和珅逮捕入狱,半月后,即赐死于狱中。

和珅的豪富名闻天下,但抄家的结果还是让世人大吃一惊。嘉庆看了那长长的抄家清单,琳琅满目,价值连城,也十分嫉妒地说:"和珅所藏珍珠手串比宫中多好几倍,其中的大珠比御用冠顶的还大,特别是大宝石,宫中也没有……"因而,一气数了和珅二十大罪状。和珅的家产据后人估算,可折合白银八万万两,抵得上当时清朝二十年的税银收入。

和珅虽是中国历史上著名的大贪官,可若与帝王比较起来,也还是小巫见大巫罢了。乾隆在位时就以各种名目进行

清仁宗行乐图

搜刮。每当他的寿辰，从宰辅、百官以及督抚、将军，人人都要进献金宝珍玩作为寿礼，其价值也是惊人的。比如一次寿辰收受的金佛多达一万尊。现在北京故宫博物院珍宝馆陈列的十六枚黄金编钟，就是在其八十寿辰时收到的一份礼物，其重达一万三千六百四十七两。其实，搜刮财富，聚敛珍宝的，又何止乾隆一帝呢！嘉庆惩办了和珅，大快人心。可是，嘉庆却把他早就觊觎的和珅的财产全部运入宫中据为己有了。故而，当时在民间流传有两句顺口溜，叫做："和珅跌倒，嘉庆吃饱。"

　　乾隆后期，君臣将相已将开国时那种艰苦创业、励精图治的上进精神丢得光光了，而孜孜以求的是生活的奢侈、安逸，贪婪地集聚财富，一天天腐朽了。和珅是一个典型。和珅的破产，正是康乾之世已经衰败的又一标志。

隆宗门上的箭头
——清王朝盛世的破产

　　隆宗门，是紫禁城内的一个普通宫门。可在大约一百九十多年前，这里曾发生了一场不平凡的激战，至今仍有枚箭头死死地钉在门楣的匾额上，向游人们诉说着清王朝的盛世是怎么衰落的。

　　原来，康乾盛世百有余年，以百姓的膏血养肥了皇帝、贵族、官僚、地主以及绅商。且不说乾隆皇帝下江南的无度挥霍，也不说和珅天天要服用一颗价值白银万两的珍珠，只略举几个地主和官僚的生活为例：

　　直隶怀柔地主郝氏，拥有"膏腴万顷"，有次接驾，一日之餐，就用去十万两白银。

　　清江浦河道总督备办酒席，豆腐一项多至二十多种，一盘豚脯，要杀十几头猪，一味驼峰，要宰三四头骆驼，其余可想而知了。

江南泰兴季氏,庭园周匝(zā扎)数里,夏天晾晒皮衣,脱毛积于地上,厚达三寸。……

同时,与豪室巨富并存的,是成千上万的百姓背井离乡,四处流亡:

关中地带的流民多达百万,涌向三边(榆林、宁夏、甘肃)、四川以及潼关以东,留下来的,"十不得三"。

山东百姓,苦于贪官污吏的苛征暴敛,年年从龙口渡海,向辽东逃亡。

直隶百姓,岁岁流向口外(口指长城的口隘),逃往塞上、大漠,或"小辫一撅下关东"。关,指山海关;关东,即今东北。

北方如此,在江汉以及江南,失去土地的百姓,则成群结伙流向荒山野岭,搭起草棚,垦荒种植,以求不死。因他们以草棚居于荒山,故被称为"棚民"。当时,川陕鄂交界的山区、丘陵,两广的南岭、十万大山,江西的罗霄山等地带,都是棚民们聚集的地域,往往一域即有几十万人。

各府县的监狱里,已关满了交不起租税的农民。

百姓在那"盛世"里哀叹着,有首《农民叹》曰:

一寸禾,一寸血。血枯一人死,禾枯一家绝。

翻翻往古的历史,每当一个王朝盛世达于顶峰,随之而来的就是土地的高度集中,饥民、流民的大量涌现。所以,饥民、流民、棚户的出现,即预示着盛世的衰败,也是农民大起义的前兆。大清,作为一代封建王朝,也不可能摆脱这一规律的制约。大约在乾隆三十九年(1774)以后,各地农民的反抗此伏彼起,日甚一日,终于酿成了嘉庆元年(1796)的白莲教大起义。这次起义遍及湖北、四川、河南、陕西、甘肃五省,历时九年。清廷为此耗用的军费达两万万两白银。起义被镇压下去,可清朝也从此一蹶不振了。

中国农民起义史上有不少的女英雄,如唐代的浙东农民起义领袖陈硕真,自称"文佳皇帝",明朝山东农民起义领袖唐赛儿,自称"佛母",都曾使官军闻风丧胆。这次白莲教大起义的各路兵马的总领袖也是位年轻女子,名叫王聪儿。王聪儿是位艺女,嫁与襄阳齐林为妻,故也被称作齐王氏。

齐林是白莲教的教首之一,在襄阳县衙任总差役。清廷因山东的白莲教密谋起事而抓捕白莲教徒,各地贪官又借抓捕教徒残酷迫害成千上万的无辜百姓,进行敲诈勒索,当此时,齐林遂决意与会众约期举事。不料事泄,齐林被捕,连同徒众一百余人,统统被杀害了。这时,齐林的妻子王聪儿毅然担起重任,与姚之富等在襄阳、枝江等地发难。旬日间,聚众四五万人,举起了反清的旗帜。四川、陕西的白莲教徒也起兵响应,声振三省。

官军进剿，王聪儿不与之正面作战，几百人为一股，忽分忽合，忽南忽北，不走大路，而专走山莽，以游击的方式，打得官兵晕头转向，疲于奔命。

官兵在屡次失败之后，改变战略，采取了分割包围，并组织地主武装，把百姓赶入寨堡，实行坚壁清野。这样，白莲教义军所到之处得不到百姓的帮助，缺粮短草，活动日益困难了。

战争进行到第三年初，王聪儿与姚之富在湖北的郧（yún云）西县卸花坡被围，退据茅山山顶。山顶绝险，号称"一碗水"。王聪儿率部据险击敌，杀死官兵无数。官兵不敢上山，却四面长围不去。三个月后，山上粮水俱绝，难以再守。王聪儿与姚之富临危不惧，誓不降敌，最后，纵身跳崖，英勇牺牲。

王聪儿举兵三年，死时仅二十二岁。

王聪儿牺牲了，白莲教起义并未平息下去，持续到嘉庆九年（1804）八月，才暂时平息了。

十年后，林清、李文成领导的天理教（白莲教的一个支派）又在河南、河北分头起义，杀官夺府，甚至有二百名教徒分两路进攻紫禁城，西路攻入西华门，一直打到皇宫西路的储秀宫前的储秀门。在隆宗门前曾展开激战，所以才留下了那枚箭头。

这次起义也失败了。林清被凌迟，李文成自焚。李文成的妻子张氏，为报夫仇，曾奋起率众夜捣官兵，三进三出，令敌丧胆。当势不可恃时,部众劝她化装成难民逃走,张氏却厉声说:"城亡与亡,不死者非英雄。"然后又抽刀巷战,格杀数人。最后,张氏闭门自缢而死。小女年仅十二岁,也抽刀自刎。

白莲教、天理教,一次次的起义都被镇压下去了。可是,肇事的基因——土地问题并未得到解决,而且兼并日甚,清王朝在一天天地腐烂下去。

三十八年以后,农民又喊着"有田同耕,有饭同吃"的口号揭竿而起,即太平天国革命。那时,八旗兵已不堪一击,都是些只知玩鹰遛狗的二流子。甚至关饷发粮时,也要雇人去背。军队已如此腐败,清王朝不亡何待呢!不过,那已属于近代史的范畴,这里只得从略了。

五十六、明清思潮与学术

从"心即理"到"百姓日用即道"
—— "心学"思潮的涌动与分流

"心即理",与程、朱的"性即理"相对,主张"心即理"的代表人物是陆九渊和王守仁。因而,"心即理"一派的学说称为陆王心学。陆王心学仍在理学之列。程、朱、陆、王,被看作是宋明理学四大家。

陆九渊(1139—1193),号象山,与朱熹同为南宋人。因为"性即理"和"心即理"之争,二人还相会在鹅湖寺(在今江西上饶),进行辩难。

到了明代,至嘉靖(1522—1566)年间,手工业、商业以及农业都有资本主义生产关系萌芽的出现。经济领域的这一转机,以新的生产关系部分地取代了封建社会旧有的生产关系,封建社会的固有秩序受到了冲决,人们的思想观念也处于弃旧求新之中。首先站出来向程朱理学发难的是王守仁,他接过与朱熹相对的陆九渊"心即理"之说,大加发挥,从而涌动起"心学"思潮。王守仁及其后学以"心即理"驳斥程朱理学之"天理"、"人欲"之说,肯定了人的主体性、能动性。不过,"心即理"命题的归结是要"破心中贼","王学"虽起到了解除传统思想束缚的作用,但仍留存着维护封建秩序、张扬封建伦理的内核。"王学"风行于当时,"嘉、隆而后,笃信程、朱,不迁异说者,无复几人矣"。涌动着的"心学"思潮,在市民阶层思想意识的影响下,开始了分流,从"王学"派生出了王学左派。代表人物先是王艮、王畿,继而是"异端之尤"李贽。李贽发挥了"王学"有关"心"的阐释,将以"天理"为"心"变成以"私欲"、"情欲"为"心",倡言"好货"、"好色",为资本主义生产关系萌芽时期的人们生存欲望张目。从王艮、王畿和李贽所处的弘治至万历年间,即明中叶至后期前一阶段,新的思潮由酝酿到升腾,形成一派强烈要求思想解放、个性解放的人文思潮。这一"心学"思潮涌动和分流的新景观,为当时的文化环境所构筑,王守仁是难以用"心"设计出来的。

王守仁(1472—1529),字伯安,世称阳明先生,余姚(今属浙江)人。王守仁人生拐点发生在正德元年(1506),这一年他因上疏反对宦官刘瑾擅权而下了大狱,并由兵部主事贬为贵州龙场驿丞,自京城派到边远的贵州去当一个小地方的交通站长了。

现今贵州修文的阳明洞和贵阳市区扶风山的阳明祠,均为国家重点文物保护单位。阳明洞,位于修文城东北15公里处的龙岗山上。洞口有两株参天古柏,为王守仁亲手所植。当年王守仁"龙场大悟",即于此。正德三年(1508),经过长途跋涉的王守仁到了龙场驿。在龙场驿,他栖身于阴暗潮湿的洞穴里。无书可读,只有冥思苦想。一天夜里,他突然大叫起来:"格物致知,当自求诸心"。这便是王守仁的"龙场大悟",他悟到了"心"。

刘瑾倒台后,王守仁回到了朝廷。后因平定农民暴动而升官,并受封新建伯,称呼他为王新建缘于此。他说过"破山中贼易,破心中贼难",正是其从政、治学两栖的体验。嘉靖六年(1527),他又奉命去广西平定少数民族之乱;一年多之后,病死在返途的船上。因在学术上与朱熹唱对台戏,他死后便因"非朱熹格物致知之论"而其学说被视为"邪说"、"伪学"以查禁。直到隆庆元年(1567),才给他的"邪说"、"伪学"解禁,并追谥文成,诏赐新建侯。

王守仁的"心学",又称"王学",或称为"阳明之学"。阳明之学,其立言宗旨是"心即理"。还有"知行合一"、"致良知",此是阳明之学所倡言的两大工夫。

"心即理",或如阳明先生所说的"心外无理"、"心外无物",同陆九渊一样,于哲学论是主观唯心主义的。但是,"王学"后学对人的主体性、能动性的肯定便缘于此。

与朱熹的"知先行后"论相对,王守仁主张"知行合一"。他将知和行看作是一事,是以知代行,弃行归知。知、行本是互相联系、互相依存的,他却说成了知即行、行即知的模糊主客观界限的"合一"。

王守仁的"致良知",是其"知行合一"的准绳。"良知"是什么?"良知只是个是非之心,是非只是个好恶"。阳明先生劝人们获得"良知",以定"是非",明"好恶"。如此,"心中贼"就破了。王守仁干过"破山中贼"的事,叫成"贼"是对人民大众的诬称;他又时刻不忘"破心中贼",这"贼"是不合"良知"的东西。无疑,阳明先生"致良知"的工夫,后来成了封建统治者控制广大人民的手段。

王守仁的著述,有《传习录》、《文录》、《别录》等。隆庆六年(1572)刊行了三十八卷的《王文成公全集》,上海古籍出版社于1992年出版了《王阳明全集》,共四十一卷。

"王学"的后学,按地域分为浙中、江右、南中、楚中、北方、粤闽和泰州等七个派系。泰州学派为王学左派,李贽是王学左派的后继。李贽从良知本体中发现私欲的自然合理性和利欲的现实普遍性时,也就终止了"王学"的原本主张。

"王学"后学中,李贽是终止"王学"的,王艮则是李贽之前分流"王学"的。

王艮，字汝止，号心斋，泰州安丰场（今江苏东台）人。他出身于盐户，十九岁开始经商。商游之中，不舍请教。成了平民学者后，大约从二十九岁起讲学。正德十五年（1520），三十八岁的王艮，特意赴赣求见王守仁，经过论辩而认同"王学"，拜阳明先生为师。王守仁去世后，王艮从"王学"分流，创立泰州学派。王艮不再拘于"心即理"，而倡言"百姓日用即道"。他的"百姓日用即道"说，是将百姓日用视为道体，属于百姓日用的功利之学和营生之道，使圣人之道转向百姓日用，让圣贤心学还原成百姓身学。他的后继者李贽说得更明白，说"穿衣吃饭即是人伦物理"。在这里，人民大众的生存欲望、甚至于个性解放得以张扬。作为平民学者的王艮，不善笔述，而多口传。论著有《复初论》等，后人编成了《心斋王先生全集》。号虽为"心斋"，但已背离"心学"。他这是"赤手以搏龙蛇"，"掀翻天地"，朝着阳明"心即理"的反向走下去了。

"异端之尤"
——明代著名思想家李贽

明神宗万历三十年（1602）的三月，那是个扬花飞絮的季节，一位身陷京城狱中的七十六岁的学者，吟着"扬花飞入囚人眼,始觉冥司亦有春"的诗句,决计以鲜血和生命对抗封建统治者对自己的迫害。三月十五日,他请人为他剃头,趁机夺过剃刀,刎颈自杀,而一腔正气不绝,延至十六日半夜,才停止了呼吸。这位学者就是被封建卫道者视为"异端之尤"的李贽。

李贽(1527—1602),号卓吾,又号宏甫,别号温陵居士,泉州晋江(今福建泉州)人,回族。他二十岁离家谋生,三十岁方进入官场,五十岁以后,升任为云南姚安府知府。三年任期满后,他已厌倦宦海沉浮,遂寄居在湖北黄安友人耿定理家,著书立说,寄情于学术研究。后来耿定理死去,李贽年已五十八岁,生活无所凭依,遂迁入湖北麻城的古刹芝佛院,开馆讲学。李贽这时已是位知名学者,拜投而来的子弟甚多,不仅有少爷公子,也有闺秀小姐。封建社会里,视男女交往为大忌,李贽却公然招收女弟子,这确是惊人之举。因而,李贽被卫道者们斥为"异端"。李贽于炎夏讲学,热得头皮发痒,就将头发剃去了。依封建古训,身体发肤受之父母,岂能毁伤。这样,李贽剃发也被认为是大逆不道,也是"异端"之举。李贽却笑而对曰:"说我是异端,我就是异端,从今再也不留长发,成全那帮小子的名声吧!"

李贽的行止,无疑是对封建正统思想的公然挑战,其被视为"异端之尤"的更重要的原因,还在于其著述中那些"离经叛道"的观点,即其公然举起的反对程朱理学的战斗旗帜。

宋明理学是官方哲学,其政治观的核心是君权至上,男权至上,以"三纲五常"作为最高的道德规范。李贽却斥"三纲五常"为欺人之谈,主张"穿衣吃饭即是人伦物理",即人类的物质生活决定了社会伦理道德,离开百姓的穿衣吃饭问题,则无伦理可言,根本就没有先天的理,进而驳斥了理学家们"去人欲,存天理"的虚伪说教。他把理学提出的封建道德标准给颠倒过来了。

理学崇奉孔子和孟子,认为孔孟的说教是"万世之至论"。李贽却针锋相对地指斥这些经籍"乃道学之口实,假人之渊薮",认为不应以孔子的是非为是非。理学家朱熹曾称誉孔子说:"天不生仲尼,万古长如夜。"李贽风趣地讽刺说:"啊!原来老天不生孔丘,世界是黑暗的,怪不得孔丘以前的古人,整天得点着蜡烛走路呢!"

理学歧视妇女,认为"饿死事小,失节事大",反对妇女改嫁。李贽却同情寡妇,赞扬寡妇再婚,称道西汉才女卓文君自嫁文士司马相如。

李贽在黄安、麻城著述讲学达二十年之久,深受欢迎,以致"一境如狂"。他的书信与杂述结集为《焚书》,在麻城刻印后,当即抢购一空,轰动了大街小巷。后来,李贽又将自己重评历史人物的文章结集为《藏书》,在南京刻版,也引起很大轰动。这位"异端之尤"的影响越来越大,遂引起了朝廷的注意和恐惧,接踵而来的是一次次的迫害。

万历二十七年(1599)的一个冬夜,李贽讲学的芝佛院被捣毁了,逼得他无处存身,遂离开麻城北上,辗转来到北京以东的通州,住在友人马经纶家。"异端之尤"来到京郊,这使神宗皇帝为之心神不安,唯恐天子脚下也"一境如狂",果然如是,那就国将不国了。不久,李贽被加以"敢倡乱道,惑世诬民"的罪名逮捕入狱,后刎颈辞世了。

李贽著述很多,有《焚书》、《续焚书》、《藏书》、《续藏书》等等。李贽何以用"焚"、"藏"命其书名呢?显然,他已看到自己的学说不为当世所容,自己的这些著述问世后难逃查禁和焚毁的命运。后来,果然不出所料,明、清两代曾多次查禁、焚毁李贽的著述,"不许留存"。

李贽虽死去了,可他那"离经叛道"的思想却随着封建制的日益腐败及封建道德的日益沦丧而传播开来。明、清帝王虽曾几次严令禁毁,可是,却焚不胜焚。今天,中国的封建制早已寿终正寝,而那"异端"的著述却流布天下,传世不绝。

在南国泉州,"异端之尤"的故居被完好地保护下来,今日已成为泉州名胜之一。在北国,"异端之尤"的尸骨安葬于通州,墓前树有高大碑石,上书"李卓吾先生墓"。时代屡迁,而至今碑、墓犹耸然如故。

"风声雨声读书声"

——东林士人的"经世致用"

"风声雨声读书声",这是一副对联中的词语。这副对联为顾宪成所亲拟,写在东林书院修复之时。上联是:"风声雨声读书声声声入耳";下联是:"家事国事天下事事事关心"。上、下联分指东林书院的两大功能:探求学术和关心国事。

顾宪成(1550—1612),字叔时,号泾阳,世称泾阳先生,又称东林先生,无锡(今属江苏)人。万历二十二年(1594),已在朝廷吏部供职的他,被革职为民,回到家乡无锡泾里。他设帐讲学,泾里聚集了从金陵(今江苏南京)等地赶来的学子。万历三十二年(1604),与其弟顾允成发起修复东林书院,参与修复和讲学的还有同乡高攀龙等人。万历三十八年(1610),顾宪成将其所著汇编成《泾皋八书》等。他死后,因魏阉镇压"东林党人",其官诰被追夺。崇祯初年,因"东林党案"平反而复官诰,追谥"端文"。

高攀龙(1562—1626),初字云存,后字存之,别号景逸,无锡人。他在吏部供职时,向万历帝上《崇正学辟异说疏》,称程朱理学为"正学",视"王学"后学为"异说"。东林书院修复时,他参与修复和讲学。顾宪成去世,他接管东林书院,任山长。重返政坛后,因上疏弹劾阉党,为魏忠贤制造的冤案所陷,于天启六年(1626)投水自尽,与他时称为"东林七君子"的周顺昌等六人被捕而惨死狱中。崇祯初年,因"东林党案"平反,追赠其为太子少保、兵部尚书官诰,谥"忠宪"。

东林书院,现今已是国家重点文物保护单位。最早为北宋程颐的大弟子杨时首建,位于无锡城东门内。杨时在此讲学十八年,是程门道南学派的重要活动场所。道南学派主张学以致用、注重践履、讲究气节,顾宪成、高攀龙等人修复东林书院旨在发扬道南学派的这一精神。顾、高等东林士人学术探求的核心就是"经世致用"。东林书院不仅成了当时的学术中心,而且因其"讲习之余,往往讽议朝政,裁量人物。朝士慕其风者,多遥相应和"就成了左右朝政的又一"朝廷"。东林书院兼探求学术和议政、谋政、参政两大功能,"由是东林名大著,而忌者亦多"。东林士人队伍迅速扩充,慕名追随者更多;恨东林入骨之权要亦多,魏阉致东林于死地就是其一例。

世传"东林学派"、"东林党"之称,实无组织上的约定。尤其"东林党",根本没有结党之实。天启五年(1625)魏忠贤以朝廷名义颁布了《东林党人榜》,予以镇压,始有"东林党"之称。哪有这么一个党?东林士人是围绕在顾宪成、高攀龙周围的一个群体,有着相近的学术探求,有着一致的政治见解。

宗程朱理学,驳"王学"后学,为东林士人的重要学术活动。万历二十年(1592)前后和万历二十五年(1597),东林书院尚未发起修复，在金陵的学术集会上与"王学"的后学者，两次展开大辩论。东林书院修复后，如此的辩论仍在继续。

"王学"后学的一派主张"无善无恶"，顾宪成、高攀龙等人以"道德至善"批驳。这一批驳，实是学术探求的倒退，倒退到"王学"之前的朱熹之论。"心学"的发展，发展到对个性解放的张扬。顾宪成说："阳明揭致知，不善用者，流而荡焉。""流而荡"的意思是，"王学"后学太不受束缚了。顾要用"小心二字"的工夫抵制"流而荡"。学术探求虽为倒退，但对以道德理想治国的顾、高等人所持的"道德至善"说不能全面否定，甚或有所肯定。

东林士人的"经世致用"落到实处就是以道德理想治国，体现在议政、谋政、参政方面，多有革除弊政的主张。如，法政上的清议有：皇帝勤政、强化法治、改良科举、整肃吏治、破格用人等；经济上的清议有：减免商税、严惩税棍、废止苛役、兴修水利、开垦荒地等。东林士人急于"救世"，触犯了统治阶级中的既得利益者，"经世致用"招致一些东林士人惨遭迫害。东林士人以道德理想治国，追求完美道德者有之，坚守士人气节者有之。身处明、清之交的黄宗羲称赞说："一堂师友，冷风热血，洗涤乾坤。"

"学术正"，而后"君子正"，为东林士人所主张的，亦是其立身处世的准则。高攀龙认为，只有宗程朱理学这一"正学"，才能具有"正"的心术，才能把政事搞"正"。"学术正"又"心术正"的人，东林士人看作是"君子"。顾宪成说："夫何以治也？君子正也。正则所言皆正言，所行皆正行，所与皆正类。"在他看来，东林士人这一群体"皆正类"，所言、所行"皆正"，即"道德至善"，只有靠"皆正类"的"君子"们才能实现"天下必治"。其实，以道德理想治国，在明王朝即将倾覆的时刻，只不过是东林士人给自己找到的一种愉悦。至于崇祯帝的平反之举，是溺于水中捞到了一把稻草而已。

最后仿顾宪成亲拟的对联，再作一对联，以结束这一话题：

风声雨声盖过读书声，风雨飘摇，南土先贤孰向背？
家事国事危及天下事，家国颓倾，东林后学何去从？

梨洲、亭林、船山
——清初"三先生"

梨洲、亭林、船山，学者们用这三处独特的风景称呼所敬重的大儒。称呼黄宗羲为梨洲先生，称呼顾炎武为亭林先生，称呼王夫之为船山先生。黄、顾、王为清初"三先生"。

黄宗羲（1610—1695），字太冲，号南雷，余姚（今属浙江）人。梨洲为余姚一胜地，梨洲先生之称缘于此。顾炎武（1613—1682），原名绛，字忠清，清兵南下时改名炎武，字宁人，昆山（今属江苏）人。昆山有亭林湖，亭林先生之称缘于此。王夫之（1619—1692），字而农，号姜斋，衡阳（今属湖南）人。船山即石船山，石船山为王夫之屏居衡阳时的讲学、著述之处。

　　黄宗羲、顾炎武、王夫之，皆出名于明末、成就于清初。明末的学术界，为东林士人的领地。黄、顾、王从少年读书起，就深受东林士人"经世致用"的浸染。黄宗羲之父黄尊素，"东林党"的骨干人物，因弹劾魏阉而惨死狱中。崇祯帝即位后，阉党失势，东林士人再被重用。黄宗羲"袖长锥，草疏，入都讼冤"，在审讯魏阉亲信许显纯、崔应元时，黄宗羲突然抽出袖中长锥刺向许显纯，又扑向崔应元将其胡须拔掉。黄宗羲一时名震京都，他当年才十九岁。顾炎武少年时即以光大东林事业为己任，与归庄一起参加了复社，苏州一带流传着"归奇顾怪"之说。

　　清兵南下，黄宗羲、顾炎武、王夫之又皆投笔从戎。黄宗羲在余姚起兵抗清，大张"世忠营"旗帜，表明忠于明，后又追随鲁王，在舟山一带对抗南下的清兵，"可谓濒于十死者矣"。顾炎武在昆山、嘉定一带抗清,与敌周旋。王夫之参加衡山地区的抗清活动,兵败后逃往肇庆投奔桂王。黄、顾、王的抗清,皆以失败告终。

抗清失败了的黄宗羲、顾炎武、王夫之,为清廷屡次征召。清廷未因黄、顾、王的强烈反清情绪而灭之,倒是想利用他们的名声和对明王朝的"忠诚",以诱使更多的人"忠诚"于清王朝。但是,黄、顾、王都拒绝出山。黄宗羲被清廷征召监修《明史》,他拒绝了。顾炎武面对清廷征召,高声回应:"刀绳俱在,无速我死。"后来,又有人推荐他,他致书推荐者说:"先母因国亡绝食而终,他人可应召去,炎武断不可为。"顾炎武未入仕途,而是赶了两匹马、两头骡子,驮着书籍,化名蒋山佣,离乡漫游,辗转于鲁、冀、辽、晋、陕、甘等地。他安坐马背,信马而行,默诵经典注疏,若有遗忘,便寻书检核。每当在实地考察,凡有与已往所知不合,便翻检书籍校勘。读书偶有心得,也必随时录下。积几十年之功,读书万卷,行程万里,其眼界更为开阔,学识更加精深。于是,写下了一部部学术名著。王夫之屏居于石船山讲学、著述,在所筑的土室内挂了一副对联:"六经责我开生面,七尺从天乞活埋",是他绝于仕途而乐于穷经的生活态度的表露。

未应清廷征召的黄宗羲、顾炎武、王夫之,宝贵时光没流逝在官场上,而是集中精力于学术探求,以其累累硕果名显清初学术界,"三先生"是三位大师。

黄宗羲著述多达数十种,《明夷待访录》、《明儒学案》、《易学象数论》、《留书》等为其要者。《明夷待访录》包括《原君》、《原法》等二十一篇,是清初最进步的思想结晶。要特别一提的是,他反对君主专制的民主思想。他认为封建君主是天下的大害,任何一个君主无不"屠毒天下之肝脑",指斥君主是天下的"独夫",主张以法限制君权,以"天下之法"取代"一家之法"。显然,他是在向腐朽的封建王权挑战,这在那个时代是难能可贵的。黄宗羲这位大师的著述,对清末的中国民主思想的兴起颇有影响,是位少见的得风气之先的启蒙思想家。黄宗羲的史学研究,更为称著。他开创了专攻史学的浙东学派,几代传人由万斯同到章学诚,都是著名的史学大师。

王夫之在石船山的土室里,数十年如一日地,勤奋而刻苦地,"穷经"探求,写下了《读通鉴论》、《宋论》、《噩梦》、《张子正蒙注》、《思问录》、《楚辞通释》等一百多种学术论著。他通晓天文、历法、数学、地理诸学,尤精于经学、史学和文学,而其最主要的贡献则在哲学。他一生对流行于世的形形色色的唯心论一一进行了剖析和驳难,同时,总结和发展了中国传统的朴素的唯物论,形成了体系。船山先生从而成为中国古代哲学史上继东汉王充、北宋张载之后的最著名的唯物论哲学家。

顾炎武的学术名著有:《日知录》、《天下郡国利病书》、《肇域志》、《音学五书》、《韵补正》等。其内容涵盖史学、哲学、天文、地理和政治、军事、经济,以及文字、音韵、训诂之学。清初学士、才人甚多,然而谈起学问来,无不敛衽以崇亭林先生。

顾炎武不仅以其丰富的著述成为一代巨子,以其始终如一的节操成为一代楷模,同时,还以他的"经世致用"的治学态度,脚踏实地的学风,以及疏通源流、考证谬误的治学方法,开有清一代新学风。乾嘉学者承其绪,研究儒家经典,颇多成就,结出了一代硕果——"考据学"。

考据学,即以考证的方法治学。言之有据,质朴无华。不同于理学的夸夸其谈,空疏妄诞。故而又被称为"朴学"和"实学"。清代朴学肇源于亭林先生,故而朴学开宗的名号也只有归之于他了。

中国有条古训曰:"天下兴亡,匹夫有责。"这掷地有声的名言,就出自顾炎武的《日知录》。同时,顾炎武也是这古训的实践者。三百五十多年来,这句概括了顾炎武精神的话,一直激励着后世人们坚持民族气节和发扬爱国主义精神。

在中国文学史上,黄宗羲、顾炎武、王夫之是明末清初的散文名家。其"经世致用"的散文,呈现出学人散文的鲜明特色,"三先生"与侯方域等"古文三大家"的散文相映成辉。

学术界的众星捧月
——乾嘉学派和考据大师戴震

清代经学,亭林先生开其宗,至乾嘉之际,学者辈出,并形成各有特色的学派,统称为乾嘉学派。

乾嘉学派中的学者颇多:江永(音韵学家)、惠栋(经学家)、王鸣盛、钱大昕、赵翼(史学家)、段玉裁(文字学家)、王念孙、王引之(训诂学家)、毕沅(金石学家)、朱彝尊(目录学家)、黄丕烈(版本学家)……

在这群星璀璨的学者群中,有位突出的学者,他就是考据大师戴震。

戴震(1723—1777),字东原,休宁(今属安徽)人。十岁始求师读书,过目成诵。他读书肯于思索,善于发问。有次,塾师为其讲《大学章句》,他问道:"怎么知道这是孔子的话而由曾子转述的呢?"师曰:"这是先儒朱子(熹)说的。"再问:"朱子何时人?"曰:"南宋。"又问:"孔子、曾子何时人?"曰:"东周。"接着问:"周去宋多少年?"曰:"差不多两千年。"然后问:"相去若久,可朱子是怎么知道的呢?"老师被问住了,赞叹道:"这不是个平常的孩子啊!"

的确,这是个不平常的孩子。他不论读什么书,每一字必求其义,不弄清楚,决不罢休。他从小到大,从青年到老年,一直坚持这种精神研求学问。日积月累，终成一代名儒。五十一岁时，应召进四库全书馆任纂修官。

在四库全书馆期间，他勤于披阅，精于校订，不论酷暑严冬，都是从早到晚，朝朝如是，岁岁如是。他从《永乐大典》中辑出了《方言》、《九章算术》、《周髀算经》等多种佚书，编入《四库全书》，都是些久已失传的古籍。后世《永乐大典》大多毁于战火。这些佚书赖已编入《四库全书》而被保存下来。可是，这位勤奋的学者，却因积劳成疾，最后病死于四库全书馆纂修官任上。

戴震的一生学术成就是多方面的，在经学、文学、音韵、训诂诸学，以及天文、历算、典章等方面的成绩都是卓著的。

在经学方面的力作有：《孟子字义疏证》。

在文字、音韵、训诂诸学方面的著作有：《尔雅文字考》、《声韵考》、《声类表》、《方言疏证》等。

在天文、历算方面的研究成果有：《原象》、《古历考》、《勾股割圆记》等。

清代考据学家的学术贡献，人说有三："辑佚书"，"精校勘"，"通小学"。以这三者考之，戴震得兼，成就奇伟，称其为"考据大师"是当之无愧的。

戴震精于小学，其传人中有不少小学名家。"小学"，原本单指文字学。后来，成为文字、音韵、训诂三学的合称。清代小学得戴氏及其传人,遂出现了中国文字学史上的奇峰。文字学家段玉裁即其传人之一,著有《说文解字注》,独树一帜,成为中国文字学史上的经典著作。训诂学家王念孙,也是其传人之一。其主要著作《广雅疏证》,广集古音古义,颇多创见,成为中国音韵群书中的典籍。王念孙之子王引之,继父学,也成为一代小学名家。

戴震作为一代名儒,能在乾嘉学术界独占鳌头,这不仅因其考据成就伟岸,更因为他是继清初"三先生"之后的一代思想家。

乾嘉之际,文狱甚烈。学者们为避免惨遭迫害,多重考据,而鲜抒己见。戴震却不然,他效先儒顾炎武,通过考证的叙述来表示自己的见解。他所著《孟子字义疏证》,初看书名,似与哲学无关,然而却是中国哲学史上颇有影响的名著。

在《孟子字义疏证》中,戴氏批判了程朱理学关于"理是气的主宰"的唯心论观点,肯定了"气"的物质性,阐述了自己的朴素的唯物论的宇宙观。

戴震还针对理学的"去人欲、存天理"的谬说进行了有力的批判。指出,理学家的残酷在于"以理杀人"。"酷吏以法杀人,死于法,犹有怜之者"。可是,死于"理",有谁会同情呢!深刻揭露了理学杀人不见血的政治本质。同时,他认为"无欲则无为","有欲而后有为"。强调"理"为人欲所决定。在这些论点中已蕴含有要求个性解放思想的胚芽了。

清王朝二百七十年间,考据之学一直是学术研究的主流,鲜有思想家问世。故而,戴震有如是思想,成为一代哲人,是难能可贵的。继清初"三先生"和乾嘉之际的戴震之后,在社会骤变的道光(1821—1850)年间,又出了位著名思想家——龚自珍。然而,龚自珍已属中国近代史上的资产阶级民主主义的启蒙思想家,是近代史话的话题了。

五十七、明清小说

在中国文学史上，唐诗、宋词称雄唐、宋两代文坛，群星耀空五百余岁，那么，古典小说则畅行明、清两代文坛，独领风骚五百多年。以明清小说的社会影响之深远而论，唐宋诗词亦比之不及。明清小说杰作如《三国演义》、《水浒传》、《西游记》、《金瓶梅》、"三言二拍"、《聊斋志异》、《红楼梦》等所塑造的几千个艺术形象，几百年来，一直活在亿万人民的心目中，对形成中国各族人民共同的民族心理、民族意识以及中国文化面貌的特色都有着重大的作用。

"逼上梁山"
——《水浒传》与施耐庵

"逼上梁山"，是一句血泪凝铸的成语。原意是指北宋末年官逼民反的许多故事。

话说东京（开封）八十万皇家御林军的教头林冲，为人正直,安分守己,谁知却祸从天降,脸上被打上金印,肩头被戴上长枷,流放去荒凉的沧州。他被两名公差押着,出了东京,行不一日,来到一片大松林。这里林深树密,不见天日,是野猪出没的地方,故名野猪林。两个公差见这里荒无人烟,遂起杀心,先将林冲缚了,随之将硬木作成的役棍猛然抡起,向林冲头上狠狠劈去。就在这刹那间,松林背后呼地飞出一条铁禅杖,咠的一声将役棍打落,随之一个胖和尚跳将出来,大喝道:"洒家鲁智深在此等候多时了!"两个公差早已吓得呆若木鸡。和尚举杖欲打死两个狼心狗肺的公差,却被林冲上前苦苦劝住了。

这是怎么回事呢?且听原委:

有一天,林冲同林娘子去五岳庙烧香还愿,来到庙前,见一僧人正在练武,其艺绝伦,功力深厚,暗暗敬佩,直看得出了神。林娘子遂同使女先进庙中烧香去了。那僧人即鲁智深,绰号花和尚。林冲上前见礼,彼此一见如故,遂结义为兄弟。说话间,但见使女张皇呼唤,说娘子与人口角。林冲赶进庙中,却见一恶少正调戏林娘子,不由怒火中烧。待细一看,认得那是高衙内,乃权臣高俅义子,东京有名的淫棍。高俅官拜太尉、禁军统领,其势炙手可热,又正是自己的顶头上司。林冲只好强按怒火,携娘子回家去了。

那高衙内却淫心不死,欲夺林娘子,遂巧布圈套,强加林冲以罪名,将其刺配沧州。又买通差人,欲在路上结果他的性命。

鲁智深自林冲遭冤，唯恐他路遇不测，遂在暗中跟随保护至此。他欲杀掉公差，让林冲远走高飞。可林冲却心存团圆之想，不肯流为草莽，遂又甘愿戴上刑枷，上路了。

林冲来到沧州牢城，被安排去看管草料场。在一个风雪夜里，草料场突起大火。原来又是高衙内派来的奸人欲置林冲于死地。林冲忍无可忍，抓得奸人，手起刀落，而后投奔梁山去了。

梁山上聚义的英雄豪杰有一百零八将，诸如呼保义宋江、智多星吴用、黑旋风李逵、行者武松等等。他们原先或为农夫，或为渔民，或为小吏，或为武夫，最后都被逼得走投无路而上梁山来了。

描写各路英雄纷纷被"逼上梁山"的集大成著作，就是施耐庵的《水浒传》。

梁山，在今山东省梁山县。那里有八百里水泊，故又名水泊梁山。梁山主峰高不过二百米，但平地拔起，气势雄壮。黑风口，相传为李逵据守的梁山门户。那口，峡谷幽深，崖壁危峭，大有"一夫当关，万夫莫开"之势。北宋时的八百里水泊，后因黄河改道，水源断绝，如今已大都化为桑田。然而，仍约略可见当年水泊梁山之余韵。山上残存许多传说遗迹：梁山义军的赛马场，花荣射雁处，聚义厅旧址，以及旧址前竖立"替天行道"杏黄旗的旗杆石。石上有碗口大的窝，深十几公分。在旧址上，今仍可拾到古代建筑的瓦片。

《水浒传》的故事就发生在这梁山水泊,故以"水浒"名之。

《水浒传》研究的争论是很多的,难以尽述。然而,综观众论有两点是不容置疑的。一是《水浒》将正史中骂做"贼寇"的起义者作为英雄来歌颂,写得有声有色。它是中国第一部描写农民起义的长篇巨著,这显示着作者与作品的进步性。二是《水浒》中的英雄,在封建统治的高压下英勇抗争,前仆后继,然而,他们却只反贪官,不反皇帝。这反映了作者与作品的局限性。大概也正因如此,它才不失为古人所写古典小说的真面目。

施耐庵堪称文学大师,塑造了几百个有血有肉的人物。可遗憾的是他不曾为自己写下一份哪怕是几百字的简短传记,以致今日只知道他生于元末明初,兴化白驹场(今属江苏大丰)人,此外,则知之不确了。

相传,施耐庵为元末进士,与元末起义领袖张士诚为同乡。士诚起义后,几请耐庵,耐庵坚不肯就。士诚称吴王后,亲自登门走访,见其正写《江湖豪客传》,也就是《水浒传》的初稿。士诚又面恳出山相佐,耐庵以老母在堂为辞,不肯奉命。明初,朱元璋也曾请其赴京做官,仍不肯出仕。终其一生而成其不朽之作。

施耐庵,史不为之作传,其事不传。故历史上是否确有施耐庵其人,曾一时成为人们心中不解的疑团。二十世纪五十年代曾做过调查。至八十年代,施氏有关文物又屡有发现。计有:

施耐庵之子施让的地券文，十二世孙施子安残碑，十九世孙保存的《施氏家谱》等等。可是，又有学者考证出，这个施与《水浒传》作者非一人，是同名。

同《水浒传》鼎名于世的是罗贯中的《三国演义》和吴承恩的《西游记》。

《三国演义》是部讲史小说，讲的是从汉末到晋初的约百年史。《西游记》是部神魔小说，讲的是唐僧去西天取经的故事。这两部巨著的内容人所共知，其艺术成就也是有目共睹的。

《三国演义》的作者罗贯中，约生于公元1330年，约卒于1400年，名本，号湖海散人。太原（今属山西）人。他平生著述很多，相传他作有十七史演义，除《三国演义》外，流传至今的还有《隋唐两朝志传》、《残唐五代史演义》。另外，还有小说《平妖传》以及杂剧等。罗贯中和施耐庵有许多相似处，写了那么多风云人物，却不曾为自身留下片言只语。相传，他是施耐庵的学生，有的《水浒传》版本上还共同署着两人的名字。

同施耐庵和罗贯中的情况截然不同的，是《西游记》的作者吴承恩，其生平事迹较详。有人还专门著有《吴承恩年谱》。吴承恩约生于公元1500年，约卒于1582年。字汝忠，号射阳山人。山阳（今江苏淮安）人。他平生在科场屡次受挫，四十岁方补为岁贡生，即地方每年依例向朝廷的最高学府输送的生员。做过县丞一类小官。晚年退居，专心创作。这已是人所共知的吴承恩生平史料。最近几年，还发现有吴承恩的坟墓，并从墓中发掘出了吴承恩头骨，又依头骨复原出吴承恩的塑像。吴承恩的旧居几经调查也已弄清，在今淮安县城西河下打铜巷尾，原有"射阳簃"书斋，即吴氏著书处。在纪念吴承恩逝世四百周年之际，已开始重建"射阳簃"书斋。吴承恩塑像现安放在故居的轩厅中。

《促织》的故事
——《聊斋志异》与蒲松龄

《聊斋志异》是中国文言短篇之冠，集有故事四百九十一篇。且看其中一篇——《促织》。

故事说，明代宣德皇帝喜玩促织，即斗蟋蟀。每年向民间征索不已。省、县官吏，借机敲剥百姓，不知有几多人家倾家荡产，弄得举世不安。

华阴县有民曰成名，性憨诚，守本分，被派去捕蟋蟀。所捕被指为劣弱，不能完差。逾期又遭毒打，两股溃烂，脓血流离。家产亦随之几尽。幸其妻得一驼背女巫的启示，使成名终捕得一俊健蟋蟀。成名欣欣然，如获连城之宝。谁料成名出外，其小儿不慎将蟋蟀弄得腿折腹裂。孩子方九岁，自知闯了大祸，诉之于母亲，其母惴惴。成名回家不见蟋蟀，暴跳如雷，欲寻其子，久

《促织》图(清无名氏绘)

索不见,后于井中得其尸。成名抚尸欲绝。至夜,尸体渐温,未明复苏,然其神志痴呆,如石雕,若金铸。自昏至明,夫妻共守小儿,连眼也不敢眨一眨。

　　天亮后,忽闻门外虫鸣,推门看时,壁上有一蟋蟀。近之,忽钻入成名袖中。细看时,翅若梅花,方首长胫,色黑赤,体短小,似劣物,然而却有生气。成名遂收之,欲以献于公堂。却不知其是否善斗,恰有少年携一蟋蟀来,遂试之。方首初见敌类,伏而不动，有若木鸡。屡撩之，怒而腾击。其敌体大且美，向日无敌，然遇方首，却怯然而遁。方首振翅有声，似报主知。忽有公鸡闻声突至，猛然啄之，方首跳出盈尺。鸡再逐，方首已在爪下了。成名不禁汗背，寻之不果。但见公鸡伸颈摇冠，方见其已跃上鸡冠，力叮不释。成名大喜，掇置笼中。

方首被献于县宰，县宰再献于省抚，省抚以金笼置之献于皇帝，并条疏其能。果然，方首每斗辄胜，力挫群雄。皇帝大喜，厚赐抚宰。

过了大约一年，成名儿子方精神复旧，自言梦化蟋蟀，入宫夺魁，今始复苏。世人方知那方首蟋蟀乃此子精神所幻化者也。

其文揭露封建社会黑暗者，多如是。

上述仅是《聊斋》盛馔中的一碟小菜而已，举出以供读者略品其味。这里所述又只是原作故事的梗概，加之笔者文词枯涩，以致写得血肉全无，苍白无色，与原著相去千万里。如欲领略其神采，识其筋骨，唯有翻检原著，他途皆不及也。

《聊斋志异》为清初蒲松龄所作。

蒲松龄（1640—1715），字留仙，一字剑臣，别号柳泉居士，其书屋名"聊斋"，故世亦称其为聊斋先生。先生先代乃蒙古族，为淄川（今属山东淄博）人。位于淄川的蒲松龄故宅，今已是国家重点文物保护单位。

今淄川城东有庄名"满井"，因庄东有井，井水常满而溢，故得是名。井水溢流而成小溪，垂柳夹岸，故又有"柳泉"之称。

相传，蒲松龄为著《聊斋志异》一书，曾于满井设茶摊，过路人口渴，免费供给茶水，不要他酬，只要饮者讲一故事，或轶闻异事。久而久之，四方奇闻怪事盛集于先生，"四方同人又以邮筒相继"。然而，各地素材，良莠不一，杂芜不齐，一经先生神笔，则文采四溢，妙趣横生。

聊斋故事虽以文言写成，却不枯涩难读。其语言风格，既典雅工丽，又清新活泼，堪称古代文言之典范。

相传，《聊斋志异》成书后，蒲氏曾寄给在京师做官的诗人王士祯。王士祯亦名王渔洋，诗文均佳，时为文坛一派领袖。然而，当他见到此书，自知出于己右，曾想以千金为酬，易此书稿。聊斋先生家境虽贫，岂肯以半生心血付人，断然拒绝了。

蒲松龄，博览群书，才华超群，堪称一代文章魁首。然而，他在科场中却终生郁郁，直到七十一岁的垂暮之年，才同吴承恩一样，补为岁贡生。其长孙立德在一年后却已考中了。爷爷作诗勉励孙子说："无似乃祖空白头，一经终老良足羞。"

其实，聊斋先生并无可羞的。他一生留给世人的除《聊斋志异》这一名扬四海的巨著外，还有诗一千余首，词一百多首，散文四百多篇，俚曲十四篇，杂剧三出，长篇小说《醒世姻缘传》一部，以及多种杂书。这是一笔可观的文化财富啊！

《聊斋志异》早在江户时代就传到了日本，一百三十年前已译作英文,至今外文译本已多达三十余种。这恐怕是先生生前未曾料及的。

先生乃中国文化史上的一代巨人。

"谁解其中味"
——《红楼梦》与曹雪芹

《红楼梦》是部爱情悲剧小说。自二百多年前问世以来,即以其思想艺术的魅力,惊动了社会。书成不久,市上即有抄本出售,一部售价几十两银子。各地来京举子不顾高价,返乡时都要带上一部。读《红楼梦》日渐成为社会风尚。有道是:"开谈不说《红楼梦》,读尽诗书也枉然。"旧时甚至在茶馆酒店中,也以品评红楼人物为时尚。见解不一,或臧或否,"遂相龃龉,几挥老拳",也是常有的。《红楼梦》在年轻人中的影响更甚。读后潸然神伤者有之;"呜咽失声,中夜常为隐泣者"有之;若有所失,如痴如狂者也并不少见。相传,杭州有一商人女儿,酷爱《红楼梦》,感伤成疾。父母以为那书害了女儿,就愤然将书投入火中。哪知卧病在床的女儿见状大哭:"奈何烧杀我宝玉啊!"一仰身,气绝而殒。

由是,封建卫道者骂《红楼梦》为淫书,又诏令禁绝。然而,严禁不绝,流传日广。

人或以为这是旧时代的往事。其实,其魅力在现代仍有增无减。二十世纪五十年代，就《红楼梦》讲的究竟是什么，又怎么看其意义，曾展开一场唇枪舌剑，并见诸报端，惊动了全国，成为现代中国文化史以及政治史上的一大公案。仅此一例，也足见《红楼梦》在新中国影响之深远了。

《红楼梦》的主要内容是什么，究竟又该怎么看呢？

其主要内容是一爱情悲剧故事，这是无可争辩的。

《石头记》写本

故事的主人公叫贾宝玉，是世家豪门贾府的一位贵族公子。在他所生活的那个别墅大观园中，有两位贵族小姐倾心于他。一是其姑表妹林黛玉，一是其姨表姐薛宝钗。宝钗是位才貌双全落落大方的姑娘，然而，她对封建训条深信不疑，总希望自己的意中人能苦读经书，留心"仕途"，将来好"立身扬名"，成为封建帝王的贤臣良相。林黛玉却生性孤僻而又多愁善感。然而，她内心中的爱情却是纯洁无瑕的，总是与意中人以情相依，从不谈什么"科举"、"仕途"的"混帐话"。宝玉同宝钗，宝玉同黛玉，原来都是两小无猜，后来，年增岁长，遂各有心。宝玉的封建制叛逆者的性格越来越明显。他十分厌恶虚伪的理学，更耻于什么"功名仕进"，甚至痛骂那热心仕途的尽是些"禄蠹"、"国贼"。由是，宝玉同宝钗的隔膜日增。也由是，宝玉同具有同样品格的黛玉的情意日笃，真诚地相爱起来。在那个封建末世，宝玉和黛玉的异端思想和行为，在卫道者们的眼中那是大逆不道的。

宝钗的作为却与之相反。她遵从封建训条，一言一行都是"随分从时"的，甚至"装愚守拙"，一举一动都显得是"端庄贤淑"的，从而赢得了贾府中卫道者们的欢心和爱怜。

当宝玉誓死要娶林妹妹的关键时刻，贾府上下的卫道者们采取偷梁换柱的办法，以宝钗假作黛玉，骗过宝玉，举行了婚

大观园图（清无名氏绘）

礼。那夜，黛玉已久病垂危，闻讯宝玉成亲，惨然死去。宝玉掀开新娘的蒙头巾，一见不是林妹妹，也精神失常，成了疯子。宝钗也只落得终身寡居的命运。

《红楼梦》就是这样挥洒着血泪控诉着封建婚姻的罪恶。然而，《红楼梦》的深远的社会意义比这还要深远得多。这只要读一读书中那段"护官符"的故事，也就一目了然了。

故事说，薛宝钗的哥哥薛蟠是个花花公子，与人争夺一个婢女，竟仗势行凶，将人打死。死者的仆人告到应天府。知府贾雨村欲捉拿凶手归案，却被老衙役暗暗劝止了。老衙役掏出一张纸给他，上写一首民间歌谣，名曰《护官符》：

贾不假，白玉为堂金作马。阿房宫，三百里，住不下金陵一个史。东海缺少白玉床，龙王来请金陵王。丰年好大"雪"，珍珠如土金如铁。

贾雨村看不懂，经老衙役解释才知道，那是说的金陵有贾、史、王、薛四大豪门。贾家是皇亲国戚。史家、王家是金陵的大官僚。"雪"与"薛"同音，借指当地皇商薛家。这四家又结为亲戚，互相勾结，谁要侵犯了他们，丢官事小，恐性命也难保。贾雨村得知底里，吓了一大跳，立即改变主意，将被打死的人说成是急病死去，一桩人命案，就这样稀里糊涂地了结了。

金陵四大豪门结成的封建势力圈，是以贾府为核心的。贾宝玉的祖母史太君,即史家的姑奶奶。贾宝玉的母亲王夫人,嫂子王熙凤,都是王家的小姐出身。贾宝玉的姨妈又是薛家的老夫人,那打死人的薛蟠,就是薛姨妈的儿子。那审案的知府贾雨村,后又是贾府门上的清客。……显然,这个势力圈中的各个部分是有机地联系着的,利害相关,命运与共,一荣皆荣,一损俱损。在《红楼梦》中,这个势力圈的盛衰是与主人公的爱情故事相伴相终的,也是先为喜剧,后为悲剧,终于一个个土崩瓦解。

显然,《红楼梦》所述的不仅仅是金陵一地封建势力的衰败,而是整个中国封建制腐朽没落的缩影。所以,如果说《红楼梦》是一部敲响了封建末世丧钟的伟大史诗,也是不过分的。当然,这一观点远非中国红学定论,只是在此略备一说而已。

《红楼梦》作者曹雪芹(1715?—1763或1764),名霑,字梦阮,号雪芹,亦号芹圃、芹溪。出身贵族。其曾祖曹玺曾得到康熙的宠信,被任命为江宁织造。江宁为府名,治所在今南京,这里是江南富裕的地方。织造为官名,是专为皇族制办服装的,这是个肥缺。其曾祖去世,其祖父曹寅、父亲曹頫(fǔ斧)世袭其职。曹氏先后在任六七十年,遂成江南巨富。曹寅为江南名士,曾主持刻印多达九百余卷的《全唐诗》。康熙五次下江南,在江宁有四次是曹府接驾。曹家的声势烜赫,也就可见一斑了。

正如《红楼梦》中一个婢女说的:"千里搭长棚,没有不散的宴席。"雍正继位,曹家因皇室纷争而遭株连被抄家,开始没落了。

曹雪芹的童年,住在江宁,过的是"锦衣纨绔"、"饫甘餍肥"的豪奢生活。十三岁被抄家后,只好随父亲回到北京,生活日蹙。晚年移居西郊,"蓬窗茅椽","绳床瓦灶",穷困不堪,全家常常仅以稀粥糊口。谁能想像,他那堪称世界文学瑰宝的《红楼梦》,就是在这困顿的生活中,"披阅十年,五次增删"而写定的。他将自己的生命倾注于著述,其意未竟,便因其幼子夭折而感伤成疾,随即陨没了。

上海大观园一景

曹雪芹搁笔时,书名题曰《石头记》,只有八十回。有人说,不是八十回,而是一百二十回。当他辞世后,家贫如洗,妻子遂将其手稿的后一部分,用来扎了纸钱烧掉了。也有的说是借出去传阅而失散了。总之,那是部没有结尾的著作。世人捧读后屡屡哀其早逝,为之惋惜。

后来,有位自号红楼外史的文学家,名高鹗,按曹雪芹的原来构思,补写了四十回,残书方为完璧,书名也改题曰《红楼梦》。高鹗的增补是成功的。今日广为流传的《红楼梦》就是这个一百二十回本。但是,大概因高鹗自己是科场上的得意儿,所以续书中竟让贾家的子孙高榜题名,家道复兴。评者多不以此为是,然而,那是瑕不掩瑜的。

曹雪芹茹苦含辛地创作了《红楼梦》,自己在开篇处写下了一首五言绝句:

满纸荒唐言,一把辛酸泪。都云作者痴,谁解其中味?

的确,这位前无古人的小说大家,以其生命写下这一巨制,其意味是深长的,恐在其辞世时也未能瞑目,唯恐后人不能理解他的苦心吧!大概就因为这个缘故,自《红楼梦》问世,就出现了专门研究《红楼梦》的"红学"。红楼外史高鹗就是最早的红学家之一。

今日,不仅中国已成立全国性的学术机构"红学会",辟有红学专刊，在外国《红楼梦》研究也已兴起。1980年6月中旬，在美国举行了第一次世界性的《红楼梦》学术讨论会。

《红楼梦》在世界上的传播，以流传到日本为最早，大约在曹雪芹逝世以后的第三十个年头，即公元1793年。后来，在1877年，中国文学家黄遵宪以参赞身份驻日本时，就曾与日本学者多次讨论过《红楼梦》，这恐怕是最早的国际性的红学研究了。

随着这部不朽巨著在世间的广泛传播和深入研究，将会有**越来越多的人了解其中的真意**。

五十八、明清科技巨匠

医药科学之王
——《本草纲目》与李时珍

明嘉靖年间,蕲州(今湖北蕲春)的瓦硝坝有个医药世家。主人李言闻是位四乡知名的乡医,他有个儿子,身体虚弱多病,是他精心调理,才健壮起来的。儿子常随父亲上山采药,在家也帮助制药,年深岁久,耳濡目染,儿子对祖国的医药学有了浓厚的兴趣。可是,父亲却不同意儿子学医,要求儿子去读经书,作八股文,望他有朝一日金榜题名,也好改变自家这被称作"贱业"的门庭。医生在当今世界,是很崇高的职业。可是,在封建时代,十医九丐,在社会上是被人看不起的。李言闻一生饱尝从医的辛酸,怎肯让儿子还步自己的后尘呢!儿子无可奈何地谨遵父命,苦熬了几个寒暑,十四岁去赴乡试,顺利地考中秀才。可是,小秀才后来接连三次参加省里的会试,却一次次名落孙山了。几遭挫折,小秀才已经成年,决心放弃仕途,继承祖业,心甘情愿一生一世做医生。小秀才向父亲表示："身如逆流船，心比铁石坚，望父全儿志，至死不怕难。"事已至此，父亲只有颔首了。小秀才果真心坚如铁，终生不渝，最后成了一位举世敬仰的杰出的医药学家。他就是李时珍。

李时珍（1518—1593），字东璧，号濒湖。李时珍一生著述很多，主要成就是编著了《本草纲目》一书。古代药物原以草类为主，神农氏尝百草发明药的传说，也反映了最初的药典是以草类居多的，最古老的药典则称为《神农本草》，或简称《本草》。久而久之，"本草"一名就成了药物典籍的代称了。

李时珍为何要以毕生精力编修《本草》呢？

原来，他在行医中发现古代药典几百年未修，其中错误百出，往往因错投药石而误人性命。有次，他亲见一医生依药典处方，给病人开的是补药防葵，可病人服后突然死去。又一次，他见一医生处方用了黄精，结果病人也惨然而逝。他作为医生，深知那并不尽是一般医生的责任，而是药典错了，将狼毒（一听这名字就可想见其毒性了）误作防葵，将勾吻误作黄精，即将两味毒药错当补药了。他想几百年来，因此而误死的病人何止千千万万呢？显然，重修《本草》，如同救火拯溺，时不我待了！

李时珍决心重修药典，是从研究旧药典开始的，一气读了八百多种书，熟知了已有的药物知识。可是还有很多疑难百思不解，比如：白花蛇与其他蛇的药效不同，书上说白花蛇身上有二十四个菱形纹作为特征,是真的吗?典籍中都说鱼是草籽变来的,草籽怎么能变成鱼呢?据说穿山甲以鳞甲诱蚁而食,可信吗?……李时珍曾带着种种疑难向父亲请教,当问及白花蛇,父亲说:"此蛇乃咱们蕲州所产,又名蕲蛇,集中于龙峰山一带,与他蛇不同,你去龙峰山捕一条,不就弄清它的特征了吗?"

李时珍果真上了龙峰山,冒着危险捕到了白花蛇。经过仔细辨认,疑难顿消了。从而,李时珍认识到,欲正药典,得求真知,书上未讲清的,就到实际生活中去探索。从此,李时珍身背药囊,手持药锄,到处医病问疾,品尝草木,以辨药性,做起真的神农氏来了。

李时珍三十八岁那年,被楚王请去,医好了王子的难症。楚王强留他在王府,可他却不愿放下手中的药锄。皇帝也闻他鼎鼎医名,召他进京做御医。这是一个铃医最大的尊荣,也是求之不得的高位。可李时珍身在太医院,心神不宁,犹如遭到了禁锢。李时珍此时也曾想借助皇家力量,组织天下名医共修《本草》,以实现平生夙愿。可是,他的正当倡议,却被诬为狂妄,而遭排斥。李时珍愤然辞职,又手摇医铃出走民间,以农樵猎渔为师,虚心向一切有实践经验的人们求教。

"鱼是草籽变的吗?"李时珍问。

渔翁告诉他,鱼一般在冬季孕育,春末夏初,雌鱼在前甩籽,雄鱼尾随洒白(授精),从来也没有人见过草籽会变鱼。

"穿山甲是食蚁吗?"李时珍问。

猎人帮他捉来一只穿山甲,当场解剖,胃中蚂蚁足有一升。

"书上说,穿山甲食蚁,是以鳞诱捕,先在岸边张开鳞甲装死,蚂蚁成群而入,即闭甲入水,鳞甲一张,蚂蚁就都浮上水面,这时它就尽情吞食了,真是这样吗?"李时珍又问。

猎人遂将目睹穿山甲以长鼻拱开蚁穴,进而以舌舐食的详细情景告诉了他。

冬去春来,历二十七个寒暑,李时珍遍访各地药草,将药典上的错误一个个改正过来,也澄清了一个个妄说,终于编出了中国医药巨典《本草纲目》。

《本草纲目》共五十卷,一百九十万字,收药物一千八百九十二种,附药方一万一千零九十一个,绘有动植物的插图一千一百一十幅,被誉为"东方医药巨典"。

《本草纲目》的药物分类是,先矿物,后植物,最后动物。各类药物的排列顺序也大致是先简单后复杂,体现了自然发展史由无机到有机、由低级到高级的过程。在当今世界这已是普通的常识。然而,李时珍所处的时代,世界上生物进化论的创始人达尔文还未来到世间。二百多年以后,当达尔文看到李时珍作出如此分类的科学巨著时,也赞赏不已呢!

李时珍六十一岁时已将这部医药巨典编成,令人遗憾的是,十数年间几经奔波却找不到一个书局肯予承刻,直到这位中国医药科学之王年届七十六岁终于瞑目的时刻,也未能见到自己著作的刻印本。

这里值得告慰这位药王先灵的是,他逝世以后过了三年,初版问世。又过了十年,即传入东邻日本、朝鲜。尔后又陆续被译为拉丁文、法文、俄文、德文、英文等多种文字,流布于世界各地。目前仅英文版本就有十几种。他的心血结晶至今仍在为世界千千万万人们的健康与幸福做着贡献。

古典科技总汇
——《天工开物》与宋应星

《本草纲目》问世四十一年后,与之相伯仲的另一部科技巨著《天工开物》也问世了。在当年曾风行一时。可是,乾隆以后由于政治的原因,问津者日少,在中国渐渐地湮没无闻了。然而,这部巨著传入日本后却受到欢迎,又从日本传入欧洲,被译为多种文字,出了一版又一版,广泛流布开来。其中法文译本誉称为《中华帝国古今工业》。其实,这部著作不仅包括中国的古今工业,也包括中国的古今农业,是中国古今工农业汇编,称之为中国古典科技总汇是不过分的。当代英国李约瑟博士就称作者为"中国的狄德罗"。狄德罗是法国的大学者,著名的《百科全书》的主编。显然,李博士也是视此书为中国科技全书的。

约在八十年前，中国学者们重新认识到这一古籍的重大科学价值，然而苦苦求索，却未能找到原著，几经努力，才从日本找回几种翻刻本印行。这部《天工开物》的作者名叫宋应星。

宋应星，字长庚，奉新（今属江西）人。他出生于公元1587年，卒年不详。宋应星自幼聪明好动，酷爱科技。二十八岁时，与其胞兄应升同科考中举人。后来，五次进京应试，却皆不得中。这五次从江南到河北的数万里行程，使他大开眼界，沿途获得了原先在书本上见所未见、闻所未闻的大量工农业科学技术知识。他虽未能得中朝廷的进士，却为他成为中国科技史的权威打下了基础。

宋应星四十九岁时出任江西省分宜教谕，即县学的教官。在三年任期内，利用授课余暇，对古典科学进行了系统总结，写下了《天工开物》。这年宋应星方才五十一岁。他比之先辈李时珍幸运得多，其巨著刚刚写完就在友人帮助下付印了。这年是崇祯十年（1637），故而《天工开物》的初版又叫崇祯版。

《天工开物》共分十八卷，内容浩瀚，包括谷麦豆麻的栽培与加工，蚕丝棉苎的纺织与染色，制盐、制糖、榨油、铸铜、冶炼、开矿，以及制作砖瓦、陶瓷、器具、车船、石灰、硫磺、白矾、兵器、火药、纸、蜡等各种生产技艺。书中对各种产品从原料到加工的全部工序、方法等，都有较详细的说明。书中还绘有一百二十三幅精美的插图，所绘内容，结构准确，比例恰当，立体感很强。依其图样与数据，即可将所绘的各种机械、设备重新制造出来。其中所绘提花机、钻井设备、轧蔗机、大型浇铸和锤锻千斤锚、阶梯式瓷窑、玉石加工磨床等都是较早的科技图录，在科学史上有很高的价值。

《天工开物》不仅注重总结传统的科学技术，对当朝的新技术也注意研究。比如其中就记述有当时世界上最先进的炼锌技术。该书的这一记述早已引起欧美化学家的注意，凡化学文献论述到金属锌的最初冶炼时，通常都要提及《天工开物》。

宋应星对中国科技的全面研究，导致他对许多科学的未知领域得以进行积极的探索，提出不少难能可贵的科学见解。比如在生物学方面，宋应星根据作物品种往往因环境差异而引起差异，蚕蛾也因不同性状的品种杂交而引起后代变异等情况，提出了"土脉历时代而异，种性随水土而分"的看法，这在人类对动植物生态变异的认识上是一大进步。后世达尔文博士谈及生物进化与变异时，也曾引述过宋应星的这一见解。在物理学方面，宋应星研究了声音的传播，他以投石击水引动水波由中心向外扩散的现象，推断声音在空气中的传播其原理也是类似的，这就提出了声音是气波的概念。在化学方面，他以汞和硫炼制朱砂的化学过程和结果为例，初步提出了质量守恒的看法。同时，他还以铁失（磨损、风化、腐蚀）而化为土为喻,初萌有物质不灭的观念。这一观念为清初的哲学家王夫之接受并大大发挥了。

宋应星的科学思想是难能可贵的,而作为其哲学基础的唯物观更是当时的某些哲学大师也比之逊色的。他的哲学思想渗透于全书的论述之中,而集中表现在他给自己著作所加的书名,即《天工开物》。

何谓"天工"呢？宋应星认为世上的资源是大自然造就的,也可以说天然工就,故而称之为"天工"。

何谓"开物"呢？天然资源并不能自然为物,必须经过人类的开发、加工,才能成为人类所需的物质资料,故曰"开物"。

显然,在人和物的关系上,宋应星的观点既是唯物的,又是辩证的,既强调以"天工"为基础,又强调人的主观作用,资源只有去"开",才能生产出"物"来。这一点是宋氏哲学思想的精华,也是中国哲学思想史中的精华。

新中国成立以后,北京图书馆公布了一个令人欣喜的消息：从原浙江宁波李氏墨海楼捐赠给该馆的一批古籍善本中,发现了《天工开物》一书,而且是崇祯版原刻。在国内这一孤本的发现,使宋氏巨著的原始风貌又得以为人们所见了。

又过了不到十年,宋氏的故乡传来佳音,那里发现了宋氏遗作《野议》、《思怜》、《谈天》、《论气》四种明刻海内孤本,还找到《宋氏宗谱》和《宋应星行略》。从此,世人方得闻这位中国古典科技总汇的编著者的真实生平经历。宋应星入清以后，隐而不仕，并教育子孙三代不应清朝的科选。这位富有民族气节的科学巨星，享年八十余岁，约故于康熙初年，死葬奉新北乡故里。

《徐霞客游记》
——地貌学、溶岩学开拓者徐霞客

孔子有条古训："父母在，不远游。"明万历年间，却有位两鬓斑白的贤母鼓励独子远游，教导儿子大丈夫志在四方，还特地为儿子亲手缝制了远游冠，以壮行色。远游冠形若巍峨的皇冠，冠前置有卷云状的筒形饰，故亦名卷云冠。汉族风俗，远行必冠。从汉朝以降，历代不衰。唯元、明两代风尚不同，废而不用。这位贤母为激励其子，不顾八十高龄，硬是要儿子陪同去游历了家乡的山山水水。每次都步行于前，以示自己体健不老。儿子终不负贤母期望，从二十二岁起，手提竹杖，头戴峨冠出游，历其终生，三十四年间未曾辍步，足迹遍及大半个中国，终于成为中国屈指可数的伟大旅行家之一。

这位旅行家到处考察山川河流，溶洞地貌，风土人情，写下了几百万字的游记。经后人将其存世部分整理成书，成为中国古典地貌学、也是世界溶洞学的名著。

这位旅行家的名字就叫徐霞客,他的名著被称为《徐霞客游记》。

徐霞客(1586—1641),名弘祖,字振之,霞客为其号。其故里在今江苏省江阴县城北四十里的南旸岐。其故居现已辟为徐霞客纪念馆,以纪念他那科学探险精神及其在世界地学史上的杰出贡献。徐霞客故居,今已是国家重点文物保护单位。

徐霞客的科学探险精神是十分感人的。游雁荡山的故事,就是一例。

雁荡山是浙东名山,雁荡风光以大龙湫和小龙湫的百丈瀑最为著名。相传,其山之巅积水为湖,而名曰"荡",秋雁南归多宿于湖中,故名雁荡,亦称雁湖,而其山则称雁荡山或雁山。古书记载,大、小龙湫之源导之于雁湖。徐霞客为究其竟,故而三上雁荡山。

第一次攀山,误下一谷,上为绝壁,下为深渊,当身贴绝壁,攀援而上时,脚登石崩,几乎葬身于万丈深渊。幸得手抓一木未放,终得生还。

几年后,再登雁荡,亦几历险情,方探得几个崖洞的奥妙。考察归来,路访友人陈函辉,席间主人问道:"君此次再游雁荡,可曾登临绝顶?"霞客只顾考察险洞幽景,却不曾亲临绝顶,一时默然。次日黎明,霞客早起,临窗与主人告别曰:"余当再往,归当语君。"

霞客去了十几天就回来了，欣喜地告知友人，这次他是沿偏僻小径，沿山攀着藤条爬上绝顶的，在离绝顶三十里处，见到了栖息的雁群，到了绝顶，风声如吼，群麋与其相亲，围而不去，在绝顶露宿了三夜。

霞客三上雁山，探险穴，登绝顶，终于考察清楚山上确有雁湖，也有群雁栖息，然而，大、小龙湫的源头却与雁湖相去甚远，并无关系，古书有误。雁湖与大、小龙湫的位置和关系，至此方得到正确记述。

又如一次在湖南九疑山考察飞龙岩，其洞深远不可测，而洞中曲折多歧，内有条条暗河，深浅莫测，霞客却勇往直前，过了一洞又一洞，一河又一河，甚至连鞋子都跑掉了。同伴苦劝他，洞深莫测，曲折难识，一旦迷路，火炬燃尽，就只能葬身这幽穴之中了。同伴不肯再行，霞客却又举着火炬趟河前进了。

还有一次，在广西融县游一洞，洞口横卧一巨蛇，不见首尾。导者股栗，随者远走，霞客却毅然越蛇而过。后宿一洞中，夜半虎啸，全洞回响，有若山崩地动，他亦无惧色。类似事颇多，或所宿蚊声雷鸣，或几日断炊，或落入急流漩涡，……亦皆不以为苦。

霞客书中记一趣事，即每出行，必以金簪饰发。这是为什么呢？原来，有一次，行资被盗，途无分文，当饥肠辘辘时，急中生智，拔下头饰金簪，以其半换得食宿，又以其半付与船资，方得摆脱困境。故后来每出行，必备金簪，以防不虞。

徐霞客的出游，初始有观奇揽胜之想，而后期则是真正的科学考察了。他考察了中国大西南的一百多个洞穴，做了详细考察记录。以其对广西桂林普陀山西侧的七星岩的考察为例，其所记各项数据虽是目测步量，却与二十世纪五十年代中国科学院地理研究所以科学仪器测量的结果大体相符。同时，他对溶洞、石笋、钟乳形成原因的解释，也是与近代科学相一致的。其科学态度可见一斑了。

徐霞客在溶岩学上做出了杰出的贡献，在水文研究上也有重大成就。徐霞客著有《江源考》，对自古以来长江导源于四川岷山的说法提出疑问，并论证说长江的源流来自金沙江，而其流程不会比黄河短。三百多年过去了，1978年有一个科学考察队，溯江而上，查明江源位于唐古拉山格拉丹各峰下的沱沱河源头，全长6 300多公里，为世界第三长河。

徐霞客还著有《盘江考》，也对其他水系进行过踏勘，纠正了古籍上的一处处错误。其许多记述，至今仍是无可辩驳的科学结论。

《徐霞客游记》一书，是中国地貌学与溶岩学科学著作，也是部富有才华的文学巨著。同时，其中有关生物学、矿物学、民俗学，以及地方史志的大量珍贵资料，也引起多方面学者的注意。

《几何原本》和《农政全书》
——近代科学的先驱者徐光启

凡吃过北方最优良的稻米天津小站米的,无不交口称赞。可是,是谁率先将南稻北移,为培育此良种立下首功的呢?

凡读过几何的,都懂得点、线、面、直角、四边形、平行线、相似、外切等词语,以及它们作为数学概念的科学定义。可是,是谁率先在中国使用这些名词术语,而且沿用至今呢?

凡熟悉中国历法的都知道,至今中国除普遍使用公历以外,还同时使用着夏历。这一夏历,先时则称之为"黄历",还是清朝时颁行的。可是,是谁为这已使用了三百多年的历书的制定奠定了基础呢?

他,就是徐光启。

徐光启(1562—1633),字子先,号玄扈,松江府(今上海)人。其祖上原为富商,然两度兴衰,至其幼年时已景况不佳。他考中秀才以后,颇有才名,遂被人聘为家庭教师。这时,他仍常常在馆中耕作,以谷自给。

徐光启三十九岁时,北上应试,路过南京。这时,意大利耶稣会传教士利玛窦正在那里传教。他为了接触仕人,传教方便,时常讲些西方古典科学知识。徐光启景仰其学识渊博，遂与其结识，从此对西学渐有兴趣。

四年后，徐光启来到北京，以新科进士充任都察院官员。不久，又入翰林院学习。利玛窦也利用宦官的帮助以进贡为由住在北京。徐光启课暇则布衣徒步相访，过从甚密，并开始向利玛窦学习西方的天文、数学、测量、水利等科学知识。

两年后的一天，徐光启与利玛窦谈及中国勾股之学，利氏遂言西方有欧几里得《几何原本》，义理甚精，翻译甚难云云。徐光启慨然而起，邀利玛窦合作翻译，说："困难不可怕，越怕就越难，不怕难，它也就不难了。咱们干起来吧，我看准能成功！"于是，每天下午三四点钟，徐光启到利玛窦寓所，利玛窦口传，徐光启笔记，天天如是，从秋至冬，从冬到春，字斟句酌，三易其稿，终将十三卷拉丁文《几何原本》的前六卷平面几何译成了中文。翻译是相当成功的，故而其很多译文用语至今仍被沿用着。

徐光启何以要翻译这一数学著作呢？他知道数学是一切科学的基础，欲学习西方科学，自当首先从数学始。这位科学家曾经预言：几何原理"举世无一人不当学，窃意百年之后，必人人习之"。历史已经证明，这是多么了不起的科学预见啊！

可惜，《几何原本》的数论和立体几何部分还没翻译，就因利玛窦不想再译而中断了。又整整过了两个多世纪，方由清代数学家李善兰补译出来，而成为完书。

徐光启还翻译过《测量法义》、《泰西水法》。泰西,犹言极西。当时用以称呼西方国家。在现代,妇孺皆知地球是圆的,地球经纬度的概念也成为普通常识。可是,在三百多年前的中国,这些还都是崭新的科学知识。这些知识就是由于徐光启翻译西学,才开始在中国传播的。

徐光启还曾经将西方古典天文学介绍到中国来,对中国古典天文学进行了改造。他晚年编有一部七十四卷的《崇祯历书》,准备改定历法。《崇祯历书》在西方近代天文学蓬勃发展的那个时代,其内容并不是先进的,主要表现在波兰天文学家哥白尼的太阳中心说在西方已被公认,而《崇祯历书》中仍采用的是古希腊天文学家托勒密的地球中心说。可是,从总体来看,它在中国古典天文学史上是一大进步,成为后世几近三百年间修历的基础。最近,在北京古观象台开辟的古代天文史馆中,徐光启与张衡、祖冲之、僧一行、沈括、郭守敬并列为中国古代六大天文学家。

这里还要谈及的是这位中国近代科学先驱也是中国古典农学的集大成者,是继西汉氾胜之、北魏贾思勰、宋代陈旉、元代王祯之后的最杰出的古代农学家。这里且不去说他将南稻北植的伟大功绩,也不说北方人民每当吃到香甜的甘薯就想起他所著《甘薯疏》对推广这一美洲优良作物的勋劳,这里只略提一下他积几十年功夫编著的古农学经典《农政全书》。

《农政全书》共六十卷，五十多万字，分为农本、田制、农事、水利、农器、树艺（包括谷类及蔬果各论）、蚕桑、棉麻、种植、牧养、制造、荒政等十二门，将古典农学的各个领域概括无遗。书中也引进了《泰西水法》，主要则是古代文献的辑录和当朝农业科学成就的最新记录。书中最精彩的部分是作者自己的科学论著。比如他采用历史统计学方法研究蝗虫的泛滥区划，步不出户，划出了蝗虫的纵横几千里的界区，与今日科学研究的结果正相吻合。当然，限于时代的条件，古代科学家的著述中总是瑕瑜互见，徐光启的各项著述也概莫能外，这是可以理解的。

这位科学巨星于崇祯六年（1633）十一月八日逝去了。归葬于故里松江府辖区内的法华泾与肇家浜两水的汇流处。后来子孙居此，人口繁衍，其地遂被称为"徐家汇"。今上海市的"徐汇区"之名称也缘此而来。徐光启墓址今为徐家汇南丹公园。公园内古墓犹存，墓周坦坦石台，萦萦绿树，恰似象征着墓主人的坦荡胸怀与常青的科学生命。徐光启墓，今已是国家重点文物保护单位。

律历编纂和新疆测绘
——蒙古族著名数学家明安图的多项成就

清康熙年间，科技方面的两大系统工程相继完成。康熙五十七年（1718），《皇舆全图》这一当时的全国大地图绘成。此前，进行了多次测绘，仅康熙年间的一次测绘就长达十年之久。康熙六十年（1721），著名天文算法巨著《律历渊源》编纂完成。《律历渊源》共一百卷，内容涉及历法、音律以及数学。《皇舆全图》和《律历渊源》，皆与蒙古族著名数学家明安图有关。

明安图，字静庵，蒙古正白旗人，活动于康熙、雍正、乾隆三朝，约于乾隆三十年（1765）前后离开人间。年轻时为钦天监的官学生；从雍正元年（1723）起任钦天监时宪科五官正要职，任此职时间长达三十多年；乾隆二十四年（1759）升任钦天监监正，掌管了清王朝的天文、历法诸事项。明安图于清代创下的科技新绩，包括他在天文、历法方面的贡献。

明安图最大的科技贡献在数学研究方面。他在钦天监任职期间，同时着力于三角函数展开式的研究，于乾隆二十八年（1763）完成《割圆密律捷法》初稿。

康熙末年，来我国传教的法国人杜德美，将西方数学家格列高里（1638—1675）求圆周率、求正弦、求正矢的三个级数展开式在我国作了介绍，但没有具体证明。明安图决心揭示出这些公式的"立法之源"。经过三十多年的研究，他不仅证明了杜德美介绍的三个公式，而且独创了六个数学新公式，合起来便是有名的"九术"。"九术"列出了三角函数和反三角函数的幂级数表达式，并且计算出展开式的各项系数，为三角函数和反三角函数的解析研究独辟新径。明安图的这一科技新绩,为当时学者所称誉,名之为"明氏新法",赞之为"弧矢不祧之祖"。

明安图的数学研究成果,主要体现在《割圆密律捷法》初稿中。后来印行的四卷本,第一、二卷是明安图的遗稿,第三、四卷是他儿子明新和弟子陈际新等人"辑其解并述其意"而续补的。

开始所说的《皇舆全图》、《律历渊源》皆与明安图有关,展示了他数学研究之外的成就。

《律历渊源》编纂时,年轻的明安图是钦天监的官学生,他全身心地投入了。后在钦天监任要职,又参与了《历象考成后编》、《仪象考成》、《日躔月离表》等天文历书的编纂。

《皇舆全图》绘成之前,虽进行了多次测绘,但因新疆在康熙年间多动乱而未及时测绘。为了补好《皇舆全图》,就必须对新疆作实地测绘。乾隆二十年(1755)和二十四年(1759),明安图两次奉朝廷之命带队赴新疆。深入到新疆腹地,越沙漠,爬雪山,历经种种艰难险阻。用了两年多的时间,明安图同其部下将天山南北的地理勘测出色完成。他高深的数学造诣,保证其圆满绘制新疆地图。这就补好了《皇舆全图》。

明安图的新疆测绘,其意义不仅在于补好《皇舆全图》,

而且为清代以后的中国地图的新疆部分提供了绘制依据。更重要的意义是超出了地图的绘制，于维护国家统一上起到了作用。

古代的中国在人类的文明史上是毫无愧色的，现代的中国也必将为人类的文明与未来做出自己杰出的贡献！

后　　记

　　二十多年过去了,上海人民版的《新编中国史话》修订再版梓行了。二十多年前的历史书海中这卷浪波再次掀起时将更可观,这是因为,上海古籍出版社的策划和投入。编辑部既助成内容的出新,还在书中插配了多幅精美图片。

　　《新编中国史话》问世之前,原稿在《人民中国》连载时,编辑部虑及主要读者为国外人士,因而特别强调要科学而生动地介绍中国历史。为加强科学性,我和第一作者拜访了当时史学界、考古学界和其他学科的一流专家,请其指教。这些专家中主要的有:著名旧石器考古学家、古人类学家贾兰坡教授,当代考古学泰斗、前中国考古学会理事长苏秉琦教授,著名文物鉴定专家、前国家文物鉴定委员会副主任史树青教授,著名历史学家、古文字学家、"夏商周断代工程"首席科学家李学勤教授,著名先秦史家杨宽教授,著名隋唐史家胡如雷教授,著名宋史专家漆侠教授,著名明清文学专家朱泽吉教授,著名红学家韩进廉教授,著名中国科学技术史专家薄树人教授等。也正是因为诸多一流专家在连载时的把关,才使得《新编中国史话》在介绍中国历史方面有一定的权威性。

然而,《新编中国史话》之不足亦不可讳言。原稿连载时,囿于刊物的篇幅,或原有而削,或应有而漏,未止一二,当初请教的专家中有的就建议成书时要适当增补。连载稿成书出版了,先后有日本讲谈社的《物语·中国の历史》和上海人民版的《新编中国史话》以及香港三联、台湾书林版的《中华五千年史话》等。几个版次,皆伴以时间急迫,均未得以增补。此次再版,上海古籍出版社给了增补的机会,但仍不能用时过多。我出于尽量完善书的内容的考虑,对《新编中国史话》的大小话题作了适当调整、增补、删减,个别小话题重写。因为第一作者无暇顾及此次再版,出现不妥,由我负责。

增补和重写,除我操笔外,另请刘中航代拟。我增补了"古老传说中的古老文化"、"两汉时代的文学艺术"、"道教早期宗派和炼丹名家"等三个大话题中的十个小话题和另外五个,重写了"孔子"、"老子"、"朱熹"等五个小话题,刘中航增补了"《周易》的文化价值"、"'心学'思潮的涌动和分流"等五个小话题,重写了"造纸的起源"等五个小话题。在二人增补的二十个小话题中,有六个取材于第一作者所著的《中华文明史》。重写的十个小话题,参考了史学界的最新研究成果。

  虽于补苴罅漏作了努力,但仍留有遗憾,切盼广大读者和各学界专家指正。

刘福元
二○○八年十二月